无障碍阅读典藏版

（汉）许慎 撰 思履 主编

说文解字

中国华侨出版社·北京

图书在版编目 (CIP) 数据

说文解字 : 无障碍阅读典藏版 / (汉) 许慎撰 ; 思履主编 . — 北京 : 中国华侨出版社 , 2016.11（2021.8 重印）

ISBN 978-7-5113-6487-6

Ⅰ . ①说… Ⅱ . ①许… ②思… Ⅲ . ①《说文》Ⅳ . ① H161

中国版本图书馆 CIP 数据核字 (2016) 第 278589 号

说文解字：无障碍阅读典藏版

撰　　者：（汉）许慎
主　　编：思　履
责任编辑：江　冰
封面设计：李　荣
文字编辑：赵宏波
美术编辑：郭　静
经　　销：新华书店
开　　本：787mm×1092mm　1/16　印张：26　　字数：669 千字
印　　刷：三河市燕春印务有限公司
版　　次：2016 年 11 月第 1 版　2021 年 8 月第 2 次印刷
书　　号：ISBN 978-7-5113-6487-6
定　　价：99.00 元

中国华侨出版社　北京市朝阳区西坝河东里 77 号楼底商 5 号　邮编：100028
法律顾问：陈鹰律师事务所
发行部：（010）88893001　　　传　真：（010）62707370
网　　址：www.oveaschin.com　　E-mail：oveaschin@sina.com

如果发现印装质量问题，影响阅读，请与印刷厂联系调换。

前　言

　　汉字，是世界上唯一一种生生不息、历久弥新的文字。考古发现，6000 多年前的半坡遗址就有可以称为汉字的刻画符号。汉字书写了中华民族的历史，承载了光辉灿烂的中华文化，在加强中华民族凝聚力、维系中华文明数千年延绵不断向前发展的过程中起了巨大的作用。

　　汉字是使用人口最多、流传范围最广的一种文字，具有集形象、语音和词意三者于一体的特点。这一特点在世界现存文字中是独一无二的，它使汉字具有独特的魅力。汉字有五万六千多个，现代汉语通用字有 7000 多个，常用的汉字有 3500 多个。如果能够知道三千左右汉字的来源和演变的情况，我们就可以更好地使用汉字，还可以轻松地了解辉煌灿烂的中华文明。怎样才能学习到汉字的来源和演变历史呢？怎样才能知道常用汉字的本义呢？有一部书是汉字学的最基本的经典，这部书就是东汉有"字圣"之誉的许慎用毕生精力著成的《说文解字》。许慎（字叔重）是东汉著名经学家、文字学家，时人谓之"五经无双许叔重"。

　　《说文解字》简称《说文》，作于汉和帝永元十二年（100 年），历时 21 年，直到汉安帝建光元年（121 年）才告完成。该书是我国历史上的第一部字典，保存了大部分先秦字体以及汉代和以前的不少文字训诂，反映了古代政治、经济、文化、风俗习惯等，并且比较系统地提出了分析文字的理论，是汉字学最基本的经典，对我们博古通今、学习和研究汉字具有巨大的意义。在书中许慎用"六书"的方法详细讲解了 9353 个字的来龙去脉。

　　"六书"是什么呢？六书就是象形、指事、会意、形声、转注、假借这六种造字和用字的方法。象形，就是像实物之形，是把客观事物画下来表示字义的造字方法，但是象形字本质上已经是文字符号了。如"日""月"。指事，就是在象形字的基础上，用指示符号来表示抽象概念的造字方法。"本""末""上""下"等字，就都是指事字。会意，就是会合成意，即是把两个或两个以上的字组合在一起，来表示一个新的字义的造字方法。如"休"由一"人"一"木"组成，表示人靠在树上休息；"从"由两个人构成，一个人紧跟在另一人之后，表示跟随之意。形声字，由形符（义符）和声符（音符）两部分组成，是一种合体造字法，如"樱"。有些形声字的声符既有表音的作用，又有表意的作用，如"娶"。转注，就是互训，即两个字或两个以上、意义全部相同或一部分相同、可以互相解释的字，就是转注字。因此，转注字也可以叫作同义字。假借，就是汉字中有些字有音无形，这类字是借已有的音同或音近的字来表示的。如"来"，本是指小麦，后来假借为"来往"的"来"。其实转注和假借都是借他字来当新字用，并非创造了新字，所以严格来说，这二者应该是用字法。

《说文解字》开创了部首检字的先河，后世的字典大多采用这个方法，段玉裁称这部书"此前古未有之书，许君之所独创"。但是由于年代久远，《说文解字》中的许多字现在已经不常用了，而且全文是用文言文写成，不方便现代人阅读。有鉴于此，我们选取了生活中最常用的汉字，在参照《说文解字》的基础上，用"六书"的方法科学讲解其源流，并对其文化内涵进行了简洁的解析和阐述，涉及天文、历史、地理、物候、礼仪、文化等各个方面。同时，在具体介绍每个汉字前都列举了该字的甲骨文、金文、小篆、楷书等写法，形象地展示每个汉字的字形与字义的内在关系及其发展历程，有助于读者从根本上加强对汉字字形和字义的理解与记忆。

文字是文化的载体，汉字的存在使中华文化得以绵延千年。但文化是需要根据人们的需求来不断创新的，我们希望这部《说文解字·无障碍阅读典藏版》能够受到读者的欢迎。本书力求对每个汉字的介绍都具有知识性、趣味性和可读性，为读者举一反三、事半功倍地学习、掌握其他更多的汉字提供方法和思路。

部首索引

一 部

⊙ 一

一　一　一　一

甲骨文　金文　小篆　楷书

"一"是指事字。甲骨文、金文、小篆和楷书都写成一横。

《说文·一部》："一，惟初太始，道立于一，造分天地，化成万物。凡一之属皆从一。弌，古文一。"（最初，万物形成之始，道建立了一。后来，才分解为天和地，演化为万事万物。大凡一的部属都从一。弌，古文"一"字。）

"一"可做最小的整数用。如李白《蜀道难》："一夫当关，万夫莫开。"引申表示全、满。如"一生"。

用作序数的第一位。又可表示动作短暂或是一次。如"笑一笑""一学就会"。

用作副词，意思是一经、一旦。崔颢《黄鹤楼》："黄鹤一去不复返。"

用作语气助词，无实义。如杜甫《石壕吏》："吏呼一何怒！妇啼一何苦！"

⊙ 三

三　三　三　三

甲骨文　金文　小篆　楷书

"三"是指事字。甲骨文、金文、小篆、楷书都写成三横。

《说文·三部》："三，天、地、人之道也。从三数。凡三之属皆从三。弎，古文三从弋。"（三，天、地、人的道数。由三画构成。大凡三的部属都从三。弎，古文"三"字。从弋。）

"三"的本义是数名，如老子《道德经》中说："道生一，一生二，二生三，三生万物。"

"三"由本义引申出多的意思。如《论语·公冶长》："季文子三思而后行。"成语"三思而行"即出于此，表示经过多次考虑，然后再去做。

⊙ 五

𠄡　𠄡　𠄡　五

甲骨文　金文　小篆　楷书

"五"是象形字。甲骨文、金文的形体像两物交叉之形。小篆的写法大致相同。隶变后楷书写作"五"。

《说文·五部》："五，五行也。从二。阴阳在天地间交午也。凡五之属皆从五。乂，古文五省。"（五，表示水、火、木、金、土五种物质。二，表示天和地。乂表示阴、阳二气在天地之间交错。大凡五的部属都从五。乂，古文"五"字，是五的省略。）

"五"的本义为交错、交结。后来被假借为数字使用，其"交错"之义就用"午"代替表示了。如沈佺期《和中书侍郎杨再思春夜宿直》："千庐宵驾合，五夜晓钟稀。"这里的"五夜"是指五更的时候，相当于现代的凌晨三点至五点。

⊙ 七

十　十　𠀁　七

甲骨文　金文　小篆　楷书

"七"是指事字，表示将要从这里切断一根棍棒。为了与"十"区分，小篆将竖画下边弯曲。隶变后楷书写作"七"。

《说文·七部》："七，阳之正也。从一，微阴从中斜出也。凡七之属皆从七。"（七，阳的正数。从一表示阳，乚表示微弱的阴气从表示阳气的"一"中斜屈地冒出来。大凡七的部属都从七。）

"七"的本义为切，现在已经消失了。

后来被假借表示数字七。如曹植的《七步诗》、东方朔的《七谏》。古代乐理有"七音"或"七声"之说，古琴有七根弦，也叫"七弦琴"。

⊙ **廿**

甲骨文	金文	小篆	楷书

"廿"是象形字。甲骨文像两个"丨"（带刻度的棍，表示十）连在一起的样子，表示双"十"。金文另加了一横表示刻度。小篆承接金文，整齐化。隶变后楷书写作"廿"。

《说文·十部》："廿，二十并也。古文省。"（廿，两个十字合并而成。是孔壁中的古文的一种省略形式。）

"廿"的本义是两个"十"相并，即二十。如清代史学家赵翼编撰的《二十二史札记》，又叫《廿二史札记》。

⊙ **丁**

甲骨文	金文	小篆	楷书

"丁"是象形字。甲骨文形体像俯视所见的钉头之形。金文像钉子的侧视图。小篆线条化。隶变后楷书写作"丁"。

《说文·丁部》："丁，夏时万物皆丁实。象形。丁承丙，像人心。凡丁之属皆从丁。"（丁，夏天万物都壮实。像草木茎上有果实的样子。丁继承丙，像人的心。大凡丁的部属都从丁。）

"丁"的本义是钉子。后来被假借为天干的第四位，而原作钉子讲的"丁"则另加了个"钅"，表明钉子是用金属做的，写作"钉"。

钉子由坚硬的金属做成，故可引申指强健、健壮，所以成年男子也称为"丁"。如白居易《新丰折臂翁》："无何天宝大征

兵，户有三丁点一丁。"

⊙ **干**

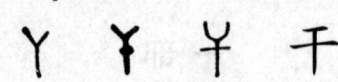

甲骨文	金文	小篆	楷书

"干"是象形字。甲骨文像叉子一类的猎具或武器。金文上部又加了一个大疙瘩。小篆的形体整齐化。隶变后楷书写作"干"。

《说文·干部》："干，犯也。从反入，从一。凡干之属皆从干。"（干，侵犯。由"入"字反过来、由一会意。大凡干的部属都从干。）

"干"的本义为武器。如《韩非子·五蠹》："执干戚舞，有苗乃服。"其中的"执干戚舞"即拿着武器跳舞，比喻以美德代替武力来感化制服敌人。

武器一般是用于进攻的，故引申指干犯、触犯。如杜甫《兵车行》："牵衣顿足拦道哭，哭声直上干云霄。"

由干犯引申指关连、涉及。如"不相干"。

⊙ **万**

甲骨文	金文	小篆	楷书（繁体）	楷书

"万"是象形字。甲骨文像一只蝎子之形。金文复杂化，隶变后楷书写作"萬"。汉字简化后写作"万"。

《说文·内部》："萬，虫也。从内，象形。"（萬，虫名。从内，像头部之形。）

"万"的本义是蝎子。后被借用为数目字，十千为一万。引申泛指极多。如"气象万千""日理万机"。

"万"也有全体、所有的意思。如成语"万事如意""万象更新"。

作副词用时，表示绝对、无论如何。如"万万没想到"。

⊙ 下

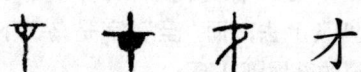

|甲骨文|金文|小篆|楷书|

"下"是指事字。甲骨文上面的长弧线表地面，下面的短横表地下。金文和小篆都是由此演化而来。隶变后楷书写作"下"。

《说文·丄部》："丅，底也。指事。丅，小篆下。"（丅（下），低下。指事字。下，小篆"下"字。）

"下"的本义是指示方向。也用来表底部、低处，因此又引申指去往（从高处到低处）。如常说的"南下"就是这种用法。

地有高低上下，人有上下尊卑，所以"下"又引申指地位低下。如"下人"。后来人们又把在高位的人屈就地位较低的贤才称作"下"。如成语"礼贤下士"就是这种用法。还引申指离开、除下。如"下去吧""下了枪"。

⊙ 才

|甲骨文|金文|小篆|楷书|

"才"是象形字。甲骨文上面一横表示土地，下面像草木的茎（嫩芽）刚刚出土而枝叶尚未出土的样子。金文、小篆线条化。隶变后楷书写作"才"。

《说文·才部》："才，草木之初也。从丨上贯一，将生枝叶也。一，地也。凡才之属皆从才。"（才，草木初生的样子。由"丨(gǔn)"向上面贯穿"一"，表示草木发芽抽苗将生枝叶；一，表示地面。大凡才的部属都从才。）

"才"的本义为草木初生。引申指木料或木料之质性，人或物的质性、资质，通"材"。如贾谊《过秦论》："才能不及

中人，非有仲尼、墨翟之贤，陶朱、猗顿之富。"

引申指有才能，有本领。如"雄才""英才"。

虚化为副词，表示方始、刚刚。如"现在才懂了"。

又表示仅仅、只。如白居易《钱塘湖春行》："乱花渐欲迷人眼，浅草才能没马蹄。"

⊙ 井

|甲骨文|金文|小篆|楷书|

"井"是象形字。甲骨文像一个方口的水井。金文在井的中心加了一个圆点儿，表示从井里打水的水桶。小篆的形体线条化了。隶变后楷书写作"井"。

《说文·井部》："井，八家一井。象构韩（交木构成井口）形，𤔔之象也。古者伯益初作井。凡井之属皆从井。"（井，八家共汲一井，井像四周构架的木栏形，是汲瓶的样子。古时候，一个叫伯益的人最先造了井。大凡井的部属都从井。）

"井"的本义是水井。如《击壤歌》："凿井而饮，耕田而食。"有水井的地方必有人家。故"井"引申指乡里。如离开家乡叫"离乡背井"。

古代的井是方方正正的形状，故引申指整齐有条理。如成语"井井有条"。又引申指形状像井的东西。如"天井""矿井"。

⊙ 不

|甲骨文|金文|小篆|楷书|

"不"是象形字。甲骨文、金文都像花萼的形状。小篆承接甲骨文、金文，整齐化、符号化。隶变后楷书写作"不"。

《说文·不部》："不，鸟飞上翔不下来

也。从一，一犹天也。象形。凡不之属皆从不。"（不，鸟向上飞翔却不落下来。从一；一，好比是天。𣎴像鸟飞的形状。大凡不的部属都从不。）

"不"的本义为花萼。如《诗经·小雅·常棣》："常棣之华，鄂（萼）不铧铧（wěi，鲜明的样子）。"但如今这个本义已经消失。

后世多用其假借义，用作副词，表示否定。如"锲而不舍"。又引申指没有。如《诗经·王风·君子于役》："君子于役，不日不月。"

⊙ 牙

𦜕　𦜕　牙

金文　　小篆　　楷书

"牙"是象形字。金文的形体像两枚上下交错对合的兽牙的形状。小篆的形体整齐化。隶变后楷书写作"牙"。

《说文·牙部》："牙，牡齿也。象上下相错之形。凡牙之属皆从牙。"（牙，大齿。像上下齿相互交错的样子。大凡牙的部属都从牙。）

"牙"的本义为大牙，即白齿、槽牙。古时候，人们称前面的门牙为"齿"，在辅车（牙床骨）上的磨牙为"牙"。现在则统称为"牙齿"。

⊙ 世

𣏐　世　世

金文　　小篆　　楷书

"世"是会意字。金文的形体是三个带圆点的竖，就是古代的三十（卅）。在小篆中，三个小圆点变成了一小横。隶变后楷书写作"世"。

《说文·卅部》："世，三十年为一世。从卅而曳长之。亦取其声也。"（世，三十年叫一世。由"卅"字延长它的末笔而成，

"卅"字延长末笔成"乁"字。世也取乁表声。）

"世"的本义为三十年。如《论语·子路》："如有王者，必世而后仁。"意思是，如果有王者兴起，也一定要三十年才能实现仁政。

引申指一辈一辈相承的。如"世袭""世交"。人的一生也可以称为"一世"。

⊙ 至

𦤵　𦤵　𦤰　至

甲骨文　金文　小篆　楷书

"至"是会意字。甲骨文下部一横表示地面，地面上插着一支羽箭，会箭从高处射落到地面之意。金文与甲骨文大致相同。小篆承接金文并整齐化。隶变后楷书写作"至"。

《说文·至部》："至，鸟飞从高下至地也。从一，一犹地也。象形。不，上去；而至，下来也。凡至之属皆从至。"（至，鸟从高处飞下落到地面上。从一，"一"好比是地面。𦤰像鸟向下飞的形状。"不"字是鸟飞上去，而"至"字是鸟飞下来。大凡至的部属都从至。）

"至"的本义为到来、到达。引申表示极、最。如交谊最深的朋友为"至交"。

用作连词，表示转折，相当于"至于"。如《史记·淮阴侯列传》："诸将易得耳，至如（韩）信者，国士无双。"

⊙ 未

𣎳　𣎳　𣎳　未

甲骨文　金文　小篆　　楷书

"未"是象形字。甲骨文像一棵枝干繁茂的树木的样子。金文大致相同，小篆整化。隶变后楷书写作"未"。

《说文·未部》："未，味也。六月，滋

味也。五行，木老于未。象木重枝叶也。凡未之属皆从未。"（未，滋味。未代表六月，这时万物长成有滋味。金、木、水、火、土五种物质中，木在未月老成。未像树木重叠枝叶的样子。大凡未的部属都从未。）

"未"的本义是繁茂。枝叶繁茂就会遮蔽光线而显得昏暗，因而用作否定词，表示没有。如成语"未卜先知"。一般说来，"未"字否定过去，"不"字否定将来，但有时候"未"也当不讲。如"未能免俗"。

"未"还可以放在句末，表示疑问。如王维《杂诗》："来日绮窗前，寒梅著花未？"

⊙ 于

形 于 亐 于
甲骨文　金文　小篆　楷书

"于"是指事字。甲骨文左边像一种吹奏乐器，右边象征乐声，与兮、乎的造字方法相同，都与吹奏乐器有关。隶变后楷书写作"于"和"亐"。如今规范化，以"于"为正体。

《说文·亐部》："于，於也。象气之舒亐。从亐，从一。一者，其气平也。凡于之属皆从于。"（于，於。像口气的舒展平直。由亐、由一会意。一，表示那口气的平直。大凡于的部属都从于。）

"于"的本义为乐声婉转悠扬。用作动词时，由乐声悠扬飘去引申指去、往。如《诗经·周南·桃夭》："之子于归，宜其室家。"

又可引申指起点、来源，相当"从""自"。如"青出于蓝而胜于蓝"。

用作介词，相当于"在""到""对""向"。

还可介入比较对象，表比较。如杜牧《山行》："霜叶红于二月花。"又表被动。

如《庄子·秋水》："吾长见笑于大方之家。"

⊙ 屯

𡳾 屯 屯 屯
甲骨文　金文　小篆　楷书

"屯"是象形字。甲骨文像古代缠线的工具，中间是缠绕的线团。"屯"是"纯"的早期文字。隶变后楷书写作"屯"。

《说文·屮部》："屯，难也。象草木之初生。屯然而难。从屮贯一。一，地也。尾曲。《易》曰：'屯，刚柔始交而难生。'"（屯，艰难。像草木初生，曲折而又艰难的形状。它的字形由"屮"贯穿"一"构成。一，代表地面。"屯"字的尾部弯曲。《周易》说："屯卦，是阴柔阳刚二气开始交合时艰难随之而产生的形象。"）

"屯"的本义为缠线、丝的工具。缠线由少而多，累积成团，所以引申为聚集。人以群居的方式生活，众人聚集在一起形成了村落，所以"屯"也指村落。军队的驻防，一般是将大量人员聚集一处，所以也称"屯"。所谓"屯于境上"，指的就是军队在边境驻防。

⊙ 无

𣯍 無 无
小篆　楷书（繁体）　楷书

"无"是象形字。小篆像人手持舞具舞蹈的样子。隶变后楷书写作"無"。汉字简化后写作"无"。

《说文·林部》："无，亡也。从亡，无声。𣯍，奇字无，通于元者。王育说，天屈西北为无。"（无，没有。从亡，无声。𣯍，奇字"无"，是小篆"元"字丿画向上贯通的结果。王育说，天向西北方倾斜叫作无。）

"无"的本义为没有。后来也用来表

示否定。如《孟子·梁惠王上》："鸡豚狗彘之畜，无失其时。"说的就是鸡、猪、狗一类的家畜，不可以错过它们的繁殖时节。

⊙ 丙

甲骨文	金文	小篆	楷书

"丙"是象形字。甲骨文和金文字形非常相似。小篆整齐化、线条化。隶变后楷书写作"丙"。

《说文·丙部》："丙，位南方，万物成，炳然。阴气初起，阳气将亏。从一入门。一者，阳也。丙承乙，象人肩。凡丙之属皆从丙。"（丙，定位在南方（南方是夏天的方位），这时万物都在长成，都光明强盛。阴气开始出现，阳气将要亏损。由一、入、门会意。一，表示阳气。丙继承着乙，像人的肩。大凡丙的部属都从丙。）

"丙"的本义早已消失，后来被借为天干的第三位，在甲、乙之后，也表示次序的第三。汉代后期的宫室建筑，正室两边的房屋，就以甲、乙、丙、丁为序，第三等房屋称作"丙舍"。古人常说"丙夜"，指的就是"三更"（即晚上十一时至第二天凌晨一时）。

⊙ 百

甲骨文	金文	小篆	楷书

"百"是指事字。甲骨文形体是在"白"字之上加"一"为指事符号，与"白"相区别。金文与甲骨文大致相同。小篆整齐化、符号化。隶变后楷书写作"百"。

《说文·白部》："百，十十也。从一、白。数，十百为一贯。相章也。"（百，十个十。由一、由白会意。数目，十个百是一贯。这样就能彰明不乱。）

"百"的本义指十个十。如林嗣环《口

技》："虽人有百手，手有百指，不能指其一端。"

引申指众多。如《孙子兵法》："知彼知己，百战不殆。"意思是说，既了解敌人也了解自己，多次作战也不会失败。

⊙ 亚

甲骨文	金文	小篆	楷书（繁体）	楷书

"亚"是象形字。甲骨文像个火坑。上古人们有祭祀火的风俗，就是在屋中央挖一个十字土坑，里边点上火，昼夜不灭，象征祖先所在。隶变后楷书写作"亞"。汉字简化后写作"亚"。

《说文·亞部》："亚，丑也。象人局背之形。贾侍中说，以为次弟也。凡亚之属皆从亚。"（亚，丑恶，像人驼背的样子。贾侍中说，用它来表示次一等的意义。大凡亚的部属都从亚。）

"亚"的本义为火塘、火坑。但后世其本义完全消失了，被假借表示次一等、第二。儒家尊称孔子为"至圣"，尊称孟子为"亚圣"，意思就是孟子仅次于孔子。现在人们把次于冠军的称为"亚军"，也是这个意思。

⊙ 吏

甲骨文	金文	小篆	楷书

"吏"是会意字。甲骨文左下方是一只手，右侧像一把捕捉猎物的长柄网，会打猎之意。金文、小篆大致相同。隶变后楷书写作"吏"。

《说文·一部》："吏，治人者也。从一，从史，史亦声。"（吏，治理人的人。由一、由史会意，史也表声。）

"吏"的本义是指管理狩猎或记录猎获物的人。后来人类社会建立了国家机器，所以引申为官吏。汉代以后，"吏"特指官府中的小官和差役。如汉乐府《陌上桑》中，罗敷夸赞夫婿时说："十五府小吏，二十朝大夫。"这个"小吏"指的就是府衙中的小官。

⊙ 平

乎 罙 平

金文　小篆　楷书

"平"是会意字。金文从亏（于，指气受阻碍而能越过），从八（分），会气越过而能分散，语气自然平和舒顺之意。隶变后楷书写作"平"。

《说文·亏部》："平，语平舒也。从亏，从八。八，分也。爰礼说。"（平，语气平直舒展。由亏、由八会意。八，表示分匀。是爰礼的说法。）

"平"的本义是语气平和舒顺。引申泛指平坦、不倾斜。如"平原""平衡"等。又引申为安好、宁静。远离家乡的人给家人"报平安"，说的就是告诉家里人自己安好。

还引申为一般的、普通的。如"平民""平价"。

用作动词时指平定。如"平息骚乱"。

⊙ 右

𠂇 𠂇 𠬝 右

甲骨文　金文　小篆　楷书

"右"是会意字。甲骨文字形像一个人手捧祭品于祭台前，会求神保佑之意。金文、小篆都直接由甲骨文演化而来。隶变后楷书写作"右"。

《说文·口部》："右，助也。从口，从又。"（右，帮助。由口、由又会意。）

"右"是"祐"的本字，本义指神保佑，引申指帮助。

古代以右为上。"右姓"指世家大族；"右职"指重要的职位。古时候，东方和西方也往往用左方和右方代之。如"陇右"就是指"陇西"。

⊙ 奉

𡗗 𡗜 奉

金文　小篆　楷书

"奉"是会意字。金文像用双手捧着禾麦奉献给神祖之形，会向神祖拜祭祷告、祈求丰收之意。小篆的字形线条化、复杂化。隶变后楷书写作"奉"。

《说文·収部》："奉，承也。从手，从収，丰声。"（奉，承受。由手、由収会意，丰声。）

"奉"的本义为捧禾祭献神祖。祭神时，要神情庄重，并用双手捧着祭品，所以引申为恭敬地捧着、拿着，此义后写作"捧"。

由祭祀神祖，又引申指给予、供养。如苏洵《六国论》："奉之弥繁，侵之愈急。"像供奉神祖一样敬畏某项法则，就是严格遵守，所以还引申为遵守、遵循。如"奉公守法"。

⊙ 业

業 業 業 业

金文　小篆　楷书（繁体）　楷书

"业"是象形字。金文像古代乐器架的横木上起装饰作用的大版。小篆线条化、整齐化。隶变后楷书写作"業"。汉字简化后写作"业"。

《说文·丵部》："业，大版也。所以饰（枸）县钟鼓。捷业如锯齿。以白画之。象其铟锯相承也。从丵，从巾，巾象版。"（业，乐器架子横木上的大版。是用来装饰横木、悬挂钟鼓的东西。参差排比像锯齿，用白颜料涂画它。像两层版参差不齐而又互相承接的样子。由丵、由巾会意。巾像版之形。）

"业"的本义为古代乐器架子横梁上锯齿状的大版。古代的书册的夹板也称"业",所以读书也可以称为"业"。如"业精于勤,荒于嬉"。后来,"受业"一词还成了学生对老师的自称。

又引申指从事的工作。如"安居乐业""不务正业"等。

⊙ 更

甲骨文　金文　小篆　楷书

"更"是形声字。甲骨文从攴,丙声。金文上面又增加了一个"丙"。小篆由甲骨文演化而来。隶变后楷书写作"更"。

《说文·攴部》:"更,改也。从攴,丙声。"(更,改变。从攴,丙声。)

"更"的本义为改变、改换、调换,读作gēng。如"更迭""更衣"。书面语中,还引申为经过、经历。如成语"少不更事"。

古时候用"更"来表示夜间的计时单位。一夜分五更,每更约等于两小时。

作副词时,用于比较,表示程度增高,有更加、另外或再的意思,读作gèng。如"更快更好"。

⊙ 束

甲骨文　金文　小篆　楷书

"束"是象形字。甲骨文像以尖木穿物之形,是"刺"的本字。金文与甲骨文非常相似。小篆进一步线条化。隶变后楷书写作"束"。

《说文·束部》:"束,木芒也。象形。凡束之属皆从束。读若刺。"(束,树木的刺。象形。大凡束的部属都从束。音读像"刺"字。)

"束"的本义指穿刺,后来引申指树木的棘刺。

因"束"能扎人,其形体又不明显,所以在右边增加了"刀",写作"刺",于是"刺"行而"束"废。

⊙ 专

甲骨文　小篆　楷书(繁体)　楷书

"专"是会意字。甲骨文左边像一只手,右边像纺线用的纺砖,会用手转动纺砖纺线之意。隶变后楷书写作"専"。汉字简化后写作"专"。

《说文·寸部》:"専,六寸簿也。从寸,叀声。一曰:专,纺专。"(専,六寸簿。从寸,叀声。另一义说:专,纺砖。)

"专"的本义为纺砖。纺车转动,只围绕一个圆心,所以引申为专一、单纯。如"专注"。纺车一般只由一个人使用,因此又引申为独用、独占。如"专利""专美"。独占一件东西,容易使人在这件事物的使用上显得肆无忌惮,所以又引申为专横、专擅。如今"专"的本义已经消亡,多用它的引申义。

⊙ 开

小篆　楷书(繁体)　楷书

"开"是会意字。小篆外部是两扇大门,内部为门闩,会两手拉开门闩之意。隶变后楷书写作"開"。汉字简化后写作"开"。

《说文·门部》:"开,张也。从门,从幵。"(开,开门。由门、由幵会意。)

"开"的本义为开门。又引申为张开、打开、开启。花朵开放,卷在一起的东西舒展开,都很像门打开的样子,所以还引申为开放、舒展。花朵开放,是由花苞的一点慢慢向外伸开扩展，所以还引申指开拓、扩展。

⊙ 与

巤 舁 與 与

金文　小篆　楷书（繁体）　楷书

"与"是会意字。金文从手，从与，从口（表示器物），会一双手把器物交给另一双手之意。小篆承接金文。隶变后楷书写作"與"。汉字简化后写作"与"。

《说文·舁部》："与，赐予也。一勺为与。此与與同。"（与，赐给。由"一""勺"构成"与"字。这个字的用法与"與"字相同。）

"与"的本义为赐给、给予。读作 yǔ。授人以物，除了是对对方的肯定之外，甚至还可能想跟对方结交，所以引申出赞许、嘉奖，交往、结交之意。

还可以用作介词，表示跟、和。如成语"与狐谋皮"，就是跟狐狸要毛皮的意思。

指参加到某件事情之中，读作 yù，如"参与"。

⊙ 甘

甘 甘 甘

甲骨文　小篆　楷书

"甘"是指事字。甲骨文从口，从一，会嘴里含着美味的食物之意。小篆承接甲骨文的形体并整齐化。隶变后楷书写作"甘"。

《说文·甘部》："甘，美也。从口含一；一，道也。凡甘之属皆从甘。"（甘，美味。由"口"含"一"会意；一，表示味道。大凡甘的部属都从甘。）

"甘"的本义为味美。如《诗经·邶风·谷风》："谁谓荼苦，其甘如荠。"

甜美的东西招人喜欢，喜欢就会乐意、情愿，故后来又引申表示甘心情愿。如"甘愿受罚"。

⊙ 甫

甫 甫 甫 甫

甲骨文　金文　小篆　楷书

"甫"是象形字。甲骨文像田中长有菜苗，是"圃"的本字。金文上边稍讹。小篆讹为从用，从父。隶变后楷书写作"甫"。

《说文·用部》："甫，男子美称也。从用、父，父亦声。"（甫，男子的美称。由用、父会意，父也表声。）

"甫"的本义为苗圃，即种菜的地方。

在古代，"甫"还用于对男子的美称。古人在写信或见面时询问对方的表字，称"台甫"。

⊙ 表

表 表

小篆　楷书

"表"是会意字。小篆从衣，从毛，会皮袄之意。隶变后楷书写作"表"。

《说文·衣部》："表，上（加在外面的）衣也。从衣，从毛。古者衣裘，以毛为表。"（表，外衣，由毛、衣会意。古时候穿的裘衣，用毛作为外衣的表面。）此处所释为引申义。

"表"的本义是毛翻在外边的皮衣，后来引申为穿在外边的衣服。穿在外边的衣服代表着一个人的面貌，所以又引申为外表、外貌。

"表"后来又指作为标志和木柱。北京天安门前的"华表"，就是从古人立木头做表记的传统发展而来的。又引申指表率、榜样。还可以指表白。

"表"在古代还是一种文章的体式，是臣下给皇帝的奏章。

常用的意义还有钟表、表格等。

⊙ 正

甲骨文　金文　小篆　楷书

"正"是指事字。在甲骨文字形中，上面的符号表示方向、目标，下面是"止"（足），会朝这个方位或目标不偏不斜地走去之意。隶变后楷书写作"正"。

《说文·正部》："正，是也。从止，一以止。凡正之属皆从正。"（正，正直无偏斜。从止，（"一"是古文"上"字，表示在上位的人）将"一"放在"止"上（会上位者止于正道之意）。大凡正的部属都从正。）

"正"的本义为位置居中，不偏斜，读作 zhèng。如"正襟危坐""正午"。

正中是合于法则的，故引申指合于法则的。如"正楷""拨乱反正"。两者相对，"正"指好的、强的或主要的一方，与"反""副"相对。

又表示动作在进行当中。如"他正在开会"。还可当恰好讲。如"正好""正中下怀"。

正月，是农历的第一个月。这里的"正"读作 zhēng。

⊙ 东

甲骨文　金文　小篆　楷书（繁体）楷书

"东"是象形字。甲骨文像一个两头扎起来、里面装了货物的大口袋。金文多了许多线条，小篆规范化了。隶变后楷书写作"東"。汉字简化后写作"东"。

《说文·东部》："東，动也。从木。官溥说：从日在木中。凡東之属皆从東。"（東，动。从木。官溥说：由"日"在"木"中会意。大凡東的部属都从東。）

"东"的东方之义是假借用法，即假借"东西"（物）的"东"表示"东方"的"东"。

古时主人之位在东，宾客之位在西，所以主人称为"东家"。如果宴请别人，做宴会者就称为"做东"。

⊙ 束

甲骨文　金文　小篆　楷书

"束"是会意字。甲骨文从木，从口（表捆缚），会捆绑木柴之意。金文、小篆变得线条化了。隶变后楷书写作"束"。

《说文·束部》："束，缚也。从口、木。凡束之属皆从束。"（束，捆缚。由口、木会意。大凡束的部属都从束。）

"束"的本义是捆绑。如《易·贲》："束帛戋戋。"意思是很多捆起来的丝织物"帛"码放在那里。引申为收拾或整理好。如"束囊"是收拾行装，"束担"是收拾行李。

"束"又引申为搁置。如苏轼《李氏山房藏书记》："束书不观，游谈无根。"

后来又引申为管束的意思。如"束身自爱"等。又引申为束缚、约束的意思。如李白《留别广陵诸公》："空名束壮士。"是说虚名约束住了有壮志的人。

⊙ 来

甲骨文　金文　小篆　楷书（繁体）楷书

"来"是象形字。甲骨文像一棵成熟了的麦子。金文、小篆变得线条化了。隶变后楷书写作"來"。汉字简化后写作"来"。

《说文·来部》："来，周所受瑞麦来、麰。一来二缝，象芒束之形。天所来也，故为行来之来。凡來之属皆从來。"（来，周地所接受的优良麦子——来和辫。一根麦秆两颗麦穗,像麦芒麦刺的形状。来是上天赐来的,所以用作"往来"的"来"字。大凡来的部属都从来。)

"来"的本义是小麦。后来被假借为"来去"的"来",而且这一借就不还了,只好另造字来表示小麦,就是"麥"字,简体为"麦"。

"来"字当未来、将来讲时是假借义,也是后世所用的"来"的主要含义。如陶渊明《归去来兮辞》:"悟已往之不谏,知来者之可追。"

进而引申为到。如《论语·学而》:"有朋自远方来,不亦乐乎?"

从来、至之义又引申出产生、开始、发生之义。如"来路""来历"。

⊙ 有

甲骨文　金文　小篆　楷书

"有"是会意字。甲骨文、金文是以右手持肉的样子,会有了之意。小篆基本上同于金文。隶变后楷书写作"有"。

《说文·有部》:"有,不宜有也。如《春秋传》曰:'日月有食之。'从月,又声。凡有之属皆从有。"(有,不应当有。《春秋左氏传》说:"日月有日蚀、月蚀现象。"从月,又声。大凡有的部属都从有。)

"有"的本义为持有。后来词义扩大了,不管有什么东西都是"有",与"无"相对。如成语"有备无患"。

又引申指存在。如《诗经·小雅·大东》:"东有启明,西有长庚。"

用在整数和零数之间,相当于"又"。如"一十有二",就是十二的意思。

⊙ 本

甲骨文　金文　小篆　楷书

"本"是指事字。甲骨文上部是"木"(树)的枝干,下部是根部,三个小圆圈是指事符号,表示这里是树木的根部所在。金文、小篆基本延续了甲骨文的写法。隶变后楷书写作"本"。

《说文·木部》:"本,木下曰本。从木,一在其下。"(本,树木下部叫本。从木,记号"一"标志在树木的下部。)

"本"的本义是指草木的根或靠近根部的茎干。如《国语·晋语》:"伐木不自其本,必复生。"引申指事物的根本、基础。如《论语·学而》:"君子务本,本立而道生。"

又引申表示原来、本来。如"本心"。

又表示自己方面的。如"本国""本人"。

⊙ 互

小篆　楷书

"互"是象形字。小篆像古代收丝或绳的器具之形。为了防止丝、绳脱散,两根横棍并不平行,而是成十字向,故收起的丝或绳成交错状。隶变后楷书写作"互"。

《说文》无。

"互"的本义为收绳器。引申指交错。如柳宗元《小石潭记》:"其岸势犬牙差互,不可知其源。"大意是说,溪岸的形状像犬牙那样交错不齐,不知道它的源泉在哪里。

用作副词,表示交替、相互。如范仲淹《岳阳楼记》:"渔歌互答,此乐何极。"又表示递相、相继,一个接一个。如苏洵的《六国论》:"六国互丧,率赂秦耶?"

⊙ 丽

| 甲骨文 | 金文 | 小篆 | 楷书（繁体） | 楷书 |

"丽"是会意字。甲骨文、金文像两鹿并行的样子（省去了一头鹿的鹿身）。隶变后楷书写作"麗"。汉字简化后写作"丽"。

《说文·鹿部》："麗，旅行也。鹿之性，见食急则必旅行。从鹿，丽声。"（麗，结伴而行。鹿的特性是，发现食物虽情势紧急却也一定结伴而行。从鹿，丽声。）

"丽"的本义为双鹿并行。引申指成双的、成对的。如《文心雕龙·丽辞》："丽辞之体，凡有四对。"意思是，词句对偶的文体，共有四种对偶的方法。

又引申指美好、漂亮。如白居易《长恨歌》："天生丽质难自弃，一朝选在君王侧。"

⊙ 亟

| 甲骨文 | 金文 | 小篆 | 楷书 |

"亟"是会意字。甲骨文像侧身站立的人，人的头上脚下各有一条横线，表示"上极于顶，下极于踵"，会尽头、极点之意。金文、小篆复杂化了。隶变后楷书写作"亟"。

《说文·二部》："亟，敏疾也。从人，从口，从又，从二。二，天地也。"（亟，敏捷。由人、由口、由又、由二会意。二，表示天地。）

"亟"的本义为尽头、极点。后来"亟"被假借为敏疾、急。如《史记·陈涉世家》："趣赵兵亟入关。"是说催促赵军赶快入关。

如《左传·隐公元年》："爱共叔段，欲立之。亟请于武公，公弗许。"其中的

"亟"，表示屡次、多次，读作 qì。这句话的意思是，武姜偏爱共叔段，想立共叔段为世子，多次向武公请求，武公都不答应。

⊙ 丝

| 甲骨文 | 金文 | 小篆 | 楷书（繁体） | 楷书 |

"丝"是象形字。甲骨文像两束蚕丝。金文、小篆直接由甲骨文演变而来。隶变后楷书写作"絲"。汉字简化后写作"丝"。

《说文·絲部》："絲，蚕所吐也。从二糸。凡丝之属皆从丝。"（絲，蚕吐的丝。由两个"糸"字会意。大凡丝的部属都从丝。）

"丝"的本义为蚕吐的丝。如李商隐《无题》："春蚕到死丝方尽，蜡炬成灰泪始干。"

由本义引申指丝织品。丝很细小，故用来形容细微之极，极小。成语有"一丝不苟"，就是做事认真细致，一点儿不马虎。

古人常把用丝捻制成的弦做发音部件的乐器称为弦乐器。"丝竹"就是弦乐器与竹管乐器的总称。

还引申泛指像丝一样的东西。如"藕断丝连"。另外，人们所说的"气若游丝"，也是形容人快死时，气息微弱，就像是若断若连的细丝。

又引申指细纹。如"乌丝栏""硬丝柴"。

⊙ 丞

| 甲骨文 | 金文 | 小篆 | 楷书 |

"丞"是会意字。甲骨文会双手从坑中救人之意。金文简化。小篆承接金文并整齐化。隶变后楷书写作"丞"。

《说文·収部》："丞，翊也。从収，从

卩，从山。山高，奉承之义。"（丞，辅佐。由収、由卩、由山会意。山高，有向上奉承的意思。）

"丞"的本义是拯救。实际上是"拯"字的本字，念 zhěng。

引申为辅助。如《汉书·百官公卿表上》："掌丞天子助理万机。"意思是（相国、丞相）辅助皇帝处理政事。进而引申指辅佐帝王的最高官吏，也指各级长官的辅助官吏。如"丞相""府丞""县丞"等。

⊙ 事

甲骨文　金文　小篆　楷书

"事"是会意字。甲骨文右上为捕捉禽兽的长柄网，其下是一只手，会手执捕猎工具去田猎之意。金文、小篆的形体与甲骨文相似。隶变后楷书写作"事"。

《说文·史部》："事，职也。从史，之省声。"（事，记事。从史，小篆的声符"屮"是"屮"字的省略。）

"事"的本义是捕猎。后来范围扩大，不管做什么事情都可以称为"事"。如《论语·学而》："敏于事而慎于言。"意思是，君子在办事情上敏捷，在说话上谨慎。又可以引申为从事。如李白《邺中赠王大》："耻学琅琊人，龙蟠事躬耕。"

又引申指侍奉、服侍。如《论语·学而》："事父母，能竭其力；事君，能致其身。"

⊙ 丐

甲骨文　金文　小篆　楷书

"丐"是会意字。甲骨文从人，从亡（目无眼珠之形），会盲人求乞之意。金文大体相同。小篆字形变化较大，但意义不变。隶变后楷书写作"丐"。

《说文》无。

"丐"的本义为乞求。如《晋书·王欢耽学》："不营产业，常丐食诵诗。"意思是，不经营自己家的产业，常常边乞讨食物边诵读诗经中的句子。

引申指靠乞讨为生的人。如"丐帮"。

⊙ 丛

小篆　楷书（繁体）　楷书

"丛"是会意字。小篆从丵（表示丛生的草），取声。隶变后楷书写作"叢"。汉字简化后写作"丛"。

《说文·丵部》："叢，聚也。从丵，取声。"（叢，（草木）聚集。从丵，取声。）

"丛"的本义为聚集。如曹操《观沧海》："树木丛生，百草丰茂。"引申指许多事物凑在一起，聚集。如"丛生""树丛"。又引申指聚集在一起的人或物。如"论丛"。

用作形容词，指繁杂，众多。如"丛谈"，指各种逸事杂说。

用作量词，相当于"簇""束"。如白居易《买花》："一丛深色花，十户中人赋。"

⊙ 艳

小篆　楷书（繁体）　楷书

"艳"是形声字。小篆从豐（丰），盇（盍）声。隶变后楷书写作"豔"（豔），俗作"艶"。汉字简化后写作"艳"。

《说文·豐部》："豔，美而长也。从豐，盇声。"（豔，容色美好而又颀长。从豐，盇声。）

"艳"的本义为丰满而美丽。如《左传·桓公元年》："目逆而送之，曰，美而艳。"引申指华美、鲜明。如张先《好事近》："双歌声断宝杯空，妆光艳瑶席。"

还引申特指有关爱情的事或著作。如"艳歌"指情歌、恋歌。

容貌美艳、文采风流、美人在怀，都是让人羡慕的事情，所以"艳"还引申为羡慕。如"艳羡"。

⊙ 丧

甲骨文　金文　小篆　楷书（繁体）　楷书

"丧"是会意字。甲骨文从三"口"，会哭丧之意，桑表声。金文从噩，从亡。小篆"噩"讹变为"哭"。隶变后楷书写作"喪"。汉字简化后写作"丧"。

《说文·哭部》："喪，亡也。从哭，从亾。会意。亾亦声。"（喪，丧失。由哭、亾会意，亾也表声。）

"丧"的本义为丧失、丧亡。如《韩非子·五蠹》："偃王行仁义而丧其国。"所谓"丧其国"，就是失掉了他的国家。

由丧失，引申指死亡。如任昉《奏弹刘整》："刘氏丧亡。"又引申指丧仪、丧事，即人死后殓、奠、殡、葬等事宜。如《左传·僖公三十三年》："秦不哀吾丧而伐吾同姓，秦则无礼。"

⊙ 考

甲骨文　金文　小篆　楷书

"考"是象形字。甲骨文与"老"同形，都像长发老人扶杖之形。金文、小篆的头上增加了毛发，手杖成了"丂"。隶变后楷书写作"考"。

《说文·老部》："考，老也。从老省，丂声。"（考，老年人。从老省，丂声。）

"考"的本义为年老、岁数大。如"富贵寿考"，旧指发财升官又享有高龄。又引申指死。旧时称已经去世的父亲为"考"，有的称"显考"，有的称"先考"。

又引申指考察、查核、考试。如"中考""高考"。

丨 部

⊙ 上

甲骨文　金文　小篆　楷书

"上"是指事字。甲骨文下面一条弧线表示地面，弧线之上有一短横，表示在地面之上。金文中，两弧线变为直线。小篆变得更加美观。隶变后楷书写作"上"。

《说文·丄部》："丄，高也。此古文上。指事也。凡丄之属皆从丄。上，小篆丄。"（丄，高。这是古文"上"字，是一个指事字。大凡丄的部属都从丄。上，小篆"丄"字。）

"上"的本义是表示方位，即指上边、高处。引申指高位、君主、尊长。如《史记·高祖本纪》："人告楚王信谋反，上问左右，左右争欲击之。"

做动词用时，指向上走、前往。如王之涣《登鹳雀楼》："欲穷千里目，更上一层楼。"又引申指添加、安装。如"上油""上螺丝"等。

⊙ 北

甲骨文　金文　小篆　楷书

"北"是会意字。甲骨文像两个人背靠背的样子。金文和小篆的形体与甲骨文一致。隶变后楷书写作"北"。

《说文·北部》："北，乖也。从二人相背。凡北之属皆从北。"（北，违背。由两个"人"字背靠背表示。大凡北的部属都从北。）

"北"的本义是指背或相背，是"背"的本字。如《战国策·齐策六》："食人炊骨，士无反北之心。"

打了败仗逃跑时总是以背对敌，"北"由此引申指败、败逃。如"败北"就是战败之意。

古代君主面朝南坐，臣子朝见君主则面朝北，所以对人称臣为"北面"。"北面于燕"，就是对燕国称臣的意思。

⊙ 中

𢆷 𢆷 ψ 中
甲骨文　金文　小篆　楷书

"中"是象形字。甲骨文像一面直立的旗帜，居中的"口"表示"中间"之意。金文、小篆变得更加美观。隶变后楷书写作"中"。

《说文·丨部》："中，内也。从口；丨，上下通。"（中，纳入。从口；丨，表示上下通彻。）

"中"的本义为内、里，读作 zhōng。如柳宗元《笼鹰词》："草中狸鼠足为患，一夕十顾惊且伤。"意思是，草里的狸鼠之类足以成为祸害，一夜之中多次张望回顾，不断受惊受伤。

由内、里引申为中间，一定范围内部适中的位置。如"居中"。

由内、里又可引申指内心。如曹操《短歌行》："忧从中来，不可断绝。"

还可做动词，读作 zhòng。如成语"百发百中"，其中的"中"就是动词，射中。

⊙ 丰

豐 豐 豐 豐 丰
甲骨文　金文　小篆　楷书（繁体）　楷书

"丰"是会意字。甲骨文像一器物中盛着的样子，下面是豆（古代盛器），会盛有贵重物品的礼器之意。小篆整齐化。隶变后楷书写作"豐"。汉字简化后写作"丰"。

《说文·生部》："丰，草盛丰丰也。从生，上下达也。"（丰，草木丰盛。从生，（"生"的中竖向下延伸）表示上下通达。）

"丰"的本义是丰盛、茂盛。如曹操《观沧海》："树木丛生，百草丰茂。"引申指农作物收成好。如辛弃疾《西江月》："稻花香里说丰年。"进而引申指丰厚、富裕、富饶。

又用以形容丰满、美好的样子。如《旧唐书》中描述杨贵妃时说："太真姿质丰艳，善歌舞。"说的就是她身材丰满。

又引申指大、高大。如"丰碑"。

⊙ 电

𗂰 𗂰 𗂰 電 电
甲骨文　金文　小篆　楷书（繁体）　楷书

"电"本为象形字。甲骨文像闪电发光的样子，中间的三个小点表示雨点。金文从雨，从申，成了会意字。小篆整齐化。隶变后楷书写作"電"。汉字简化后写作"电"。

《说文·雨部》："電，阴阳激燿也。从雨，从申。"（電，阴气和阳气彼此冲击而发溅出来的光耀。由雨、由申会意。）

"电"的本义为闪电。如成语"电闪雷鸣""雷电交加"。

闪电的速度是很快的，故引申比喻迅速。如"风驰电掣"，意思是像风奔驰，像电闪过，形容非常迅速。

电也指一种重要的能源。如"发电""电流"。又特指电报。如"致电"。

⊙ 串

串 串 串 串
甲骨文　金文　小篆　楷书

"串"是象形兼指事字。与"毌"同源，都是由上图的甲骨文演变而来，像以绳或棍穿过物体之形。隶变后楷书写作

"毋"。后来分化出"串"字。

《说文》无。

"串"的本义为将物品连贯在一起，亦指连贯而成的物品。如"串珠子""串联"。引申指交错连接。如"电话串线""串味"。

又引申指走，到别人家走动。如"走家串户""串门"。也指担任戏曲角色。如"客串""串座"。由串在一起引申指勾结。如"串通一气""串供"。

用作量词，指穿在绳上的一组东西，尤指穿满的一串。如"一串葡萄""羊肉串"等。

⊙ 史

甲骨文　金文　小篆　楷书

"史"是会意字。甲骨文上部像捕捉禽兽的长柄网，下部是一只右手。金文与甲骨文的形体大致相同。小篆的形体承接金文而来。隶变后楷书写作"史"。

《说文·史部》："史，记事者也。从又持中；中，正也。凡史之属皆从史。"（史，记事的人。由"又"持握着"中"会意。中，是正的意思。大凡史的部属都从史。）

"史"的本义是指管理狩猎或记录猎获物的人。引申指古代掌管记载史事的官。如《左传·宣公二年》："董狐，古之良史也。"

又引申为记载历史的书称为"史"。如"历史书""史鉴"。

⊙ 由

甲骨文　金文　小篆　楷书

"由"是象形字。甲骨文、金文、小篆都像竹木编成的盛器。隶变后楷书写作"由"。

《说文》无。

"由"的本义为竹木编的盛器。此义后来写作"甾"。

用作名词，引申指原因、机缘、途径。如王安石《答司马谏议书》："无由会晤，不任区区向往之至。"

又引申指听凭、顺从。如"信马由缰""听天由命"。

用作介词，引进凭借、依据。如"由此可知"。进而引申指自、从。如"由衷""由表及里"。

⊙ 甲

甲骨文　金文　小篆　楷书

"甲"是象形字。甲骨文像古代武士身上穿的铁甲片之间的"十"字缝。金文的形体同于甲骨文。小篆的形体变得艺术化了。隶变后楷书写作"甲"。

《说文·甲部》："甲，东方之孟，阳气萌动，从木戴孚甲之像。一曰：人头宜为甲，甲像人头。凡甲之属皆从甲。"（甲，定位在东方，东方是五方之始（属木，木代表春天），春天，阳气萌生而运动，像草木顶戴着种子的甲壳的样子。另一义说：人头的腔颅叫甲，甲像人头。大凡甲的部属都从甲。）

"甲"的本义就是古代战士穿的护身衣、铠甲。如黄巢《不第后赋菊》："冲天香阵透长安，满城尽带黄金甲。"又可引申为动物身上起保护作用的硬壳。如"龟甲""鳞甲"。也指人或动物的指或趾上的角质硬壳。如"指甲""趾甲"。

"甲"还是旧时户口编制的一个单位。如"保甲"。

"甲"也用来表示天干的第一位，用以纪年、月、日。又引申为第一、冠军。如王正功《鹿鸣宴劝驾诗》："桂林山水甲天下。"

⊙ 凸

凸 凸

小篆　　楷书

"凸"是后起字，为指事字。楷书写作"凸"，是用一个抽象的符号来表示中间高于四周的形状。

《说文》无。

"凸"的本义为高出、高于周围的。如陆龟蒙《奉酬袭美先辈吴中苦雨一百韵》："先夸屋舍好，又恃头角凸。"

用作动词，指显现出来，使突出于周围、表面或范围之外。如《红楼梦》第七十六回："可知当日盖这园子时就有学问。这山之高处，就叫凸碧；山之低洼近水处，就叫作凹晶。"

⊙ 凹

凵 凹

小篆　　楷书

"凹"是后起字，为指事字。楷书写作"凹"，是用一个抽象的符号来表示中间低于四周的形状。

《说文》无。

"凹"本义指周围高、中间低。如陆游《书室明暖》："重帘不卷留香久，古砚微凹聚墨多。"

用作动词，指向内或向下陷进去。如曹禺《北京人》第三幕第二景："她的面色也因为一夜的疲倦而显得苍白，眼睛也有些凹陷。"

⊙ 书

　書　書　書　书

甲骨文　金文　小篆　楷书（繁体）　楷书

"书"本为会意字。甲骨文会手执笔书写之意。金文变成了从聿、者声的形声字。小篆与金文基本相似。隶变后楷书写作"書"。汉字简化后写作"书"。

《说文·聿部》："书，箸也。从聿，者声。"（书，写在竹帛上。从聿，者声。）

"书"的本义为著写、记载。如成语"罄竹难书"，字面意思就是（事情多到）把所有的竹子用尽也写不完。比喻事实（多指罪恶）很多，难以说尽。

引申为书写成的东西。如"篆书""隶书"。又引申指文件。如《乐府诗集·木兰诗》："军书十二卷，卷卷有爷名。"这里的"书"指军队的文件。

又引申指书籍、书信。如"家书"，就是指家信。

⊙ 临

　　臨　临

金文　小篆　楷书（繁体）　楷书

"临"本为会意字。金文像一个人俯着身子看很多器物，会人俯视下物之意。小篆变为从卧、品声的形声字。隶变后楷书写作"臨"。汉字简化后写作"临"。

《说文·卧部》："臨，监临也。从卧，品声。"（臨，临下监视。从卧，品声。）

"临"的本义为低头视物，从上向下看。如《史记·汉书·董仲舒传》："临渊羡鱼，不如退而结网。"引申指面对、遭遇。如《论语·述而》："临事而惧。"

又引申泛指到来、来到，常用作敬辞。如"莅临""光临"。又引申指靠近、接近。如成语"临阵磨枪"，意思是到了快要上阵打仗的时候才磨刀擦枪。比喻事到临头才匆忙准备。

又引申指照样子摹仿字画。如"临摹""临帖""临写"。

非

甲骨文　金文　小篆　楷书

"非"是象形字。甲骨文像截取了飞鸟一对分张的翅膀，会分张相背之意。金文大体相同。小篆整齐化。隶变后楷书写作"非"。

《说文·非部》："非，违也。从飛下翄，取其相背。凡非之属皆从非。"（非，违背。由"飛"字下面表示翅膀的部分构成，取两翅相背之意。大凡非的部属都从非。）

"非"的本义为违背。如《论语·颜渊》："非礼勿视，非礼勿听，非礼勿言，非礼勿动。"引申指不对、过失、邪恶。如"痛改前非""为非作歹"。

又引申指否定判断，相当于"不是"。如成语"人非圣贤，孰能无过"。

用作动词，指责怪、反对。如司马光《训俭示康》："人争非之，以为鄙吝。"

且

甲骨文　金文　小篆　楷书

"且"是象形字。甲骨文像雄性生殖器，是初民生殖崇拜的体现。金文和小篆变化不大。隶变后楷书写作"且"。

《说文·且部》："且，荐也。从几，足有二横，一其下地也。凡且之属皆从且。"（且，垫放物体的器具。从几；几足间有两横，（表示连足的桄）一，表示器具下的地。凡且的部属都从且。）

"且"的本义为雄性生殖器。引申为古代祭祖时放祭品的礼器，此义后作"俎"。也可表示祖先，此义后作"祖"。

后来"且"被借为虚词，主要作连词，表示递进，相当于"况且"；表示承接，相当于"并且"；表示并列，相当于"又"。

还用作副词，表示暂时、尚且、将要。

申

甲骨文　金文　小篆　楷书

"申"是象形字。甲骨文像雷雨天闪电舒张的形状。金文与甲骨文很相似。小篆将闪电拉直，线条化了。隶变后楷书写作"申"。

《说文·申部》："申，神也。七月，阴气成，体自申束。从臼，自持也。吏臣铺时听事，申旦政也。凡申之属皆从申。"（申，神明。（申）代表七月，这时阴气形成，它的体态，或自伸展，或自卷束。从臼，表示自我持控的意思。官吏在申时吃晚饭的时候听理公事，是为了申明早晨所布置的政务的完成情况。大凡申的部属都从申。）

"申"的本义为闪电。闪电在天空中是肆意伸展的，所以又泛指伸展、延长。不仅事物可以伸展开，事情和言谈也可以由一个点展开，故而还引申为把话语展开，陈述、表明。如成语"三令五申"，意思就是再三命令和说明。后来又特指下级向上级禀报、呈文。

"申"又借作地支的第九位，与天干相配，用以纪年、月、日、时。

丿部

匕

甲骨文　金文　小篆　楷书

"匕"是象形字。指古代用来在煮肉的鼎内取肉的长柄汤匙。金文、小篆的写法与甲骨文大致相同。隶变后楷书写作"匕"。

《说文·匕部》:"匕,相与比叙也。从反人。匕,亦所以用比取饭,一名柶。凡匕之属皆从匕。"（匕,一起比较而排列次序。由反向的"人"字表示。匕,也是用来舀取饭食的勺匙,又叫柶。大凡匕的部属都从匕。）

"匕"是"妣"的初文。但后世本义消亡,而借指汤匙。如《三国志·蜀书·先主传》:"先主方食,失匕箸。"

"匕"还可以表示箭镞。如《左传·昭公二十六年》:"匕入者三寸。"这是指箭头射入三寸的意思。又由箭镞引申指匕首。如马中锡《中山狼传》:"引匕刺狼。"

⊙ 九

甲骨文　金文　小篆　楷书

"九"为象形字。甲骨文像弯曲的长虫子。金文大体相同。小篆线条化,已经看不出虫的形状了。隶变后楷书写作"九"。

《说文·九部》:"九,阳之变也。象其屈曲究尽之形。凡九之属皆从九。"（九,阳的变数。像弯弯曲曲直到终尽的样子。大凡九的部属都从九。）

"九"的本义与虫有关,但后世其本义消亡,而被借用为数字。古人造字纪数,起于一,极于九,九是最大的个位数。凡形容极高、极大、极广、极远的事物,几乎都用"九"来形容。

在中国古代的世界观中,天地都是按"九"划分的。如《吕氏春秋·有始》:"天有九野,地有九州,上有九山,山有九塞,泽有九薮。"

由于"九"是最大的个位数,又常用来泛指多数。所谓的"九死"是指多次的死亡。

⊙ 乍

甲骨文　金文　小篆　楷书

"乍"是会意字。甲骨文和金文皆从刀,从卜。小篆整齐化。隶变楷书后写作"乍"。

《说文·亡部》:"乍,止也。一曰:亡也。从亡,从一。"（乍,制止。另一义说:乍是逃亡。由亡、由一会意。）

"乍"的本义为制作卜龟,读作 zuò。制作卜龟,是占卜的开始,故引申指制作、创造。

由开始灼烧引申指伸开、张开,读作zhà。如"乍翅""乍毛"。进而引申指因害怕而颤动。如"一惊一乍"。

用作副词,指初始、刚才。如"初来乍到"。

表示疑问语气,相当于"怎""哪"。如《西游记》第三十三回:"乍想到了此处,遭逢魔障,又被他遣山压了。"

⊙ 千

甲骨文　金文　小篆　楷书

"千"是会意字。甲骨文从十,从人。金文稍讹。小篆进一步线条化,就很难看出本来的意义了。隶变后楷书写作"千"。

《说文·十部》:"千,十百也。从十,从人。"（千,十个百。由十、由人会意。）

"千"的本义为数词。如"十百为千""盈千累万"。

泛指极多。如"千言万语""千方百计"。

⊙ 么

甲骨文　金文　小篆　楷书

"么"是象形字。甲骨文像一把细丝。

19

金文、小篆变化不大。隶变后楷书写作"麼"。汉字简化后，除用在"幺麼"一词中，其他都写作"么"。

《说文》无。

"么"读作yāo，本义为细小，此义如今用"幺"代替。

作"麼"的简化字时，同语气词"吗"，读作ma，用在句末表示疑问，如："去吗?"也可用在句中表示停顿，提醒注意。如："好处么，多得很。"

读作me，用作某些词的后缀。如"什么""怎么""多么"等。

还可用作歌词中的衬字。如"五月的花儿，红呀么红似火"。

⊙乏

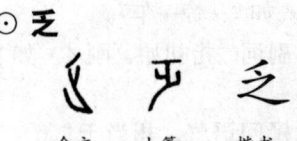

金文　小篆　楷书

"乏"是会意字。金文形体与"正"（远征）相似，但是有所歪斜，会远征疲劳而罢征之意。小篆的形体变为反过来的"正"字。隶变后楷书写作"乏"。

《说文·正部》："乏，《春秋传》曰：'反正为乏。'"（乏，《春秋左氏传》说："把'正'字反过来就成了'乏'字。"）

"乏"的本义为因疲乏而停止远征。引申泛指疲倦、困乏。如《新五代史·唐臣传·周德威》："因其劳乏而乘之，可以胜也。"

又引申指荒废、耽误。如《战国策·燕策》："虽然，光不敢以乏国事也。"

又引申指缺少、短缺、贫困。如"回天乏术""乏味"。

⊙丢

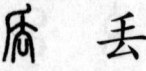

小篆　楷体

"丢"是会意字。小篆从一，从去，会一去不返之意。楷书写作"丢"。

《说文》无。

"丢"为宋元时出现的俗字，本义为扔弃。如"乱丢东西""丢盔弃甲"。

引申为遗失。如"丢面子""丢魂失魄"。

又引申为搁置、放。如"丢下工作"。

⊙乂

甲骨文　小篆　楷书

"乂"是象形字。甲骨文像剪除杂草的剪刀的原始形状。小篆的字形整齐化了。隶变后楷书写作"乂"。

《说文·丿部》："乂，芟草也。从丿，从乀，相交。"（乂，割草，由丿、由乀互相交叉会意。）

"乂"的本义为割草或收割谷类植物。引申指治理、安定。如《汉书·武五子传》："保国乂民。"

能治国安民是有本领的表现，故又引申指才能出众的人、杰出的人。如《尚书·皋陶谟》："俊乂在官。"其中的"俊乂"就是指才德出众的人。

⊙乓

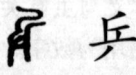

小篆　楷书

"乓"是后起字，为指事字。楷书写作"乓"，是用一个抽象的符号来描述声音。《说文》无。

"乓"的本义为象声词，描摹枪弹击中金属障碍物时的尖锐声响。如"乓一声枪响"。

一般"乒乓"连用，表示连续不断的声音。如"雹子打在窗户上，乒乒乓乓的"。

另外，"乓"还可以表示乒乓球。如

"乒坛""世乒赛"。

⊙ 乓

小篆　楷书

"乓"是后起字，为指事字。楷书写作"乓"，是用一个抽象的符号来描述声音。

《说文》无。

"乓"的本义为象声词，描摹突然而强烈的响声。如"门乓的一声关上了"。

⊙ 生

甲骨文　金文　小篆　楷书

"生"是象形字。甲骨文、金文都像一棵植物在地上生长出来的样子。小篆整齐化。隶变后楷书写作"生"。

《说文·生部》："生，进也。象草木生出土上。凡生之属皆从生。"（生，长进。像草木从土上生出。大凡生的部属都从生。）

"生"的本义为草木生长出土。引申指生育、发生、产生。如"无事生非""无中生有"。

由生长引申指生存、存活。如《史记·廉颇蔺相如传》："今两虎共斗，其势不俱生。"进而引申为生存的期限。如"一生""毕生"。

又引申指生计、生活。如"谋生""营生"。

"生"还有与"熟"相对的意义。引申指陌生、生疏。如"生人""生字"。

"生"又指门徒、弟子。也作为对男青年的称呼。如"晚生"。还指戏曲中扮演男子的角色名称。如"小生""武生""老生"。

⊙ 川

甲骨文　金文　小篆　楷书

"川"是象形字。甲骨文像一条河流，中间的五个点表示河流中的漩涡。金文有所简化，但大体相同。小篆的形体和金文相似。隶变后楷书写作"川"。

《说文·川部》："川，贯穿通流水也。如《虞书》曰：'濬〈〈，距川。'言深〈〈之水会为川也。凡川之属皆从川。"（川，使水贯穿通流。《虞书》说："濬（jùn）〈（quǎn）〈〈（kuài）距川。"是说深深地疏通畎浍之类的田间水沟，使它们会合成为大川。大凡川的部属都从川。）

"川"的本义为河流。如《诗经·小雅·天保》："如川之方至。"意思是像河流奔涌而来。

河流流经之地，往往容易形成广阔平坦之地，故引申为平野、平地。如成语"一马平川"，指的是能够纵马疾驰的一片广阔平地，即广阔的平原。

"川"是个部首字。凡由"川"组成的字大都与水有关。如"州""邕""巟"等字。

⊙ 乔

金文　小篆　楷书（繁体）　楷书

"乔"为会意字。金文从止（脚），从高，会踩高跷之意。小篆从夭（低昂起舞之人），从高，会踩高跷跳舞之意。隶变后楷书写作"喬"。汉字简化后写作"乔"。

《说文·夭部》："喬，高而曲也。从夭，从高省。"（喬，高而上部弯曲。由夭、由高省会意。）

"乔"的本义为高。如《诗经·小雅·伐木》："出自幽谷，迁于乔木。"意思是,(鸟儿)从深山幽谷飞出来,迁居于高大的树林中。"乔迁"一词即出于此,一般用于贺人迁入新居或官职升迁。如张籍《赠殷山人》:"满堂虚左待,众目望乔迁。"

又引申指假扮、做作。如"乔装打扮"就是指改变服饰装扮,以隐藏原来的身份。

⊙ 年

甲骨文　金文　小篆　楷书

"年"本为会意字。甲骨文从禾,从人,会禾谷成熟,人在负禾之意。金文承接甲骨文而来。小篆变为从禾、千声的形声字。隶变后楷书写作"年"。

《说文·禾部》:"年,谷孰也。从禾,千声。《春秋传》曰:'大有季。'"(年,五谷成熟。从禾,千声。《春秋左氏传》说:"五谷大熟。")

"年"的本义是谷熟,即年成。如《谷梁传·桓公三年》:"五谷皆熟为有年。"

庄稼一年一熟,所以"年"引申为时间单位。如刘希夷《代悲白头翁》:"年年岁岁花相似,岁岁年年人不同。"

又引申指年龄。如"童年""壮年"。进而引申指寿命。如曹操《龟虽寿》:"养怡之福,可得永年。"其中"永年"就是长寿的意思。

⊙ 失

金文　小篆　楷书

"失"是会意字。金文从手,像有物从手中滑落之状,会遗失之意。小篆整齐化。隶变后楷书写作"失"。

《说文·手部》:"失,纵也。从手,乙声。"(失,放(手而掉落)。从手,乙声。)

"失"的本义是丢失。如"塞翁失马,

焉知非福",比喻虽然暂时遭受损失,却也许因此而得到好处。也指坏事可能会转变为好事。

引申为没控制住,没把握住。如"失手"。又引申为改变。如"大惊失色"。又引申为错过、耽误。如"时不可失,失不再来"。

用作名词时,指过失。如"智者千虑,必有一失"。

⊙ 向

甲骨文　金文　小篆　楷书

"向"是象形字。甲骨文像屋墙上有窗户之形。金文和小篆承接甲骨文,变化不大。隶变后楷书写作"向"。

《说文·宀部》:"向,北出牖也。从宀,从口。如《诗》曰:'塞向墐户。'"(向,朝北开出的窗子。由宀、由口会意。《诗经》说:"塞住朝北的窗子,用泥巴涂住门缝。")

"向"的本义为北开的窗户。所以引申泛指窗户。如"闭户塞向",指把门和窗户关上。

引申为方位。如"风向""去向"。进而引申指朝向。如《木兰诗》:"磨刀霍霍向猪羊。"

又引申出偏袒的意思。如:"你不公平,老向着他。"

⊙ 丘

甲骨文　金文　小篆　楷书

"丘"是象形字。甲骨文像有两个山峰的山丘。金文像两山之间有一条大沟的形状。小篆承接金文,并整齐化、线条化。隶变后楷书写作"丘"。

《说文·丘部》:"丘,土之高也,非人

所为也。从北，从一。一，地也，人居在丘南，故从北。中邦之居，在昆仑东南。一曰：四方高，中央下为丘。象形。凡丘之属皆从丘。"（丘，高高的土堆，不是人力堆造的。由北、由一会意。一，表示地。人们住在丘的南面，所以由"北"字会意。中国的集居之处，在昆仑山的东南。另一义说：四方高而中央低叫丘。象形。大凡丘的部属都从丘。）

"丘"的本义为小山、土山。如"土丘""丘壑"。引申指土丘状的坟墓或丘墟。如《古诗十九首》之《去者日已疏》："出郭门直视，但见丘与坟。"

⊙囟

甲骨文　小篆　楷书

"囟"是象形字。甲骨文像人头的形状，中间的"×"表示小儿头上的"囟门"。小篆的形体大致相同。隶变后楷书写作"囟"。

《说文·囟部》："囟，头会，匘盖也。象形。凡囟之属皆从囟。"（囟，头骨会合的地方，大脑的盖。象形。大凡囟的部属都从囟。）

"囟"的本义为囟门，即婴儿头顶骨未合缝处。如《礼记·内则》："囟是首脑之上缝。"

⊙丹

甲骨文　金文　小篆　楷书

"丹"是指事字。甲骨文像一口矿井，井中的一小横像矿井中的矿石丹砂。金文中，一小横变为一点。小篆线条化。隶变后楷书写作"丹"。

《说文·丹部》："丹，巴越之赤石也。象采丹井，一象丹形。凡丹之属皆从丹。"（丹，巴郡、南越出产的朱砂。像采掘朱砂的井，一，像朱砂之形。大凡丹的部属都从丹。）

"丹"的本义为丹砂、朱砂，是一种含汞的红色矿物。如《史记·陈涉世家》："乃丹书帛曰'陈胜王'，置入所罾鱼腹中。"

引申指像丹砂的颜色，即红色。如红色的抱柱叫"丹柱"，宫殿前丹漆之阶叫"丹墀"。

"丹"还有赤诚之义。如文天祥《过零丁洋》："人生自古谁无死，留取丹心照汗青。"

⊙及

甲骨文　金文　小篆　楷书

"及"是会意字。甲骨文像一手从后面抓住一个人的样子。金文像一个弯腰的人被背后伸过来的一只右手捉住了腿。小篆承接金文而来。隶变后楷书写作"及"。

《说文·又部》："及，逮也。从又，从人。"（及，追上。由又、由人会意。）

"及"的本义就是追上或赶上。如"赶不及""企及"。

由追上引申为到或至。如"及第"指古代科举考试中选，特指考取进士。又引申为比得上。如李白《赠汪伦》："桃花潭水深千尺，不及汪伦送我情。"

作连词，相当于"和""跟""以及"。如"孔子及门人"。作介词，还可以表示趁着。如"及早""及锋而试"。

⊙禹

金文　小篆　楷书

"禹"是象形字。金文像叉子叉住一条头、身、尾俱全的长虫之形，突出了头

23

部。小篆整齐化、线条化。隶变后楷书写作"禹"。

《说文·内部》："禹，虫也。从内，象形。"（禹，虫名。从内，𠫔像头部之形。）

"禹"的本义为虫。古代的夏部落以虫为族徽，故借之指传说中夏朝的开国之君、鲧的儿子。如《尚书序》："禹别九州，随山浚川。"

⊙ 朱

米 米 米 朱

甲骨文　金文　小篆　楷书

"朱"是指事字。甲骨文的字形像一棵大树，中间的一小横是指事符号，指明这棵树木的树心是红色的。金文与甲骨文大致相同。隶变后楷书写作"朱"。

《说文·木部》："朱，赤心木，松柏属。从木，一在其中。"（朱，赤心树木。松柏一类。从木，一，标志着树木的中心。）

"朱"的本义是指松柏一类的红心树木。引申指红色。后世都用"朱"的引申义。

古代的"朱门"本指红漆大门。而这种红漆大门是古代公侯贵族住宅的大门，是尊贵和特权的象征，所以人们就以"朱门"代表豪门。如杜甫《自京赴奉先县咏怀五百字》："朱门酒肉臭，路有冻死骨。"

⊙ 乌

乌 乌 烏 乌

金文　小篆　楷书（繁体）　楷书

"乌"是象形字。金文像乌鸦张口伸颈扇翅鸣叫之形。小篆线条化，而且因为乌鸦全黑，眼睛与毛色一样，所以没有突出眼睛，以此来表示这是乌鸦。隶变后楷书写作"烏"。汉字简化后写作"乌"。

《说文·乌部》："烏，孝鸟也。象形。孔子曰：'乌，吁呼也。'取其助气，故以

为乌呼。凡乌之属皆从乌。"（乌，孝顺的乌。像乌鸟之形。孔子说："乌，舒气自呼的意思。"取乌的声音用来帮助语气，所以借它来作"乌呼"的"乌"字。大凡乌的部属都从乌。）

"乌"的本义是乌鸦。如屈原《涉江》："燕雀乌鹊。"

在古代神话传说中，太阳中有三足乌，所以"乌"又被用作太阳的代称。如"乌飞兔走"指日月流逝，形容光阴过得很快。

因为乌鸦是黑色的，所以黑色的东西也泛称"乌"。如"乌鸡""乌云"。

⊙ 册

册 册 册 册

甲骨文　金文　小篆　楷书

"册"是象形字。甲骨文像编简成册之形。金文、小篆字形变化不大，只是整齐化了。隶变后楷书写作"册"。

《说文·册部》："册，符命也。诸侯进受于王也。象其札一长一短；中有二编之形。凡册之属皆从册。"（册，符信教命。诸侯进朝从王者处接受的简策。𠕋像那简札一长一短的样子，中间的𠀎表示有两道连竹简的绳子。大凡册的部属都从册。）

"册"的本义为古代编串在一起用来书写的竹简。如"简册"。引申指装订好的本子。如"装订成册""画册"。

到了后来，"册"又引申特指皇帝的诏书，进而引申指册封、册立。如《新唐书·百官至》："凡册太子，则授玺、绶。"意思是说册封太子，则授予其印绶。

⊙ 系

系 系 系 系

甲骨文　金文　小篆　楷书

"系"是象形字。甲骨文像一只手抓着两束丝，会用手把丝线拴绑、系结之意。

金文复杂化，但其意未变。小篆承接金文并有所简化。隶变后楷书写作"系"。

《说文·系部》："系，繫也。从糸，丿声。凡系之属皆从系。"（系，相联系。从糸，丿声。大凡系的部属都从系。）

"系"的本义是系结、拴绑。引申为连接。如《晋书·郤洗传》："圣明系踵。"意思是圣明的人才，接踵而来。后来又引申为系统、世系。

又引申指牵涉、关连。如白居易《谕友》："穷通各问命，不系才不才。"

用作动词，表示打结，读作 jì。如"把鞋带系上"。

⊙ 卑

金文　小篆　楷书

"卑"是会意字。金文像左手持一粗糙的酒器之形，会执事供役使之意。小篆上边的酒器讹为"甲"。隶变后楷书写作"卑"。

《说文·十部》："卑，贱也。执事也。从十甲。"（卑，卑贱。办事。由十、甲会意。）

"卑"的本义是手执酒器。因为执酒器为尊者酌酒的人是低下之人，故引申为地位低微。如陆游《病起书怀》："位卑未敢忘忧国。"

又引申为低劣、低下。如宋濂《送东阳马生序》："非天质之卑，则必不若余之专耳。"又引申为谦恭。如常用的"谦卑"就是取的此义。

⊙ 重

金文　小篆　楷书

"重"是会意字。金文像一个人背负了一个沉重的囊袋站着。小篆的写法变得复杂了。隶变后楷书写作"重"。

《说文·重部》："重，厚也。从壬，东声。凡重之属皆从重。"（重，厚重。从壬，东声。大凡重的部属都从重。）

"重"的本义表示东西重，与"轻"相对，读作 zhòng。引申指重要、紧要。如"重任"。还引申指庄重、沉稳。如"稳重"。

还读作 chóng，表示重复。如陆游《游山西村》："山重水复疑无路，柳暗花明又一村。"又引申指层层、重叠。

用作副词，表示再一次、重新。如范仲淹《岳阳楼记》："乃重修岳阳楼。"

用作量词。如王安石《泊船瓜洲》："京口瓜洲一水间，钟山只隔数重山。"

⊙ 长

甲骨文　金文　小篆　楷书（繁体）　楷书

"长"是象形字。甲骨文像一位老人拄杖而立之形。隶变后楷书写作"長"。汉字简化后写作"长"。

《说文·長部》："長，久远也。从兀，从匕。兀者，高远意也。久则变化。亡声。匕者，倒亡也。凡长之属皆从长。"（長，长久；长远。由兀、由匕会意。兀是高而又远的意思。匕表示长久就变化。亡表声。長字上部的"匕"，是倒写的"亡"字。大凡长的部属都从长。）

"长"的本义是老年人，读作 zhǎng。进而引申指岁数大、年岁高。年岁高的老人，就是长者，故又引申指辈分高。还特指兄长或兄弟姊妹中年龄最大的。

进而引申指排行第一。泛指各方面的主管。

又读作 cháng，本义为年长发长。古人是不能随便剪头发的，所以一般长者的头发很长，于是有了"长短"之"长"。泛指空间上距离遥远，时间上相隔久远。引申指大、高。如《古诗为焦仲卿妻作》："今日被驱遣，小姑如我长。"也表示长度、长处。

⊙ 升

灵 弓 秀 升

甲骨文 金文 小篆 楷书

"升"是象形字。甲骨文从斗，小点象征用斗挹起酒浆，表示举觞进献之意。金文大体相同，但省去了两点。小篆发生讹变，已经看不出原意了。隶变后楷书写作"升"。

《说文·斗部》："升，十龠也。从斗，亦象形。"（升，二十合。从斗，也是象形字。）

"升"的本义是一种量粮食的容器，容积是斗的十分之一。后来做容量单位，表示一斗的十分之一。

用作动词也指进奉、进献。进献宝物时要双手上举，以表虔诚尊敬之意，故而又引申指升起。也指官员升职。

⊙ 后

复 後 後 後 后

甲骨文 金文 小篆 楷书（繁体） 楷书

"后"是会意字。甲骨文从女，从倒向的"子"。金文承接甲骨文。小篆整齐化。隶变后楷书写作"后"。

《说文·后部》："后，继体君也。象人之形。施令以告四方，故厂之。从一口。发号者，君后也。凡后之属皆从后。"（后，继承王位的君主。"尸"像人的形状。君王发布命令来昭告四方，所以用厂来表示发施命令牵引四方的意思。由一、口会意，表示发布号令的人，只有君后。大凡后的部属都从后。）

"后"的本义是君主、帝王。又引申指帝王的妻子。如"王后"。

做"後"的简化字时，本义为走在后面，落后。由此引申为时间上的迟、晚。又特指年轻人、后辈。如"后生可畏"。

⊙ 乐

屮 屮 樂 樂 乐

甲骨文 金文 小篆 楷书（繁体） 楷书

"乐"是象形字。甲骨文的字形表示在木的上面有两股丝质的琴弦，像古代的琴。金文字形在中间加"白"，像调弦之器。隶变后楷书写作"樂"。汉字简化后写作"乐"。

《说文·木部》："樂，五声八音总名。"（樂，五声、八音的总称。）

"乐"的本义为乐器，读作 yuè。

音乐使人愉快，所以又引申为快乐，此时读作 lè。不仅音乐能愉悦人的心境，做自己喜欢做的事也能使人快乐，所以又引申出对某事甘心情愿之意。如"乐此不疲""乐善好施"。

做动词时，读 yào，意为喜好。如《论语·雍也》："知（智）者乐水，仁者乐山。"

⊙ 用

屮 用 用 用

甲骨文 金文 小篆 楷书

"用"是象形字。甲骨文像一只木桶，可见"用"是"桶"的初文。金文与甲骨文一脉相承。小篆的写法进一步线条化。隶变后楷书写作"用"。

《说文·用部》："用，可施行也。从卜，从中。衞宏说。凡用之属皆从用。"（用，可以施行。由卜、由中会意。是卫宏的说法。大凡用的部属都从用。）

"用"的本义为桶。桶是常用之物，所以引申为使用、采用。

器物可以使用，资源财货也可以使用，所以"用"后来又引申指可用的资源、财货。

⊙ 午

甲骨文　　金文　　小篆　　楷书

"午"是象形字。是"杵"的本字。甲骨文像两头粗圆、中间有一细腰，用来舂米的杵。隶变后楷书写作"午"。

《说文·午部》："午，啎也。五月，阴气午逆阳。冒地而出。此予矢同意。凡午之属皆从午。"（午，逆反。（午）代表五月，这时阴气逆犯阳气，顶触地面而冒出。这个字与"矢"字的构字原则相同（都表示贯穿）。大凡午的部属都从午。）

"午"的本义是杵。以"杵"捣"臼"才能舂出白米，所以"午"有抵触或违反之义。

后来"午"被借用为地支的第七位，指中午。所谓"半夜子时，正晌午时"，后者即中午十一时到下午一时。其本义则被形声字"杵"所代替，从此，"午"和"杵"有了明确的分工。

"午"是个部首字。凡由"午"组成的字，大都与违反或抵触义有关。如"啎"。

⊙ 夭

甲骨文　　金文　　小篆　　楷书

"夭"是象形字。甲骨文字形像一个人弯曲两臂摆动的样子。金文和小篆都直接由甲骨文演化而来。隶变后楷书写作"夭"。

《说文·夭部》："夭，屈也。从大，象形。凡夭之属皆从夭。"（夭，弯曲。从大，像头弯曲的样子。大凡夭的部属都从夭。）

"夭"的本义是屈。但是屈得过头了，就会折断。所以由屈引申为折、短命，可称为"夭折"。人们也把未做完的事称为"夭折"，有半途而废之义。

"夭"的字形，是人弯曲两臂摆动，好像在跳舞的样子，所以也用来形容女子美丽姣好。如"夭秀"。自古总是美人名花相互映衬，所以还用来表示花开茂盛。如"夭桃秾李"。

⊙ 乘

甲骨文　　金文　　小篆　　楷书

"乘"是会意字。甲骨文字形像一个人站在一棵树上，会登上之意。金文形体大致相同。小篆中的"人"形已经不太像了。隶变后楷书写作"乘"。

《说文》无。

"乘"的本义为登上，读作 chéng。古人多以马匹代步，由于马匹高大，上面都配有马镫，这样一来，上马与登山就有了相似之处，所以"乘"引申指骑、坐。骑马可以提高速度、节省脚力，是凭借外力来实现目的，所以引申为利用、倚仗、凭借。但若登在人身上，那就是欺负人了，故而又引申为欺凌。

又读作 shèng，作量词时，意为辆。作数词时，意为四。在古籍中，所谓"乘矢"，就是四支箭；"乘壶"，就是四把壶。

⊙ 舞

甲骨文　　金文　　小篆　　楷书

"舞"是象形字。甲骨文字形像一个人手持牛尾翩翩起舞之形。金文、小篆复杂化，另加义符"舛"（表示两只方向相反的脚），强调手舞足蹈。隶变后楷书写作"舞"。

《说文·舛部》："舞，乐也。用足相背，从舛，无声。"（舞，乐的一种形式。用两足相背，表示起舞踩踏，所以从舛，无声。）

"舞"的本义就是舞蹈。如《史记·项羽本纪》:"军中无以为乐,请以剑舞。"成语"项庄舞剑,意在沛公"即出于此。

由跳舞引申出舞弄、玩弄之意。如"舞文弄墨""徇私舞弊"。

丶 部

⊙ 之

业　业　业　之
甲骨文　金文　小篆　楷书

"之"是指事字。甲骨文下部一条横线表示这个地方,横线上部是一只脚趾朝上的脚,表示从这里出发的意思。金文、小篆大致相同。隶变后楷书写作"之"。

《说文·之部》:"之,出也。象草过中,枝茎益大,有所之。一者,地也。凡之之属皆从之。"(之,长出。像草经过了中的阶段,枝和茎渐渐长大,有滋长而出的样子。一,表示地。大凡之的部属都从之。)

"之"的本义是往或到。如《汉书·高帝纪》:"十一月,沛公引兵之薛。"

可做代词,当这、此讲,又当它(她、他)讲。如"求之不得""取而代之"。

用作结构助词,相当于"的"。如"以子之矛,攻子之盾"。

⊙ 州

州　州　州　州
甲骨文　金文　小篆　楷书

"州"是象形字。甲骨文自上而下的三条曲线表示河流,中间的小圆圈表示水中的一块陆地。金文、小篆与甲骨文大致相同。隶变后楷书写作"州"。

《说文·川部》:"州,水中可居曰州,周绕其旁,从重川。昔尧遭洪水,民居水中高土,或曰九州。"(州,水中可以居住的地方叫州,四周的水围绕在它的旁边,由两个"川"字叠起来会意。过去尧那个时代遇上洪水,百姓居住在水中高土上,有人叫这些高土作九州。)

"州"的本义为水中陆地。如《诗经·周南·关雎》:"关关雎鸠,在河之州。"

相传尧时爆发了大洪水,人民居住在水中的高土上。大禹治水后,将其领域分为九州。后来就以"九州"泛指天下、全中国。如陆游《示儿》:"死去元知万事空,但悲不见九州同。"

⊙ 主

坐　坐　坐　主
甲骨文　金文　小篆　楷书

"主"是象形字。是"炷"的本字。甲骨文下部像灯碗、灯座,上部像点燃的火苗之形。小篆与甲骨文大致相同。隶变后楷书写作"主"。

《说文·丶部》:"主,灯中火主也。从呈,象形。从丶,丶亦声。"(主,灯中的火炷。从呈,像灯盏、灯架之形;从丶,丶也表声。)

"主"的本义是指灯头火焰。此义后来写作"炷"。灯头火焰是灯的中心主体,故引申指最主要的、最基本的。进而引申指主人、君主、首领,也可以作为天子或王侯的女儿的简称。

又由主体引申为对事物所持的见解、意见。如"主意""主张"。

⊙ 举

举　举　舉　舉　举
甲骨文　金文　小篆　楷书(繁体)　楷书

"举"是会意兼形声字。甲骨文上边是子,下边是一个人双手举起,会大人举起孩子之意。金文变成了四只手。小篆更加复杂,从手从與(四手共举)会意,與兼表声。隶变后楷书写作"舉"。汉字简化后写作"举"。

《说文·手部》:"舉,对舉也。从手,与声。"(舉,两手相对而舉。从手,与声。)

"举"的本义是双手向上托举。把事物举起来,那么事物就是在高处的,因此引申泛指抬起、昂起。又引申为张开。事物被举起来,是人的行为和动作。所以"举"又表示动作、行为。如"一举一动"。还引申指发动、攻下。

用作虚词,即范围副词,表示全。

⊙头

頭 頭 头

小篆　楷书(繁体)　楷书

"头"是形声兼会意字。小篆从頁(头),豆声,豆兼表像豆器一样之意。隶变后楷书写作"頭"。汉字简化后写作"头"。

《说文·頁部》:"頭,首也。从頁,豆声。"(頭,头脑的总称。从頁,豆声。)

"头"的本义为人体最上部或动物最前部,长着口、耳、鼻、眼等器官的部分。头是人和动物的顶端,因此"头"又引申指物体的顶端、末梢或两端。残余部分一般在末梢部位,因此"头儿"又指事物的残余部分。如"烟头儿""铅笔头儿"。

一个群体的为首者好似个体的头部,故又引申指首领、首脑。进而又引申指次序在先的、第一的。如"头一个"。

还用作量词,来计量牲畜或野兽。如"一头猪"。

⊙为

為 為 爲 爲 為 为

甲骨文 金文 小篆 楷书(繁体) 楷体(繁体) 楷体

"为"是会意字。甲骨文上部为手,其下是仰着头、尾朝下的一头大象,会手牵着大象去劳动之意。隶变后楷书写作"爲"和"為"。汉字简化后写作"为"。

《说文·爪部》:"爲,母猴也。其为禽好爪。爪,母猴象也。下腹为母猴形。王育曰:'爪,象形也。'"(爲,猕猴。猕猴作为走兽,喜欢用爪子。爪子,是猕猴的象征。字的下腹部是猕猴的形体。王育说:"爪,是象形字。")

"为"的本义是作为,做、干。读作wéi。由做引申为造、制、成为、变成。又引申为治理。

读wèi时,多数情况下做介词用。一是表示行为的对象,有给、替的意思;二是与"而"相呼应,表目的。有时还可以做连词,表因果,相当于"因为"。某些时候也能表示被动。

乙部

⊙乙

乙 乙 乙 乙

甲骨文　金文　小篆　楷书

"乙"是象形字。甲骨文像一根弯曲的曲线,有如鱼肠。金文、小篆大致相同。隶变后楷书写作"乙"。

《说文·乙部》:"乙,象春草木冤曲而出,阴气尚彊,其出乙乙也。与丨同意。乙承甲,象人颈。凡乙之属皆从乙。"(乙,像春天草木弯弯曲曲地长出地面,这时阴气还强大,草木长出十分困难。用"乙"表示草木的长出,与牵引向上而行的"丨"用意相同。乙继承了甲,像人的颈脖。大凡乙的部属都从乙。)

"乙"的本义为鱼肠,但后世已经不用了。

"乙"还做标志、符号讲。如《史记·滑稽列传》:"人主从上方读之,止,辄乙其处,读之二月乃尽。"这里是指画

"乙"字形状的符号,是旧时读书时用来标志暂停的地方。如今编辑在文章中勾进增补的字称为"涂乙"。

后来又假借为天干第二位。

⊙ 也

金文　小篆　楷书

"也"是象形字。金文很像古代的一种盥器"匜(yí)"。小篆的写法与金文相似。隶变后楷书写作"也"。

《说文·乁部》:"也,女阴也。象形。"(也,女人的阴部。象形。)

"也"的本义为一种盥洗器具,是"匜"的初文。

做语气词用,放在句尾,表示判断或肯定。如《韩非子·五蠹》:"皆守株之类也。"

用在句末,也可以表示疑问,相当于"呢""吗"。如《史记·陈涉世家》:"若为佣耕,何富贵也?"意思是,你是受雇用帮人耕作的,怎么会富贵呢?

有时"也"字也放在句中,多表示语气的停顿,以提起下文。如袁枚《黄生借书说》:"知幸与不幸,则其读书也必专,而其归书也必速。"

⊙ 予

小篆　楷书

"予"是会意字。小篆像上下两个织布梭子尖端交错之状,其中一只还有线引出,用以会梭子推来推去之意。隶变后楷书写作"予"。

《说文·予部》:"予,推予也。象相予之形。凡予之属皆从予。"(予,举物给别人。像用手举物交付给别人的样子。大凡予的部属都从予。)

"予"的本义为授予、给予。如《老子》第三十六章:"将欲夺之,必固予之。"引申指赞许、称誉。如《荀子·大略》:"言味者予易牙,言音者予师旷。"

又假借为"余",代词,我。如周敦颐《爱莲说》:"予独爱莲之出淤泥而不染。"

⊙ 飞

小篆　楷书(繁体)　楷书

"飞"是象形字。小篆字形下面像展开的双翼,上面像鸟头。隶变后楷书写作"飛"。汉字简化后写作"飞"。

《说文·飛部》:"飛,鸟翥也。象形。凡飛之属皆从飛。"(飛,鸟向上飞,像鸟飞之形。大凡飞的部属都从飞。)

"飞"的本义为鸟飞翔。如陶渊明《归去来兮辞》:"鸟倦飞而知还。"引申指其他动物飞翔。如《周易》:"飞龙在天,利见大人。"

又引申指物体随风在空中飘游浮荡。如苏轼《念奴娇·赤壁怀古》:"谈笑间,樯橹灰飞烟灭。"

又引申指意外的、突然的。如"飞来横祸"。

用作动词,表示迅速前进。如《乐府诗集·木兰诗》:"万里赴戎机,关山度若飞。"

⊙ 乡

甲骨文　金文　小篆　楷书

"乡"是会意字。甲骨文像两个人对着盛有食物的器皿,会两人相对而食之意。金文、小篆整齐化。隶变后楷书写作"乡"。

《说文》无。

"乡"的本义为两人相对而食。引申

泛指用酒食款待别人。此义后来另加义符"食"，写作"飨"来表示。

后又引申为基层行政区域名。如"乡长""乡镇"。又引申指出生的地方、家乡。如"离乡背井""衣锦还乡"。

又引申泛指处所、地区。如王维《九月九日忆山东兄弟》："独在异乡为异客，每逢佳节倍思亲。"

⊙ 乳

乳 乳 乳

甲骨文　　小篆　　楷书

"乳"是象形字。甲骨文像妇女双手抱子在胸前喂奶之形。小篆的形体发生了讹变。隶变后楷书写作"乳"。

《说文·乙部》："乳，人及鸟生子曰乳，兽曰产。从孚，从乙。乙者，玄鸟也。"（乳，人生育子女以及鸟孵化雏鸟叫作乳，兽生幼兽叫作产。由孚、由乙会意。乙，表示黑色的燕子。）

"乳"的本义为喂奶、吃奶。如林嗣环《口技》："妇抚儿乳。"

用作名词，指乳房。如魏学洢《核舟记》："佛印绝类弥勒，袒胸露乳。"引申指乳汁。如《魏书·王琚传》："常饮牛乳，色如处子。"

又引申指初生的、幼小的。如鲍照《咏采桑》："乳燕逐草虫，巢蜂拾花萼。"

⊙ 习

習 習 習 习

甲骨文　　小篆　　楷书（繁体）　楷书

"习"是会意字。甲骨文从羽，从日，会鸟儿在日光下练习飞翔之意。小篆中，"日"字误变为"白"字。隶变后楷书写作"習"。汉字简化后写作"习"。

《说文·習部》："習，数飞也。从羽，从白。凡習之属皆从習。"（習，鸟儿频频试飞。由羽、由白会意。大凡習的部属都从習。）

"习"的本义是小鸟反复练飞。引申为反复练习、钻研。如《论语·学而》："学而时习之，不亦说乎？"

又引申为学习。如"修文习武""习艺"。

经过反复地接触和练习，人们必然会对事物熟悉，因此"习"又引申为对某事熟悉。如"习以为常""习见"。

⊙ 承

承 承 承 承

甲骨文　　金文　　小篆　　楷书

"承"是会意字。甲骨文像一个屈膝的人做授物之形，下有一双手做出接受的样子。金文大体相同。小篆下边又加了一只手。隶变后楷书写作"承"。

《说文·手部》："承，奉也，受也。从手，从卩，从収。"（承，捧授；收受。由手、由卩、由収会意。）

"承"的本义是捧。又引申为继承、接续。如《后汉书·班彪列传》："汉承秦制。"是说汉代继承了秦朝的典章制度。

"承"还可以表示顺从、侍奉。如"承欢膝下""承颜"。

用作敬词，表示客气。如"承蒙夸奖"。

⊙ 乱

乱 亂 亂 乱

金文　　小篆　　楷书（繁体）　楷书

"乱"是会意字。金文从爪（手），从又（手），从丝，会两手整理架子上散乱的丝线之意。隶变后楷书写作"亂"。汉字简化后写作"乱"。

《说文·乙部》："亂，治也。从乙，乙，

治之也；从屬。"（乱，治理。从乙，乙，表示把曲乱的治理为通达的；从屬。）

"乱"的本义为整理乱丝。由此引申为治理。我们现在常说的"乱臣贼子"指的是朝廷里作乱的人。但"乱臣"原本指善于治理政务的大臣。

丝线是混乱不顺的，所以"乱"引申为混乱、无秩序。国家秩序混乱，常常导致征伐不断、生灵涂炭，所以"乱"又引申为不太平。

⊙ 乞

甲骨文　金文　小篆　楷书

"乞"是象形字。甲骨文像飘浮的云气之形。金文中，"乞"和"气"是同一个形体，也像云气的形状。隶变后楷书写作"乞"。

《说文》无。

"乞"的本义为向人求讨。求讨，就是请求别人给予某物，所以引申指请求、希望。一般人都是遇到难处才会向别人求讨，但还有一批人是专靠要饭要钱过活的，所以"乞"也用作名词，专指乞丐。

⊙ 民

金文　小篆　楷书

"民"是象形字。金文像以锐物刺左目之形。小篆整齐化、线条化。隶变后楷书写作"民"。

《说文·民部》："民，众萌也。凡民之属皆从民。"（民，众人懵懵无知的样子。大凡民的部属都从民。）

古时候，俘获敌人则刺瞎其左眼用为奴。所以"民"的本义是奴隶。奴与主相对，百姓与君王、官员相对，因此"民"引申指百姓。如"人民"。

百姓不生活在宫廷中，身份低微、财富微薄，故而"民"用作形容词，指民间的。

⊙ 丑

甲骨文　金文　小篆　楷书（繁体）　楷书

"丑"是象形字。甲骨文从又（手），像手指钩曲用力揪物形，表示揪扭之义。金文将钩指连在一块。小篆整齐化。隶变后楷书写作"丑"。

《说文·丑部》："丑，纽也。十二月，万物动，用事。象手之形。时加丑，亦举手时也。凡丑之属皆从丑。"（丑，阴气坚固的纽结已经渐渐缓解。丑代表十二月（这时阴气上通），万物发动，将用农事。丑像手的形状。一天临上丑时，也是人们举手有为之时。大凡丑的部属都从丑。）

"丑"的本义是揪扭。后来被借用为地支名，即地支的第二位，与天干相配，用来纪时、纪年，并且跟十二生肖中的牛相配，称为"丑牛"。

"丑"作"醜"的简化字时，本义是可恶、厌恶。又引申为相貌难看。人们也会对不合常理、有悖伦理的行事作风心生厌恶，故而"丑"还引申为污秽、怪异的事。

传统戏曲里的角色行当，扮演滑稽人物，鼻梁上抹白粉，有文丑、武丑之分。

⊙ 买

甲骨文　金文　小篆　楷书（繁体）　楷书

"买"是会意字。甲骨文上部是一架网，下部像个贝壳，会以网捞取贝之意。隶变后楷书写作"買"。汉字简化后写作"买"。

《说文·贝部》："買，市也。从网、贝。如《孟子》曰：'登垄断而网市利。'"（買，购进。由网、贝会意。《孟子》说："登上独立的高地（窥视），（企图）网罗买卖的好处。"）

"买"的本义为用网捞取贝。古时候，人们曾将贝壳作为货币，来交换买卖财货，因此"买"引申为购买。

由于"买"的甲骨文字形是用网捞取贝，所以自己就是获取的一方，故而人们又造出"卖"作为抛出的一方，于是就形成了"买"与"卖"的相互对应。

⊙ 尹

月	月	月	尹
甲骨文	金文	小篆	楷书

"尹"是会意字。甲骨文从又（手），从丿（针），会手执针治病之意，丿（针）兼表声。金文和小篆大致相同。隶变后楷书写作"尹"。

《说文·又部》："尹，治也。从又、丿，握事者也。"（尹，治理。由又、丿会意，表示用手掌握事物的意思。）

"尹"的本义是手拿针治病。治病，就是将身体调理好，由此引申泛指治理、主管。负责管理一方百姓的人是长官，故而"尹"由治理引申为长官。

后来"尹"又被用来特指治事的官名。如"令尹""府尹""京兆尹"等，其中的"尹"都是指官名。

⊙ 甬

甬	甬	甬
金文	小篆	楷书

"甬"是象形字。金文字形就像一个钟，下部为钟体，中画像钟带。隶变后楷书写作"甬"。

《说文·马部》："甬，草木华甬甬然也。从马，用声。"（甬，草木之花含苞欲放的样子。从马，用声。）

"甬"的本义为钟，是古代的青铜器。

如《淮南子·本经训》中说："甬道相连。"这里的"甬"其实是"通"的通假字，所谓"甬道"就是"通道"，多指两座高楼间有棚顶的通道。也指两旁有墙垣遮蔽的驰道或通道。至于《红楼梦》第七十六回中所说的："那媳妇……刚走到甬道。"这里的"甬道"是指庭院里居中的道路，至今山东省胶东等地区还称"甬路"。现在多指通路。

⊙ 疋

足	足	疋	疋
甲骨文	金文	小篆	楷书

"疋"是象形字。"疋"与"足"原本是同一个字。甲骨文像小腿之形，表示脚。隶变后楷书写作"疋"。

《说文·疋部》："疋，足也。上象腓肠，下从止。如《弟子职》曰：'问疋何止。'凡疋之属皆从疋。"（疋，足。上部像小腿肚，下面从止。《弟子职》说："问足放在何处。"大凡疋的部属都从疋。）

"疋"的本义为足。后来该字的本义渐渐消失，由"足"字取代。而"疋"主要用作量词，通"匹"。

"疋"是个部首字。用作部首时，有两种写法："、"和"疋"。凡由"疋"组成的字，与脚以及脚的行动有关。如"疏""疎""疑"等。

二 部

⊙ 云

于	云	雲	雲	云
甲骨文	金文	小篆	楷书（繁体）	楷书

"云"是象形字。甲骨文像天空中舒卷的云层。金文同于甲骨文。小篆的形体复杂化了。隶变后楷书写作"雲"。汉字简化后写作"云"。

《说文·雨部》:"雲,山川气也。从雨,云象云回转形。凡雲之属皆从雲。"

(雲,山河升腾之气。从雨,云像云彩回旋转动的形状。大凡雲的部属都从雲。)

"云"的本义为云气、云雾。如《孟子·梁惠王上》:"天油然作云,沛然下雨。"引申指轻柔舒卷、形状像云的事物。如古人常说的"云鬓"就是形容女子鬓发盛美如云。

云一般都是在天上,故又引申比喻高。如苏轼《书王晋卿画·西塞风雨》:"仰看云天真箬笠,旋收江海入蓑衣。"其中的"云天"即指高空。

后来"云"假借为动词"曰",表示说。如"子曰诗云""人云亦云""不知所云"。

⊙ 亏

小篆　　楷书(繁体)　　楷书

"亏"是形声字。小篆从亏(同"于",声气上出),雐声。隶变后楷书写作"虧"。汉字简化后写作"亏"。

《说文·亏部》:"亏,于也。象气之舒亏。从丂,从一。一者,其气平之也。凡亏之属皆从亏。"(亏,于。像口气的舒展平直。由丂、由一会意。一,表示那口气的平直。大凡亏的部属都从亏。)

"亏"的本义为气损。引申指欠缺、短少。如《尚书·旅獒》:"为山九仞,功亏一篑。"

又引申指损耗、损害。如"亏损"。又引申指违背。如俗语"不做亏心事,不怕鬼敲门"。

用作名词,指损失、损伤。如曹植《赠白马王彪》:"恩爱苟不亏,在远分日亲。"

用作副词,表示难为、幸而,是侥幸之词。如"多亏""幸亏"。

还可做反语用,表示斥责或讥讽。如"这种事,亏你做得出来"。

十 部

⊙ ╁

甲骨文　　金文　　小篆　　楷书

"十"是指事字。甲骨文字形为"丨",用一根树枝代表十。金文像结绳记数,用一个结表示十。小篆符号化,一点变成了一横。隶变后楷书写作"十"。

《说文·十部》:"十,数之具也。一为东西,丨为南北,则四方中央备矣。凡十之属皆从十。"(十,十进位数字完备的标志。一,表示东西;丨,表示南北,一丨相交为十,那么,东西南北和中央全都完备了。大凡十的部属都从十。)

"十"的本义为数字十。汉字中的数字,以一到十为基础,其他的数字都是由此演化而来,无穷无尽,所以有了这十个数,就相当于拥有了全部,所以,"十"在中国是圆满的象征,因此"十"又引申为完备、完满。我们常说的"十全十美"就是非常典型的运用。古人还常用"十"来表示虚指、约数。

⊙ 孛

甲骨文　　金文　　小篆　　楷书

"孛"是会意字。甲骨文下部是个孩子,上部是长头发,会小孩生长迅速、容色盛旺之意。隶变后楷书写作"孛"。

《说文·㞷部》："孛,㶳也,从㞷；人色也,从子。如《论语》曰：'色孛如也。'"(孛,草木盛美,故从㞷；人容色(勃然壮盛),故从子。如《论语》说："面色勃然庄重。")

"孛"的本义为孩子容色盛壮,读作bó。泛指变得气盛的脸色。此义后世多写作"勃"。

还引申为星芒四出的现象,所以彗星的别名也叫"孛星",这里的"孛"读作bèi。古代认为彗星出现象征将产生灾厄。

还可引申为草木茂盛,由树叶披散又引申出混乱冲突之意,此义后世多用"悖"来代替。

⊙ 卒

| 甲骨文 | 金文 | 小篆 | 楷书 |

"卒"是会意字。甲骨文从衣,会带有标记的衣服之意。这是古代隶役人穿的一种衣服,用标记以示区别。金文将标记简化为一斜道。隶变后楷书写作"卒"。

《说文·衣部》："卒,隶人给事者衣为卒。卒,衣有题识者。"(卒,隶役供给差事的人的衣服叫卒。卒,指衣上有标记的符号。)

"卒"的本义是带有标记的衣服,也指穿这种衣服供役使的隶役。又特指士兵。如成语"身先士卒",意思就是作战时,将领亲自带头冲在士兵前面。由士兵引申为古代军队编制。古代以一百人为"卒"；"伍"也是古代的一种军队编制,五人为"伍"。

"卒"还可以表示死。古时候,天子死叫作"崩",诸侯死叫作"薨",大夫死叫作"卒"。后来一般人的死也可以称"卒"。如"病卒"就是病死,"生卒年月"就是出生和死亡的年月。

⊙ 卖

| 金文 | 小篆 | 楷书(繁体) | 楷书 |

"卖"是会意字。它有两个来源：一个是金文,从贝,从省(视察)；一个是小篆,从出,从买。隶变后楷书都写作"賣"。汉字简化后写作"卖"。

《说文·出部》："賣,出物货也。从出,从买。"(賣,出卖物货。由出、由买会意。)

"卖"的本义为以货物换钱,与"买"相对。如明代刘基作有《卖柑者言》。

引申指背地里害人以利己,背叛。如《后汉书·李固传》："诡贵卖友。"又引申指炫耀。如"卖弄""倚老卖老"。

又引申指尽量使出来。如"卖力""卖命"。

⊙ 南

| 甲骨文 | 金文 | 小篆 | 楷书 |

"南"是象形字。甲骨文的字形像悬挂着的敲击乐器：上边是悬挂的结,下边是器体。金文和小篆都是由甲骨文直接演化而来。隶变后楷书写作"南"。

《说文·㞷部》："南,艸木至南方,有枝任也。从㞷,㚲声。"(南,草木到南方(其叶畅茂),有枝芽可胜任。从㞷,㚲声。)

"南"的本义为一种敲击乐器。敲击乐器奏乐是为了助兴,古人助兴又多欣赏配乐的舞蹈,后来"南"就引申为了乐舞名。现在常用作方向的"南",是假借义。成语"南辕北辙"中的"南"指的就是方向。

⊙ 真

鼑　眞　眞　真

甲骨文　金文　小篆　楷书

"真"是会意字。甲骨文从鼎，从人，会人就鼎取食美味之意。金文和小篆略有变化。隶变后楷书写作"真"。

《说文·匕部》："真，仙人变形而登天也。从匕，从目，从乚。八，所乘载也。"（真，长生不死的人变化形体而升天。由匕、目、乚会意。八，是仙人升天时乘坐的风云之类的工具。）

"真"的本义指美食。由美食的原质原味引申指本质、本性。人生活在充满诱惑的世间，本性也在诱惑中迷失了，一个按本性生活的人才是真正的人，所以"真"也引申指真实，与"假"相对。

又引申指人或事物的原样、肖像。看到了事物的原样，人就会豁然开朗，能把事物看得清清楚楚，故而，"真"还引申为清楚、明确。

⊙ 啬

畕　夆　嗇　嗇　啬

甲骨文　金文　小篆　楷书（繁体）　楷书

"啬"是会意字。甲骨文像是田里生长的谷物，由此会收割谷物之意。金文大致相同，小篆整齐化、线条化。隶变后楷书写作"嗇"。汉字简化后写作"啬"。

《说文·嗇部》："嗇，爱濇（不滑）也。从来，从㐭。来者，㐭而藏之。故田夫谓之啬夫。凡嗇之属皆从嗇。"（啬，爱惜。由来、由㐭会意。麦子之类的谷类，用仓库把它收藏起来。所以农夫叫作啬夫。大凡嗇的部属都从嗇。）

"啬"的本义是收庄稼，也指谷物。如《礼记·郊特牲》："腊之祭也，主先啬而祭司啬也。""啬"因此而含有节省钱粮的意思，是个褒义词。

节省钱粮，也就是爱惜，但是过分爱惜未免太过苛刻，于是"啬"向相反的方向引申，变成了"吝啬"，指过分爱惜自己的财物，成了一个贬义词。

⊙ 协

劦　協　協　协

甲骨文　小篆　楷书（繁体）　楷书

"协"是会意字。甲骨文像三耒（犁具）并耕之形，会合力同耕之意。小篆又加上义符"十"，表示"众多的力"。隶变后楷书写作"協"。汉字简化后写作"协"。

《说文·劦部》："協，众之同和也。从劦，从十。叶，古文協，从曰、十。叶，或从口。"（協，众人的协同和谐。由劦、由十会意。叶，古文"协"字，由曰、十会意。叶，叶的或体，由十、口会意。）

"协"的本义是调和、融洽。如扬雄《太玄·数》："声律相协而八音生。"是说声与律融洽了，八音就产生了。

引申指共同。如"齐心协力""协同"。

又可以引申为协助。如"协理""协办"。

⊙ 卉

芔　卉

小篆　楷书

"卉"是象形字。小篆像众多的草在蓬勃生长的样子。隶变后楷书写作"卉"。

《说文·艸部》："卉，草之总名也。从艸、屮。"（卉，草的总称。从艸、屮。）

"卉"的本义为百草的总称。如《诗经·小雅·出车》："春日迟迟，卉木萋萋。"

也泛指草木。如张衡《思玄赋》："卉既凋而已育。"意思是草木看起来是凋零了，但实际上已经在孕育了。又特指花。

⊙ 华

犁 荸 華 华
金文　小篆　楷书（繁体）　楷书

"华"是象形字。金文的上部像花朵的形状，下部是花蒂。小篆整齐化。隶变后楷书写作"華"。汉字简化后写作"华"。

《说文·華部》："華，荣也。从艸，从季。凡华之属皆从华。"（華，花朵。由草、由季会意。大凡华的部属都从华。）

"华"的本义指花朵，就是花的本字，此义后用"花"来表示。

读作 huá，花朵艳丽，由此引申指美丽光彩（华的引申义均读 huá）。如"华服"。也可以做名词。如"月华""光华"。

花儿是植物的精华，因此"华"又表示精华之义。如王勃《滕王阁序》："物华天宝。""物华"是指万物的精华。进一步引申指显贵。最常用的"荣华"一词，原本指花开盛美，后来用以指人之显贵。

⊙ 直

屮 卣 直 直
甲骨文　金文　小篆　楷书

"直"是会意字。甲骨文下部是一只横着的眼睛，上部有一竖线，会视线直之意。金文变得复杂了，但意思不变。小篆与金文相似。隶变后楷书写作"直"。

《说文·ㄴ部》："直，正见也。从ㄴ，从十，从目。"（直，正视。由ㄴ、由十、由目会意。）

"直"的本义为直视。引申为不弯曲，与"曲"相对。

由不弯曲，又可以引申为正直、公正。如"心直口快""理直气壮"。又引申表示一直到底、不经周转。如"直拨电话""直辖市"。

用作副词，表示一直、径直。如《史记·李将军列传》："（李）敢独与数十骑驰，直贯胡骑。"意思是李将军敢与数十骑兵飞马奔驰，径直从胡兵中贯穿过去。

⊙ 者

耑 箮 者
金文　小篆　楷书

"者"为象形字。金文字形，上部像楮树形，口为附加义符。小篆的形体线条化了，下部讹变为"白"。隶变后楷书写作"者"。

《说文·白部》："者，别事词也。"（者，区别事物的词。）

"者"的本义应是楮，一种树名。后世所用乃是其假借义，主要作助词用。

用作动词、形容词之后，能组成"者"字词组，这种词组可译为……的（人、事、物）。如"智者""贤者"。

用在表时间的名词后面，表示停顿。如《礼记》中有"昔者，吾舅死于虎"，这里的"昔者"就是指从前。

⊙ 博

尃 愽 博
金文　小篆　楷书

"博"是会意兼形声字。金文和小篆皆从十，从尃（分布）会意，尃兼表声。隶变后楷书写作"博"。

《说文·十部》："博，大通也。从十，从尃。尃，布也。"（博，广大；精通。由十、由尃会意。尃是分布的意思。）

"博"的本义为大。如《管子·权修》："土地博大，野不可以无吏。"

引申指丰富、宽广、广博。如《论语·子罕》："博我以文，约我以礼。"又引申指广泛、普遍。如《荀子·劝学》："君子博学而日参省乎己，则知明而行无过矣。"

又引申指博弈，是古代一种赌输赢的

棋类游戏，后泛指赌博。

又引申指取得、换取。如"博美人一笑"中的"博"就是这种用法。

⊙ 阜

甲骨文　金文　小篆　楷书

"阜"是象形字。甲骨文像古人在其所居地穴的墙上挖出的供上下用的脚窝形，犹如后来的楼梯。金文、小篆整齐化。单用时写作"阜"，做偏旁在字左时写作"阝"。

《说文·阜部》："阜，大陆，山无石者。象形。凡阜之属皆从阜。"（阜，大面积的又高又平的土地，是没有石头的土山。象形。大凡阜的部属都从阜。）

"阜"的本义是在竖穴侧壁挖的上下时供脚登着的坑窝。古人穴居必选择在土层高厚之处，引申为土山，也泛指山。如《荀子·赋篇》："生于山阜。"

又引申为盛多、丰富。如"物阜民丰"，意思是物产丰富，人民安乐。还引申为强健、肥壮。如《诗经·秦风·小戎》："四牡孔阜。"意思是四匹雄马高大肥壮。

人（入）部

⊙ 人

甲骨文　金文　小篆　楷书

"人"是象形字。甲骨文像侧面站立的人之形。金文、小篆字形基本上与甲骨文相同。隶变后楷书写作"人"。

《说文·人部》："人，天地之性最贵者也。像臂胫之形。凡人之属皆从人。"（人，天地间的生物中最可宝贵的。字形像手臂腿胫的样子。）

"人"的本义为能制造并使用工具进行劳动，又能用语言进行思维和交际的生命。如《列子·黄帝》："有七尺之骸，手足之异，戴发含齿，倚而趣者谓之人。"

人有伦理观念和道德意志，所以"人"引申指人的品质、性情。如"他人很不错"。

⊙ 介

甲骨文　金文　小篆　楷书

"介"是象形字。甲骨文像一个人的样子，前后四点是护身的铁甲。金文中甲衣变为前后两片。小篆形体与金文基本相同。隶变后楷书写作"介"。

《说文·八部》："介，画也。从八，从人；人各有介。"（介，界画。由八、由人会意，表示人各守自己的分界。）

"介"的本义是铠甲。如《礼记·曲礼上》："介者不拜。""介者"就是指披戴盔甲的人。

披甲则人在其中，因此引申为夹在中间。如《左传·襄公九年》："天祸郑国，使介居二大国之间。"

人披甲则不易屈身，由此引申表示特立、特异。如"耿介之臣"。

用作量词，相当于"个"。如"一介书生""一介武夫"。

⊙ 从

甲骨文　金文　小篆　楷书

"从"是会意字。甲骨文像两个面朝左站立的人，一个跟随一个，会前后相随之意。金文大体相同，小篆整齐化。隶变后楷书写作"从"。

《说文·从部》："从，相听也。从二人。凡从之属皆从从。"（从，相听从。由两个"人"字相随会意。大凡从的部属都从从。)

"从"的本义是跟随。如《聊斋志异·狼》:"一狼得骨止,一狼仍从。"

引申表示顺从、依从。如《荀子·子道》:"从道不从君,从义不从父。"又引申指自、由。如贺知章《回乡偶书》:"笑问客从何处来。"

"从"又指次要的、追随的人或物。如"从犯"。

⊙ 众

晑 晑 晑 衆 众

甲骨文　金文　小篆　楷书(繁体)　楷书

"众"是会意字。甲骨文像众人在弯腰劳动的样子。金文有所变化,三人头上的"日"变成表示监察的"目"了。小篆承接金文而来。隶变后楷书写作"衆"。汉字简化后写作"众"。

《说文·㐺部》:"衆,多也。从㐺、目,众意。"(衆,多。由㐺、目,会众多之意。)

"众"的本义就是许多人。如《左传·襄公十年》:"众怒难犯,专欲难成。"

从人多之义,可引申为多。如"众矢之的",意思是许多箭射的靶子。比喻众人攻击的目标。又引申指一般、普遍。如"众妙""众艺"。

⊙ 今

A A 亽 今

甲骨文　金文　小篆　楷书

"今"是会意字。甲骨文像一人张口向下伸舌的口形,金文中的舌下垂,小篆整齐化。隶变后楷书写作"今"。

《说文·亼部》:"今,是时也。从亼,从㇇。㇇,古文及。"(今,目前,这个时候。由亼、由㇇会意。㇇,古文"及"字。)

"今"的本义当为饮。但本义现在已

经消失了,现在用的是其假借义,表示现在、当前。如陶渊明《归去来兮辞》:"觉今是而昨非。"

⊙ 余

ᐱ ᐱ 余 余

甲骨文　金文　小篆　楷书

"余"是象形字。甲骨文像树木支撑的房屋之形。金文、小篆的形体与甲骨文相似。隶变后楷书写作"余"。

《说文·八部》:"余,语之舒也。从八,舍省声。"(余,虚词中表示舒缓语气的助词。从八,舍省声。)

"余"的本义为房屋,但该字本义早已消失,后世多假借为第一人称代词。

"余"又作"馀"的简化字,意为多余。

《尔雅·释诂下》:"余,我也。"

⊙ 会

會 會 會 会

甲骨文　金文　楷书(繁体)　楷书

"会"是会意字。金文下边是仓体,上边是仓顶,中间是仓门,用储存谷物的粮仓来表示会聚之意。小篆承接金文而来。隶变后楷书写作"会"。

《说文·會部》:"會,合也。从亼,从曾省。曾,益也。凡會之属皆从會。"(會,会合。由亼、由曾省会意。曾,表示增益。大凡會的部属都从會。)

"会"的本义为会聚。如范仲淹《岳阳楼记》:"迁客骚人,多会于此。"引申指业务、社交或其他性质的集会。如"欢迎会""欢送会"。又指为一定的目的而成立的团体或团体组织。如"教会""同乡会"。又引申指某种能力。如"他会两国外语"。

"会"用作副词时指必然、定要。如杜甫《望岳》:"会当凌绝顶,一览众山小。"

⊙ 令

甲骨文　金文　小篆　楷书

"令"是会意字。甲骨文从亼（口朝下的木铎之形，即铃），从卩（跪坐着的人之形），古代镇铎以发布号令，会向人发布命令之意。金文与甲骨文大致相同。小篆承接金文而来。隶变后楷书写作"令"。

《说文·卩部》："令，发号也。从亼、卩。"（令，发出命令。由亼、卩会意。）

"令"的本义是发出命令。从命令之义，又引申指使。如《史记·孙子吴起列传》："臣能令君胜。"进而引申指政府某部门或机构的长官。如"尚书令""郎中令"。

"令"又表示美、善。如《世说新语·自新》："人患志之不立，亦何忧令名不彰邪？"这里的"令名"就是美名的意思。

旧时为了表示尊敬，常在称呼之前贯以"令"字。如"令尊""令堂"。

⊙ 仓

甲骨文　金文　小篆　楷书（繁体）楷书

"仓"是象形字。甲骨文像粮仓之形，其上是仓顶，中为仓门，下为仓体。金文与甲骨文、小篆与甲骨文的形体相接近。隶变后楷书写作"倉"。汉字简化后写作"仓"。

《说文·倉部》："倉，谷藏也。仓黄取而藏之。故谓之仓。从食省，口象仓形。凡倉之属皆从倉。"（倉，谷米收藏的地方。趁谷成熟颜色苍黄之时，收藏它，所以叫作仓（倉）。由"食"字省略会意，"口"像仓的形状。大凡倉的部属都从倉。）

"仓"的本义是藏粮食的地方。如《管子·牧民》："仓廪实而知礼节。"

在古代"仓"与"库"是有严格区别的，装粮食的叫"仓"，装其他物品的才称为"库"。

⊙ 伞

小篆　楷书（繁体）楷书（繁体）楷书

"伞"是象形字。上边像张开的遮蔽蓬，下边像把和支架，像极了为人挡雨遮阳之物。其字本写作"繖"，俗写作"傘"，汉字简化后写作"伞"，而"繖"就废弃不用了。

《说文·糸部》新附："繖，盖也。"（繖，车盖。）

"伞"的本义为车盖。后特指伞盖，即古时仪仗的一种，根据其颜色可以区别等级的高低。在古代，仪仗队中撑伞的人被称为伞子，而伞和扇两种仪仗也合称为伞扇。

引申为能挡雨遮阳的器具。如"雨伞"。

又被引申为伞形物。如"降落伞"。

⊙ 命

甲骨文　金文　小篆　楷书

"命"是会意字。甲骨文同"令"。金文增加义符"口"，突出发布之意。于是两个字出现分化。隶变后楷书写作"命"。

《说文·口部》："命，使也。从口，从令。"（命，使令。由口、由令会意。）

"命"的本义为指派、发号。如《列子·汤问》："命夸娥氏二子负二山。"引申指命令、指示。如《论语·子路》："使于四方，不辱君命。"

古人认为人的穷通福祸、社会的兴衰更替是上天的安排，"命"由此引申指天命、命运。又引申指生命或性命。如《古诗为焦仲卿妻作》："命如南山石，四体康且直。"

⊙ 合

甲骨文　金文　小篆　楷书

"合"是象形字。甲骨文像盛饭的食器，会器盖与器体相扣合、闭合之意。金文和小篆的形体与甲骨文的形体相类似。隶变后楷书写作"合"。

《说文·亼部》："合，合口也。从亼，从口。"（合，两口相合。由亼、由口会意。）

"合"的本义为扣合、闭合。如《战国策·燕策》："鹬啄其肉，蚌合而箝其喙。"

引申表示聚合、会合。如《论语·宪问》："（齐）桓公九合诸侯。"

又引申指匹配。如常说的"天作之合"，指的就是老天爷匹配的美好姻缘。

"合"也表示整个、全、同时。古人说的"合欢"指的是一种对称图案的花纹，象征男女和合欢乐之意，其中的"合"就是这种用法。

⊙ 禽

甲骨文　金文　小篆　楷书

"禽"是象形字。甲骨文上部是个网形，下部是网具的柄。金文加声符"今"。小篆承接金文而来，变得复杂了。隶变后楷书写作"禽"。

《说文·内部》："禽，走兽总名。从内，象形，今声。禽、离、兕头相似。"（禽，走兽的总名称。从内，像头部之形，今声。禽、离、兕三个字的头部相似。）

"禽"的本义就是捕捉禽兽的工具，后来又引申为鸟兽的总称。如《三国志·魏书·华佗传》："吾有一术，名曰五禽之戏。"

"禽"亦可专指鸟类。如《尔雅·释鸟》："二足而羽谓之禽。"

⊙ 企

甲骨文　小篆　楷书

"企"是会意字。甲骨文字形是面朝左站立的一个人，下部有"止"（脚），会人跷起脚远望之意。隶变后楷书写作"企"。

《说文·人部》："企，举踵也。从人，止声。"（企，跷起脚跟。从人，止声。）

"企"的本义为跷起脚后跟远望。我们常说的"企盼"就是跷起脚盼望的意思。跷起脚后跟的时候自然是站着的，所以又引申为站立。企鹅之所以叫"企鹅"，是因为它像人一样站立着。

由盼望又可以引申为赶上。如"企及"就是希望赶上的意思。

⊙ 舍

金文　小篆　楷书

"舍"是象形字。金文上部像屋顶，中间的"干"像顶柱与横梁，下部"口"像砖石墙基。小篆形体与金文大体相同。隶变后楷书写作"舍"。

《说文·亼部》："舍，市居曰舍。从亼、屮，象屋也；口象筑也。"（舍，宾客居住的房子叫舍。从亼、屮，像屋子；口像筑的坦墙。）

"舍"的本义是房屋。如杜甫《客至》："舍南舍北皆春水。"

用作动词，又引申为住宿。如《庄子·山木》："舍于故人之家。"意思是住在故人的家里。进而引申表示止息、停留。如《论语·子罕》："逝者如斯夫！不舍昼夜。"

41

由止息之义引申为停止、放弃。如《孟子·告子上》:"舍生而取义者也。"

⊙ 龠

甲骨文　金文　小篆　楷书

"龠"是象形字。甲骨文像一种由编管组成的乐器之形,中部有孔,上有吹口;或在其上又加倒口,以强调吹奏。隶变后楷书写作"龠"。

《说文·龠部》:"龠,乐之竹管,三孔,以和众声也。从品、侖;侖,理也。凡龠之属皆从龠。"(龠,乐器中竹编而成的管乐,多孔,是用来调谐众乐之声的主乐器。由品、侖会意。侖,是(乐曲)有条理的意思。大凡龠的部属都从龠。)

"龠"的本义为古代的一种管乐器。用竹管编排制成,有三孔、六孔或七孔不等,长的可用作舞具。古代的时候,还用作容量单位。

⊙ 俎

甲骨文　金文　小篆　楷书

"俎"是象形字。甲骨文字形像古代祭祀时盛牛羊等祭品的礼器,中间那两个"A"字形代表祭品(牛羊肉)。隶变后楷书写作"俎"。

《说文·且部》:"俎,礼俎也。从半肉在且上。"(俎,行礼时盛放牲体的器具。由半个"肉"(仌)放在"且"上会意。)

"俎"的本义为祭器。成语"越俎代庖"一词中的"俎"就是指祭器。

古时候的祭器,是用来盛放作为祭品的牛羊肉的,而切肉的砧板也是用来放肉的,所以后来"俎"引申指切肉用的砧板。后人用"人为刀俎,我为鱼肉"来比喻生杀大权掌握在别人手里,自己处在被宰割

的地位。

亻部

⊙ 位

甲骨文　金文　小篆　楷书

"位"是指事字。甲骨文、金文写作"立",从大(正面人形),从一(表示地)。隶变后楷书写作"位"。

《说文·人部》:"位,列中庭之左右谓之位。从人、立。"(位,排列在朝廷中的左右位置叫作位。由人、立会意。)

"位"的本义是朝廷中群臣排班所处的序列、地方。引申指所处的官职、级别。还特指封建君主的统治地位。"即位"就是指登上帝位,"在位"就是居于君主之位。

又引申指人在某一社会领域中所处的位置或等级。如"岗位""学位"。

"位"还指抽象的名分、地位。

⊙ 仔

甲骨文　金文　小篆　楷书

"仔"是会意字。甲骨文从人,从子,会人背小孩之意。金文调换了大人与小孩的位置。小篆承接金文而来。隶变后楷书写作"仔"。

《说文·人部》:"仔,克也。从人,子声。"(仔,肩任。从人,子声。)

"仔"的本义为人背子,此时读zī。由此引申为胜任。但是这个读音现在已经不用了。

读zǐ时,指幼小的。如"仔猪""仔鸡"等。世间鸟兽都是从幼小长大而繁衍后代的,植物则是由种子生长起来的,所以"仔"又引申为种子。由幼小还引申出细

小之意。

广东人称物之小者为"仔"，应读zǎi，意义与"崽"相通，特别是指有某些特征或从事某种职业的年轻人。如"肥仔""单车仔"。

⊙ 付

金文　小篆　楷书

"付"是会意字。金文从人，从寸（表示手的动作），会以手持物交付给别人之意。隶变后楷书写作"付"。

《说文·人部》："付，与也。从寸（又）持物对人。"（付，交授。由"又"（手）持握着物对着"人"会意。）

"付"的本义为交、给。用钱买东西时，是将钱交付给卖东西的人，因此引申出给钱、支付之意。不仅仅是确定的事物能交给别人，事情也能交给别人做，所以"付"又引申为托付。还引申为对人对事采取方法措施，即对付。

"付"还能做量词。如"一付药"。

⊙ 伏

金文　小篆　楷书

"伏"是会意字。金文左侧是一个面朝左的人，右边是一只犬（狗），会犬趴伏伺机袭击人之意。隶变后楷书写作"伏"。

《说文·人部》："伏，司也。从人，从犬。"（伏，伺候。由人、由犬会意。）

"伏"的本义是趴下。无论是人还是动物，想隐藏自己的时候，一般都会趴下不动，所以又引申指潜藏、埋伏。如"潜伏"。

古人以伏地表示尊敬或敬畏，所以"伏"又用作敬辞。只有对对方屈服、顺从的时候，人们才会敬畏地伏在地上，所以"伏"又引申指屈服、顺从。

后来"伏"又借指时间。夏季里的"伏天"，指的就是夏至后第三个庚日起，至立秋后第二个庚日前一天止的一段时间，分为初伏、中伏、末伏，统称"三伏"，是一年中最热的时候。

⊙ 传

甲骨文　金文　小篆　楷书（繁体）　楷书

"传"是会意兼形声字。甲骨文从人，从专（转动），会供人转换车马的驿站、驿舍之意，专兼表声。隶变后楷书写作"傳"。汉字简化后写作"传"。

《说文·人部》："傳，遽也。从人，专声。"（傳，传车驿马。从人，专声。）

"传"的本义为驿站、驿舍，读作zhuàn。驿站是传递各种消息文书的，所以"传"又引申指记载历史事件或个人事迹的文字。后来又引申指文学作品或解释经文的著作。还指一种记录某个人生平的文体，即"传记"。

又读作chuán，此时"传"的本义为传递、传送。老师教学生，是一种知识的传递，因此"传"引申指传授。一辈人传给另一辈人，事物才能代代保存，故而又引申出留传之意。

传递给他人的不仅可以是物质财富、精神财富，还可以是自己的话语、心情，所以"传"还引申表示充分或确切地表明、表达。

⊙ 佃

甲骨文　金文　小篆　楷书

"佃"是会意兼形声字。金文从田，从人，会人在田中耕作之意，田兼表声。小篆与金文一致。隶变后楷书写作"佃"。

《说文·人部》："佃，中也。从人，田声。如《春秋传》曰：'乘中佃。'一辕车。"（佃，中等车乘。从人，田声。如《春秋左氏传》说："驾着中等车乘。"中等车乘是一辕夹在两马之中的车。）

"佃"的本义是人在田中耕作，读作diàn。但是在封建社会里，土地大都掌握在地主手中，农民要想种地只能去租，所以又引申为租种地主或官府的土地。后来也指租种田地的人，称作"佃户"。

又读作tián，指打猎，是"畋"的通假字。

⊙ 何

何 何 何 何

甲骨文　金文　小篆　楷书

"何"本为象形字。甲骨文像一个面朝左的人肩扛长戈迈步前进的样子。金文与甲骨文大致相同。小篆讹变为从人、可声的形声字。隶变后楷书写作"何"。

《说文·人部》："何，儋也。从人，可声。"（何，担荷。从人，可声。）

"何"的本义是肩扛，后来被假借为疑问代词。如成语"何足挂齿"就是指哪里值得挂在嘴上。

又可以引申为副词，意为多么。如李白《古风》："秦王扫六合，虎视何雄哉！"意思就是秦王统一六国，气势多么雄大。

⊙ 依

依 依 依

甲骨文　小篆　楷书

"依"是会意兼形声字。甲骨文从衣，衣内裹着一个面朝左的人，会人靠衣服蔽体取暖之意，衣兼表声。隶变后楷书写作"依"。

《说文·人部》："依，倚也。从人，衣声。"（依，倚靠。从人，衣声。）

"依"的本义为依靠、倚凭。如东方朔《七谏》："余生终无所依。"

由依靠又引申为傍着、贴近。如王之涣《登鹳雀楼》："白日依山尽，黄河入海流。"由仰仗义引申指顺从、顺随。如《庄子·养生主》："依乎天理。"是说顺从天理自然和事物固有的本质。

由顺从引申指按照、根据。如"依计行事""依样画葫芦"等。

⊙ 仰

仰 仰

小篆　楷书

"仰"是会意兼形声字。小篆从人（表示人抬头朝上），卬声。隶变后楷书写作"仰"。

《说文·人部》："仰，举也。从人，从卬。"（仰，抬头。由人、由卬会意。）

"仰"的本义为抬头向上。如《易·系辞上》："仰以观于天文，俯以察于地理。"

古人对尊敬的人，特别是君主、圣人往往是伏地而跪，双目仰视，由此引申指敬慕、佩服。成语"高山仰止"，就是比喻对崇高品德的仰慕。因此旧时又引申做公文敬辞，在下级对上级行文中用在"请""祈""恳"等字之前，表示恭敬与切望。

又引申指依赖、仰仗。如《墨子·七患》："凡五谷者，民之所仰也。"

⊙ 俯

俯 俯 俯

金文　小篆　楷书

"俯"是会意兼形声字。金文从趴伏之人，府声。小篆从頁，从逃省，会低头逃跑之意。隶变后楷书写作"俯"。"頫"是"俯"的异体字。

《说文》无。

"俯"的本义为低头。如成语"俯首帖耳"。引申指弯腰屈身。如成语"俯拾皆是"意为只要弯下身子来捡，到处都是。

又引申指蛰伏、卧伏。如《礼记·月令》："(季秋之月，)蛰虫咸俯在内，皆墐其户。"意思是说秋季最后一个月(即农历九月)，蛰虫都卧伏在洞内，都堵住洞口。

还用作敬辞，用于对方对自己的动作、行为。如"俯允""俯念""俯察"等。

⊙ 伟

偉 偉 伟

小篆　楷书(繁体)　楷书

"伟"是形声字。小篆从人，韦声。隶变后楷书写作"偉"。汉字简化后写作"伟"。

《说文·人部》："偉，奇也。从人，韦声。"(偉，奇异。从人，韦声。)

"伟"的本义为奇特、不同于一般的。如《史记·留侯世家》中有"衣冠甚伟"的说法，指的就是衣服和帽子很奇特。引申泛指崇高、非凡、卓越。如"丰功伟业"。

又引申指壮大、高大。如周密在《观潮》一文中评价钱塘大潮说："浙江之潮，天下之伟观也。""伟"即做此义讲。又特指身材高大、壮美。如"身材魁伟""伟岸"。

⊙ 伸

伸 伸

小篆　楷书

"伸"是形声字。小篆从人(亻)，申声。隶变后楷书写作"伸"。

《说文·人部》："伸，屈伸。从人，申声。"(伸，弯曲伸展。从人，申声。)

"伸"的本义为(身体或其他物体)舒展或向一定方向扩展。如成语"能屈能伸"。

又引申指伸张、引申。如《易·系辞上》："引而伸之，触类而长之，天下之能事毕矣。"意思是说如果能够由一种思想或意义引申出其他相关的意义，能根据所掌握的事物知识或规律，而使同类事物的知识有所增长，那么天下之能事尽在《易经》之中了。

引申指陈述、表白。如杜甫《兵车行》："长者虽有问，役夫敢伸恨。"

⊙ 便

便 便

小篆　楷书

"便"是会意字。小篆从人(亻)，从更，会人有不便就更换之意。隶变后楷书写作"便"。

《说文·人部》："便，安也。人有不便，更之。从人、更。"(便，安适。人有不安适之处，就变更它。由人、更会意。)

"便"的本义为妥帖、安适，读作pián。"便便"，形容肥胖。如"大腹便便"。

由安适引申指使用或行动起来便利、方便，读作biàn。如成语"便宜行事"，意思是根据情况，自行决定方便的措施或办法。又引申指简单的、非正式的。如"方便面"。由方便引申指有益于、有利于。

还用作副词，相当于"即""就"。如杜甫《闻官军收河南河北》："即从巴峡穿巫峡，便下襄阳向洛阳。"有时也用作连词，表示假设让步，相当于"纵使""即使"。

⊙ 仁

仁 仁 仁

甲骨文　小篆　楷书

"仁"是会意字。甲骨文、小篆皆从人，从二，会二人相亲近，以人道相待之意。隶变后楷书写作"仁"。

《说文·人部》:"仁,亲也。从人,从二。"(仁,亲爱。由人、由二会意。)

"仁"的本义是对人亲善、仁爱。如《礼记·经解》:"上下相亲谓之仁。"引申指知觉、感觉。成语有"麻木不仁",本指肢体神经失去感觉,对刺激没有反应。形容思想不敏锐,对事物反应迟钝,漠不关心。

⊙ 仇

伉 仇

小篆　楷书

"仇"是形声字。小篆从人,九声。隶变后楷书写作"仇"。

《说文·人部》:"仇,雠也。从人,九声。"(仇,配偶。从人,九声。)

"仇"读作 chóu 时,指仇人、仇敌。如成语"视如寇仇""疾恶如仇",其中的"仇"都是指仇敌。还可表示仇恨、敌意。因有仇恨而对他人实行报复打击叫"报仇"或"复仇";因个人利害关系而产生的仇恨、怨恨,叫"私仇"。

还可读作 qiú,意为同伴。如《诗经·周南·兔罝》:"赳赳武夫,公侯好仇。"意思是威武矫健的武士,是公侯的好同伴。由同伴,引申指匹配、配偶。如曹植《浮萍篇》:"结发辞严亲,来为君子仇。"所谓"君子仇"即君子的配偶。

还可做姓氏用字。

⊙ 似

𤔲 佀 似

金文　小篆　楷书

"似"是会意兼形声字。金文从人从台(婴儿像母)会意,台兼表声。小篆省作从人从以会意,以兼表声。隶变后楷书写作"似"。

《说文·人部》:"似,象也。从人,以声。"(似,像。从人,以声。)

"似"的本义为像,最初写作"以"。后来为了分化字义,便另加义符"亻"写作"似"来表示相似之义。

由像引申为似乎、好像。如"似是而非",意思是表面看来似乎对,而实际上并非如此。

读作 shì 时,指跟某事物或某情况相似,相当于"如……一般"。

⊙ 伯

伯 伯

小篆　楷书

"伯"是形声字。小篆从人,白声。隶变后楷书写作"伯"。

《说文·人部》:"伯,长也。从人,白声。"(伯,长。从人,白声。)

"伯"的本义为兄弟中的年长者。古代弟兄的排行次序为伯、仲、叔、季,"伯"是老大,故长兄在古代又称作"伯氏"或"伯兄"。后来由兄弟之间老大和老二的次序比喻事物不相上下。如成语"难分伯仲"。还表示父亲的哥哥,即伯父,后来又用作对父辈戚友的尊称。

"伯"是古代爵位的名称之一。我国封建社会君主对贵族的封号分为五等爵,即公、侯、伯、子、男,"伯"是第三等爵。

还读作 bǎi,用来表示妇人对丈夫哥哥的称呼。如"大伯子",就是丈夫的哥哥。

⊙ 住

住 住

小篆　楷书

"住"是形声字。小篆从人,主声。隶变后楷书写作"住"。

《说文》无。

"住"的本义为停留。由停留引申指停

止，暂时地停顿，静止不动。如"他一听愣住了"，是指动作呆滞，停止不动了。

又引申指居住时间相对较短的住宿、暂居。停留时间长了，就是"居住"。

还可用在动词之后，表示动作的牢固或稳当。如《红楼梦》第三十三回："贾政还欲打时，早被王夫人抱住板子。"

"住"常和"不""得"连用，表示力量的够或不够，以及是否能承受得了。如叶绍翁《游园不值》："满园春色关不住，一枝红杏出墙来。"

⊙ 代

代 代

小篆　楷书

"代"是形声字。小篆从人，弋声。隶变后楷书写作"代"。

《说文·人部》："代，更也。从人，弋声。"（代，更替。从人，弋声。）

"代"的本义指更迭、替换。人们常说的"取而代之"，就是取代之意。引申指临时管理。如"代校长""代主任"。

又引申指历史上划分的时期。如"改朝换代""当代"等。

上古时父子相继为一世，唐人因避李世民讳，多将"世"写作"代"，故引申指世系相传的辈分。如张若虚《春江花月夜》："人生代代无穷已，江月年年只相似。"

⊙ 俗

俗 俗 俗

金文　小篆　楷书

"俗"是形声字。金文、小篆都从人，谷声。隶变后楷书写作"俗"。

《说文·人部》："俗，习也。从人，谷声。"（俗，习惯。从人，谷声。）

"俗"的本义为习俗，即社会上长期形成的风尚、礼节、习惯的总和。在古代，由于交通不便，往往"十里不同俗"，故有成语"入乡随俗"。

习俗是普遍流行的，故"俗"又引申指大众的、普遍的、一般的。如"俗语"。

"俗"还引申指庸俗的、缺乏修养的。佛教以出家为尚，视未出家为俗，故又引申指佛教所谓尘世间或未出家的人。所以和尚若重新恢复普通人的身份则称为"还俗"。

⊙ 像

像 像

小篆　楷书

"像"是会意兼形声字。小篆从人从象会意，象兼表声。隶变后楷书写作"像"。

《说文·人部》："像，象也。从人，象亦声，读若养。"（像，像似。由人、由象会意，象也表声。音读像"养"字。）

"像"的本义为相似。如《淮南子·主术训》："天下从之，如响之应声，景（影）之像形也。"意思是天下人跟随他，就像回音应和声音，影子跟随形体。

又引申指模拟、仿效。如《淮南子·原道训》："于是民人被发文身以像鳞虫。"意思是说，因此百姓们披发纹身以模仿那些有鳞的动物（包括鱼类和爬行动物）。

还相当于"如""类似于"。如"像这样的事情"，即类似于这样的事情。

⊙ 健

健 健

小篆　楷书

"健"是形声字。小篆从人，建声。隶变后楷书写作"健"。

《说文·人部》："健，伉也。从人，建声。"（健，强壮有力。从人，建声。）

"健"的本义为强壮有力、有活力。如《易·乾》："天行健，君子以自强不息。"意思是，天道运行刚劲有力，君子应当自觉奋发向上，永不松懈。

引申指健康、健壮。如杜甫《兵车行》："纵有健妇把锄犁，禾生垄亩无东西。"

还引申指某些方面表现超过一般。"健步如飞""健谈"等都是取的此义。

⊙ 仿

仿 仿

小篆　楷书

"仿"是形声字。小篆从人，方声。隶变后楷书写作"仿"。

《说文·人部》："仿，相似也。从人，方声。"（仿，相似。从人，方声。）

"仿"的本义指相似、类似、像。引申表示照着样子做、效法。有一门科学名叫"仿生学"，就是一种模仿生物建造技术装置的科学。

"仿"常用在连绵词"仿佛"中。仿佛，做副词时表示好像、似乎。如陶渊明《桃花源记》："山有小口，仿佛若有光。"做动词时表示类似、如同。如全祖望《梅花岭记》："已而英、霍山师大起，皆托忠烈之名，仿佛陈涉之称项燕。"

⊙ 任

任 任 任 任

甲骨文　金文　小篆　楷书

"任"是会意兼形声字。甲骨文从人，从壬（承受），会人抱在怀里之意，壬兼表声。隶变后楷书写作"任"。

《说文·人部》："任，符（保）也。从人，壬声。"（任，保举。从人，壬声。）

"任"的本义指抱在怀里。引申表示负担、担当。如成语"任重道远"，其中的

"任重"就是指担子很重。

责任、任务是一种看不见的担子，负某种责任，就等于挑了某种担子，所以又引申指责任、任务。又引申为职务、职位。如成语"走马上任"。还指担任（职务）、任用。如成语"举贤任能""知人善任"。

用作动词，表示担荷、担当。如成语"任劳任怨"，就是既能承受辛苦劳累，又能承受别人的怨恨。

由信任又引申为听凭、放纵。如"放任自流"中的"放任"是指放纵，不加管束。

⊙ 偶

偶 偶

小篆　楷书

"偶"是形声字。小篆从人，禺声。隶变后楷书写作"偶"。

《说文·人部》："偶，桐人也。从人，禺声。"（偶，桐木雕的人像。从人，禺声。）

"偶"的本义指木制的人形（木偶），陪葬的偶人。古代废活人殉葬后，多在墓边埋木偶、陶偶代之，所以在出土文物中偶人数量较多。"偶"的偶人之义沿用至今，如"木偶"。

"偶"的双数、成对之义由"耦"而来。"耦"本义为二人并耕，是古代的一种耕作方法，引申指成双、成对，此义后常借用"偶"来表示。

"偶"还可以表示偶然、偶尔。如常用词"事出偶然""偶遇"。

⊙ 傻

傻 傻

小篆　楷书

"傻"是会意字。小篆从人，从夒（像傻头傻脑的大猩猩之形），会蠢笨的人

之意。隶变后楷书写作"傻"。

《说文》无。

"傻"的本义指头脑糊涂、愚钝蠢笨、不明事理。如"傻瓜"。

"傻"还有死心眼儿、不知通变的意思。口语中也把某些亲近的，憨厚鲁钝、老实可爱的人或者行为称为"傻"。

⊙ 偷

偷 媮 媮

小篆　楷书（繁体）　楷书

"偷"是形声字。小篆从女，俞声。隶变后楷书写作"媮"；异体作"偸"，从人。如今规范化，以"偷"为正体。

《说文》无。

"偷"的本义为狡黠，引申指苟且、不严肃。如屈原《离骚》："惟夫党人之偷乐兮，路幽昧以险隘。""偷乐"就是苟且享乐的意思。

还表示盗窃。偷窃都是瞒着人在暗中进行的，"偷"由此引申指瞒着人暗中进行。成语"偷梁换柱""偷天换日"都是指玩弄手法，暗中改换内容，以达到蒙混欺骗的目的。

偷窃是把别人的东西抽走，因此抽出时间也叫"偷"。人们常说"偷空儿""忙里偷闲"，都是这种用法。

⊙ 仆

 仆

甲骨文　金文　小篆　楷书

"仆"是形声字。甲骨文像头上有奴隶标记（刑刀）的人，手持盛粪土的簸箕扫除之形。金文变得看不出人形了。小篆从人，卜声。隶变后楷书写作"仆"。

《说文·人部》："仆，顿也。从人，卜声。"（仆，以头叩地。从人，卜声。）

"仆"的本义是奴隶，引申指仆人。如

陶渊明《归去来兮辞》："僮仆欢迎，稚子候门。"古人往往用"仆"表示对自己的谦称。如司马迁《报任安书》："仆非敢如是也。"

用作"僕"的简化字，是向前跌倒的意思。成语"前仆后继""屡仆屡起"都取的是向前跌倒的意义。

⊙ 倒

 倒

小篆　楷书

"倒"是形声字。小篆从人，到声。隶变后楷书写作"倒"。

《说文》无。

"倒"读作 dǎo，本义为人倒下。由倒下引申指失败、垮台、败落。事物被腐蚀后，会慢慢倒下，所以还引申出坏、变坏的意思。如"倒霉""倒运"等。

还引申指翻转、转换。"排山倒海""颠倒是非"都取此义。由翻转又引申特指将货物或店铺折价转给别人。

读作 dào 时，引申指上下颠倒或前后颠倒。又引申指向后退。如"河水倒流""开倒车"。还引申指倒出、倾倒。

作副词时，也读作 dào，表转折、让步等关系，还表示祈使或加强追究、追问的语气。如："你倒是说说看！"

⊙ 倚

倚 倚

小篆　楷书

"倚"是形声字。小篆由"人"和"奇"两部分组成，人做形旁，奇为声旁。隶变后楷书写作"倚"。

《说文·人部》："倚，依也。从人，奇声。"（倚，依靠（物体）。从人，奇声。）

"倚"的本义为斜靠着。相传晋朝桓温领兵北征，命令袁虎靠着马拟公文，他

49

立刻就写满了七张纸，而且做得很好。后来成语"倚马千言"就流传了下来，用来形容才思敏捷。

由倚靠、斜靠，引申指依附、依赖、依靠、凭靠。成语"倚老卖老"是指凭靠年高卖弄资格。

人斜靠着门，身体就是倾斜的，所以"倚"又引申指倾斜、侧、歪。如"不偏不倚"就是不偏向于任何一方，表示中立或公正。

⊙ 仗

仗 仗

小篆　　楷书

"仗"是会意兼形声字。楷书写作"仗"，从人从丈会意，表示人持杖，丈兼表声。

《说文》无。

"仗"的本义为古代人所持执的刀戟等器杖的总称。如"明火执仗"是点着火把，拿着武器；形容公开抢劫或肆无忌惮地干坏事。由兵器借指战争或战斗。如"打仗"。

引申指仪卫。如"仪仗队"。

又引申指凭借、依靠。如"牡丹虽好全仗绿叶扶"。

⊙ 侮

侮 侮 侮

甲骨文　　小篆　　楷书

"侮"是会意兼形声字。甲骨文左边像一个向左跪坐的妇女，右边是一个向左侧立的人，会轻慢之意。小篆变为从人，每声。隶变后楷书写作"侮"。

《说文·人部》："侮，伤也。从人，每声。"（侮，轻慢。从人，每声。）

"侮"的本义为伤害、轻慢。如《孟子·离娄》："恭者不侮人。"意思是对人恭敬的人不会轻慢别人。

引申指欺负。如《诗经·小雅·常棣》："兄弟阋于墙，外御其侮。"意思是兄弟们虽然在家里争吵，但能一致抵御外人的欺侮。比喻内部虽有分歧，但能团结起来对付外来的侵略。

⊙ 仪

羲 儀 儀 仪

金文　　小篆　　楷书（繁体）　　楷书

"仪"是会意兼形声字。金文写作"羲"（义）从羊，从我，会仪表之意。小篆变为从人、义声的形声字。隶变后楷书写作"儀"。汉字简化后写作"仪"。

《说文·人部》："儀，度也。从人，义声。"（儀，法度。从人，义声。）

"仪"的本义为人的容止仪表。如成语"仪态万方"出自汉张衡《同声歌》："素女为我师，仪态盈万方。"形容人的容貌、姿态各方面都很美。

引申泛指礼节、礼仪。如《古诗为焦仲卿妻作》："十六知礼仪。"

又引申指典范、表率。进而引申指供测量、绘图、实验用的器具。如"仪器""地球仪"。

⊙ 倡

倡 倡

小篆　　楷书

"倡"是形声兼会意字。小篆从人，昌声，昌兼表美言之意。隶变后楷书写作"倡"。

《说文·人部》："倡，乐也。从人，昌声。"（倡，（歌舞）乐人。从人，昌声。）

"倡"的本义为唱歌的艺人，读作chāng。如"倡优"指的就是唱歌的艺人。

通"娼"，指妓女。

读作chàng时，由表演音乐的人引申

指领唱、发声先唱。如《诗经·郑风·萚兮》:"叔兮伯兮,倡予和女。"进而引申指唱歌。如《荀子·礼论》:"清庙之歌,一倡而三叹也。"

由领唱又引申指倡导、提倡。如《汉书·陈胜传》:"今诚以吾众为天下倡,宜多应者。"

⊙ 值

值 值

小篆　楷书

"值"是会意兼形声字。小篆从人从直会意,直兼表声。隶变后楷书写作"值"。

《说文·人部》:"值,措也。从人,直声。"(值,措置。从人,直声。)

"值"的本义为措置、放置。引申指遇到、碰上。如诸葛亮《出师表》:"后值倾覆,受任于败军之际。"意思是,后来遇到兵败,在战事失利的时候,我接受了任命。

又引申指价值相当。如孟浩然《送朱大人入秦》:"宝剑值千金。"进而引申指有意义或有价值。如"值得""不值一提"。

用作名词,引申指价格、价钱。如"币值""总产值"。

又特指数学上演算所得结果。如"数值""函数值"。

⊙ 侥

僥 侥 侥

小篆　楷书(繁体)　楷书

"侥"是形声字。小篆从人,尧声。隶变后楷书写作"僥"。汉字简化后写作"侥"。

《说文·人部》:"僥,南方有僬僥,人长三尺,短之极。从人,尧声。"(僥,南方有人叫僬僥。僬僥人身长三尺,短到了

极点。从人,尧声。)

"侥"本义为古代传说中的矮人,读作yáo,用在"僬侥"一词中。如《列子·汤问》:"从中州以东四十万里,得僬侥国,人长一尺五寸。"

侥幸,就是企求非分,意外获得成功或免除灾害。"侥"这里读作jiǎo。

⊙ 伺

伺 伺

小篆　楷书

"伺"是会意兼形声字。小篆从人,从司,表示喂养,司兼表声。隶变后楷书写作"伺"。

《说文·人部》新附:"伺,候望也。从人,司声。"(伺,暗中探察。从人,司声。)此处所释为引申义。

"伺"的本义为守候在身旁,照料饮食起居,读作cì。如韩愈《与陈给事书》:"其后阁下位益尊,伺候于门墙者日益进。"

"伺候",表示守候在身边服侍饮食起居。

读作sì时,指暗中探察。又引申指等待。如"伺机而动"。还引申指对待。如徐珂《清稗类钞》:"父牵车为业,伺小三如奴,偶不称意,便叱詈。"

⊙ 借

借 借

小篆　楷书

"借"是形声字。小篆从人(表示与人有关),昔声。隶变后楷书写作"借"。

《说文·人部》:"借,假也。从人,昔声。"(借,借用(非己真有的物品)。从人,昔声。)

"借"的本义为借进、借出。如"借花献佛""借刀杀人"。

引申指假托。如"借口""借言"。又

引申指凭借、依靠。如"借酒消愁"。

用作连词，相当于"假使""假设""即使"。如《史记·陈涉世家》："借第令毋斩，而戍死者固十六七。"

⊙ 伦

偷 倫 伦

小篆　楷书（繁体）　楷书

"伦"是形声字。小篆从人，侖声。隶变后楷书写作"倫"。汉字简化后写作"伦"。

《说文·人部》："侖，辈也。从人，侖声。"（侖，辈。从人，侖声。）

"伦"的本义为辈、类。如成语"不伦不类"，意为既非这一类，又非那一类，形容不成样子或没有道理。

引申指人伦，即传统礼教规定的人与人之间的道德关系。又引申指次序、条理。如成语"语无伦次"，就是指人讲话很乱，没有条理。

还引申指匹敌、类比。如人们常说的"无与伦比"。

⊙ 攸

攸 攸 攸 攸

甲骨文　金文　小篆　楷书

"攸"是会意字。甲骨文从攴（表操作），从人，会修治之意。金文另加义符"水"，以突出洗沐修治之意。小篆整齐化。隶变后楷书写作"攸"。

《说文·攴部》："攸，行水也。从攴，从人，水省。"（攸，使水平稳地流行。由攴、由人、由水省会意。）

"攸"的本义为洗沐修治，引申指水流的样子。如戴侗《六书故》中引唐本《说文》："水行攸攸也。"

由行水引申指迅疾。如《孟子·万章上》："攸然而失。"此义后用"倏"表示。

用作助词，置于句首或句中，相当于"所"。如"众望攸归"，是众人所期望和敬仰的，形容在群众中威望很高。

⊙ 仲

仲 仲

小篆　楷书

"仲"是形声字。小篆从人从中会意，中兼表声。隶变后楷书写作"仲"。

《说文·人部》："仲，中也。从人，从中，中亦声。"（仲，居中。由人、由中会意，中也表声。）

"仲"的本义为居中。引申指居中介绍调停。如"仲裁"，就是双方争执不决时，由第三者居中调解裁定。又引申指时序、位次居中的，特指每季的第二个月。如"仲春""仲夏"。还引申指兄弟姐妹排行第二的。

古时，兄弟之间有伯、仲、叔、季之序，因此"伯仲"一词，指兄弟的次第，也代称兄弟。后来引申比喻事物不相上下。成语"不分伯仲"就是这个意思。

⊙ 倦

倦 倦

小篆　楷书

"倦"是形声兼会意字。小篆从人，卷声，卷兼表卷曲之意。隶变后楷书写作"倦"。

《说文·人部》："倦，罢也。从人，卷声。"（倦，疲劳。从人，卷声。）

"倦"的本义为疲倦、劳累。如《史记·屈原贾生列传》："故劳苦倦极，未尝不呼天也。"意思就是劳累疲倦到了极点，没有不向天哀呼的。

疲倦的时候，人容易懈怠懒散，由此又引申为懈怠、厌烦、厌倦。如"诲人不倦"。

⊙ 伊

伊 伄 伊 伊

甲骨文　　　金文　　　小篆　　　楷书

"伊"是会意字。甲骨文从人，从尹，会治病的人之意。金文与甲骨文大致相同，小篆整齐化。隶变后楷书写作"伊"。

《说文·人部》："伊，殷圣人阿衡，尹治天下者。从人，从尹。"（伊，殷朝的圣人阿衡，正确治理天下的人。由人、由尹会意。）

"伊"的本义为治病的人。后用作"伊尹"，即治理天下的那个叫伊的人，指殷圣人阿衡。

用作指示代词，假借为那表示远指，相当于"那"。所谓"伊人"就是那人之意。中古后，借用作第三人称代词，相当于"她""他"。又或用表示第二人称，相当于"你"。如温庭筠《南歌子》之二："井底点灯深烛伊，共郎长行莫围棋。"

⊙ 价

價 价

小篆　　　楷书

"价"是会意兼形声字。小篆从人从介（披甲）会意，介兼表声。隶变后楷书写作"价"。

《说文·人部》："价，善也。从人，介声。如《诗》口：'价人惟藩。'"（价，善。从人，介声。如《诗经》说："善人就是国家的藩篱。"）

"价"的本义为价格、价值。如俗语"黄金有价玉无价"。

用作动词，指论价。如王安石《和吴冲卿鸦鸣树石屏》："此屏后出为君得，胡贾欲价著不识。"

"价"还特指化学领域的化合价。如"原子价""一价元素"。

⊙ 偿

償 償 偿

小篆　　楷书（繁体）　楷书

"偿"是形声字。从小篆字形来看，从人，赏声。隶变后楷书写作"償"。汉字简化后写作"偿"。

《说文·人部》："偿，还也。从人，尝声。"（偿，归还。从人，尝声。）

"偿"的本义为归还、赔偿。如《战国策·齐策》："使吏召诸民当偿者悉来合券。"引申指补偿、抵偿。如《史记·廉颇蔺相如列传》："相如视秦王无意偿赵城。"

归还则满足，故又引申指满足、实现。如成语"如愿以偿"。

用作名词，引申指酬报。如"无偿"。

⊙ 僵

僵 僵

小篆　　　楷书

"僵"是形声字。小篆从人（表示与人的躯体有关），畺声。隶变后楷书写作"僵"。

《说文·人部》："僵，偾也。从人，畺声。"（僵，倒地。从人，畺声。）

"僵"的本义为仰面向后倒下。引申泛指仆倒、倒下。如成语"百足之虫，死而不僵"。

又引申指倒毙、死去。如成语"李代桃僵"。进而引申指腰肢直挺，难以活动。如陆游《十一月四日风雨大作》："僵卧孤村不自哀，尚思为国戍轮台。"

又引申指不灵活。如"思想僵化"。由僵硬不动又引申指双方相持不下，事情难于处理，无所进展。如"僵局"。

⊙ 伶

伶　伶

<small>小篆　　楷书</small>

"伶"是形声字。小篆从人（表示与人有关），令声。隶变后楷书写作"伶"。

《说文·人部》："伶，弄也。从人，令声。益州有建伶县。"（伶，戏弄。从人，令声。益州郡有建伶县。）

"伶"的本义为演奏乐器的人，即乐官。如欧阳修有《伶官传》一文，"伶官"就是乐官。

又表示机灵、聪明。如"聪明伶俐""伶牙俐齿"。

引申为孤独。如《古诗为焦仲卿妻作》："昼夜勤作息，伶俜萦苦辛。"

⊙ 伐

杙　犺　𢼒　伐

<small>甲骨文　金文　小篆　楷书</small>

"伐"是会意字。甲骨文、金文像用戈砍击人头的形象。小篆承接金文而来。隶变后楷书写作"伐"。

《说文·人部》："伐，击也。从人持戈。一曰：败也。"（伐，击杀。由"人"持握"戈"会意。另一义说：伐是败坏。）

"伐"的本义为击刺、砍杀。如苏辙《太白山祈雨词》："为酒醴，伐豚羔，舞长袖。"引申泛指砍。如《诗经·魏风·伐檀》："坎坎伐檀兮，寘之河之干兮。"又引申指讨伐、攻打。

南征北战能积成功劳，故又引申指功绩、战功。如《资治通鉴》："今戎事方兴，勋伐既多。"

⊙ 佛

佛　佛

<small>小篆　　楷书</small>

"佛"是形声字。小篆从人，弗声。

隶变后楷书写作"佛"，并出现多个异体字。如今规范化，以"佛"为正体。

《说文·人部》："佛，不见审也。从人，弗声。"（佛，看不清楚。从人，弗声。）

"佛"本义为看不太清，读作fú。用于连绵词"仿佛"，表示似乎、好像。如陶渊明《桃花源记》："山有小口，仿佛若有光。"

还读作fó，是"佛陀"的简称。后来成为佛教徒对修行圆满的人的称呼，也特指佛教的创始者释迦牟尼。

⊙ 佣

傭　傭　佣

<small>小篆　楷书（繁体）　楷书</small>

"佣"是会意兼形声字。小篆从人，从庸（用），会被人雇用之意，庸兼表声。隶变后楷书写作"傭"。汉字简化后写作"佣"。

《说文·人部》："傭，均直也。从人，用声。"（傭，平均工钱。从人，用声。）

"佣"的本义为被人雇用，读作yōng。如《史记·陈涉世家》："尝与人佣耕。"引申为被雇用的人、仆人。如"用人""女佣"。

还读作yòng，指中间人靠介绍买卖所得到的收入。如"佣金""佣钱"。

⊙ 侯

𣆪　𥎦　𥎦　矦　侯

<small>甲骨文　金文　小篆　楷书（繁体）　楷书</small>

"侯"是象形字。甲骨文像张挂的射布，下加"矢"突出射布之意。金文与甲骨文大致相同。小篆变复杂了。隶变后楷书写作"矦"。汉字简化后写作"侯"。

《说文·矢部》："矦，春飨所躲矦也。从人；从厂，象张布；矢在其下。"（矦，春天举行乡饮酒礼时所用的射布。从人；从厂，厂像张设的射布；矢，在射布的底下。）

"侯"的本义是射礼中的射布。古代有"射侯"之礼，凡是能射中"侯"的就是有本事的男子，可做官长。后来又变成了官职的等级，也就是古代五等爵位的第二等。如《礼记·王制》："王者之制禄爵，公、侯、伯、子、男凡五等。"

⊙ 休

甲骨文　金文　小篆　楷书

"休"是会意字。甲骨文、金文、小篆都像一个人依傍树木休息之形。隶变后楷书写作"休"。

《说文·木部》："休，息止也。从人依木。庥，休或，从广。"（休，休息。由"人"依傍着"木"会意。庥，休的或体，从广。）

"休"的本义是人依靠在树下休息。人休息时会停止活动，故引申为停止、终止、结束。古代丈夫把妻子赶回娘家叫"休妻"，即停止夫妻婚姻关系。

"休"还可表示吉庆、美好。因为古音的"好"读作"朽"，所以借"休"作"好"。如成语"休戚相关""休戚与共"，其中"休"表示喜庆和欢乐，"戚"则指忧愁、悲哀。

⊙ 侵

甲骨文　金文　小篆　楷书

"侵"是会意字。甲骨文左边是一头牛，右边是一只持扫帚的手，会手持扫帚扫掉牛身上的灰尘之意。金文、小篆意义不变。隶变后楷书写作"侵"。

《说文·人部》："侵，渐进也。从人又持帚，若埽之进。又，手也。"（侵，渐进。由"人""又"（手）持握着"帚"会意。（帚）好像用扫帚清埽而前进。又，表示手。）

"侵"的本义是打扫。因为打扫有渐进的意思，故引申指渐进。如《三国志·吴书·吕蒙传》："侵晨进攻。"如"侵晨"就是渐近早晨。

引申表示侵犯、进攻。如苏洵《六国论》："奉之弥繁，侵之愈急。"

⊙ 仙

小篆　楷书（繁体）　楷书

"仙"是会意兼形声字。小篆从人（表示与人有关），从䙴（表升高），会人成仙升天而去之意，䙴兼表声。隶变后楷书写作"僊"，俗写作"仚"，从人，从山，会人入山修行成仙之意。如今规范化，以"仙"为正体。

《说文·人部》："僊，长生迁去也。从人，从䙴，䙴亦声。"（僊，长生不老，升天离去。由人，由䙴会意，䙴也表声。）

"仙"的本义为仙人、神仙。如刘禹锡《陋室铭》："山不在高，有仙则名。"

引申比喻具有高超才能的人。如唐代"诗仙"李白。

婉词，用于死或死者。如"仙去""仙逝"。

⊙ 保

甲骨文　金文　小篆　楷书

"保"是会意字。甲骨文的字形像面朝左的一个大人，手臂向后背抱一小儿。金文同于甲骨文。隶变后楷书写作"保"。

《说文·人部》："保，养也。从人，从

采省。采，古文孚。"（保，养序。由人，由采省会意。采，古文"孚"字。）

"保"的本义为负子于背，即把孩子背在背上。如《尚书·召诰》："夫知保抱携持厥妇子，以哀于天。"引申指养育、抚育、抚养。如《尚书·康诰》有"保赤子"的话，就是"抚养好初生的婴儿"。

从抚养又引申为保护。如《左传·昭公八年》："民力雕尽……莫保其性。"

⊙ 佳

佳　佳

小篆　　楷书

"佳"是形声兼会意字。小篆从人，圭声，圭兼表示美好之意。隶变后楷书写作"佳"。

《说文·人部》："佳，善也。从人，圭声。"（佳，美好。从人，圭声。）

"佳"的本义为美、好。如王维《九月九日忆山东兄弟》："每逢佳节倍思亲。"引申形容女子貌美。如李延年《佳人歌》："北方有佳人，绝世而独立。"

⊙ 侨

僑　僑　侨

小篆　　楷书（繁体）　楷书

"侨"是形声兼会意字。小篆从人，喬声，喬兼表踩高跷之意。隶变后楷书写作"僑"。汉字简化后写作"侨"。

《说文·人部》："僑，高也。从人，喬声。"（僑，高。从人，喬声。）

"侨"的本义为人踩高跷。如《山海经·长股国》郭注："今伎家侨人象此。"桂馥案："北方伎人足系高竿之上，跳舞作八仙状，呼为高橇，当作此侨。"

后借指寄住异地。如"侨居"。

"侨"在古代还特指南北朝时流亡江南的北方人，如今则指寄居国外的人。如"华侨""侨胞"等。

⊙ 傅

傅　傅

小篆　　楷书

"傅"是形声字。小篆从人（表示与人有关），專声。隶变后楷书写作"傅"。

《说文·人部》："傅，相也。从人，專声。"（傅，辅佐。从人，專声。）

"傅"的本义为辅佐、相助。如《左传·僖公二十八年》："郑伯傅王，用平礼也。"引申指教育、教导。成语有"一傅众咻"，如出自《孟子·滕文公下》："一齐人傅之，众楚人咻之。"是说一个人施教，众人吵闹干扰。比喻不能专一，则绝无效果。

用作名词，表示负责教导、传授知识、技艺的人。古代有"太傅"一职，是帝王的相或帝王、诸侯之子的老师。

⊙ 俊

俊　俊

小篆　　楷书

"俊"是会意兼形声字。小篆从人，从夋（高大），夋兼表声。隶变后楷书写作"俊"。

《说文·人部》："俊，材千人也。从人，夋声。"（俊，才智超过千人。从人，夋声。）

"俊"的本义为才智过人、杰出。如杜牧《题乌江亭》："江东子弟多才俊，卷土重来未可知。"

引申指容貌美丽。如"俊俏""俊美"。

⊙ 侍

侍　侍

小篆　　楷书

"侍"是形声字。小篆从人，寺声。隶变后楷书写作"侍"。

《说文·人部》："侍，承也。从人，寺声。"（侍，承奉。从人，寺声。）

"侍"的本义为在尊长旁边陪着。如《汉书·文帝纪》："遂即天子位，群臣以次侍。"

引申为服侍、侍奉。如《论语·先进》："子路、曾皙、冉有、公西华侍坐。"又指恭顺地站立在旁边伺候。如崔铣《记王忠肃公翱三事》："迁我京职，则汝朝夕侍母。"

用作名词，指侍妾、侍女。

⊙ 供

供　供

小篆　楷书

"供"是形声字。小篆从亻，共声。隶变后楷书写作"供"。

《说文·人部》："供，设也。从人，共声。一曰：供给。"（供，摆设。从人，共声。另一义说：（供）是供给。）

"供"的本义为供给、供应，读作gōng。如宋濂《送东阳马生序》："今诸生学于太学，县官日有廪稍之供。"又引申为提供某种条件。如常说的"仅供参考""供你读书"。

还读作gòng，引申为供奉、供献。《史记·封禅书》："设供具，以礼神君。"又引申为摆设。如"花瓶内供一枝碧桃仙。"

还引申为受审者陈述的案情。如"招供""供认不讳""翻供"。

⊙ 使

使　使　使　使

甲骨文　金文　小篆　楷书

"使"是会意兼形声字。甲骨文像手持猎叉打猎之形。金文大致相同，小篆另加义符"人"，以突出人做事之意，从人从吏会意，吏兼表声。隶变后楷书写作"使"。

《说文·人部》："使，伶也。从人，吏声。"（使，命令。从人，吏声。）

"使"的本义为命令。引申指派人做事、差遣。如贾谊《过秦论》："乃使蒙恬北筑长城而守藩篱。"

泛指役使、使唤、支使。引申指运用、使用。如"使贤任能"，意思是任用有品德有才能的人。进一步引申指放纵、任性。如"使脾气""使性儿"。

"使"还特指受命出使，代表国家办事。用作名词，指使者。

虚化为连词，表示假设，相当于"假如""如果"。如王昌龄《出塞》："但使龙城飞将在，不教胡马度阴山。"

⊙ 低

低　低

小篆　楷书

"低"是形声兼会意字。小篆从人从氐会意，氐兼表意。隶变后楷书写作"低"。

《说文》无。

"低"的本义为下，与"高"相对。俗语"高不成低不就"是高者无力得到，低者又不屑迁就。形容求职或婚姻上的两难处境。

引申指向下、向下垂，与"仰"相对。如李白《静夜思》："举头望明月，低头思故乡。"

⊙ 侦

侦　偵　侦

小篆　楷书（繁体）　楷书

"侦"是会意兼形声字。小篆从人，从贞（占卜），会卜问之意，贞兼表声。隶变后楷书写作"偵"。汉字简化后写作"侦"。

57

《说文·人部》新附："偵，问也。从人，贞声。"（偵，卜问。从人，贞声。）

"偵"的本义为卜问。如《易》："恒其德，偵，妇人吉。"意思是说要长久地遵循客观规律。卜问，对妇女来说是吉祥的。

引申为探听，暗中察看。如"侦察"。

用作名词，指探子、间谍。如沈约《齐故字陆昭王碑文》："侦谍不敢东窥，驼马不敢南牧。"

⊙ 俭

偸　偸　俭

小篆　楷书（繁体）　楷书

"俭"是形声字。小篆从人，佥声。隶变后楷书写作"儉"。汉字简化后写作"俭"。

《说文·人部》："儉，约也。从人，佥声。"（儉，自我约束。从人，佥声。）

"俭"的本义为自我约束、不放纵。如《易·否象传》："君子以俭德避难。"意思就是君子凭借自我约束的德行躲避灾祸。

一个人若能约束自己，就不会去过奢华无节制的生活，故引申为简朴、节省。如"勤俭"中的"俭"就是这种用法。

当人很贫穷的时候，生活的一切都会很节俭，故又引申指贫乏、贫苦。如"俭贫"。

⊙ 傲

傲　傲

小篆　楷书

"傲"是形声字。小篆从人，敖声。隶变后楷书写作"傲"。

《说文·人部》："傲，倨也。从人，敖声。"（傲，骄慢不逊。从人，敖声。）

"傲"的本义为自高自大、骄慢不逊。如魏徵《十三斩不克终疏》："傲不可长，欲不可纵。"

人不可有"傲气"，却不可无"傲骨"。如戴埴《鼠璞》："唐人言李白不能屈身，以腰间有傲骨。""傲骨"喻高傲不屈的性格。

⊙ 侧

合　廁　㑡　側　侧

甲骨文　金文　小篆　楷书（繁体）　楷书

"侧"是会意字。甲骨文从斜身之人，从日，会日仄之意。金文改为从人，则声。小篆承接金文并整齐化。隶变后楷书写作"側"。汉字简化后写作"侧"。

《说文·人部》："側，旁也。从人，则声。"（侧，旁边。从人，则声。）

"侧"的本义为旁边。如《诗经·小雅·绵蛮》："黄鸟，止于丘侧。"

旁边非主位，进而引申指地位低下、卑微。在古代家庭，妾被称为"侧室"，妻则被称为"正室"，意即妾比妻的地位低下。

又引申指倾斜。成语"侧目而视"即指斜着眼睛看人。进而引申指不正、邪辟。如《尚书·洪范》："无反无侧，王道正直。"

⊙ 候

㿱　㾴　候　候

甲骨文　金文　小篆　楷书

"候"是形声兼会意字。小篆从人，矦声，矦（射靶）兼表人所观望之意。隶变后楷书写作"候"。

《说文》无。

"候"的本义为守望、侦察。引申指征候、征兆。如《列子·周穆王》："觉有八征，梦有六候。"又特指症候。如《北齐书·方伎传·马嗣明》："为人诊候，一年前知其生死。"

由守望又引申指等候、迎候。如陶渊明《归去来兮辞》："稚子候门。"进而又引申指服侍。如"伺候"。

"候"还是古代计时单位，五天为一候。如《素问·六气藏象论》："五日谓之候，三候谓之气。"又引申为节候、时令。如韩偓《早玩雪梅有怀亲属》："北陆候才变，南枝花已开。"

⊙ 伍

俉 伍

小篆　楷书

"伍"是会意兼形声字。小篆从人，从五，会五人组成的军队单位之意，五兼表声。隶变后楷书写作"伍"。

《说文·人部》："相参伍也。从人从五。"（伍，或三或五以相错杂交互。由人、由五会意。）

"伍"的本义为五人组成的军队编制。如《周礼·天官·宫正》："会其什伍而教之道义。"引申泛指军队，主要指陆军。如"入伍"。又指队列、班次。如"队伍""行伍"。

"伍"还引申指同伴、结伴。如"羞与为伍"，意为羞于跟他结伴。

此外，"伍"还是"五"的大写。

⊙ 伤

傷 傷 伤

小篆　楷书（繁体）　楷书

"伤"是会意兼形声字。小篆从人，从塲，会人受箭伤之意，塲兼表声。隶变后楷书写作"傷"。汉字简化后写作"伤"。

《说文·人部》："傷，创也。从人，塲省声。"（傷，创伤。从人，塲省声。）

"伤"的本义为创伤。如"刀伤""灼伤"。引申为受伤的人。如"救死扶伤"。

又引申指悲伤。如柳永《雨霖铃》："多情自古伤离别，更那堪冷落清秋节！"又可引申为诽谤。如"中伤"。

人或物受到损伤，事情就不能顺利进行，故"伤"引申为妨害。如成语"无伤大雅"。又引申指对……产生厌烦。如"这几年在外面跑伤了"。

⊙ 儒

儒 儒

小篆　楷书

"儒"是形声字。小篆从人（表示与人有关），需声。隶变后楷书写作"儒"。

《说文·人部》："儒，柔也。术士之称。从人，需声。"（儒，性格柔和的人。又是道术之士的名称。从人，需声。）

"儒"的本义为春秋时从巫、史、祝、卜中分化出来的熟悉诗书礼乐并为贵族服务的方术之士。如《周礼·太宰》："四曰儒，以道得民。"

引申特指儒家、儒学，是春秋末期孔子所创立的学派。从汉朝以后，儒家思想成为中华民族最基本的主流价值观。

又引申泛指读书人。如刘禹锡《陋室铭》："谈笑有鸿儒，往来无白丁。"

⊙ 俘

俘 俘

小篆　楷书

"俘"是形声字。小篆从人（表示与人有关），孚声。隶变后楷书写作"俘"。

《说文·人部》："俘，军所获也。从人，孚声。如《春秋传》曰：'以为俘聝。'"（俘，军队擒获的敌人。从人，孚声。如《春秋左氏传》说："以至成为您的俘虏。"）

"俘"的本义为抓获的敌人。如《左传·宣公二年》："俘二百五十人。"

引申指缴获。如《尚书·汤誓》："汤遂从之，遂伐三朡，俘厥宝玉。"

⊙ 做

做 做

小篆　　楷书

"做"是会意字。楷书写作"做"，从人从故（表示前人所做之事）会意。是"作"的后起分化俗字。

《说文》无。

"做"的本义为人从事某种工作或活动。如"做生意""做工"。引申指制作、制造。如《红楼梦》第十七回："只是还少一个酒幌，明日竟做一个来。"

又表示充当、担任。如"做东"。还可表示结成某种关系。如"做亲家""做人情"。

又指装作（某种样子）。如"做鬼脸""做样子"。还表示举行、举办。如"做大寿""做满月"等。

⊙ 作

作

甲骨文　金文　小篆　楷书

"作"是会意字。甲骨文和金文原作"乍"。小篆从人，从乍，会人突然起身之意。隶变后楷书写作"作"。

《说文·人部》："作，起也。从人，从乍。"（作，起立。由人、由乍会意。）

"作"的本义是指人起身，读作 zuò。引申指起来、开始劳作。如《击壤歌》："日出而作，日入而息。"这句话的意思是，太阳升起就起来劳动，太阳下山就休息。进而引申指产生、兴起、振作。如《易·乾》："云从龙，风从虎。圣人作而万物睹。"

由劳动、劳作引申为制作、创作。如秦韬玉《贫女》："为他人作嫁衣裳。"进而引申指故意装出。如"忸怩作态""装腔作势"。

还特指写作诗文。

"作"又引申指手工业制造或加工的制作场所，读 zuō。如"作坊"。

"作料"的"作"读 zuó，指油盐酱醋等烧菜用的调料。

⊙ 化

化 化 化 化

甲骨文　金文　小篆　楷书

"化"是会意字。在甲骨文中，左边是一个面朝左侧立的人，右边是一个头朝下、脚朝上倒着的人，会颠倒变化之意。金文、小篆的写法变化不大。隶变后楷书写作"化"。

《说文·七部》："化，教行也。从七，从人，七亦声。"（化，教化实行。由七、由人会意，七也表声。）

"化"的本义为变化。如《庄子·逍遥游》："化而为鸟，其名为鹏。"引申指教化。如王充《论衡·佚文》："无益于国，无补于化。"

⊙ 体

體 體 体

小篆　楷书（繁体）　楷书

"体"是形声字。小篆从骨，豊声。隶变后楷书写作"體"。汉字简化后写作"体"。

《说文·骨部》："體，总十二属也。从骨，豊声。"（體，总括全身十二分属之称。从骨，豊声。）

"体"的本义指身体。引申指手脚、四肢，也指身体的一部分。如"四体不勤，五谷不分"中的"四体"即指人的两手两足。

又引申指体态。如《古诗为焦仲卿妻作》："可怜体无比，阿母为汝求。"后引申指文字的书写形式或书法家的书写风格、法式。如"篆体""楷体"。

还引申指著作的形式、体裁。如"古

体诗""骈体"。

用作动词,表示亲身体验、实行。如成语"身体力行"。又引申指设身处地为人着想。如"体谅""体恤"。

⊙ 信

金文　小篆　楷书

"信"是会意字。金文从人,从口。小篆改为从言,用"人"口所"言"会真实之意。隶变后楷书写作"信"。

《说文·言部》:"信,诚也。从人,从言。会意。"(信,诚实。由人、由言会意。)

"信"的本义为语言真实。如《老子》:"信言不美,美言不信。"引申泛指诚实有信用。

又引申指相信、信任。如《论语·公冶长》:"听其言而信其行。"

相信则听从、任随,所以"信"又引申指听从、任随。成语"信马由缰",就是放松缰绳,听凭马儿任意走。

现代人说的信件的"信",古代叫"书",而称送书者即送信的人为"信"。后来,"信"由送信人引申指音讯、消息。如李白《大堤曲》:"不见眼中人,天长音信断。"

⊙ 佩

金文　小篆　楷书

"佩"是会意字。金文从人,从凡(表示盘形玉饰),从巾(表佩带),会人所佩带的盘形玉饰之意。小篆整齐化。隶变后楷书写作"佩"。

《说文·人部》:"佩,大带佩也。从人,从凡,从巾。佩必有巾,巾谓之饰。"(佩,系在大衣带上的佩玉之类的装饰品。由人、由凡、由巾会意。佩物一定有巾,

巾叫作饰。)

"佩"的本义为人系在衣带上的装饰品。如《诗经·郑风·有女同车》:"将翱将翔,佩玉将将。"

引申为佩带。由于饰物佩带在身,故又引申指携带、随身拿着。如《白虎通·衣裳》:"农夫佩其耒耜,工匠佩其斧斤。"贵重的饰品佩带在身,也就不忘于心上,故又引申表示敬服。如杜甫《湘江宴饯斐二端公赴道州》:"鄙人奉末眷,佩服自早年。"

⊙ 储

小篆　楷书(繁体)　楷书

"储"是形声字。小篆从人,諸声。隶变后楷书写作"儲"。汉字简化后写作"储"。

《说文·人部》:"儲,待也。从人,諸声。"(储,储蓄待用。从人,諸声。)

"储"的本义为积蓄、贮备。如《盐铁论·力耕》:"丰年岁登,则储积以备乏绝。"

特指已经被确定为继承王位的人,即储君、太子。如《旧唐书·回纥传》:"太子即储君也,岂有中国储君向外国可汗前舞蹈。"

⊙ 倾

小篆　楷书(繁体)　楷书

"倾"是会意兼形声字。小篆从人,从頃(表示偏侧),頃兼表声。隶变后楷书写作"傾"。汉字简化后写作"倾"。

《说文·人部》:"傾,仄也。从人,从頃,頃亦声。"(倾,偏斜。由人、由頃会意,頃也表声。)

"倾"的本义为偏侧、歪斜。引申指倾危、倾塌。如范仲淹《岳阳楼记》:"商

旅不行，樯倾楫摧。"又引申指倒塌。如"大厦将倾，独木难支"。

由倾斜引申指倒出来。把东西都倒出来，就倒尽了，故又引申表示用尽全部、竭尽。如"倾家荡产"。

"倾"由倾向引申指钦佩、向往。如"倾心"一词，就表示向往、仰慕。后也指男女之间的钟情爱慕。如"一见倾心"。

勹部

⊙ 勿

甲骨文　金文　小篆　楷书

"勿"是象形字。甲骨文像云层间射出阳光之形，用以表示云的形色。金文大致相同，小篆整齐化。隶变后楷书写作"勿"。

《说文·勿部》："勿，州里所建旗。象其柄，有三游。杂帛，幅半异。所以趣民，故遽，称勿勿。凡勿之属皆从勿。"（勿，大人，士所树立的旗帜。丿像旗的竿子，彡表示有三条缀在旗帜边缘上飘悬的游。游帛上颜色杂驳不纯，正幅上半赤半白而不同。是用以催促百姓集合的信号，所以有急遽的意思，急遽又称作勿勿。）

"勿"的本义为云的颜色。云是飘忽不定的，故用作"勿勿"。引申指急速，此义后写作"匆匆"。

借用作副词，表示劝阻和禁止。相当于"不要""不可以"。如《论语·颜渊篇》："己所不欲，勿施于人。"

也表示一般否定，相当于"不"。如成语"疑人勿用，用人勿疑"。

⊙ 旬

甲骨文　金文　小篆　楷书

"旬"为象形字。甲骨文像周匝循环之形，表示周遍循环之意。金文中间增加一"日"字，表示"旬"与时间有关。隶变后楷书写作"旬"。

《说文·勹部》："旬，徧也。十日为旬。从勹、日。"（旬，周遍。十天为一旬。由勹、由日会意。）

"旬"的本义为十天。古代天干纪日，每十日周而复始，称一旬。引申为十年、十岁。所谓"七旬"就是七十岁。

由周遍义引申为周。如"旬月"就是满一月，"旬岁"就是一周岁或一周年。

十二属相循环一次也为一旬。如"老张比老李大一旬"，是说"老张比老李大十二岁"。

⊙ 匀

金文　小篆　楷书

"匀"是会意字。金文像臂弯里有二物之形。小篆变为从勹（表周匝），从二，会平均二分之意。隶变后楷书写作"匀"。

《说文·勹部》："匀，少也。从勹，二。"（匀，（物因雨分而）少。由勹、二会意。）

"匀"的本义是平分。用作动词，引申泛指分出、让出。如杜荀鹤《题花木障》："不假东风次第吹，笔匀春色一枝枝。"又表示打扮、涂抹均匀。如卢仝《小妇吟》："小妇欲出门，隈门匀红妆。"

用作形容词，表示分布在各部分的数量相同或大小、粗细、间隔等一致。

⊙ 勾

甲骨文　金文　小篆　楷书

"勾"是会意兼形声字。甲骨文从口（表语声），从丩（表勾曲），会语调曲折之意，丩兼表声。隶变后楷书写作"句"。如今规范化，以"勾"为正体。

《说文》无。

"勾"的本义为语调曲折，读作gōu。引申泛指曲折、弯曲。如"勾着背""勾曲"。

用作动词，指用笔画出符号，表示删除或截取。如"一笔勾销"。又指描画出形象的轮廓。如"勾勒""勾边"。

由勾曲引申指招引、引出。如"勾引""勾魂"。又引申指结合在一起、串通。如"勾结"。

用作名词，指圈套，读作gòu。如"勾中"指圈套。

⊙ 包

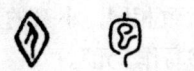

甲骨文　　小篆　　楷书

"包"是会意字。甲骨文像人腹中有子的样子。小篆外边是"勹"，是人曲身有所包裹之意，会胎胞之意。隶变后楷书写作"包"。

《说文·包部》："象人裹妊，巳在中，象子未成形也。凡包之属皆从包。"（包，像人怀着孕。"巳"字在"勹"中间，像胎儿尚未成形的样子。大凡包的部属都从包。）

"包"的本义为胎胞，即胎衣。引申指用东西包裹起来。又引申指包含、包容。又引申指保证、担保。如"包换""包退"。

"包"还有做的意思。如"包饺子"。

用作名词，指包好的东西。如"行李包""邮包"。也指装东西的袋子。如"书包""钱包"。又形容像包一样带馅的蒸熟食物或其他物体。如"豆包""沙包"。

几部

⊙ 凤

甲骨文　　小篆　　楷书（繁体）　　楷书

"凤"是形声字。甲骨文像一只凤的样子，右边"凡"表读音。小篆把"凡"字上移。隶变后楷书写作"鳳"。汉字简化后写作"凤"。

《说文·鸟部》："鳳，神鸟也。天老曰：'鳳之象也，鸿前麐后，蛇颈鱼尾，鹳颡鸳思，龙文虎背，燕颔鸡喙，五色备举。出于东方君子之国，翱翔四海之外，过昆仑，饮砥柱，濯羽弱水，莫宿风穴。见则天下大安宁。'从鸟，凡声。"（鳳，神鸟。天老说："凤鸟的样子，前面像鸿雁，后面像麒麟；蛇颈，鱼尾；鹳鹊样的额头，鸳鸯样的鳃帮；龙纹，虎背；燕样的下颏，鸡样的嘴；五色全都具备。出产在东方君子的国度，翱翔在四海之外，飞过昆仑山，到黄河的砥柱饮水，在弱水洗濯毛羽，黄昏时宿止在风的洞口。一出现，天下就大安宁。"从鳥，凡声。）

"凤"的本义是一种神鸟，是中国古代传说中的百鸟之王，象征祥瑞。其中，雄的叫凤，雌的叫凰。

古代也用"凤"来比拟人。如才德高超的人会被认为是具有"凤德"。

"凤"又指乐器、音律。如"凤管"指的是笙；"凤箫"是古代管乐器名，即排箫。

⊙ 夙

甲骨文　　金文　　小篆　　楷书

"夙"是会意字。甲骨文上方是个月亮，月下跪着一个人，双手正在操作，会残月尚存人就起来做事之意。金文大致相同，小篆整齐化。隶变后楷书写作"夙"。

《说文》无。

"夙"的本义是指天未明就起来做事。后引申指早晨。如《诗经·召南·行露》："岂不夙夜，谓行多露。"意思是难道不想天不亮就逃离吗？只怕露浓难行路。

用作副词，表示向来、平素。如"夙敌"就是指一向作对的敌人。

儿部

⊙ 儿

甲骨文　金文　小篆　楷书（繁体）　楷书

"儿"是象形字。甲骨文像一个面朝左站着的大头娃娃，头顶中间是开口的，表示婴儿脑囟骨还没有长在一起。隶变后楷书写作"兒"。汉字简化后写作"儿"。

《说文·儿部》："兒，孺子也。从儿，象小儿头囟未合。"（兒，婴儿。从儿，白像小孩脑盖顶门没有合拢。）

"儿"的本义是小孩子。如《列子·汤问》："孔子东游，见两小儿辩斗。"也指男青年。如《史记·高祖本纪》："发沛中儿，得百二十人，教之歌。"

还常用作词语后缀。做名词后缀时，表示小。如"小猫儿""小车儿"。

⊙ 兀

甲骨文　金文　小篆　楷书

"兀"是象形字。甲骨文是面朝左侧立的一个人，其头是平顶的。金文的形象与甲骨文基本一致。小篆的形体线条化。隶变后楷书写作"兀"。

《说文·儿部》："兀，高而上平也。从一在人上。读若夐。茂陵有兀桑里。"

（兀，高而上面平坦。由"一"在"儿"上会意。音读像"夐"字。茂陵县有兀桑里。）

"兀"的本义是山光秃的样子。如杜牧《阿房宫赋》："蜀山兀，阿房出。"又可指突出、高耸。如"突兀"。

用作副词，表示还、仍然。如"他兀自唱个不停"。

⊙ 元

甲骨文　金文　小篆　楷书

"元"是指事字。甲骨文从兀（削去人的头发），又用短横指明头的部位，以表示人头。金文大致相同，小篆的形体整齐化。隶变后楷书写作"元"。

《说文·一部》："元，始也。从一，从兀。"（元，开始。由一、由兀会意。）

"元"的本义就是头。如《左传·僖公三十三年》："狄人归其元。"意思是狄人送还了他的头。

引申指人们的首领。如"元首"。又引申为开头、开始或第一。如《公羊传·隐公元年》："元年者何，君之始年也。"

⊙ 兄

甲骨文　金文　小篆　楷书

"兄"是象形字。甲骨文像一个人面朝左跪着，张口祷告。"兄"本是"祝"字的初文。金文的形体与甲骨文相似。小篆整齐化。隶变后楷书写作"兄"。

《说文·兄部》："兄，长也。从儿，从口。凡兄之属皆从兄。"（兄，滋长。由儿、由口会意。大凡兄的部属都从兄。）

"兄"的本义为祷告赐福。古代致祭以长，故借用表示哥哥。如《诗经·小雅·斯干》："兄及弟矣，式相好矣。"

由兄长义又引申作为朋友间的称呼。如柳宗元《与肖翰林俣书》:"兄知之,勿为他人言也。"后世在写信时也常用"兄"作为尊称。如"学兄""仁兄"。

⊙ 兑

甲骨文　金文　小篆　楷书

"兑"是会意字。甲骨文从人,从口,从八(表示分开),会人咧开嘴嘻笑之意。金文大致相同。小篆整齐化。隶变后楷书写作"兑"。

《说文·儿部》:"兑,说也。从儿,㕣声。"(兑,喜悦。从儿,㕣声,)

"兑"的本义为喜悦。如《荀子·修身》:"饶乐之事,则佞兑而不曲。"

用作动词,表示更换。如"兑转""兑支"。又特指用天平称银子。如"兑银子"。又引申指掺杂。如"兑水""勾兑"等。

⊙ 先

甲骨文　金文　小篆　楷书

"先"是会意字。甲骨文从止(脚),从人,会走在人的前头之意。金文与甲骨文大致相同。小篆线条化、整齐化。隶变后楷书写作"先"。

《说文·先部》:"先,前进也。从儿,从之。凡先之属皆从先。"(先,前进。由儿、由之会意。大凡先的部属都从先。)

"先"的本义为在前引导、走在前面。如《汉书·英布传》:"项王伐齐,身负版筑(墙版和筑杵),以为士卒先。"

引申为时间的先后。如《史记·高祖本纪》:"先入定关中者王之。""先"也指祖先、上代、前辈。如司马迁《报任少卿书》:"行莫丑于辱先。"意思是没有比使祖先受辱更丑陋的行为了。

⊙ 光

甲骨文　金文　小篆　楷书

"光"是会意字。甲骨文的下部是面朝右跪着的一个人,人头上有一把大火在照耀。金文的形象与甲骨文大致相同,只是人形朝左。小篆线条化,上部的"火"清晰可辨,但下部的人已经不像了。隶变后楷书写作"光"。

《说文·火部》:"光,明也。从火在人上,光明意也。"(光,光明。由"火"字在"人"字上,会光明之意。)

"光"的本义就是光明、光亮。如《孟子·尽心上》:"日月有明,春光必照焉。"引申指光彩、色泽。如"容光焕发"。

又引申指风光、景色。如范仲淹《岳阳楼记》:"上下天光,一碧万顷。"进而引申指荣誉。如"光临""光顾"。又可引申为发扬光大。如诸葛亮《出师表》:"以光先帝之遗德。"

又引申指光滑。如"这种纸很光"。又引申指裸露。如"光头""光着膀子"。

又引申指空、净、尽。如"赔光""吃光"。

⊙ 尧

甲骨文　小篆　楷书(繁体)　楷书

"尧"是会意字。甲骨文的上部是两堆土,下部是面朝左的一个人,表示高。小篆的形体变成了人的头上有三堆土。隶变后楷书写作"堯"。汉字简化后写作"尧"。

《说文·垚部》:"堯,高也。从垚在兀上,高远也。"(堯,高远。由"垚"在"兀"上会意,兀是表示高远的意思。)

"尧"的本义为高。"尧"是传说中父系氏族社会后期部落联盟的领袖，史称"唐尧"。据说尧、舜时开始将我国疆土划定为十二州，所以后世常把"尧封"当成中国的代称。

总之，古代人民对"尧"极为崇拜，所以古籍中的"尧天""尧年"等词，都用来比喻理想中的太平岁月、升平盛世。

⊙ 克

甲骨文　金文　小篆　楷书

"克"是象形字。甲骨文像戴盔执戈的武士之形，表示攻打战胜之意。金文承接甲骨文，但将右边改为"攴"。小篆书线条化。隶变后楷书写作"克"。

《说文·克部》："克，肩也；象屋下刻木之形。凡克之属皆从克。"（克，肩任；又像屋下刻割木头的样子。大凡克的部属都从克。）

"克"的本义为战胜。如"攻无不克""克敌制胜"。后又引申指克制、克服。如《论语·颜渊》："克己复礼为仁。"

用作"剋"的简化字，表示侵削。如"克扣工资"。又引申指严格限定。如"克期""克日发兵"。

用作量词，是重量单位。

⊙ 党

小篆　楷书（繁体）　楷书

"党"是形声字。小篆从黑（刺在人身上作为同族人的共同标志，表示亲族），尚声，尚兼表崇敬之意。隶变后楷书写作"黨"。汉字简化后写作"党"。

《说文·黑部》："黨，不鲜也。从黑，尚声。"（黨，不鲜明。从黑，尚声。）

"党"的本义是指朋辈亲族。如"父党""母党""妻党"。由此引申为小集团。如"死党""结党营私"。进而引申为偏袒。如"党同伐异"。

由团伙拉帮结派引申出政党之意。如"共和党""工人党"。

几部

⊙ 几

小篆　楷书

"几"是象形字。小篆的形体像古人席地而坐时有靠背的坐具之形。隶变后楷书写作"几"。

《说文·几部》："几，踞几也。象形。凡几之属皆从几。"（几，蹲踞在地的几。像几的正面和两侧的形状。大凡几的部属都从几。）

"几"的本义为小或矮的桌子。如《孟子·公孙丑》："隐几而卧。"即伏在几上睡觉。

"几"做疑问词，用来询问数目。如《孟子·离娄》："子来几日矣？"

做"幾"的简化字时，读为jǐ。

⊙ 凡

甲骨文　金文　小篆　楷书

"凡"是象形字。甲骨文像高足盘形，是"盘"的初文。金文与甲骨文大致相同。小篆发生讹变，就不像了。隶变后楷书写作"凡"。

《说文·二部》："凡，最括也。从二；二，偶也。"（凡，积聚而总括。从二；二，表示多。）

"凡"的本义为盘子，后世其本义消失了。引申指要旨、要略。如杜预《春秋经传集解序》："其发凡以言例，皆经国之常制。"其中"发凡"是指揭示全书的要旨或体例。

用作副词，又引申表示数量的全部、总共、一切。如"凡事"。所有的就是普遍的，故又表示平常、普通。如成语"自命不凡"。

用作名词，又可以引申指尘世、人世间。如司空图《携仙箓》："仙凡路阻两难留。"

⊙ 凯

豈　凱　凯

小篆　楷书（繁体）　楷书

"凯"是形声字。本写作"豈"，后来加了声符"几"和义符"忄"来分别表示本义和引申义。隶变后楷书写作"凱"。汉字简化后写作"凯"。

《说文·几部》："凱，还师振旅乐也。"（凱，军队得胜归来所奏的使军队振奋的乐曲。）

"凯"的本义为军队得胜所奏的乐曲。如刘克庄《破阵曲》："六军张凯声如雷。"其中"凯"就是得胜的军乐。

打了胜仗，自然是一片欢腾，故引申为和乐、欢乐。如嵇康《声无哀乐论》："故凯乐之情，见于金石。"又引申为安乐、温和。如《诗经·邶风·凯风》："凯风自南，吹彼棘心。"

⊙ 凭

憑　凭

小篆　楷书

"凭"是会意字。楷书写作"凭"，从几，从任，会依几之意。

《说文》无。

"凭"的本义是身体靠在物体上。如李煜《浪淘沙》："独自莫凭栏，无限江山。"

引申为依托、仰仗。如刘禹锡《酬乐天扬州初逢席上见赠》："暂凭杯酒长精神。"又引申指听凭、顺从。如"凭你处置"。

由有所依靠引申为依据、凭据。如"凭证""有凭有据"。

用作连词，意为不论、不管。如"凭你跑得多快，我也赶得上"。

亠部

⊙ 交

𡗜　𡗜　𡗜　交

甲骨文　金文　小篆　楷书

"交"是象形字。甲骨文像一个正面站立的人，两腿交叉着。金文和小篆的形体大致相同。隶变后楷书写作"交"。

《说文·交部》："交，交胫也。从大，象交形。凡交之属皆从交。"（交，交叉着小腿。从大，义像两腿相交的样子。大凡交的部属都从交。）

"交"的本义为交叉、交错。如屈原《九歌·国殇》："矢交坠兮士争先。"意思是箭交错坠落，战士们都争先恐后地冲锋陷阵。

引申指结交、交往、交流。如《盐铁论·本议》："交庶物而便百姓。"大意是交换各种各样的物品，以方便老百姓。

⊙ 产

產　產　產　产

金文　小篆　楷书（繁体）　楷书

"产"是形声字。金文从生，彦省声，表示人或动物生子。小篆整齐化。隶变后楷书写作"產"。汉字简化后写作"产"。

《说文·生部》："產，生也。从生，彦省声。"（產，生长。从生，彦省声。）

"产"的本义为出生、生育。如"产

67

仔"。引申指出产、生长。如"出产"。

又引申泛指物质和精神财富的创造。如"产品""产量"。

还引申指产业、财产。如成语"倾家荡产"，比喻全部家产都没有了。

⊙ 充

甲骨文　小篆　楷书

"充"是象形字。甲骨文像一个长得很肥硕的大猩猩的样子，用来表示肥硕之意。隶变后楷书写作"充"。

《说文·儿部》："充，长也，高也。从儿，育省声。"（充，长高。从儿，育省声。）

"充"的本义是长、高。因此引申为肥胖。如"充腴"指肥胖、丰满。引申为充满、充实。如"汗牛充栋""精力充沛"。

空间看起来满满当当，但未必都是精华，故又引申指充数、假冒。如"滥竽充数""打肿脸充胖子"。

又引申为充任、充当。如白居易《卖炭翁》："半匹红绡一丈绫，系向牛头充炭直。"

⊙ 亮

小篆　楷书

"亮"是会意字。小篆从儿（人），从高省，会人处高则明亮之意。隶变后楷书写作"亮"。

"亮"的本义为明亮。如谢灵运《初发·石首城诗》："寸心若不亮，微命察如丝。"明亮则物现，故引申指显露、显现。又引申指声音响亮。如"声音洪亮"。

做名词，指光亮、灯火。如"屋里没个亮"。

⊙ 亦

甲骨文　金文　小篆　楷书

"亦"是指事字。甲骨文像一个正面站立的人，两臂之下的两个点儿是指事符号，表示这里是腋下。金文大体相同。小篆与甲骨文、金文字一脉相承。隶变后楷书写作"亦"。

《说文·亦部》："亦，人之臂亦也。从大，象两亦之形。凡亦之属皆从亦。"（亦，人的腋窝。从大，像两个腋窝位于臂下的形状。大凡亦的部属都从亦。）

"亦"的本义为人的腋窝。后世常被假借为虚词，表示类同或相似关系，相当于"也""也是"。还相当于"又"。如杜牧《阿房宫赋》："后人哀之而不鉴之，亦使后人复哀后人也。"

古汉语中，"亦"常和"不"连用，组成"不亦"，用于反问句，表示反诘语气。如《论语·学而》："学而时习之，不亦说乎？"

⊙ 商

甲骨文　金文　小篆　楷书

"商"是会意字。甲骨文的下部是祭祀时所设的灵台，其上置薪，焚烧祭天。金文下面增加了一个"口"。隶变后楷书写作"商"。

《说文·向部》："商，从外知内也。从向，章省声。"（商，从外面估测里面的情况。从向，章省声。）

"商"的本义为焚柴祭天，后引申为星名。如杜甫《赠卫八处士》："人生不相见，动如参与商。""参商"即指参星与商星。又表示计议、商量。如"商榷"。又引申指买卖活动。如"经商"。

"商"又是古代五音之一。五音即

"宫、商、角、徵、羽"。

⊙ 京

京 京 京 京
甲骨文　金文　小篆　楷书

"京"是象形字。甲骨文像一个人工建筑起来的土堆，在土堆上有个瞭望塔，用以观敌情、察民事。金文与甲骨文大体相同，小篆线条化、整齐化。隶变后楷书写作"京"。

《说文·京部》："京，人所为绝高丘也。从高省，丨象高形。凡京之属皆从京。"（京，人工筑起的最高的丘。从高字省，丨像高的样子。大凡京的部属都从京。）

"京"的本义为人工堆积而成的高大土丘，是古代军事工事的一种。

君王所在地的首都称为"京"，是统治的中心。如《诗经·曹风·下泉》："念彼周京。"明清以后，"京"字实际上成了北京的代称。如"京戏""京腔""京片子"。

⊙ 亯

亯 亯 亯 亯
甲骨文　金文　小篆　楷书

"亯"是象形字。甲骨文像高大台基上建有殿堂形，上部是宗庙的屋顶，中间为墙壁，下部是地基，象征祭祖的宗庙。金文的形体稍讹。隶变后楷书写作"亯"。

《说文·亯部》："亯，献也。从高省，曰：象进孰（熟）物形。如《孝经》曰：'祭则鬼亯之。'亯，小篆亯。"（亯，献。由"高"省去"冂"会意；曰，像进献的熟食之形。《孝经》说："祭祀，鬼神就来亯用食物。"亯，小篆"亯"字。）

"亯"的本义为宗庙。

由烧制食物祭献神祖引申指烹饪烧制。此义后用"烹"来表示。

"亯"在上古也可写作"享"，读 xiǎng。引申泛指享用、享受。此义后用"享"表示。如"坐享其成"。

敬献神祖时，必定要献上供品，所以后来引申泛指贡献、进献贡品。如《诗经·商颂·殷武》："莫敢不来享，莫敢不来王。"意思是，没有敢不来进献贡品，没有敢不来朝奉汤王的。

神祖享用了祭品就会保佑人万事亨通，故又引申指通达、顺利。

"亯""烹""享"在上古都是一个字：祭祖、神叫享，享神就要烹煮谷米、牺牲，祖、神享用了祭品就会保佑人万事亨通。

⊙ 亭

亭 亭 亭
金文　小篆　楷书

"亭"是形声字。金文的字形像一座用以观察敌情的瞭望台。小篆从高，丁声。隶变后楷书写作"亭"。

《说文·高部》："亭，民所安定也。亭有楼，从高省，丁声。"（亭，人们安定的处所。亭上有楼，由"高"省去"冂"会意，丁表声。）

"亭"的本义为瞭望亭——古代设在边塞观察敌情的岗亭。如"亭候"就是用作瞭望的岗亭。引申指古代设在道旁供行人停留食宿的处所。进而引申泛指山林、路边等供人休息的有顶无墙的小型建筑物。如刘禹锡《陋室铭》："南阳诸葛庐，西蜀子云亭。"

由亭子的端正直立引申表示笔直、挺立。如"亭亭玉立"。

⊙ 高

高 高 高 高
甲骨文　金文　小篆　楷书

"高"是象形字。甲骨文像台观楼阁上

下重屋之形，表示崇高。金文、小篆整齐化，变得不太像楼阁了。隶变后楷书写作"高"。

《说文·高部》："高，崇也。象台观高之形。从冂、口，与仓、舍同意。凡高之属皆从高。"（高，崇高。像台观高耸的样子。由冂、由口会意，与"仓"字、"舍"字下部从口的构形原则相同。大凡高的部属都从高。）

"高"的本义为上下距离大，离地面远。引申指由上至下的距离、高度。又引申指在一般标准或平均程度之上的，擅长的。如"曲高和寡"。

由高高在上引申表示地位、等级在上的。如"高位"。

又引申为大，特别指岁数大的、辈分最上的。如"有志不在年高"。还做敬辞，如"高足""高见"。

⊙ 率

甲骨文　　金文　　小篆　　楷书

"率"是象形字。甲骨文中间像丝线编织的网，两侧四点像水流，指鱼网。金文的四点外撇，像提网时水滴外溅。隶变后楷书写作"率"。

《说文·率部》："率，捕鸟毕也。象丝网，上下其竿柄也。凡率之属皆从率。"（率，捕鸟的网。像丝织的网，上部的十和下部的十，是网的竿和把。大凡率的部属都从率。）

"率"的本义为网。引申为捕捉。捕捉到猎物就要把它带回家，由此又引申出带领之意。如常用的"率先""率领"。"率直"，意思是不含蓄、坦率爽直。由此引申指轻率、草率。

用作名词，指带兵的人，即主将。到了后世，此义写作"帅"。

"率"意为标准、规格时，应读作 lǜ。如"效率""生产率"。

⊙ 亥

甲骨文　　金文　　小篆　　楷书

"亥"是象形字。甲骨文像刮了毛、割了头和蹄的猪。"亥"是"刻"的本字。隶变后楷书写作"亥"。

《说文·亥部》："亥，荄也。十月，微阳起，接盛阴。从二；二，古文上字。一人男，一人女也。从乙，象裹子咳咳之形。凡亥之属皆从亥。"（亥，草根。亥代表十月，这时微弱的阳气产生，续接着旺盛的阴气。从二；二，是古文"上"字。表示一人是男，一人是女。从乙，乙像怀着胎儿腹部蜷曲的样子。大凡亥的部属都从亥。）

"亥"的本义为切割，读作 hài。由于其甲骨文像猪，所以古时也做猪讲。此义后来渐渐消失，被借作地支的第十二位，在十二生肖中代表"猪"。一日中的亥时指九点至十一点。

"亥"也指隔日交易一次的集市，此时应读作 jiē。

⊙ 离

甲骨文　　小篆　　楷书（繁体）　　楷书

"离"是会意字。甲骨文上部为"鸟"，下部是长柄网，会捕鸟之意。隶变后楷书写作"離"。汉字简化后写作"离"。

《说文·隹部》："離，黄，仓庚也。鸣则蚕生。从隹，离声。"（離，离黄，仓庚鸟。仓庚鸟叫，春蚕就出生。从隹，离声。）

"离"的本义是以网捕鸟。引申为擒获，假借为离开。表示分开、分离时，

"离"和"别"意义相近。如《广韵》："近曰离,远曰别。"所以有"生离死别"之说。

人与人分开谓之"离",人心不一致也称"离"。如"离心离德""离间"。二人分开,就是山水相隔,相距遥远,所以又引申指距离、相距。又引申指离散、破碎。如成语"支离破碎"。

八(丷)部

⊙八

八 八 八 八

甲骨文　金文　小篆　楷书

"八"是会意字。甲骨文、金文、小篆都像一物被分成两半之形。隶变后楷书写作"八"。

《说文·八部》:"八,别也。象分别相背之形。凡八之属皆从八。"(八,分别。像分别相背离的形状。大凡八的部属都从八。)

"八"的本义是分,后借作数词。如李商隐《瑶池》:"八骏日行三万里,穆王何事不重来。"其中的"八骏"相传为周穆王的八匹名马。

⊙分

川 分 分 分

甲骨文　金文　小篆　楷书

"分"是会意字。甲骨文从八,从刀,会以刀分物之意。金文、小篆的形体与甲骨文大致相同。隶变后楷书写作"分"。

《说文·八部》:"分,别也。从八;从刀,刀以分别物也。"(分,分别。从八,表示分别;从刀,刀是用来分别物体的。)

"分"的本义为一分为二、分开,读作 fēn。如"平分"。引申指区分、辨别。也引申指分给、分配。又引申指别离、离开。如"分手"。

用作名词,表示计数单位的十分之一,或表示分数,如"三分之一"。

还可用来表示节气。如"春分""秋分"。

还读作 fèn,表示成分。如"水分""养分"。又表示职责、本分。又当格外讲。如"分外"。

⊙公

公 台 公 公

甲骨文　金文　小篆　楷书

"公"是会意字。甲骨文从口(器皿),从八,会平分器皿中的东西之意。金文承接甲骨文。小篆从八,从厶,会与私相背之意。隶变后楷书写作"公"。

《说文·八部》:"公,平分也。从八,从厶。八犹背也。韩非曰:背厶为公。"(公,公平分配。由八、由厶会意。八犹如背离的意思。韩非说:背离私就是公。)

"公"的本义为无私。引申为公正。如《盐铁论·非鞅》:"邪臣擅断,公道不行。"又引申指公共的、公众的。如《礼记·礼运》:"大道之行也,天下为公。"

公共的事物一般有不隐蔽的特点,故"公"又引申指公开。"公然"即是公开、毫无顾忌的意思。

"公"还是古代的爵位名。后多用来尊称男性长者。

用于指动物时,"公"表示雄性的意思。如"公鸡""公牛"。

⊙关

関 關 關 关

金文　小篆　楷书(繁体)　楷书

"关"本为会意字。金文像门里有门

闩之形。小篆复杂化，变成了从门、鈝声的形声字。隶变后楷书写作"關"。

《说文·門部》："關，以木横持门户也。从门，鈝声。"（關，用木头横着支撑门扇。从门，鈝声。）

"关"的本义为门闩。军队驻守的卡口都是交通要道，卡口的作用犹如门闩，这样的地方就叫"关"或"关塞"。如李白《蜀道难》："一夫当关，万夫莫开。"

又引申指关卡。如"难关""鬼门关"。又引申指转折处。如"通关节""卖关子"。

由门闩可以引申为动词关闭。如陶渊明《归去来兮辞》："门虽设而常关。"

又引申指涉及、牵连。如"有关""事关重大""息息相关"。

⊙ 半

半 半 半

金文　小篆　楷书

"半"是会意字。金文从八（表示分），从牛，会把一头牛分成两部分之意。小篆的形体基本上同于金文。隶变后楷书写作"半"。

《说文·半部》："半，物中分也。从八；从牛，牛为物大，可以分也。凡半之属皆从半。"（半，物体从中对分各为一半。从八，表示分；从牛，牛是大的物体，可以分割。大凡半的部属都从半。）

"半"的本义指一半、二分之一。古人常说的"半壁江山"，指的就是国家的一半。

后泛指半边。如"半斤八两""半信半疑"。又引申指部分、不完全地。如白居易《琵琶行》："千呼万唤始出来，犹抱琵琶半遮面。"

由一半引申指在中间。"夜半"即子时，处于夜晚的中间。

⊙ 具

具 具 具 具

甲骨文　金文　小篆　楷书

"具"是会意字。甲骨文中间是"鼎"，下部为手，用手捧鼎会酒食具备之意。金文中间是"貝"。隶变后楷书写作"具"。

《说文·収部》："具，共置也。从収，从貝省。古以貝为货。"（具，供给设置。由収、由貝省会意。古时候用貝做钱财。）

"具"的本义是指准备饭菜酒席。引申泛指备办、准备。进而引申为具有、具备。如"别具匠心""独具慧眼"。后来引申为一般的用具，做名词的构词语素。如"玩具"。

还可以做量词，只用于"棺材""尸体"和某些器物，如"一具尸体"。

由准备得完全引申为完全，此义后世均写作"俱"。

⊙ 典

典 典 典 典

甲骨文　金文　小篆　楷书

"典"是会意字。甲骨文像双手郑重地捧献典册之状。金文发生讹变，把手变为"丌"形之物。小篆承接金文而来。隶变后楷书写作"典"。

《说文·丌部》："典，五帝之书也。从册在丌上，尊阁之也。庄都说：典，大册也。"（典，五帝的画册。由"册"在"丌"上，会把典册高高地搁架在丌上之意。庄都说：典是大册。）

"典"的本义指重要的文献、书籍。如成语"数典忘祖"。引申为仪典。如"开国大典"。

从经典引申为法则或制度。如曹操《败军抵罪令》："但赏功而不罚罪，非国典也。"意思是只赏功劳而不惩罚罪过，那就不是国家的制度。

用作动词，表示主持、掌管。"典狱"就是典理（掌管）刑狱之事，也是官职名。

由放置典册引申指抵押物品。如"典当"。

⊙ 黄

甲骨文　金文　小篆　楷书

"黄"是象形字。甲骨文像佩璜之形：上为系带，下为垂穗，中为双璜并联状。金文复杂化，小篆整齐化。隶变后楷书写作"黄"。

《说文·黄部》："黄，地之色也。从田，从炗，炗亦声。炗，古文光。凡黄之属皆从黄。"（黄，土地的颜色。由田、由炗会意，炗也表声。炗，古文"光"字。大凡黄的部属都从黄。）

"黄"的本义为佩璜。引申指黄色。如"天玄地黄""黄袍"。

上古时，轩辕氏曾战胜蚩尤、炎帝等部落，被诸侯尊为天子，并且认为他具备土德的祥瑞，故号为"黄帝"。所以中华民族习惯上自称"炎黄子孙"。

⊙ 兴

甲骨文　金文　小篆　楷书（繁体）　楷书

"兴"是会意字。甲骨文的四角是四只手，中间抬着一个"井"形器物，会一声号子四手共同抬起一个井盘放到井上之意。隶变后楷书写作"興"。现在简写作"兴"。

《说文·舁部》："興，起也。从舁，从同，同力也。"（興，兴起。由舁、由同会意，同是同心合力的意思。）

"兴"的本义为起、起来。如成语"夙兴夜寐"，就是早起晚睡的意思，形容没有片刻的闲暇。引申为开始、发动、创立、

兴起。事情开办兴起后，显出旺盛的样子，于是"兴"又引申指兴盛、兴旺、流行。如"百废俱兴"的"兴"指兴盛。又如孔尚任《桃花扇·眠香》："俺院中规矩，不兴拜堂，就吃喜酒吧。"这里的"兴"则是流行。

作动词时，意为使兴盛。如"兴邦济世"。

作名词时，意为兴致、兴趣，读 xìng。

⊙ 并

甲骨文　金文　小篆　楷书（繁体）　楷书（繁体）　楷书

"并"是会意字。甲骨文上部是正面站立的两个人，脚下有一条横线表示地面，会二人并排站在同一地面上之意。隶变后楷书写作"並"和"竝"。汉字简化后写作"并"。

《说文·从部》："竝，相从也。从从（二人），开声。一曰：从持二为并。"（竝，相跟随。从从，开声。另一义说："从"持握着"二"为并。）

"并"的本义为相合并。如"归并""兼并"。还引申为并列。如"并肩作战""并驾齐驱"。由此又引申表示一起、同时。如"并举"，指同时举办，一齐进行。

作副词，用于否定词前，加强否定语气；作连词，表示连接并列的两项。

"并"还是山西太原的别称，太原古称并州。但是这个"并"要读成 bīng。

⊙ 首

甲骨文　金文　小篆　楷书

"首"是象形字。甲骨文看起来像兽头的侧面。金文用眉头和眼睛表示整个人头。小篆的形体承接金文并整齐化。隶变后楷书写作"首"。

《说文·首部》："首，百同。古文百也。

《象发，谓之髻，髻即巛也。凡首之属皆从首。"（首，与"百"字同。是古文"百"字。巛像头发，发又叫作"髻"，髻就是"巛"。大凡首的部属都从首。）

"首"的本义为头。如《诗经·邶风·静女》："搔首踟蹰。"头是全身最重要的部位，故引申为首领。进而引申为最高、最重要。如"首相""首都"。

又引申为第一。如"首届""首屈一指"。又表示开始、开头。如"名列榜首""首倡"。

⊙ 兼

兼　㷌　兼
金文　小篆　楷书

"兼"是会意字。金文像一只很长的右手抓了两棵禾苗。小篆与金文的写法基本上相同。隶变后楷书写作"兼"。

《说文·秝部》："兼，并也。从又持秝。兼持二禾，秉持一禾。"（兼，同时涉及（两件或两件以上的事物）。由"又"（手）持握着"秝"（二禾）会意。兼是同时持握两把禾，秉是持握一把禾。）

"兼"的本义为并有。如"兼收并蓄""兼容并包"。

从并有引申指加倍。如杜甫《客至》："盘飧市远无兼味，樽酒家贫只旧醅。"这里的"兼味"指多种味道，即多种菜肴。

⊙ 单

単　単　單　單　单
甲骨文　金文　小篆　楷书（繁体）楷书

"单"是象形字。甲骨文像带杈的木棍之形，是原始狩猎和战斗的工具，用以攻取野兽。金文大致相同。隶变后楷书写作"單"。汉字简化后写作"单"。

《说文·吅部》："單，大也。从吅、甲，吅亦声。"（單，大。由吅、甲会意，吅也

表声。）此处所释为引申义。

"单"本义指一种狩猎或战斗的工具，读作 dān。引申指单独、单一。如"单兵""单刀直入"。引申为单薄。如白居易《卖炭翁》："可怜身上衣正单。"

用作副词，指仅、只、唯独。如"办事不能单靠热情"。

还读作 shàn，用于地名和姓氏。如山东省西南部的"单县"。

另外，古代匈奴最高首领的称号叫"单于"，这里的"单"读作 chán。

⊙ 前

肯　肯　前
金文　小篆　楷书

"前"是形声字。金文从刀，歬声。小篆与金文大致相同。隶变后楷书写作"前"。

《说文·止部》："歬，不行而进谓之前。从止在舟上。"（歬，不行而进叫作前。由"止"字在"舟"字之上会意。）

"前"的本义是向前、前进。如《聊斋志异·狼》："狼不敢前，眈眈相向。"

引申为与后面相对的意义，表示时间或空间上的前面。如柳宗元《黔之驴》："益习其声，又近出前后，终不敢搏。"这是说：老虎越来越熟悉驴的叫声，到驴的前后左右转了一圈，结果还是不敢扑杀它。这句话中的"前"指的就是方位。

⊙ 奠

酉　奠　奠　奠
甲骨文　金文　小篆　楷书

"奠"是象形字。甲骨文像祭台上置放的酒坛形，表示置酒进行祭奠。金文与甲骨文大致相同。小篆复杂化。隶变后楷书写作"奠"。

《说文·丌部》："奠，置祭也。从酉；

酋，酒也。下其丌也。《礼》有奠祭者。"（奠，置酒食祭奠。从酋；酋，就是酒。下面是垫放酒食的几席之类。《礼》经上有以奠为祭的。）

"奠"的本义为置酒进行祭祀。现在我们给死者所献花圈的中间，往往写上一个大大的"奠"字寄托哀思，这正是我们祖先风俗习惯的沿袭。

可引申为稳定、放置。如《礼记·内则》："奠之而后取之。"这句话的意思是，把它安放好，以后再来拿。进而引申指确立、建立。如"奠定""奠基"。

⊙ 兽

甲骨文	金文	小篆	楷书（繁体）	楷书

"兽"是会意字。甲骨文从单，从犬，会带着猎叉和猎犬打猎之意。金文的形体略有变化。小篆承接金文而来。隶变后楷书写作"獸"。汉字简化后写作"兽"。

《说文·嘼部》："獸，守备者。从嘼，从犬。"（獸，能守能备的野兽。由嘼、由犬会意。）

"兽"的本义是打猎。

后来用作名词，指野兽。如《尔雅·释鸟》："四足而毛，谓之兽。"如《史记·货殖列传序》："渊深而鱼生之，山深而兽往之。"

后来借喻野蛮凶狠。如"兽性"。

⊙ 弟

甲骨文	金文	小篆	楷书

"弟"是会意字。甲骨文中间是上下直立的一个"弋"（像长木桩之形），像有绳索缠绕于"弋"之上，会次第缠绕之意。

《说文·弟部》："弟，韦束之次弟也。从古字之象。凡弟之属皆从弟。"（弟，用

牛皮束物的次序。小篆采用古字的样子。大凡弟的部属都从弟。）

"弟"的本义为缠绕的次序。引申泛指次序、次第。

兄弟按照年龄排出次第，所以后来假借为兄弟之义。"弟"被假借为兄弟后，当次第讲的"弟"就以"第"来代替了。

在中国的传统伦理道德中，弟弟敬爱兄长也称为"弟"，后世写成"悌"，读作tì。如"孝悌"。

⊙ 养

甲骨文	金文	小篆	楷书（繁体）	楷书

"养"是会意字。甲骨文左边是羊头，右边是拿着枝条的手，会手拿鞭子放羊之意。隶变后楷书写作"養"。汉字简化后写作"养"。

《说文·食部》："養，供养也。从食，羊声。"（養，供给养护。从食，羊声。）

"养"的本义为饲养。引申指供养、奉养。又引申为保养、养护。"养生之道"中的"养"就是保养。引申指生育、培植、调养、培养、陶冶。

"养"还指抚养的、非亲生的。如"养子""养父"。

如《礼记·月令》中有"群鸟养羞"之句，但是"养羞"并不是"培养美食"的意思。这里的"养"指积蓄。"群鸟养羞"的意思就是：冬天到了，群鸟都知道把好的食物积蓄起来，准备过冬了。

冂部

⊙ 内

甲骨文	金文	小篆	楷书

"内"是会意字。甲骨文上为房屋之形，下为人，会人进入房内之意。金文与甲骨文相似。小篆承接金文并整齐化。隶变后楷书写作"内"。

《说文·入部》："内，入也。从门，自外而入也。"（内，进入。从门，入表示从外面进入。）

"内"的本义指进入。如《史记·项羽本纪》："交戟之卫士欲止不内。"

引申泛指纳入、交入。如《史记·秦始皇本纪》："准百姓纳粟千石，拜爵一级。"这里的"纳"就是交纳的意思。

又引申为里面，表方位，与"外"相对。心在胸内，所以"内"也指"内心"。如"内愧""内疚"。

⊙ 网

甲骨文	小篆	楷书

"网"是象形字。在甲骨文字形中，左右两边是插在地上的木棍，中央是交错的网。隶变后楷书写作"网"。

《说文·网部》："网，庖牺所结绳以渔。从门，下象网交文。凡网之属皆从网。"（网，庖牺氏结绳编织的工具，用以捕鱼。从门，表示蒙覆；下面的ㄨㄨ，像绳网交织的花纹。大凡网的部属都从网。）

"网"的本义为用绳线编织的渔猎工具。如"渔网"。引申泛指多孔而状如网的东西。如"蛛网""网兜"。还引申比喻纵横交错，像网一样的组织或系统。

用作动词，表示捕捉。进而引申指招罗、搜求。如司马迁《报任少卿书》中说："网罗天下放失旧闻。"意为搜集天下早已散失的陈旧见闻。这里是中性词。

但是"网罗"现在多用作贬义词。如"网罗党羽"。

⊙ 周

甲骨文	金文	小篆	楷书

"周"是象形字。甲骨文像在玉片上雕刻出纹饰，四点则象征雕刻的图画和花纹有疏密。金文在其下增加了一个"口"，可能是表示玉饰的系绳部位。隶变后楷书写作"周"。

《说文·口部》："周，密也。从用、口。"（周，周密。由用、口会意。）

"周"的本义为周密、周到，没有疏漏。如《汉书·张安世传》："（张安世）职典枢机，以谨慎周密自著。"

由周密引申为周遍、遍及。如《史记·秦始皇本纪》："亲巡天下，周览远方。"大意是亲自巡视天下，周遍地观察远方的形势。

⊙ 冉

甲骨文	金文	小篆	楷书

"冉"象形字。是"髯"的初文。甲骨文像面部两颊旁边的髯毛下垂的样子。金文、小篆都与甲骨文的形体相类似。隶变后楷书写作"冉"。

"冉"的本义为髯毛。髯毛较为细软，故而引申为柔软下垂的样子。如曹植《美女篇》："柔条纷冉冉，落叶何翩翩。"

由毛发慢慢地飘动，引申指缓慢渐进的样子。如汉乐府《陌上桑》中有"盈盈公府步，冉冉府中趋"的句子，意思是从从容容地迈着方步，在府衙里慢慢地走着。

现代也多取缓慢渐进之义。

又部

⊙ 又

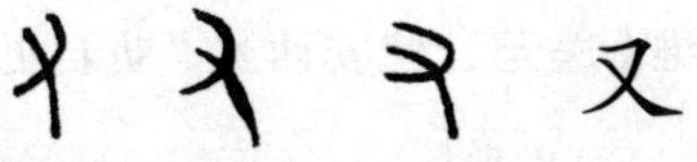

甲骨文　金文　小篆　楷书

“又”是象形字。甲骨文像一只右手的样子。金文、小篆与甲骨文大体相同。隶变后楷书写作“又”。

《说文·又部》：“又，手也。象形。三指者，手之列多略不过三也。凡又之属皆从又。”（又，手。象形。字形只见三个指头的原因是，表示手的一类字多是简略，不过三个。大凡又的部属皆从又。）

“又”的本义就是右手。后来有了“左右”的“右”字，这个“又”字就当更、再讲，作为副词用了。如白居易《赋得古原草送别》：“野火烧不尽，春风吹又生。”

还可引申表示更进一层的意思。如《论语·子罕》：“固天纵之将圣，又多能也。”

作副词，表示轻微转折或强调语气。如：“这点小事又算得了什么！”

⊙ 友

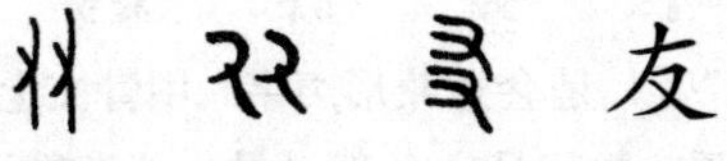

甲骨文　金文　小篆　楷书

“友”是会意字。甲骨文和金文都是方向相同的两只右手靠在一起的样子，会志同道合地做一件事情之意。隶变后楷书写作“友”。

《说文·又部》：“友，同志为友。从二又。相交友也。”（友，志趣相同为友。由两个“又”（手）字会意，表示相交为友的意思。）

“友”的本义是朋友。如《荀子·性恶》：“择良友而友之。”前一个“友”是名词，当朋友讲；后一个“友”是动词，当结交讲。也就是说，要选择好的朋友和他结交。

还表示相好的、非常亲密的。如“友善”“友爱”。

虽然现在“朋友”连用，但在古代“朋”和“友”的含义是不同的，《礼记》中说：“同门曰朋，同志曰友。”“同门曰朋”，即师从同一个老师的人称为“朋”；“同志曰友”，即志同道合之人称为“友”。

⊙ 双

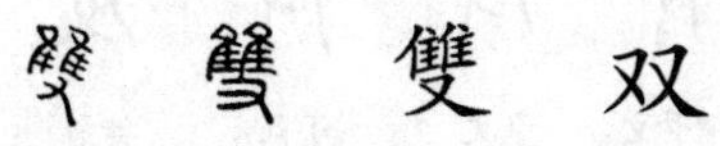

甲骨文　金文　楷书（繁体）　楷书

“双”是会意字。金文上部是嘴巴朝左的一对鸟（即“隹”），其下是一只右手，会一只手捉住了两只鸟之意。小篆与金文大致相同。隶变后楷书写作“雙”。汉字简化后写作“双”。

《说文·雔部》：“雙，隹二枚也。从雔，又持之。”（雙，鸟两只。从“雔”，手持握着它。）

“双”的本义就是一对。如《古诗为焦仲卿妻作》：“中有双飞鸟，自名为鸳鸯。”

由一对引申为偶，与“单”或“只”相对。如“唐朝故事，只日视事，双日不坐”。大意是过去唐朝的典章制度，单日坐堂办公，双日则不坐堂。

凡“偶”就有比较的可能，所以“双”字又可以引申为匹敌。如“天下无双”。

⊙ 支

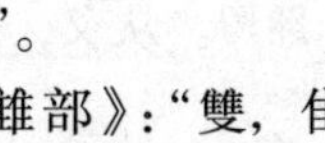

小篆　楷书

“支”是会意字。小篆像手持竹枝或树枝之形。隶变后楷书写作“支”。

《说文·支部》：“支，去竹之枝也。从

手持半竹。凡支之属皆从支。”（支，离开竹茎的竹枝。由手持握半个“竹”字会意。大凡支的部属都从支。）

“支”的本义指一条竹枝，是“枝”字的初文。引申指肢体。此义后做“肢”。

由枝条引申为分支。如《新唐书·骠国传》：“有江，支流三百六十。”枝条可以支起东西，由此引申指支撑、支持。如魏学洢《核舟记》：“诎右臂支船。”

“支”还可以作为地支的简称。

⊙ 反

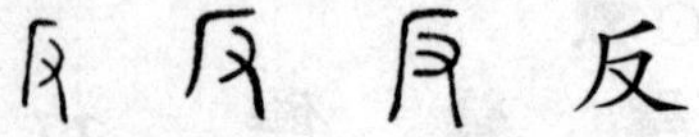

甲骨文　金文　小篆　楷书

“反”是会意字。甲骨文从又，从厂（山崖），会以手推转山石之意。金文大致相同，小篆整齐化。隶变后楷书写作“反”。

《说文·又部》：“反，覆也。从又，厂反形。”（反，翻覆。从又，厂像物体翻覆的样子。）

“反”的本义是翻转。如《孟子·公孙丑上》：“以齐王，由反手也。”大意是说以齐国之大，要行王道，就像翻一下手掌那样容易。

由翻转引申为相反，与“正”相对。又引申指未能遵守，违背。如《左传·宣公十五年》：“天反时为灾，地反物为妖，民反德为乱。”

又指反叛、造反。如“谋反”。

⊙ 劝

小篆　楷书（繁体）　楷书

“劝”是形声字。小篆从力，雚声。隶变后楷书写作“勸”。汉字简化后写作“劝”。

《说文·力部》：“勸，勉也。从力雚声。”（勸，勉劝。从力，雚声。）

“劝”的本义为勉励、鼓励。如《荀子》中的《劝学》篇是一书的首篇，其义就是劝勉、鼓励人学习。

引申指说服，讲明事理使人听从。如王维《送元二使安西》：“劝君更尽一杯酒。”

⊙ 叙

甲骨文　小篆　楷书

“叙”是会意兼形声字。甲骨文从又（手），从余（茅屋），会铺排茅草为屋之意，余兼表声。隶变后楷书写作“叙”。

《说文·攴部》：“叙，次弟也。从攴，余声。”（叙，次第。从攴，余声。）

“叙”的本义为铺排茅草为屋。引申指秩序、次序。如《淮南子·本经训》：“四时不失其叙。”又引申指评定等级、次第，按功劳提升。如“叙功”。引申指叙述、述说。如“倒叙”“插叙”“叙事”。

引申为谈话。如“叙旧”。

⊙ 受

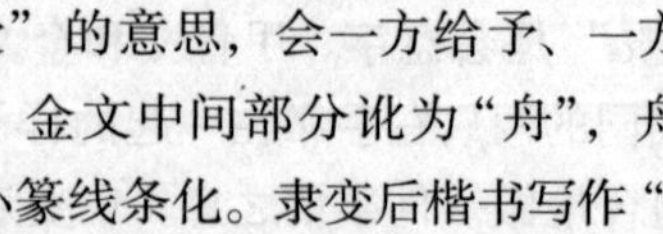

甲骨文　金文　小篆　楷书

“受”是会意兼形声字。甲骨文上下为两只手，中间是一条船，是一手“授”、一手“受”的意思，会一方给予、一方接受之意。金文中间部分讹为“舟”，舟兼表声。小篆线条化。隶变后楷书写作“受”。

《说文·𠬪部》：“受，相付也。从𠬪，舟省声。”（受，互相交付。从𠬪，舟省声。）

“受”的本义为互相交付。引申为给予。后增加义符“扌”，突出了手给之意，于是给予之意就由“授”来代替。

“受”也当接受讲。如《三国志·吴

书·吴主传》："权辞让不受。"意思是孙权辞让不接受。

⊙ 发

甲骨文　金文　小篆　楷书（繁体）　楷书

"发"是会意字。甲骨文像手执一长棒，棒的左右是两只脚，会执棒前进之意。金文加了"弓"，持武器之意。隶变后楷书写作"發"。汉字简化后写作"发"。

《说文·弓部》："發，發也。从弓，癹声。"（發，发射。从弓，癹声。）

"发"作为"發"的简化字，本义是出发，读作 fā。引申指射出、送出去、交付。如"例无虚发""发配""发放""收发"等。

还引申指生、产生、兴起、使兴旺。如"发芽""发财"。进而引申指开始、起始。如成语"先发制人"，原指战争双方，先采取行动的往往处于主动地位，可以制伏对方。后来泛指先下手采取主动。

又引申指打开、揭示。如"发现""揭发"。还引申指发散、散开。如"蒸发"。

"发"作为"髮"的简化字时，指头发，读作 fà。

⊙ 观

金文　小篆　楷书（繁体）　楷书

"观"是会意兼形声字。金文左边是个类似于猫头鹰之类的猛禽的形象，右边是"見"字，会观察之意。楷书写作"觀"。汉字简化后写作"观"。

《说文·见部》："觀，谛视也。从见，雚声。"（觀，仔细看。从见，雚声。）

"观"的本义为仔细看。如成语"走马观花"，原本是形容事情如意，心境愉快。后来多指不深入细致地观察事物，只是大略地看一下。由此引申指观察、审察。

引申为游览、玩赏。如范仲淹《岳阳楼记》："予观夫巴陵胜状，在洞庭一湖。"

作名词表示景象、情景。如"奇观"。

一 部

⊙ 农

甲骨文　金文　小篆　楷书（繁体）楷书

"农"是会意字。甲骨文从林，从辰（农具），会农业之意。金文从田，从辰，会以农具耕田之意。小篆承接金文而来。隶变后楷书写作"農"。汉字简化后写作"农"。

《说文》无。

"农"的本义是指除草播种之事。如《汉书·食货志》："辟土殖谷曰农。"泛指农事、农业。如《商君书·垦令》："民不贱农，则国安不殆。"又引申指从事农业的人，即农民。如"老农"。

⊙ 冢

甲骨文　金文　小篆　楷书

"冢"是形声字。甲骨文像山崖下遮盖着一个动物。金文大致相同。小篆从冖（表示覆盖），豕声。隶变后楷书写作"冢"。

《说文·冖部》："冢，高坟也。从冖，豕声。"（冢，高大的坟墓。从冖，豕声。）

"冢"的本义为高大的山崖。如《诗经·小雅·十月之交》："百川沸腾，山冢崒崩。"引申指高而大的坟。如杜甫《咏怀古迹五首之三》："一去紫台连朔漠，独留青冢向黄昏。"

用作形容词，又引申指大的、地位高

的。如《周礼·天官冢宰》："乃立天官冢宰，使帅其属而掌邦治。"

又引申指嫡生的。如白居易《答四皓庙》："冢嫡欲废夺。"这里的"冢嫡"即是嫡长子。

⊙ 冤

小篆　　楷书

"冤"是会意字。小篆从兔，从冖（表示覆盖）。隶变后楷书写作"冤"。

《说文·兔部》："冤，屈也。从兔，从冖。兔在冖下，不得走，益屈折也。"（冤，屈缩不伸。由兔、由冖会意。"兔"字在"冖"字下，表示兔在覆罩之下不能跑，更加屈折不伸。）

"冤"的本义为屈缩、不舒展。如《汉书·息夫躬传》："冤颈折翼庸得往兮！"

引申指受到不公平对待的屈枉之事，被诬陷的罪名。如《楚辞·离世》："闵空宇之孤子兮，哀枯杨之冤雏。"

用作动词，指使受屈枉、欺骗。如："你别冤人。"

又指冤仇、冤孽。如《后汉书·杨终传》："有司穷考，转相牵引，掠拷冤滥，家属徙边。"

⊙ 罕

小篆　　楷书

"罕"是会意兼形声字。小篆从网、从干，会捕鸟的长柄小网之意，干兼表声。隶变后楷书写作"罕"。

《说文·网部》："罕，网也。从网，干声。"（罕，捕鸟用的长柄小网。从网，干声。）

"罕"的本义为捕鸟用的长柄小网。如扬雄《羽猎赋》："及至罕车飞扬，武骑聿皇。"其中的"罕车"是指载有猎狩等网具的车。

引申指旌旗、旗帜。如《后汉书·舆服上》："武王克纣，百夫荷罕旗以先驱。"

网有网眼，故引申指稀、少。如"稀罕"。

⊙ 冠

小篆　　楷书

"冠"是会意字。小篆从冖（帽子），从元（人头），从寸（手），会用手将帽子戴在头上之意。隶变后楷书写作"冠"。

《说文·冖部》："冠，絭也。所以絭发，弁冕之总名也。从冖从元，元亦声。冠有法制，从寸。"（冠，卷整。是用来卷束头发的东西，是帽子的统名。由冖、元会意，元也表声。戴帽子有尊卑法制，所以从寸。）

"冠"的本义为帽子，读作 guān。如成语"弹冠相庆"，这里的"弹冠"就是指弹去帽子上的灰尘。引申指像帽子的东西。如"树冠""鸡冠"。

还读作 guàn，引申为戴、戴帽子。古时候，男子二十岁要行成年礼，称为冠礼。如"弱冠之年"就是刚成年；古代男子二十岁而冠，并赐以字，就叫"冠字"。

引申为超出众人，超过，位居第一。如"勇冠三军""艳冠群芳"。

ì 部

⊙ 设

甲骨文　小篆　楷书（繁体）　楷书

"设"是会意字。甲骨文从言，从殳，会以言语支使人之意。小篆整齐化。隶变后楷书写作"設"。汉字简化后写作"设"。

《说文·言部》："設，施陈也。从言，从殳。殳，使人也。"（設，布列陈设。由言、由殳会意。殳，用来指使人的东西。）

"设"的本义是设置、陈列、安排、筹划。如成语"天造地设"，"设"就是指安排。

还用作连词，表示假设，相当于"假如""如果"。如《史记·灌夫传》："设百岁后，是属宁有可信者乎？"意思是假如死后，这些人难道有可以信赖的吗？

⊙ 诺

甲骨文　小篆　楷书（繁体）　楷书

"诺"是会意兼形声字。金文同"若"。小篆改为从言从若会意，若兼表声。隶变后楷书写作"諾"。汉字简化后写作"诺"。

《说文·言部》："諾，应也。从言，若声。"（诺，应答之声。从言，若声。）

"诺"的本义是答应。又引申为答应的声音。古人在答应他人的问话、命令或提议时都会说"诺"，其实就是"嗯""是"的意思。成语"唯唯诺诺"指的就是没有主见，一味答应。

用作名词，指答应人家的话，也就是诺言。如成语"一诺千金"。

⊙ 谢

甲骨文　小篆　楷书（繁体）　楷书

"谢"是会意字。甲骨文是两手持席之形，会辞去官职之意。小篆改为从言，射声，射兼表离去之意。隶变后楷书写作"謝"。汉字简化后写作"谢"。

《说文·言部》："謝，辞去也。从言，射声。"（谢，辞去；离开。从言，射声。）

"谢"的本义是辞谢。辞谢，其实

就是拒绝，所以又泛指拒绝。人们常说的"闭门谢客"就是关起门来，拒绝接见来客。拒绝留下，便是要辞别，所以"谢"引申出辞别之意。

人去世就是辞别了人世，所以去世也叫"谢世"，是一个委婉的用语。花朵飘落，就是辞别了枝头，故而"谢"也表示凋谢、消亡、过去。

⊙ 请

金文　小篆　楷书（繁体）　楷书

"请"是形声字。金文和小篆皆从言，青声。隶变后楷书写作"請"。汉字简化后写作"请"。

《说文·言部》："請，谒也。从言，青声。"（请，谒见。从言，青声。）

"请"的本义为谒见、拜访。如《史记·魏公子列传》："公子往，数请之，朱亥故不复谢。"这是说公子几次去拜访他，朱亥故意不回拜。

拜访即有请求对方相见之意，又引申为请求。由此又用作敬辞，表示希望某人做某事。如"请坐"。

还引申为求对方允许自己做某事。如"主动请缨"。也指邀约。如成语"不请自来"。

⊙ 诡

小篆　楷书（繁体）　楷书

"诡"是形声字。小篆从言，危声。隶变后楷书写作"詭"。汉字简化后写作"诡"。

《说文·言部》："詭，责也。从言，危声。"（诡，责求。从言，危声。）

"诡"的本义为责成、要求。如《汉书·京房传》："今臣得出守郡，自诡效功，恐未效而死。"

引申指假装、冒充、隐蔽。如文天祥《指南录后序》:"不得已,变姓名,诡踪迹,草行露宿,日与北骑相出没于长淮间。"

又引申指违反、自相矛盾。违反常态,就会显得怪异,故又引申指怪异、奇特。如"诡异"。

⊙讥

讖 譏 讥

小篆　楷书（繁体）　楷书

"讥"是形声兼会意字。小篆从言,幾声,幾兼表细微之意,会微言嘲讽之意。隶变后楷书写作"譏"。汉字简化后写作"讥"。

《说文·言部》:"譏,诽也。从言,幾声。"(譏,用隐含的语言从旁指责过失。从言,幾声。)

"讥"的本义为微言嘲讽、非难。引申指查问、盘查。如《孟子·公孙丑上》中说:"关讥而不征,则天下之旅皆悦,而愿出于其路矣。"其中的"讥而不征"是指稽查外来商旅,但不征收税捐。

又引申指讽刺、挖苦。如"讥笑"。

⊙说

說 说 说

小篆　楷书（繁体）　楷书

"说"是会意兼形声字。小篆从言从兑会意,兑兼表声。隶变后楷书写作"說"。汉字简化后写作"说"。

《说文·言部》:"說,悦释也。从言,兑声。一曰:谈说。"(说,喜悦。由言、兑会意。另一义:谈说的意思。)

"说"的本义是喜悦、快乐,是"悦"的古字,读yuè。《论语·学而》:"学而时习之,不亦说乎!"由此又表示喜爱。如

"女为说己者容"。

读作shuō时,意思是说话。又表示说明、解释,还表示谈论。用作名词,指说法、言论。如"众说纷纭""著书立说"。

"说"又读shuì,指劝说。古时,把士人奔走于各诸侯国、凭口才劝说诸侯采纳其主张的行为,称作"游说";把从事游说的人称为"说客"。

⊙访

訪 訪 访

小篆　楷书（繁体）　楷书

"访"是形声兼会意字。小篆从言,方声,方兼表四方、四旁之意。隶变后楷书写作"訪"。汉字简化后写作"访"。

《说文·言部》:"訪,汎谋曰访。从言,方声。"(訪,广泛地征求意见叫访。从言,方声。)

"访"的本义是广泛征求意见,问询。如《尚书·洪范》:"王访于箕子。"这是说王向箕子问询。引申为调查、侦察。如我们熟知的"微服私访"。还表示探寻。如苏轼《石钟山记》:"至唐李渤始访其遗踪。"意思是直到唐代李渤才探寻它的踪迹。

又引申为探望、看望。常用的"拜访""访问"就是取的此义。

⊙训

訓 訓 訓 训

金文　小篆　楷书（繁体）　楷书

"训"是形声兼会意字。金文从人,从二言,从川,会谆谆教导使人心思如川流般顺畅之意,川兼表声。隶变后楷书写作"訓"。汉字简化后写作"训"。

《说文·言部》:"訓,说教也。从言,川声。"(訓,解说式地教导。从言,

川声。)

"训"的本义是教导、教诲。用作名词,指教导的话。如"遗训""彝训"。又引申指准则、榜样。有个成语叫"不足为训",意思就是不值得作为行为的准则或榜样。

还可以表示训练。

古代时,把解释词义也称为"训"。

⊙ 诲

诲 諵 誨 诲

金文　　小篆　　楷书(繁体)　　楷书

"诲"是形声兼会意字。金文从言,每声,每兼表母之意。隶变后楷书写作"誨"。汉字简化后写作"诲"。

《说文·言部》:"誨,晓教也。从言,每声。"(诲,明白地教导。从言,每声。)

"诲"的本义是教导、劝说。如《论语·述而》:"学而不厌,诲人不倦。"意思是学习不觉得满足,教诲别人不觉得厌倦。

由教导又引申为诱使、引诱。如《周易·系辞上》:"慢藏诲盗,冶容诲淫。"其中"诲"指诱导。这句话的意思是:收藏财物不慎,等于诱人偷窃;女子打扮妖艳,会诱发奸淫的事。

用作名词,指教诲的话、谏言。

⊙ 诛

栽 誅 誅 诛

金文　　小篆　　楷书(繁体)　　楷书

"诛"是形声字。金文从戈,朱声。小篆从言,朱声。隶变后楷书写作"誅"。汉字简化后写作"诛"。

《说文·言部》:"誅,讨也。从言,朱声。"(诛,声讨。从言,朱声。)

"诛"的本义是谴责、责备。如《论语·公冶长》:"朽木不可雕也,粪土之墙

不可圬也,于予与何诛?"这是说腐烂的木头不可雕刻,粪土的墙面不可涂抹,对于宰予这样的人,还有什么好责备的呢?

引申指整治、消除。如《国语·晋语》:"以惠诛怨。"意思是通过恩惠来消除怨恨。

由责备又引申为讨伐、杀。如成语"天诛地灭",就是形容人罪大恶极,连天地也要诛杀毁灭他。

⊙ 讳

暳 諱 諱 讳

金文　　小篆　　楷书(繁体)　　楷书

"讳"是形声兼会意字。金文从言,韋声,韋兼表相违之意。小篆整齐化。隶变后楷书写作"諱"。汉字简化后写作"讳"。

《说文·言部》:"諱,忌也。从言,韋声。"(讳,避忌。从言,韋声。)

"讳"的本义是因有所顾忌而不敢或不愿说,即避忌。如成语"讳疾忌医"。

用作名词,指所忌讳的东西。古代有避讳制度,是指说话或写文章时,遇上君主或尊亲的名字,不直接说出或写出。

还可以用作死的婉称。如"讳所"是指死难之地,"讳问"是指死讯。在名字前称讳,表示尊敬。如韩愈《柳州罗池庙碑》:"柳侯,河东人,讳宗元,字子厚。"这里的"讳宗元",就是表示对"柳宗元"这一名字的尊敬。

⊙ 讷

訥 訥 讷

小篆　　楷书(繁体)　　楷书

"讷"是会意兼形声字。小篆从言从内会意,内兼表声。隶变后楷书写作"訥"。汉字简化后写作"讷"。

《说文·言部》:"訥,言难也。从言,

从内。"（訥，言语困难。从言，从内。）

"讷"的本义是说话迟钝，不善言谈。如《老子》："大巧若拙，大辩若讷。"意思是真正聪明的人看起来反而像是笨拙的，真正有口才的人看起来反而像是说话迟钝。

由说话迟钝引申为结结巴巴地说出。

⊙ 诚

誠　誠　诚

小篆　楷书（繁体）　楷书

"诚"是形声兼会意字。小篆从言，成声，成兼表盟定之意。隶变后楷书写作"誠"。汉字简化后写作"诚"。

《说文·言部》："誠，信也。从言，成声。"（誠，信实不欺。从言，成声。）

"诚"的本义是真心实意、不虚伪。如成语"精诚所至，金石为开"中的"精诚"指至诚，这个词的意思是至诚所达到的地方，连金石那样坚硬的东西也会被它打开。

引申为真实。如《韩非子·说林上》："巧诈不如拙诚。"意思是机巧奸诈不如粗拙真实。

⊙ 谅

諒　諒　谅

小篆　楷书（繁体）　楷书

"谅"是形声字。小篆从言，京声。隶变后楷书写作"諒"。汉字简化后写作"谅"。

《说文·言部》："諒，信也。从言，京声。"（諒，诚信。从言，京声。）

"谅"的本义是诚信。古人说有益的朋友有三种："友直""友谅""友多闻"。这里的"友谅"就是指诚信的朋友。由诚信又引申为体谅。

能体谅人的难处，就不会对人太苛刻，所以"谅"又引申为宽恕。如《柳毅传》："谅其至冤。"意思是就宽恕了他的大

冤屈。

"谅"又引申为认为、想必。如"谅他也没这胆子"。

⊙ 谦

謙　謙　谦

小篆　楷书（繁体）　楷书

"谦"是形声字。小篆从言，兼声。隶变后楷书写作"謙"。汉字简化后写作"谦"。

《说文·言部》："謙，敬也。从言，兼声。"（謙，恭敬别人。从言，兼声。）

"谦"的本义是恭敬、谦虚。成语"谦谦君子"就是指十分谦虚、能严格要求自己的人。

用作动词，表示谦虚地对待。又引申为丧失。《逸周书·武称》："爵位不谦，田宅不亏。"意思是爵位不丧失，田产和房子也没有损失。

⊙ 诈

詐　詐　诈

小篆　楷书（繁体）　楷书

"诈"是形声字。小篆从言，乍声。隶变后楷书写作"詐"。汉字简化后写作"诈"。

《说文·言部》："詐，欺也。从言，乍声。"（詐，欺诈。从言，乍声。）

"诈"的本义是欺骗。如成语"尔虞我诈"。引申为假装、冒充。《资治通鉴》："先以书遗操，诈云欲降。"意思是先将书信寄给曹操，假装说要投降。

还引申为用语言试探，诱使对方露真情。如："他那人是禁不起吓的，一诈，就诈出真话来了。"

⊙ 讨

討　討　讨

小篆　楷书（繁体）　楷书

"讨"是会意字。小篆从言，从寸，会用有分寸的言语训治之意。隶变后楷书写作"討"。汉字简化后写作"讨"。

《说文·言部》："討，治也。从言，从寸。"（討，整治。由言、由寸会意。）

"讨"的本义是整治。如《尚书·皋陶谟》："天讨有罪。"意思是上天整治犯有罪恶的人。还引申为公开谴责、声讨。进而引申为出兵攻打。如"讨伐"。

还可以表示求、探。如《论语·宪问》："世叔讨论之。"意思是世叔探求议论它。又由此引申为索取、乞求。如"讨好""讨饭"。

还引申为招惹。如"讨厌"是指惹人厌烦，"讨喜"是指惹人喜欢。

⊙ 让

讓 讓 让

小篆　楷书（繁体）　楷书

"让"是会意兼形声字。小篆从言，从襄（表喧嚷），会责备之意，襄兼表声。隶变后楷书写作"讓"。汉字简化后写作"让"。

《说文·言部》："讓，相责让。从言，襄声。"（讓，责备别人。从言，襄声。）

"让"的本义是责备。如《史记·项羽本纪》："二世使人让章邯。"意思就是秦二世派人责备章邯。

严厉的责备使人萌生退意，故而引申出退避、退让、谦让之意。成语"当仁不让"中的"让"就是指谦让。

还可以表示使、容许、听任。如"权且让他一次"就是说权且容忍他一次。

还做介词，相当于"被"。如"他全身上下都让雨淋湿了"。

⊙ 讲

講 講 讲

小篆　楷书（繁体）　楷书

"讲"是会意兼形声字。小篆从言，从冓（两相交接），会讲和之意，冓兼表声。隶变后楷书写作"講"。汉字简化后写作"讲"。

《说文·言部》："講，和解也。从言，冓声。"（講，和解。从言，冓声。）

"讲"的本义是和解。如"讲息"指和解息争，"讲贡"指讲和纳贡。又引申为商量、商谈、谈论。三国魏时的文学家嵇康，家中有棵大柳树，他经常和客人在树下清谈讲论，后来人们就把这棵树叫作"讲树"。

还表示研讨、评议。如《论语》中有"学之不讲"的句子，说的就是对学问不进行研讨。

"讲"还指讲究、注重。如"讲排场"，就是指注重排场；"讲卫生"就是指注重卫生。

⊙ 识

戠 戠 識 識 识

甲骨文　金文　小篆　楷书（繁体）　楷书

"识"是会意兼形声字。甲骨文和金文同"戠"。小篆另加义符"言"，以突出有标志则可知之意，从識戠会意，戠兼表声。隶变后楷书写作"識"。汉字简化后写作"识"。

《说文·言部》："識，常也。一曰：知也。从言，戠声。"（識，旗帜。另一义说：识是知道。从言，戠声。）

"识"的本义为知道、懂得。成语"不识好歹"就是不知道好坏的意思。由此引申为认得、认识、能辨别。

用作名词，指见识。如成语"远见卓识"。还指相知的朋友。如"旧相识"。

读作zhì的"识"，通"志"，意为记住。如成语"博闻强识"。又指殷周时期青铜器钟、鼎上所铸刻的文字。其中凸起来

85

的，即阳文，叫作"款"；凹进去的，即阴文，叫作"识"，合起来称为"款识"。

⊙ 诉

鬝 訴 诉

小篆　楷书（繁体）　楷书

"诉"是形声字。小篆从言，斥声。隶变后楷书写作"訴"。汉字简化后写作"诉"。

《说文·言部》："訴，告也。从言，斥省声。"（訴，告诉。从言，斥省声。）

"诉"的本义是控告。如"起诉""上诉"，都取此义。控告他人，是求助于法律，所以"诉"又引申为求助、借助。如"诉诸武力"，就是借助武力解决问题。

又引申为告诉、说给人听。如"诉苦"。还特指倾诉心中怨苦。如成语"如泣如诉"。

⊙ 调

調 调 调

小篆　楷书（繁体）　楷书

"调"是形声字。小篆从言，周声。隶变后楷书写作"調"。汉字简化后写作"调"。

《说文·言部》："調，和也。从言，周声。"（調，和合。从言，周声。）

"调"的本义是配合和谐，读作 tiáo。如"风调雨顺"。

用作动词，指使搭配均匀、适合。又引申为弹奏。由挑、拨琴弦引申出耍弄、挑逗之意。如"调情"。

读作 diào，表示选拔、提拔。又引申为调动。如"调虎离山"。

还可以表示语言的声调。如"腔调"。构成句子或词组语调成分的某种特有的音调或音调变化，也可以称为"调"。如"高调"。还可以表示乐曲的音调。如"曲调""小调"。

⊙ 谈

談 談 谈

小篆　楷书（繁体）　楷书

"谈"是形声字。小篆从言，炎声。隶变后楷书写作"談"。汉字简化后写作"谈"。

《说文·言部》："談，语也。从言，炎声。"（談，对话谈论。从言，炎声。）

"谈"的本义是谈话、议论。如成语"纸上谈兵"，说的就是在纸面上谈论打仗。

用作名词，指所说的话、言论、主张。如成语"无稽之谈"，意思就是没有根据的说法。

还表示相处融洽。如"谈得来"。又表示称赞。如元代佚名《飞刀对箭》："那个将军不喝采，那个把我不谈羡？"这里的"谈羡"就是指称赞羡慕。

⊙ 谋

謀 謀 谋

小篆　楷书（繁体）　楷书

"谋"是形声字。小篆从言，某声。隶变后楷书写作"謀"。汉字简化后写作"谋"。

《说文·言部》："謀，虑难曰谋。从言，某声。"（謀，考虑事情的难易叫谋。从言，某声。）

"谋"的本义是考虑、谋划。成语"深谋远虑"，意思就是考虑得深远。又引申为商议、商量。成语"与虎谋皮"中的"谋"也是指商议。还表示营求、设法求得。如"谋求"。

用作名词，指计谋、谋略。如成语"足智多谋""有勇无谋"。

用作形容词，指善于出谋划策的、有计谋的。如"谋士""谋臣"，都是指有计谋的人。

⊙ 谛

諦 諦 谛

小篆　楷书（繁体）　楷书

"谛"是会意兼形声字。小篆从言从帝会意，帝兼表声。隶变后楷书写作"諦"。汉字简化后写作"谛"。

《说文·言部》："諦，审也。从言，帝声。"（諦，审察。从言，帝声。）

"谛"的本义是详审、细察。细察某物，说明做事很仔细，所以"谛"又引申泛指仔细。"凝神谛听"就是仔细听的意思。

又引申指明白、了解。

"谛"还用作佛教用语，指真实无谬的道理。如"真谛"。

⊙ 诊

診 診 诊

小篆　楷书（繁体）　楷书

"诊"是形声字。小篆从言，㐱声，隶变后楷书写作"診"。汉字简化后写作"诊"。

《说文·言部》："診，视也。从言，㐱声。"（診，验视。从言，㐱声。）

"诊"的本义为诊断。如《资治通鉴》："召太医令程延，使诊之。"

引申泛指验看、察验。如《后汉书·南蛮传》："莽疑其诈死，有司奏请发贤棺，至狱诊视。"这是说西汉元帝时佞臣石贤自杀，他的家人深夜将他埋葬，王莽怀疑他装死，就挖开他的棺材察验。

⊙ 词

詞 詞 词

小篆　楷书（繁体）　楷书

"词"是会意字。小篆从司（主管），从言，会意主于内而言发于外之意。隶变后楷书写作"詞"。汉字简化后写作"词"。

《说文·司部》："詞，意内而言外也。从司，从言。"（詞，意义寄托在语词之内而通过声音表达在外。由司、由言会意。）

"词"的本义是发语、吐辞。引申指话语。如杜甫《石壕吏》："听妇前致词：三男邺城戍。"

又引申为文辞。

后来特指古代诗歌的一种韵文形式，起源于唐代，宋代进入全盛时期，又叫"诗余""长短句""曲子词"。有小令和慢词两种，一般分上下两阕。

还引申泛指戏曲、歌曲及某些演唱艺术中配合曲调唱出的语言部分。如"歌词"。

⊙ 话

話 話 话

小篆　楷书（繁体）　楷书

"话"是形声字。小篆从言，昏声。隶变后楷书写作"話"。汉字简化后写作"话"。

《说文·言部》："話，合会善言也。从言，昏声。"（話，会合善言。从言，昏声。）

"话"的本义是谈论、交谈。成语"话不投机"指彼此心意不同，难以成为朋友或共同谋事。

用作名词，也指言语。如"二话不说""客套话"。

又引申为话题、情况。如"说起来话就长了"。还指语言。如"行话"。

⊙ 谩

謾 謾 谩

小篆　楷书（繁体）　楷书

"谩"是形声兼会意字。小篆从言，

曼声，曼兼表蒙蔽之意。隶变后楷书写作"謾"。汉字简化后写作"谩"。

《说文·言部》："謾，欺也。从言，曼声。"（谩，欺骗。从言，曼声。）

"谩"的本义为瞒哄、欺骗。如《墨子·非儒下》："久丧伪哀以谩亲。"引申指诋毁、诽谤。

又引申指烦琐。如《庄子·天道》："大谩，愿闻其要。"意思是说得太冗繁，希望能够听到有关内容的大要。

⊙ 语

語 語 语

<small>小篆　楷书（繁体）　楷书</small>

"语"是形声字。小篆从言，吾声。隶变后楷书写作"語"。汉字简化后写作"语"。

《说文·言部》："語，论也。从言，吾声。"（语，辩论。从言，吾声。）

"语"的本义是交谈、谈论。如《论语·述而》："子不语：怪、力、乱、神。"又特指谚语、俗语、成语之类。

还指表示语言的动作或信号。如"手语""灯语"。

除了人之外，其他事物发出的声音也可以称"语"。如白居易《琵琶行》："今夜闻君琵琶语，如听仙乐耳暂明。"所谓"琵琶语"，就是指琵琶弹奏出的声音。

"语"还读作 yù，表示告诉的意思。

⊙ 论

論 論 论

<small>小篆　楷书（繁体）　楷书</small>

"论"是形声兼会意字。小篆从言，从侖（表示条理），会有条理地分析事理之意，侖兼表声。隶变后楷书写作"論"。汉字简化后写作"论"。

《说文·言部》："論，议也。从言，侖声。"（论，分析议论。从言，侖声。）

"论"的本义是议论。如《周礼·考工记》有"坐而论道"句，意思是坐着谈论道术。还有谈论、看待的意思。如成语"相提并论"。

又引申为评说、评论。如"煮酒论英雄"。

"论"在口语中还有按照、依据的意思。如"论斤算"。

⊙ 计

計 計 计

<small>小篆　楷书（繁体）　楷书</small>

"计"是会意字。小篆从言，从十（表数目），会以言统计数字之意。隶变后楷书写作"計"。汉字简化后写作"计"。

《说文·言部》："計，如会也，筭也。从言，从十。"（计，总计，计算。由言、由十会意。）

"计"的本义是计算。如成语"不计其数"，意思是没法计算数目，形容数量很多。

引申为打算、谋划。如《战国策·赵策四》："父母之爱子，则为之计深远。"由此又引申为考虑，多用于否定式。如"不计名利"，就是说不考虑名和利。

"计"还可以表示计较。成语"计功谋利"，就是说计较功劳，谋取利益。

用作名词，指计划、办法。

⊙ 课

課 課 课

<small>小篆　楷书（繁体）　楷书</small>

"课"是形声字。小篆从言，果声。隶变后楷书写作"課"。汉字简化后写作"课"。

《说文·言部》："課，试也。从言，果声。"（课，考试。从言，果声。）

"课"的本义是考核、试验。如《韩非子·定法》:"操杀生之柄,课群臣之能者也。"

用作名词,也指赋税。如《旧唐书·职官志》:"一曰租,二曰调,三曰役,四曰课。"

又引申为教学的时间单位。如"上午有四节课"。又引申指教学的科目。如"必修课""选修课"。

"课"还是一种占卜形式。如"起课""金钱课",都是指一种通过看铜钱的正反面来推断吉凶的占卜活动。

⊙ 谴

籀 譴 谴

小篆　楷书(繁体)　楷书

"谴"是形声兼会意字。小篆从言,遣声,遣兼表贬斥之意。隶变后楷书写作"譴"。汉字简化后写作"谴"。

《说文·言部》:"谴,谪问也。从言,遣声。"(谴,责问。从言,遣声。)

"谴"的本义为责备、申斥。如《诗经·小雅·小明》:"岂不怀归?畏此谴怒。"

引申指官吏获罪贬职。如刘禹锡《上杜司徒书》:"又不得已而谴,则为之择地而居。"

⊙ 诏

詔 詔 诏

小篆　楷书(繁体)　楷书

"诏"是会意兼形声字。小篆从言从召会意,召兼表声。隶变后楷书写作"詔"。汉字简化后写作"诏"。

《说文·言部》:"诏,告也。从言,从召,召亦声。"(诏,告诉。由言、由召会意,召也表声。)

"诏"的本义为告诉。先秦没有此字,秦汉才出现,而且多用于上告下。引申指教导、告诫。秦以后专指皇帝发布的命令。如"下诏"。

后引申指一种文体,用于发布消息文告等。如龚自珍《病梅馆记》:"此文人画士心知其意,未可明诏大号以绳天下之梅也。"

⊙ 诰

𦥯 誥 誥 诰

金文　小篆　楷书(繁体)　楷书

"诰"是会意兼形声字。金文从廾(双手),从言,会手持祭品向神祖祭告之意。小篆从言从告会意,告兼表声。隶变后楷书写作"誥"。汉字简化后写作"诰"。

《说文·言部》:"诰,告也。从言,告声。"(诰,告诉。从言,告声。)

"诰"的本义为祭告神灵。如《谷梁传·隐公八年》:"诰誓不及五帝,盟诅不及三王。"

引申泛指告诉。如《尚书·太甲下》:"伊尹申诰于王曰:'呜呼!惟天无亲。'"

特指上告下。如《周易·姤》:"后以施命(施行政令)诰四方。"

用作名词,指帝王任命或封赠的文书。如《清会典事例》:"一品至五品,皆授以诰命。"

卩部

⊙ 卫

𛱩 𛱩 衞 衞 卫

甲骨文　金文　小篆　楷书(繁体)　楷书

"卫"是会意字。甲骨文从囗(表示城邑),从止(脚),表示卫兵绕着城邑巡逻。金文变为四足。隶变后楷书写作"衞"。汉字简化后写作"卫"。

《说文·行部》:"衞,宿卫也。从韦、

帀(zā)，从行。行，列卫也。"（衞，在官中值宿、担任警卫的人。由章、帀(zā)、由行会意。行，是排成行列来卫护的意思。）

"卫"的本义是护卫、保护。如《公羊传·定公四年》："朋友相卫。"

行保卫职责的往往是卫兵、卫士，所以"卫"又引申为担任卫护、防守职务的人，即卫士。如《左传·僖公二十四年》："秦伯送卫于晋三千人。"

还用作姓。

⊙ 危

危　危
小篆　楷书

"危"是会意字。小篆从厃，从卪，会人站在高处有危险而感到害怕之意。隶变后楷书写作"危"。

《说文·危部》："危，在高而惧也。从厃，自卪止之。凡危之属皆从危。"（危，人在高处，心情恐惧。由厃、卪表示自己节制、抑止这种临危而惧的心情。大凡危的部属都从危。）

"危"的本义为人登到高处而害怕掉下来。引申为高。如李白《夜宿山寺》："危楼高百尺，手可摘星辰。"

太高的地方容易有危险，所以"危"还可以当不安全、危险讲。

还引申为端正、正直。如"正襟危坐"。用于人的生命时，指快要死亡。如"病危""临危不惧""危在旦夕"。

⊙ 印

印　印　印　印
甲骨文　金文　小篆　楷书

"印"是会意字。甲骨文像一只手按压着一个人之形。金文整齐，小篆的书写就更加规范了。隶变后楷书写作"印"。

《说文·印部》："印，执政所持信也。从爪，从卪。凡印之属皆从印。"（印，执政的人所持的印章。由爪、由卪会意。大凡印的部属都从印。）

"印"的本义是按。引申指被按的图章。后来泛指一切图章、戳记。印章印在物体上，会留下痕迹，故引申指痕迹。如"脚印儿"。

用作动词，引申指把文字或图画等印在纸或器物上。如"油印""铅印"。

由印上印迹引申指彼此符合。如"印证""心心相印"。

⊙ 却

却　卻　却
小篆　楷书（繁体）　楷书

"却"是形声字。小篆从卪（与脚的活动有关），像人下跪的样子，即腿骨节屈曲的样子；谷（jué，笑时口上纹）声。隶变后楷书写作"卻"。汉字简化后写作"却"。

《说文·卪部》："卻，节欲也。从卪，谷声。"（却，节制它并使它退却。从卪，谷(jué)声。）

"却"的本义为退。如《史记·廉颇蔺相列传》："持璧却立。"引申为除、去。我们常说，"了却了一桩心愿"，"却"就是去除的意思。

又引申为拒绝。如常用的"却之不恭，受之有愧"。还可表示转折，相当于"但""可是"。

又引申为固然。《喻世明言》第三十七卷："好却十分好了，只是这孩儿生下来，昼夜啼哭，乳也不肯吃。"

⊙ 即

即　即　即　即
甲骨文　金文　小篆　楷书

"即"是会意字。甲骨文左边是一件

食器，盛满了食品；右边是跪坐着一个人，正要饱餐。金文与甲骨文大致相同。小篆线条化。隶变后楷书写作"即"。

《说文·皀部》："即，即食也。从皀，卩声。"（即，人就食。从皀，卩声。）

"即"的本义是人就食。如《仪礼·公食礼》："席末取粮即稻。"是说宴会将行结束时，吃些稻米粮食。就食须走近食物，故引申为走近、靠近。如"若即若离"。

引申为副词，当马上、立刻讲。如《三国志·蜀书·诸葛亮传》："即遣兵三万以助备。"

又特指登上。如古代帝王"即位"，意为登上皇帝之位。

⊙ 卸

甲骨文　金文　小篆　楷书

"卸"是会意字。甲骨文像一个人跪在悬铜之前，是古代的一种悬铜之祭，用以驱邪消灾。隶变后楷书写作"卸"。

《说文·卩部》："卸，舍车解马也。从卩、止、午。读若汝南人写书之'写'。"（卸，停车后解去套在马身上的东西。由卩、止、午会意。音读像汝南地方人们说"写书"的"写"字。）

"卸"的本义为驱邪消灾之祭，引申为去除、脱去。如"卸妆""卸货"。引申为交卸、推卸。如"卸过""卸任"。又引申指倒塌。如《儒林外史》："把身子往后一挣，那垛看墙就拉拉杂杂卸下半堵。"

阝 部

⊙ 队

甲骨文　金文　小篆　楷书（繁体）　楷书

"队"是会意字。甲骨文从𨸏，从倒人，表示人从高处坠落。金文改为猪从高处坠落到地上。隶变后楷书写作"隊"。汉字简化后写作"坠"和"队"。

《说文·𨸏部》："隊，从高队（坠）也。从𨸏，㒸声。"（隊，从高处坠落。从𨸏，㒸声。）

"队"的本义是坠落，念 zhuì。后来此义用"墬（坠）"代替了。

假借指队伍时，念 duì。用作名词，借以表示具有某种性质的集体编制单位或群体。如"连队""乐队"。

又引申泛指行列。如"队列""队形"。

做量词时，用于成列的人或物。如《水浒传》第七十六回："前一队人马是杂彩旗。"

⊙ 阳

甲骨文　金文　小篆　楷书（繁体）　楷书

"阳"是会意字。甲骨文像太阳升到了祭神的石桌上方。金文加"彡"表示阳光。隶变后楷书写作"陽"。汉字简化后写作"阳"。

《说文·𨸏部》："陽，高、明也。从𨸏，易声。"（陽，山丘高耸，明亮。从𨸏，易声。）

"阳"的本义是山的南面或水的北面，即向阳面。如《诗经·召南·殷其雷》："殷其雷，在南山之阳。"

引申指太阳。进而引申为温暖、明亮。如《诗经·豳风·七月》："春日载阳，有鸣仓庚。"

"阳"又指物体的正面、前面。如顾炎武《日知录·钱面》："自昔以钱之有字处为阴，无字处为阳。"

91

⊙ 降

| 甲骨文 | 金文 | 小篆 | 楷书 |

"降"是会意兼形声字。甲骨文从阜，从夅（脚尖朝下的两只脚），会从高处沿脚窝下来之意，夅兼表声。金文大致相同。小篆整齐化。隶变后楷书写作"降"。

《说文·自部》："降，下也。从自，夅声。"（降，下降。从自，夅声。）

"降"的本义是从高处走下来，读作jiàng。如《左传·僖公二十三年》："降一级而辞焉。"意思是走下一层台阶而辞别。

由此引申为降落、下。如"降雨"就是下雨之意。又引申为降生。如龚自珍《己亥杂诗》："我劝天公重抖擞，不拘一格降人才。"

又读作xiáng，引申指投降。使别人投降，也就是治服了别人，故又引申为"降服"。如成语"降龙伏虎"。

⊙ 阵

| 小篆 | 楷书（繁体） | 楷书 |

"阵"是会意兼形声字。楷书繁体写作"陣"，从车，从陈省，会陈列之意，陈兼表声。汉字简化后写作"阵"。

《说文》无。

"阵"的本义为两军交战时队伍的战斗队形。如《史记·樊哙传》："先登陷阵。"引申指布阵、列阵。如《宋史·岳飞传》："阵而后战。"就是列阵后再战斗的意思。

列阵，就是要打仗，故引申为战争、战斗。如"阵亡"。

打仗，就要有战场，故又引申指阵地、战场。如"阵殁"指在战场上死去，即阵亡。

用作量词，表示事物经过的一定时间段落。如"一阵雨""一阵风"。

⊙ 陟

| 甲骨文 | 金文 | 小篆 | 楷书 |

"陟"是会意字。甲骨文从阜，从步，会由下往上走之意。金文大致相同。小篆整齐化。隶变后楷书写作"陟"。

《说文·自部》："陟，登也。从自，从步。"（陟，登升。由自、步会意。）

"陟"的本义是上升、登高。如《诗经·周南·卷耳》："陟彼高冈。"引申为登程、走。如《尚书·太甲下》："若陟遐，必自迩。"是说如果要走到远处，必须从近处开始。

由登高引申为提拔、进用。如《三国志·蜀书·诸葛亮传》："陟罚臧否。"就是提拔好人，惩罚坏人。

⊙ 隙

| 金文 | 小篆 | 楷书 |

"隙"是会意兼形声字。金文像墙缝中透出光亮之形，表示这里有缝孔。小篆另加义符"自"（左阝，壁上脚窝），以突出壁缝之意。隶变后楷书写作"隙"，从阜从𡭟会意，𡭟也兼表声。是"𡭟"的加旁分化字。

《说文·自部》："隙，壁际孔也。从自，从𡭟，𡭟亦声。"（隙，墙壁交会之处的孔穴。由自、由𡭟会意，𡭟也表声。）

"隙"的本义为墙缝、裂缝。引申为洞。如《徐霞客游记·楚游日记》："石隙低而隘。"

由空隙又引申指可利用的空子、机会、

漏洞。成语"无隙可乘"意思是没有空子可以利用。

"隙"还可以表示感情上的裂痕、隔阂、怨恨。如《史记·范睢蔡泽列传》："与武安君白起有隙，言而杀之。"

⊙际

際 際 际

小篆　楷书（繁体）　楷书

"际"是形声字。小篆从自（左阝，表示墙），祭声。隶变后楷书写作"際"。汉字简化后写作"际"。

《说文·自部》："際，壁会也。从阜，祭声。"（際，两版墙壁相会合的缝。从阜，祭声。）

"际"的本义是两墙相交处的缝。引申泛指合缝的地方，缝隙。如《后汉书·张衡传》："覆盖周密无际。"

又引申指边界、边缘。如成语"漫无边际"。

用作动词，又指交会、适逢、恰遇。成语"风云际会"，就是说风和云恰好遇合，比喻有能力的人遇上好机会。

"际"还表时间，相当于"时候""时刻"。如"正当入眠之际，雷声把我震醒了"。

⊙陌

陌 陌

小篆　楷书

"陌"是后起字，为形声字。改为楷书写作"陌"，从自（左阝），百声。

《说文》无。

"陌"的本义为田间小路。如陶渊明《桃花源记》："阡陌交通，鸡犬相闻。"引申泛指道路、小路。如王昌龄《闺怨》："忽见陌头杨柳色，悔教夫婿觅封侯。"

又引申指田野。如贾谊《过秦论》："蹑足行伍之间，而倔起阡陌之中。"其中的"阡陌"指的就是田野。

还引申指街道。如辛弃疾《永遇乐·京口北固亭怀古》："寻常巷陌，人道寄奴曾住。"

⊙除

除 除

小篆　楷书

"除"是形声字。小篆从阜（左阝），余声。隶变后楷书写作"除"。

《说文·自部》："除，殿陛也。从自，余声。"（除，宫殿的台阶。从自，余声。）

"除"的本义是宫殿的台阶。人在拾级而上的时候，就意味着旧的一级过去，迎来新的一级。故"除"又指除旧更新。还表示过去、尽。如王安石《元日》："爆竹声中一岁除，东风送暖入屠苏。"

古代拜官及授予新的官职，也叫"除"。如《汉书·景帝纪》颜师古注："凡言除者，除故官就新官也。"

又引申指去掉、清除。如王安石《答司马谏议书》："兴利除弊。"

⊙阶

階 階 阶

小篆　楷书（繁体）　楷书

"阶"是形声字。小篆从自（左阝，表示上下用的脚窝），皆声。隶变后楷书写作"階"。汉字简化后写作"阶"。

《说文·自部》："階，陛也。从自，皆声。"（階，台阶。从自，皆声。）

"阶"的本义为台阶。如刘禹锡《陋室铭》："苔痕上阶绿，草色入帘青。"引申特指梯子。如《楚辞·九章·惜诵》："欲释阶而登天兮，犹有曩之态也。"

台阶为行走之径，故又引申指途径。如《易·系辞上》："乱之所生也，则言语以为阶。"

台阶有高低之分，故又引申指等级、品级。如《新唐书·百官志》："文阶二十八阶，武阶二十一阶。"

⊙ 陶

陶

甲骨文　金文　小篆　楷书

"陶"是会意兼形声字。甲骨文从阜，从上下二人，会人登上窑包之意。金文加二"土"，强调是土堆成的窑包。小篆从阜从匋会意，匋兼表声。隶变后楷书写作"陶"。

《说文·𨸏部》："陶，再成丘也，在济阴。从阜，匋声。"（陶，像叠着两双盂的山丘，在济阴郡。从阜，匋声。）

"陶"的本义是烧制陶器的窑包，念yáo。用作上古人名，指皋陶，传说是虞舜的臣子，掌管刑狱。

táo是"陶"现在常用的读音。引申指烧制瓦器。用作名词，指烧制而成的瓦器。如"彩陶"。

由烧制陶器引申比喻安排、造就、培养。如"陶冶情操"。

"陶"还可以表示快乐。如"乐陶陶"，就是形容人快乐陶醉的样子。

⊙ 附

附

小篆　楷书

"附"是形声字。小篆从𨸏（左 阝），付声。隶变后楷书写作"附"。

《说文·𨸏部》："附，附娄，小土山也。"（附，附娄，就是小土山。）

"附"的本义为小土丘。《左传·襄公二十四年》："附娄无松柏。"引申为依傍、依附。如"攀附权贵""趋炎附势"。又引申指附带、从属。如"附呈""附录"。

又引申为归附。成语"怀敌附远"意为对敌人采取怀柔政策，使远方的人来归附。

归附于某处，必然要靠近某处，故而引申为靠近。如"附耳过来！"

⊙ 障

障

小篆　楷书

"障"是形声字。小篆从阜（左 阝），章声。隶变后楷书写作"障"。

《说文·𨸏部》："障，隔也。从𨸏，章声。"（障，阻隔。从𨸏，章声。）

"障"的本义为阻塞、阻隔。如《礼记·月令》："开通道路，毋有障塞。"引申指遮挡、遮蔽。如成语"一叶障目，不见泰山"。

人们把那些用来遮隔视线的步帏或屏风也称为"障"，贵族富家出门要用步障遮住路的两侧。如《晋书·石崇传》："恺作紫丝布步障四十里，崇作锦步障五十里以敌之。"

⊙ 阻

阻

小篆　楷书

"阻"是形声兼会意字。小篆从阜（左 阝），且声，且兼表高起之意。隶变后楷书写作"阻"。

《说文·𨸏部》："阻，险也。从𨸏，且声。"（阻，险峻。从𨸏，且声。）

"阻"的本义为险要的地方。如《史记·孙子吴起列传》："马陵道狭而旁多阻隘。"

引申为险阻、道路难走。如《孙子·军争》："不知山林、险阻、沮泽之形者，不能行军。"

又引申指阻止、阻拦。如袁枚《祭妹文》："汝又虑戚吾心，阻人走报。"

⊙ 隐

隱 隱 隐

小篆　　楷书（繁体）　　楷书

"隐"是会意兼形声字。小篆从自（左阝），从㥯，会筑墙掩蔽之意，㥯兼表声。隶变后楷书写作"隱"。汉字简化后写作"隐"。

《说文·自部》："隱，蔽也。从自，㥯声。"（隱，藏。从自，㥯声。）

"隐"的本义为筑墙掩蔽。引申泛指藏匿、掩蔽。如范仲淹《岳阳楼记》："日星隐曜，山岳潜形。"

又引申指隐瞒，瞒着不让人知道。进而引申指深藏的、潜伏的。如"隐患""隐情"。

还引申指秘藏的事情。如"难言之隐"是隐藏在内心深处不便说出口的原因或事情。

又引申指怜悯、同情。如"恻隐之心"。

⊙ 阴

霒 霒 陰 霒 阴

甲骨文　小篆　楷书（繁体）楷书（繁体）　楷书

"阴"是形声兼会意字。金文从自（左阝），今声。小篆有两个字形，分别为"霒"（阴天）和"陰"（阴面）。隶变后楷书写作"陰"。汉字简化后写作"阴"。

《说文·自部》："陰，暗也。水之南，山之北也。从阜，侌声。"（陰，幽暗。是水的南面、山的北面。从自，侌声。）

"阴"作为"霒"的简化字，本义是云遮日。如"阴天"。

"阴"作为"陰"的简化字，指水的南面、山的北面，即背阳面。背阳面就是阳光照不到的地方，由此又泛指物体的背面。又引申为诡秘。如诡秘的计谋被称为

"阴谋"。

在我国古代天文历法中，日、月分别被称为"太阳""太阴"，根据月球运行周期制定的历法称为"太阴历"，简称"阴历"，即"农历"。

⊙ 陆

陸 陸 陸 陆

金文　　小篆　　楷书（繁体）　楷书

"陆"是会意兼形声字。甲骨文左边从阜（左阝），象征楼梯；右边是重叠的庐屋形，表示楼房，庐兼表声。隶变后楷书写作"陸"。汉字简化后写作"陆"。

《说文·自部》："陸，高平地。从自，从坴，坴亦声。"（陸，又高又平的土地。由自、由坴会意，坴也表声。）

"陆"本义是楼房。如在"陆续"一词里，"陆"就是楼房的意思，所谓"陆续"就是楼层接续的意思，后用作联绵词。

古代楼房为避潮湿，往往建造在高大平整的土台上，所以又引申为高出水面的平坦地方。"陆"和"水"相对，所以又引申为旱路。如"水陆交通"。

⊙ 隆

隆 隆 隆

金文　　小篆　　楷书

"隆"是形声字。金文中有"日"，象征繁盛。小篆成了从生、降声的形声字。隶变后楷书省写作"隆"。

《说文·生部》："隆，丰大也。从生，降声。"（隆，丰满盛大。从生，降声。）

"隆"的本义是丰满盛大。引申指高。如《史记·高祖本纪》："高祖为人，隆准而龙颜。"这里的"隆"指高，"准"指鼻子，"龙颜"指眉骨圆起。由高大又引申为兴盛。如"兴隆"。由此又引申指程度深。如"隆冬时节"，就是指深冬、严冬。

用作动词，表示增高，鼓起来。如"隆穹"，形容高耸入云的样子。

"隆"用作象声词，表示雷声、爆炸声、机器声等。

⊙ 院

金文　　小篆　　小篆（异体）　　楷书

"院"是形声字。金文从宀，奂声。小篆整齐化；异体从自（左阝），完声。隶变后楷书写作"院"。

《说文·自部》："院，坚也。从自，完声。"（院，坚固。从自，完声。）

"院"的本义为坚固。引申指围墙、院落。如白居易《宴散》上说："笙歌归院落。"又特指院子内的空地。如"这院里栽了不少竹子"。

古代官署、寺庙都是有围墙的，所以又引申指官署、寺庙。如"翰林院""枢密院"。

"院"现在还特指医院。如"出院""住院""转院"。

⊙ 隔

小篆　　　楷书

"隔"是会意兼形声字。小篆从自（左阝），从鬲，会鬲足三分之意，鬲兼表声。隶变后楷书写作"隔"。

《说文·自部》："隔，障也。从自，鬲声。"（隔，障隔。从自，鬲声。）

"隔"的本义是阻断，隔着。如成语"隔靴搔痒"，就是隔着靴子挠痒。比喻说话做事没有抓住要点。

人被山水阻断，就是说二人分离，所以"隔"又引申为分离、分开。如《古诗为焦仲卿妻作》中的"誓不相隔卿"，就是发誓不和你分离的意思。又引申指（空间或时间上）有距离、相距。如"相隔"。

⊙ 防

小篆　　　楷书

"防"是形声字。小篆从自（左阝）（表示高），方声。隶变后楷书写作"防"。

《说文·自部》："防，隄也。从自，方声。"（防，堤坝。从自，方声。）

"防"的本义是堤坝。如《周礼·地官·稻人》："以防止水。"意思是用堤坝来防止洪水。

用作动词，指防水。又引申指防止、防范。成语"防微杜渐""暗箭难防"中的"防"都是指防止、预防。

用作名词，指有关防守的事物或措施，要塞。如"边防""海防"。

⊙ 陈

甲骨文　　金文　　小篆　　楷书（繁体）　　楷书

"陈"是会意字。甲骨文从自，从土，从東（竹笼），会穴居的门庭间摆放有竹笼的过道之意。金文省去"土"。小篆承接金文并整齐化。隶变后楷书写作"陳"。汉字简化后写作"陈"。

《说文·攴部》："陳，宛丘，舜后妫满之所封。从阜，从木，申声。"（陳，是四方高中央低的山丘，是舜的后裔妫满分封的地方。由阜、由木会意，申表声。）

"陈"的本义是穴居的门庭间摆放有竹笼的过道。泛指堂前至院门的通道。

用作动词，指摆出、排列、布置。如"陈兵百万"。由摆出又引申为用语言述说。成语"慷慨陈词"就是这种用法。

"陈"在古代又被假借为"尘"。由此演化出时间久、陈旧的意思。如成语"推陈出新"。

⊙ 陋

陋 陋
小篆　楷书

"陋"是会意兼形声字。小篆从𨸏（左阝，像古人穴居时上下用的脚窝）从匸会意，表示古代可掩身的简陋穴居，匸兼表声。隶变后楷书写作"陋"。

《说文·𨸏部》："陋，阸陕也。从𨸏，匸声。"（陋，简单，狭窄。从𨸏，匸声。）

"陋"的本义为狭窄、简陋。进而引申指粗鄙的、不合理的。如成语"陈规陋习"，指的就是陈旧不合理的规章制度或习惯。又引申指丑、难看。如"丑陋"。

粗鄙之人，多出身微贱，所以"陋"又引申指卑贱、低微。见识浅薄也可以称"陋"。如成语"孤陋寡闻"。

⊙ 险

嶮 險 险
小篆　楷书（繁体）　楷书

"险"是形声字。小篆从𨸏（左阝，表示山），佥声。隶变后楷书写作"險"。汉字简化后写作"险"。

《说文·𨸏部》："險，阻，难也。从𨸏，佥声。"（險，险峻和阻隔，都是艰难的意思。从𨸏，佥声。）

"险"的本义是阻难、险要。如"天险"。要想登上险峻的地方，比较困难，故而又泛指艰难。

又引申指遭到不幸或发生灾难的可能，危险。如"遇险""冒险"。引申指几乎、差一点。如"险遭毒手""险些被骗"。

由山险峻，有危险，又引申比喻邪恶暴虐，内心狠毒。如"阴险"。

⊙ 陷

陷 陷
小篆　楷书

"陷"是会意兼形声字。小篆从𨸏，从臽，臽兼表声。隶变后楷书写作"陷"。

《说文·𨸏部》："陷，高下也。一曰陊也。从𨸏，从臽，臽亦声。"（陷，从高处陷入低下。另一义说：是堕落。由𨸏、由臽会意，臽也表声。）

"陷"的本义是陷进、坠入。由此引申为凹进去。如"他两眼深陷，看起来很疲惫。"

又引申为一个东西进入其他东西，表示穿透、刺破等意思。如《韩非子·难一》："吾矛之利，于物无不陷也。"战争中攻破对方的阵地或城池，也称"陷"，即陷落、攻破。

抽象意义上的"缺点""短缺"等，也可以称"陷"。

⊙ 随

隨 隨 随
小篆　楷书（繁体）　楷书

"随"是会意兼形声字。小篆从辵（辶），从隋省，会跟从之意，隋兼表声。隶变后楷书写作"隨"。汉字简化后写作"随"。

《说文·辵部》："隨，从也。从辵，隋省声。"（随，随从。从辵，隋省为声。）

"随"的本义是跟从。如成语"如影随形"，又引申为沿着、顺从。如成语"随遇而安"，就是形容人能顺应环境，在任何境遇中都能满足。

"随"又引申为听凭、放任、随便。人们常说"随他去吧"，就是听凭他去的意思。还可以表示听使唤。如《北史·元孚传》："后遇风患，手足不随，口不能言。"

⊙ 邮

邮 邮 邮

小篆　楷书（繁体）　楷书

"邮"是会意兼形声字。小篆从邑（右阝，表城），从垂（表边境），会古代供给传递文书的人食宿、换车马的驿站之意，由也兼表声。隶变后楷书写作"邮"。汉字简化后写作"邮"。

《说文·邑部》："邮，左冯翊高陵。从邑，由声。"（邮，左冯翊郡高陵县的亭名。从邑，由声。）

"邮"的本义为邮亭、邮乡，在今陕西省西安市高陵区。后借作指古代供给传递文书的人食宿、换车马的驿站。

用作动词，指递送，由国家专设的机构传递信件、款项、物件等。如"邮寄""平邮"。引申指有关邮务的。如"邮电""邮局"。特指已付费的凭证，即邮票。

⊙ 鄙

鄙 鄙 鄙 鄙

甲骨文　金文　小篆　楷书

"鄙"是会意兼形声字。甲骨文会郊野收藏谷物处之意。金文大致相同，小篆整齐化。隶变后楷书写作"鄙"。由于"啚"后来做了偏旁，于是成了从邑（右阝）从啚会意，啚表声。

《说文·邑部》："鄙，五酂为鄙。从邑，啚声。"（鄙，五百家叫鄙。从邑，啚声。）

"鄙"的本义是郊野收藏谷物的地方。引申指边邑，边远的地方。如《春秋·庄公十九年》："冬，齐人、宋人、陈人伐我西鄙。"

又引申指轻蔑、看不起。如"鄙弃"指轻视厌弃。

用作谦辞。如"鄙见""鄙人"。

⊙ 邻

邻 邻 邻

小篆　楷书（繁体）　楷书

"邻"是形声字。小篆从邑（右阝），粦声。隶变后楷书写作"鄰"。汉字简化后写作"邻"。

《说文·邑部》："鄰，五家为邻也。从邑，粦声。"（鄰，五家（比连）叫邻。从邑，粦声。）

"邻"的本义是古代的一种居民组织。如《周礼·地官·遂人》："五家为邻，五邻为里。"

引申为住处相连、接近的人家。如王勃《杜少府之任蜀州》："海内存知己，天涯若比邻。"

又引申泛指相连的、邻近的。如"邻境""邻村"。

⊙ 郭

郭 郭 郭 郭

甲骨文　金文　小篆　楷书

"郭"是形声字。甲骨文像城有相对的两座城楼之形。金文承接甲骨文。小篆右边增加了"邑"从邑（右阝）从章（城）会意，章兼表声。隶变后楷书写作"郭"。

《说文·邑部》："郭，齐之郭氏虚。善善不能进，恶恶不能退，是以亡国也。从邑，章声。"（郭，在齐国境内已灭亡的郭国的邱墟。喜爱善良，却不能举进；厌恶丑恶，却不贬退，因此亡了国。从邑，章声。）

"郭"的本义是外城——古时在城墙外围加筑的城墙。如《乐府诗集·木兰诗》："爷娘闻女来，出郭相扶将。"

⊙ 郁

郁 郁 郁 郁 郁

甲骨文　金文　小篆　楷书（繁体）　楷体

"郁"是形声字。小篆从邑（右阝），

有声。楷书繁体写作"鬱"。汉字简化后写作"郁"。

《说文·邑部》："鬱，右扶风鬱夷也。从邑，有声。"（鬱，右扶风郡鬱夷县。从邑，有声。）

"郁"的本义为古地名，在今陕西省。

"郁"用作"鬱"的简化字时，指林木繁盛的样子。如"郁郁葱葱"。进而引申为阻滞、闭塞。《吕氏春秋》："精气郁也。"意思就是精气阻滞不通。

人心也有阻滞不通的时候，故而"郁"又引申为忧愁、烦闷。如成语"郁郁不得志"。

⊙ 那

那那

小篆　楷书

"那"是会意兼形声字。小篆从冄（冉，这里表示胡须）从邑（右阝），会人多长毛发的西部国邑之意。冄，也兼表声。隶变后楷书写作"那"。

《说文·邑部》："那，西夷国。从邑，冄声。安定有朝那县。"（那，我国古代西部地区少数民族的诸侯国。从邑，冄声。安定郡有朝那县。）

"那"的本义是我国古代西部地区少数民族诸侯国名。由于这一地区的人胡须、毛发多而重，所以引申泛指多。

多毛发是男子美的表现，所以又引申为美好。此义后来写作"娜"。

"那"又引申指移动。此义后来写作"挪"。

借作指示代词，指称较远的人或事物，与"这"相对。还用于复指上文的情况，兼有承接作用。

又用作连词，用以承接假设的前句，相当于"那么"。

⊙ 都

都 都 都

金文　小篆　楷书

"都"是形声字。金文从邑，者声。隶变后楷书写作"都"。

《说文·邑部》："都，有先君之旧宗庙曰都。从邑，者声。"（都，有已故君王的旧宗庙的城邑叫都。从邑，者声。）

"都"的本义为大城市，读作 dū。如"通都大邑""都市"。又特指有先王宗庙的城邑。如《左传·庄公二十八年》："凡邑有宗庙先君之主曰都，无曰邑。"

又特指邦国的都城。如诸葛亮《出师表》："兴复汉室，还于旧都。"

读作 dōu，用作副词，指全部，还用来加强语气。如："今天天气真怪，中午比早晨都冷。"

还表示已经。如"茶都凉了"。

⊙ 邪

邪 邪

小篆　楷书

"邪"是形声字。小篆从邑（右阝）表示城镇，牙声。隶变后楷书写作"邪"。

《说文·邑部》："邪，琅邪郡。从邑，牙声。"（邪，琅邪郡。从邑，牙声。）

"邪"的本义是郡名，读作 yá。秦汉时有琅邪郡、琅邪县，如今还有个琅邪山，在山东省青岛市黄岛区南。

还读作 xié，指大襟斜掩。引申泛指倾斜、歪斜。由歪斜引申为不正当、邪恶。如成语"邪门歪道"。又引申指妖异怪诞的事，或鬼怪带来的灾祸。如"中邪""避邪"。

还指中医里引起疾病的各种环境因素。如"寒邪""风邪"。

"邪"还可以读作 yé，用于"莫邪"，又写作"镆铘"，是古代宝剑名。

⊙ 部

小篆　　楷书

"部"是形声字。小篆从邑（右阝）为形旁，音声。隶变后楷书写作"部"。

《说文·邑部》："部，天水狄部。从邑，音声。"（部，天水郡狄部。从邑，音声。）

"部"的本义是指天水一带，少数民族居住的地方。又引申为衙署。如我国从隋唐开始设置六部：吏部、户部、礼部、兵部、刑部、工部。

又引申指门类。如我国古代图书分类有"四部分类法"，"四部"就是指经部、史部、子部、集部。

也指全体中的某些部分，或指整体中的某个部位。

还可做量词。如"一部小说"。

⊔ 部

⊙ 出

甲骨文　　金文　　小篆　　楷书

"出"是会意字。甲骨文的下部是一条上弯的曲线，表示这是一个门口或土坑口；上部是一只脚，表示走出。金文大致相同，小篆整齐化。隶变后楷书写作"出"。

《说文·出部》："出，进也。象草木益滋，上出达也。凡出之属皆从出。"（出，长进。像草木渐渐滋生，向上长出来。大凡出的部属都从出。）

"出"的本义是出去、外出。后来多指出去、出来，和"进""入"相对。如"出神入化""出生入死"。又引申为拿出、交纳。如"出力""入不敷出"。

又引申为出现、显露。如苏轼《后赤壁赋》："山高月小，水落石出。"还可以引申为离开的意思。如"出局""出轨""出笼"。

用在动词后，表示趋向或效果。如"飞出""拿出""展出"。

用作量词，指一个独立的剧目或节目。如"一出折子戏"。

⊙ 凿

甲骨文　小篆　楷书（繁体）　楷书

"凿"是象形兼会意字。甲骨文像手持辛凿在山里凿之形。小篆改为从金，从辛（表示錾凿）从臼（表示坑洞），会凿坑洞之意。隶变后楷书写作"鑿"。汉字简化后写作"凿"。

《说文·金部》："鑿，穿木也。从金，鏨省声。"（鑿，能穿透木头（的）凿子）。从金，鏨省米为声。）

"凿"的本义为穿孔。引申指挖掘、打通。如于谦《石灰吟》："千锤万凿出深山，烈火焚烧若等闲。"

用作名词，指凿子。又指凿出的榫眼。如成语"方枘圆凿"，意思是方榫头不能楔进圆孔洞。比喻两件事不相容，或比喻事情不可能。

由人为地穿孔引申指牵强附会。如"穿凿附会"。由穿透引申指鲜明。如"言之凿凿"。

⊙ 函

甲骨文　金文　小篆　楷书

"函"是象形字。甲骨文像袋中有箭形，表示盛矢器。金文大致相同。小篆上边讹为弓，已经看不出箭囊装有箭的样子了。隶变后楷书写作"函"。

《说文》无。

"函"的本义为箭匣或箭袋子。引申泛指匣子、袋子。如"书函""剑函"。

古代寄信用木函，后来改为纸套信封，故又引申指信封、信件。

用作动词时，引申指装在匣子里。进而引申指包含。如《汉书·礼乐志》："人函天地阴阳之气，有喜怒哀乐之情。"

力部

⊙力

甲骨文　金文　小篆　楷书

"力"是象形字。甲骨文、金文都像古人犁地用的工具"耒"的形状。小篆整齐化。隶变后楷书写作"力"。

《说文·力部》："力，筋也。象人筋之形。治功曰力，能圉大灾。凡力之属皆从力。"（力，筋肉张缩的功用。像人的筋肉纵横鼓起的形状。能使天下大治的功劳叫力，能抵御大的灾难。大凡力的部属都从力。）

"力"的本义是执耒耕作。执耒耕作需要花费力气，所以引申为力量。如"身强力壮"。

也指能力。如"力不从心"。还可以引申为武力、权力。如《孟子·公孙丑上》："以力服人者，非心服也。"

⊙助

助　助

小篆　楷书

"助"是形声字，小篆从力（助人要用力，故从力），且声。隶变后楷书写作"助"。

《说文·力部》："助，左也。从力，且声。"（助，辅佐。从力，且声。）

"助"的本义为帮助。如《孟子·公孙丑下》："得道多助，失道寡助。"

可以引申指辅助。如《诗经·小雅·车攻》："射夫既同，助我举柴。"大意是说弓箭手们会拢，辅助我（周宣王）共同猎获禽兽成堆。

由本义还可以引申出增添、增加的意思。如"助哭"，这是旧时办丧事时的一种习俗。客来灵前吊丧，丧主命人号哭以助哀，目的是增加丧礼现场哀伤的气氛。

⊙勇

勇　勇

小篆　楷书

"勇"是会意字。小篆从力，从甬，会力量充实之意。隶变后楷书写作"勇"。

《说文·力部》："勇，气也。从力，甬声。"（勇，气上涌而有胆量。从力，甬声。）

"勇"的本义为勇气。也指果敢、胆大、勇敢。由果敢、胆大、勇敢可引申为勇猛、凶猛。如《庄子·盗跖》："勇悍果敢，取众率兵，此下德也。"

古代也把有气力、有胆量的人称为"勇士"。如《史记·廉颇蔺相如列传》："臣窃以为其人勇士，有智谋，宜可使。"

⊙男

男　男　男　男

甲骨文　金文　小篆　楷书

"男"是会意字。甲骨文从田，从耒（犁）。古时农耕主要是男子的事，因此用以耒耕田会男子之意。金文、小篆承接甲骨文。隶变后楷书写作"男"。

《说文·男部》："男，丈夫也。从田从力。言男用力于田也。凡男之属皆从男。"

（男，成年男子。由田、由力会意，是说男子在田地里尽力。大凡男的部属都从男。）

"男"的本义指壮年男子。引申指儿子。如杜甫《石壕吏》："听妇前致词：三男邺城戍。一男附书至，二男新战死。"

也用作儿子对父母的自称。如鲁迅先生给母亲写信："男病已愈，胃口亦渐开。"

后来含义扩大，泛指男性。如"男耕女织"。

"男"也指封建制度五等爵位（公、侯、伯、子、男）中的第五等。

⊙ 务

穮 務 务

小篆　楷书（繁体）　楷书

"务"是会意兼形声字。小篆从力，从孜（勉力），会勉力去做之意，孜兼表声。隶变后楷书写作"務"。汉字简化后写作"务"。

《说文·力部》："務，趣也。从力，孜声。"（務，为某事而奔走。从力，孜声。）

"务"的本义为勉力去做，从事，致力于。如《管子·乘马》："是故事者生于虑，成于务，失于傲。"

引申指追求、谋求。如白居易《寄唐生》："不务文字奇，惟歌生民病。"又引申指职业、工作。如《韩非子·诡使》："仓廪之所以实者，耕农之本务也。"

用作副词，表示强烈的愿望，相当于"一定"。如"务必"。

⊙ 劳

橐 薯 勞 劳

金文　小篆　楷书（繁体）　楷书

"劳"是会意字。金文从廾（双手），从爵（酒器），会双手举爵以酒对辛劳有功者进行慰问犒劳之意。隶变后楷书写作"勞"。汉字简化后写作"劳"。

《说文·力部》："勞，剧也。从力，熒省。熒，火烧门，用力者劳。"（勞，十分勤苦。由力、由熒省去下面的火会意。熒，表示火灾烧屋，用力救火的人十分辛苦。）

"劳"的本义为用语言或实物慰问。如《仪礼·觐礼》："王劳之。再拜稽首。"大意是天子慰劳他，诸侯再拜稽首。

有功绩才有犒劳，故引申指功绩。功劳是花力气换来的，故引申泛指人类创造物质财富或精神财富的活动。如"劳而无功""多劳多得"。由费力引申指辛勤、辛苦。如"任劳任怨""劳苦功高"。

用于敬辞请托，指麻烦、使劳烦。如"有劳""劳驾"。

⊙ 势

橐 勢 势

小篆　楷书（繁体）　楷书

"势"是形声兼会意字。小篆从力，埶声，埶兼表种植生长之意。隶变后楷书写作"勢"。汉字简化后写作"势"。

《说文》无。

"势"的本义为生长旺盛。引申泛指力量、权力。如"势力"。又指事物发展的趋向。如"趋势"。

还可指（人或事物所处的）地位、位置。如"守势""攻势"。

又引申指形状、样式、架式。如"兵无常势"，是指用兵作战没有一成不变的方式，表示根据敌情灵活采取对策。

⊙ 劫

劼 劫

小篆　楷书

"劫"是会意字。小篆从力，从去，会强力阻止人去之意。隶变后楷书写作"劫"。

《说文·力部》段注："劫，人欲去，

以力胁止曰劫。"（劫，人想离开，用力量协迫其留止叫作劫。）

"劫"的本义是威逼、胁迫。如绑匪常用的伎俩是"劫持人质"。由此引申为抢夺、强取。如成语"劫富济贫""打家劫舍"。又引申为盗贼。如"劫匪"。

引申为佛教名词，引申为灾难。如"劫数""劫后余生"。

⊙ 功

玥 场 功

金文　　小篆　　楷书

"功"是会意兼形声字。金文从攴（表操作），从工（表版筑墙），会从事盖房等各种各样的工作之意，工兼表声。隶变后楷书写作"功"。

《说文·力部》："功，以劳定国也。从力，从工，工亦声。"（功，用尽力量建立和稳定国家。由力、由工会意，工也表声。）

"功"的本义为从事建筑等各种各样的工作。如《诗经·豳风·七月》："嗟我农夫，我稼既同，上入执宫功。"

引申指做事的成效、效验。如《荀子·劝学篇》："驽马十驾，功在不舍。"又引申指造诣、修养、技能、功夫。如"功到自然成"。进而引申指贡献、业绩。如"无功不受禄"。

⊙ 办

辮 辦 办

小篆　　楷书（繁体）　　楷书

"办"是会意兼形声字。小篆从力从辡会意，辡兼表声。隶变后楷书写作"辦"。汉字简化后写作"办"。

《说文》无。

"办"的本义是处理。如《史记·项羽本纪》："前时某丧使公主某事，不能办，以此不任用公。"

引申指置备、采买。如"办嫁妆""采

办"。进而引申指创设、经营。如"办学""办报""兴办"。

又引申指惩处。如《三国志·蜀书·费祎传》："君信可人，必能办贼者也。"

用作名词，是办公室或办公厅的简称。如"国家汉办""外办"。

⊙ 劲

勁 勁 劲

小篆　　楷书（繁体）　　楷书

"劲"是形声字。小篆从力，巠声。隶变后写作"勁"。汉字简化后写作"劲"。

《说文·力部》："勁，彊也。从力，巠声。"（劲，强健有力。从力，巠声。）

"劲"的本义是强有力，读 jìng。"疾风知劲草"中的"劲草"就是指坚韧的草。

还读作 jìn，用作名词，指力量。如"手劲""使劲儿"。浑身充满力量的人，必定精力充沛，所以还引申为精神、情绪、神情。如"机灵劲儿""不对劲儿"，其中的"劲"都是在精神面貌上有向上的意思。

还引申指程度。如："这酒真够劲儿！"就是说酒很烈的意思。

⊙ 劣

劣 劣

小篆　　楷书

"劣"是会意兼形声字。小篆从力，从少，会力气弱小之意，力兼表声。隶变后楷书写作"劣"。

《说文·力部》："劣，弱也。从力少声。"（劣，弱。由力、少会意。）

"劣"的本义为力气弱小。如曹植《辩道论》："寿命长短，骨体强劣，各有人焉。"

由力气弱小，引申指差一等的、不好的、坏的。如"粗劣""拙劣"。

引申指调皮、淘气。如"顽劣"。又指暴烈、粗劣。如"劣性"，指暴烈性格。

⊙动

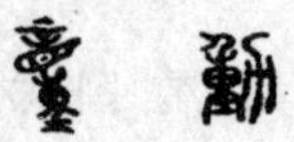 動 动

金文　小篆　楷书（繁体）　楷书

“动”是会意兼形声字。金文从重从土会意。小篆改“土”为力，表示力把东西背起来了，重兼表声。隶变后楷书写作“動”。汉字简化后写作“动”。

《说文·力部》：“動，作也。从力，重声。”（動，起身行动。从力，重声。）

“动”的本义为改变事物原来的位置或状态。如“风吹草动”“流动”。又指使事物原来的位置或状态改变。如“兴师动众”。

由本义引申指为实现某种目的而行动、活动。如“暴动”“闻风而动”。

又指开始采取行动。如“大动干戈”。

用作副词，表示极容易发生某种情况，即常常、往往。如“动辄得咎”。

⊙勘

 勘

小篆　楷书

“勘”是形声字。小篆从力，甚声。隶变后楷书写作“勘”。

《说文·力部》：“勘，校也。从力，甚声。”（勘，校订。从力，甚声。）

“勘”的本义为校订、核对。如李清照《金石录后序》：“每获一书，即共同勘校，整集签题。”这里取的就是本义。

引申指查看、调查。《红楼梦》第七十四回：“王夫人正嫌人少，不能勘察。”又引申指判断。关汉卿《窦娥冤》：“地也，你不分好歹何为地！天也，你错勘贤愚枉做天！”

还引申特指审讯、问罪。《水浒传》第十八回：“知县把一干拿到的邻居，当厅勘问。”

厶部

⊙县

 縣 县

金文　小篆　楷书（繁体）　楷书

“县”是会意字。金文从木，从系，从㥯（倒首），会悬首高杆示众之意。隶变后楷书写作“縣”。汉字简化后写作“县”。

《说文·㥯部》：“縣，系也。从系持㥯。”（縣，悬着示众。由“系”持“㥯”会意。）

“县”的本义为悬首示众，引申为悬挂。如《诗经·魏风·伐檀》：“不狩不猎，胡瞻尔庭有县鹑兮。”意思是：既不巡守又不打猎，为何看到你的院子里悬挂着那么多鹌鹑？

“县”假借为“寰”，指行政区划单位。周代时县大于郡，秦以后县属于郡。

现在是行政区划单位。如“县志”“县委”。

⊙参

 參 曑 参

甲骨文　金文　小篆　楷书（繁体）　楷书（繁体）　楷书

“参”是象形字。甲骨文上面是三颗星，下为人形，表示参星高照在人的上面。金文有了三小横，表示星的光辉。隶变后楷书写作“曑”和“参”。汉字简化后写作“参”。

《说文·晶部》：“曑，商星。从晶，㐱声。”（曑，商星。从晶，㐱声。）

“参”的本义为星名，读作 shēn。如参星与商星，虽然经常相提并论，但是因为这两个星宿从来不同时出现，所以又用来比喻两人相隔两地不能见面。

还用于植物名。如“人参”。

又读 cān，指配合。又引申指等同、

齐等。如"参天大树"，这里的"参天"就
是指高耸于天空。还可当参与、参加讲。

刀部

⊙ 刀

甲骨文	金文	小篆	楷书

"刀"是象形字。甲骨文和金文都像
刀尖向上、刀刃向左的一把刀。小篆的刀
尖弯曲得夸张。隶变后楷书写作"刀"。

《说文·刀部》："刀，兵也。象形。凡
刀之属皆从刀。"（刀，兵器。象形。大凡
刀的部属都从刀。）

"刀"的本义为古代兵器名。如"刀
枪""大刀"。后来引申泛指用于切割砍削
的有锋刃的工具。如"剪刀""木工刀"。

也泛指所有像刀的东西。如"冰刀"。

⊙ 刃

甲骨文	小篆	楷书

"刃"是指事字。甲骨文是刀头向右
歪的一把刀，在其刃部加一个点儿，表明
此处是刀刃所在。小篆大体与甲骨文的形
体相似。隶变后楷书写作"刃"。

《说文·刃部》："刃，刀坚也。象刀有
刃之形。凡刃之属皆从刃。"（刃，刀的坚
利部分。像刀有锋刃的形状。大凡刃的部
属都从刃。）

"刃"的本义指刀剑等的锋利部分，即
刀口。如《庄子·养生主》："刀刃若新发
于硎。"引申泛指刀剑一类利器。如《孟
子·梁惠王上》："杀人以梃与刃，有以
异乎？"

作动词用时，当杀讲。如《史记·廉
颇蔺相如列传》："左右欲刃相如。"

⊙ 刁

甲骨文	小篆	楷书

"刁"是象形字。甲骨文像砍削用的
武器。隶变后楷书写作"刁"。用作姓，俗
写为"刁"。

《说文》无。

"刁"的本义为一种武器。后来表示
刁斗，是古代军队中用的一种器具。军中
白天可供一人烧饭，夜间敲击以巡更。

引申为狡猾、奸诈。如"刁民""刁
钻古怪"。又引申为有无赖特征。如"刁
婆""刁妇"。还引申为说话刻薄。如"刁
声浪气"，形容说话装腔作势，语调轻浮。

⊙ 刍

甲骨文	金文	小篆	楷书（繁体）	楷书

"刍"是会意
字。甲骨文从艸，从
手，会以手取草之
意。金文大致相同。
小篆的形体承接金
文，但有所变化。隶
变后楷书写作"芻"。
汉字简化后写作"刍"。

《说文·艸部》："芻，刈草也。象包束
草之形。"（芻，割下的草。像包着捆着草
的样子。）

"刍"的本义为以手取草。引申指割
草。如《左传·昭公六年》："禁刍牧采樵。"

喂牲口的草也叫"刍"。如《庄子·列
御寇》："（牛）食以刍菽。"正因为喂牛的
草叫"刍"，所以牛羊的回嚼就叫"反刍"。

"刍"又引申指浅陋、鄙俗。如"刍
言"，指草野之人的言论，后用以比喻浅陋
的言论。也用作谦词，指自己的言论。

⊙ 切

切 切

小篆　楷体

"切"是会意兼形声字。小篆从刀，从七，会用刀砍断之意，七兼表声。隶变后楷书写作"切"。

《说文·刀部》："切，刌也。从刀，七声。"（切，切断。从刀，七声。）

"切"的本义为用刀把东西截断、分开，读作qiē。引申指加工珠宝玉器。如《论衡·量知》："切磋琢磨，乃成宝器。"

引申比喻学问、道德上互相观摩，取长补短。如《诗经·卫风·淇奥》："有匪君子，如切如磋，如琢如磨。"

又读作qiè，主要的意思是贴近、靠近。如"切近""切肤之痛"。又引申表示符合。如"不切实际""切中要害"。还表示急迫、紧切。如"激切""迫切"。

⊙ 色

色 色

小篆　楷书

"色"是会意字。小篆像一个人驮另一个人，仰承其脸色的形象。隶变后楷书写作"色"。

《说文·色部》："色，颜气也。从人，从卩。凡色之属皆从色。"（色，脸上的颜色、气色。由人、由卩会意。大凡色的部属都从色。）

"色"的本义为脸色。如"喜形于色"。又引申指颜色。如白居易《卖炭翁》："满面尘灰烟火色，两鬓苍苍十指黑。"进而引申指姿色、美色。如《孟子·梁惠王下》："寡人有疾，寡人好色。"

现代汉语里，"色"有时也可以读为shǎi。"色子"是一种赌具。

⊙ 召

召 召 召 召

甲骨文　金文　小篆　楷书

"召"是形声字。甲骨文从口（表示呼唤或打招呼），刀声。金文大致相同。小篆的形体整齐化、符号化。隶变后楷书写作"召"。

《说文·口部》："召，呼也。从口，刀声。"（召，呼唤。从口，刀声。）

"召"的本义为呼唤、召唤，用言语来叫人。如俗语"召之即来，挥之即去"，是一经召唤立即就来，手一挥就去。形容非常听从使唤。

由呼唤招来又可以引申指征召来授予官职或另有调用。如《史记·李将军列传》："于是天子乃召拜（李）广为右北平太守。"

"召"用作地名和姓时，读作shào。如古邑名"召陵"、如《诗经·国风》之一的"召南"。

⊙ 券

券 券

小篆　楷书

"券"是形声字。小篆从刀，关声。隶变后楷书写作"券"。

《说文·刀部》："券，契也。从刀，关声。券别之书，以刀判契其旁，故曰契券。"（券，契据。从刀，关声，契券的文书。用刀分刻契券的旁边，所以叫作契券。）

"券"的本义为古代用于买卖或债务的契据。书于简牍，常分为两半，契约双方各执其一，以为凭证，如现在的合同。如《战国策·齐策》："使吏召诸民当偿者，悉来合券。"

引申指可做凭证的物件。如"丹书铁

券”是古代帝王赐给功臣世代享受优遇或免罪的凭证。又用以比喻事情可以成功的保证。如“稳操胜券”“胜券在握”等。

⊙ 剪

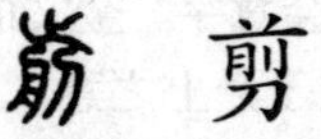

小篆　　楷书

“剪”是会意兼形声字。小篆从刀，寿声。隶变后楷书写作“前”。由于“前”被借作“寿”，用来表示前进，于是剪刀之义便另造了“剪”来表示。

《说文》无。

“剪”的本义为用剪刀铰断。如李商隐《夜雨寄北》：“何当共剪西窗烛，却话巴山夜雨时。”引申泛指割断。如“剪草除根”。进而引申指除掉。如“剪除”“剪灭”。

用作名词，指剪刀。如孙枝蔚《思春辞》：“断恨并州无快剪。”又引申指形状像剪刀的器具。如“火剪”“烛剪”。

⊙ 负

小篆　　楷书（繁体）　　楷书

“负”是会意字。小篆上从人，下从贝，会人有了货贝就有了依靠之意。隶变后楷书写作“負”。汉字简化后写作“负”。

《说文·貝部》：“負，恃也。从人守貝，有所恃也。一曰：受贷不偿。”（負，凭恃。由“人”守“貝”会意，表示有所凭仗。另一义说是：（负）是受人施予却不回报。）

“负”的本义就是背东西。如“负荆请罪”“负薪救火”。引申指承担。如“负担”“负责”。又引申指依仗、依靠。如《史记·魏其武安侯列传》：“武安负贵而好权。”

又引申指享有。如“素负盛名”，是一直享有很好的名声。

还指败，与“胜”相对。如“胜负未分”。

此外，“负”还有背弃的意思。如“忘恩负义”。

⊙ 争

甲骨文　　金文　　小篆　　楷书（繁体）　　楷书

“争”是会意字。甲骨文、金文都像两手争夺一物的样子。小篆线条化。隶变后楷书写作“爭”。汉字简化后写作“争”。

《说文·𠬪部》：“爭，引也。从𠬪丿。”（爭，争夺。由𠬪丿会意。）

“争”的本义就是争夺，指把东西拽过来归为己有。如《墨子·公输》：“杀所不足而争所有余，不可谓知。”引申为夺取、争取。如“争先恐后”“力争上游”。

还引申为言语之争，有争论、争辩的意思。

在古诗词中，“争”还有怎的意思。如柳永《八声甘州》：“争知我，倚栏干处，正凭凝愁。”

⊙ 免

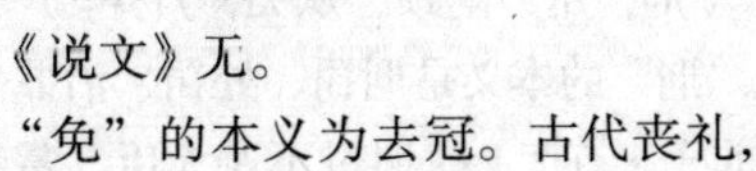

甲骨文　　金文　　小篆　　楷书

“免”是象形兼会意字。甲骨文和金文像人戴丧帽，俯身而吊，会摘帽之意。隶变后楷书写作“免”。

《说文》无。

“免”的本义为去冠。古代丧礼，先脱掉冠，然后用白布包裹发髻，“免”即此风俗的写照，现在农村丧帽仍以白布勒头。

引申为脱掉、除去、罢黜。如“免税”“免职”等。进而引申为躲开、避免。“以免上当”“免疫能力”中的“免”都是指避免。

用作副词，表示勿、不可。如“免开尊口”“闲人免进”。

⊙ 兔

兔　兔　兔
甲骨文　小篆　楷书

"兔"是象形字。甲骨文像一只蹲坐着的兔子。小篆整齐化。隶变后楷书写作"兔"。

《说文·兔部》:"兔,兽名。象踞,后其尾形。兔头与㲋头同。凡兔之属皆从兔。"(兔,兽名。像蹲坐的样子,后面的是它尾巴的形状。"兔"字的头部"⺈"与㲋字的头部相同。大凡兔的部属都从兔。)

"兔"的本义为兔子。如《史记·越王勾践世家》:"狡兔死,走狗烹。"意思是兔子都没有了,猎狗就(没有用)被煮了。现在多用"兔死狗烹"来比喻为统治者效劳的人事成后被抛弃或杀掉。

刂 部

⊙ 刑

刑　刑　刑
金文　小篆　楷书

"刑"是会意字。金文右边是刑刀,左边是囚笼之形,会拘囚惩罚之意。小篆承接金文而来。隶变后楷书作"刑"。

《说文·刀部》:"刑,到也。从刀,幵声。"(刑,用刀割颈。从刀,幵声。)

"刑"的本义是刑罚、处罚、治罪。如《韩非子·有度》:"刑过不避大臣,赏善不遗匹夫。"

"刑"还引申为杀。如《战国策·魏策》:"刑白马以盟于洹水之上。"

由本义演变为法度,做名词。如诸葛亮《出师表》:"若有作奸犯科及为忠善者,宜付有司论其刑赏。"

⊙ 则

则　则　則　则
金文　小篆　楷书(繁体)　楷书

"则"是会意字。金文的从鼎,从刀,会以刀刻刑法于鼎上之意。隶变后楷书写作"則"。汉字简化后写作"则"。

《说文·刀部》:"则,等画物也。从刀,从貝;貝,古之物货也。"(则,按等级区别的物体。由刀、由貝会意;貝是古代的货币。)

"则"的本义为法则、准则。如《尚书·五子之歌》:"有典有则,贻厥子孙。"由准则,又能引申为效仿、效法。如《史记·周本纪》:"则古公、公季之法。"

又引申指规律。如《管子·形势》:"天不变其常,地不易其则。"

用作量词,表示分项或自成段落的文字条目。如"寓言三则"。

⊙ 刨

刨　刨
小篆　楷书

"刨"是后起字,为形声字。楷书从刀,包声。

《说文》无。

"刨"的本义为削,读作 páo,引申指挖掘。成语"刨根问底"就是指挖掘树根问到底,比喻追究底细,寻根究底。又引申指减去、除掉。如"刨去"。

用作名词,引申指刮平木料的刨子或刨床。如"牛头刨""刨刀"。

用作动词,引申表示用刨子或刨床刮平木材或钢材等。如"刨木头"。

⊙ 创

创　创　創　创
金文　小篆　楷书(繁体)　楷书

"创"是指事字。金文像一个人形,手

上脚上的小竖表示受了创伤。小篆的写法基本上同于金文。隶变后楷书写作"創"。汉字简化后写作"创"。

《说文》无。

"创"的本义应为割。引申伤。如《后汉书·华佗传》："四五日创愈。"

"创"有突破义，所以凡事有所突破也可以称为"创"。如"创举""开创"，读作 chuàng。

⊙ 刺

㓨　刺

小篆　楷书

"刺"是会意兼形声字。小篆从刀，从束，会用尖锐之物扎之意，束兼表声。隶变后楷书写作"刺"。

《说文·刀部》："刺，君杀大夫曰刺。刺，直伤也。从刀从束，束亦声。"（刺，君主杀死大夫叫刺。刺，直伤。由刀、束会意，束也表声。）

"刺"的本义为用尖锐的东西扎。如"刺伤""刺绣"。引申为侦探、探听，如"刺探""刺问"。

又引申为刺激。如"光线太刺眼"。还引申为用尖锐的话指出别人的过失。如"讽刺"。

如《尔雅》："刺，杀也。"所以又引申为杀。如"行刺""刺客"。

又用以指名帖。如宗臣《报刘一丈书》："即门者持刺入，而主者又不即出见。"

⊙ 利

㓝　利　㓝　利

甲骨文　金文　小篆　楷书

"利"是会意字。甲骨文从刀，从禾，会用刀收割禾谷之意。金文、小篆与甲骨文大致相同。隶变后楷书写作"利"。

《说文·刀部》："利，铦也。从刀。和然后利，从和省。《易》曰：'利者，义之和也。'"（利，锋利。从刀。和顺协调然后有利，所以从和省。《易经》说："利益，是由于义的顺。"）

"利"的本义为割禾，引申泛指锋利、刀口快。如《韩非子·难一》："矛之利，于物无不陷也。"又引申指快捷、灵便。如《荀子·劝学》："假舆马者，非利足也，而致千里。"

由快捷引申指吉利、顺利。如"大吉大利"。

从收禾而得利，引申指利益、财利、私利。

⊙ 刚

刚　㓞　剛　剛　刚

甲骨文　金文　小篆　楷书（繁体）　楷书

"刚"是会意兼形声字。甲骨文右边是一把刀，以刀断网会坚硬之意。金文改为冈声，小篆承接金文，并整齐化。隶变后楷书写作"剛"。汉字简化后写作"刚"。

《说文·刀部》："剛，强断也。从刀，冈声。信，古文剛如此。"（剛，强力折断。从刀，冈声。信，古文"剛"字就像这个样子。）

"刚"的本义为坚硬。如《诗经·大雅·烝民》："柔则茹之，刚则吐之。"意为柔软的就吃掉，坚硬的就吐出来。

"刚"引申为坚强、刚毅。如"柔能克刚"，意思是柔弱的能战胜坚强的。

由坚硬之意引申出刚正、倔强固执等意思。如《明史·海瑞传》："瑞生平为学，以刚为主，因自号刚峰，天下称刚峰先生。"

用作副词，引申为方才，表示动作、行为或情况发生在不久之前。如苏轼《花影》："刚被太阳收拾去，却叫明月送将来。"又引申为仅仅，表示行为、动作只及于某

109

个范围。如"这小桥刚能容一个人过去"。又引申为恰好，表示不多不少。如"水刚剩下一杯了"。

⊙ 刹

勎　刹

　　小篆　　楷书

　　"刹"是形声字。小篆从刀（表示与刀有关），殺省殳表声。隶变后楷书写作"刹"。

　　《说文·刀部》："刹，柱也。从刀，殺省声。"（刹，幡柱。从刀，殺省殳表声。）

　　"刹"是梵语刹多罗的省称，本义为土或土田，国土，读作 chà。如"罗刹"。

　　引申指幡柱，塔顶上相轮等矗立的部分。如《洛阳伽蓝记·永宁寺》："中有九层浮图一所，架木为之，举高九十丈，有刹复高十丈，合去地一千尺。"

　　又指佛寺。人们常称寺庙为"古刹""宝刹"，就是取的此义。

　　"刹那"，是梵语 ksana 的音译，表示极短促的时间。

　　还可以读 shā，表示止住、使停止。如"急刹车"。

⊙ 删

**　　　删**

　甲骨文　　小篆　　楷书

　　"删"是会意字。古代把字刻在竹木简册上，用绳子连起来，即为"册"；刻错或不要时，需要用刀削去。删即刊削去不要的文字，从册（书简），从刀。隶变后楷书写作"删"。

　　《说文·刀部》："删，剟也。从刀册。册，书也。"（删，删削。由刀、册会意。册，表示简牍。）

　　"删"的本义为刊削，也就是砍除、删除的意思。如《汉书·律历志上》："删其伪辞。"

　　凡有删除，必有节取，所以"删"又引申为节取。如《汉书·艺文志》："今删其要，以备篇籍。"这里所说的"删其要"，就是节取重要部分的意思。

⊙ 列

**　　　列**

　甲骨文　　小篆　　楷书

　　"列"是象形字，与"歹"同字。甲骨文上部像枯骨破碎的裂纹，下部像死人的空骨。小篆中枯骨有所变形，并增加了"刀"，表示用刀裂。隶变后楷书写作"列"。

　　《说文·刀部》："列，分解也。从刀，歺声。"（列，分解。从刀，歺声。）

　　"列"的本义是分解、割裂。如《荀子·大略》："古者列地建国。"所谓"列地"，就是割地。此义后另加义符"衣"写作"裂"来表示。

　　由分割又可以引申为行列、位次。常用的"列阵"就是排列阵式之意。排列整齐的东西一个一个尽收眼底，又能看得很清楚，所以又引申指各、众。如"列祖列宗"。

　　被排列出来，就是其中的个体参与了整体的排列，故而"列"也引申指参加。如"列席"。

⊙ 到

**　　　到**

　金文　　小篆　　楷书

　　"到"本为会意字。金文从至，从人，会人至为到之意。小篆变为从至，刀声的形声字。隶变后楷书写作"到"。

　　《说文·至部》："到，至也。从至，刀

声。"（到，到达。从至，刀声。）

"到"的本义为抵达某一地点。引申也指抵达于某一时间。如"一天到晚""从古到今"。后引申泛指前往、去。如《乐府诗集·长歌行》："百川东到海，何时复西归。"

由达到又引申指周全。如"礼数周到"。

⊙ 副

副　副

小篆　　楷书

"副"是形声字。小篆从刀，畐声。隶变后楷书写作"副"。

《说文·刀部》："副，判也。从刀，畐声。如《周礼》曰：'副辜祭。'"（副，剖分。从刀，畐声。《周礼》说："剖开牲的肢体来祭祀。"）

"副"的本义指剖分、破开，读作 pì。如《诗经·大雅·生民》："不坼不副（胞衣没有破裂），无灾无害。"引申表示相称、相配，读作 fù。如"名不副实""名副其实"。

又引申指居第二位的、辅助的。如"副职""副手"。

用作量词，指相配成对后成套的。如"一副耳环"。也指一张。如"一副嘴脸"。

⊙ 判

判　判

小篆　　楷书

"判"是会意兼形声字。小篆从刀，从半会意，兼半表声。隶变后楷书写作"判"。

《说文·刀部》："判，分也。从刀，半声。"（判，分开。从刀，半声。）

"判"的本义指分、分开。如"判割""判散"。引申指区分、分辨。如"判别是非""判断"。又引申指判决、裁定。如"审判""判词"。

古代也将判决狱讼的官称为"判"。如"通判""州判"。

⊙ 剑

剑　劒　劍　剑

金文　　小篆　　楷书（繁体）　　楷书

"剑"是形声字。金文从金，佥声。小篆改为从刃。隶变后楷书写作"劒"。汉字简化后写作"剑"。

《说文·刃部》："劒，人所带兵也。从刃，佥声。"（劒，人们佩带的兵器。从刃，佥声。）

"剑"的本义为古代兵器，两面长刃，中间有脊，短柄。如《史记·黄帝本纪》："帝采首山之铜铸剑，以天文古字铭之。"

引申作动词，指用剑杀人。如潘岳《马汧督诔序》："白日于都市手剑父仇。"

⊙ 刻

刻　刻

小篆　　楷书

"刻"是形声字。小篆从刀，亥声。隶变后楷书写作"刻"。

《说文·刀部》："刻，镂也。从刀，亥声。"（刻，雕刻。从刀，亥声。）

"刻"的本义指用刀子等在竹木、玉石或金属上雕出文字、图形或痕迹。如《韩非子·说林下》："刻削之道，鼻莫如大，目莫如小，鼻大可小，小不可大也。"

用作名词，泛指在各种材料上雕刻。如"石刻""碑刻"。

引申指严格要求、苛求、刻薄。如"尖刻""苛刻"。

"刻"又指古代计时器漏壶的刻度，用作时间单位时指一小时的四分之一。又引申泛指时间。如"即刻""无时无刻"。

⊙ 制

制
小篆　楷书

"制"是会意字。小篆从刀,从未（枝条繁茂之树）,因为树木长大成材后就可以裁断、切割、制作用品,以此会裁割之意。隶变后楷书写作"制"。

《说文·刀部》:"制,裁也。从刀,从未。未,物成有滋味,可裁断。一曰:止也。"（制,裁断。由刀、未会意。未,树木老成,即有滋味,可以裁断。另一义说:制是禁止。）

"制"的本义指裁割。引申泛指裁制、制作。如《诗经·豳风·东山》:"制彼裳衣。"意思就是制作裤子和上衣。修剪树枝可限制树疯长,故又引申指限定、约束、掌控、制服。如"克敌制胜"。

⊙ 罚

罚
金文　小篆　楷书（繁体）　楷书

"罚"是会意字。金文、小篆从网,从言,从刀,会言语触犯法网要受轻刑之意。隶变后楷书写作"罰"。汉字简化后写作"罚"。

《说文·刀部》:"罰,罪之小者。从刀,从詈。未以刀有所贼,但持刀骂詈,则应罰。"（罰,轻微的犯法行为。由刀、由詈会意。没有用刀对人有所伤害,只是拿着刀骂人,就应该处罚。）

"罚"的本义指罪过、过错。如《左传·成公二年》:"贪色为淫,淫为大罚。"

用作动词,指惩治、处罚。如李白《春夜宴桃李园序》:"如诗不成,罚依金谷酒数。"又如"惩罚""罚款"。

⊙ 别

别
甲骨文　小篆　楷书（繁体）　楷书

"别"是会意字。甲骨文从刀,从凸（骨）,会以刀剔骨上肉之意。小篆整齐化。隶变后楷书写作"別"。汉字简化后写作"别"。

《说文》无。

"别"的本义为分解骨与肉,读作 bié。引申泛指分开、离开。又引申指明辨、区分。如"分门别类""鉴别"。还引申指转动、转变。如"别过脸去"。

用作名词,引申指差异、不同。如"天壤之别"。进而引申指按不同性质分出来的类。如"类别""派别"。

用作副词,表示禁止或劝阻。如"别动""别玩了"。用于不如意的情况,还表示揣测。如"别不是出事了吧"。

又读作 biè,表示坚持要求对方改变意见或习惯。如"我想不依他,可又别不过他"。

⊙ 剧

剧
小篆　楷书（繁体）　楷书

"剧"是会意兼形声字。小篆从力从豦会意,豦兼表声。隶变后楷书写作"劇"。汉字简化后写作"剧"。

《说文·力部》:"劇,务也。从力,豦声。"（劇,特别尽力。从力,豦声。）

"剧"的本义是指过分用力,做事紧张。引申指多、繁多。如《商君书·算地》:"事剧而功寡。"

还可引申指重要、险要。如"剧路",指交通要道。引申泛指程度深,意为激烈、厉害。如"病情加剧"。又相当于"极""甚"。

由紧张猛烈引申指嬉戏、游戏。进而引申指戏剧，一种由演员化装表演故事的艺术形式。如"歌剧""话剧"。

⊙ 刊

书　刊

<small>小篆　　楷书</small>

"刊"是形声字。小篆从刀，干声。隶变后楷书写作"刊"。

《说文·刀部》："刊，剟也。从刀，干声。"（刊，削。从刀，干声。）

"刊"的本义为削砍。如《尚书·益稷》："予乘四载，随山刊木。"引申指雕刻。如班固《封燕然山铭》："乃遂封山刊石，昭铭盛德。"

古代书刻在竹简上，刻错了就要削去，故引申指修改、删定。

如今泛指排版印刷。如"刊登""报刊"。

⊙ 刷

刷　刷

<small>小篆　　楷书</small>

"刷"是会意兼形声字。小篆从刀，从叚省，会用刀刮之意，叚兼表声。隶变后楷书写作"刷"。

《说文·刀部》："刷，刮也。从刀，叚省声。《礼》：'布刷巾。'"（刷，刮削。从刀，叚省双为声。《礼》上有"布刷巾"之说。）

"刷"的本义为用刀刮，读作 shuā。引申指清扫、冲洗。如颜延之《赭白马赋》："旦刷幽燕，昼秣荆越。"进而引申泛指除去污垢。如"刷牙""冲刷"。

又引申指涂抹。如"粉刷""刷墙"。

用作名词，指清除污垢或涂抹灰浆、粉彩、油漆等的工具。如"牙刷""鞋刷"。

用作象声词，读作 shuà，形容物体迅速擦过去的声音。如"脸色刷白"。

⊙ 刮

刮　刮

<small>小篆　　楷书</small>

"刮"是形声字。小篆从刀，昏声。隶变后楷书写作"刮"。

《说文·刀部》："刮，掊把也。从刀，昏声。"（刮，刮摩。从刀，昏声。）

"刮"的本义为用刀子等紧贴着物体表面移动，削去物体表面上的东西。如"刮骨去毒"。引申指擦拭。如"士别三日，当刮目相待"。

又引申指用片状物等贴着物体表面移动，把浆糊、泥等涂在物体表面。如"刮泥子"。风从表面吹过与刮相似，故又引申指（风）吹。如"刮风"。

用于抽象意义，引申指搜罗、想尽办法贪婪地索取。如"搜刮""刮地皮"。

⊙ 剥

剥　剥　剥

<small>甲骨文　　小篆　　楷书</small>

"剥"是会意兼形声字。甲骨文从刀从卜会意，卜兼表声。小篆一形整齐化；二形改为从刀从录（刻录）会意，录兼表声。隶变后楷书写作"剥"。

《说文》无。

"剥"读作 bāo，指去掉物的外皮或壳（多用于口语）。如"剥鸡蛋""剥花生"。

又读作 bō，指剥离。如辛弃疾《清平乐·村居》："最喜小儿无赖，溪头卧剥莲蓬。"

引申指脱落、侵蚀。如陆游《老学庵笔记》："汉隶岁久，风雨剥蚀，故其字无复锋芒。"又引申指强制除去、侵夺。如"剥夺"。

⊙ 剂

劑 劑 剂

小篆　楷书（繁体）　楷书

"剂"是会意兼形声字。小篆从刀，从齐，会用刀剪齐之意，齐兼表声。隶变后楷书写作"劑"。汉字简化后写作"剂"。

《说文·刀部》："劑，齐也。从刀，从齐，齐亦声。"（劑，剪齐。由刀、齐会意，齐也表声。）

"剂"的本义为剪齐。引申指调节、调和。如"调剂"。

中药需要切碎，一副中药由多种药物配合而成，故引申指配合而成的药剂。

又指现代能产生化学反应、物理效应或生物效应的物质。如"杀虫剂""催化剂"。

用作量词，用于若干味药配制的汤药。如"一剂中药"。

卜部

⊙ 卜

卜 卜 卜 卜

甲骨文　金文　小篆　楷书

"卜"是象形字。甲骨文像用火烧龟甲或兽骨所形成的横斜交错的裂纹。金文、小篆与甲骨文大致相同。隶变后楷书写作"卜"。

《说文·卜部》："卜，灼剥龟也，象灸龟之形。一曰：象龟兆之从横也。凡卜之属皆从卜。"（卜，火灼裂龟甲，像火灼龟甲的样子。一说：像龟甲裂纹纵横之形。大凡卜的部属都从卜。）

"卜"的本义就是占卜。占卜是预测，故引申为预料。如"生死未卜"，意思是或生或死结果难以预料。

又引申指选择。如"卜居"就是选择

定居，"卜邻"就是选择邻居。

⊙ 卢

盧 盧 盧 盧 卢

甲骨文　金文　小篆　楷书（繁体）　楷书

"卢"是会意兼形声字。甲骨文像有炉身及款足的炉灶之形。金文改为从皿，膚声。小篆承接金文。隶变后楷书写作"盧"。汉字简化后写作"卢"。

《说文·皿部》："盧，饮器也。从皿，膚声。"（盧，盛饭的器皿。从皿，膚声。）

"卢"的本义为火炉。火炉受到烟熏火烤，容易变黑，故又引申指黑色。如成语"韩卢逐块"中"韩卢"指的就是战国时韩国的黑色名犬。

又引申指黑色的瞳仁。如《汉书·扬雄传上》中有"玉女无所眺其清卢兮"之句，其中的"清卢"就是指眼珠明亮，黑白分明。

⊙ 占

占 占 占

甲骨文　小篆　楷书

"占"是会意字。甲骨文从卜，从口，会以口问卜之意。小篆与金文大致相同。隶变后楷书写作"占"。

《说文·卜部》："占，视兆问也。从卜，从口。"（占，察兆问疑。由卜、由口会意。）

"占"的本义指视龟甲之兆推知吉凶，读作 zhān。如《仪礼·士丧礼》："占者三人。"引申指通过观察物象来推断吉凶。如"占卦""占星"。

引申指不起草、口述。如《西游记》第一百回："一夜无寐，口占几句俚谈，权表谢意。"

又读作 zhàn，表示占有。

⊙ 卓

甲骨文　金文　小篆　楷书

"卓"是会意字。甲骨文会以网罩鸟之意。金文简化,小篆中将带把的网讹变为"早"。隶变后楷书写作"卓"。

《说文·匕部》:"卓,高也。早匕为卓。"(卓,高。"早"字和"匕"字合起来构成"卓"字。)

"卓"的本义为以网罩鸟。罩鸟需要高举,故引申泛指高而直立。又引申指超出一般。如成语"卓尔不群"指优秀卓越,超出常人。"卓尔"形容高高直立的样子。

以网罩鸟,需要高明的技巧方能罩住,故又引申指高明。如成语"远见卓识"。

还用作姓。

⊙ 卧

甲骨文　金文　小篆　楷书

"卧"是会意字。甲骨文从人,从臣(是竖立的眼睛),会人低头俯视之意。金文、小篆承接甲骨文而来。隶变后楷书写作"卧"。

《说文·卧部》:"卧,休也。从人臣,取其伏也。凡卧之属皆从卧。"(卧,休息。由人、臣会意,取"臣"字的屈伏之意。大凡卧的部属都从卧。)

"卧"的本义为低头俯视。引申指人低头打盹儿休息。如方苞《左忠毅公逸事》:"庑下一生伏案卧。"意思就是在厢房里看见一个书生趴在桌子上睡着了。引申为趴伏。如"卧虎"。

又引申为躺、卧而不眠。如辛弃疾《清平乐·村居》:"最喜小儿无赖,溪头卧剥莲蓬。"

冫部

⊙ 冰

甲骨文　金文　小篆　楷书

"冰"是象形字。甲骨文和金文都像初凝突起的冰块。小篆又加了义符"水",由仌为水凝成会意。隶变后楷书写作"冰"。

《说文·仌部》:"冰,水坚也。从仌,从水。凝,俗冰,从疑。"(冰,水凝结成坚冰。由仌、水会意。凝,俗冰字,从疑声。)

"冰"的本义指水冻结而成的固体。冰块让人感到刺骨的寒冷,故又引申指使人感到寒冷。如"这水冰手"。

用作动词,表示结冰。冰呈晶体状,寒冷而透明。可以用来形容事物。如"冰糖"。还能用来形容人的性情品格。一指高洁纯净。如"冰清玉洁"。一指为人冷淡、不热情。如"冷若冰霜"。

⊙ 冷

小篆　楷书

"冷"是形声字。小篆从冫(冰),令声。隶变后楷书写作"冷"。

《说文·仌部》:"冷,寒也。从仌,令声。"(冷,寒气凛冽。从仌,令声。)

"冷"的本义为凉、寒冷。如杜甫《茅屋为秋风所破歌》:"布衾多年冷似铁。"引申指冷清、冷落。冷则难以接近,故又引申指冷遇,对人冷淡。如"冷眼"。

用作动词,又引申指冷却、温度变低。如"冷冻""冷藏"。

115

⊙ 冯

篆 馮 冯

小篆　楷书（繁体）　楷书

"冯"是形声字。小篆从馬，冫声。隶变后楷书写作"馮"。汉字简化后写作"冯"。

《说文·马部》："馮，马行疾也。从馬，冫声。"（馮，马跑得很快。从馬，冫声。）

"冯"的本义为马跑得快，读作 píng。引申指登、乘。如成语"暴虎冯河"指的就是空手搏虎，徒步涉水。比喻有勇无谋，鲁莽冒险。

还读作 féng，主要是用作姓。

⊙ 凉

燎 凉

小篆　楷书

"凉"是形声字。小篆从水，京声。隶变后楷书写作"凉"。

《说文·水部》："凉，薄也。从水，京声。"（凉，淡薄（的酒）。从水，京声。）

"凉"的本义为酒味淡薄、不浓烈，读作 liáng。如《周礼·天官·浆人》："浆人掌共王之六饮：水、浆、醴、凉、医、酏。"

引申指凉爽、不热、温度低。如"清凉"。又引申指人烟稀少、冷落。如"荒凉"。进而引申指凄凉、悲凉。又比喻灰心、失望。如"心中凉了半截"。

⊙ 次

篆 君 渼 次

甲骨文　金文　小篆　楷书

"次"是形声字。小篆从欠，二声。隶变后楷书写作"次"。

《说文·欠部》："次，不前、不精也。

从欠，二声。"（次，不靠前的、未经精选的。从欠，二声。）

"次"的本义为驻扎。如《左传·襄公十八年》："楚师伐郑，次于鱼陵。"引申为旅行时停留的处所。如"旅次"。

引申为第二、居其次。如《孙子·谋攻》："凡用兵之法，全国为上，破国次之。"引申为副、贰。如"其次"。又引申为质量差的。如"次品"。

用作量词，表示行动的回数。如"他来找你好几次了"。

⊙ 冶

剡 焰 冶

金文　小篆　楷书

"冶"是会意字。金文左上部的二短横表示金属块，下部为"火"，右边的"刀"表示以"火"熔化金属而铸造刀器之意。隶变后楷书写作"冶"。

《说文·仌部》："冶，销也。从仌，台声。"（冶，冰消融。从仌，台（yí）声。）

"冶"的本义为熔炼金属。引申指铸造工人。如《礼记·学记》："良冶之子，必学为裘。"又引申指陶冶、造就。如王安石《上皇帝万言书》："冶天下之士而使之皆有君子之才。"

又假借表示艳丽。如"妖冶"。

⊙ 决

精 決 决

小篆　楷书（繁体）　楷书

"决"是会意字。小篆从水，从夬，会开凿壅塞、疏通水道之意。隶变后楷书写作"決"。汉字简化后写作"决"。

《说文·水部》："决，行流也。从水，从夬。庐江有决水，出于大别山。"（决，使水流通行。由水、由夬会意。庐江郡有条决水，从大别山流出。）

"决"的本义为疏通水道，使水流出去。引申指大水冲开堤岸。如"决口"。又引申指决断、决定。如《荀子·仲尼》："遂立以为仲父，是天下之大决也。"

进而引申指处死犯人。我国古代将犯人判以死刑，立即执行叫"立决"。延至秋天执行叫"秋决"。

又引申指较量、分胜负。如"决一雌雄"。

⊙ 凝

金文　小篆　楷书

"凝"是形声兼会意字。金文从水从仌会意。小篆整齐化；异体改为从冫，疑声，疑兼表疑定之意。隶变后楷书写作"凝"。

《说文》无。

"凝"的本义为结冰、冰冻。如岑参《走马川行奉送封大夫出师西征》："五花连钱旋作冰，幕中草檄砚水凝。"引申指凝结、凝聚。如《诗经·卫风·硕人》："手如柔荑，肤如凝脂。"

又引申指神情专注或注意力集中。如"凝神屏气"。又引申指停止、静止。如江淹《别赋》："舟凝滞于水滨，车逶迟于山侧。"

又引申指稳重、庄重。如徐珂《清稗类钞·容止类》："器量宏大，风度端凝。"

廴 部

⊙ 延

甲骨文　金文　小篆　楷书

"延"是会意兼形声字。甲骨文和金文都从止（脚），从彳（道路），会走长路之意。小篆另加义符"厂"，表示拉长之意，厂兼表声。隶变后楷书写作"延"。

《说文·延部》："延，长行也。从延，厂声。"（延，长远地出行。从延，厂声。）

"延"的本义为走长路。引申泛指长。如曹植《洛神赋》："延颈秀项，皓质呈露。"又引申指伸展、引长。如《韩非子·十过》："延颈而鸣，舒翼而舞。"

引申指蔓延、延续。如成语"苟延残喘"。进而又引申指展缓、推迟。如"延期""迁延"。

⊙ 建

甲骨文　金文　小篆　楷书

"建"是会意字。甲骨文像一人立于船头持篙撑船。小篆讹为从聿从廴会意。隶变后楷书写作"建"。

《说文·廴部》："建，立朝律也。从聿，从廴。"（建，建立朝廷法律。由聿，由廴会意。）

"建"的本义应为竖篙撑船。由此引申为竖起、树立。如《资治通鉴》："上可建五丈大旗。"意思是上面能竖高五丈的大旗。

又引申指建筑、建造。如张衡《东京赋》："楚筑章华于前，赵建丛台于后。"又引申为倡仪、提出。如"建言""建议"。

厂 部

⊙ 厂

金文　小篆　楷书

"厂"是象形字。金文外形是个厂（像突出的山崖），下面像岩穴之形。小篆线条化，只剩下"厂"。隶变后楷书写作

"厂"

《说文·厂部》:"厂,山石之厓岩,人可居。象形。凡厂之属皆从厂。"(厂,山上石头形成的边岸,它们下面的洞穴是人们可以居住的地方。象形。大凡厂的部属都从厂。)

"厂"现在用作"廠"的简化字,"厂"的本义为棚屋。

"厂"是一个部首字。凡由"厂"组成的字,大都与房屋或山崖有关。如"厨""原""历"。

⊙ **历**

甲骨文　金文　小篆　楷书(繁体)　楷书

"历"本是会意字。甲骨文从二禾(表示一列列的庄稼),从止(脚),会从庄稼中走过之意。金文加了"厂"(山崖)。小篆承接金文。隶变后楷书写作"歷"。汉字简化后写作"历"。

《说文·止部》:"歷,过也。从止,厤声。"(歷,经过。从止,厤声。)

"历"的本义为经过。如司马迁《报任安书》中的"足历王庭"就是指从匈奴君主的住处走过。引申为行走、游历。如陆游《舟中晓赋》:"遍历三湘与五湖。"

又引申指逐一、逐个。如成语"历历在目",唐崔颢诗《黄鹤楼》:"晴川历历汉阳树。"

"历"又表示历法。如《旧唐书·李淳风传》:"尤明天文、历算、阴阳之学。"

⊙ **原**

金文　小篆　楷书(繁体)　楷书

"原"是会意字。金文像大山崖中有一股泉水流出。在小篆的字形中,泉水由原来的一股变为三股。隶变后楷书写作"羼"和"原"。如今规范化,以"原"为正体。

《说文·灥部》:"羼,水泉本也。从灥出厂下。原,小篆从泉。"(羼,水泉的本源。由"灥"出"厂"下而会意。原,小篆"羼"字,从泉。)

"原"的本义为水源、源泉,是"源"的本字。引申指起源、根本。如陆游《自责》:"文章跌宕忘绳墨,学问荒唐失本原。"又引申指平坦之地、原野。如屈原《九歌·国殇》:"出不入兮往不反(返),平原忽兮路超远。"

由平坦又引申指宽恕。

⊙ **压**

小篆　楷书(繁体)　楷书

"压"是会意兼形声字。小篆从土从厭会意,厭兼表声。隶变后楷书写作"壓"。汉字简化后写作"压"。

《说文·厂部》:"壓,坏也。一曰:塞补。从土,厭声。"(壓,自然崩坏。另一义说:(压)是堵塞填补。从土,厭声。)

"压"的本义为崩坏。如李贺《雁门太守行》:"黑云压城城欲摧,甲光向日金鳞开。"人的心理负担重,也用"压"来表示。如"被一身债务压得喘不过气来"。又引申指压抑、压制。如俗语"强龙不压地头蛇"。

用作名词,某物作用于其直接接触的另一物上的力,即压力。如"水压"。又指一切对相反力的冲力。如"血压""气压"。

⊙ **厉**

金文　小篆　楷书(繁体)　楷书

"厉"是形声字。金文从厂(山石),表示粗糙的磨刀石,蛋省声。小篆整齐化。

隶变后楷书写作"厲"。汉字简化后写作"厉"。

《说文·厂部》："厲，旱石也。从厂，萬省声。"（厲，质地粗硬的磨刀石头。从厂，萬省声。）

"厉"的本义为磨刀石。用作动词，指磨砺。还引申指猛烈，程度深。如陶渊明《桃花源诗》："草荣识节和，木衰知风厉。"又引申指严厉，即威严不随和。如《论语·述而》："子温而厉，威而不猛。"

又引申指勉励、激励。此义现作"励"。

⊙ **厚**

厚 厚 厚 厚

甲骨文　金文　小篆　楷书

"厚"为形声字。甲骨文上部为"厂"，像山崖；下部为"旱"，像一个敞口尖底的酒坛，从厂从旱会意，旱也兼表声。金文下部更像一个尖底的酒坛形。小篆整齐化，线条化。隶变后楷书写作"厚"。

《说文·厂部》："厚，山陵之厚也。从旱，从厂。"（厚，山陵的高厚。由旱、厂会意。）

"厚"的本义为山陵厚。如《荀子·劝学》："不临深溪，不知地之厚也。"由此引申泛指扁平物体上下两面之间距离大，与"薄"相对。

由厚的东西又可以引申为深、重。如成语"无可厚非"。

⊙ **辰**

辰 辰 辰 辰

甲骨文　金文　小篆　楷书

"辰"为象形字。甲骨文像蚌壳之形。金文更加形象。小篆的写法与甲骨文的形体类似。隶变后楷书写作"辰"。

《说文·辰部》："辰，震也。三月，阳气动，雷电振，民农时也。物皆生，从乙、匕，象芒达；厂，声也。辰，房星，天时也。从二；二，古文"上"字。凡辰之属皆从辰。"（辰，震动。辰代表三月，这时阳气发动，雷电震动，是人们耕种的时节。万物都在生长，由乙、匕会意，表示草木由弯弯曲曲、艰难地生长变化为草芒径直通达。厂表示读音。辰，又代表房星，房星的出现标志着适宜种田的天时的来到。所以从二；二，是古文"上"字。大凡辰的部属都从辰。）

"辰"的本义为贝壳，后被假借为地支的第五位——子、丑、寅、卯、辰。用以纪月，即农历三月；用以纪时，相当于现在的上午七点至九点。

时间往往与星的运行有关，所以"辰"又可以当"星"讲。

古代以日月星辰的运行判定时间，制定历法，所以又引申指时光、日子。如"良辰美景"。

⊙ **厢**

廂 廂 厢

小篆　楷书（繁体）　楷书

"厢"是形声字。从小篆字形来看，从广（敞屋），相声。隶变后楷书写作"廂"，俗作"厢"。如今规范化，以"厢"为正体。

《说文·广部》："廂，廊也。从广，相声。"（廂，东西廊。从广，相声。）

"厢"的本义为东西廊。引申表示厢房——正房前面两侧的房屋。

又引申指堂屋的东西墙。进而引申指边、旁。王实甫《西厢记》："耳边厢金鼓连天震，征云冉冉，土雨纷纷。"还引申指像厢房的隔间。如"车厢"。又引申指靠近城的地方。如"城厢""关厢"。

匚 部

⊙ 匚

甲骨文　金文　小篆　楷书

"匚"是象形字。甲骨文像一个可盛放东西的方形器具。金文大致相同，只是其口向右开。小篆线条化。隶变后楷书写作"匚"。

《说文·匚部》："匚，受物之器。象形。凡匚之属皆从匚。读若方。"（匚，盛物的器具。象形。大凡匚的部属都从匚。音读像"方"字。）

"匚"的本义为方形的筐。如学者方以智在《通雅》中认为"匚为古筐"，能盛放东西。

"匚"是个部首字，不单独成字。凡由"匚"组成的字，都与盛放东西的器具有关。如"匣""匠""匡""匪"等。

⊙ 区

甲骨文　金文　小篆　楷书（繁体）　楷书

"区"是会意字。甲骨文像器具内盛有很多物品的样子。金文与甲骨文大致相同，小篆整齐化。隶变后楷书写作"區"。汉字简化后写作"区"。

《说文·匚部》："區，踦區，藏匿也。从品在匚中。品，众也。"（區，踦區，收藏隐匿。由"品"在"匚"之中会意。品，表示物件众多。）

"区"本义为藏匿，读作 ōu。

由藏匿引申指储物的容器，也指容量单位。如《左传·昭公三年》："齐旧四量：豆、区、釜、钟。"此义后用"瓯"来表示。

还读作 qū，指藏匿处。用作动词，指区别。如《论语·子张》："譬诸草木，区以别矣。"

又可以引申指小、微小。如："区区小事，何足挂齿。"

⊙ 医

甲骨文　金文　小篆　楷书

"医"是会意字。金文从匚，从矢，会盛弓的器具之意。隶变后楷书写作"医"。现在做了"醫"的简化字。

《说文·匚部》："医，治病工也。殹，恶姿也；医之性然。得酒而使，从酉。王育说。一曰殹，病声。酒所以治病也。《周礼》有医酒。古者巫彭初作医。"（医，治病的人。殹，是违背常人的姿态的意思；医生的性情就是这样。用酒做药物的辅助剂，所以从酉。这是王育的说法。另一说：殹，表示病人的声音；酒，是用来治病的。《周礼》有名叫医的酒。古时候，巫彭最早开始行医。）

"医"的本义是为人治病的人。引申为救治、治疗。如"医治""治病"。

又引申指医术、医学。如"医道""医理"。

⊙ 匹

金文　小篆　楷书

"匹"是会意字，金文像凹凸不平的山崖，以此来比喻布的褶皱。隶变后楷书写作"匹"。

《说文·匚部》："匹，四丈也。从八、匚。八揲一匹，八亦声。"（匹，（布帛）四丈。由八、匚会意。八折成一匹，八也表声。）

"匹"的本义为中国古代计算布帛的单位，四丈为匹。引申也用于骡马。如"马匹""一匹骡子"。

古代布帛自两头卷起，一匹两卷，由此用作动词，引申表示两相对等，比得上。如"匹敌"。进一步引申指配合、相配。如"匹配"。

用作形容词，表示单独。如"单枪匹马"。

广部

⊙广

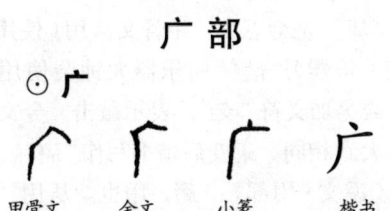

| 甲骨文 | 金文 | 小篆 | 楷书 |

"广"是象形字。甲骨文像依靠着山崖筑成的房子。金文与甲骨文相似，小篆线条化。隶变后楷书写作"广"。

《说文·广部》："广，因广为屋，象对刺高屋之形。凡广之属皆从广，读若'俨然'之'俨'。"（广，依傍岩岸架屋，像高耸的房屋的样子。大凡广的部属都从广。音读像"俨然"的"俨"字。）

"广"的本义是靠近山崖而做成的房子。引申为简陋的草屋。如袁桷《次韵瑾子过梁山添三十韵》："土屋危可缘，草广突如峙。"其中的"草广"是指简陋的草屋。

⊙庆

| 甲骨文 | 金文 | 小篆 | 楷书（繁体） | 楷书 |

"庆"是会意字。甲骨文从文，从心，右边是一张鹿皮，表示带着鹿皮，诚心向人庆贺。金文大致相同。隶变后楷书写作"慶"。汉字简化后写作"庆"。

《说文·心部》："慶，行贺人也。从心，从夂。吉礼以鹿皮为贽，故从鹿省。"（慶，去祝贺别人。由心、由夂会意。吉祥的典礼，用鹿皮作为礼物，所以又由"鹿"字省去"比"会意。）

"庆"的本义为祝贺、庆贺。用作名词，表示吉庆、福庆。如《尚书·吕刑》："一人有庆，兆民赖之，其宁惟永。"孔传："天子有善，则兆民赖之，其乃安宁长久之道。"意思是天子有值得庆祝的事迹，那百姓都会仰赖效法，国家就会安宁长久。

⊙床

| 甲骨文 | 金文 | 小篆 | 楷书 |

"床"是象形字。甲骨文就像一张竖起来的床。小篆增加了义符"木"，表示床是由木头所制的。隶变后楷书写作"牀"。汉字简化后写作"床"。

《说文·木部》："牀，安身之坐者。从木，爿声。"（牀，安身的坐具。从木，爿声。）

"床"的本义为供人坐卧的用具。由人睡卧的用具，可以引申为安放器物的架子。如杜甫《羌村》："赖知禾黍收，已觉糟床注。"这里的"糟床"指的就是榨酒的器具。

⊙唐

| 甲骨文 | 金文 | 小篆 | 楷书 |

"唐"是会意字。甲骨文从口，从庚，表示说话像钟铃一样响大，会说人话之意。金文大致相同。小篆中铃体讹为两手。隶变后楷书写作"唐"。

《说文·口部》："唐，大言也。从口，庚声。"（唐，大话。从口，庚声。）

"唐"的本义为说话虚夸、不着边际，即大话。引申指行事比较离谱，不正常，不符合一般规则。如"荒唐无稽"。

又指放荡，没有节制。还指古帝尧政权的称号。如"唐尧"，帝喾之子，初封于陶，号陶唐氏。

⊙ 庚

甲骨文　金文　小篆　楷书

"庚"是象形字。甲骨文就像中间有长柄、左右有两耳可以摇的乐器。金文更加形象。小篆线条化。隶变后楷书写作"庚"。

《说文·庚部》："庚，位西方，象秋时万物庚庚有实也。庚承己，象人齐。凡庚之属皆从庚。"（庚，定位在西方，西方是秋天的方位，像秋天万物坚硬有果实的样子。庚继承己，像人的肚脐。大凡庚的部属都从庚。）

"庚"的本义指一种乐器。当"庚"被假借为天干第七位后，又造出新的形声字"钲"来代替这种乐器的名字。

"庚"的常用义是指天干的第七位或年龄。人们在说与人同龄时，用文雅的话会说"同庚"；问人年龄时会说"贵庚"，这里"庚"都用的是年龄之意。

⊙ 庐

金文　小篆　楷书（繁体）　楷书

"庐"是形声字。金文从广，卢声。小篆承接金文。隶变后楷书写作"廬"。汉字简化后写作"庐"。

《说文·广部》："廬，寄也。秋冬去，春夏居。从广，卢声。"（卢，可寄居的棚舍。秋季、冬季离开，春季、夏季居住。从广，卢声。）

"庐"的本义为农忙季节在田地中临时搭建的看守庄稼的简易棚屋。如《汉书·食货志》："余二十亩，以为庐舍。"泛指简陋居室。如陶渊明《饮酒》："结庐在人境，而无车马喧。"

又引申指古人为守丧而构筑在墓旁的小屋。《后汉书·韦彪传》："彪孝行纯至，父母卒，哀毁三年，不出庐寝。"

⊙ 庸

甲骨文　金文　小篆　楷书

"庸"是会意字。甲骨文从用（使用），从庚（乐器），借使用乐器大钟会使用之意；或另加义符"攴"，表示敲击。金文和小篆大致相同。隶变后楷书写作"庸"。

《说文·用部》："庸，用也。从用，从庚。庚，更事也。《易》曰：'先庚三日。'"（庸，施行。由用、由庚会意。庚，表示变更其法。如《易经》说："先干三天而后希望变更。"）

"庸"的本义为古乐器大钟。引申指采用、使用、需要。如"无庸讳言""毋庸置疑"。

镛钟是日常使用之物，遂引申泛指平常、一般、平凡。如"平庸""庸夫"。古时候一般人没有自己的土地或店铺，多受雇于别人，故又表示受雇用、被雇用的人。此义后用"傭"来表示，如今简化作"佣"。

⊙ 序

小篆　楷书

"序"是形声字。小篆从广（敞屋），予声。隶变后楷书写作"序"。

《说文·广部》："序，东西墙也。从广，予声。"（序，（堂屋的）东西墙。从广，予声。）

"序"的本义为隔开正室与两旁夹室的墙。引申指正屋两侧东西厢房。

古时候，地方学校都设在正堂的两侧，又引申为地方学校。如"庠序"。堂屋与厢房依次排列，所以还引申为次第、次序。如"长幼有序""井然故有序"。又引申指季节。如《红楼梦》第八十七回："回忆海棠结社，序属清秋。"

也引申为序言。如"序跋"。由此引申为开头。如"序幕""序曲"。

⊙ 庄

楷 莊 莊 庄

金文　小篆　楷书（繁体）　楷书

"庄"是会意兼形声字。隶变后楷书写作"莊"，从艸（⺾），从壮（大），表示粗壮茂盛，壮兼表声；俗作"庄"。如今规范化为"庄"。

《说文·艸部》："莊，艸大也。从艸，壮声。"（莊，草粗壮盛大。从艸，壮声。）

"庄"的本义为盛大。引申指大道。如"康庄大道"。后来，人们又把生意兴隆、财力盛大的店铺后加上一个庄字。如"布庄""钱庄""茶庄"。

引申为村庄——古时皇室、官僚、地主等在乡下占据的大片土地及其建筑物。如姚合《原上新居》：邻富鸡长住，庄贫客渐稀。"

后来，人们把这种村庄、田庄不动之义引入赌博中，"庄"因此就有了庄家的意思。

子 部

⊙ 子

㞢 孑 孚 子

甲骨文　金文　小篆　楷书

"子"是象形字。甲骨文像小儿在襁褓中的样子。金文像婴儿双手张开要人抱的样子。小篆的形体承接甲骨文、金文，并线条化。隶变后楷书写作"子"。

《说文·子部》："子，十一月，阳气动，万物滋，人以为称。象形。凡子之属皆从子。"（子，代表十一月，这时阳气发动，万物滋生，人假借"子"作为称呼。像婴儿的样子。大凡子的部属都从子。）

"子"的本义为婴儿。引申泛指孩子（与父母等长辈相对）。亦可表示古代对男子的美称或尊称，还特指有道德和有学问的人。

古代的五等爵位（即公、侯、伯、子、男），"子"为第四等。

"子"后来又借作地支的第一位，与天干相配。如用以纪时，则指夜间十一时至次日凌晨一时。如"子时"。

⊙ 孤

瓜 孤

小篆　楷书

"孤"是形声字。小篆从子，瓜声。隶变后楷书写作"孤"。

《说文·子部》："孤，无父也。从子，瓜声。"（孤，（年幼而）没有父亲。从子，瓜声。）

"孤"的本义为幼年死去父亲。引申指孤单、单独。如王维《使至塞上》："大漠孤烟直，长河落日圆。"又引申指少、贫乏。如《礼记·学记》："独学而无友，则孤陋而寡闻。"

用于抽象意义，引申指孤高。如孟郊《连州吟》："孤怀吐明月，众毁铄黄金。"

"孤"还用作古代王侯自谦之词。

⊙ 季

季 李 季 季

甲骨文　金文　小篆　楷书

"季"是会意兼形声字。甲骨文从子，从稚省，会禾苗幼小之意，稚也兼表声。金文的形体大致相同。小篆整齐化。隶变

123

后楷书写作"季"。

《说文·子部》："季，少称也。从子，从稚省，稚亦声。"（季，年少者的称呼。由子、由稚省佳会意，稚也表声。）

"季"的本义为幼禾。此义后用"稚"来表示。引申泛指幼、少小。如"季父"，指父亲的幼弟；"季弟"，指最小的弟弟。进而引申指同辈排行中最小的。

最小的也是最后的，故又引申指朝代末了或春夏秋冬每个季节的最后一个月。如蔡琰《悲愤诗》："汉季失权柄，董卓乱天常。"由此也称春夏秋冬四时为"四季"。

⊙孕

甲骨文　小篆　楷书

"孕"是会意字。甲骨文从人，从子，会怀孕之意。小篆上部变为"乃"字，下部的"子"依然存在。隶变后楷书写作"孕"。

《说文·子部》："孕，怀子也。从子，从几。"（孕，怀胎。由子、几会意。）

"孕"的本义是怀胎。如《庄子·天运》："民孕妇十月生子，子生五月而能言。"

由怀胎引申比喻在既存事物中成长着新事物，即培育、培养。如李白《述德兼陈情上哥舒大夫》："天为国家孕英才，森森矛戟拥灵台。"

由本义又引申指含有、包含。如白居易《与元九书》："于是乎孕大含深，贯微洞密，上下通而一气泰。"

⊙孝

甲骨文　金文　小篆　楷书

"孝"是会意字。甲骨文像长着长头发的老人。金文像孩子背着老人的样子。小篆形体与金文大致相同，并整齐化。隶变后楷书写作"孝"。

《说文·老部》："孝，善事父母者。从老省，从子；子承老也。"（孝，善于奉侍父母的人。由老省、由子会意，表示子女承奉父老。）

"孝"的本义为善于奉侍父母，即尊敬和顺从父母，尽心奉养。如《论语·为政》："孝弟者也，其为仁之本与？"引申指祭祀。如《论语·泰伯》："菲饮食而致孝乎鬼神。"意思是（大禹自己的）饮食很简单，却把祭祀鬼神的祭品办得很丰盛。

⊙孩

小篆　楷书

"孩"是形声字。小篆从子，亥声。隶变后楷书写作"孩"，是"咳"的异体。

《说文·口部》："咳，小儿笑也。从口，亥声。"（孩，小儿笑的样子。从口，亥声。）

"孩"的本义为小儿笑。如《孟子·尽心上》："孩提之童，无不知爱其亲者。"注："孩提，二三岁之间，在襁褓知孩笑，孩提抱者也。"引申指幼童。如李密《陈情表》："生孩六月，慈父见背。"引申泛指子女。也可用作幼辈、属员或仆役的自称。如《张协状元》："孩儿领受爹娘慈旨，日即离去。"

⊙孙

甲骨文　金文　小篆　楷书（繁体）　楷书

"孙"是会意字。甲骨文从子，从系（表示连续），会子与子相连续之意。金文、小篆与甲骨文大致相同。隶变后楷书写作"孫"。汉字简化后写作"孙"。

《说文·系部》："孙，子之子曰孙。从子，从系。系，续也。"（孙，儿子的儿子叫孙子。由子、由系会意。系，是连续的意思。)

"孙"的本义是儿子的儿子。如《列子·汤问》:"遂率子孙荷担者三夫,叩石垦壤。"

引申泛指后代子孙。如苏洵《六国论》:"子孙视之不甚惜,举以予人,如弃草芥。"

⊙ 孟

金文　　小篆　　楷书

"孟"是会意兼形声字。金文从子,从皿,会给初生儿洗沐之意,皿兼表声。小篆整齐化。隶变后楷书写作"孟"。

《说文·子部》:"孟,长也。从子,皿声。"(孟,同辈中年长的。从子,皿声。)

"孟"的本义为头生子,即兄弟姊妹中排行最大的。如《史记·鲁周公世家》:"庄公筑台临党氏,见孟女,说而爱之。"

排行第一就是老大。如"孟兄",就是长兄。农历四季中每季的第一个月也可以称"孟"。如李白《出自蓟北门行》:"孟冬风沙紧,旌旗飒凋伤。""孟冬"就是冬季的第一个月,即农历十月。

⊙ 学

甲骨文　金文　　小篆　楷书(繁体)　楷书

"学"是会意字。甲骨文描摹的是双手摆布算筹的样子。金文表示在屋子里教孩子们学算术。隶变后楷书写作"學"。汉字简化后写作"学"。

《说文》无。

"学"的本义为学习。如《论语·述而》:"学而不厌,诲人不倦。"

由学习引申指学问。如《韩非子·外储说》:"其身甚修,其学甚博,君何不举之?"所谓"其学甚博"是说他们的学问

很渊博。

做名词,表示学校。如韩愈《进学解》:"国子先生晨入太学,招诸生立馆下。"其中的"太学"是指我国古代设于京城以传授儒家经典的最高学府。

弓部

⊙ 弓

甲骨文　金文　　小篆　　楷书

"弓"是象形字。甲骨文左边是弓背,右边是弓弦。金文像一张松了弓弦的弓。小篆的写法由金文而来,并整齐化。隶变后楷书写作"弓"。

《说文·弓部》:"弓,以近穷远。象形。古者挥作弓。凡弓之属皆从弓。"(弓,从近处射及远方的武器。象形。古时候,名叫挥的人制作了弓。大凡弓的部属都从弓。)

"弓"的本义为射箭的工具。如《诗经·小雅·吉日》:"既张我弓,既挟我矢。"引申指形状或作用像弓的东西。

用作动词,引申指弯曲。如段成式《酉阳杂俎·诺皋记》:"舞袖弓腰浑忘却,蛾眉空带九秋霜。"其中"弓腰"是指向后弯腰及地如弓形。

⊙ 引

甲骨文　金文　　小篆　　楷书

"引"是会意字。甲骨文像一张大弓搭着箭,即引弓的样子。金文与甲骨文相似。隶变后楷书写作"引"。

《说文·弓部》:"引,开弓也。从弓、丨。"(引,拉开弓。由弓、丨会意。)

"引"的本义为拉开弓。如卢纶《和张仆射塞下曲》:"林暗草惊风,将军夜引弓。"

引申指拉、牵挽。成语"引而不发"意思就是拉满了弓却不射出箭，只是摆出跃跃欲射的姿态。比喻善于启发引导，也比喻做好准备暂不行动，以待时机。

又可以引申为引导、带领。如《史记·魏公子列传》："至家，公子引侯生坐上坐。"

⊙ 弹

彈　彈　彈　弹
甲骨文　小篆　楷书（繁体）　楷书

"弹"是形声字。甲骨文是一张弓，在弓上有一个小圆圈，就是弹丸的形象。小篆复杂化。隶变后楷书写作"彈"。汉字简化后写作"弹"。

《说文·弓部》："彈，行丸也。从弓，單声。"（彈，弹弓，使丸疾行。从弓，單声。）

"弹"的本义是弹弓，读作dàn。如卢照邻《长安古意》："挟弹飞鹰杜陵北。"

又读作tán，用作动词，表示用弹弓发射弹丸。又可以引申为弹击。如《楚辞·渔父》："新沐者必弹冠，新浴者必振衣。"又引申指用手指拨动而演奏。如"弹奏"。

⊙ 弯

彎　彎　弯
小篆　楷书（繁体）　楷书

"弯"是形声字。楷书从弓，亦声，表示开弓搭箭。隶变后楷书写作"彎"。汉字简化后写作"弯"。

《说文·弓部》："彎，持弓关矢也。从弓，䜌声。"（彎，（左手）拿着弓，（右手）把箭括捉在弦上，箭镝伸在弓背外。从弓，䜌声。）

"弯"的本义为拉开弓。如李白《大猎赋》："摅倚天之剑，弯落月之弓。"引申为弯曲。如杨万里《竹枝歌》："月子弯弯照九州，几家欢乐几家愁。"又引申特指弯曲的地方。如"臂弯""小弯"。

还做量词，用于弯状物。如"一弯新月""一弯牛角弓"。

⊙ 张

張　張　张
小篆　楷书（繁体）　楷书

"张"是形声字。小篆从弓，长声。隶变后楷书写作"張"。汉字简化后写作"张"。

《说文·弓部》："張，施弓弦也。从弓，长声。"（張，把弦绷在弓上。从弓，长声。）

"张"的本义为把弦安在弓上。如张籍《宫词》："弦索新张调更高。"引申为拉开弓。如"张弓射箭"。

由拉开弓引申出展开之意。又引申为举目而望。如"东张西望"。又引申为放纵。如"张狂""乖张"。又引申为挂起、陈设。如"张灯结彩""张设"。弓被拉开之后，自然就会变得特别紧，故又引申为紧、急。如"张弛有度"。

用作量词，表示一种或一类中的一件。

⊙ 弱

弱　弱
小篆　楷书

"弱"是象形字。小篆像两把弯曲的弓，彡像毛羽之形，两部分合起来表示柔弱。隶变后楷书写作"弱"。

《说文·彡部》："弱，桡也。上象桡曲，彡象毛氂桡弱也。弱物并，故从二弓。"（弱，柔曲。上面的弓像弯曲的样子，彡像毛氂的柔弱。柔弱的东西并存而不独立，所以"弱"字由两个"弖（juàn）"构成。）

"弱"的本义为气力小，势力差。引申指纤细、柔软。如卢照邻《长安古意》："弱柳青槐拂地垂，佳气红尘暗天起。"

又引申指虚弱、瘦弱。如熟语"弱不禁风"。

用作动词，引申指削弱。如贾谊《过秦论》："诸侯恐惧，会盟而谋弱秦。"

还引申特指年纪小。如古人常说的"弱子"，就是幼子之意。

⊙ 疆

疆　疆　疆

金文　　小篆　　楷书

"疆"是会意字。金文从弓，从土，会用弓来丈量土地之意。小篆承接金文并整齐化、线条化。隶变后楷书写作"疆"。

《说文·畕部》："畺，界也。从畕；三，其界画也。疆，畺或，从彊、土。"（畺，疆界。从畕；三，是田与田之间的界限。疆，畺的或体，从土，彊声（徐锴《说文解字系传》中作"从土，彊声"，这里从其说）。）

"疆"的本义就是田界。如《诗经·小雅·信南山》："中田有庐，疆场有瓜。"引申指边界、国界。如《史记·秦始皇本纪》："圣法初兴，清理疆内。"

由边界引申为极限、止境。如《诗经·豳风·七月》："称彼兕觥，万寿无疆。"

⊙ 弦

弦　弦

小篆　　楷书

"弦"是会意字。小篆从弓，从玄（糸），会弓上有丝弦之意。隶变后楷书写作"弦"。

《说文·弦部》："弦，弓弦也。从弓，象丝轸之形。凡弦之属皆从弦。"（弦，弓弦。从弓，ᠥ像丝束绑缚在弦所在之处的样子。大凡弦的部属都从弦。）

"弦"的本义为弓弦。如"箭在弦上，不得不发"。引申指乐器上发声的弦丝。筝、琴等弦乐器，就是因发声的丝弦而得名。又引申为月弦。如"上弦月"。

钟表的发条有弹性，盘曲像弓弦，故也指钟表的发条。如"上弦""钟弦"。

⊙ 弼

泅　㢱　弼

金文　　小篆　　楷书

"弼"是会意兼形声字。金文从弜从囟（竹席），会弓的凭借之意，囟兼表声。隶变后楷书写作"弼"。

《说文·弜部》："弼，辅也；重也。从弜，囟声。"（弼，辅正；重复。从弜，囟声。）

"弼"的本义为矫正弓弩的器具。引申指纠正。如白居易《除武元衡门下侍郎平章事制》："弼违救失，不以尤悔为虑。"

又引申指辅佐、辅政，特指臣下辅佐君王。如《尚书·益稷》："予违汝弼，汝无面从，退有后言。"

用作名词，指担任辅佐的人。如《三国志·魏书·武帝纪》："夫治世御众，建立辅弼。"

女部

⊙ 女

ᠣ　ᠣ　ᠣ　女

甲骨文　金文　小篆　楷书

"女"是象形字。甲骨文像一个妇人跪坐在席子上。金文字形基本上与甲骨文相同，只是多了一条横线，表示发簪之类的饰品。隶变后楷书写作"女"。

《说文·女部》："女，妇人也。象形。

王育说。凡女之属皆从女。"（女，女人。象形。是王育的说法。大凡女的部属都从女。）

"女"的本义就是女孩子，一般都指未出嫁的女性。如《诗经·周南·关雎》："窈窕淑女，君子好逑。"引申泛指妇女。如贾谊《论积贮疏》："一女不织，或受之寒。"又引申指女儿。如《乐府诗集·木兰辞》："不闻机杼声，惟闻女叹息。"

⊙ 奴

金文　小篆　楷书

"奴"是会意字。金文字形左为"女"，右下为"又"（手）向她抓去，会抓住了人之意。小篆的写法与金文很相似，并整齐化。隶变后楷书写作"奴"。

《说文·女部》："奴，奴婢，皆古之皋人也。《周礼》曰：'其奴，男子入于皋隶，女子入于舂藁。'从女，从又。"（奴，奴和婢，都是古代的罪人。《周礼》说："那些奴隶，男子交给为官府提供差役的官员，女子交给供应米粮的官员和主管闲散人员饮食的官员。"由女、又会意。）

"奴"的本义为奴隶。如韩愈《马说》："故虽有名马，只辱于奴隶人之手。"

引申指奴仆。古有"卖身为奴"的说法。到了后世，"奴"常用作古代男女自称的谦词。如"老奴""奴家"。

⊙ 威

金文　小篆　楷书

"威"是会意兼形声字。金文右为一把类似长柄大斧的武器，左下角是一个女子，会用武器向人示威之意，"戌"兼表声。小篆的形体整齐化。隶变后楷书写作"威"。

《说文·女部》："威，姑也。由女，从戌。汉律曰：'妇告威姑。'"（威，丈夫的母亲。从女、戌会意。汉朝的律令说："妇人告发丈夫的母亲。"）

"威"的本义指威风、威力。我们常说"威振四海"，意思是威风震慑四海。引申指威严、尊严。如《管子·八观》："禁罚威严，则简慢之人整齐。"意思是（假如）刑罚威严，轻视法令的人也会规规矩矩。又引申指刑罚、法则。如"作威作福"。又引申指凭借力量、气势来震慑、胁迫。如"威胁""威逼"。

⊙ 姝

小篆　楷书

"姝"是形声字。小篆从女，朱声。隶变后楷书写作"姝"。

《说文·女部》："姝，好也。从女，朱声。"（姝，女色美好。从女，朱声。）

"姝"的本义为（女子容色）美好。如《诗经·邶风·静女》："静女其姝，俟我于城隅。""姝"字单独使用时，有时可指青年女子，美人。如《乐府诗集·陌上桑》："使君遣吏往，问是谁家姝。"意思是太守派了一个小吏前去，询问那是谁家的女子。

⊙ 如

甲骨文　金文　小篆　楷书

"如"是会意字。甲骨文左边为"口"，右边是一个朝左跪着的女人，会从命之意。金文和小篆都直接由甲骨文演变而来。隶变后楷书写作"如"。

《说文·女部》："如，从随也。从女，从口。"（如，依从。由女、由口会意。）

"如"的本义为从随、遵从。人们常说"不尽如人意"，就是不随人愿的意思。又引申指去、往。如"如厕"就是指去厕所。又引申为好像、如同。如《史记·留侯世家》："（张良）状貌如妇人女子。"

由好像又引申指为及、比得上。我们说"自叹不如"，就是比不上之意。用作假设连词，表示如果、假如。如王昌龄《芙蓉楼送辛渐》："洛阳亲友如相问，一片冰心在玉壶。"

⊙ 嫂

媵 嫂

小篆　　楷书

"嫂"是形声兼会意字。小篆从女，叟声，叟兼表长上之意。隶变后楷书写作"嫂"。

《说文·女部》："嫂，兄妻也。从女，叟声。"（嫂子，哥哥的妻子。也用来尊称和自己年纪相仿的已婚女子。从女，叟声。）

"嫂"的本义为哥哥的妻子。如"兄嫂""表嫂""嫂子"。后来引申泛指已婚妇女。如《红楼梦》第六回："原是特来瞧瞧嫂子，二则也请姑太太的安。"

⊙ 媒

媒 媒

小篆　　楷书

"媒"是形声字。小篆从女，某声。隶变后楷书写作"媒"。

《说文·女部》："媒，谋也，谋合二姓。从女，某声。"（媒，谋划，谋划使两个不同姓氏的男女结合。从女，某声。）

"媒"的本义为媒人。如《诗经·卫风·氓》："匪我愆期，子无良媒。"由媒人引申指使双方发生联系的人或事物。如"媒介"。

⊙ 好

好 好 好 好

甲骨文　金文　小篆　楷书

"好"是会意字。甲骨文像一个半跪着的女子，抱着一个婴儿。金文和小篆都是由甲骨文演化而来。隶变后楷书写作"好"。

《说文·女部》："好，美也。从女、子。"（好，美。由女、子会意。）

"好"的本义为女子貌美，读作 hǎo。如"面容娇好"。由貌美引申泛指美、善。如成语"花好月圆"。又引申为交好、友好。如《史记·廉颇蔺相如列传》："秦王使使者告赵王，欲与王为好。"

读作 hào，表示喜欢、爱好。如"上天有好生之德"中的"好"就取此义。

⊙ 娶

娶 娶 娶

甲骨文　小篆　楷书

"娶"是会意兼形声字。甲骨文从女从取会意，取兼表声。小篆由甲骨文演变而来。隶变后楷书写作"娶"。

《说文·女部》："娶，取妇也。从女，从取，取亦声。"（娶，选取女子做妻子。由女、取会意，取也表声。）

"娶"的本义为男子结婚，把女子接过来成亲。我们常说的"娶媳妇""迎娶新娘"都是用本义。

⊙ 姐

姐 姐

小篆　　楷书

"姐"是形声字。小篆的形体从女，且声。隶变后楷书写作"姐"。

《说文·女部》："姐，蜀谓母曰姐，淮南谓之社。从女，且声。"（姐，蜀地把母亲叫作姐，淮南地方叫作社。从女，且声。）

"姐"的本义为母亲的别称。古代时蜀人称母为姐。后来引申特指同父母而年龄比自己大的女子。也指家族亲戚中与自己同辈而年龄比自己大的女子。如"表姐""堂姐"。还是对一般同辈女性的尊称。如"李姐""张姐"。

⊙ 姥

小篆　楷书

"姥"是形声兼会意字。小篆，从女，老声，老兼表年老之意。楷书写作"姥"，异体写作"姆"。现在二字的表意有分工，以"姥"为正体字。

《说文》无。

"姥"的本义为以妇德、妇言、妇容、妇功教人的老年妇女，读作 mǔ，但此义今已不用。引申泛指老年妇女。如《晋书·王羲之传》："会稽有孤居姥养一鹅，善鸣。"又引申指婆婆，即丈夫的母亲。如《古诗为焦仲卿妻作》："便可白公姥，及时相遣归。"这里的"公姥"，即指公公婆婆。

读作 lǎo，借用以表示外祖母，方言也称"姥娘"。

⊙ 嫡

小篆　楷书

"嫡"是形声字。小篆从女，啻声。隶变后楷书写作"嫡"。

《说文·女部》："嫡，孎也。从女，啻声。"（嫡，谨慎。从女，啻声。）

"嫡"的本义为奴隶社会、封建社会中的正妻。古代"嫡出""庶出"的说法，指的就是由正室所生，还是由妾室所生。

后来也把正妻生的长子称嫡子，省称为"嫡"。

"嫡"又引申指家庭中血缘近的、亲的，或奴隶社会、封建社会中的正支。如"嫡亲""嫡系"。进而又引申指正统的、正宗的。如"嫡传"，是嫡派相传的意思，表示正宗。

⊙ 妖

小篆　楷书

"妖"是会意兼形声字。小篆从女从夭（表示舞动着的人）会意，夭兼表声。隶变后楷书写作"妖"。

《说文》无。

"妖"的本义为女子美好、容貌艳丽。我们熟知的"妖娆"就是美好的意思。过分美丽会让人觉得不真实，故"妖"引申为怪诞、怪异。如"妖言惑众"。

人们又用"妖"来形容淫邪不正。如"妖媚"和"妖里妖气"，取的都是此义。"妖"又引申为害人的怪物。如"花妖狐魅""妖魔鬼怪"。妖精害人，故又引申为邪恶、品质恶劣。如"妖道""妖术"。

⊙ 奶

金文　小篆　楷书　楷书

"奶"是会意兼形声字。金文从女，爾声。隶变后楷书写作"嬭"。俗作"奶"，从女从乃（奶头）会意，乃字兼表声。汉字简化后写作"奶"。

《说文》无。

"奶"的本义为乳房。王力在《同源字典》中说："今人谓乳房为奶，乳汁亦为奶。'奶'是'乳'的音转。"所以"奶"也指乳汁。如"牛奶""吃奶"。引申又指老年妇女或祖母。如"奶奶"。

⊙ 妃

甲骨文　金文　小篆　楷书

"妃"是形声字。甲骨文从女，从巳（表示子），会婚配生子之意。金文字形与甲骨文差不多。小篆整齐化，但"巳"变为"己"，成了形声字。隶变后楷书写作"妃"。

《说文·女部》："妃，匹也。从女，己声。"（妃，匹偶。从女，己声。）

"妃"的本义为婚配，读作 pèi。此义后用"配"取代。如《左传·昭公二十六年》："子叔姬妃齐昭公，生舍。"意思是子叔姬嫁给齐昭公，生下了舍。

引申泛指妻子、配偶，读作 fēi。如《史记·五帝本纪》："嫘祖为黄帝正妃，生二子，其后皆有天下。"后又引申特指帝王的妾。也特指太子、王侯之妻。如"太子妃""王妃"。又用作古代对神女的尊称。如"宓妃"，就是传说中洛神的名字，是后羿的妻子。

⊙ 娇

小篆　楷书（繁体）　楷书

"娇"是形声字。小篆从女，乔声。隶变楷书后写作"嬌"。汉字后简化写作"娇"。

《说文·女部》："嬌，姿也。从女，喬声。"（嬌，姿态柔美可爱。从女，喬声。）

"娇"的本义指姿态柔美可爱。如杜甫《江畔独步寻花》："留连戏蝶时时舞，自在娇莺恰恰啼。"引申出柔弱之意。如白居易《长恨歌》："侍儿扶起娇无力，始是新承恩泽时。"女子和儿童都是柔弱而美好的，所以又特指年轻女子和儿童。如

《乐府诗集·华山畿》："夜相思，投壶不停箭，忆欢作娇时。"

又引申为爱、宠爱。如杜甫《北征》："平生所娇儿，颜色白胜雪。"过多的宠爱会让人变得肆无忌惮，故又引申为任性。如王实甫《西厢记》："小姐，你性儿忒惯得娇了。"

⊙ 妊

甲骨文　金文　小篆　楷书

"妊"是会意兼形声字。甲骨文从女，从壬（表示承担），壬兼表声。金文字形与甲骨文差不多。小篆整齐化。隶变后楷书写作"妊"。

《说文·女部》："妊，孕也。从女，从壬，壬亦声。"（妊，怀孕。由女、由壬会意，壬也表声。）

"妊"的本义为怀孕。如《后汉书·章帝纪》："今诸怀妊者，赐胎养谷人三斛。"此句所记即东汉章帝时，为鼓励生育，国家规定，对怀孕的人，赏赐用于胎养的谷物三斛。

⊙ 始

金文　小篆　楷书

"始"是形声字。金文和小篆都是从女，台声。隶变后楷书写作"始"。

《说文·女部》："始，女之初也。从女，台声。"（始，女子的初生。从女，台声。）

"始"的本义为女子的初生。引申泛指开头、开始。如"千里之行，始于足下"。又引申指当初、在最初的时候。如"初始"。

用作副词，引申表示时间不久，相当于"刚刚""刚才"。如王观《卜算子》：

131

"才始送春归,又送君归去。"又相当于方才、然后。如白居易在《琵琶行》:"千呼万唤始出来。"还引申指仅仅、只。如李白《梁园吟》:"天长水阔厌远涉,访古始及平台间。"

⊙ 姻

姻　姻

小篆　　楷书

"姻"是会意兼形声字。小篆从女从因(表示凭借、依靠)会意,因兼表声。隶变后楷书写作"姻"。

《说文·女部》:"姻,婿家也。女之所因,故曰姻。从女,从因,因亦声。"(姻,女婿的家。是女人依靠的对象,所以叫作姻。由女、由因会意,因也表声。)

"姻"的本义为女婿家,即男方。如《白虎通·嫁娶》:"姻旨,妇人因夫而成,故曰姻。"后来引申泛指男女嫁娶结成的婚姻关系。如"联姻""姻缘"。又引申指因婚姻而结成的亲戚。如《太平广记·柳毅传》:"泾阳之妻,则洞庭君之爱女也。淑性茂质,为九姻所重。"其中的"九姻"泛指亲族。

⊙ 娃

娃　娃

小篆　　楷书

"娃"是形声兼会意字。小篆从女,圭声,圭兼表如圭玉之意。隶变后楷书写作"娃"。

《说文·女部》:"娃,吴楚之间谓好曰娃。从女,圭声。"(娃,吴楚之间把容貌美好的女子叫作娃。从女,圭声。)

"娃"的本义为女子容貌美好。引申泛指美女。古人称美丽的女子为"娇娃"。少女多美好,故又引申指少女、姑娘。如白居易《城上夜宴》:"诗听越客吟何苦,

酒被吴娃劝不休。"还引申指小孩子。如"娃娃"。后词义扩大,在方言中指某些动物的幼崽。如"猪娃"。

⊙ 婪

婪　婪　婪

甲骨文　小篆　　楷书

"婪"是形声字。甲骨文从女,林声。小篆字形与甲骨文差不多,只是整齐化、线条化了。隶变后楷书写作"婪"。

《说文·女部》:"婪,贪也。从女,林声。杜林说:卜者党相诈验为婪。"(婪,贪婪。从女,林声。杜林认为,占卦的人用骗人的征兆使人以为灵验,就叫"婪"。)

"婪"本义为贪食。如韩愈《月蚀诗效玉川子作》:"婪酣大肚遭一饱,饥肠彻死无由鸣。""婪"现在一般与"贪"连用作"贪婪",比喻渴求而不知足。

⊙ 婶

婶　嬸　婶

小篆　楷书(繁体)　楷书

"婶"是形声字。楷书繁体写作"嬸",从女,審声。汉字简化后写作"婶"。

《说文》无。

"婶"的本义为叔父的妻子、叔母。如"婶娘""婶母"。引申泛指与父母同辈而年龄较小的已婚妇女。如"大婶儿"。

⊙ 姨

姨　姨

小篆　　楷书

"姨"是形声字。小篆从女,夷声。隶变后楷书写作"姨"。

《说文·女部》:"姨,妻之女弟同出为姨。从女,夷声。"(姨,妻子的姊妹都已出嫁的叫姨。从女,夷声。)

"姨"的本义为妻子的姐妹。如"小姨"。也引申指母亲的姊妹。如"姨母"。旧时子女也以之称呼父亲的小老婆,即庶母。

⊙ 娘

甲骨文　小篆　楷书(繁体)　楷书

"娘"是形声字。甲骨文从女,良声。小篆改为从女,襄声。隶变后楷书写作"孃"。汉字简化后写作"娘"。

《说文·女部》:"孃,烦扰也。从女,襄声。"本义为烦扰。此义后用"攘"来表示。如《玉篇·女部》:"娘,少女之号。"

"娘"的本义是少女、年轻女子。如古人常称年轻貌美的女子为"美娇娘"。

又借用以表示母亲。如杜甫《兵车行》:"爷娘妻子走相送,尘埃不见咸阳桥。"又泛指长一辈或年长的已婚妇女。如"大娘""婶娘"。还引申泛指妇女。如"厨娘""渔娘"等。

⊙ 娱

小篆　楷书

"娱"是会意兼形声字。小篆从女,吴声,吴兼表人歌舞之意。隶变后楷书写作"娱"。

《说文·女部》:"娱,乐也。从女,吴声。"(娱,欢乐。从女,吴声。)

"娱"的本义为欢乐、快乐。如《楚辞·离骚》:"启《九辩》与《九歌》兮,夏康娱以自纵。""夏康"是夏代君王太康的省称。太康是启的儿子,因游乐放纵而失去了国家的政权。

用作动词,表示戏乐、使欢乐。如"娱乐"。快乐能驱散忧愁,所以"娱"又引申指排遣、抒发。如《楚辞·九章·思美人》:"吾将荡志而愉乐兮,遵江夏以娱忧。""遵江夏"指的是屈原东迁的路线,"娱忧"就是排解忧愁。

⊙ 婚

小篆　楷书

"婚"是形声兼会意字。本作"昏",因为古代婚礼常在黄昏举行,而且这也是远古抢婚习俗的反映。小篆另加义符"女",昏声,兼表黄昏之意。隶变后楷书写作"婚"。

《说文·女部》:"婚,妇家也。《礼》:娶妇以昏时,妇人阴也,故曰婚。从女从昏,昏亦声。"(婚,妻子的家。《礼》规定:娶妻子应在黄昏的时候,因为女人属阴,所以叫作"婚"。由女、由昏会意,昏也表声。)

"婚"的本义为女方,即妻子一家。引申指结婚。如《国语·晋语》:"同姓不婚,恶不殖也。""同姓不婚"即同一姓之男女不相嫁娶。

⊙ 嫁

小篆　楷书

"嫁"是形声兼会意字。小篆从女,家声,家兼表成家之意。隶变后楷书写作"嫁"。

《说文·女部》:"嫁,女适人也。从女,家声。"(嫁,女孩儿(从自家出来)到男人家里(为妻)。从女,家声。)

"嫁"的本义是女子去跟男子结婚。如"出嫁"。引申特指把损失、祸害转移给他人。如"嫁祸于人"。还引申指植物的人工营养繁殖方法之一,即"嫁接"。

133

⊙ 媳

媳　媳
小篆　　楷书

"媳"是后起字,为会意兼形声字。楷书写作"媳",从女从息(生息)会意,息兼表声。

《说文》无。

"媳"的本义为儿子的妻子。如"媳妇",古代主要指儿媳,现在则多指妻子。后来又泛指弟弟及其他晚辈的妻子。如"弟媳""孙媳"。

后又用作已婚妇女的谦称。如冯梦龙《警世通言》:"老媳寻得一头亲,难得恁般凑巧。""老媳"就是老妇人的自称,相当于"老妇"。

⊙ 嫉

嫉　嫉
小篆　　楷书

"嫉"是形声兼会意字。小篆从人,疾声,疾兼表痛之意。隶变后楷书写作"嫉"。

《说文·女部》:"嫉,妒也。从人,疾声。一曰:毒也。俟或,从女。"(嫉,嫉妒。从人,疾声。另一义说:嫉是憎恶。嫉,俟的或体,从女。)

"嫉"的本义为忌妒才德地位等美好的人。后泛指忌妒。如屈原《离骚》:"众女嫉余之娥眉兮,谣诼谓余以善淫。"嫉妒使人生恨,所以"嫉"又引申指憎恨。如成语"嫉恶如仇",意思是嫉恨坏人坏事就像嫉恨仇敌一样。现在一般写作"疾恶如仇"。

⊙ 嬉

嬉　僖　僖　嬉
甲骨文　小篆　楷书(繁体)　楷书

"嬉"是会意兼形声字。甲骨文左边是"喜",右边是跪坐的女子,喜兼表声。小篆中"女"讹变为"人"。隶变后楷书写作"僖"和"嬉"。如今规范化,以"嬉"为正体。

《说文》无。

"嬉"的本义为戏乐、无拘束地游玩。如韩愈《进学解》:"业精于勤,荒于嬉。"

马 部

⊙ 马

馬　馬　馬　馬　马
甲骨文　金文　小篆　楷书(繁体)　楷书

"马"是象形字。甲骨文就像一匹马。金文与甲骨文大致相同,只是马的眼睛特别突出,鬃毛也鬣鬣可见。小篆整齐化。隶变后楷书写作"馬"。汉字简化后写作"马"。

《说文·馬部》:"馬,怒也;武也。象马头髦尾四足之形。凡马之属皆从馬。"(馬,是昂首怒目的动物;是勇武的动物。像马的头部、鬃毛、尾巴、四只脚的样子。大凡马的部属都从馬。)

"马"的本义为强武有力的家养马。由于马在古代是用来搬运物品或打仗时的坐骑,因此许慎解释马是昂首怒目的动物,是勇武的动物。如《战国策·燕策一》:"古之君人,有以千金求千里马者,三年不能得。"

⊙ 驹

駒　駒　駒　驹
金文　小篆　楷书(繁体)　楷书

"驹"是形声字。金文从马,句声。小篆承接金文而来。隶变后楷书写作"駒"。汉字简化后写作"驹"。

《说文·馬部》:"駒,马二岁曰驹,三

岁曰骄。从馬，句声。"（驹，马两岁叫作驹，三岁叫作骄。从馬，句声。）

"驹"的本义为两岁的小马，可见古代的驹有齿龄的限制，后世则泛指小马。

引申泛指少壮的骏马。如成语"白驹过隙"，意思是白色骏马在细小的缝隙前跑过。形容时间过得极快。

⊙ 骑

騎　騎　骑

小篆　楷书（繁体）楷书

"骑"是形声字。小篆从馬，奇声。隶变后楷书写作"騎"。汉字简化后写作"骑"。

《说文·馬部》："騎，跨马也。从馬，奇声。"（骑，两腿分张跨在马上。从馬，奇声。）

"骑"的本义为骑马。引申泛指两腿跨于物上。如李白《长干行》："郎骑竹马来，绕床弄青梅。"

用作名词，指马、骑手，或一人一马，读作jì。如白居易《卖炭翁》："翩翩两骑来是谁，黄衣使者白衫儿。"其中的"骑"便是指一人一马。

⊙ 驱

驅　驅　驱

小篆　楷书（繁体）楷书

"驱"是形声字。小篆从馬，區声，表示赶马之意。隶变后楷书写作"驅"。汉字简化后写作"驱"。

《说文·馬部》："驅，马驰也。从馬，區声。"（驱，用棰策鞭打马，使马奔驰向前。从馬，區声。）

"驱"的本义为赶马。如《诗经·唐风·山有枢》："子有车马，弗驰弗驱。"意思是，你有车马，却不乘坐、不驱赶。又引申指驱逐、赶走。如"驱寒""驱除"。

又引申指逼迫、迫使。如陶渊明《乞食》："饥来驱我去，不知竟何之。"

⊙ 驳

駁　駁　駁　驳

甲骨文　小篆　楷书（繁体）楷书

"驳"是会意字。甲骨文从马，从爻，会马身上有交错的花纹之意。小篆整齐化。隶变后楷书写作"駁"。

《说文·馬部》："駁，马色不纯。从馬，爻声。"（驳，马的毛色不纯。从馬，爻声。）

"驳"本义指马的毛色不纯。引申为混杂、杂乱、庞杂。如"驳杂"。

由反对杂乱、混杂引申为辨正是非、说出自己的道理，或者列举理由以否定别人的意见。如"驳斥""批驳"。

⊙ 驰

馳　馳　驰

小篆　楷书（繁体）楷书

"驰"是形声字。小篆从馬，也声。隶变后楷书写作"馳"。汉字简化后写作"驰"。

《说文·馬部》："馳，大驱也。从馬，也声。"（驰，使马长驱。从馬，也声。）

"驰"的本义为车马疾行。引申为声名远扬。如"驰名中外"。

又引申为驱车马追击、追逐。如"驰竞"。而尽力追逐之时，正是心向往之，故又引申为向往。如《隋书·史祥传》："身在边隅，情驰魏阙。"

⊙ 驻

駐　駐　驻

小篆　楷书（繁体）楷书

"驻"是形声字。小篆从馬，主声。隶变后楷书写作"駐"。汉字简化后写为

"驻"。

《说文·馬部》:"驻,馬立也。从馬,主声。"(驻,马立定止住。从馬,主声。)

"驻"的本义为马暂时停立。如"驻马"。引申为人暂时停留或停留。如姜夔《扬州慢》:"解鞍少驻初程。"

由停下来不走引申为军队的驻扎、驻防。如"驻扎"。

又引申为工作人员暂住在履行职务的地方。如"驻京办事处"。

⊙ 驭

甲骨文　金文　小篆　楷书(繁体)　楷书

"驭"是会意字。甲骨文,从馬,从又(手),会用手驾驭马匹之意。金文、小篆承之。隶变后楷书写作"馭"。汉字简化后写作"驭"。

《说文》无。

"驭"的本义是驾驭车马。如《荀子·王霸》:"王良造父者,善服驭者也。"引申为控制、制约。如《宋书·后废帝纪》:"廩藏虚罄,难用驭远。""驭远"指控制远藩。

又引申指统治、治理。如牛弘《请开献书之路表》:"及秦皇驭宇,吞灭诸侯。""驭宇"就是统治天下。

⊙ 驯

小篆　楷书(繁体)　楷书

"驯"是形声字。小篆从馬,川声。隶变后楷书写作"馴"。汉字简化后写作"驯"。

《说文·馬部》:"馴,馬顺也。从馬,川声。"(驯,马顺从。从馬,川声。)

"驯"的本义为马驯服、顺从。如《淮南子·说林训》:"马先驯而后求良,人先

信而后求能。"引申指驯服鸟兽。如韩愈《送惠师》:"江鱼不池活,野鸟难笼驯。"泛指顺服。如"桀骜不驯"。

丝 部

⊙ 纟

甲骨文　金文　小篆　楷书(繁体)　楷书

"纟"是象形字。甲骨文像一小束丝拧在一起的样子。金文与甲骨文大致相同。小篆线条化了。隶变后楷书写作"糸"。汉字简化后写作"纟"。

《说文·糸部》:"糸,细丝也。象束丝之形。凡糸之属皆从糸。"(糸,细丝。像一束丝的样子。大凡糸的部属都从糸。)

"纟"本义为细丝。如宋朝研究《说文解字》的学者徐锴说:"一蚕所吐为'忽',十忽为'丝';'糸',五忽也。"可见这种丝是极细的。

⊙ 红

小篆　楷书(繁体)　楷书

"红"是形声字。小篆从糸,工声。隶变后楷书写作"紅"。汉字简化后写作"红"。

《说文·糸部》:"紅,帛赤白色。从糸,工声。"(红,丝织品呈浅赤色。从糸,工声。)

"红"的本义为粉红色的丝帛。后用来指代颜色。

红色像美人羞红的脸庞,故后来成为美人的代称;与女人相关的东西,也用红来指代。如"红颜""红妆"。

红色是热闹、喜庆的颜色,用以象征喜事。如"红白喜事""红娘"。人事业兴

旺时，分给其他人的钱称作"红利"。人得宠时，叫作"走红""大红大紫"。

⊙ 绎

绎 繹 绎

<small>小篆　　楷书（繁体）　　楷书</small>

"绎"是形声字。小篆从糸，睪声。隶变后楷书写作"繹"。汉字简化后写作"绎"。

《说文·糸部》："繹，抽丝也。从糸，睪声。"（繹，抽丝。从糸，睪声。）

"绎"的本义为抽丝。引申指继续、连续不断。如成语"络绎不绝"，形容车船人马等前后相接，往来不断。

还引申指陈述。如《礼记·射义》："绎者，各绎己之志也。""绎志"便是指抒陈自己的志向。

⊙ 绅

紳 紳 绅

<small>小篆　　楷书（繁体）　　楷书</small>

"绅"是形声字。小篆从糸，申声。隶变后楷书写作"紳"。汉字简化后写作"绅"。

《说文·糸部》："紳，大带也。从糸，申声。"（绅，束腰大带的下垂部分。从糸，申声。）

"绅"的本义为古代士大夫束在衣外腰间的大带子，一端下垂。如《礼记·玉藻》："绅长制士三尺，有司二尺有五寸。"《白虎通》："衣裳所以必有绅带者，示敬谨自约整也。"

引申指佩戴这种带子的人，旧指地方上有地位、有名望的人。如"缙绅"。

⊙ 纯

純 纯 纯

<small>甲骨文　　金文　　小篆　　楷书（繁体）　　楷书</small>

"纯"是形声字。金文从糸，屯声。

小篆整齐化。隶变后楷书写作"純"。汉字简化后写作"纯"。

《说文·糸部》："純，丝也。从糸，屯声。《论语》曰：'今也纯，俭。'"（純，蚕丝。从糸，屯声。《论语》说："如今用丝料（做礼帽），是俭省的。"）

"纯"的本义为生蚕丝。引申指同一颜色的丝织品。进而引申指纯正、不含杂质、质朴无华。

又引申指专一、单纯。如"单纯""纯粹"。还引申指精通、熟练。如"炉火纯青"。

用作副词，表示全、都。如"纯属虚构"。

⊙ 缴

繳 繳 缴

<small>小篆　　楷书（繁体）　　楷书</small>

"缴"是形声字。小篆从糸（表示与线丝有关），敫声。隶变后楷书写作"缴"。

《说文》无。

"缴"的本义为系在箭上的生丝绳，射鸟用，读作 zhuó。如《孟子·告子》："一心以为有鸿鹄将至，思援弓缴而射之。"

又读作 jiǎo，借用作"交"，指交纳、交出，用于履行义务或被迫。如"缴公粮"。引申指迫使交出，强力收取。如"缴械"。

又引申指缠绕、扭转。如白居易《早梳头诗》："年事渐蹉跎，世缘方缴绕。"

⊙ 终

终 终 終 終 终

<small>甲骨文　　金文　　小篆　　楷书（繁体）　　楷书</small>

"终"是象形兼会意兼形声字。甲骨文像一束丝，两头像结扎的末端。金文将丝结简化为点。小篆整齐化，线条化，并另加义符"系"和声符"夂"。隶变后楷书

写作"終"。汉字简化后写作"终"。

《说文·糸部》："終，絿丝也。从糸，冬声。"（終，缠紧丝。从糸，冬声。）

"终"的本义为纺线结束后将线头打结。引申泛指终了、结束，与"始"相对。引申指生命的终结，即死。如"寿终正寝""无疾而终"。

还指从开始到结束的所有时间。如"终日"。

用作副词，表示最终、终于。又表示终究、到底。如陆游《冬夜读书示子聿》："纸上得来终觉浅，绝知此事要躬行。"

⊙ 纬

緯　緯　纬

小篆　楷书（繁体）　楷书

"纬"是形声字。小篆从糸，韋声。隶变后楷书写作"緯"。汉字简化后写作"纬"。

《说文·糸部》："緯，织横丝也。从糸，韋声。"（緯，纺织品的横线。从糸，韦声。）

"纬"的本义为织物上横向的纱线。引申指东西向的横路。如《周礼·考工记》："国中九经九纬，经涂九轨。"

又引申指地理学上假定的沿地球表面跟赤道平行的东西分度横线。如"纬度"。

⊙ 缝

縫　縫　缝

小篆　楷书（繁体）　楷书

"缝"是形声兼会意字。小篆从糸，逢声，逢兼表相接之意。隶变后楷书写作"縫"。汉字简化后写作"缝"。

《说文·糸部》："縫，以针紩衣也。从糸，逢声。"（縫，用针把布帛连缀成衣。从糸，逢声。）

"缝"的本义为用针线连缀衣服。引申指补合。如"缝破补绽"，就是泛指裁制修补之类的针线活。

用作名词，引申指连缀缝合处，接合的地方，罅隙。如"裤缝""门缝"。又比喻言行中出现的漏洞、差错。

⊙ 缘

緣　緣　缘

小篆　楷书（繁体）　楷书

"缘"是形声字。小篆从糸（表示与丝线布帛有关），象声。隶变后楷书写作"緣"。汉字简化后写作"缘"。

《说文·糸部》："緣，衣纯也。从糸，象声。"（緣，装饰衣边。从糸，象声。）

"缘"的本义为衣服的饰边。如《后汉书·明德马皇后纪》："常衣大练，裙不加缘。"引申泛指器物的边沿。如元稹《茅舍》："边缘堤岸斜。"

又引申指人与人或事物发生联系的可能性，即缘分。进而引申指缘故、理由。如"无缘无故"。

又引申指向上爬、攀缘。如成语"缘木求鱼"。

⊙ 绳

繩　繩　绳

小篆　楷书（繁体）　楷书

"绳"是形声字。小篆从糸，黽声。隶变后楷书写作"繩"。汉字简化后写作"绳"。

《说文·糸部》："繩，索也。从糸，繩省声。"（繩，绳索。从糸，繩省声。）

"绳"的本义为绳子。引申特指木工用的墨线、墨斗。如《荀子·劝学》："故木受绳则直。"

用作动词，引申指衡量。如"绳之以法"就是用法律做准绳而给予制裁的意思。又引申指纠正、约束、制裁。如龚自珍《病梅馆记》："未可明诏大号以绳天下之梅也。"

⊙ 织

繊　織　织
小篆　楷书(繁体)　楷书

"织"是形声字。小篆从糸，戠声。隶变后楷书写作"織"。汉字简化后写作"织"。

《说文·糸部》："織，作布帛之总名也。从糸，戠声。"（織，制作麻织品和丝织品的总名称。从糸，戠声。）

"织"的本义为织布、制作布帛的总称。如《乐府诗集·木兰诗》："唧唧复唧唧，木兰当户织。"

引申泛指编制、组成。如《孟子·滕文公》："其徒数十人，皆衣褐，捆屦织席以为食。"

又引申指搜罗、收集。如《旧唐书·酷吏传上·来俊臣》："招集无赖数百人，令其告事，共为罗织。"

用作名词，指织成的物品。如《后汉书·列女传》："今若断斯织也，则捐失成功。"

⊙ 绿

緑　綠　绿
小篆　楷书(繁体)　楷书

"绿"是形声字。小篆从糸，录声。隶变后楷书写作"綠"。汉字简化后写作"绿"。

《说文·糸部》："綠，帛青黄色也。从糸，录声。"（绿，丝帛呈蓝色与黄色调和而成的青黄色。字形采用"糸"作边旁，采用"录"作声旁。）

"绿"的本义为青黄色，是草木叶子在茂盛时的颜色。如贺知章《咏柳》："碧玉妆成一树高，万条垂下绿丝绦。"

绿色的色彩很深，故用以比喻乌黑发亮的颜色。在古诗文常见"绿鬓"一词，如"绿鬓愁中改"（李白《古风》五），其中的"绿鬓"就是指人乌黑而有光泽的鬓发。

⊙ 约

約　約　约
小篆　楷书(繁体)　楷书

"约"是形声字。小篆从糸，勺声。隶变后楷书写作"約"。汉字简化后写作"约"。

《说文·糸部》："約，缠束也。从糸，勺声。"（约，缠绕捆缚。从糸，勺声。）

"约"的本义为捆缚、缠束，读作yuē。如李商隐《又效江南曲》："扫黛开宫额，裁裙约楚腰。"用于抽象意义，指束缚、限制。如"约束"。进而引申指事先提出或商量。如"约好""有约在先"。

又指约会、预先约定的会面，或邀请。如"约在饭店""约你吃饭"。

用作形容词，指简明、精要。如"简约"。

又读作 yāo，多用于口语，指用秤称物。如"给我约二斤肉"。

⊙ 纪

己　紀　紀　纪
金文　小篆　楷书(繁体)　楷书

"纪"是会意兼形声字。金文用"己"（编结）表示。小篆另加义符"糸"，从糸从己会意，己兼表声。隶变后楷书写作"紀"。汉字简化后写作"纪"。

《说文·糸部》："紀，丝别也。从糸，己声。"（纪，丝的另一头绪。从糸，己声。）

"纪"的本义为丝缕的头绪、开端。引申指纲领。如"纲纪"。又指法度、准则。

如"违法乱纪"。

古时用作纪年单位。如《抱朴子·微旨篇》:"罪大者夺纪(减损寿命三百天)。"现在指一百年或更长的时间。如"一个世纪""中世纪"。

又指史书的一种体裁,用来记述帝王的历史事迹。如"高祖本纪""项羽本纪"。

⊙ 纲

綱 綱 纲

<small>小篆　楷书(繁体)　楷书</small>

"纲"是形声兼会意字。小篆从糸,冈声,兼表领起之意。隶变后楷书写作"綱"。汉字简化后写作"纲"。

《说文·糸部》:"綱,维纮绳也。从糸,冈声。"(綱,网的大绳。从糸,冈声。)

"纲"的本义为提网的总绳。引申比喻总要。如"提纲挈领"。又引申比喻国家法度。如《诗经·大雅·棫朴》:"勉勉我王,纲纪四方。"

唐代以后,大量货物分批起运时,要为每批货物编立字号,分为若干组,故引申指成批运输货物的编组。如"生辰纲""盐纲"。

引申指书籍所分成的大类与小类,或生物学上分类系统的第三级,门之下目之上。如"本草纲目""鸟纲"。

⊙ 纳

内 納 納 纳

<small>金文　小篆　楷书(繁体)　楷书</small>

"纳"是会意兼形声字。金文同"内"。小篆另加义符"糸"。隶变后楷书写作"納",从内从糸会意,内也兼表声。汉字简化后写作"纳"。

《说文·糸部》:"納,丝湿纳纳也。从糸,内声。"(納,丝湿润润的样子。从糸,内声。)

"纳"的本义为丝吸水而湿的样子。如《九叹·逢纷》:"裳襜襜而含风兮,衣纳纳而掩露。"引申指收藏。如《诗经·豳风·七月》:"九月筑场圃,十月纳禾稼。"

引申指收容、接受。如"纳谏""采纳"。还可指娶。如"纳妾"。

又引申指藏。如"藏污纳垢"。引申又指献出、交付。如"纳税"。

⊙ 纹

紋 紋 纹

<small>小篆　楷书(繁体)　楷书</small>

"纹"是形声兼会意字。楷书繁体写作"紋",从糸从文会意,文兼表声。汉字简化后写作"纹"。

"纹"的本义为丝织品上的花纹。如杜甫《小至》:"刺绣五纹添弱线,吹葭六管动浮灰。"

引申泛指物体上的花纹。如"纹丝不动""纹理"。

特指皮肤上的纹理。如"指纹""皱纹"。

⊙ 纵

縱 縱 纵

<small>小篆　楷书(繁体)　楷书</small>

"纵"是会意兼形声字。小篆从糸,从從,從兼表声。隶变后楷书写作"縱"。汉字简化后写作"纵"。

《说文·糸部》:"縱,缓也。一曰舍也。从糸,從声。"(縱,松缓。另一义说,是舍弃。从糸,從声。)

"纵"的本义为织布时松开杼任其退回去。引申指放走、释放。如"纵虎归山"。又引申指放任、不加拘束。如杜甫《闻官军收河南河北》:"白日放歌须纵酒。"又引申指猛然向前或向上跃起。如"纵身上马"。

用作连词，表假设，相当于"即使""如"。如"纵然"。

又引申指地理上南北向的。如"纵向"。

⊙ 纷

紛 紛 纷

<small>小篆　楷书（繁体）　楷书</small>

"纷"是形声兼会意字。小篆从纟，分声。分兼表散之意。隶变后楷书写作"紛"。汉字简化后写作"纷"。

《说文·糸部》："紛，马尾韬也。从糸，分声。"（纷，包藏马尾的套子。从糸，分声。）

"纷"的本义是兜住马尾防其散乱的兜子，现在此义已不用。引申指众多、杂乱。如屈原《涉江》："霰雪纷其无垠兮，云霏霏而承宇。"

还指繁盛的样子。如屈原《离骚》："纷吾既有此内美兮，又重之以修能。"

由纷乱引申指旌旗上的飘带。如扬雄《羽猎赋》："青云为纷，虹霓为缳。"

⊙ 线

綫 綫 线

<small>小篆　楷书（繁体）　楷书</small>

"线"是形声字。小篆从糸，戋声。隶变后楷书写作"綫"。汉字简化后写作"线"。

"线"的本义是用棉麻丝毛等材料捻成的细缕。如孟郊《游子吟》："慈母手中线，游子身上衣。"

引申泛指细长像线的东西。如"海岸线"。又引申指曲折延伸像线的道路、航路。如"京广线""单行线"。还可指工作岗位所处的位置，或进行生产的一套工序。如"流水线""生产线"。

又引申指埋伏下来作为内应的人。如"线人"。

还可引申比喻所接近的某种状况的边缘。如"录取线"。

⊙ 给

給 給 给

<small>小篆　楷书（繁体）　楷书</small>

"给"是形声兼会意字。小篆从糸，合声。合兼表相并之意。隶变后楷书写作"給"。汉字简化后写作"给"。

《说文》无。

"给"的本义为丰足、富裕，读作 jǐ。如《孟子·梁惠王下》："春省耕而补不足，秋省敛而助不给。"引申指供应。如"补给"。

还读作 gěi，指使得到、交付。如"送给""交给"。引申指叫、让。如"给我看看"。

用作介词，表示为、替的意思。如"给客人倒茶"。表示方向，相当于"向""对"。如"给我打电话"。表命令，加强语气，多与"我"连用。如"给我闭嘴"。

⊙ 络

絡 絡 络

<small>小篆　楷书（繁体）　楷书</small>

"络"是形声字。小篆从糸，各声。隶变后楷书写作"絡"。汉字简化后写作"络"。

《说文·糸部》："絡，絮也。一曰麻未沤也。从糸，各声。"（络，破旧的丝绵。另一义说，未经浸泡的麻。从糸，各声。）

"络"的本义为粗丝帛，读作 luò。引申指把丝缠绕在络子上，也泛指缠绕、捆缚。又引申指连结。如"络绎不绝"。

中医指人体内气血运行通路的分支，

如"经络""脉络"。

读作 lào，用于"络子"，指线绳编成的小网袋，可以装物。《红楼梦》第三十五回："倒不如打个络子，把玉络上呢。"

⊙统

続　統　统

小篆　楷书（繁体）　楷书

"统"是形声字。小篆从糸，充声。隶变后楷书写作"統"。汉字简化后写作"统"。

《说文·糸部》："統，纪也。从糸，充声。"（統，丝的头绪。从糸，充声。）

"统"的本义为丝的头绪。抽丝由开头络绎而出，故引申指世代相继的系统。如《战国策·秦策》："天下继其统，守其业，传之无穷。"

丝的头绪总领全丝，又引申指总括。如"统计""统筹"。进而引申指总领、管理。如"统治""统兵"。

用作副词，表示全部、通通。如"这些东西统归你用"。

⊙绢

絹　絹　绢

小篆　楷书（繁体）　楷书

"绢"是形声字。小篆从糸，肙声。隶变后楷书写作"絹"。汉字简化后写作"绢"。

《说文·糸部》："絹，缯如麦稍。从糸，肙声。"（絹，丝织品像糸茎的青色。从糸，肙声。）

"绢"的本义为麦青色的丝织物。如"绢扇"。又指稍厚而丝绒稀疏的生丝织品，或泛指丝织物。如白居易《重赋》："织绢未成匹，缫丝未盈斤。"

引申指书画装潢等物。如王安石《阴山画虎图》："堂上绢素开欲裂，一见犹能

动毛发。"

⊙缓

緩　緩　缓

小篆　楷书（繁体）　楷书

"缓"是会意兼形声字。小篆从素从爰会意，爰兼表声。隶变后楷书写作"緩"，异体省作"緩"。汉字简化后写作"缓"。

"缓"的本义是宽绰、宽松。如《古诗十九首·行行重行行》："相去日已远，衣带日已缓。"引申指慢、不急迫。如韩愈《韶州留别张端公使君》："清歌缓送款行人。"

用作动词，指推迟、延迟。如"刻不容缓"。

又引申指恢复正常的生理状态。如"他刚缓过神来"。

忄部

⊙怀

懷　懷　怀

金文　小篆　楷书（繁体）　楷书

"怀"是形声字。金文本作"褭"。小篆另加义符"心"，写作"懷"，从心，褭声。隶变后楷书写作"懷"。汉字简化后写作"怀"。

《说文·心部》："懷，念思也。从心，褭声。"（懷，不能忘怀的思念。从心，褭声。）

"怀"的本义为怀念、思念。引申指怀抱、胸部。如《论语·阳货》："子生三年，然后免于父母之怀。"又引申指胸怀。如成语"虚怀若谷"。进而引申指心意、情意。如"正中下怀"。

又引申指安抚。如"怀敌附远"，意思就是对敌人采取安抚政策，使远方之人来归附。

⊙ 怕

怕　怕

小篆　　楷书

"怕"是形声字。小篆从心（表示与人的内心有关），白声。隶变后楷书写作"怕"。

《说文·心部》："怕，无为也。从心，白声。"（怕，恬淡无作为。从心，白声。）

"怕"的本义为恬淡无为，是"泊"的本字，读作 bó。如司马相如《子虚赋》："怕乎无为，憺乎自持。"

中古起借用以表示畏惧、胆怯，读作 pà。用在谓语前面或句首，表示对某一情况进行估计、猜测，相当于"恐怕""也许""或许"。如"怕是有什么意外"。

⊙ 恼

惱　恼

小篆　楷书（繁体）　楷书

"恼"是形声字。小篆从女，囟声。俗作"惱"，从心，囟声。如今规范化，以"恼"为正体。

《说文·女部》："嬲，有所恨也。从女，囟声。"《正字通·女部》："嬲，今作恼。"

"恼"的本义为发怒、生气。如卢仝《寄男抱孙》："任汝恼弟妹，任汝恼姨舅。"引申指撩拨、惹。如杨万里《钓雪舟倦睡》："无端却被梅花恼，特地吹香破梦魂。"

又引申指烦闷。如苏轼《蝶恋花·花褪残红青杏小》："笑渐不闻声渐悄，多情却被无情恼。"

⊙ 愤

憤　愤

小篆　楷书（繁体）　楷书

"愤"是形声字。小篆从心，賁声。

隶变后楷书写作"憤"。汉字简化后写作"愤"。

《说文·心部》："憤，懣也。从心，賁声。"（愤，充满愤怒之气。从心，賁声。）

"愤"的本义为心中郁结、憋闷。如《史记·太史公自序》："《诗》三百篇，大抵贤圣发愤之所为作也。"引申指因不满而情绪激动，发怒，怨恨。如"人神共愤""愤愤不平"。

又引申指发奋。如成语"发愤忘食"，表示人努力学习或工作，连吃饭都忘了。

⊙ 愧

媿　媿　愧

小篆　楷书（繁体）　楷书

"愧"是形声字。小篆从女，鬼声。隶变后楷书写作"媿"。汉字简化后写作"愧"。

《说文·女部》："媿，惭也。从女，鬼声。"（媿，羞惭。从女，鬼声。）

"愧"的本义为羞惭。如《诗经·小雅·何人斯》："不愧于人，不畏于天。"

用作动词，引申指使羞惭。进而引申指责备、怪罪。如《礼记·表记》："是故君子不以其所能病人，不以人之所不能者愧人。"

⊙ 惮

憚　憚　惮

小篆　楷书（繁体）　楷书

"惮"是形声字。小篆从心（表示与人的内心有关），單声。隶变后楷书写作"憚"。汉字简化后写作"惮"。

《说文·心部》："憚，忌难也。从心，單声。一曰：难也。"（惮，因忌恶（wù）而认为艰难。从心，單声。另一义说：惮是畏惧的意思。）

"惮"的本义为畏难、畏惧。如成语

"肆无忌惮"。

引申指使惊恐。如《周礼》："则虽有疾风，亦弗之能惮矣。"又引申指忌恨、憎恶。如《三国志·吴书·吴主传》："（孙）权内惮（关）羽，外欲以为己功，笺与曹公，乞以讨羽自效。"

⊙ 情

小篆　楷书

"情"是形声字。小篆从心（表示与人的内心有关），青声。隶变后楷书写作"情"。

《说文·心部》："情，人之阴气有欲者。从心，青声。"（情，人们有所欲求的从属于阴的心气。从心，青声。）

"情"的本义为感情。如李贺《金铜仙人辞汉歌》："衰兰送客咸阳道，天若有情天亦老。"引申指本性。如"情性"就是指人天赋的本性。进而引申泛指事物的实情、真实状况。如"内情""情况"。

又引申指情理、常理。如"不情之请"就是指不合情理的请求，常用作自己提出请求时的客气话。

⊙ 惨

小篆　楷书（繁体）　楷书

"惨"是形声字。小篆从心，参声。隶变后楷书写作"惨"。汉字简化后写作"惨"。

《说文·心部》："惨，毒也。从心，参声。"（惨，毒害。从心，参声。）

"惨"的本义为狠毒，残暴。如成语"惨无人道"，便是指残酷到了没有一点儿人性的地步，形容凶恶残暴到了极点。引申指程度严重，厉害。如"损失惨重""惨败"。

由严重又引申指悲痛、伤心。如白居

易《琵琶行》："醉不成欢惨将别。"

⊙ 惜

小篆　楷书

"惜"是形声字。小篆从心（表示与人的内心有关），昔声。隶变后楷书写作"惜"。

《说文·心部》："惜，痛也。从心，昔声。"（惜，哀痛。从心，昔声。）

"惜"的本义为哀痛。引申指哀怜、哀悯。如《楚辞·惜誓》："惜余年老而日衰兮，岁忽忽而不反。"

又引申指重视、爱惜。如杜秋娘《金缕衣》："劝君莫惜金缕衣，劝君惜取少年时。"又引申出吝惜、舍不得之意。如白居易《卖炭翁》："一车炭，千余斤，宫使驱将惜不得。"

还引申为遗憾、可惜。如蒋捷《金盏子》："痛惜小院桐阴，空啼鸦零乱。"

⊙ 惧

小篆　楷书（繁体）　楷书

"惧"是形声字。小篆从心（忄），瞿声。隶变后楷书写作"懼"。汉字简化后写作"惧"。

《说文·心部》："懼，恐也。从心，瞿声。"（懼，恐惧。从心，瞿声。）

"惧"的本义为害怕、恐惧。如《论语·子罕》："勇者不惧。"引申指惊慌失措。成语有"临危不惧"。

⊙ 快

小篆　楷书

"快"是形声字。小篆从心（表示与人的内心有关），夬声。隶变后楷书写作

"快"。

《说文·心部》："快，喜也。从心，夬声。"（快，喜悦。从心，夬声。）

"快"的本义为欢喜、高兴。如韩愈《与少室李拾遗书》："若景星凤皇之始见也，争先睹之为快。"成语"先睹为快"即出于此，意思是以能尽先看到为快乐。形容盼望殷切。

引申指舒服。如"身体不快"。又引申指称心的。成语"乘龙快婿"形容如意女婿。

又引申指动作迅速。如陆游《寄黄龙升老》："快哉天马不可羁。"又引申指敏捷、灵敏。如"眼疾手快"。又引申指锋利。如"快刀斩乱麻"。

用作副词，表示将要。如"天快黑了"。

⊙ 怜

憐 憐 怜

小篆　楷书（繁体）　楷书

"怜"是形声字。小篆从心（表示与人的内心有关），粦声。隶变后楷书写作"憐"。汉字简化后写作"怜"。

《说文·心部》："憐，哀也。从心，粦声。"（憐，哀怜。从心，粦声。）

"怜"的本义为同情、哀怜。如白居易《卖炭翁》："可怜身上衣正单，心忧炭贱愿天寒。"

引申为爱。如"怜香惜玉"。又引申为遗憾。如袁枚《祭妹文》："所怜者，吾自戊寅年读汝哭侄诗后，……至今无男。"

⊙ 怪

恠 怪

小篆　楷书

"怪"是形声字。小篆从心，圣声。隶变后楷书写作"怪"。

《说文·心部》："怪，异也。从心，圣声。"（怪，奇异。从心，圣声。）

"怪"的本义为奇异的、不常见的。如王安石《游褒禅山记》："而世之奇伟、瑰怪、非常之观，常在于险远。"又引申为惊奇。如"大惊小怪"。还引申为责怪、埋怨。如"怪罪""也难怪你了"。

⊙ 惯

遦 遦 惯

小篆　楷书（繁体）　楷书

"惯"是会意兼形声字。小篆从辵（辶），从贯，会长期养成的习惯之意，贯兼表声。隶变后楷书写作"遦"。汉字简化后写作"惯"。

《说文·辵部》："遦，习也。从辵，贯声。"（遦，长期养成而不易改变的习性。从辵，贯声。）

"惯"的本义是习以为常，积久成性，习惯。如李清照《添字丑奴儿》："愁损北人，不惯起来听。"

引申指纵容、迁就。如晏几道《鹧鸪天》："梦魂惯得无拘检，又踏杨花过谢桥。"

廾部

⊙ 弄

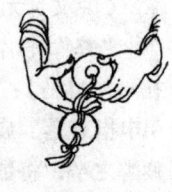

弄 弄 弄 弄

甲骨文　金文　小篆　楷书

"弄"是会意字。甲骨文和金文皆从廾，从玉，会双手把玩玉璧之意。小篆整齐化。隶变后楷书写作"弄"。

"弄"的本义为把玩，读作 nòng。如《诗经·小雅·斯干》："载弄之璋，载弄之瓦。"引申指戏耍、游戏。如李白《长干行》:"绕床弄青梅。"又引申指作弄、欺侮。如"戏弄"。

用作名词,则指乐曲。如"梅花三弄"。

又读作 lòng,常用作"弄堂",是上海人对于里弄的俗称。

⊙ 弃

甲骨文　金文　小篆　楷书(繁体)楷书

"弃"是会意字。甲骨文上部像一个头向上的婴孩(表逆产),三点表胎液;中间为簸箕;下部是两只手,会把不吉利的逆产儿丢掉之意。隶变后楷书写作"棄"。汉字简化后写作"弃"。

《说文·华部》:"棄,捐也。从廾推华弃之,从㐬。㐬,逆子也。"(棄,抛掉。由"廾"(双手)推着"华"去抛弃;从㐬。㐬是逆产儿。)

"弃"的本义为抛弃、扔掉。古代有很多弃世隐居的人,他们厌倦了俗世生活,于是远离尘世,隐居山林,这里的"弃"就是抛弃之意。后来也用作人死的婉词,指离开人世。如"弃世"。

⊙ 弊

小篆　　楷书

"弊"是会意兼形声字。小篆从廾从敝会意,敝兼表声。隶变后楷书写作"弊"。

《说文》无。

"弊"的本义为倒扑、倒下。如《周礼·大司马》:"质明,弊旗,诛后至者。"引申指衰落、疲惫。如贾谊《过秦论》:"率疲弊之卒,将数百之众,转而攻秦。"

用作名词,引申指弊病、弊害。如王安石《答司马谏议书》:"举先王之政,以兴利除弊。"

又指欺蒙人的坏事。成语"营私舞弊",意为图谋私利而玩弄欺骗手段做犯法的事。

士 部

⊙ 士

甲骨文　金文　小篆　楷书

"士"是象形字。甲骨文像禾苗立于地上。金文增加了一横。小篆承接金文而来。隶变后楷书写作"士"。

《说文·士部》:"士,事也。数始于一,终于十。从一,从十。孔子曰:'推十合一为士。'凡士之属皆从士。"(士,会办事的人。数目从一开始,到十结束。由一、由十会意。孔子说:"能够从众多的事物中推演归纳出一个简要的道理来的人就是士。"大凡士的部属都从士。)

"士"的本义为插苗于地中。而在古代耕作插苗是男子之事,由此引申为男子的美称。

又引申指兵士。如屈原《楚辞·九歌·国殇》:"矢交坠兮士争先。"

在古代,"士"又指贵族最低的一个等级,是介于卿大夫和庶民之间的一个阶层。"士"还是古代四民之一,农、工、商以外,学艺、习武的人都可称为"士"。

知识分子和具有某种学识、技术和品德的人也通称为"士"。

⊙ 壬

甲骨文　金文　小篆　楷书

"壬"是象形字。甲骨文像绕线用的工具。金文中间多了一个圆点。小篆的形体中,中间的一点变成了一横。隶变后楷书写作"壬"。

《说文·壬部》:"壬,位北方也。阴极阳生,如故《易》曰:'龙战于野。'战者,接也。象人裹妊之形。承亥壬以子,生之叙也。与巫同意。壬承辛,象人胫。凡壬之属皆从壬。"(壬,定位在北方。壬又代表冬天,这时阴气极盛而阳气已生,如所以《易经》说:"龙战于野。"战是交接的意思。"壬"字像人怀孕的样子。用子承接定位在北方的地支的亥和天干的壬,这是符合孳生的顺序的。与"巫"字"工"中加"从"以像舞袖的构形原则相同。壬继承辛,像人的小腿。大凡壬的部属都从壬。)

"壬"是"纴"字的初文,本义为绕线的工具。绕线则线团不断增大,故引申指大。

又引申指巧辩。如《尚书·皋陶谟》:"何畏乎巧言令色孔壬?"其中的"孔壬"就是指大奸佞,善于用巧辩迷惑人。

到了后世,"壬"字很少单独使用,单独用时,借用指天干的第九位。

⊙ 壮

壮　壯　壮

小篆　　楷书(繁体)　　楷书

"壮"是会意兼形声字。小篆从士,从爿,由男子已经可以参加建筑劳动,会长大成人之意,爿兼表声。隶变后楷书写作"壯"。汉字简化后写作"壮"。

《说文·士部》:"壯,大也。从士,爿声。"(壮,大。从士,爿声。)

"壮"的本义为高大、肌肉壮实。如"壮汉"。引申泛指强健。如陶渊明《拟古》之八:"少时壮且厉,抚剑独行游。"

引申指代壮年,中国古代男子三十到四十岁称为壮年。如《左传·僖公三十年》:"臣之壮也,犹不如人。"又引申指年轻。如《乐府诗集·长歌行》:"少壮不努力,老大徒伤悲。"

由强健义引申指盛大。如《史记·高祖本纪》:"天子以四海为家,非壮丽无以重威。"又引申泛指雄强、豪迈。如《战国策·魏策三》:"壮士一去兮不复还。"

⊙ 鼓

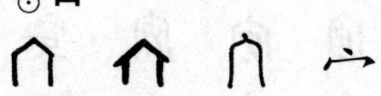

甲骨文　　金文　　小篆　　楷书

"鼓"是会意字。甲骨文像一只手拿着鼓槌敲打鼓的样子。金文是左手拿槌敲击右边的鼓。小篆承接金文而来。隶变后楷书写作"鼓"。

《说文·鼓部》:"鼓,郭也。春分之音,万物郭皮甲而出,故谓之鼓。从壴、支,象其手击之也。如《周礼》六鼓:靁鼓八面,灵鼓六面,路鼓四面,鼗鼓、皋鼓、晋鼓皆两面。凡鼓之属皆从鼓。"(鼓,用皮包廓蒙覆的乐器。是春分时节的音乐,万物包廓着皮壳长出来,所以叫作鼓。从壴、支,像手持槌击鼓。《周礼》的六鼓是:雷鼓有八面,灵鼓有六面,路鼓有四面,鼗鼓、皋鼓、晋鼓都是两面。大凡鼓的部属都从鼓。)

"鼓"的本义是战鼓。后来引申指一种乐器。引申为动词,当拍打、敲击讲。如《左传·庄公十年》:"夫战,勇气也。一鼓作气,再而衰,三而竭。"

又引申指卖弄,煽动。如《庄子·盗跖》:"摇唇鼓舌,擅生是非。"又引申指激发。如"鼓励""鼓舞"。

宀 部

⊙ 宀

∩　∩　∩　宀

甲骨文　　金文　　小篆　　楷书

"宀"是象形字。从甲骨文、金文、小

篆三者的形体来看，像是房屋的正视形状：四面有墙壁和梁柱，上面有左右倾斜的屋檐，顶端有一个屋脊，中央有厅堂与房间。

《说文·宀部》："宀，交覆深屋也。象形。凡宀之属皆从宀。"（宀，交相覆盖的深邃屋子。象形。大凡宀的部属都从宀。）

"宀"的本义是交相覆盖的深邃屋子。如张轮翼《罗汉院八大灵塔记》："宀遇班输，磨砌神工。"

"宀"是个部首字，一般不单独使用。凡由"宀"组成的字，大都与房屋有关。如"室""宅""家"等。

⊙ 守

金文　小篆　楷书

"守"是会意字。金文从宀，从寸（手），由手在屋内会掌管职守之意。小篆承接金文演变而来。隶变后楷书写作"守"。

《说文·宀部》："守，守官也。从宀，从寸。寺府之事者。从寸；寸，法度也。"（守，官吏的职守。由宀、寸会意。宀表示衙门里的事。从寸；寸，表示法度。）

"守"的本义为掌管职守。如《孟子·公孙丑下》："我无官守，我无言责也。"引申指遵守、依照、奉行。如《吕氏春秋·察今》："故治国无法则乱，守法而弗变则悖。"

引申指护卫、把守、防守、守候。如《韩非·五蠹》："因释其耒而守株，冀复得兔。"

⊙ 安

甲骨文　金文　小篆　楷书

"安"是个会意字。甲骨文从女，从宀（房子），由女子坐在房中，会平安、安适之意。金文、小篆与甲骨文形体大致相同。隶变后楷书写作"安"。

《说文·宀部》："安，静也。从女在宀下。"（安，安宁。由"女"在"宀"下会意。）

"安"的本义是平安、安适。如《论语·学而》："君子居无求安，食无求饱，敏于事而慎于言。"又引申指安定、坦然。如《论语·季氏》："不患寡而患不均，不患贫而患不安。"

作动词用时表示使安定。如"安邦定国"。也可以表示安置。如"安营扎寨"。

当疑问代词用时，作哪里讲。如杜甫《茅屋为秋风所破歌》："安得广厦千万间。"

⊙ 宁

甲骨文　金文　小篆　楷书（繁体）　楷书

"宁"是会意兼形声字。甲骨文像在房间放了器皿，会稳重安宁之意，丁表声。金文在"皿"上加"心"，以突出遂愿而自在安宁之意。隶变后楷书写作"寧"。现在简化后写作"宁"。

《说文·丂部》："寧，愿词也。从丂，寍声。"（寧，表示宁愿的词。从丂，寍声。）

"宁"的本义就是安宁，读作 níng。

用作副词时读 nìng，表示疑问，相当于"难道"。如《史记·陈涉世家》："王侯将相宁有种乎？"意思是王侯将相难道是天生的吗？还能做连词。如"宁为玉碎，不为瓦全"。

古代已嫁女子回娘家探望父母、省亲也称为"宁"。如《诗经·周南·葛覃》："归宁父母。"

148

⊙ 官

甲骨文　金文　小篆　楷书

"官"是会意字。甲骨文从宀（房屋），从自（即"弓"，代表军队），会权威之所在之意。金文、小篆与甲骨文相似。隶变后楷书写作"官"。

《说文·自部》："官，吏，事君也。从宀，从自。自犹众也。此与师同意。"（官，官吏，奉侍国君的人。由宀、由自会意。自也是众人的意思，这与"师"字从自是同一造字原则。）

"官"的本义指官府。如柳宗元《童区寄传》："愿以闻于官。"就是说希望把这件事报告给官府。引申指官员、官职。如"在官言官"指处在什么样的地位就说什么样的话。

"官"做动词用时表示当官、做官或使做官。如"远官河南"就是远去河南做官。

⊙ 定

甲骨文　金文　小篆　楷书

"定"是会意兼形声字。甲骨文从宀（表示房屋），从正（前往），会到房中止息、安定之意。金文大致相同。小篆整齐化。隶变后楷书写作"定"。

《说文·宀部》："定，安也。从宀，从正。"（定，安定。由宀、由正会意。）

"定"的本义指息止、安定。如《诗经·小雅·节南山》："乱靡有定。"是说战乱还没有平定。后又引申表示决定、确定或肯定。如"定情"之说，在古代往往指男女结合成为夫妇。如汉朝繁钦有《定情诗》，唐朝乔知之有《定情篇》，都指结婚。进一步引申指规定。如"定时""定量""定期"等。

做动词，表示使安定。如"安邦定国""平定天下"。

还可以做副词，表示一定。如《论衡·率性篇》："论人之性，定有善有恶。"

⊙ 宅

甲骨文　金文　小篆　楷书

"宅"本为形声字。甲骨文从宀，乇声。金文的形体同甲骨文相似，小篆承接金文而来。隶变后楷书写作"宅"。

《说文·宀部》："宅，所托也。从宀，乇声。"（宅，寄托身躯的地方。从宀，乇声。）

"宅"的本义指住处。如陶渊明《归园田居五首》之一："方宅十余亩，草屋八九间。"由住的地方又引申指家，常指大家族的家。如《红楼梦》第二回："当日宁荣两宅的人口也极多，如何就萧疏了？"

用作动词，指居住。如"宅心仁厚"就是说存心仁厚。

"宅"也指墓穴。如"阴宅"。如《礼记·杂记上》："大夫卜宅与葬日。"大意是大夫选择墓地和下葬的时间。

⊙ 审

金文　小篆　楷书（繁体）　楷书

"审"是会意字。金义从宀（房子），从采（辨别），从口，会于室中细察详问之意。小篆中间变为"番"（野兽足迹）。隶变后楷书写作"審"。汉字简化后写作"审"。

《说文·采部》："寀，悉也。知寀谛也。从宀从采。審，小篆寀，从番。"（寀，详尽。了解得详尽周密。由宀、采会意。審，小篆"寀"字，从番。）

"审"的本义指细察。如"审时度势"

149

中的"审"就是仔细研究之意。进而引申指查问、审讯。如"审判""审案"。

由此又可以引申指慎重、小心谨慎。如王充《论衡·艺增》:"言审莫过圣人。"意思是语言谨慎的,莫过于圣人了。

用作副词,表示果真、确实。如《汉书·王商传》:"审有内乱杀人。"就是说果真有内乱杀人之事。

⊙ 客

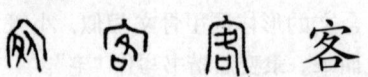

| 甲骨文 | 金文 | 小篆 | 楷书 |

"客"是会意兼形声字。甲骨文外为房屋之形,屋内有一个面朝左的人,左边有只大脚,会外人到了之意。金文房内变为"各"(到来)字。隶变后楷书写作"客"。

《说文·宀部》:"客,寄也。从宀,各声。"(客,寄居。从宀,各声。)

"客"的本义为宾客。如贺知章《回乡偶书》:"儿童相见不相识,笑问客从何处来。"

引申特指古代寄食并服务于贵族豪门的人,即"门客"。如《史记·魏公子列传》:"诸侯以公子贤,多客。"这里的"客"就是指魏公子的门客。

由此而引申为寄居他乡的人。如杜甫《羌村三首》:"柴门鸟雀噪,归客千里至。"因杜甫长期寄居他乡,后归故里,所以称"归客"。

⊙ 家

| 甲骨文 | 金文 | 小篆 | 楷书 |

"家"是会意字。甲骨文表示"屋内有豕(猪)"为"家"。(古代生产力低下,人们多在屋子里养猪,所以房子里有猪就成了人家的标志。)隶变后楷书写作"家"。

《说文·宀部》:"家,居也。从宀,豭省声。"(家,居处的地方。从宀,豭省声。)

"家"的本义指人家,引申泛指家庭。如陶渊明《桃花源记》:"便要还家,设酒杀鸡作食。"

还引申指学术流派或经营某种行业的人。如"道家""酒家"。又引申指具有某种专长或从事某种专门活动的人。如"画家"。

有时也做谦称。如"家兄""家父"等。

虚化做词尾。如"小孩子家"。又可用作量词。如"一家之主""几家人"。

⊙ 宰

| 甲骨文 | 金文 | 小篆 | 楷书 |

"宰"是会意字。甲骨文、金文、小篆皆从宀,从辛(刑刀),表示奴隶在屋下从事杀牲以备祭的劳动。隶变后楷书写作"宰"。

《说文·宀部》:"宰,辠人在屋下执事者。从宀,从辛。辛,辠也。"(宰,在屋子底下做事的罪人。由宀、辛会意。辛,表示罪人。)

"宰"的本义指掌管杀牲以备祭的奴隶,引申泛指家奴,后来奴隶头也称"宰"。如《仪礼》:"宰右执镫,左执盖。"又引申指帮助国君管理朝政的宰相。古书中常见"宰官"一词,这并非指"宰相",一般的官员都可以称为"宰官"。苏轼《纵笔》:"父老争看乌角巾,应缘曾观宰官身。"到了后世,县令亦可称"宰官"。

"宰"由掌管杀牲以备祭引申指杀。如颜师古注《汉书》说:"宰,为屠杀也。"厨夫也可以称为"宰夫"。

⊙ 宾

㝯 寶 賓 宾

甲骨文　金文　小篆　楷书（繁体）楷书

"宾"是会意字。甲骨文从宀，从人，从止，会人来到屋里之意。金文加"贝"，表示还带着礼物。小篆承接金文，整齐化。隶变后楷书写作"賓"。汉字简化后写作"宾"。

《说文·贝部》："賓，所敬也。从贝，宀声。"（賓，所敬重的宾客。从贝，宀声。）

"宾"的本义为客人。如"相敬如宾""宾客盈门"。进而引申表示用宾客的礼节相待。如王安石《伤仲永》："稍稍宾客其父。"意为纷纷以宾客之礼来对待他的父亲。

后来又引申为服从或归顺，如古代诸侯或边远部落按时朝贡称为"宾服"。如《史记·五帝本纪》："诸侯咸来宾从。"就是诸侯都来归顺的意思。

⊙ 寅

甲骨文　金文　小篆　楷书

"寅"是象形字。甲骨文从矢，从口（箭函），会从函中请出箭矢来之意。金文左右均为手，像双手捧矢。篆箭头讹变成"宀"。隶变后楷书写作"寅"。

《说文·寅部》："寅，髌也。正月，阳气动，去黄泉，欲上出，阴尚彊，象宀不达，髌寅於下也。凡寅之属皆从寅。"（寅，摒弃排斥。寅代表正月，这时阳气发动，离开地底的黄泉，想要向地上冒出，但阴气还很强大，像交相覆盖的深邃屋子一样覆盖着大地，不让阳气顺畅抵达，并且将它摒弃排斥于地下。大凡寅的部属都从寅。）

"寅"的本义是指从函中请出矢。引申表示进礼、虔敬之义。如《尚书·无逸》："严恭寅畏。""寅畏"即"敬畏"。

农历以干支纪年，"寅"是地支的第三位，"卯"是地支的第四位。成语"寅吃卯粮"意思是寅年就吃了卯年的粮食。比喻入不敷出，预先借支。

"寅"字被借为地支用字之后，完全失去了本义。又可指十二时辰之一，"寅时"即凌晨三时至五时。

⊙ 宝

甲骨文　金文　小篆　楷书（繁体）楷书

"宝"是会意字。甲骨文从宀（房屋），从贝（货币），从王（玉），会房中有珍宝之意。金文又在甲骨文的基础上增加了"缶"（器皿，亦为古人所重）。小篆承接金文，并整齐化。隶变后楷书写作"寶"。汉字简化后写作"宝"。

《说文·宀部》："寶，珍也。从宀，从王，从贝，缶声。"（寶，珍宝。由宀、由玉、由贝会意，缶声。）

"宝"的本义为珍贵的东西。如《史记·廉颇蔺相如列传》："和氏璧天下人所共传宝也。"

又表示珍爱、珍视、珍藏。如《韩非子·解老》："吾有三宝，持而宝之。"这里的第一个"宝"是宝贝义，第二个"宝"是将其当作珍宝的意思。

旧时"宝"也用作称别人的家眷、铺子等的敬辞。如"宝眷""宝号"。

⊙ 宏

小篆　楷书

"宏"是形声字。小篆从宀（房屋），厷声。隶变后楷书写作"宏"。

《说文·宀部》："宏，屋深响也。从宀，厷声。"（宏，房屋幽深而有回响。从宀，厷声。）

"宏"的本义指房屋深广，说话有回声。引申泛指广大。如"宏伟"。又引申指胸襟开阔、度量大、见识广博。如"宏论"即是见识广博的言论。

进而引申指发扬、光大。如魏徵《谏太宗十思疏》："总此十思，宏兹九德。"意为完全做到这十个方面，发扬九德的修养。

"宏"也可以表示声音洪亮。如"宏亮"。

现在，大力宣扬之义写作"弘扬"，"宏扬"已被淘汰。"弘扬"原指佛、菩萨传播佛法普度众生。后指大力宣传某种思想和文化。

⊙ 完

小篆　楷书

"完"是形声字。小篆从宀（房屋），元声。隶变后楷书写作"完"。

《说文·宀部》："完，全也。从宀，元声。"（完，完全。从宀，元声。）

"完"的本义指房屋整齐美好，无缺损。引申泛指完好、完整。如成语"体无完肤""神完气足""完美无瑕"等。

用作动词，表示使完好、保全。如成语"完璧归赵"便用此义。现多比喻把原物完好地归还本人。

"完"也引申泛指完成。如"完工""完稿""完事"等。又引申指完尽、生命终结，或陷入失败、绝境。如"钱用完了""计划全完了"等。

⊙ 宇

金文　小篆　楷书

"宇"是形声字，金文从宀（房屋），于声。小篆整齐化。隶变后楷书写作"宇"。

《说文·宀部》："宇，屋边也。从宀，于声。如《易》曰：'上栋下宇。'"（宇，屋的边檐。从宀，于声。《易经》说："上有栋梁下有屋檐。"）

"宇"的本义为房檐。如《易·系辞》："后世圣人易之以宫室，上栋下宇，以待风雨。"

引申泛指房屋。如苏轼《水调歌头》："又恐琼楼玉宇，高处不胜寒。"进而引申指天下、世界。如贾谊《过秦论》："有席卷天下，包举宇内，囊括四海之意。"

进而引申指上下四方整个空间。如王羲之《兰亭集序》："仰观宇宙之大，俯察品类之盛。"又特指风度、容仪。如"他眉宇间一团英气"。

⊙ 宙

甲骨文　小篆　楷书

"宙"是形声字。甲骨文、小篆从宀（房屋），由声。隶变后楷书写作"宙"。

《说文·宀部》："宙，舟舆所极，覆也。从宀，由声。"（宙，舟车所到的地方；屋宇覆盖的栋梁。从宀，由声。）

"宙"的本义指房屋的栋梁，后来字义扩展，表示车、船等交通工具所能到达的极远的地方。进而引申指天空。如王勃《七夕赋》："霜凝碧宙，水莹丹霄。"

"宇""宙"二字并用，曾指屋檐下、栋梁间的一方小天地。后用来比喻上下四方的空间、古往今来的时间，即指无限的时空。

⊙ 牢

甲骨文　金文　小篆　楷书

"牢"是会意字。甲骨文里面是个"牛"字，外面像养牛的圈。金文的形体与甲骨文大致相同。隶变后楷书写作"牢"。

《说文·牛部》："牢，闲。养牛马圈也。从牛，冬省。取其四周匝也。"（牢，牢阑。畜养牛马的栏圈。由牛字和冬字省去下面的仌（即冰字）会意。取四周包围的意思。）

"牢"的本义为豢养牛马等牲畜的栏圈。如"亡羊补牢"。

"牢"由豢养牲畜的圈栏引申为关押犯人的监狱。如"画地为牢"。

圈养牲畜的栏圈必须非常结实，故又引申指坚固、稳妥可靠。如"牢固""牢不可破"。

⊙ 宗

甲骨文	金文	小篆	楷书

"宗"是会意字。甲骨文的形体，外部是房舍，其内有祭台，表示这里就是宗庙。金文、小篆的形体与甲骨文大致相同。隶变后楷书写作"宗"。

《说文·宀部》："宗，尊祖庙也。从宀，从示。"（宗，祭祖先的庙。由宀、由示会意。）

"宗"的本义为祭祀祖先的庙。如《孔子家语》："故筑为宫室，设为宗祧。"

又可以引申为祖宗。如《左传·成公三年》："使嗣宗职。"后又引申为宗族。如《史记·秦始皇本纪》："车裂以徇，灭其宗。"

又引申指主旨、本源。如"开宗明义"。

⊙ 寓

金文	小篆	楷书

"寓"是形声字。金文、小篆皆从宀，禺声。隶变后楷书写作"寓"。

《说文·宀部》："寓，寄也。从宀，禺声。"（寓，寄居。从宀，禺声。）

"寓"的本义为寄居、寄住。如《孟子·离娄下》："无寓人于我室，毁伤其薪木。"

用作名词，指住所、住处。如"公寓""客寓"等。

由寄居又引申指投寄、寄递。如现在常说的"邮寄""寄信"等。又引申指寄托、寄存。

⊙ 实

金文	小篆	楷书（繁体）	楷书

"实"是会意字。金文从宀，从贯（钱财），会屋中充满钱财之意。小篆承接金文而来。隶变后楷书写作"實"。汉字简化后写作"实"。

《说文·宀部》："實，富也。从宀，从貫。貫，货贝也。"（實，富裕。由宀、由貫会意。贯，表示货贝。）

"实"的本义指充实、充满。如《史记·货殖列传》："仓廪实而知礼节，衣食足而知荣辱。"

用作动词，指使充满、使充实。如《汉书·食货志》："薄赋敛，广蓄积，以实仓廪。"

又可以引申为真实、不虚。如《汉书·司马迁传赞》："不虚美，不隐恶，故谓之实录。"

⊙ 密

小篆	楷书

"密"是会意兼形声字。小篆由宓（房屋）会意，宓兼表声。隶变后楷书写作

"密"。

《说文·山部》："密，山如堂者。从山，宓声。"（密，形状像堂室的山。从山，宓声。）

"密"的本义为形如堂屋的山。如《尸子·绰子》："松柏之鼠，不知堂密之有美枞。"

引申指隐蔽、隐秘的地方。如《礼记·少仪》："不窥密，不旁狎。"进而引申指秘密。如赵佶《宣和殿荔枝》："密移造化出闽山，禁御新栽荔枝丹。"

又表示稠密、多。如龚自珍《病梅馆记》："以疏为美，密则无态。"

⊙ 寨

寨　寨

小篆　楷书

"寨"是会意兼形声字。楷书写作"寨"，从木，从𡨄（表堵塞），会用木头做的羊圈、羊栏之意，𡨄兼表声。

《说文》无。

"寨"本义为羊圈、羊栏。引申泛指防守用的栅栏、篱笆。如徐珂《清稗类钞·战事类》："时敌军已近寨，枪声隆然。"

又引申指四面环围的驻军处、营垒。如郑谷《寄边上从事》："高垒观诸寨，全师护大朝。"特指旧时强盗聚集的地方。如"山寨"。

又引申指四周有栅栏或围墙的寨子、村落。如"苗寨""村寨"。

⊙ 宫

宫　宫　宫　宫　宫

甲骨文　金文　小篆　楷书（繁体）　楷书

"宫"是会意字。甲骨文外形像围墙，内部的两个"口"像围墙内的若干房屋。金文、小篆继承了甲骨文。隶变后楷书写

作"宫"。

《说文·宫部》："宫，室也。从宀，躬（躬）省声。"（宫，室。从宀，躬省声。）

"宫"的本义指有围墙的房屋，后泛指房屋。秦汉以后特指君王居住的地方。如王建《宫词》："宫人早起笑相呼，不识阶前扫地夫。"

"宫"亦可当宗庙讲。如《诗经·召南·采蘩》："于以用之? 公侯之宫。"

⊙ 室

室　室　室　室

甲骨文　金文　小篆　楷书

"室"是会意兼形声字。甲骨文从宀（房屋），从至，会人至而息止之意，至也兼表声。金文、小篆与甲骨文大致相同。隶变后楷书写作"室"。

《说文·宀部》："室，实也。从宀，至声。至，所止也。"（室，内室。由宀、由至会意。至表示止息之地。）

"室"的本义指人所息止的堂内的房间，即堂后之正室。如《易·系辞》："上古穴居而野处，后世圣人易之以宫室。"泛指房屋、住宅。如陶渊明《归园田居》："户庭无尘杂，虚室有余闲。"

进一步引申为家。如杜甫《石壕吏》："室中更无人，惟有乳下孙。"由家又引申为妻、妻室。如《礼记·曲礼上》："三十曰壮，有室。"

⊙ 富

富　富

小篆　楷书

"富"是会意字兼形声字。小篆从宀（表示房屋），从畐（充满），畐兼表声。隶变后楷书写作"富"。

《说文·宀部》："富，备也。一曰：厚也。从宀，畐声。"（富，完备。另一义说：

富是多、厚。从宀，畐声。）

"富"的本义指富有，古与"贫"相对，今与"穷"相对。如曹丕《上留田》："富人食稻与粱，贫子食糟与糠。"又可以指年少，未来岁月多。如"年富力强"。

☉ 宽

小篆　楷书（繁体）　楷书

"宽"是形声字。小篆从宀，从莧。隶变后楷书写作"寬"。汉字简化后写作"宽"。

《说文·宀部》："寬，屋宽大也。从宀，莧声。"（寬，房屋宽敞。从宀，莧（羊角向两边分张）声。）

"宽"的本义指房屋宽敞。如《后汉书·刘般传》："府寺宽敞，舆服光丽。"引申泛指横的距离，即宽度。又引申泛指面积阔大。如张祜《送韦整尉长沙》："云水洞庭宽。"

由宽阔又引申指宽厚、度量大。如《史记·廉颇蔺相如列传》："鄙贱之人，不知将军宽之至此也。"又引申指放松、放宽。如"宽恕"。

☉ 宿

甲骨文　金文　小篆　楷书

"宿"是会意字。甲骨文从宀（房屋），从人，从因（席），会人躺在席上于屋内睡觉之意。金文大致相同。小篆整齐化。隶变后楷书写作"宿"。

《说文·宀部》："宿，止也。从宀，佰声。"（宿，止宿。从宀，佰声。）

"宿"的本义指夜晚睡觉、住宿，读作 sù。如《乐府诗集·木兰辞》："旦辞爷娘去，暮宿黄河边。"引申为夜。如《齐民要术·水稻》："净淘种子，渍经三宿。"

又引申表示积久的、素来就有的。如"宿愿""宿志"。

还可以指星宿，读作 xiù。如"二十八宿"。

☉ 宣

甲骨文　金文　小篆　楷书

"宣"是会意兼形声字。甲骨文从宀（房屋），从回（河水漩涡）。小篆变为从亘（xuān），会装饰有回环水云纹的大房子之意，亘兼表声。隶变后楷书写作"宣"。

《说文·宀部》："宣，天子宣室也。从宀，亘声。"（宣，天子宽大的正室。从宀，亘声。）

"宣"的本义指帝王宫殿。如李商隐《贾生》："宣室求贤访逐臣，贾生才调更无伦。"引申为发布、传达，多用于传达帝王的诏命。宋元时，朝廷授给各级官吏铜牌，以证明其官职身份，这铜牌就被称为"宣牌"。

又引申指宣扬、宣传、广泛传播。如《国语·晋语》："宣其德行。"

☉ 宪

金文　小篆　楷书（繁体）　楷书

"宪"是会意兼形声字。金文从目，害省声。或另加义符"心"，会心灵敏眼雪亮之意。隶变后楷书写作"憲"。汉字简化后写作"宪"。

《说文·心部》："憲，敏也。从心，从目，害省声。"（憲，敏捷。由心、目会意，害省声。）

"宪"的本义为聪敏。如《周书·谥法》："博闻多能曰宪。"引申为法令。如"立宪""制宪"。又引申为效法。如潘岳《寡妇赋》："宪女史之典戒。"

⊙寒

金文　　小篆　　楷书

"寒"是会意字。金文形体从宀，从人、茻（众草）、冫（冰），会天寒地冻之意。小篆继承金文。隶变后楷书写作"寒"。

《说文·宀部》："寒，冻也。从人在宀下，以茻荐覆之，下有仌。"（寒，冷冻。由"人"在"宀"下，用草垫着盖着，下有"仌"来会意。）

"寒"的本义指寒冷。如《史记·刺客列传》："风萧萧兮易水寒。"引申指战栗恐惧。如"胆寒"。又引申指贫困。古时将家境贫困或门第卑微的读书人称为"寒士""寒门"。

⊙宵

金文　　小篆　　楷书

"宵"是形声字。金文从宀，肖声。小篆整齐化。隶变后楷书写作"宵"。

《说文·宀部》："宵，夜也。从宀，宀下冥也；肖声。"（宵，夜晚。从宀，表示室下窈冥；肖表声。）

"宵"的本义为夜晚。如柳永《雨霖铃》："今宵酒醒何处？杨柳岸，晓风残月。"俗语有"春宵一刻值千金"的说法，这里的"春宵"指的就是晚上。引申为小。如"宵小之徒"。

"元宵节"特指农历正月十五，也叫"上元节"，这天的晚上就叫作"元宵"。

犭部

⊙狼

甲骨文　　小篆　　楷书

"狼"是形声字。甲骨文左边的"良"是声符，右边是一个头朝上的"狼"之形。隶变后楷书写作"狼"。

《说文·犬部》："狼，似犬，锐头，白颊，高前，广后。从犬，良声。"（狼，像狗，尖锐的头，白色的脸颊，身子前部高，后部宽。从犬，良声。）

"狼"的本义为一种似狗的野兽。如《诗经·齐风·还》："并驱从两狼兮。"

狼性残忍，故比喻凶狠。如《战国策·燕策》："夫赵王之狼戾无亲，大王之所明见知也。"

星星也有用"狼"来命名的。如"天狼星"，象征着凶残的敌人。如苏轼《江城子·密州出猎》："会挽雕弓如满月，西北望，射天狼。"

⊙狈

甲骨文　　金文　　小篆　　楷书（繁体）　　楷书

"狈"是形声字。甲骨文上面是一只头朝上的狈，尾巴的下端是个"贝"，表声。金文变为左右结构。隶变后楷书写作"狽"。汉字简化后写作"狈"。

《说文》无。

"狈"的本义就是一种狼属的野兽。传说狈的前腿很短，行走的时候前腿必须趴在狼身上，没有狼则不能行走，故有"狼狈为奸"的说法，用来比喻坏人相互勾结干坏事。

又因为"狈"没有狼就走不了路，"狼狈"一词也用来形容困苦或受窘的样子。

如李密《陈情表》："臣之进退，实为狼狈。"这里的"狼狈"是指自己的处境很困难、很窘迫。

⊙ 猎

獵 獵 獵 猎

金文　小篆　楷书（繁体）　楷书

"猎"是形声字。金文从犬，鼠声。小篆的字形与金文相似。隶变后楷书写作"獵"。汉字简化后写作"猎"。

《说文·犬部》："獵，放猎逐禽也。从犬，鼠声。"（獵，打猎追逐禽兽。从犬，鼠声。）

"猎"的本义是打猎、捕捉禽兽。打猎需要到处奔波，故引申为践踏、踩。如《荀子·议兵》："不猎禾稼。"是说不要踏坏庄稼。此义后世均写为"躐"（liè）。

⊙ 狐

狐 狐 狐

甲骨文　小篆　楷书

"狐"是象形兼形声字。甲骨文右边像狐狸之形，左边的"亡"表声。小篆改为从犬，瓜声。隶变后楷书写作"狐"。

《说文·犬部》："狐，妖兽也。鬼所乘之。有三德：其色中和，小前大后，死则丘首。从犬，瓜声。"（狐，妖异的野兽。是鬼所凭借的东西。它有三种德行：它的毛色是中和的黄色；前面的鼻尖小，后面的尾巴大；临死的时候对着出生的山丘摆正自己的脑袋。从犬，瓜声。）

"狐"的本义是狐狸。俗传狐狸狡猾多疑，善于迷惑人，故引申指像狐狸一样多疑或迷惑人。如《汉书·文帝纪》："方大臣之诛诸吕迎朕，朕狐疑。"颜师古作注："狐之为兽，其性多疑，每渡冰河，且听且渡。故言疑者而称狐疑。"

⊙ 狩

狩 狩 狩 狩

甲骨文　金文　小篆　楷书

"狩"是会意字。甲骨文左边是一个猎叉，右边是一条犬，表示带着猎叉和犬去打猎。金文变化不大。小篆将"犬"字移至左边。隶变后楷书写作"狩"。

《说文·犬部》："狩，犬田也。从犬，守声。《易》曰：'明夷于南狩。'"（狩，用狗田猎。从犬，守声。如《易经》曰："叫着的鹈鹕鸟在人们南去打猎的时候受了伤。"）

"狩"的本义为猎人带着猎具和犬去打猎。如《诗经·魏风·伐檀》："不狩不猎，胡瞻尔庭有县貆兮？"

后来专指古代君主冬天围猎。又引申指帝王出外巡视。

⊙ 猪

豬 豬 猪

小篆　楷书（繁体）　楷书

"猪"是形声字。小篆从豕，者声。隶变后楷书写作"豬"。汉字简化后写作"猪"。

《说文·豕部》："豬，豕而三毛丛居者。从豕，者声。"（豬，又叫豕，是三根毛丛生在同一毛孔的动物。从豕，者声。）

"猪"的本义为小猪，泛指猪。如《乐府诗集·木兰诗》："小弟闻姊来，磨刀霍霍向猪羊。"

还可指十二生肖之一，即地支的"亥"。

⊙ 狼

狼 狼

小篆　楷书

"狼"是会意兼形声字。小篆从犬从

艮（扭头瞪视）会意，艮兼表声。隶变后楷书写作"狠"。是"很"的分化字。

《说文·犬部》："狠，犬斗声，从犬，艮声。"（狠，狗争斗的声音。从犬，艮声。）

"狠"的本义是狗争斗的声音。引申为凶恶、残忍。如"心狠手辣""狠毒"。又引申指下决心。如"他下了狠心要戒赌"。还指严厉地、坚决地。如"狠打歪风邪气""狠抓质量"。

用作副词时，表示程度，同"很"。如《儒林外史》第三回："他只因欢喜得狠了，痰涌上来迷了心窍。"

⊙ 猜

猜 猜

小篆　　楷书

"猜"是形声字。小篆从犬，青声。隶变后楷书写作"猜"。

《说文·犬部》："猜，恨贼也。从犬，青声。"（猜，嫉恨以至残害别人。从犬，青声。）

"猜"的本义为嫉恨、怀疑、不信任。如"猜妒""猜忌"。引申指因猜疑而有戒心。如李白《长干行》："同居长干里，两小无嫌猜。"

又引申指推向、推测。如"猜想""猜谜"。

⊙ 狭

狭 狭 狭

小篆　　楷书（繁体）　　楷书

"狭"是会意兼形声字。小篆从阜从夾会意，夾兼表声。隶变后楷书写作"狹"。汉字简化后写作"狭"。

《说文》无。

"狭"的本义是窄隘、不宽阔。如陶渊明《归园田居》其三："道狭草木长，夕

露沾我衣。"引申指见识、胸怀不宽广。如嵇康《与山巨源绝交书》："吾直性狭中，多所不堪。"

又引申指急迫。如《礼记·乐记》："广则容奸，狭则思欲。"

⊙ 狗

狗 狗

小篆　　楷书

"狗"是会意兼形声字。小篆从犬从句会意，句兼表声。隶变后楷书写作"狗"。

《说文·犬部》："狗，孔子曰：'狗，叩也。叩气吠以守。'从犬，句声。"（狗，孔子说：狗，扣击。狗声砆砆如扣击，出气而吠叫，用以守御。"从犬，句声。）

狗是人类最早驯化的家畜之一，"狗"的本义是家犬。如"狐朋狗友""狗尾续貂"。

在历史上，还有以"狗"来自比的故事。如"狡兔死，走狗烹"，兔子死了，猎狗被煮来吃掉，也就是杀戮功臣之意。

狗又是十二生肖之一，所谓"戌狗亥猪"。

⊙ 猝

猝 猝

小篆　　楷书

"猝"是形声字。小篆从犬，卒声。隶变后楷书写作"猝"。

《说文·犬部》："猝，犬从艸暴出逐人也。从犬，卒声。"（猝，狗从草中突然蹿出追逐人。从犬，卒声。）

"猝"的本义为狗从草中突然冲出来追逐人。引申泛指匆忙、仓猝。如蒲松龄《聊斋志异·促织》一文中有"一癞头蟆猝然跃去"和"成仓猝莫知所救"，"猝然"，突然；"仓猝"，匆忙。

还引申指突然。如成语"猝不及防"，就是事情突然发生，来不及防备的意思。

⊙ 犯

小篆　　　楷书

"犯"是形声字。小篆从犬，巳声。隶变后楷书写作"犯"。

《说文·犬部》："犯，侵也。从犬，巳声。"（犯，侵犯。从犬，巳声。）

"犯"的本义是侵害、危害、进攻。引申指做出（不合法、不该做的事）。如"明知故犯"。又引申指发生、发作，多指不好的事。如"犯病""犯愁"。

用作名词，又引申指违法而应受到惩罚的人。如"罪犯""战犯"等。

⊙ 狡

小篆　　　楷书

"狡"是形声字。小篆从犬，交声。隶变后楷书写作"狡"。

《说文·犬部》："狡，少狗也。从犬，交声。匈奴地有狡犬，巨口而黑身。"（狡，少壮的狗。从犬，交声。匈奴地方有一种大狗，巨大的嘴巴，黑色的身子。）

"狡"的本义为少壮的狗。也是传说中的兽名。如《山海经·西山经》："有兽焉，其状如犬而豹文，其角如牛，其名曰狡。"

又引申指狡猾、诡诈。如成语"狡兔三窟"字面意思是说狡猾的兔子有多处洞穴，比喻人要多些掩蔽措施和应变办法，用以保护自己。

⊙ 猛

小篆　　　楷书

"猛"是形声字。小篆从犬，孟声。隶变后楷书写作"猛"。

《说文·犬部》："猛，健犬也。从犬，孟声。"（猛，健壮的狗。从犬，孟声。）

"猛"的本义为健壮凶暴有力的狗。引申指凶恶可怕。如柳宗元《捕蛇者说》："苛政猛于虎。"又引申指猛烈、强烈、刚烈。

现在又有棒、厉害的意思。多用于年轻人感叹自己赞赏的事物。如"你也太猛了吧"。

用作副词，指突然、忽然。

⊙ 独

小篆　　楷书（繁体）　　楷书

"独"是形声字。小篆从犬，蜀声。隶变后楷书写作"獨"。汉字简化后写作"独"。

《说文·犬部》："獨，犬相得而斗也。从犬，蜀声。一曰：北嚣山有独兽，如虎，白身，豕鬣，尾如马。"（独，狗相遇就争斗。从犬，蜀声。另一义说：北嚣山上有名叫"独"的野兽，样子像老虎，白色的身子，鬃毛像猪一样，尾巴像马。）

"独"的本义为独自。如"君子慎独"，指一个人时也要注意。又引申为孤单。如"孤独"。

"独"在汉语中有褒、贬两种相反的用义。如"独具匠心""独步""独占鳌头"等都是"独"的褒义用法。古文中有"独夫"的说法，这是指严重脱离群众、众叛亲离的统治者，又叫"一夫"。秦始皇就被称作"独夫"。

⊙ 狂

甲骨文　　小篆　　楷书

"狂"是会意兼形声字。甲骨文从犬，从㞷（前往），会疯狗跑之意，㞷兼表声。小篆变化不大。隶变后楷书写作"狂"。

《说文·犬部》："狂，狾犬也。从犬，㞷声。"（狂，疯狗。从犬，㞷声。）

"狂"的本义为疯狗。也指狗发疯。引申指人精神失常、疯癫。如张溥《五人墓碑记》："而又有剪发杜门，佯狂不知所之者。"又引申指轻狂、放纵、放荡。如"猖狂""狂妄"。

夕部

⊙ 夕

甲骨文　金文　小篆　楷书

"夕"是象形字。在甲骨文和金文中，"夕"字与"月"字几乎一模一样。小篆的"夕"比"月"字少了一笔，表示月儿尚未露出全貌。隶变后楷书写作"夕"。

《说文·夕部》："夕，莫也。从月半见。凡夕之属皆从夕。"（夕，傍晚。由月字现出一半来表意。大凡夕的部属都从夕。）

"夕"的本义就是指黄昏、傍晚。如《诗经·王风·君子于役》："日之夕矣，牛羊下来。"引申指代夜晚。如成语"朝乾夕惕"，形容终日勤奋工作，戒勉不已。

"除夕"是农历一年中最后一天的晚上，意谓旧岁至此而除，新岁自明晨开始。

⊙ 外

金文　小篆　楷书

"外"是会意字。金文从夕，从卜。古人占卜一般是在早晨，如果在夜里占卜，则表明边疆有事。小篆承接金文。隶变后楷书写作"外"。

《说文·夕部》："外，远也。卜尚平旦，今夕卜，于事外矣。"（外，疏远。占卜崇尚平明日出之时，今在夜晚占卜，就卜筮之事而言已经是例外了。）

"外"的本义指外面、外部。引申为自己所在地以外的地方。如"外地""外省"。母亲、妻子、姐妹或儿女方面的亲属也以"外"称之。如"外祖父"。又引申为关系疏远的人。如"外人""见外"。

又指非正式的、非正规的。如凡人物为正史所不载，或正史已有记载别为作传，记其逸闻逸事，都叫"外传"。

⊙ 梦

甲骨文　金文　小篆　楷书（繁体）　楷书

"梦"是会意字。甲骨文右边像一张床的形状；左边是一个人躺在床上，手抚额头在做梦。金文下部增加了"夕"字。小篆整齐化。隶变后楷书写作"夢"。汉字简化后写作"梦"。

《说文·夕部》："夢，不明也。从夕，瞢省声。"（夢，不明。从夕，瞢省声。）

"梦"的本义指做梦。如《论语·述而》："久矣吾不复梦见周公。"引申指虚幻。如《庄子·齐物论》："昔者庄周梦为蝴蝶，栩栩然胡蝶也，自喻适志也！不知周也。俄然觉，则蘧蘧然周也。不知周之梦为胡蝶与，胡蝶之梦为周与？"后因以"梦蝶"比喻虚幻无常。

⊙ 多

甲骨文　金文　小篆　楷书

"多"是会意字。甲骨文、金文、小篆都是两个重叠的"夕"字。隶变后楷书写作"多"。

《说文·多部》："多，重也。从重夕。

夕者，相绎也，故为多。重夕为多，重日为叠。凡多之属皆从多。"（多，重复。由重叠的"夕"字构成。夕的意思是相抽引而无穷尽，所以叫"多"。重叠夕字叫多，重叠日字叫叠。大凡多的部属都从多。）

"多"的本义为多出，与"少"相对，后来又引申为余。如"二百多"。

⊙ 名

甲骨文　金文　小篆　楷书

"名"为会意字。甲骨文从口，从夕。金文变成上下结构，但其义未变。小篆整齐化。隶变后楷书写作"名"。

《说文·口部》："名，自命也。从口，从夕。夕者，冥也。冥不相见，故以口自名。"（名，自己称呼自己的名字。由口、夕会意。夕是夜晚的意思。夜晚彼此看不见，所以自己称呼自己的名字。）

"名"的本义为自己报出名字、起名字。如《乐府诗集·陌上桑》："秦氏有好女，自名为罗敷。"由命名引申用作名词，表示名字。如"命名"。

又引申为名声、名望。如刘禹锡《陋室铭》："山不在高，有仙则名。"

⊙ 夜

金文　小篆　楷书

"夜"是形声字。金文从夕，夕兼表声。小篆整齐化。隶变后楷书写作"夜"。

《说文·夕部》："夜，舍也。天下休舍也。从夕，夕亦省声。"（夜，止息。是天下休息之时。从夕，亦省声。）

"夜"的本义是从天黑到天亮的一段时间。如赵师秀《约客》："有约不来过夜半，闲敲棋子落灯花。"成语"夜以继日"。还指黄昏。

又特指夜行。如苏味道《正月十五日夜》："金吾不禁夜，玉漏莫相催。"

彳 部

⊙ 彳

甲骨文　金文　小篆　楷书

"彳"是象形字。甲骨文像半个十字路口的形状。金文与甲骨文基本相同。小篆承接金文而来。隶变后楷书写作"彳"。

《说文·彳部》："彳，小步也。象人胫三属相连也。凡彳之属皆从彳。"（彳，微小的步伐。像人的下肢大腿、小腿、脚三者相连之形。大凡彳的部属都从彳。）

"彳"字一般不单独使用，它经常与"亍"（chù）连在一起组成一个词"彳亍"，表示小步或走走停停。如潘岳《射雉赋》："彳亍中辍。"

⊙ 行

甲骨文　金文　小篆　楷书

"行"是象形字。甲骨文像十字路口的形状。金文大致相同。小篆承接金文而来。隶变后楷书写作"行"。

《说文·行部》："行，人之步趋也。从彳，从亍。凡行之属皆从行。"（行，人的各式行走。由彳、由亍会意。大凡行的部属都从行。）

"行"的本义是路、道路，读作 háng。如《诗经·豳风·七月》："女执懿筐，遵彼微行。"引申为行列、队伍。如《楚辞·九歌·国殇》："凌余阵兮躐余行。"

还读作 xíng，引申为行走。如李商隐《瑶池》："八骏日行三万里。"又引申指从事、干。如"他为人行事不错"。还特指路程。如"千里之行，始于足下"。

⊙ 径

徑 徑 径

"径"是会意兼形声字。小篆从彳（街道），从巠（直的经线），会像经线一样的人行小道之意，巠兼表声。隶变后楷书写作"徑"。汉字简化后写作"径"。

《说文·彳》："徑，步道也。从彳，巠声。"（徑，步行的小路。从彳，巠声。）

"径"的本义为不能走车的小路。如杜甫《春夜喜雨》："野径云俱黑，江船火独明。"引申为方法、途径。如"终南捷径"。

引申为直径。如魏学洢《核舟记》中所说的"径寸之木"，指的就是直径一寸的木料。由此引申为径直、直接。如《聊斋志异·促织》："径造庐访成。"

⊙ 征

得 征 証 徵 延 征

"征"是会意兼形声字。甲骨文从彳（道路），从正（一只脚对着城市前进），会向某地进发之意，正兼表声。隶变后楷书写作"徵"和"延"。汉字简化后写作"征"。如今又做了"徵"的简化字。

《说文·辵部》："延，正行也。从辵，正声。"（延，有目标地远行。从辵，正声。）

"征"的本义为有目标地远行。如李白《送友人》："此地一为别，孤蓬万里征。"行军作战多要长途跋涉，引申为征讨、征伐。如"南征北战""东征西讨"。

用作"徵"的简化字时，引申为征召。如《后汉书·张衡传》："征拜郎中。"又引申为求取、索取。如"征稿""征税"。

又引申为迹象、征兆。如"征候"

"特征"。

⊙ 役

伇 役 役

"役"是会意字。甲骨文从人，从殳。会人持殳服兵役之意。小篆将人变为"彳"（道路），突出行役之意。隶变后楷书写作"役"。

《说文·殳部》："役，戍边也。从殳，从彳。"（役，戍守边疆。由殳、由彳会意。）

"役"的本义是服役、戍守边疆。如"兵役"。引申指战斗、战争，如"秦穆公伐郑之役""台儿庄之役"。

又引申指差役。如《聊斋志异·促织》："宰悦，免成役。"

进而引申指职责、职分，如陆游《晓赋》："万物各有役，吾生何所营。"

做动词时表示役使、驱使。如柳宗元《封建论》："亟役万人。"又指职责、职分。如陆游《晓赋》："万物各有役，吾生何所营。"

⊙ 得

得 得 得 得

"得"是会意字。甲骨文从贝从手，会得到、获得之意。金文加"彳"，会在路上拾到宝贝之意。小篆发生讹变。隶变后楷书写作"得"。

《说文·彳部》："得，行有所得也。从彳，导声。"（得，行走而有所得。从彳，导声。）

"得"的本义是得到、获得。如《后汉书·班超传》："不入虎穴，不得虎子。"引申为具备。如《荀子·劝学》："积善成德，而神明自得。"

用作名词，表示收获、心得。

"得"又念děi，表示必须、须要。如《红楼梦》第九十四回："这件事还得你去才弄的明白。"

⊙ 德

神 彳 德 德 德

甲骨文　　金文　　小篆　　楷书

"德"是会意字。甲骨文从彳，从直，会视正行直之意。金文另加义符"心"，突出心地正直之意。小篆承接金文。隶变后楷书写作"德"。

《说文·彳部》："德，升也。从彳，悳声。"（德，登升。从彳，悳声。）

"德"的本义是登高、攀登。如《易·剥》："君子德车。"引申指感激、报答。如《左传·成公三年》："然则德我乎。"

用作名词，指道德、品行。如《荀子·非十二子》："不知则问，不能则学，虽能必让，然后为德。"又引申为恩德。如《史记·秦始皇本纪》："刻石颂秦德。"

⊙ 彻

𣂪 𣂪 徹 徹 彻

甲骨文　　金文　　小篆　　楷书（繁体）　　楷书

"彻"是会意字。甲骨文从鬲，从又，会餐后撤去食具之意。金文改为从攴。小篆将"鬲"误为"育"。隶变后楷书写作"徹"。汉字简化后写作"彻"。

《说文·攴部》："徹，通也。从彳，从攴，从育。"（徹，穿通。由彳、由攴、由育会意。）

"彻"的本义是撤去、撤除。如《左传·襄公二十三年》："平公不彻乐，非礼也。"意思是晋平公（举行宴会时）却不撤去音乐，这是不合礼法的。

又表示通达、明白。如我们常说的"透彻"。又引申为穿透。如柳宗元《至小丘西小石潭记》："日光下彻，影布石上。"意思是日光下照，穿透了水面，斑驳的影子映在石头上。

"彻"还可以表示结束、完结。如杜甫《茅屋为秋风所破歌》："自经丧乱少睡眠，长夜沾湿何由彻。"

彐 部

⊙ 当

當 當 当

小篆　　楷书（繁体）　　楷书

"当"是形声字。小篆从田，尚声，表示两田相对等。隶变后楷书写作"當"。汉字简化后写作"当"。

《说文·田部》："當，田相值也。从田尚声。"（當，田与田相等。从田，尚声。）

"当"的本义为田与田对等。引申指承担、承受。如"敢作敢当"。进而引申指抵挡、阻挡。如李白《蜀道难》："一夫当关，万夫莫开。"

又表示以往（某一时间）。如"当天""当下"。

用作介词，相当于"面对""对着"。如"当众出丑"。

还读作dàng，引申泛指等于、抵得上。如俗语"老将出马，一个当俩"。又引申指合适、合宜。如贾谊《过秦论》："赏罚无当，赋敛无度。"

又引申指用实物做抵押，向专营抵押放贷的店铺借钱。如"典当""当铺"。

⊙ 归

𢀮 𢀮 歸 歸 归

甲骨文　　金文　　小篆　　楷书（繁体）　　楷书

"归"是会意兼形声字。甲骨文从

163

帚，自声。金文另加义符"彳"（道路）和"止"（脚），以突出行动，即女子出嫁。小篆省去"彳"，并整齐化。隶变后楷书写作"歸"。汉字简化后写作"归"。

《说文·止部》："歸，女嫁也。从止，从婦省，自声。"（歸，女子出嫁。由止、由歸省女会意，自表声。）

"归"的本义为女子出嫁。如《诗经·周南·桃夭》："之子于归，宜其室家。"也指女子回娘家看望父母。如"归宁"。引申指返回、回到原处。又引申指归还。如"完璧归赵""物归原主"。

又引申指趋向、归向。如《易·系辞下》："天下同归而殊途，一致而百虑。"

又引申指合并在一起。如"归功""归咎"。又引申指由、属于。如"这事不归我管"。

⊙ 彗

甲骨文　小篆　楷书

"彗"是象形兼会意字。甲骨文像扫帚的形状。隶变后楷书写作"彗"。

《说文·又部》："彗，扫竹也。从又持豐。"（彗，扫帚。由"又"持握"豐"会意。）

"彗"的本义是扫帚。引申为动词扫。如《后汉书·光武帝纪下》："高锋彗云。"意思是强大的武力就像是风扫残云一样。

"彗"又比喻像扫帚状围绕太阳运行的一种天体——"彗星"。当它接近太阳时，在背向太阳的方向形成长的光尾，形状像扫帚，所以也叫扫帚星。古人认为彗星的出现是不祥之兆。

⊙ 录

甲骨文　金文　小篆　楷书（繁体）　楷书

"录"是象形字。甲骨文像用钻钻木取火之形。隶变后楷书写作"录"。如今规范化写作"录"。

《说文·录部》："录，刻木录录也。象形。凡录之属皆从录。"（录，刻镂木头历历可数。象形。大凡录的部属都从录。）

"录"的本义为钻木取火。要钻木取火就要用削尖了的工具，故可以表示削刻。古时候记录事情是用刀刻的，故又引申为记录、抄写。如"采录""笔录"。

又引申为记载言行事物的册籍。如"备忘录""回忆录"。又引申为采用、任用、记住。如"录用""录取"。

又表示总领，如《后汉书·章帝纪》："融为太尉，并录尚书事。"

还可以表示逮捕，如《世说新语·政事》："吏录一犯夜人来。"

⊙ 彘

甲骨文　金文　小篆　楷书

"彘"是会意字。甲骨文像箭射中一头野猪之形，会猎获一豕之意。金文中间"矢"（箭）的形状还在，但是猪的形状就不太像了。小篆变了形并线条化。隶变后楷书写作"彘"。

《说文·互部》："彘，豕也。后蹏发谓之彘。从互，矢声；从二匕，彘足与鹿足同。"（彘，猪。后脚废叫作彘。从互，矢声；又从二匕，彘的脚和鹿的脚都同用二匕表示。）

"彘"的本义为猎获一头野猪。引申泛指猪。如《孟子·梁惠王上》："鸡豚狗彘之畜，无失其时，七十者可以食肉矣。"

在汉字中，与"彘"意义相同的还有"猪""豕"两个字。然而最初"彘"是指野猪，"猪"是指小猪，"豕"是指大猪。

尸部

⊙ 尸

甲骨文　金文　小篆　楷书（繁体）　楷书

"尸"是象形字。甲骨文形体像一个面朝左、屈身弯腿而卧的人。金文大致相同，小篆整齐化。隶变后楷书写作"尸"。

《说文·尸部》："尸，陈也。象卧之形。凡尸之属皆从尸。"（尸，陈列。像人躺卧的样子。大凡尸的部属都从尸。）

"尸"的本义为代替死者接受祭祀的人。如《仪礼·特性馈食礼》："主人再拜，尸答拜。"由尸代祖先受祭引申比喻不做事而坐享禄位。如成语"尸位素餐"指空占着职位而不做事，白吃饭。

"尸"代表已经死去的祖先，故又引申为尸体、死尸。此义后另加义符"死"写作"屍"来表示，汉字简化后仍写作"尸"。

⊙ 尽

甲骨文　金文　小篆　楷书（繁体）　楷书

"尽"是会意字。甲骨文上为手拿着炊帚，下为器皿，表示刷洗食器。金文与甲骨文相似。小篆从皿从聿会意。隶变后楷书写作"盡"。汉字简化后写作"尽"。

《说文·皿部》："盡，器中空也。从皿，聿声。"（盡，器物中空。从皿，聿声。）

"尽"的本义为器皿中空。引申指完、没有了。如李商隐《无题》："春蚕到死丝方尽。"

又引申指全部拿出、竭力做到。如"尽心尽力"。又引申指达到极点。如成语"山穷水尽"。

用作副词，表示统括某个范围的全部，相当于"完全""都"。

⊙ 尾

甲骨文　小篆　楷书

"尾"是会意字。甲骨文像一个有尾巴的人面朝左而立。小篆的形体大致相同，并整齐化。隶变后楷书写作"尾"。

《说文·尾部》："尾，微也。从倒毛在尸后。古人或饰系尾，西南夷亦然。凡尾之属皆从尾。"（尾，微细的尾巴。由倒着的"毛"字在"尸"字之后会意。古人有的装饰着尾巴，西南少数民族也是这样。大凡尾的部属都从尾。）

"尾"的本义为人或动物的尾巴。引申指末尾、末端。如《列子·汤问》："叩石垦壤，箕畚运于渤海之尾。"又引申指在后面。如"尾随"。

⊙ 居

金文　小篆　楷书

"居"是会意字。小篆从尸，从古，会人靠几休息之意；还表示两腿开叉坐着，即"箕踞"。隶变后楷书分别写作"凥"和"居"。如今规范化，以"居"。

《说文·尸部》："居，蹲也。从尸古者，居从古。踞，俗居从足。"（居，蹲踞。由尸、古会意的缘故，就在于蹲踞是从古而来的习俗。踞，"居"的俗字，从足。）

"居"的本义为处、坐。引申为居住。如"穴居""面山而居"。又引申为处于、处在。如成语"居安思危""居高临下"。进而引申指停留。如"不可久居"。

又引申为当、任。如"以救世主自居"。又引申为占。如"居多"。还指积储。如"奇货可居""囤积居奇"。

⊙ 屈

金文　小篆　楷书

"屈"是会意兼形声字。金文从尾，从出，会尾秃无毛而翘出之意，出兼表声。隶变后楷书写作"屈"。

《说文·尾部》："屈，无尾也。从尾，出声。"（屈，衣服短得好像没有尾巴。从尾，出声。）

"屈"的本义为尾秃无毛而翘出。由尾巴盘曲翘在身后引申为变弯曲、盘曲。如《易·系辞》："尺蠖之屈，以求伸也。"

由弯曲又引申为屈服。如"威武不能屈"。引申指冤枉、委屈。如"屈打成招"。又引申为理亏。如"理屈词穷"。

⊙ 昼

金文　小篆　楷书（繁体）　楷书

"昼"是会意字。金文从日，从聿（用笔画），会白天与黑夜的界限之意。隶变后楷书写作"晝"。汉字简化后写作"昼"。

《说文·畫部》："晝，日之出入，与夜为界。从畫省，从日。"（晝，从日出到日入的一段时间，以夜晚为界限。由畫省田、由日会意。）

"昼"的本义为白天。很多动物习惯在夜间出没，捕食猎物，我们把这称为"昼伏夜出"。

引申指中午、正午。如"昼饭""昼时"。

⊙ 屏

小篆　楷书

"屏"是会意兼形声字。小篆从并（并联，物联成片能起遮蔽作用），从尸（房屋），会遮挡门户的照壁之意，并兼表声。隶变后楷书写作"屏"。

《说文·尸部》："屏，屏蔽也。从尸，并声。"（屏，隐蔽的屋室。从尸，并声。）

"屏"的本义为照壁，读作bīng，用作"屏营"，做谦词用于信札中，表示惶恐。如《水浒传》第八十九回："臣等不胜战栗屏营之至。"

又读作píng，本义为宫殿当门的小墙。又叫"照壁"。如《荀子·大路》："天子外屏，诸侯内屏。"引申泛指遮挡之物、屏障。如"屏风"。又指类似画屏那样的东西。如"孔雀开屏"。

用作动词，引申指掩蔽、遮挡，读作bǐng。又引申指抑制，抑止不出气。如魏禧《大铁椎传》："宋将军屏息观之。"

工部

⊙ 工

甲骨文　金文　小篆　楷书

"工"是象形字。甲骨文、金文都像古人夯筑墙时用的夯杵之形。小篆线条化，就看不出字的原型了。隶变后楷书写作"工"。

《说文·工部》："工，巧饰也。象人有规、矩也。与巫同意。凡工之属皆从工。"（工，巧于文饰。像人手中有规、矩的样子。与"巫"字从工的构形意义相同。大凡工的部属都从工。）

"工"的本义为古人夯筑墙时用的夯杵。引申指手持工具干活的人。如《论语·卫灵公》:"工欲善其事,必先利其器。"进而引申指精巧、精致。如"工奇",指精巧奇特。

⊙ 左

丫　臣　左　左

"左"是会意字。甲骨文像左手之形。金文下部又加上了"工",左手执工具,会辅助、帮助干活之意。小篆形体与金文大致相同。隶变后楷书写作"左"。

《说文·左部》:"左,手相左助也。从ナ工。凡左之属皆从左。"(左,用手相辅佐、帮助。由ナ、工会意。大凡左的部属都从左。)

"左"的本义是辅助。此义后来"佐"。

"左"后来借用指"左右"的"左"。如姜夔《扬州慢》:"淮左名都,竹西佳处,解鞍少驻初程。"又引申为不正、邪辟。如"旁门左道"。

⊙ 巫

田　田　巫　巫

"巫"是象形字。甲骨文金文中的"一"和"I"形,很像古代的度量工具,也有人认为像古代女巫所用的道具。隶变后楷书写作"巫"。

《说文·巫部》:"巫,祝也。女能事无形,以舞降神者也。象人两袖舞形。"(巫,巫祝。女人中能奉侍神祇,并能凭借歌舞使神祇降临的人。像人两袖起舞的样子。)

"巫"的本义为能以舞降神的人。商代时,巫的地位较高。周时分男巫、女巫,司职各异,同属司巫。后来"巫"则特指女巫。如白行简《三梦记》:"窦梦至华岳祠,见一女巫。"

巫山在重庆市、湖北省边境,北与大巴山相连,形如"巫"字,故得名。

⊙ 差

釜　釜　差

"差"是会意字。金文从来(小麦),从左(两只手搓),会用手搓麦粒之意。隶变后楷书写作"差"。

《说文》无。

"差"的本义为用手搓麦,读作chā。两手前后相搓则错开,故引申为差错。如"差之毫厘,谬以千里"。用作名词,表示区别。如"差异"。还指两数相减的结果。如"时差""顺差"。用作副词,指略微、比较。如"差强人意"。

读作chà,指短缺,不足以达到标准。如"你还差好多呢"。引申为欠。如"我还差你五元钱"。又引申为档次低、质量不好。如"这料子太差"。

由于质量不同,事物可分成三六九等,故引申为不整齐,读作cī,如"参差不齐"。

还读作chāi,引申为指派、派遣。如"差遣"。又引申指被派遣的人。如"信差""钦差"。还引申为被派遣去做的事。如"出差"。

⊙ 巧

巧　巧

"巧"是形声字。小篆从工(筑杵,表示建筑有技巧),丂声,隶变后楷书写作"巧"。

《说文·工部》:"巧,技也。从工,丂声。"(巧,技能。从工,丂声。)

"巧"的本义是技能好。引申指灵巧、能干。如"巧妇难为无米之炊"。

又指美好、精妙。如《诗经·卫风·硕人》："巧笑倩兮，美目盼兮。"还引申指伪诈、虚浮不实。如《论语·卫灵公》："巧言乱德。"

用作副词，是正好的意思。如"凑巧""碰巧"。

⊙ 巩

金文　　小篆　　楷书（繁体）　　楷书

"巩"是会意字。金文从丮，从工（筑杵），为人举着双手有所操持之形，会人双手执杵筑墙之意。小篆稍讹。隶变后楷书写作"巩"。后用作"鞏"的简化字。

《说文·工部》："鞏，以韦束也。《易》曰：'鞏用黄牛之革。'从革，巩声。"（鞏，用皮革捆绑物体。《易经》说："捆绑物体时要用黄牛的皮革。"从革，巩声。）

"巩"的本义为双手执杵进行夯筑。又指抱持。后用作"鞏"的简化字，指用皮革捆牢。如《周易·革卦》："巩用黄牛之革。"引申指坚固。如《诗经·大雅·瞻昂》："藐藐昊天，无不克巩。"

丸 部

⊙ 丸

小篆　　楷书

"丸"是会意字。小篆像反写的"仄"字。隶变后楷书写作"丸"。

《说文·丸部》："丸，圜，倾侧而转者。从反仄。凡丸之属皆从丸。"（丸，圆体，倾侧而回转无凝滞的东西。由"仄"字反过来表示。大凡丸的部属都从丸。）

"丸"的本义为小而圆的物体。引申特指弹丸。如"泥丸""铁丸"。如李白《少年子》："金丸落飞鸟，夜人琼楼卧。"

弹丸一般都很小，故"丸"后用来比喻地方狭小。如成语"弹丸之地"。

还用作量词。如曹植《善哉行》："仙人王乔，奉药一丸。"

土 部

⊙ 土

甲骨文　　金文　　小篆　　楷书

"土"是象形字。甲骨文、金文都像地上凸起来的土堆之形。小篆两横表示地上、地中，一竖表示植物从土中长出，意为能生长万物的就是"土"。隶变后楷书写作"土"。

《说文·土部》："土，地之吐生物者也。二象地之下、地之中；丨，物出形也。凡土之属皆从土。"（土，吐生万物的土地。二，像地的下面、地的中间，"丨"像万物从土地里长出的形状。大凡土的部属都从土。）

"土"的本义为泥土。引申指土地、耕种的田地。如柳宗元《捕蛇者说》："退而甘食其土之有，以尽吾齿。"又引申指疆域、领土。如《诗经·小雅·北山》："溥天之下，莫非王土。"

又引申指家乡。如《论语·里仁》："君子怀德，小人怀土。"

⊙ 去

甲骨文　　金文　　小篆　　楷书

"去"是会意字。甲骨文从人、从口，会人离开了门口而去之意。金文大致相同。小篆承接甲骨文、金文。隶变后楷书写作"去"。

《说文·去部》："去，人相违也。从大，凵声。凡去之属皆从去。"（去，人离开某地。从大，凵声。大凡去的部属都从去。）

"去"的本义是离开。引申指去掉、除去。如柳宗元《捕蛇者说》："去死肌，杀三虫。"

又引申指相距、远离。如李白《蜀道难》："连峰去天不盈尺。"还引申表示过去的。如"去年"。

⊙ 幸

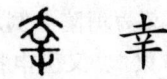

小篆　楷书

"幸"是会意字。小篆从夭（头屈下来，表不直），从屰（倒过来的人，表相反），会反屈为直之意。隶变后楷书写作"幸"。

《说文·夭部》："幸，吉而免凶也。"（幸，（意外地）得到好处而免去灾祸。）

"幸"的本义为意外地得到好处而免去灾难。如"幸免于难""幸亏"。

又引申为幸运、幸福。古人常说"幸也"，意思就是幸运、幸福。又引申为高兴。如"幸灾乐祸"。

古时候又指皇帝亲临。如"临幸"。

⊙ 坐

坐　坐

小篆　楷书

"坐"是会意字。小篆像两人在土上对坐；或认为"土"指祭坛，表示两人面对土地神争论曲直。隶变后楷书写作"坐"。

《说文·土部》："坐，止也。从土，从畱省；土，所止也。"（坐，（坐而）止息。由土、由畱省去田会意。土，是止息的地方。）

"坐"的本义为跪坐，是古时一种止息的方式。如《尚书·太甲上》："坐以待旦。"后泛指以臀部着物而止息。如王维《终南别业》："行到水穷处，坐看云起时。"进而引申指乘、乘坐。又引申指处在、在某处。如"坐北朝南"。

⊙ 垒

垒　垒

小篆　楷书

"垒"是会意兼形声字。小篆从土，从厽（土块摞起），厽兼表声。隶变后楷书写作"垒"。

《说文·土部》："垒，垒墼也。从厽，从土。"（垒，累叠土砖。由厽、土会意。）

"垒"的本义为防护军营的墙壁或建筑物。如苏轼《念奴娇·赤壁怀古》："故垒西边，人道是，三国周郎赤壁。"

引申指堆砌、修建。如"垒锅台""垒墙"。进而引申为成块、成堆的东西。如"胸中块垒"，即指心中郁结的不平之气。

⊙ 域

域　或　域

金文　小篆　楷书

"域"是会意字。金文从邑（城镇）。小篆写作"或"和"域"。隶变后楷书写作"域"。

《说文·戈部》："或，邦也。从口，从戈，以守一。一，地也。域，或又从土。"（或，邦国。由口、由戈会意，"口"和"戈"是用来守护"一"的。一，即土地。域，"或"的或体，从土。）

"域"的本义是国家的疆界，也指邦国。如《周礼·地官·大司徒》："九州之地域。"意思是九州的疆界。引申泛指一定范围内的较大地区。如"领域""流域"。又引申泛指某种范围、境界。如"境域""音域"。

169

⊙ 块

由　塊　塊　块
甲骨文　小篆　楷书（繁体）　楷书

"块"是会意兼形声字。甲骨文外为筐形，其内是土，会土块装在筐中之意。小篆则改为从土，鬼声。楷书写作"塊"。汉字简化后写作"块"。

《说文·土部》："由，墣也。从土，一屈象形。块，由或，从鬼。"（由，土块。从土，由"一"弯曲成"凵"，像盛土的器具的形状。塊，由的或体，从鬼，鬼也表声。）

"块"的本义为土块。如《仪礼·既夕礼》："居倚庐，寝苫枕块。"意思是古人为父母守丧时居住在简陋棚屋里，睡在草荐上，头枕着土块。这是古时宗法所规定的居父母丧的礼节。

引申用作量词，表示整体的一部分。如"一块蛋糕""一块肉"。

⊙ 坏

坏　坏　坏
金文　小篆　楷书

"坏"是形声字。金文从土，不声。隶变后楷书写作"坏"。现在用作"壞"的简化字，本义另借"坯"来表示；从土，丕声。

《说文·土部》："坏，丘一成者也。一曰瓦未烧。从土，不声。"（坏，一重山丘。一说是未烧的砖瓦、陶器。从土，不声。）

"坏"本义指尚未烧制的砖瓦等半成品。《淮南子·精神训》："夫造化者既以我为坏矣，将无所违之矣。"又特指垒墙用的土坯。如"一间破坯屋"。

引申泛指半制成品。如"线坯子""坯模"。

⊙ 塌

塌　塌
小篆　楷书

"塌"是后起字，为形声兼会意字。楷书写作"塌"，从土，昜声，昜鸟翅低伏兼表低伏之意。

《说文》无。

"塌"的本义为坍陷、倒塌。引申指凹陷。如"塌鼻梁"。又引申指下垂。如"菜秧子被晒塌了"。

又指精神萎靡不振的样子。如杜甫《垂老别》："弃绝蓬室居，塌然摧肺肝。"其中的"塌然"便是指哀痛、失意或落陷之貌。

⊙ 圣

圣　圣　聖　聖　圣
甲骨文　金文　小篆　楷书（繁体）　楷书

"圣"本是会意字。甲骨文从耳，从口（嘴巴），从人，会通达之意。金文、小篆都由甲骨文演变而来。隶变后楷书写作"聖"。汉字简化后写作"圣"。

《说文·土部》："聖，通也。从耳，呈声。"（聖，双耳畅通。从耳，呈声。）

"圣"的本义为通达。引申指聪明、才智超群。在很早的时候人们传播知识、交流经验主要通过口耳相传，于是，只有善于聆听的人才能得到这么多的知识，故"圣"引申指博学多闻的人。如"圣人""诗圣"。

还引申指神圣的、圣明的。进而又引申指天子、帝王。如"圣上"。

⊙ 地

地　地　地
金文　小篆　楷书

"地"是会意兼形声字。金文与"隧"

同源，会一豕（猪）从高崖坠地之意。小篆改为从土，也声。隶变后楷书写作"地"。

《说文·土部》："地，元气初分，轻清阳为天，重浊阴为地。万物所陈列也。从土，也声。"（地，浑沌之气刚刚分离，轻气、清气、阳气上升为天，重气、浊气、阴气下降为地。地是万物陈列的地方。从土，也声。）

"地"的本义是大地，与"天"相对。引申指地面。如李白《静夜思》："床前明月光，疑是地上霜。"

又引申指地区、场所。如"此地"。用于抽象意义，指所处的位置或环境。如"置之死地而后生"。又指思想、心理活动的领域。如"很有见地"。

⊙ 坠

墬 墜 坠

小篆　　楷书（繁体）　　楷书

"坠"是会意兼形声字。小篆从土，从隊，会豕从高处落下之意，隊兼表声。隶变后楷书写作"墜"。汉字简化后写作"坠"。

《说文·土部》新附："墜，陊也。从土，隊声。"（墜，从高处落下。从土，隊声。）

"坠"的本义为从高处落下。如"天花乱坠"。引申指垂挂，因分量重而下垂。如"往下坠"。

用作名词，引申特指系挂在器物上垂着的装饰物品。如"扇坠儿""耳坠儿"。

⊙ 均

匀 坿 均

金文　　小篆　　楷书

"均"是会意兼形声字。金文和小篆都从土，从匀，会土地均平之意，匀兼表声。隶变后楷书写作"均"。

《说文·土部》："均，平徧也。从土，从匀，匀亦声。"（均，平均、普遍。由土、匀会意，匀也表声。）

"均"的本义为均匀，各方都一样。如《论语·季氏》："不患寡而患不均。"引申指衡量、比较。如《史记·廉颇蔺相如列传》："均之二策，宁许以负秦曲。"

用作副词，表示全无差别、全部。如"均已办妥"。

⊙ 场

場 場 场

小篆　　楷书（繁体）　　楷书

"场"是形声字。小篆从土，易声。隶变后楷书写作"場"。汉字简化后写作"场"。

《说文》无。

"场"的本义为古代祭神用的平地，读作 cháng。后引申指收打庄稼、翻晒粮食的平坦空地。如"打麦场"。

做量词时，通常用于事情的经过。如"下了场雨""闹了一场"。

打谷场是人聚集的地方，故又引申泛指某种活动领域，读作 chǎng。引申指事情发生的地点、环境。如"场合""现场"。又引申指表演、比赛的舞台或处所。如"上场"。

⊙ 坦

坦 坦

小篆　　楷书

"坦"是形声字。小篆从土，旦声。隶变后楷书写作"坦"。

《说文·土部》："坦，安也。从土，旦声。"（坦，（土地平坦而）行步安舒。从土，旦声。）如《广雅》："坦坦，平也。"

"坦"的本义为土地平坦。如

《易·履》："道坦坦。"

引申为心安、宽舒。如"坦然自若"。又引申为直爽、无隐瞒。如《论语·乡党》："君子坦荡荡。"还引申为敞开。如杜甫《江亭》："坦腹江亭暖，长吟野望时。"

⊙ 城

城 城

金文　　小篆　　楷书

"城"是会意字。金文左边中间的圆圈表示城围，上下两端表示两座城楼对峙；右边是像戈一样的武器，表示用武器保卫城池。隶变后楷书写作"城"。

《说文·土部》："城，以盛民也。从土，从成，成亦声。"（城，用来盛受容纳臣民。由土、成会意，成也表声。）

"城"的本义为城墙。如李白《送友人》："青山横北郭，白水绕东城。"引申指城市。如苏洵《六国论》："今日割五城，明日割十城，然后得一夕安寝。"

⊙ 坛

壇 壇 坛

小篆　　楷书（繁体）　　楷书

"坛"是形声字。从土，亶声。隶变后楷书写作"壇"。汉字简化后写作"坛"。

《说文·土部》："壇，祭场也。从土，亶声。"（壇，在扫除草坪的地上筑起的用于祭祀的土台。从土，亶声。）

"坛"的本义为土筑的高台，用于祭祀会盟。如"天坛""地坛"。由此引申为宗教活动的场所。如"法坛""乩坛"。由高台引申为土堆的台子。如"花坛"。后来又引申为某种活动的场所或范围。如"诗坛""歌坛"。又表示小口大腹的陶器。如"酒坛子""醋坛子"。

⊙ 址

阯 址

小篆　　楷书（繁体）　　楷书

"址"是会意兼形声字。小篆从阜，从止，会地基之意，止兼表声。隶变后楷书写作"阯"。汉字简化后写作"址"。

《说文·阜部》："阯，基也。从阜，止声。"（阯，地基。从阜，止声。）

"址"的本义为地基、基部。如苏轼《奖喻敕记》："自城中附城为长堤，壮其址。"引申为基础、根本。

又引申为地点、地址、处所。如"厂址""住址"。

⊙ 埋

薶 埋

甲骨文　　小篆　　楷体

"埋"是会意字。甲骨文下部的曲线表示一个土坑，中间是"牛"，两侧的四点，表示填的土，会把牛埋于地下之意。隶变后楷书写作"埋"。

《说文》无。

"埋"的本义为藏在土中。引申为埋葬。如陆游《出西门》："青山是处可埋骨，白发向人羞折腰。"东西被埋了，就看不见、听不见了，故"埋"引申为泯灭、隐藏、掩盖。如"隐姓埋名"。

⊙ 堆

堆 堆

小篆　　楷书

"堆"是形声字。小篆写作"堆"。隶变后楷书写作"堆"，从土，佳声。

《说文》无。

"堆"的本义是土墩、沙墩或水中聚集的礁石。如李康《运命论》："堆出于岸，流必湍之。"引申指积聚、累叠在一起的东西。如谭铢《题九华山》："或接白云堆，或映红霞天。"

用作动词，指累叠、积聚起来。如"堆砌"。

用作量词，用于成堆的人或东西；也可用于抽象事物，形容数量多。

扌部

⊙ 执

$$
\text{甲骨文} \quad \text{金文} \quad \text{小篆} \quad \text{楷书（繁体）} \quad \text{楷书}
$$

"执"是会意兼形声字。甲骨文会捕捉罪人之意。金文大致相同。小篆整齐化。隶变后楷书写作"執"。汉字简化后写作"执"。

《说文·幸部》："執，捕罪人也。从丮，从幸，幸亦声。"（執，拘捕罪人。由丮、由幸会意，幸也表声。）

"执"的本义是捕捉。如《左传·僖公五年》："（虢）遂袭虞，灭之，执虞公。"引申为拿着、握着。如《左传·哀公十七年》："诸侯盟，谁执牛耳？"古代诸侯订立盟约，要割牛耳歃血，由主盟国的代表拿着盛牛耳朵的盘子，故称主盟国为"执牛耳"。

又引申为从事，如"执勤""执教"。进而引申为坚持。如"各执己见"。

用作名词，指可拿作证明的凭据。如"回执""收执""执照"。

⊙ 扫

$$
\text{甲骨文} \quad \text{小篆} \quad \text{楷书（繁体）} \quad \text{楷书}
$$

"扫"是会意字。隶变后楷书写作"掃"，从手从帚会意。汉字简化后写作"扫"。

《说文·土部》："埽，弃也。从土，从帚。"（埽，用扫除的方式弃除尘秽。由土、帚会意。）

"扫"的本义是用笤帚清除尘土、垃圾。如《诗经·唐风·山有枢》："子有廷内，弗洒弗扫。"引申为平定、整治。如《后汉书·陈蕃传》："大丈夫处世，当扫除天下。"

又引申指像扫除一样快速移过、掠过。如"扫射""扫视"。又引申为祭拜。如"祭扫""扫墓"。

⊙ 扶

$$
\text{金文} \quad \text{小篆} \quad \text{楷书}
$$

"扶"是会意兼形声字。金文从手，从夫（人），会用手搀扶人之意，夫兼表声。小篆左右调换，并整齐化。隶变后楷书写作"扶"。

《说文·手部》："扶，左也。从手，夫声。"（扶，佐助。从手，夫声。）

"扶"的本义是扶持、搀扶。如《论语·季氏》："危而不持，颠而不扶，则将焉用彼相矣？"引申为扶植、扶持。如《荀子·劝学》："蓬生麻中，不扶而直。"人被搀扶或救助，就有了依靠，故又引申为靠着、手按着。如"扶着椅子"。

用作介词，指沿着。如陶渊明《桃花源记》："得其船，便扶向路，处处志之。"

⊙ 掠

$$
\text{小篆} \quad \text{楷书}
$$

"掠"是形声字。小篆从手，京声。隶变后楷书写作"掠"。

《说文·手部》："掠，夺取也。从手，京声。"（掠，抢夺，夺取。从手，京声。）

"掠"的本义为抢夺、夺取。如杜牧《阿房宫赋》："几世几年，剽掠其人，倚叠如山。"

抢掠通常行动迅速，由此引申指轻轻拂过、擦过。如"浮光掠影"。

⊙ 拒

小篆　楷书

"拒"是形声字。隶变后楷书写作"拒"，从手，巨声。

《说文》无。

"拒"的本义为抵御、抵抗。如《荀子·君道》："内以固城，外以拒难。"引申为拒绝、抵制、不接受。《孟子·尽心下》："往者不追，来者不拒。"

"拒"还引申为违抗、违逆。如"拒捕"。

⊙ 措

小篆　楷书

"措"是形声字。小篆从手，昔声。隶变后楷书写作"措"。

《说文·手部》："措，置也。从手，昔声。"（措，放置。从手，昔声。）

"措"的本义为放置、安放。如《论语·子路》："刑罚不中，则民无所措手足。"引申指废弃、搁置。如《礼记·中庸》："学之弗能，弗措也。"意思是学习没有达到能的地步，就不要放置到一边不去学了。

又引申指处理、安排。如"惊慌失措""措手不及"。又引申指筹划办理、筹集。如"筹措"。

⊙ 捻

小篆　楷书

"捻"是形声字。小篆从手，念声。隶变后楷书写作"捻"。

《说文·手部》："捻，指捻也。从手，念声。"（捻，用手指搓转。从手，念声。）

"捻"的本义为用手指搓转。如白居易《琵琶行》："轻拢慢捻抹复挑，初为霓裳后六幺。"引申为聚合成股。如"捻分子"，就是指凑分子。

还引申指拿、捏、提、举。如杜牧《杜秋娘》："金阶露新重，闲捻紫箫吹。"

用作名词，指用线、纸等搓成的条状物。如"灯捻"。

⊙ 掐

小篆　楷书

"掐"是形声字。小篆从手，臽声。隶变后楷书写作"掐"。

《说文·手部》："掐，爪刺也。从手，臽声。"（掐，用指甲刺入。从手，臽声。）

"掐"的本义为用指甲按或切入。如《晋书·王戎列传》："因遣掐其鼻，灸其眉头。"引申为用手指甲切断、截取、摘。如"掐花"。又引申指镶嵌。如《红楼梦》第四十九回："黛玉换上掐金挖云红香羊皮小靴……上罩了雪帽，二人一齐踏雪行来。"

还引申为用手的虎口卡住。如"掐脖子"。又引申指用拇指点着别的手指进行暗记或推算。如"掐指一算"。

⊙ 捺

捺 捺
小篆　楷书

"捺"是后起字，为形声字。楷书写作"捺"，从手，奈声。

《说文》无。

"捺"的本义为用手重按。如《太平广记·诙谐》："唐散乐高崔嵬善弄痴，太宗命给使捺头向水下，良久出而笑之。"引申指压制、抑制。如董解元《西厢记诸宫调》卷一："打拍不知个高下，谁曾惯对人唱他说他？好弱高低且按捺。"

又引申指搁置、耽搁。如《儒林外史》第十三回："这事断断破不得，既承头翁好心，千万将呈子捺下。"用作名词，指汉字笔画的一种。

⊙ 捶

捶 捶
小篆　楷书

"捶"是形声字。小篆从手，垂声。隶变后楷书写作"捶"。

《说文·手部》："捶，以杖击也。从手，垂声。"（捶，用棍棒击打。从手，垂声。）

"捶"的本义为用棍棒或拳头击打。如"捶鼓""捶胸顿足"。引申指舂、捣。如"捶骨沥髓"，意思是捣碎骨头来沥出骨髓，比喻残酷搜刮民财。

用作名词，引申指马杖。此义后作"箠"。

⊙ 扔

扔 扔 扔
甲骨　小篆　楷书

"扔"是形声字。甲骨文从手，乃声。小篆整齐化、线条化。隶变后楷书写作"扔"。

《说文·手部》："扔，因也。从手，乃声。"（扔，依旧。从手，乃声。）

"扔"的本义是牵引、拉。如《道德经》第三十八章："攘臂而扔之。"意思是举起胳膊来，指引人们遵守礼节。引申为挥动手臂把东西抛出、投掷。如"扔铁饼""扔石头"。进而引申为丢弃。如"这些破旧无用的设备早该扔了"。

⊙ 扬

扬 揚 扬 扬
金文　小篆　楷书（繁体）　楷书

"扬"是会意兼形声字。金文，像一人双手举璧之形。隶变后楷书分别写作"揚"与"敭"。汉字简化后写作"扬"。

《说文·手部》："揚，飞、举也。从手，昜声。"（扬，飞起；举起。从手，昜声。）

"扬"的本义是举。如"扬鞭"，指举起鞭子。引申为升高。如"扬帆远航"。

用于抽象意义，指精神、情绪高涨。如"趾高气扬""斗志昂扬"。又引申指显露、传布。如"臭名远扬""家丑不可外扬"。还表示称赞。如"颂扬"。又引申指容貌出众。如"其貌不扬"。

用作地名，指江苏省扬州市。如"淮扬""扬剧"。

⊙ 报

报 报 報 報 报
甲骨文　金文　小篆　楷书（繁体）　楷书

"报"是会意字。甲骨文和金文左边是一个刑具，右边是一只手抓住一个人给其加上刑具的样子，会给人治罪之意。小篆整齐化。隶变后楷书写作"報"。汉字简化后写作"报"。

《说文·幸部》："報，当罪人也。从幸，从𠬝。𠬝，服罪也。"（报，判决罪人。由幸、由𠬝会意。𠬝，按罪定刑。）

"报"的本义是按律判决罪人。如《韩非子·五蠹》:"报而罪之。"意思是判决而治他的罪。判决罪人需要告知上级审批,故引申指告诉、告知。如"通报""报警"。又引申为报答。如"投桃报李"。

好的回报是报答,但恶的回报就是报复了,所以"报"又指报复。如"报仇雪耻"。又引申指由某种行为得到的结果。如"善有善报"。

⊙ 担

儋　擔　担

<small>小篆　　楷书(繁体)　　楷书</small>

"担"是形声字。小篆从人,詹声。隶变后楷书写作"儋"和"擔",改为从手。汉字简化后借"担"来表示,"儋"则另表他义。

《说文》无。

"担"的本义为拂拭,读作dǎn。此义后作"掸"。

"担"作"儋"和"擔"的简化字时,指用肩挑,读作dān。引申为背负。又引申为承当、承受。如"承担""担负"。

读dàn,指扁担、担子,是竹木制成的放在肩上用来挑或抬东西的扁而长的工具。如"扁担""担子"。

⊙ 拔

𢸵　犮　拔

<small>甲骨文　　小篆　　楷书</small>

"拔"是形声字。甲骨文像两只手拔出植物之形。小篆字形变化较大。隶变后楷书写作"拔"。

《说文·手部》:"拔,擢也。从手,犮声。"(拔,抽引。从手,犮声。)

"拔"的本义是拽、连根拉出。如"拔苗助长"。由拔起引申为高出、超出。如"出类拔萃""拔尖儿"。又引申为选取、提拔。如《汉书·李寻传》:"闭绝私路,拔进英隽。"又引申为攻克、夺取。如成语"攻城拔寨"。物体拔出有移动,所以又引申为动摇、移动。如"坚定不拔"。

⊙ 扳

𢿢　扳

<small>小篆　　楷书</small>

"扳"是后起字,为形声字。楷书写作"扳",从手,反声。

《说文》无。

"扳"的本义为攀缘、攀附,读作pān。如严忌《哀时命》:"往者不可扳援兮,徕者不可与期。"引申指纠缠。如谢灵运《还旧园作见颜范二中书诗》:"感深操不固,质弱易扳缠。"

又读作bān,引申表示拉、拨动。如王安石《伤仲永》:"父利其然也,日扳仲永环谒于邑人。"又引申指扭转、背转。如《新唐书·则天武皇后传》:"帝谓能丰己,故扳公议立之。"

⊙ 抡

掄　掄　抡

<small>小篆　　楷书(繁体)　　楷书</small>

"抡"是形声字。小篆从手,侖声。隶变后楷书写作"掄"。汉字简化后写作"抡"。

《说文·手部》:"掄,择也。从手,侖声。"(掄,选择。从手,侖声。)

"抡"的本义为选择,读作lún。如《周礼·山虞》:"凡邦工入山林而抡材,不禁。"意思是,邦国工匠在特定时节进入山林挑选木材,对此不禁止。

又读作lūn,表示用力挥动或挥舞。如《水浒传》第一回:"王进托地拖了棒便走,那后生抡着棒又赶入来。"

⊙ 搏

YY 搏 搏

金文　　小篆　　楷书

"搏"是形声字。金文从干或从戈，専声。小篆改为从手。隶变后楷书写作"搏"。

《说文·手部》："搏，索持也。一曰至也。从手，専声。"（搏，用搜索的方式捕捉。另一义说：搏是至的意思。从手，専声。）

"搏"的本义是搏斗。如《左传·僖公二十八年》："晋侯梦与楚子搏。"引申为抓取。如《魏书·古弼传》："以手搏其耳，以拳殴其背。"又引申为跳动。如"脉搏""起搏器"。

⊙ 找

我 找

小篆　　楷书

"找"是后起字，为会意字。隶变后楷书写作"找"，从手，从戈，会用手拾之意。

《说文》无。

"找"的本义为觅取、寻求。如"找人""找碴儿"。

既然是将没有了的东西找回来，由此引申为退有余。如"他找我一块钱"。

进一步引申指"补不足"。如《警世通言》："当下先秤了一半船钱，那一半直待到县时找足。"

⊙ 摧

脙 摧 摧

甲骨文　　小篆　　楷书

"摧"是会意兼形声字。甲骨文从攴（手持棍），从隹，会扑打鸟之意。小篆改为从手，崔声。隶变后楷书写作"摧"。

《说文·手部》："摧，挤也。从手，崔声。一曰：挏也。一曰：折也。"（摧，推挤。从手，崔声。一说：摧是推动的意思。另一说：摧是折断的意思。）

"摧"的本义是破坏、折断。如"无坚不摧"。引申为倒塌、崩裂。如李白《梦游天姥吟留别》："列缺霹雳，丘峦崩摧。"又引申指伤痛。如"摧心""摧怆"。

⊙ 播

敖 播 播

金文　　小篆　　楷书

"播"是形声兼会意字。金文从攴，从釆（野兽足迹），会散乱之意。小篆改为从手，番声，番兼表散乱之意。隶变后楷书写作"播"。

《说文·手部》："播，种也。一曰：布也。从手，番声。"（播，下种。另一义说：播是传布的意思。从手，番声。）

"播"的本义是撒种。如"播种"。引申为传扬、传布。如"传播""播放"。还引申为表现。如《国语·晋语》："夫人美于中，必播于外。"意思是人内在美好，就一定会通过外在表现出来。

⊙ 擦

擦 擦

小篆　　楷书

"擦"是形声字。隶变后楷书写作"擦"，从手，察声。

《说文》无。

"擦"的本义为摩擦。如"摩拳擦掌"。引申指揩拭。如"擦桌子""擦脸"。又引申指涂抹。如"涂脂擦粉"。进而引申指挨近。如"天擦黑""擦边"。又引申指将瓜果等放在礤床上刨成细丝。如"擦萝卜"。

⊙ 捍

扞 捍

小篆　　楷书

"捍"是形声兼会意字。小篆从手，干声，干兼表防卫之意。隶变后楷书写作"捍"，从手，旱声。

《说文》无。

"捍"的本义为保卫、护卫。《左传·成公十二年》："此公侯之所以捍城其民也。"引申指抵御、抵挡。如《列子·杨朱》："人者，爪牙不足以供守卫，肌肤不足以自捍御。"

⊙ 护

護 護 护

小篆　　楷书（繁体）　　楷书

"护"是形声字。小篆从言，蒦声，表示用言语监督。隶变后楷书写作"護"。汉字简化后写作"护"。

《说文·言部》："護，救视也。从言，蒦声。"（護，救护；监视。从言，蒦声。）

"护"的本义为保护。如《史记·李将军列传》："有白马将出护其兵，李广上马与十余骑奔射杀胡白马将。"引申指尽力照顾，使不受损害或伤害。如"看护""掩护"。保护程度加深，即是偏袒、包庇。如曹丕《与吴质书》："观古今文人，类不护细行。"

⊙ 捏

捏 捏

小篆　　楷书

"捏"是形声字。楷书写作"捏"，从手，呈声。

《说文》无。

"捏"的本义为用手按，或用拇指与别的指头夹住。如"捏笔""捏了一下"。

特指按摩的一种手法。如"捏肩""捏脚"。

又引申为握。如郑德辉《㑳梅香》："俺捏住这玉佩慢慢的行将去。"

引申为用手指将软的东西捻成一定的形状。如"捏泥人""捏娃娃"。又引申为假造、虚构。如"捏造事实"。

⊙ 抢

搶 搶 抢

小篆　　楷书（繁体）　　楷书

"抢"是形声字。楷书繁体写作"搶"，从手，倉声。汉字简化后写作"抢"。

《说文》无。

"抢"的本义为迅速地撞碰，读作qiǎng。引申为抢夺、争抢。如"抢东西""抢亲"。要想抢到东西，动作就要快，故又引申为争先。如"抢着办""抢先一步"。又引申为赶紧。如"抢收""抢险"。

读作qiāng，意为撞碰。成语"哭天抢地"，就是嘴里喊着天，头撞着地，大声哭叫。

⊙ 抗

抗 抗

小篆　　楷书

"抗"是形声字。小篆从手，亢声。隶变后楷书写作"抗"。

《说文·手部》："抗，扞也。从手，亢声。"（抗，捍御。从手，亢声。）

"抗"的本义为抵抗、捍卫、抵御。如"抗震""抗灾"。引申为抗拒、拒绝。如文天祥《指南录后序》："抗辞慷慨。"

引申为匹敌、抗衡、对等。如成语"分庭抗礼"。敢于同强大的势力抗衡，又引申出刚正不阿、高尚的意思。如邹阳《狱中上梁王书》："辞虽不逊，然其比物连类，有足悲者，亦可谓抗直不挠矣。"

⊙ 抖

耕 抖
小篆　楷书

"抖"是形声字。小篆从手，斗声。隶变后楷书写作"抖"。

《说文》无。

"抖"的本义为振动、甩开。如"抖动的翅膀"。引申为发抖、颤动、哆嗦。如"吓得浑身乱抖""发抖"。

人在打颤之后，精神会出现短暂的振奋，故引申指振作。如龚自珍《己亥杂诗》："我劝天公重抖擞，不拘一格降人才。"

又引申为揭露。如"抖搂""抖风"。

⊙ 操

操 操
小篆　楷书

"操"是形声字。小篆从手，喿声。隶变后楷书写作"操"。

《说文·手部》："操，把持也。从手，喿声。"（操，握持。从手，喿声。）

"操"的本义为拿着、握持。如"同室操戈"，意思是自家人动刀枪。泛指内部斗争。由操持引申指掌握。如《韩非子·定法》："操杀生之柄，课群臣之能者也。"

用于抽象意义，指品行、气节。如《淮南子·主术训》："穷不易操，通不肆志。"

引申指运用、驾驭。如《庄子·达生》："津人操舟若神。"又引申指从事。《汉书·五行地志中之下》："匹马觭轮无的反者，操之急矣。"成语"操之过急"即出于此。

⊙ 挺

挺 挺
小篆　楷书

"挺"是形声字。小篆从手从廷会意，廷兼表声。

《说文·手部》："挺，拔也。从手，廷声。"（挺，引拔出来。从手，廷声。）

"挺"的本义为拔出。如《战国策·魏策四》："（唐雎）挺剑而起，秦王色挠。"引申指笔直、突出。如"笔挺""挺拔"。

又引申指伸直、撑直。如《荀子·劝学》："虽有槁暴，不复挺者，輮使之然也。"又引申指支撑、支持。如"挺得住""挺过去"。

作副词，多用在口语中，表示很、非常、相当。如"今天挺冷""天气挺好"。

⊙ 扒

扒 扒
小篆　楷书

"扒"是会意兼形声字。楷书写作"扒"，从手从八会意，八兼表声。

《说文》无。

"扒"的本义为拔掉，读作bā。此义今已不用。引申指刨、挖。如"扒坑""扒土"。又引申指抓住、把着。如"扒墙头"。进而引申指强行拆除、剥掉。如"扒房子"。

又读作pá，指用手或用工具把东西聚拢或散开。如"吃里扒外"。特指从别人身上摸窃财物。如"扒手"，泛称一般偷东西的人。又指煨烂或用微火炖。如"扒羊肉""扒鸡"。

⊙ 把

把 把

小篆　楷书

"把"是会意兼形声字。小篆从手，从巴（蛇），会像蛇缠绕一样握持之意，巴兼表声。隶变后楷书写作"把"。

《说文·手部》："把，握也。从手，巴声。"（把，握持。从手，巴声。）

"把"的本义为握持、执。如范仲淹《岳阳楼记》："把酒临风，其喜洋洋者矣。"

引申指控制、把守、看守。如《晏子春秋·谏下》："然则后世孰将把齐国？"

做量词，用于有柄的器具。如"一把椅子"。也指一手抓起的数量。如"一把米"。也指一握或一小捆。如"一把菜""一把柴"。

⊙ 打

打 打

小篆　楷书

"打"是会意兼形声字。小篆从手，从丁（钉子），用敲击钉子会敲打、撞击之意，丁兼表声。

《说文·手部》新附："达，击也。从手，丁声。"（达，击打。从手，丁声。）

"打"的本义为敲击、撞击，读作dǎ。如辛弃疾《永遇乐·京口北固亭怀古》："舞榭歌台，风流总被雨打风吹去。"又表示攻打、进攻、殴打。如《水浒传》中的"三打祝家庄"。

做动词，表示有具体意义的动作。如"打酒""打交道""打官腔"。

做介词，用于处所、时间，表示经由、从。如"打东往西""打明儿起"。

用作量词，表示十二个，又读作dá。如"一打毛巾"。

⊙ 扩

犷 擴 扩

小篆　楷书（繁体）　楷书

"扩"是会意兼形声字。楷书繁体写作"擴"，从手，从廣（宽大），会张大之意。廣兼表声。汉字简化后写作"扩"。

《说文》无。

"扩"的本义为张大、增大。如《孟子·公孙丑上》："凡有四端于我者，知皆扩而充之矣。"引申指广阔。如《论衡·感虚》："王者何修身正行，扩施善政？"

⊙ 技

技 技

小篆　楷书

"技"是形声字。小篆从手，支声。隶变后楷书写作"技"。

《说文·手部》："技，巧也。从手，支声。"（技，技巧。从手，支声。）

"技"的本义为技巧、技能。如成语"黔驴技穷"，比喻有限的一点儿本领已经用完了。讽刺一些虚有其表、外强中干的人。引申指歌舞，也指以歌舞为业的艺人。如《新唐书·元载传》："名姝异技，虽禁中不逮。"又引申指工匠或有才艺的人。如《荀子·富国》："故百技所成，所以养一人也。"

⊙ 抱

抱 抱

小篆　楷书

"抱"是会意兼形声字。小篆从手，从包，会以手包聚之意，包兼表声。

《说文·手部》："捊，引取也。从手，孚声。抱，捊或，从包。"（捊，引物相聚。从手，孚声。抱，捊的或体，从包声。）

"抱"的本义为用手臂围住、包持。如白居易《琵琶行》："千呼万唤始出来，犹抱琵琶半遮面。"引申指捧着。如《韩非子·和氏》:"和乃抱其璞而哭于楚山之下。"

由围住引申指环绕。如杜甫《江村》:"清江一曲抱村流。"又引申指两臂合围丈量。如《老子》第六十四章:"合抱之木,生于毫末。"又指领养孩子。如"抱养""抱领"等。

⊙ 抵

抵　抵
小篆　楷书

"抵"是形声字。小篆从手,氐声。隶变后楷书写作"抵"。

《说文·手部》:"抵,挤也。从手,氐声。"(抵,因排挤而相抗拒。从手,氐声。)

"抵"的本义为推、挤。如《后汉书·桓谭传》:"而喜非毁俗儒,由是多见排抵。"引申指抵偿、顶替。如杜甫《春望》:"烽火连三月,家书抵万金。"又引申指抗拒、抵挡。如"抵制""抵挡"。又表示到达、至。如"抵达""抵京"。

⊙ 拖

拖　拖
小篆　楷书

"拖"是会意兼形声字。小篆从手,从它(蛇)会意,它表声。隶变后楷书写作"拖"。

《说文》无。

"拖"的本义为曳引。如《汉书·南越传》:"拖舟而入水。"引申为不及时做。如"拖延"。还引申为沉重或困难地负担着。如"拖了一身债"。

⊙ 拍

拍　拍
小篆　楷书

"拍"是形声字。楷书写作"拍",从手,白声。

《说文》无。

"拍"的本义为用手拍打。如"拍案叫绝""拍案而起"。

有节奏地拍手,听起来便有了韵律感,故而引申为音乐的节拍。如成语"一拍即合",指一打拍子就合于乐曲的节奏。比喻一下子就能互相吻合。其中的"拍",意思是按照乐曲打节拍,即打拍子。

⊙ 持

持　持　持
金文　小篆　楷书

"持"是会意兼形声字。金文写作"寺",表示操持。小篆另加义符"手",从手从寺会意,寺兼表声。隶变后楷书写作"持"。

《说文·手部》:"持,握也。从手,寺声。"(持,握住。从手,寺声。)

"持"的本义为握着、拿着。如《战国策·燕策》:"起,取武阳所持图。"引申为支持、保持。如《后汉书·列女传》:"持久者知止足也。"又引申指掌握、控制、料理。如《韩非子·五蠹》:"夫仁义辩智,非所以持国也。"又引申指扶助、支持。如《论语·季氏》:"危而不持,颠而不扶,则将焉用彼相矣?"

由各持一端引申指对立、对抗。如《资治通鉴》:"今寇众我寡,难与持久。"

⊙ 拘

拘　拘
小篆　楷书

"拘"是会意兼形声字。小篆从句,从手,会制止之意,句兼表声。隶变后楷书写作"拘"。

《说文·句部》:"拘,止也。从句,从

手，句亦声。"（拘，用手制止。由句、手会意，句也表声。）

"拘"的本义为制止。引申为扣押、使不自由。如《周易》："盖文王拘而演周易。"

又引申指束缚、限制。如《庄子·秋水》："井蛙不可以语于海者，拘于虚也。"

一旦被束缚住了，就很难变通，故引申指拘守、拘泥于。如成语"不拘一格"。

⊙拉

拉　拉

<small>小篆　楷书</small>

"拉"是会意兼形声字。小篆从手，从立，用将人扳倒会摧折之意，立兼表声。隶变后楷书写作"拉"。

《说文·手部》："拉，摧也。从手，立声。"（拉，摧折。从手，立声。）

"拉"的本义为用手摧折，读作lā。如成语"摧枯拉朽"。引申为牵、引、扯、拽。如刘禹锡《花下醉中联句》："谁能拉花住，争换得春回。"

引申为用车运。如"拉车"。还引申为使延长。如"拉长距离"。又引申为拉拢、联络。如"拉交情"。又引申为抚养、帮助。如"把两个孩子拉扯大"。

还读作lá，指割开、划破。如"把这块皮子拉开"。

又读作lǎ，指物件、地域被分割开或划分开的部分，相当于块、边。如"这半拉是炼钢厂"。

⊙拦

攔　攔　拦

<small>小篆　楷书（繁体）　楷书</small>

"拦"是形声字。楷书繁体写作"攔"，从才、从手从闌会意，闌兼表声。汉字简化后写作"拦"。

《说文》无。

"拦"的本义为阻挡、遮拦。如杜甫《兵车行》："牵衣顿足拦道哭，哭声直上干云霄。"

又表示方向，相当于当、对着。如《红楼梦》第八十一回："倒像背地里有人把我拦头一棍，疼的眼睛前头漆黑。"

⊙挂

挂　挂

<small>小篆　楷书</small>

"挂"是形声字。小篆从手，圭声。隶变后楷书写作"挂"。

《说文·手部》："挂，画也。从手，圭声。"（挂，划分。从手，圭声。）

"挂"的本义为区别、区分。如《淮南子·氾论训》："伯余之初作衣也，緂麻索缕，手经指挂。"引申指涂画、涂抹。如"挂色""挂釉"。引申指悬挂、下垂。如李白《行路难》："长风破浪会有时，直挂云帆济沧海。"又引申指钩住、放置。如杜甫《茅屋为秋风所破歌》："高者挂罥长林梢。"

又引申指牵挂、惦记。如李珣《渔歌子》："酒盈杯，书满架，名利不将心挂。"又引申指带。如"脸上挂笑""挂彩"。用作量词，指穿在绳上的一串东西，尤指穿满的一串。如"一挂鞭炮"。

⊙挡

擋　擋　挡

<small>小篆　楷书（繁体）　楷书</small>

"挡"是形声字。小篆从手，当声。隶变后楷书写作"擋"。汉字简化后写作"挡"。

《说文》无。

"挡"的本义为阻拦、抵挡。如"兵来将挡，水来土掩"，比喻不管对方使用什么手段，总有相应的对付方法。引申指遮蔽。

如"遮风挡雨""挡箭牌"。

又指用于调节机械运行速度及控制方向的装置，即排挡。如"挂挡""前进挡"。还指用某些仪器和测量装置表明光、电、热等量的等级。如"第一挡"。

⊙ 挨

犿 挨

小篆　楷书

"挨"是形声字。小篆从手，矣声。隶变后楷书写作"挨"。

《说文·手部》："挨，击背也。从手，矣声。"（挨，朝背部推击。从手，矣声。）

"挨"的本义为以手击背，读作 āi。如《列子·黄帝》："挡扰挨扰，亡所不为。"引申指接连、靠近。如王安石《和王微之登高斋》之一："卧听籁木鸣相挨。"又引申指依次、顺次。如《明实录·洪熙实录》："挨次给假回还原籍，省亲祭祖。"

"挨"又读作 ái，表示遭受、忍受。如"挨冷受冻""挨批"。

⊙ 挥

犐 揮 挥

小篆　楷书（繁体）　楷书

"挥"是形声字。小篆从手，軍声。隶变后楷书写作"揮"。汉字简化后写作"挥"。

《说文·手部》："揮，奋也。从手，軍声。"（挥，振洒。从手，军声。）

"挥"的本义为舞动、摇动。如李白《送友人》："挥手自兹去，萧萧班马鸣。"

由挥手引申指驱赶。如"召之即来，挥之即去"。又引申指抛洒、甩出。如《晏子春秋·内篇杂下》："齐之临淄三百闾，张袂成阴，挥汗如雨。"

又引申指散发。如成语"挥金如土"，

意思是把钱财当成泥土一样挥霍。形容极端挥霍浪费。又引申指弹奏。如嵇康《赠兄秀才入军诗》："目送归鸿，手挥五弦。"又表示指挥、命令。如"挥师南下"。

⊙ 损

犺 損 损

小篆　楷书（繁体）　楷书

"损"是形声字。小篆从手，員声。隶变后楷书写作"損"。汉字简化后写作"损"。

《说文·手部》："損，减也。从手，員声。"（损，减少。从手，員声。）

"损"的本义为减少。如《老子》第七十七章："天之道，损有余而补不足。"引申指使失去原来的使用效能。如"损坏""破损"。又引申指损害、使受害。如《尚书·大禹谟》："满招损，谦受益。"又表示用刻薄的话来伤害人。如"损人"。

⊙ 捡

犼 撿 捡

小篆　楷书（繁体）　楷书

"捡"是形声字。小篆从手，僉声。隶变后楷书写作"撿"。汉字简化后写作"捡"。

《说文·手部》："撿，拱也。从手，僉声。"（捡，敛手抱拳。从手，僉声。）

"捡"的本义为拱手。

由敛手成拱引申指约束。如仲长统《昌言》："广大阔荡者，患在无捡。"意思是过分宽大的人，遇事往往不知检点约束，流于怠情简慢、马马虎虎。

拾取物品时必收敛手，故引申指拾取。如俗语"捡了芝麻，丢了西瓜"，比喻因小失大。

⊙ 换

𢯏　换　换

小篆　　楷书（繁体）　楷书

"换"是形声字。小篆从手，奂声。隶变后楷书写作"換"。汉字简化后写作"换"。

《说文·手部》："換，易也。从手，奂声。"（换，更易。从手，奂声。）

"换"的本义为互易、对调。如《晋书·阮孚传》："尝以金貂换酒，复为所司弹劾，帝宥之。"成语"金貂换酒"即出自于此，形容不拘礼法，恣情纵酒。

引申指变更、改变。如王勃《滕王阁诗》："闲云潭影日悠悠，物换星移几度秋。"成语"物换星移"出自于此，意思是景物改变了，星辰的位置也移动了，比喻时间的变化。

⊙ 招

𢳆　招

小篆　　楷书

"招"是会意兼形声字。小篆从手，从召，会打手势叫人来之意，召兼表声。

《说文·手部》："招，手呼也。从手、召。"（招，用手呼叫人。由手、召会意。）

"招"的本义为打手势叫人来。如《荀子·劝学》："登高而招，臂非加长也，而见者远。"引申为使人前来。如"招贤纳士"。又引申为招致、引来。如《尚书·大禹谟》："满招损，谦受益。"

又特指引起人的爱憎反应，逗引。如："这人真招人嫌！"又引申为使归附。如"招安"。又引申为供认罪行。如"屈打成招""招供"。又引申为策略。如"绝招""妙招""花招"。

⊙ 抬

𢮡　擡　抬

小篆　　楷书（繁体）　楷书

"抬"是后起字，为是形声字。楷书写作"抬"，从手，台声。现在用作"擡"的简化字。

《说文》无。

"抬"的本义为举起。如"不识抬举""抬头不见低头见"。引申为合力扛举。如"抬轿子"。在方言中，表示争辩。如"他俩见面就抬杠"。

用作量词，表示两个人合力抬物，一杠为一抬。如"金银财宝共是几十抬"。

⊙ 披

𢫏　披

小篆　　楷书

"披"是会意兼形声字。小篆从手，从皮（剥取兽皮），会用手分开之意，皮兼表声。隶变后楷书写作"披"。

《说文·手部》："披，从旁持曰披。从手，皮声。"（披，灵柩两旁持握的帛叫"披"。从手，皮声。）

"披"的本义指分开、打开。如"披沙拣金""披荆斩棘"。引申为裂开。如"所向披靡"。由东西被劈裂分开而显出内部，引申出揭露事实的意思。如"披露"。

又引申为覆盖或搭衣于肩，穿着。如李朝威《柳毅传》："披紫衣，执青玉。"

⊙ 择

𡊪　擇　择

金文　　小篆　　楷书（繁体）　楷书

"择"是会意兼形声字。金文从手，从睾（侦察），会选取之意，睾兼表声。隶变后楷书写作"擇"。汉字简化后写作

"择"。

《说文·手部》:"择,柬选也。从手，睪声。"（择，挑选。从手，睪声。）

"择"的本义为挑选，读作 zé。如苏轼《石钟山记》:"于乱石间择其一二叩之。"引申为挑剔。如"择嘴"，就是指饮食挑剔。

用作名词，引申表示区别。如《孟子·梁惠王上》:"王若隐其无罪而就死地，则牛羊何择焉？"

读作 zhái，用于口语，指挑拣。如"择菜"。

⊙ 挑

小篆　　楷书

"挑"是形声字。小篆从手，兆声。隶变后楷书写作"挑"。

《说文·手部》:"挑，挠也。从手，兆声。一曰:操也。《国语》曰:'却至挑天。'"（挑，挑拨。从手，兆声。另一义说:挑是拘留而打击的意思。《国语》说:"却至偷天之功（来作为自己的力量）。"）

"挑"的本义是拨动、跳动、挑拨，读作 tiǎo。如"挑衅""挑拨是非"。引申为用尖细的东西拨或刺。又引申为用杆子将东西支起。如"挑起帘子"。

还读作 tiāo，引申为用肩膀担。如陆游《自题传神》:"担挑双草履，壁依一乌藤。"由此引申为承担、担当。如"你要把这副担子挑起来"。也指担子和挂的东西。如"菜挑子"。又引申为挑选。如《红楼梦》第五十八回:"你不嫌不好，挑两块去好了。"又引申为挑剔。如《红楼梦》第二十回:"他再不放人一点儿，专会挑人。"

用作量词，指成挑儿的东西。如"一挑水""一挑柴火"。

做形容词，表示修长，多指身材。如

《红楼梦》第二十四回:"只见这人生的容长脸儿，长挑身材。"

⊙ 搂

小篆　　楷书（繁体）　　楷书

"搂"是形声字。小篆从手，婁声。隶变后楷书写作"摟"。汉字简化后写作"搂"。

《说文·手部》:"摟，曳、聚也。从手，婁声。"（摟，拖引；聚集。从手，婁声。）

"搂"的本义为牵合、拉拢。如《孟子·告子下》:"五霸者，搂诸侯以伐诸侯者也。"引申指搂抱，用手或工具把东西向自己面前聚集。如"搂草""搂柴火"。

又引申指用手拢着提起或卷起。如"搂起裤管"。又引申指赚取、谋取、兜揽。如"搂生意""搂外快"。又引申指结算、核算。如"搂算""搂账"。

⊙ 挠

小篆　　楷书（繁体）　　楷书

"挠"是形声字。小篆从手，堯声。隶变后楷书写作"撓"。汉字简化后写作"挠"。

《说文·手部》:"撓，扰也。从手，堯声。"（挠，烦劳。从手，堯声。）

"挠"的本义为搅动。如"挠酒""挠搅"。引申为扰乱。如"挠乱我同盟"。又引申为阻挠。如徐珂《清稗类钞》:"于是众人竭力挠之。"

借作"桡"（指曲木），表示弯曲。引申为屈服、软弱。如"不屈不挠"。又指搔。如"抓耳挠腮""挠痒痒"。

⊙ 搅

攪 攪 搅

小篆　楷书（繁体）　楷书

"搅"是形声字。小篆从手，覺声。隶变后楷书写作"攪"。汉字简化后写作"搅"。

《说文·手部》："攪，乱也。从手，覺声。如《诗》曰：'只攪我心。'"（攪，扰乱。从手，覺声。《诗经》说："恰好扰乱我的心。"）

"搅"的本义为扰乱。如成语"胡搅蛮缠"，意思是胡乱搅动，蛮横纠缠，表示不讲道理。引申指拌合，混在一起，搅拌。如"翻江搅海"。

又引申指胡闹、嬉戏。如冯梦龙《挂枝儿·蚊子》："蚊虫哥，休把巧声儿在我耳边来搅诨。""搅诨"指戏谑。

饣 部

⊙ 饥

飢 饑 饥

小篆　楷书（繁体）　楷书

"饥"是个会意兼形声字。小篆从食，从几，会饥饿之意，几兼表声；或从食，从幾（微少），食物微少，表示荒年，幾兼表声。隶变后楷书分别写作"飢"和"饑"。汉字简化后写作"饥"。

《说文·食部》："飢，谷不孰为飢。从食，几声。"（飢，五谷不熟叫飢。从食，几声。）

"饥"的本义为饥饿。如白居易《卖炭翁》："牛困人饥日已高，市南门外泥中歇。"

"饥"又是"饑"的简体，本义为五谷无收、荒年。如《孟子·梁惠王下》："凶年饥岁，君之民，老弱转乎沟壑，壮者散而之四方者，几千人矣。"

⊙ 饭

飯 飯 饭

小篆　楷书（繁体）　楷书

"饭"是形声字。小篆从食，反声。隶变后楷书写作"飯"。汉字简化后写作"饭"。

《说文·食部》："飯，食也。从食，反声。"（飯，煮熟的谷类食物。从食，反声。）

"饭"的本义为吃饭、进食。如辛弃疾《永遇乐·京口北固亭怀古》："廉颇老矣，尚能饭否？"引申指给饭吃。如《楚辞·九章·惜往日》："吕望屠于朝歌兮，宁戚歌而饭牛。"

又引申为煮熟的谷类食物。如黄庭坚《四休导士诗序》："粗茶淡饭饱即休，补破遮寒暖即休。"又泛指在一个特定的时间吃进的一份食物。如"早饭""中饭""晚饭"。

⊙ 饱

飽 飽 饱

小篆　楷书（繁体）　楷书

"饱"是形声字。小篆从食，包声。隶变后楷书写作"飽"。汉字简化后写作"饱"。

《说文·食部》："飽，猒也。从食，包声。"（飽，吃饱。从食，包声。）

"饱"的本义为吃足。如《论语·学而》："君子食无求饱，居无求安。"引申指充足、充分。如《文心雕龙·事类》："有学饱而才馁，有才富而学贫。"又引申指满足、装满。如"中饱私囊"。

⊙ 饴

壹 餂 飴 饴

金文　小篆　楷书（繁体）　楷书

"饴"是形声字。小篆从食，台声。隶变后楷书写作"飴"。汉字简化后写作"饴"。

《说文·食部》："飴，米蘖煎也。从食，台声。"（飴，米芽煎熬而成的糖浆。从食，台声。）

"饴"的本义指用米和麦芽熬成的糖浆。如《诗经·大雅·绵》："周原朊朊，堇荼如饴。"成语"甘之如饴"即出于此，意思是甜得像吃了麦芽糖浆一样。后又引申指某种糖果。如《东观汉记·明德马皇后纪》："吾但当含饴弄孙，不能复知政事。"用作形容词，指甜的。如"饴盐""饴饵"。

⊙ 饶

饒　饒　饶

小篆　楷书（繁体）　楷书

"饶"是形声字。小篆从食，堯声。隶变后楷书写作"饒"。汉字简化后写作"饶"。

《说文·食部》："饒，饱也。从食，堯声。"（饒，很饱。从食，堯声。）

"饶"的本义为饱。如《淮南子·修务训》："沃地之民多不才者，饶也。"引申指多、丰足、富厚。如李白《春于姑孰送赵四流炎方序》："白以邹鲁多鸿儒，燕赵饶壮士。"

又引申指土地肥沃。如贾谊《过秦论》："不爱珍器重宝肥饶之地，以致天下之士。"又引申指宽恕。如杜甫《立秋后题》："日月不相饶，节序昨夜隔。"

⊙ 饺

餃　餃　饺

小篆　楷书（繁体）　楷书

"饺"是后起字，为形声字。楷书繁体写作"餃"，从食，交声。汉字简化后写作"饺"。

《说文》无。

"饺"的本义为饺子，一种有馅的半圆形面食。原是一种年节食品，俗有大年三十吃饺子的习惯。清朝有关史料记载说："元旦子时，盛馔同离，如食扁食，名角子，取其更岁交子之义。""交"与"饺"谐音，有喜庆团圆和吉祥如意的意思。

⊙ 馅

餡　餡　馅

小篆　楷书（繁体）　楷书

"馅"是后起字，为形声字。楷书繁体写作"餡"，从食，臽声。汉字简化后写作"馅"。

《说文》无。

"馅"的本义为面食、糕点里包的豆沙或肉、菜等填料。如"饺子馅儿""肉馅"。

馅一般都是被包裹在面食里面的，故用来比喻事情的底细、隐密。常用于"露馅"一词，比喻不肯让人知道而隐瞒的事物暴露出来。

⊙ 饲

𠊊　𩚟　飤　飤　饲

甲骨文　金文　小篆　楷书（繁体）　楷书

"饲"是会意兼形字。甲骨文从食，从人。金文大致相同。小篆整齐化，线条化。隶变后楷书写作"飤"。汉字简化后写作"饲"。

《说文·食部》："飤，糧也。从人，食。"（飤，给人吃。由人、食会意。）

"饲"的本义为拿食物给人吃，喂食。如"割肉饲虎"。后专指喂养（牲畜）。如杜甫《黄鱼》："脂膏兼饲犬，长大不容身。"

⊙馆

館　館　馆

小篆　楷书（繁体）　楷书

"馆"是形声字。小篆从食，官声。隶变后楷书写作"館"。汉字简化后写作"馆"。

《说文·食部》："館，客舍也。从食，官聲。《周礼》：五十里有市，市有馆，馆有积，以待朝聘之客。"（館，接待宾客的房屋。从食，官声。《周礼》说：每五十里有集市，集市上有馆舍，馆舍里有聚积的粮草，用以招待朝拜、问候的宾客。）

"馆"的本义为接待宾客供应膳食的房屋。如《左传·襄公三十一年》："乃筑诸侯之馆。"引申指华丽的房屋。如龚自珍《病梅馆记》："辟病梅之馆以贮之。"

如今泛指各国使节办公的地方。如"领事馆"。也指各种服务性的店铺。如"饭馆"。

⊙饿

餓　餓　饿

小篆　楷书（繁体）　楷书

"饿"是形声字。小篆从食，我声。隶变后楷书写作"餓"。汉字简化后写作"饿"。

《说文·食部》："餓，饥也。从食，我声。"（餓，饥饿。从食，我声。）

"饿"的本义为严重的饥饿。如李绅《悯农》："四海无闲田，农夫犹饿死。"又表示使饥饿。如《孟子·告子》："必先苦其心志，劳其筋骨，饿其体肤，空乏其身。"

彡部

⊙影

影　影

小篆　楷书

"影"是会意兼形声字。楷书写作"影"，从彡从景会意，景兼表声。

《说文》无。

"影"的本义为影子，因挡住光线而投射的暗影。如《吕氏春秋·功名》："由其道，功名之不可得逃，犹表之与影。"引申指影像、照片。如"影集""摄影"。

用作动词，指遮蔽、遮盖。如"影屏""影蔽"。又引申指影射。如"影子语"（含蓄影射的言语、议论）。

还引申指图绘的佛像或人物肖像。如唐玄奘《大唐西域记》："三有佛影，焕若真容，相好具足，俨然如在。"

⊙彩

彩　彩

小篆　楷书

"彩"是会意兼形声字。小篆从彡从采会意，采兼表声。隶变后楷书写作"彩"。

《说文》无。

"彩"的本义为文采、文章才华。《宋书·颜延之传》："延之与陈郡谢灵运俱以词彩齐名。"引申指彩色的丝织品。如《古诗为焦仲卿妻作》："杂彩三百匹。"

引申指色彩、光彩。如《世说新语·汰侈》："条干绝世，光彩溢目者六七枚。"又引申指各种颜色的。如李白《早发白帝城》："朝辞白帝彩云间，千里江陵一日还。"又指某些赌博、竞赛等赢得的财物。如李白《送外甥郑灌从军》："大博争雄好彩来，金盘一掷万人开。"

⊙ 形

形 形

小篆　楷书

"形"是形声字。小篆从彡（纹饰），开声。隶变后楷书写作"形"。

《说文·彡部》："形，象形也。从彡，开声。"（形，描画成物体的形状。从彡，开声。）

"形"的本义为形体。如《孟子·尽心上》："形色，天性也，惟圣人然后可以践形。"朱熹集注："人之有形有色，无不各有自然之理，所谓天性也。"引申指容色、容貌。如《谷梁传·桓公十四年》："望远者，察其貌，而不察其形。"范甯注："貌，姿体；形，容色也。"

又引申指情势、形势。如司马迁《报任安书》："由此言之，勇怯，势也；强弱，形也。"又引申指形成。进而引申指显露、表现。如《孟子·告子下》："有诸内，必形诸外。"又引申指比较、对照。如"相形见绌"，意思是和同类的事物相比较，显出不足。

⊙ 彰

彰 彰

小篆　楷书

"彰"是会意兼形声字。古文从彡从章会意，章兼表声。小篆整齐化。隶变后楷书写作"彰"。

《说文·彡部》："彰，文彰也。从彡，从章，章亦声。"（彰，彩色花纹。由彡、由章会意，章也表声。）

"彰"的本义为显著、明显。如《荀子·劝学》："顺风而呼，声非加疾也，而闻者彰。"用作动词，指使显扬、表明。如《尚书·毕命》："彰善瘅（憎恨）恶，树之风声。"又引申指揭示、表露。如诸葛亮《出师表》："若无兴德之言，则责攸

之、祎、允等之慢，以彰其咎。"

⊙ 彭

彭 彭 彭 彭

甲骨文　金文　小篆　楷书

"彭"是会意字。甲骨文像一面架起的鼓，右边三点表示鼓声，会击鼓发出的声音之意。隶变后楷书写作"彭"。

《说文·壴部》："彭，鼓声也。从壴，彡声。"（彭，鼓声。从壴，彡声。）

"彭"的本义是鼓声。引申指像鼓声的声音。如张舜民《打麦》："打麦打麦，彭彭魄魄。""彭彭"指的就是打麦时的声音。

行进时也会发出彭彭的声音，故又引申为行进的样子。如《诗经·小雅·四牡》："四牡彭彭，八鸾（鸾铃，借指马）锵锵。"

现在"彭"主要用作姓。

艹 部

⊙ 苗

苗 苗

小篆　楷书

"苗"是会意字。小篆从艸（艹），从田，用生长在田地里的草会禾苗之意。隶变后楷书写作"苗"。

《说文·艸部》："苗，草生于田者。从艸，从田。"（苗，生长在田里的禾。由艸、由田会意。）

"苗"的本义是庄稼以及一般植物的幼株。如《诗经·王风·黍离》："彼黍离离，彼稷之苗。"引申特指某些蔬菜的嫩茎或嫩叶，如"蒜苗""豌豆苗儿"。又从植物扩展到动物，表示某些用于饲养的初生的动物。如"鱼苗""猪苗"。

"苗"也指某种事物乍显的迹像、发端或发展趋势。如白居易《与元九书》："言者志之苗，行者文之根。"意思是言辞是思想的发端，行动是做文章的根本。

又引申为后代。如屈原《离骚》："帝高阳之苗裔兮。"

⊙ 范

範　范

<small>小篆　　楷书</small>

"范"是形声字。小篆从艸（艹），氾声。隶变后楷书写作"范"。汉字简化后作"範"的简化字。

《说文·艸部》："范，草也。从艸，氾声。"（范，范草。从艸，氾声。）

"范"的本义为一种草名，后作为"範"的简化字，指铸造器物的模子、模型。如《荀子·强国》："刑范正，金锡美。"引申泛指典型、法则、榜样。如王勃《滕王阁序》："宇文新州之懿范，襜帷暂驻。"又引申指界限。如"范围""范畴"。

又引申指合于法，约束、限制。如《颜氏家训·序致》："吾今所以复为此者，非敢轨物范世也。"其中"轨物范世"即指作事物的规范、世人的榜样。

⊙ 芝

芝　芝

<small>小篆　　楷书</small>

"芝"是形声字。小篆从艸（艹），之声。隶变后楷书写作"芝"。

《说文·艸部》："芝，神艸也。从艸，从之。"（芝，神草。从艸，之声。）

"芝"本义指一种真菌，生于枯木根际，菌柄长，菌盖肾形，多为赤色或紫色。古人认为是瑞草，服食可以成仙，所以又称灵芝。

"芝"也指香草白芷，古人常用来比喻高尚、美好的事物。如《世说新语·言语》："譬如芝兰玉树。"这里的"芝兰"就比喻优秀子弟。

⊙ 芍

芍　芍

<small>小篆　　楷书</small>

"芍"是形声字。小篆从艸，勺声。隶变后楷书写作"芍"。

《说文·艸部》："芍，凫茈也。从艸，勺声。"（芍，凫茈。从艸，勺声。）

"芍"的本义为荸荠，是一种生长在水田或池沼中的多年生草本植物，是"凫茈"的转语。

用作"芍药"，是指一种多年生草本植物，羽状复叶，花大而美丽，可供观赏。如《诗经·郑风·溱洧》："维士与女，伊其相谑，赠之以勺药。"其中的"勺药"即"芍药"。

⊙ 苟

苟　苟　苟

<small>金文　　小篆　　楷书</small>

"苟"是形声字。小篆从艸，句声。隶变后楷书写作"苟"。

《说文·艸部》："苟，艸也。从艸，句声。"（苟，苟草。从艸，句声。）

"苟"的本义为一种草名。借用以表示草率、随便。如"不苟言笑""一丝不苟"。引申指不正当的、不合礼法的。如"苟且之事""苟合"等。

用作副词，表示时间，意为姑且、暂且。如"苟且偷生""苟延残喘"。又表示祈望，相当于"希望"。如《诗经·君子于役》中有"苟无饥渴"之句，意思就是希望再不忍饥挨饿。

还用作连词，表示假设关系。如杜甫

《前出塞》："苟能制侵陵，岂在多杀伤。"

⊙ 芋

芋 芋

"芋"是形声字。小篆从艹，于声。隶变后楷书写作"芋"。

《说文·艹部》："芋，大叶实根，骇人，故谓之芋也。从艹，亏声。"（芋，大大的叶子，饱满充实的根，令人惊骇，所以叫它芋。从艹，亏声。）

"芋"的本义为芋头，是多年生草本植物，叶子大，地下块茎呈椭圆形，可供食用。如《史记·项羽本纪》："今岁饥民贫，士卒食芋菽，军无见粮。"意思是，如今正当荒年，人民贫困，士兵都只能吃芋头和菽子之类的，军队没有现成的粮食。

引申泛指马铃薯、甘薯等薯类植物。如"山芋""洋芋"。

⊙ 荐

薦 薦 薦 荐

"荐"是会意兼形声字。金文从鹰（传说中的独角怪兽），从艹（茂草），会食草兽在草地上边走边吃草之意。小篆从䖏为艹（艹），并整齐化。隶变后楷书写作"薦"。汉字简化后写作"荐"。

《说文·艹部》："薦，薦席也。从艹，存声。"（薦，草席。从艹，存声。）

"荐"的本义为兽畜边走边吃草。引申为草席、草垫等。如刘向《九叹逢纷》注："荐，卧席也。"

上古野祭时常将祭品置于席上，所以"荐"又引申为进献。如《梁书·袁昂传》："未遑荐璧。"又如"荐酒""荐贿"（奉献财物）。

又引申为荐举人才。如《后汉书·郎颅传》："颅又上书荐黄琼、李固。"意思是上书荐举黄琼和李固这两个人。

又指供奉、祭祀，如《论语·乡党》："君赐腥，必熟而荐之。"古时还特指请和尚道士念经来超度亡灵。如"荐亡"（为死者念经或做佛事，使其亡灵早日脱难超升）。

⊙ 花

花 花

"花"是形声字。小篆是象形字，像一朵花的形状。"花"由于"华"后来为引申义所专用，所以另造"花"字来表示花朵，从艹（艹），化声。

《说文》无。

"花"的本义是花朵。如白居易《买花》："一丛深色花，十户中人赋。"引申为样子像花的东西。如"灯花""烟花"。花的颜色丰富多样，所以又用"花"来表示颜色、花纹或种类错杂的状态。

颜色驳杂看起来就容易迷乱，所以又引申为视觉模糊、迷乱。如"眼花缭乱"。又引申为虚伪的、用来迷惑人的、不真实的、不实在的。如"花拳绣腿"。

近代以来又借用表示开支、耗费。如"花销""花钱如流水"。

⊙ 茧

繭 繭 茧

"茧"是会意兼形声字。小篆内部有"虫"（蚕）有"系"（丝），外部像蚕结茧时的草山之形，会蚕虫吐的丝之意。隶变楷书后写作"繭"。汉字简化后写作"茧"。

《说文·系部》："繭，蚕衣也。从系，从虫，芇省。繝，古文繭。'从系'见。"（繭，蚕茧。由系，由虫，由芇省会意。

緥，古文"繭"字。由系，见会意。）

"茧"的本义为蚕茧。如"蚕茧""作茧自缚"。

通"胼"，指手掌或脚掌等部位因摩擦而生成的硬皮。如"长满老茧的手"。

⊙ 草

甲骨文　金文　小篆　楷书

"草"是形声字。甲骨文像百草丛生的样子。金文、小篆大体上还能看出草的样子。隶变后楷书写作"草"。

《说文·艸部》："草，草斗，栎实也。一曰：象斗子。从艸，早声。"（草，黑色的壳斗包裹着的子实，栎栎的子实。另一义说：草是样斗子。从艸，早声。）

"草"的本义为栎实，可做黑色染料。又指可做饲料、燃料的谷类作物的茎叶。如"粮草""稻草"等。还引申指野地、山野，民间。如"落草为寇""草莽"。

由草的杂乱引申为指粗劣、卑贱。如"草民"。又引申指粗率、简略、马虎、不仔细。又引申指初步的、非正式的。如"草签""草案"。用作动词，指初步拟稿、写底稿。如"起草""草拟"。

⊙ 萤

小篆　楷书（繁体）　楷书

"萤"是会意兼形声字。楷书繁体写作"螢"，从虫，从熒省，会发光的虫之意，熒兼表声。汉字简化后写作"萤"。

《说文》无。

《广韵·青韵》："萤，萤火。"

"萤"的本义为萤火虫。如杜牧《秋夕》："红烛秋光冷画屏，轻罗小扇扑流萤。"比喻微弱的亮光。如韩愈《和崔舍人·咏月》："长河晴散雾，列宿曙分萤。"

⊙ 苞

小篆　楷书

"苞"是形声字。小篆从艸，包声。隶变后楷书写作"苞"。

《说文·艸部》："苞，草也。南阳以为粗履。从艸，包声。"（苞，藨（biāo）草。南阳一带用来编织草鞋。从艸，包声。）

"苞"的本义为席草，可以用来制作席子和草鞋。如《礼记·曲礼下》："苞屦、扱衽、厌冠，不入公门。"引申指花未开时包着花骨朵的小叶片。如成语"含苞待放"，就是形容花朵将要开放时的形态。

⊙ 茁

小篆　楷书

"茁"是形声字。小篆从艸，出声。隶变后楷书写作"茁"。

《说文·艸部》："茁，艸初生出地貌。从艸，出声。"（茁，草木初生长时冒出地面的样子。从艸，出声。）

"茁"的本义为草初生出地的样子。如陈允平《过秦楼》："向东风种就，一亭兰茁，玉香初茂。"引申泛指生出、生长。如苏轼《僧惠勤初罢僧职》："霜髭茁病骨，饥坐听午钟。"又引申指生长壮实。如"茁壮"。

⊙ 苇

小篆　楷书（繁体）　楷书

"苇"是形声字。小篆从艸，韦声。隶变后楷书写作"葦"。汉字简化后写作"苇"。

《说文·艸部》："葦，大葭也。从艸，

韋声。"（葦，长大了的葭。从艸，韋声。）

"苇"的本义为芦苇。如顾况《宿湖边山寺诗》："蒲团僧定风过席，苇岸渔歌月堕江。"

又借指小舟。如苏轼《前赤壁赋》："纵一苇之所如，凌万顷之茫然。"

⊙ 芯

芯

小篆　　楷书

"芯"是后起字，为形声字。楷书写作"芯"，小篆从艸，心声。

《说文》无。

"芯"的本义为灯心草。也指灯心草茎中的髓，俗称"灯芯"，可在油盏中点火照明，所以后来泛指油灯上用来点火的灯草或纱线灯芯。如《黄岩县志》（光绪年修）："家有千金，不添双芯，俭之积也。"泛指物体的中心部分。如"岩芯""型芯"。

⊙ 芥

芥

小篆　　楷书

"芥"是形声字。小篆从艸，介声。隶变后楷书写作"芥"。

《说文·艸部》："芥，菜也。从艸，介声。"（芥，芥菜。从艸，介声。）

"芥"的本义为芥菜，是一种草本植物，花和种子是黄色的，有辣味。磨成粉末后可做调料，叫芥末。又指小草。如"弃之如为草芥"。引申比喻细小的事物。如张岱《陶庵梦忆·虎丘中秋夜》："听者寻入针芥，心血为枯，不敢击节，惟有点头。"

又引申指梗塞。如司马相如《子虚赋》："吞若云梦者八九于其胸中，曾不蒂芥。"其中的"蒂芥"指的就是细小的梗塞物。后比喻心里的不满或不快。

⊙ 获

獲　薐　欀　獲　获

甲骨文　金文　小篆　楷书（繁体）　楷书

"获"是会意字。甲骨文从又（手），从隹（鸟），会抓住了鸟之意。金文改为从又，从萑（猫头鹰）。小篆另加义符"犬"，表明是围猎。隶变后楷书写作"獲"。汉字简化后写作"获"。

《说文·犬部》："獲，獵所獲也。从犬，蒦声。"（獲，打猎时捕获的禽兽。从犬，蒦声。）

"获"的本义为猎得禽兽。如《易经·解》："田获三狐。"意思就是猎得三只狐狸。引申指猎获的东西。如《吕氏春秋》："田猎之获常过人矣。"又引申为俘虏敌人。如《史记·秦本纪》："败秦师于肴，获百里孟明视、西乞术、白乙丙以归。"又引申为取得、得到。如"获得""获奖"。

⊙ 莽

莽　薐　薐　莽

甲骨文　金文　小篆　楷书

"莽"是会意兼形声字。甲骨文从犬，从林，会犬在林中奔逐之意。金文改为从艸。小篆改为从犬，从茻（从草），会狗在长满丛草的旷野上奔逐之意，茻兼表声。隶变后楷书写作"莽"。

《说文·茻部》："莽，南昌谓犬善逐菟草中为莽。从犬，从茻，茻亦声。"（莽，南昌说狗善于在草中追逐兔兽叫莽。由犬、由茻会意，茻也表声。）

"莽"的本义为犬逐于旷野丛草中。又指草丛。如《周易·同人》："伏戎于莽。"就是说把军队埋伏于草丛之中。后来泛指草。如陶渊明《归园田居》（其二）："常恐霜霰至，零落同草莽。"

又引申指草木繁茂，广阔无边。如

193

"草木莽莽""莽莽群山"。引申指粗率、不精细。如"莽撞""鲁莽"。

⊙ 莠

秀 莠

小篆　　楷书

"莠"是形声字。小篆从艸，秀声。隶变后楷书写作"莠"。

《说文·艸部》："莠，禾粟下生莠。从艸，秀声，读若酉。"（莠，是在禾粟之间生长的似禾非禾的东西叫"莠"。从艸，秀声。音读像"酉"字。）

"莠"的本义是一种田间生长的外形像禾苗的杂草，其穗上像狗尾巴的毛，也叫狗尾巴草。如《诗经·齐风·甫田》："惟莠骄骄。"意思是只有莠草长得十分茂盛。莠会妨碍禾苗生长，故引申为恶草的通称。又引申为坏、恶。如"良莠不齐"，意思是好的和坏的混杂在一起。

⊙ 英

英 英

小篆　　楷书

"英"是形声字。小篆从艸，央声。隶变后楷书写作"英"。

《说文·艸部》："英，草荣而不实者。一曰：黄英。从艸，央声。"（英，草只开花却不结实叫作"英"。另一义说：英是指黄英木。从艸，央声。）

"英"的本义是花。如陶渊明《桃花源记》："芳草鲜美，落英缤纷。"花是美好的，所以引申为美好、杰出、优异、超众不凡。如生前创立了伟大事业的死者，被尊称为"英魂""英灵"。又引申为精华。如韩愈《进学解》："沉浸酿郁，含英咀华。"意思就是沉浸在书籍中，探求书中的精粹。

⊙ 落

落 落

小篆　　楷书

"落"是形声字。小篆从艸，洛声。隶变后楷书写作"落"。

《说文·艸部》："落，凡草曰零，木曰落。从艸，洛声。"（落，大凡草叶凋衰叫"零"，树叶脱落叫"落"。从艸，洛声。）

"落"的本义是植物的叶、花凋零。不过，零最初指的是草本植物枯萎脱落，树叶枯萎，从树枝上掉下来叫落。后泛指植物的叶子、花凋零掉下。用作动词，指掉下。

在口语中读作 là，指遗漏、丢失。如"丢三落四"，是说一个人记性不好，经常会遗漏东西。

还读作 lào，也多用于口语，表示往下。如"落炕""落枕"。

"落"又作为曲艺名，是北方对"莲花落"的俗称。又泛指各种曲艺杂耍。如"落子馆"（演北方曲艺杂耍的场所）。

⊙ 幕

幕 幕

小篆　　楷书

"幕"是会意兼形声字。小篆从巾，从莫（表遮蔽），会用布覆盖之意，莫兼表声。隶变后楷书写作"幕"。

《说文·巾部》："幕，帷在上曰幕，覆食案亦曰幕。从巾，莫声。"（幕，帷幔遮盖在上面叫幕，蒙覆盛食物的几案也叫幕。从巾，莫声。）

"幕"的本义为悬空遮在上面的帷帐。如"举袂成幕"。又可当帘幕讲，如"屏幕""幕布"。用作动词，指以……为幕。如刘伶《酒德颂》："幕天席地，纵意所如。"演剧时段落间有幕布开合，故又指演出的一个段落。如"独幕剧""序幕"。

古代将帅出征以幕帐为办公府署，故又引申指古代将帅的营帐或地方军政长官的府署。如"幕府""幕僚""幕友"。

⊙ 葱

甲骨文　金文　小篆　楷书（繁体）　楷书

"葱"是形声字。甲骨文字形，"丨"在"心"之上。小篆从艹，恩声。隶变后楷书写作"蔥"，俗作"葱"。如今规范化以"葱"为正体。

《说文·艸部》："蔥，菜也。从艸，恩声。"（葱，菜名。从艸，恩声。）

"葱"的本义为大葱。如《古诗为焦仲卿妻作》："指如削葱根，口如含珠丹。"引申指像葱样的青绿色。如"郁郁葱葱"。葱为青色，青色为茂盛之色，故"葱葱"就是茂盛或气象旺盛的意思。

⊙ 苍

小篆　楷书（繁体）　楷书

"苍"是形声字。小篆从艹，倉声。隶变后楷书写作"蒼"。汉字简化后写作"苍"。

《说文·艸部》："蒼，艸色也。从艸，倉声。"（苍，草的颜色。从艸，倉声。）

"苍"的本义是指植物的青色（暗绿或深蓝）。上古多指深蓝色。如"苍天"，就是指深蓝色的天空。后来常指深绿色。如李白《庐山遥寄卢侍御虚舟》："闲窥石镜清我心，谢公宿处苍苔没。"又指灰白色或变成灰白色。如"白发苍苍"。

⊙ 葬

甲骨文　小篆　楷书

"葬"是会意字。甲骨文像人在棺内以草掩埋之状，会埋葬之意。小篆复杂化，像尸体横陈在"一"（垫子）上，四周以草蒙覆的样子。隶变后楷书写作"葬"。

《说文·茻部》："葬，藏也。从死在茻中；一其中，所以荐之。《易》曰：'古之葬者，厚衣之以薪。'"（葬，（将尸体掩埋）收藏。由"死"（即"尸"）字在"茻"字之中构成；其中还有一横，表示用来垫着尸体的草席。《易经》说："古时候掩埋尸体，用草木厚厚地裹着死人。"）

"葬"的本义为掩藏人的尸体。泛指（依照特定的风俗习惯）用不同的方式处置人的尸体。如"火葬""天葬"。

⊙ 蒙

甲骨文　小篆　楷书

"蒙"是形声兼会意字。小篆从艹，从冢（覆盖），会缠绕覆盖寄生草本植物之意，冢兼表声。隶变后楷书写作"蒙"。

《说文·艸部》："蒙，王女也。从艸，冢声。"（蒙，大的女萝草。从艸，冢声。）

"蒙"的本义是菟丝草，读作 méng。引申指覆盖。上对下是覆盖，下对上则是承受，故引申为承受、受。如"蒙恩"。覆盖则不明，故又引申为不明事理、无知。如"蒙昧""启蒙"。

遮蔽则使人不明真相，故引申为欺骗，又读 mēng。如"蒙骗""蒙人"。受蒙蔽则头脑不清，故又引申指昏乱。如"蒙头转向"。进而引申为平空猜想。如"瞎蒙""蒙对了"。

又读 měng，指蒙古族。

⊙ 苦

小篆　楷书

"苦"形声字。小篆从艸（艹），古声。隶变后楷书写作"苦"。

《说文·艸部》："苦，大苦，苓也。从艸，古声。"（苦，大苦，又叫蘦草。从艸，古声。）

"苦"的本义是苦菜，即荼。如《诗经·唐风·采苓》："采苦采苦，首阳之下。"荼的味道是苦的，故引申为苦味。如"苦尽甘来""酸甜苦辣"。

苦味令人难受，由此又引申为难受、痛苦。如杜甫《石壕吏》："吏呼一何怒，妇啼一何苦。""苦"还有竭力的意思。如"苦口婆心"，意思是善意地竭力加以劝说。

⊙ 萃

小篆　　楷书

"萃"是形声字。小篆从艸，卒声。隶变后楷书写作"萃"。

《说文·艸部》："萃，艸貌。从艸，卒声。读若瘁。"（萃，草（聚集）的样子。从艸，卒声。音读像"瘁"字。）

"萃"的本义是草木丛生的样子。由草木丛生引申为聚集。如文天祥《指南录后序》："缙绅、大夫、士萃于左丞相府，莫知计所出。"又引申为同类的人或事物。如成语"出类拔萃"。

⊙ 茶

小篆　　楷书

"茶"是形声字。本与"荼"是同一个字。小篆从艸，余声。隶变后楷书写作"荼"。茶树本来叫作"槚"，因为它的叶子和荼一样有苦味，所以又叫"荼"。南北朝时期，代表"茶"的"荼"分化出了茶的读音。唐朝时，读"茶"音的"荼"字又被人们减去一横，成了今天的"茶"字。现

在二字表意有分工。

《说文》无。

"茶"的本义是指一种常绿灌木。这种植物喜欢湿润的气候和微酸性土壤，多生长在我国的中部、东南和西南部地区。如陆羽《茶经》："茶之为饮，发于神农氏，闻于鲁周公。"

⊙ 茫

小篆　　楷书

"茫"是形声兼会意字。隶变后楷书写作"茫"，从水，芒声，芒兼表看不清之意。

《说文》无。

"茫"的本义为水浩大的样子。如"大水茫茫""渺茫"。引申指茫昧不明、模糊不清。如李白《嘲鲁儒》："问以经济策，茫如坠烟雾。"又引申指辽阔、深远的样子。如《敕勒歌》："天苍苍，野茫茫，风吹草低见牛羊。"又引申指迷惘、迷茫。如"茫然"。

⊙ 药

金文　　小篆　　楷书（繁体）　　楷书

"药"是形声字。金文从艸（艹），樂（乐）声。小篆整齐化。隶变后楷书写作"藥"。后借"药"来表示，从艸，约声。如今规范化以"药"为正体。

《说文·艸部》："藥，治病草。从艸，樂声。"（藥，治病的草。从艸，樂声。）

"药"的本义为治病的植物，泛指一切可治病之物。如《周礼·天官·疾医》："疾医掌养万民之疾病，以五味、五谷、五药养其病。"

又特指火药。如宋应星《天工开物·火药》："凡火药以硝石硫黄为主，草

木灰为辅。"又引申指用药物治疗。成语"不可救药"，就是比喻已经到了无法挽救的地步。又指使中毒或毒杀。如"药死"。

⊙ 菌

菌 菌

小篆　楷书

"菌"是形声兼会意字。小篆从艸（艹），困声，困兼表圆囷之意。隶变后楷书写作"菌"。

《说文·艸部》："菌，地蕈也。从艸，困声。"（菌，地蕈。从艸，困声。）

"菌"读作 jùn，本义为蕈，是形状像伞的菌类植物，有的可以食用。如《庄子·逍遥游》："朝菌不知晦朔，蟪蛄不知春秋。"

又读作 jūn，是低等植物的一大类，靠寄生生活。这种菌的种类很多。如"细菌""真菌"。

⊙ 萌

萌 萌

小篆　楷书

"萌"是形声字。小篆从艸（艹），明声。隶变后楷书写作"萌"。

《说文·艸部》："萌，草芽也。从艸，朙声。"（萌，草木的芽。从艸，朙声。）

"萌"的本义为草木的芽。如《孟子·告子上》："是其日夜之所息，雨露之所润，非无萌蘖之生焉。"引申指发芽。如《礼记·月令》："天地合同，草木萌动。"又比喻事情刚刚显露的发展趋势或情况、开端。如《韩非子·说林上》："圣人见微以知萌，见端以知末。"又指开始发生。如"萌动"。

⊙ 蒲

蒲 蒲

小篆　楷书

"蒲"是形声字。小篆从水艸，浦声。隶变后楷书写作"蒲"。

《说文·艸部》："蒲，水草也。可以作席。从艸，浦声。"（蒲，水草，可用来编织席子。从艸，浦声。）

"蒲"的本义为植物香蒲，是一种多年生草本植物，生于浅水或池沼中。如《诗经·陈风·泽陂》："彼泽之陂，有蒲与荷。"又指菖蒲。如"蒲节""蒲酒"。

⊙ 蓉

蓉 蓉

小篆　楷书

"蓉"是形声字。小篆从艸（艹），容声。隶变后楷书写作"蓉"。

《说文》无。

"芙蓉"，既可以指木芙蓉，一种树；也可以指水芙蓉，即荷花。

又指用豆类、瓜果煮熟晒干后磨成粉做成的糕点馅儿。如"豆蓉""莲蓉"。

⊙ 萍

萍 萍

小篆　楷书

"萍"是会意兼形声字。小篆从水从苹会意，苹兼表声。隶变后楷书写作"萍"。

《说文·水部》："萍，苹也。水草也。从水苹，苹亦声。"（萍，浮萍。（浮生）水面的草。由水、苹会意，苹也表声。）

"萍"的本义为浮萍，一年生草本植物，浮生水面，叶子扁平，叶下生须根，开白花，亦称"青萍""紫萍"。如《礼记·月令》："季春之月，桐始华，萍始生。"多用以喻不定的生活或行踪。如成语"萍水相逢",即比喻向来不认识的人偶然相遇。

⊙ 荒

小篆　　　楷书

"荒"是会意兼形声字。小篆从艸(艹),从巟(水广),会草长满田地之意,巟兼表声。隶变后楷书写作"荒"。

《说文·艸部》:"荒,芜也。从艸,巟声。一曰:草淹地也。"(荒,荒芜。从艸,巟声。一说:杂草掩覆田地叫荒。)

"荒"的本义是荒芜。引申指没有开垦或耕种的土地。如陶渊明《归去来兮辞》:"三径就荒,松菊犹存。"边远地区多荒芜,故引申指边远地区。如"蛮荒"。又引申指人烟稀少或没有人烟。如"荒郊野外""荒漠"。

又引申指年景不好,收成少或没有收成。如"饥荒"。进而引申指物品严重缺乏。如"粮荒""油荒""水荒"。又引申表示享乐过度、放荡。如"荒淫无道""乐而不荒"。

因为田地荒芜是不正常的,故又引申指不合情理的、不正确的。如"荒谬""荒诞"。

⊙ 芒

小篆　　　楷书

"芒"是会意兼形声字。小篆从艸(艹),从亡(无),会植物上似有似无的细刺之意,亡兼表声。隶变后楷书写作"芒"。

《说文》无。

"芒"的本义是指某些禾本科植物子实外壳上针状的尖毛。如"麦芒"。引申泛指尖刺、尖端。如陈宠《清盗源疏》:"堤溃蚁孔,气泄针芒,是以明者慎微,智者识几。"

又引申指刀剑尖端和锋刃。如"不露锋芒""锋芒毕露"。又引申指光芒,向四周放射的强烈光线。如刘禹锡《柳河东集序》:"粲焉如繁星丽天,而芒寒色正。"

⊙ 藏

小篆　　　楷书

"藏"是会意兼形声字。小篆从艸(艹),从臧(隐匿),会藏匿之意,臧兼表声。隶变后楷书写作"藏"。

《说文》新附:"藏,匿也。从艸,臧声。"(藏,隐匿。从艸,臧声。)

"藏"的本义是隐匿,读作 cáng。如《论语·述而》:"用之则行,舍之则藏。"引申为储藏、收存。如"秋收冬藏"。又引申为怀有。如《易·系辞下》:"君子藏器于身,待时而动。"

读作 zàng 时,指收藏财物的府库或财物。如《左传·僖公二十四年》:"晋侯之竖头须,守藏者也。"

用作我国少数民族名,即藏族。

大 部

⊙ 大

甲骨文　　金文　　小篆　　楷书

"大"是象形字。甲骨文、金文、小篆的形体都像一个正面站立、张开双手双脚的人的形象。隶变后楷书写作"大"。

《说文·大部》:"大,天大,地大,人亦大。故大象人形。古文大也。凡大之属皆从大。"(大,天大,地大,人也大。

所以"大"字像人的形状。(大)是古文"大"字。大凡大的部属都从大。)

"大"的本义是人。人为"万物之灵",上古以人为大,故引申为"大小"之"大"。由大。又引申表示重要、重大。如"天下大事"进而引申表示尊敬。如"大王""大作"。

还读作 dài,用于某些专称。如"大夫"。

⊙ 太

甲骨文　金文　小篆　楷书

"太"是象形字。甲骨文中的"太"字就是"大"字,像正面站立的人形。金文下部增加了一个曲笔,以与"大"相区别。隶变后楷书写作"太"。

《说文》无。

"太"是在"大"的基础上再加了一点而形成的,故引申为过于。如杜甫《新婚别》:"暮婚晨告别,无乃太匆忙!"引申为最、极。进而引申指身份最高或辈分更高的。如"太公""太后"。

⊙ 天

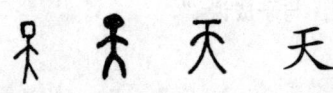

甲骨文　金文　小篆　楷书

"天"是象形字。甲骨文像正面站立的人,突出了上部的方框(头)。金文的形体大致相同,显得更形象。小篆线条化。隶变后楷书写作"天"。

《说文·一部》:"天,颠也。至高无上,从一大。"(天,头顶。最高而无以加的部位。由一、大会意。)

"天"的本义为人的头顶;两眉之间,称为"天庭"。如常说的"天庭饱满"。人至高无上的部分为"天"(头),自然界至高无上的部分也为"天"。如杨万里《晓出

净慈寺送林子方》:"接天莲叶无穷碧,映日荷花别样红。"

⊙ 夫

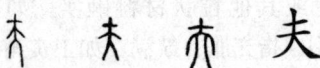

甲骨文　金文　小篆　楷书

"夫"是象形字。甲骨文形体的下部是"大",即一个正面站立的人;"大"的上部有一小横,表示头簪之形。金文与甲骨文类似。隶变后楷书写作"夫"。

《说文·夫部》:"夫,丈夫也。从大,一以象簪也。周制以八寸为尺,十尺为丈。人长八尺,故曰丈夫。凡夫之属皆从夫。"(夫,成年男子。从大,一用以像成年男子头发上的簪子之形。周朝的制度用八寸作一尺,十尺作一丈。今成人身长八尺,合周制为一丈,所以叫丈夫。大凡夫的部属都从夫。)

"夫"的本义是成年男子。如《韩非子·五蠹》:"古者丈夫不耕,草木之实足食也。"男子成年后就可以结婚,引申指丈夫。如《乐府诗集·陌上桑》:"使君自有妇,罗敷自有夫。"在古代诗文中,由"夫"字所组成的词是很多的。如"夫子",是古代对男子的尊称。

还做助词,放在句首,表示提起议论。如苏洵《六国论》:"夫六国与秦皆诸侯,其势弱于秦。"放在句末,表示感叹。如《论语·子罕》:"子在川上曰:'逝者如斯夫!不舍昼夜。'"

⊙ 夯

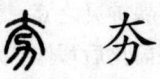

小篆　楷书

"夯"是后起字,为会意字。楷书写作"夯",从大,从力,会用大力扛东西之意。《说文》无。

"夯"的本义为用大力扛东西。如《净

善集·禅林宝训》："自家闺阁中物，不肯放下，反累及他人担夯，无乃大劳乎！"劳动时需要出大气力，故引申指用力抬举重物把地或其他粒状材料砸实。如"夯地基"。引申指充胀、鼓满。如王实甫《西厢记》第五本第四折："有口难言，气夯破胸脯。"又引申为笨拙。如《西游记》第十九回："那镶糠的夯货，快出来与老孙打么？"

⊙ 央

甲骨文　金文　小篆　楷书

"央"是会意字。甲骨文像一个人（大）站在物体（冂）当中。金文和小篆都直接由甲骨文演变而来。隶变后楷书写作"央"。

《说文·冂部》："央，中央也。从大在冂之内。大，人也。央写原则相同。一曰久也。（央，中央。"大"字在"冂"字内；大，就是正立的人。央、写二字构形同意。另一义说：央是久。）

"央"的本义为中心。如《诗经·秦风·蒹葭》："溯游从之，宛在水中央。"引申指恳求、请求。如《水浒传》第三十回："但是人有些公事来央浼他的，武松都对监相公说了，无有不依。"

⊙ 奥

小篆　楷书（繁体）　楷书

"奥"是会意字。从双手捧禾麦，会祭拜室内西南隅神灵之意。隶变后楷书写作"奥"。汉字简化后写作"奥"。

《说文》无。

"奥"的本义为房屋室内的西南角，是古时祭祀设神主或尊者居坐之处。如《韩非子·说林下》："卫将军文子见曾子，曾子不起而延于坐席，正身见于奥。"泛指室

内深处。如《淮南子·时则》："凉风始至，蟋蟀居奥。"又引申指深奥、精深、不易理解。如"奥妙"。

⊙ 契

甲骨文　小篆　楷书

"契"是象形字。甲骨文左边是三横一竖，右边是"刀"，像用刀契刻之形。小篆的形体基本上同于甲骨文。隶变后楷书写作"契"。

《说文·大部》："契，大约也。从大，从㓞。《易》曰：'后代圣人易之以书契。'"（契，邦国之间的契约。由大、㓞会意。《易经》中说："后代的圣人用契券来更替它。"）

"契"的本义指契约。如"房契""地契"。引申指盟约、邀约。如繁钦《定情诗》："时无桑中契，迫此路侧人。"契约为两半相合，故引申指切合、投合。如"默契"。

古代符契刻字之后，剖为两半，双方各收存一半以做凭证。故由符契两分引申指聚合分离。如《诗经·邶风·击鼓》："死生契阔，与子成说。"

山部

⊙ 山

甲骨文　金文　楷书

"山"是象形字。甲骨文像三座山峰的样子。金文、小篆线条化，将实心的山变为单线的了。隶变后楷书写作"山"。

《说文·山部》："山，宣也。宣气散，生万物，有石而高。象形。凡山之属皆从山。"（山，宣畅。使地气宣通，散布各方，

产生万物，有石构成而又高峻。象形。大凡山的部属都从山。）

"山"的本义是指大山。如王之涣《凉州词》："黄河远上白云间，一片孤城万仞山。"

"山"是个部首字。凡由"山"组成的字大都与山石、高大等义有关。如"嵩""峻""巍"等。

⊙ 岁

甲骨文　金文　小篆　楷书（繁体）　楷书

"岁"是象形字。甲骨文像长柄斧刃朝左的斧钺之形，上面的两点表示斧面上的铸刻之纹。金文、小篆复杂化。隶变后楷书写作"歲"。汉字简化后写作"岁"。

《说文·步部》："歲，木星也。越历二十八宿，宣徧阴阳，十二月一次。从步，戌声。律历书名五星为五步。"（歲，木星。经过二十八星宿，走遍阴阳十二辰，十二个月行走一个躔次。从步，戌声。如《汉书·律历志》叫（金、木、水、火、土）五星作五步。）

"岁"的本义为收获庄稼，表示收成。引申指年。如刘希夷《代悲白头翁》："年年岁岁花相似，岁岁年年人不同。"由年又引申为年龄。还可以指季节气候。如《论语·子罕》："岁寒，然后知松柏之后凋也。"还可以指时间、光阴。如陶渊明《杂诗》："及时须勉励，岁月不待人。"

⊙ 岗

小篆　楷书（繁体）　楷书

"岗"是会意兼形声字。楷书繁体写作"崗"，从山，从冈，会山脊之意，冈兼表声。汉字简化后写作"岗"。

《说文》无。

"岗"的本义为山脊、山岭。如左思《咏史》之五："振衣千仞岗，濯足万里流。"引申为岗位、哨位。如"门岗""站岗"。

⊙ 岛

小篆　楷书（繁体）　楷书

"岛"是会意兼形声字。小篆从山，从鸟，会水中有山可息鸟之意，鸟兼表声。隶变后楷书写作"島"。汉字简化后写作"岛"。

《说文·山部》："島，海中往往有山可依止曰島。从山，鸟声，如读若《诗》曰'茑与女萝'。"（島，海中往往有山可以依托止息，叫作島。从山，鸟声。音读像《诗经》中所说的"茑草和女萝草"的"茑"字。）

"岛"的本义为江、湖、海洋中被水所包围而比大陆要小的一片陆地。《史记·田儋列传》："田横惧诛，而与其徒属五百余人入海，居岛中。"

⊙ 崇

小篆　楷书

"崇"是会意兼形声字。小篆从山从宗（高大殿堂）会意，宗兼表声。隶变后楷书写作"崇"。

《说文·山部》："崇，嵬高也。从山，宗声。"（崇，山高。从山，宗声。）

"崇"的本义为山大而高。如王勃《滕王阁序》："俨骖騑于上路，访风景于崇阿。"引申泛指高、高大。如《诗经·周颂·良耜》："其崇如墉，其比如栉。"

高则受人崇拜，故"崇"又引申指崇拜、尊崇。如《礼记·祭统》："崇祀宗庙社稷，则子孙顺孝。"

"崇"还可以表示兴盛,如张衡《东京赋》"建明德而崇业"。又如"崇业"(兴业)、"崇盛"(隆盛,极其荣宠)。

⊙ 岸

岸 岸

小篆　楷书

"岸"是会意兼形声字。小篆从厂,从干(盾牌,表捍卫),干兼表声。隶变后楷书写作"岸"。

《说文》无。

"岸"的本义为水边高起之地。如李白《早发白帝城》:"两岸猿声啼不住。"后泛指靠近水边的陆地。如范仲淹《岳阳楼记》:"岸芷汀兰,郁郁青青。"河岸较水面高,故又引申指高、高傲。如"伟岸"。

⊙ 岳

𡶫 嶽 嶽 岳

甲骨文　小篆　楷书(繁体)　楷书

"岳"本是象形字。甲骨文像上下多层山岳的形状。小篆变为从山、狱声的形声字。隶变后楷书写作"嶽"。汉字简化后写作"岳"。

《说文·山部》:"嶽,东,岱;南,霍;西,华;北,恒;中,泰室。王者之所以巡狩所至。从山,狱声。"(嶽,东岳岱山,南岳衡山,西岳华山,北岳恒山,中岳嵩山。是王者巡视所到的地方。从山,狱声。)

"岳"的本义为高大的山。

我国有五大名山:东岳泰山,西岳华山,南岳衡山,北岳恒山,中岳嵩山。合称为"五岳"。又如:岳宗(五岳之中的嵩山),岳帝(东岳泰山之神、东岳大帝的简称)。

妻的父母或妻的叔伯以岳相称,如"岳丈""岳父""岳母"。

⊙ 崭

嶄 嶃 崭

小篆　楷书(繁体)　楷书

"崭"是后起字,为形声字。楷书繁体写作"嶄",从山,斩声。汉字简化后写作"崭"。

《说文》无。

"崭"的本义为山高而险峻的样子。引申指高出、突出的样子。如成语"崭露头角"。

"崭"做副词表示很、特别的意思。如"崭新""齐崭崭"。

⊙ 屹

屹

楷书

"屹"是后起字,为形声字。楷书写作"屹",从山,乞声。

《说文》无。

"屹"的本义为山势直立高耸的样子。泛指耸立。如苏轼《次韵刘景文西湖席上》:"二老长身屹两峰,常撞大吕应黄钟。"比喻坚定不移。如白居易《青石》:"义心若石屹不转,死节名流确不移。"

小 部

⊙ 小

小 小 小 小

甲骨文　金文　小篆　楷书

"小"是会意字。甲骨文当中是一块细长之物,其两侧是一个"八"字,会一物分为二则比原物小之意。金文、小篆的形体与甲骨文相类。隶变后楷书写作"小"。

《说文·小部》:"小,物之微也。从

八，丨见而分之。凡小之属皆从小。"
（小，物体微小。从八（表示分别）；小物
出现，就分解它。大凡小的部属都从小。）

"小"的本义与"大"相反。如《庄
子·逍遥游》："惠（蟪）蛄不知春秋，此
小年也。"这里"小年"解为寿命短促。
意思是蟪蛄连春秋都不知道，因为它的
寿命太短了。

⊙ 少

甲骨文　金文　小篆　楷书

"少"是象形字。上古"少"与"小"
通用。甲骨文仅四个小点，像小颗粒之形。
金文稍变其形。小篆承接金文，线条化、
整齐化。隶变后楷书写作"少"。

《说文·小部》："少，不多也。从小，
丿声。"（少，不多。从小，丿声。）

"少"的本义指细小的颗粒，读作
shǎo。如《孟子·梁惠王上》："邻国之民
不加少，寡人之民不加多，何也？"引申为
稍微。如《战国策·赵策四》："太后之色
少解。"

又读作 shào，一般是用作形容词或者
动词，指年幼、年轻、少年、青年。

⊙ 尘

甲骨文　小篆　楷书（繁体）　楷书

"尘"是会意字。甲骨文像三只鹿在
奔跑，脚下扬起了尘土。小篆承接甲骨文，
会群鹿奔跑，尘土飞扬之意。隶变后楷书
写作"塵"。汉字简化后写作"尘"。

《说文》无。

"尘"的本义为尘土。比喻庸俗肮脏
的事物。如"风尘女子"。由飞扬的尘土引
申指踪迹。如《宋史·南唐李氏世家》："思
追巢、许之余尘。"引申指现实世界。如

陶渊明《归园田居》："误落尘网中，一去
三十年。"

⊙ 雀

甲骨文　小篆　楷书

"雀"是象形字。甲骨文的形象就像
一个鸟头，头顶上有一撮羽毛。小篆承接
甲骨文。隶变后楷书写作"雀"。

《说文·隹部》："雀，依人小鸟也。从
小、隹。读与爵同。"（雀，依人而宿的小
鸟。由小、隹会意。音读与"爵"字同。）

"雀"本义指麻雀或山雀。如"螳螂捕
蝉，黄雀在后"，是说螳螂正要捉蝉，却
不知黄雀在后面正要吃它。现在用来比喻
目光短浅，只想到算计别人，没想到别人
正在算计自己。

⊙ 尚

甲骨文　金文　小篆　楷书

"尚"为象形字。甲骨文下部像一个
有窗户的建筑物，上有两横，像烟气上腾
形。金文和小篆都承接甲骨文而来。隶变
后楷书写作"尚"。

《说文·八部》："尚，曾也。庶几也。从
八，向声。"（尚，增加；希冀。从八，向声。）

"尚"的本义为烟气自窗户上腾。由
此可以引申为超过、高出。又引申指古远、
久远。如"尚远"，意为久远。进而引申为
崇尚、尊重。如"尚武""尚贤"。

"尚"用作虚词，表示尚且、还。如
"尚不可知""尚小"。

为帝王管理事物也称为"尚"，如"尚
食"（掌理帝王膳食的人）、尚衣（掌管帝
王衣服的人）、尚书（执掌帝王文书奏章
的人）。

上古的"尚方"是为皇帝制造兵器等

的官署名。"尚方宝剑",是指皇帝所用的宝剑。

⊙尔

| 甲骨文 | 金文 | 小篆 | 楷书（繁体） | 楷书 |

"尔"是象形字。甲骨文像蚕开始吐丝结茧之形,上面像蚕头,下面像所结之蚕茧,用蚕初吐之丝尚少,所结之茧稀疏像篱笆,来表示疏朗之意。金文整齐化。小篆分为繁简二体。隶变后楷书分别写作"爾"和"尔"。如今规范化,写作"尔"。

《说文·㸚部》:"爾,丽尔,犹靡丽也。从冂,从㸚,其孔㸚,尒声。此与爽同意。"(爾,丽尔,犹如说明。由冂、㸚会意,㸚表示孔格疏朗,尒声。尔与爽都从㸚,构形之意相同。)

"尔"的本义为蚕开始结茧时稀疏的样子。后借作人称代词,你、你们。又借作指示代词,相当于"彼""此""这样"。如陶渊明《饮酒》:"问君何能尔,心远地自偏。"虚化为助词,用在形容词或副词的词尾,相当于"然"。如《论语》:"鼓瑟希,铿尔,舍瑟而作。"

用在陈述句后,表示限止语气,义为而已、罢了。如欧阳修《归田录》:"无他,唯手熟尔。"

⊙慕

| 金文 | 小篆 | 楷书 |

"慕"是形声字。金文从心,莫声。小篆整齐化。隶变后楷书写作"慕"。

《说文·心部》:"慕,习也。从心,莫声。"(慕,习玩(而模仿)。从心,莫声。)

"慕"的本义是依恋、向往。如《孟子·万章上》:"人少则慕父母,知好色则慕少艾。"意思是,人在年少时依恋父母;长大后知道喜好美色,则会恋慕年轻美貌的人。

又引申指仰慕、敬慕。如"慕名而来"。又引申指效仿。如《三国志·蜀书·董和传》:"苟能慕元直之十一,幼宰之勤渠,有忠于国,则亮可以少过矣。"这里的"元直"指徐庶;"幼宰"指董幼宰。

口 部

⊙口

| 甲骨文 | 金文 | 小篆 | 楷书 |

"口"是象形字。甲骨文、金文、小篆的形体都像一个人开口笑的样子。隶变后楷书写作"口"。

《说文·口部》:"口,人所以言食也。象形。凡口之属皆从口。"(口,人用来说话饮食的器官。象形。大凡口的部属都从口。)

"口"的本义就是指人的嘴巴。一人一口,故引申指人口。如《管子·海王》:"十口之家,十人食盐。"由进食说话的通道,又引申为孔穴及容器内外相通的地方。如"瓶口""井口"。还可引申指破裂的地方。如"伤口""疮口"。用作量词,表示物品的件数。如"一口剑""一口锅"。

⊙句

| 甲骨文 | 金文 | 小篆 | 楷书 |

"句"是会意兼形声字。甲骨文从口(表语声),从丩(勾曲),会语调曲折之意,丩兼表声。金文将口移到下边。小篆整齐化、线条化。隶变后楷书写作"句"。

《说文·口部》:"句,曲也。从口,丩

声。凡句之属皆从句。"（句，弯曲。从口，丩声。大凡句的部属都从句。）

"句"的本义为语调曲折，读作 gōu。引申泛指勾曲、弯曲。

读作 jù，指句子。如《文心雕龙·章句》："夫人之立言，因字而生句，积句而成章，积章而成篇。"

⊙ 吕

吕 吕 吕 吕 吕

甲骨文　金文　小篆　楷书（繁体）　楷书

"吕"是象形字。甲骨文是两个方"口"，像是人（或动物）的脊骨连成一串。金文则变成了长圆形。隶变后楷书写作"吕"。汉字简化后写作"吕"。

《说文·吕部》："吕，脊骨也。象形。昔太岳为禹心吕之臣，故封吕侯。凡吕之属皆从吕。"（吕，脊椎骨。象形。过去太岳官是像大禹心脏和脊骨一样的臣子，所以封为吕侯。大凡吕的部属都从吕。）

"吕"的本义为脊骨。后来被假借为古代音乐十二律中的阴律，有六种，总称"六吕"。后引申泛指乐律或音律。如翁洮《和方干题李频庄》："犹凭律吕传心曲，岂虑星霜到鬓根。"

⊙ 告

告 告 告 告

甲骨文　金文　小篆　楷书

"告"是会意字。甲骨文从口，从牛，会用牛羊祭祀祷告神灵求福之意。金文大致相同，小篆整齐化。隶变后楷书写作"告"。

《说文·告部》："告，牛触人，角箸横木，所以告人也。从口，从牛。"（牛喜欢抵触人，在牛角上施加横木，是用以告诉人们的标志。由口、由牛会意。）

"告"的本义为向神灵祈祷、诉说。如"祷告"。祷告意在求福，故引申指请求。如《礼记·曲礼上》："夫为人子者，出必告。"又引申指报告、上报。如《诗经·齐风·南山》："取妻如之何？必告父母。"

又引申为告诉。如《史记·项羽本纪》："项伯乃夜驰之沛公军，私见张良，具告以事。"又引申指向行政或司法机关检举或提起诉讼。如"上告""告发"。

⊙ 吉

吉 吉 吉 吉

甲骨文　金文　小篆　楷书

"吉"是会意字，甲骨文上面像盛满事物的器物，下面是供桌一类的东西，表示家有吉庆。金文、小篆承接甲骨文。隶变后楷书写作"吉"。

《说文·口部》："吉，善也。从士、口。"（吉，美好吉祥。由士、口会意。）

"吉"的本义为吉祥、吉利。如"大吉大利"。引申为善、美好。如杜甫《忆昔》之二："九州道路无豺虎，远行不劳吉日出。"

⊙ 只

只 只 只 只 只

甲骨文　金文　小篆　楷书（繁体）　楷书

"只"是会意字。甲骨文从又（手），从隹（鸟），会一只手逮住了一只鸟之意。金文大致相同。小篆承接金文。隶变后楷书写作"隻"。汉字简化后写作"只"。

《说文·隹部》："隻，鸟一枚也。从又持隹。持一隹曰隻，二隹曰（双）。"（隻，鸟一只。由"又"（手）持握着"隹"（鸟）会意。手里拿着一只鸟叫只，（拿着）两只鸟叫双。）

"只"的本义为一只鸟，读作 zhī。引申为凡物之单者曰"只"，与"双"相对。如《公羊传·僖公三十三年》："匹马只轮无反者。"引申指孤独。如"形单影只"。又引申指单数、奇数。如《宋史·张洎传》："肃宗而下，咸只日临朝，双日不坐。"

还读作zhǐ，表示除此之外，没有别的。引申指仅、仅仅。如王安石《泊船瓜洲》："京口瓜洲一水间，钟山只隔数重山。"

⊙ 古

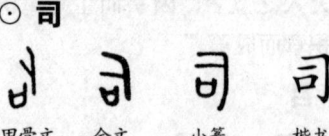

| 甲骨文 | 金文 | 小篆 | 楷书 |

"古"是会意字。甲骨文从十（表示多），从口，会世世代代口口相传之意。金文变化不大。隶变后楷书写作"古"。

《说文·古部》："古，故也。从十、口。识前言者也。凡古之属皆从古。"（古，久远的年代。由十、口会意，表示众口相传，记识前代的言语和故事。大凡古的部属都从古。）

"古"的本义为古代，与"今"相对。引申为旧、原来。如陶渊明《桃花源》："俎豆犹古法，衣裳无新制。"其中的"俎豆"是古代祭祀、宴飨时盛食物用的两种礼器。

引申泛指古代的事物，如仿古、考古、拟古、怀古、古义（古书的义理）。

⊙ 邑

| 甲骨文 | 金文 | 小篆 | 楷书 |

"邑"是会意字。甲骨文会人居住的地方之意。金文大致相同。小篆整齐化。隶变后楷书写作"邑"。

《说文·邑部》："邑，国也。从口，先王之制尊卑有大小，从卪。凡邑之属皆从邑。"（邑，国。从口；先王的制度，（公、侯、伯、子、男）尊卑（不同），有（不同）大小的（疆域），所以从卪。大凡邑的部属都从邑。）

"邑"的本义是国都。如《诗经·商颂·殷武》："商邑翼翼。"后来一般的市镇也可以称作"邑"。如苏洵《六国论》："秦以攻取之外，小则获邑，大则得城。"也指封地。如《晏子春秋》："景公赐晏子邑，晏子辞。"

⊙ 司

| 甲骨文 | 金文 | 小篆 | 楷书 |

"司"是指事字。甲骨文的左下部是口，右边是一只手，用手遮在口上，表示一个人用口发布命令。金文大致相同，小篆整齐化，隶变后楷书写作"司"。

《说文·司部》："司，臣司事于外者。从反后。凡司之属皆从司。"（司，在外办事的官吏。由"后"字反过来表示。大凡司的部属都从司。）

"司"的本义为发布命令。发布命令的人一般都是主管事务的人，故引申指职掌、掌管。如《韩非子·扬权》："使鸡司夜，令狸执鼠，皆用其能，上乃无事。"也引申指官府、官署。唐宋以后，尚书省各部下辖诸司。如韩愈《论变盐法事宜状》："又宰相者，所以临察百司，考其殿最。"

⊙ 吴

| 甲骨文 | 金文 | 小篆 | 楷书（繁体） | 楷书 |

"吴"是会意字。从口，从矢（zè）（像头的动作），会晃着头大声说话之意。隶变后楷书写作"吳"。汉字简化后写作"吴"。

《说文·矢部》："吴，姓也。亦郡也。一曰：吴，大言也。从矢、口。"（吴，姓，也是郡名。另一义说：吴是大声喧哗。由矢、口会意。）

"吴"的本义为大声说话、喧哗。如《诗经·周颂·丝衣》："不吴不敖，胡考之休。"

后借指周代诸侯国名，传至夫差，于公元前 473 年为越所灭。

用作朝代名，指公元 222 年—280 年孙权所建的国家，又称孙吴、东吴，后为晋所灭。

用作地名，指今江苏省南部和浙江省北部一带，是古代吴国的辖地。如"吴牛喘月"。

⊙ 叶

米 米 葉 葉 叶

甲骨文　　金文　　小篆　　楷书（繁体）　　楷书

"叶"为形声字。甲骨文像一棵树叶繁茂的大树，上部的小点表示树叶所在。金文与甲骨文大致相同。小篆承接金文。隶变后楷书写作"葉"。汉字简化后写作"叶"。

《说文·艸部》："葉，艸木之葉也。从艸，枼声。"（葉，草木的叶子。从艸，枼声。）

"叶"的本义为草木之叶。如屈原《九歌·湘夫人》："袅袅兮秋风，洞庭波兮木叶下。"引申指薄而像叶子的东西。如李商隐《无题》："万里风波一叶舟，忆归初罢更夷犹。"

"叶"还可以表示较长历史时期的分段。如"隋朝末叶""唐朝中叶"。

⊙ 哲

𣃔 𢭃 哲

金文　　小篆　　楷书

"哲"为形声字。金文从心（表示聪明之意），折声。小篆直接由金文变来，并整齐化。异体字将"心"换成"口"。隶变后楷书写作"哲"。

《说文·口部》："哲，知也。从口，折声。悊，哲或，从心。"（哲，明智。从口，折声。悊，哲的或体，从心。）

"哲"的本义为聪明、有智慧。旧时称那些才能识见超越寻常的人为"哲人"，称那些在某方面造诣极深的人为"哲匠"。又可以引申为有才能的人、有智慧的人。如"先哲""圣哲"等。

"喆"为"哲"的异体字，已废除。除了人名用字之外，一般均写为"哲"。

⊙ 咏

䚋 䛐 詠 咏

金文　　小篆　　楷书（繁体）　　楷书

"咏"为形声字。金文从口，永声。小篆以"言"代"口"。隶变后楷书写作"詠"。汉字简化后写作"咏"。

《说文·言部》："詠，歌也。从言，永声。咏，詠或，从口。"（詠，长声歌吟。从言，永声。咏，詠的或体，从口。）

"咏"的本义为曼声长吟、歌唱。由歌唱之意又可以引申指用诗词来赞颂。如"咏梅""咏雪"等，"咏"都是表赞颂义。

⊙ 叭

叭 叭

小篆　　楷书

"叭"是后起字，为形声字。楷书写作"叭"，从口，支声。

《说文》无。

"叭"的本义为形容物体折断或碰击时发出的声音。

用作"喇叭"，是指一种管乐器，上细下粗，呈向四周张开之形，像牵牛花冠，多用铜制成，俗称"号筒"。古时候有喜事时都会吹喇叭来庆贺。

⊙ 吱

吱 吱

小篆　　楷书

"吱"是后起字，为形声字。楷书写作

207

"吱"，从口，支声。

《说文》无。

"吱"的本义是用作象声词，表示人或小动物细小的声音。如"吱呀"用来形容门响，"吱吱"用来形容小鸟的叫声。

用作动词，表示发出（声音）。如"不吱声"。

咆

咆　咆

小篆　楷书

"咆"是形声字。小篆从口，包声。隶变后楷书写作"咆"。

《说文·口部》："咆，嗥也。从口，包声。"（咆，嗥叫。从口，包声。）

"咆"的本义为猛兽吼叫。如李白《梦游天姥吟留别》："熊咆龙吟殷岩泉，栗深林兮惊层巅。"

有"咆哮"一词，本义为野兽或牲畜怒吼。引申泛指高声大叫，常形容人暴怒。如沈佺期《被弹》："劲吏何咆哮，晨夜闻扑挟。"还引申形容风浪、雷雨或水流等发出的呼啸轰鸣声。如李白《公无渡河》："黄河西来决昆仑，咆哮万里触龙门。"

咕

咕　咕

小篆　楷书

"咕"是后起字，为形声字。楷书写作"咕"，从口，古声。

《说文》无。

"咕"的本义为含混的自言自语。如"咕咕哝哝"。

用作象声词，形容母鸡、斑鸠等的叫声。如"咕咕叫"。

用作"嘀咕"，表示小声地说话。又表示犹疑不定，感到不安。如"犯嘀咕"。

咙

咙　嚨　咙

小篆　楷书（繁体）　楷书

"咙"是形声字。小篆字形来看，从口，龍声。隶变后楷书写作"嚨"。汉字简化后写作"咙"。

《说文·口部》："嚨，喉也。从口，龍声。"（嚨，喉咙。从口，龍声。）

"咙"的本义为喉咙，是咽部和喉部的统称。元稹《酬周从事望海亭见寄》："衣袖长堪舞，喉咙转解歌。"引申指嗓子。如"他提高喉咙，大叫了起来"。

呻

呻　呻

小篆　楷书

"呻"是形声字。小篆从口，申声。隶变后楷书写作"呻"。

《说文·口部》："呻，吟也。从口，申声。"（呻，吟诵。从口，申声。）

"呻"的本义为吟诵、吟咏。如韩愈《和侯协律咏笋》："属和才将竭，呻吟至日暾。"

人在痛苦时往往会呻吟哼哼，故引申指苦痛时低哼或嗟叹。刘禹锡《上杜司徒书》："疾者思愈，必呻而求医。"

唬

唬　嚎　唬

金文　小篆　楷书

"唬"是会意兼形声字。金文从口从虎会意，虎兼表声。小篆承接金文，并整齐化。隶变后楷书写作"唬"。

《说文·口部》："唬，啼也。一曰：虎声。从口，从虎。"（唬，啼叫。一说：唬是虎啸声。从口，虚声。）

"唬"的本义为虎吼或像虎啸的声音，

读作 xiào。柳宗元《解祟赋》："风雷唬唬
以为橐籥兮，回禄煽怒而喊呀。"

又读作 hǔ，引申指虚张声势、夸大事
实来吓唬人。"唬人"就是这种用法。还表
示欺骗。如"唬弄""唬诈"。

⊙ 吸

小篆　楷书

"吸"是形声字。小篆从口，及声。隶
变后楷书写作"吸"。

《说文·口部》："吸，内息也。从口，
及声。"（吸，向内吸气。从口，及声。）

"吸"的本义为向内吸气。引申指张
口吸取、饮。如《楚辞·九章·悲回风》：
"吸湛露之浮凉兮。"又引申指吸收、摄取。
如"吸取经验"。又引申指吸引。如"吸
引力"。

⊙ 谷

甲骨文　金文　小篆　楷书

"谷"是会意字。甲骨文上部像水流，
下部是水的出口处，会泉水从泉眼流出之
意。金文与甲骨文相同。小篆整齐化、符
号化。隶变后楷书写作"谷"。

《说文·谷部》："谷，泉出通川为谷。
从水半见，出于口。凡谷之属皆从谷。"
（谷，源泉的出口一直通达川流的地方，叫
作"谷"。由"水"字显现一半出现在"口"
字上面会意。大凡的谷的部属都从谷。）

"谷"的本义为两山之间的水道或夹
道。如宋濂《送东阳马生序》："负箧曳屣，
行深山巨谷中。"泛指水流。又比喻困境。
如"进退维谷"。

"谷"还读 yù。如"吐谷浑"，是我国
古代西北部的一个少数民族名，是鲜卑族
的一支。

后来"谷"做了"穀"的简化字，是谷
类植物或粮食作物的总称。

⊙ 君

甲骨文　金文　小篆　楷书

"君"是会意字。甲骨文从尹（表治
理），从口（表发布命令）。隶变后楷书写作
"君"。

《说文·口部》："君，尊也。从尹，发
号，故从口。"（君，尊贵。从尹，表示治
理的意思；发号施令，所以从口。）

"君"的本义是上古执笔写字的官。
又为君主、统治者。引申指封建制度的一
种尊号，尤指君主国家所封的称号或封号。
如战国时的商鞅称"商君"，白起称"武
安君"。

由封号又引申为对人的尊称，相当于
"您"。如杜甫《江南逢李龟年》："正是江
南好风景，落花时节又逢君。"

⊙ 唤

小篆　楷书（繁体）　楷书

"唤"是形声字。小篆，从口，奂声。
隶变后楷书写作"喚"。汉字简化后写作
"唤"。

《说文·口部》新附："唤，呼也。从
口，奂声。"（唤，呼叫。从口，奂声。）

"唤"的本义为呼叫。如白居易《琵
琶行》："千呼万唤始出来，犹抱琵琶半
遮面。"引申为召唤、叫来。如《世说新
语·方正》："于是先唤周侯、丞相入。"又
引申指禽鸟发出叫声，啼叫。如《乐府诗
集·鸡鸣歌》："汝南晨鸡登坛唤。"

⊙ 叹

嘆 叹

楷书（繁体） 楷书

"叹"是形声字，小篆从口，堇声。隶变后楷书写作"嘆"。汉字简化后写作"叹"。

《说文·口部》："嘆，吞呕也。从口，歎省声。一曰太息也。"（嘆，饮恨吞声而叹息。从口，歎省欠表声。另一义泛指深深地叹息。）

"叹"的本义为因忧闷悲伤而呼出长气。引申指赞叹、赞美。如"叹服""叹赏"。又表示吟咏、吟诵。如曹植《与吴季重书》："足下鹰扬其体，凤叹虎视。"

又引申指赞和，即歌尾拖长音以相助。如"一唱三叹"是一个人歌唱，三个人跟着唱。原指音乐和歌唱简单而质朴，后转用来形容诗词婉转而含义深刻。

⊙ 味

味 味

小篆 楷书

"味"是会意兼形声字。小篆，从口从未（表示滋味）会意，未兼表声。隶变后楷书写作"味"。

《说文·口部》："味，滋味也。从口，未声。"（味，滋味。从口，未声。）

"味"的本义为滋味。如"五味杂陈"。引申指气味。如牟巘《木兰花慢》："不妨无蟹有监州，臭味喜相投。"引申特指食物。如成语"食不二味"是说吃饭不用两道菜肴。形容饮食节俭。又引申指情趣。如"津津有味"。用作量词，指中草药的一种。如"五味药"。

⊙ 哨

哨 哨

小篆 楷书

"哨"是形声字。小篆，从口（表示与人的口有关），肖声。隶变后楷书写作"哨"。

《说文·口部》："哨，不容也。从口，肖声。"（哨，口小而不能容纳。从口，肖声。）

"哨"的本义为口歪不正的样子。如口不正的壶称为"哨壶"。又指巡逻、侦查。如文天祥《指南录后序》："避哨竹林中。"又引申为吹的哨子。如"吹哨儿"。

⊙ 唱

唱 唱

小篆 楷书

"唱"是形声字。小篆从口，从昌。隶变后楷书写作"唱"。

《说文·口部》："唱，道也。从口，昌声。"（唱，唱道。从口，昌声。）

"唱"的本义为领唱、领奏。如陈叔方《颖川语小》下卷："呼应者一唱一和，律吕相宜以成文也。"引申指倡导、发起，此义后写作"倡"。

又引申指歌唱、唱歌。如杜牧《泊秦淮》："商女不知亡国恨，隔江犹唱后庭花。"也指吟诵。如王建《霓裳词》之二："一声声向天头落，效得仙人夜唱经。"

⊙ 哭

哭 哭 哭 哭

甲骨文 金文 小篆 楷书

"哭"是会意字。甲骨文字形会众人喧哭于桑枝之下。古代丧事用桑枝做标志，现在办丧事时用的纸幡，就是用桑枝做标志。隶变后楷书写作"哭"。

《说文·哭部》："哭，哀声也。从吅，狱省声。凡哭之属皆从哭。"（哭，悲哀的声音。从吅，狱省声。大凡哭的部属都从哭。）

"哭"的本义为哭丧。如《论语·先进》："颜渊死，子哭之恸。"引申为吊唁。如《汉书·王莽传》："则哭以厌之。"泛指流泪。如"哭泣"。

⊙ 啄

啄　啄

小篆　　楷书

"啄"是形声兼会意字。小篆从口，豕声，豕兼表敲击之意。隶变后楷书写作"啄"。

《说文·口部》："啄，鸟食也。从口，豕声。"（啄，鸟用嘴取食。从口，豕声。）

"啄"的本义为鸟用嘴取食。如归有光《项脊轩志》："而庭阶寂寂，小鸟时来啄食。"引申指衔。如白居易《钱塘湖春行》："几处早莺争暖树，谁家新燕啄春泥。"又引申比喻向上噘起。如杜牧《阿房宫赋》："廊腰缦回，檐牙高啄。"又指用嘴梳理。如"啄毛"。

⊙ 咬

齩　齩　咬

小篆　　楷书（繁体）　楷书

"咬"是形声字。小篆从齿，交声，交也表示牙齿交合之意。隶变后楷书写作"齩"。汉字简化后写作"咬"。

《说文·齿部》："齩，啮骨也。从齿，交声。"（齩，咬嚼骨头。从齿，交声。）

"咬"的本义为上下牙相对用力夹压。如郑燮《竹石》："咬定青山不放松，立根原在破岩中。"引申指钳子等夹住或螺丝齿轮等卡住。如"齿轮咬合"。又引申比喻攀扯或诬陷他人。如"一口咬定"。由牙

反复咀嚼引申指对文字进行过分推敲。如成语"咬文嚼字"。又引申指念出字音。如"咬字清晰"。

⊙ 咳

欬　咳

小篆　　楷书

"咳"是形声字。小篆从口，亥声。本是"孩"的异体字，后借用为"欬"（从欠，亥声），表示咳嗽。隶变后楷书写作"咳"。

《说文·口部》："咳，小儿笑也。从口，亥声。孩，古文咳，从子。"（咳，婴儿笑。从口，亥声。孩，古文"咳"字，从子。）

"咳"的本义为婴儿笑，读作 hái，是"孩"的异体字。

借作"欬"，表示咳嗽，读作 ké。如苏轼《石钟山记》："又有若老人咳且笑于山谷中者。"引申为叹息。如"咳声叹气"。

⊙ 喧

喧　喧

小篆　　楷书

"喧"是形声字。小篆从口，宣声。隶变后楷书写作"喧"。

《说文》无。

"喧"的本义为声音大而嘈杂。如陶渊明《饮酒》："结庐在人境，而无车马喧。"

⊙ 吐

吐　吐

小篆　　楷书

"吐"是形声字。小篆，从口（表示与人的口有关），土声。隶变后楷书写作"吐"。

《说文·口部》："吐，写也。从口，土

211

声。"（吐，从嘴里吐出来。从口，土声。）

读作 tǔ 时，本义为东西从口腔中涌出。如《史记·鲁周公世家》："一饭三吐哺。"说的就是周公因事务繁忙，吃一顿饭要吐出三次。引申为长出、呈现、发出、放出。如"吐穗""吐翠""吐丝""吐故纳新"。还引申为说出。如"吞吞吐吐"，形容想说但又不痛痛快快地说。

读作为 tù 时，多为动词。引申为不自主地从嘴里涌出。如"呕吐""吐血"。

⊙ 嘴

嘴（小篆）　嘴（楷书）

"嘴"是后起字，为会意兼形声字。本写作"觜"。楷书写作"嘴"，从口，从觜（嘴），觜兼表声。

《说文》无。

"嘴"的本义为鸱鸮类（猫头鹰类）头上的毛角。毛角的形状与鸟嘴相似，故又表示鸟嘴。后泛指人或动物的嘴巴。如"龇牙咧嘴"，形容凶狠或疼痛难忍的样子。又借指话语。如"插嘴""多嘴"。又引申指形状或作用像嘴的东西。如"山嘴""壶嘴儿"。

⊙ 哑

哑（小篆）　啞（楷书繁体）　哑（楷书）

"哑"是形声字。小篆从口，亞声。隶变后楷书写作"啞"。汉字简化后写作"哑"。

《说文·口部》："啞，笑也。从口，亞声。"（啞，笑。从口，亞声。）

"哑"的本义为笑声，读作 yǎ。如"笑言哑哑"。引申为失去言语能力。进而引申为不说话、不出声。如"哑剧""哑炮"。又引申为嗓子干涩，不清楚。如"嗓

子哑了"。也引申为颜色黯淡。如"哑白"。

还读作 yā，指乌鸦之类的叫声。如《淮南子·原道训》："乌之哑哑，鹊之喈喈。"

⊙ 响

響（小篆）　響（楷书繁体）　响（楷书）

"响"是形声字。从音，鄉声。隶变后楷书写作"響"。汉字简化后写作"响"。

《说文·音部》："響，声也。从音，鄉声。"（響，回应。从音，鄉声。）

"响"的本义指回声。如《水经注·江水》："空谷传响，哀转久绝。"引申指发出声音。如"音乐响起来了"。泛指声音。如吴均《与朱元思书》："泉水击石，泠泠作响。"由响声巨大，引申指人的名声很大。如"响亮"。用作量词，表示声音发出的次数。如"鸣炮十响"。

⊙ 咽

咽（小篆）　咽（楷书）

"咽"是形声字。小篆，从口，因声。隶变后楷书写作"咽"。

《说文·口部》："咽，嗌也。从口，因声。"（咽，咽喉。从口，因声。）

"咽"的本义为咽喉，读作 yān。如苏洵《六国论》："吾恐秦人食之不得下咽也。"引申指颈项。如《汉书·扬雄传》："搤其咽。"引申指形势险要之地。如《战国策·秦策》："韩，天下之咽喉。"

又读作 yàn，指吞下、吞食。如"食不下咽"。

还读作 yè，表示作动词，梗塞、充塞。如刘向《新序》："云霞充咽，则夺日月之明。"也表示声音滞涩，多形容悲切。如"呜咽"。

⊙ 哗

華 讙 哗

小篆　　楷书（繁体）　　楷书

"哗"是形声字。小篆从言，華声。隶变后楷书写作"讙"，异体作"嘩"。汉字简化后写作"哗"。

《说文·言部》："讙，欢也。从言，華声。"（讙，欢腾、喧闹。从言，華声。）

"哗"的本义为人声嘈杂、喧闹，读作 huá。如《虞初新志·秋声诗自序》："无敢哗者。"引申为夸大、浮夸。如"哗众取宠"。

用作象声词，读作 huā。如"水哗哗地流"。

⊙ 辔

龘 龘 龘 轡 辔

甲骨文　金文　小篆　楷书（繁体）　楷书

"辔"是会意字。甲骨文上部是"車"，下部是三条马缰绳，会一辆车套了三匹马之意。金文大致相同。小篆由缰绳之形讹变为丝形。隶变后楷书写作"轡"。汉字简化后写作"辔"。

《说文·絲部》："轡，马辔也。从絲，从軎。与连同意。《诗》曰：'六辔如丝。'"（轡，驾驭马的缰绳。由絲、由軎会意。与"连"的构形原则相同。《诗经》说："六条马缰绳像丝一样牵引着。"）

"辔"的本义是驾驭牲口所用的缰绳。如《诗经·秦风·小戎》："四牡孔阜，六辔在手。"

用作名词，借指马。如屈原《离骚》："饮余马于咸池兮，总余辔乎扶桑。"

囗部

⊙ 囗

甲骨文　金文　小篆　楷书

"囗"是象形字。读作 wéi。甲骨文、金文和小篆的形体看起来都像是一圈围墙。隶变后楷书写作"囗"。

《说文·囗部》："囗，回也。象回帀之形。凡囗之属皆从囗。"（囗，回绕。像回转一周的样子。大凡囗的部属都从囗。）

"囗"的本义为环绕，即将四周拦挡起来。

"囗"是部首字，在古代，凡是表示周围有界限或捆缚之义的字大都从"囗"。如"围""困""囚"。

⊙ 四

三 四 四 四

甲骨文　金文　小篆　楷书

"四"是象形字。甲骨文用四条横线代表"四"，该形体沿用到战国时期。金文字形像鼻子喘息呼气的样子。隶变后楷书写作"四"。

《说文·四部》："四，阴数也。象四分之形。凡四之属皆从四。"（四，表示阴的数字。像分为四角的形状。大凡四的部属都从四。）

"四"的本义为数目，是三加一的和。如"四壁""四肢""四合院儿"。

⊙ 囚

囚 囚 囚

甲骨文　小篆　楷书

"囚"是会意字。甲骨文像一个四方的围墙中有个朝右而立的人，人周围有三个点儿表示汗水或灰尘。隶变后楷书写作"囚"。

《说文·口部》："囚，系也。从人在口中。"（囚，拘禁。由"人"在"口"中会意。）

"囚"的本义为拘禁、囚禁。如"被囚"。

用作名词，表示犯人、被俘获的敌人。如"死囚"。

⊙ 回

甲骨文　金文　小篆　楷书

"回"是象形字。甲骨文像流水回旋形状。金文仍然是水旋转之形。小篆的形体整齐化，变为大口套住小口。隶变后楷书写作"回"。

《说文·口部》："回，转也。从口，中象回转形。"（回，绕圈连转。从口，中间的口像是回旋连转的样子。）

"回"的本义为旋转、回旋。如"迂回"。由旋转引申表示掉转。如"回头"。又引申指回来、返回。如李白《将进酒》："君不见黄河之水天上来，奔流到海不复回。"

"回"还引申指改变，如柳宗元《与韩愈论史官书》："道苟直，虽死不可回也；如回之，莫若亟去其位。"

⊙ 固

小篆　楷书

"固"是形声兼会意字。小篆从口（围绕），从古（长久），会四面闭塞永固之意，古兼表声。隶变后楷书写作"固"。

《说文·口部》："固，四塞也。从口，古声。"（固，四周阻塞。从口，古声。）

"固"的本义为四面闭塞牢固，特指地势险要、城郭坚固。引申为坚硬、牢固、结实。如"稳定"。还引申为坚硬。如"固体"。还引申为固执、专一、思想拘泥。如"固守"。

用作副词，即执意、坚决地。如"固守阵地"。又表示必、一定，如"固当如此"。"固"也指经久难治的疾病。如"固疾"。现在一般写作"痼疾"。

⊙ 困

甲骨文　小篆　楷书

"困"是会意字。甲骨文像房屋的四壁，里边是生长的树木。小篆的形体与甲骨文大致相同。隶变后楷书写作"困"。

《说文·口部》："困，故庐也。从木在口中。"（困，因衰败而倒塌的房屋。由"木"在"口"中会意。）

"困"的本义为废弃的房屋。引申为围困。如"困守"。又引申指窘迫、困窘。如"为病所困"。进而引申指困难。如"困苦"。又引申指困倦、疲乏。如"困顿"。

⊙ 团

金文　小篆　楷书（繁体）　楷书

"团"是会意字。金文从口（围绕），从專（专，旋转），会能围绕旋转的圆形之意。小篆整齐化。隶变后楷书写作"團"。汉字简化后写作"团"。

《说文·口部》："團，圜也。从口，專声。"（團，圆。从口，專声。）

"团"的本义为圆、圆形。特指用面粉或米等做的球状食品。如"汤团"。又引申指会和、聚合在一起。如"团聚"。用作名词，指圆形或球形的东西。如"线团"。用于抽象意义，指聚合体。如"疑团"。

用作量词，指成团或成堆的物体。如

"一团乱麻"。

⊙ 国

甲骨文　金文　小篆　楷书（繁体）　楷书

"国"是会意字。甲骨文中"或"与"国"是不分的。金文会以戈卫国之意。隶变后楷书写作"國"。汉字简化后写作"国"。

《说文·囗部》："國，邦也。从囗，从或。"（國，封地。由囗、由或会意。）

"国"原来是指诸侯的领地。后泛指国家。如魏徵《谏太宗十思疏》："思国之安者，必积其德义。"国中技艺出众的人叫"国手"或"国士"；为国牺牲的人叫"国殇"；过去称我国文化中的精华为"国粹"。

⊙ 围

甲骨文　金文　小篆　楷书（繁体）　楷书

"围"是形声字。从囗，韦声。"囗"是"围"的古字。隶变后楷书写作"圍"。汉字简化后写作"围"。

《说文·囗部》："圍，守也。从囗，韦声。"（圍，防守。从囗，韦声。）

"围"的本义是环绕。如"突围"。引申为包围。如"围困"。引申为防御设施。如"土围子"，是指四周用土石或树木等构成的障碍物。用作量词，指四周有围栏或可以用来围裹的东西。如"一围玉带"。

⊙ 圂

甲骨文　金文　小篆　楷书

"圂"是会意字。甲骨文从囗（围），从豕（猪），会猪圈之意。金文大体相同。小篆整齐化。隶变后楷书写作"圂"。

《说文·囗部》："圂，厕也。从囗，象豕在囗中也。会意。"（圂，猪圈。从囗，像猪在圈围之中。会意。）

"圂"的本义为猪圈。如《汉书·五行志》："燕王宫永巷中豕出圂，坏都灶。"古代习惯将猪圈与厕所相连，故也指厕所。如《南史·范缜传》："（花）自有关篱墙落于粪溷之中。"后来由于"圂"做了偏旁，此义便用"溷"来表示。

⊙ 圆

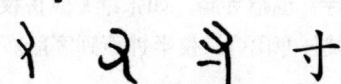

小篆　楷书（繁体）　楷书

"圆"是会意兼形声字。小篆从囗从员（圆）会意，员兼表声。隶变后楷书写作"圆"。汉字简化后写作"圆"。

《说文·囗部》："圓，圜全也。从囗，員声。"（圓，浑圆无缺。从囗，員声。）

"圆"的本义为圆形。引申指形状像圆圈或球样的。如王维《使至塞上》："大漠孤烟直，长河落日圆。"又引申指周全、完备、无缺失。如"圆满"。又引申指散而重聚，团圆。如林觉民《与妻书》："试问古来几曾见破镜能重圆？"也特指丸，圆而小的东西。如"汤圆"。还特指圆形的货币。如"银圆"。

寸 部

⊙ 寸

甲骨文　金文　小篆　楷书

"寸"是指事字。甲骨文和金文像手的形状。在小篆的形体中，手下部左侧有一小横，指的是手腕一寸之处。隶变后楷书写作"寸"。

《说文·寸部》："寸，十分也。人手却一寸，动脉，谓之寸口。从又，从一。凡寸之属皆从寸。"（寸，十分。人手后退一寸，即动脉之处，叫作寸口。由又、一会意。大凡寸的部属都从寸。）

"寸"的本义为长度单位，约等于33.3毫米。"寸"这个长度单位相当微小，因此"寸"又用来形容极小或极短。如孟郊《游子吟》："谁言寸草心，报得三春晖。"

此外，中国人习惯用长度单位及衡量事物的标尺来表示法度、常规。如"分寸"。

⊙ 寺

半 寺 寺

金文　小篆　楷书

"寺"是会意兼形声字。金文从又（手），从之（脚站地上），会站在那里听候使唤，操持杂务之意。小篆，从寸（手），之声。隶变后楷书写作"寺"。

《说文·寸部》："寺，廷也。有法度者也。从寸，之声。"（寺，官府、朝廷。有法制的地方。从寸，之声。）

"寺"的本义指操持。引申指操持杂务的近侍内臣，即寺人。如《洛阳伽蓝记》："太后临朝，阉寺专宠。"寺人是宫廷官员，故引申指官署、朝廷等有法度的地方。如西汉建立的"三公九卿"制，三公的官署称为"府"，九卿的官署称为"寺"，即所谓的"三府九寺"。

"寺"也指寺庙。如张继《枫桥夜泊》："姑苏城外寒山寺，夜半钟声到客船。"

⊙ 寻

寽 寽 尋 寻

小篆　楷书（繁体）　楷书（繁体）　楷书

"寻"是会意字。本来从又（手），从寸（手），会伸开两个手臂量尺寸之意。隶变后写作"寽"和"尋"。汉字简化后写作"寻"。

《说文·寸部》："寽，绎理也。从工，从口，从又，从寸。度，人之两臂为寻，八尺也。"（寽，抽出丝的头绪而治理它。由工、由口、由又、由寸会意。度量名，人伸开两臂的长度叫寻，长八尺。）

"寻"的本义是中国古代的一种长度单位，相当于八尺。

"寻"有丈量之意，即探求长短，引申为探求、探究、研究、推求等。也引申为继续。如《三国演义》第一百一十七回："及武侯死后，夫人寻逝，临终遗教，惟以忠孝勉其子瞻。"

由时间的连续又引申为不久、顷刻。如陶渊明《桃花源记》："南阳刘子骥，高尚士也，闻之，欣然规往。未果，寻病终。""寻病终"的意思是不久就病死了。

⊙ 寿

寿 壽 壽 寿

金文　小篆　楷书（繁体）　楷书

"寿"是形声兼会意字。金文从老省，畴（表示耕耙过后田地上的纹路）声。小篆承之。隶变后楷书写作"壽"。汉字简化后写作"寿"。

《说文·老部》："壽，久也。从老省，畴声。"（壽，长久。从老省，畴声。）

"寿"的本义为人活得久、长命。如"寿星"。泛指年寿、寿命。如屈原《涉江》："与天地兮比寿，与日月兮争光。"高年可贺，故又引申指生日。如"寿辰"。

又用作婉辞，表示生前预为死后准备的装殓用物。如"寿衣"。

⊙ 封

封 封 封 封

甲骨文　金文　小篆　楷书

"封"是会意字。甲骨文左下方是一个土堆，土堆上有一棵树苗。金文把甲骨文右上方的"手"变成了朝左而立的人。隶变后楷书写作"封"。

《说文·土部》:"封,爵诸侯之土也。从之,从土,从寸,守其制度也。公侯,百里;伯,七十里;子男,五十里。"(封,把这块土地按爵位的等级分封给诸侯。由之、土、寸会意,寸表示遵守分封的制度。公侯,方圆百里;伯,方圆七十里;子男,方圆五十里。)

"封"的本义是推土植树为界。引申指古代帝王把土地按爵位等级分封给诸侯、大臣。又引申为封闭。如《史记·李斯列传》:"书已封。"意思是已经把信封好了。也可以引申为单位量词。如杜甫《述怀》:"自寄一封书,今已十月后。"

巾 部

⊙ 巾

甲骨文	金文	小篆	楷书

"巾"是象形字。甲骨文像古人腰间的佩巾下垂的样子。金文和小篆的形体直接从甲骨文演化而来。隶变后楷书写作"巾"。

《说文·巾部》:"巾,佩巾也。从冂,丨象糸也。凡巾之属皆从巾。"(巾,佩带的巾帛。从冂,丨像系佩的绳索。大凡巾的部属都从巾。)

"巾"的本义为佩巾、手巾。如王勃《送杜少府之任蜀州》:"无为在歧路,儿女共沾巾。"

后来"巾"的意义扩大,泛指擦抹用的纺织品,或包裹、覆盖东西的纺织品。

"巾"是个部首字,凡由"巾"字所组成的字大都与布有关,如"布""幅""常"。

⊙ 带

金文	小篆	楷书(繁体)	楷书

"带"是象形字。金文上下有缨头,很像一条两头下垂的长带子,中间弯曲。隶变后楷书写作"帶"。汉字简化后写作"带"。

《说文·巾部》:"帶,绅也。男子鞶带,妇人带丝。象系佩之形。佩必有巾,从巾。"(帶,大的衣带。男子佩皮革的衣带,妇人以丝为衣带。像系佩的样子。佩一定有巾,所以从巾。)

"带"的本义为系在腰间的带子。如柳永《雨霖铃》:"衣带渐宽终不悔,为伊消得人憔悴。"泛指各种窄长条的带子。如"鞋带"。

用作动词,指随身携着、拿着。如屈原《涉江》:"带长铗之陆离兮。"进而引申指佩戴、披挂。如黄巢《不第后赋菊》:"冲天香阵透长安,满城尽带黄金甲。"

⊙ 帝

甲骨文	金文	小篆	楷书

"帝"是象形字。甲骨文字形像一堆横七竖八架在一起准备点燃的木柴。金文与甲骨文基本相同。小篆下部变成了"巾"。隶变后楷书写作"帝"。

《说文·丄部》:"帝,谛也。王天下之号也。从丄,束声。"(帝,审谛;又是统治天下的人的称号。从二,束声。)

"帝"的本义就是天神、天帝。如《列子·汤问》:"操蛇之神闻之,惧其不已也,告之于帝。"由天帝引申指帝王、君主。如《战国策·赵策》:"赵诚发使尊秦昭王为帝。"意思是赵国果真派遣使臣尊奉秦昭王为帝。

"帝"做动词用时，表示称帝，如《后汉书·伏侯宋蔡冯赵牟韦列传》："受命而帝。"

⊙ 帘

簾 簾 帘

<small>小篆　楷书（繁体）　楷书</small>

"帘"是形声字。小篆从竹，廉声。隶变后楷书写作"簾"。汉字简化后写作"帘"。

《说文·竹部》："簾，堂帘也。从竹，廉声。"（簾，堂上挂的竹帘。从竹，廉声。）

"帘"作为本字，本义为旧时店铺挂在门前作为招牌的一种旗帜标志。如郑谷《旅寓洛南村舍》："白鸟窥鱼网，青帘认酒家。"

用作"簾"的简化字时，指门帘。如刘禹锡《陋室铭》："苔痕上阶绿，草色入帘青。"

引申指古代女后垂帘听政。如《旧唐书·高宗纪下》："上每视朝，天后垂帘于御座后，政事大小皆预闻之，内外称为二圣。"

⊙ 帕

帕 帊 帕

<small>小篆　楷书（繁体）　楷书</small>

"帕"是形声字。小篆从巾，巴声。隶变后楷书写作"帊"，异体作"帕"。如今规范化，以"帕"为正体。

《说文·巾部》新附："帊，帛三幅曰帊。从巾，巴声。"（帊，帛宽两幅帕。从巾，巴声。）

"帕"的本义为两幅宽的帛。引申指擦手、擦脸用的小方巾。如"手帕""丝帕"。

还特指束额巾、头巾。如苏轼《客俎经旬无肉又子由劝不读书萧然清坐乃

无一事》："从今免被孙郎笑，绛帕蒙头读道书。"

用作动词，指缠绕、包裹。如韩愈《元和圣德诗》："以锦缠股，以红帕首。"

还用作压强单位，是帕斯卡的简称，即单位面积上所受的压力。

⊙ 帅

偶 帥 帥 帅

<small>甲骨文　金文　小篆　楷书</small>

"帅"是会意兼形声字。甲骨文左边是两手展开之形，右边是礼巾，会献礼巾之意。金文将右边的礼巾简化为𠂤，又另加义符"巾"。小篆将左边两手展巾之形讹为𠂤声，成了形声字。隶变后楷书写作"帥"。汉字简化后写作"帅"。

《说文·巾部》："帥，佩巾也。从巾、𠂤。帨，帥或，从兑。"（帥，佩带的巾帛。由巾、𠂤会意。帨，帥的或体，从兑。）

"帅"的本义为献礼巾。后借以表示军中最高的指挥官。如"元帅"。引申指表率、楷模。如《汉书·循吏传序》："相国萧、曹以宽厚清净为天下帅。"

用作动词时，指统率、率领。如《左传·隐公元年》："命子封帅车二百乘以伐京。"

用作形容词时，指漂亮、有风度。如"这个人长得真帅"。

"帅"还特指中国象棋棋子中的主将。如"弃车保帅"。

⊙ 师

𠵉 𠂤 師 師 师

<small>甲骨文　金文　小篆　楷书（繁体）　楷书</small>

"师"是会意字。甲骨文、金文、小篆都从帀（包围），从𠂤（小土山），用四下里都是小土山会众多的人或物都聚集在一起之意。隶变后楷书写作"師"。汉字简化

后写作"师"。

《说文·帀部》:"師,二千五百人为師。从帀,从自。自,四帀,众意也。"(師,二千五百人成为一師。由帀、自会意。自,四帀,表示众多的意思。)

"师"的本义为军队驻扎。引申指军队编制的一级单位。古代二千五百人为一师,今为军之下、团之上的一级。又泛指军队。如《左传·庄公十年》:"十年春,齐师伐我。"

"师"又指传道或传授知识、技能的人,即老师。还可以指由师徒或师生关系而产生的称谓。如"师父"。

用作动词,指效法、学习。如"师古",就是效法古代的意思。

⊙ 帆

騷 騙 帆

小篆　楷书(繁体)　楷书

"帆"是会意字。小篆写作"騷",从马,从風,会骏马奔跑起来像风一样之意。隶变后楷书写作"騙";后俗改作"帆",从巾,凡声。如今规范化,以"帆"为正体。

《说文·馬部》:"騙,马疾走也。从馬,風声。"(騙,驰。从馬,風声。)

"帆"的本义为马奔驰。后来专门用来指船帆。如李白《行路难》:"长风破浪会有时,直挂云帆济沧海。"

用作动词时,指张帆行驶。如韩愈《除官赴阙》:"不枉故人书,无因帆江水。"

门部

⊙ 门

甶 門 門 門 门

甲骨文　金文　小篆　楷书(繁体)　楷书

"门"是象形字。甲骨文上部是一条

嵌入门枢的横木,下部像两扇门。金文去掉了门楣。小篆承接金文。隶变后楷书写作"門"。汉字简化后写作"门"。

《说文·門部》:"門,闻也。从二户。象形。凡門之属皆从門。"(門,内外相互闻听得到。由两个"户"字会意。象形。大凡門的部属都从門。)

"门"的本义为双扇门。泛指建筑物和交通工具的出入口。如"房门"。又引申指家、家族。如白居易《长恨歌》:"姊妹兄弟皆列土,可怜光彩生门户。"还引申表示门类。如《旧唐书·杜佑传》:"书凡九门。"意思是这部书分为九个门类。进而引申表示类别。如"分门别类"。

"门"是个部首字,凡由"门"组成的字大都与门户及其动作有关。如"闭""间""闲"。

⊙ 闭

閂 閉 閉 闭

金文　小篆　楷书(繁体)　楷书

"闭"是会意字。金文上部左右是两扇门,下部的"十"字就是门闩。小篆在两扇门当中加上了两条门闩。隶变后楷书写作"閉"。汉字简化后写作"闭"。

《说文·門部》:"閉,阖门也。从門;才,所以距门也。"(閉,关门。从門;才,是用来支撑门的木棒之类。)

"闭"的本义为关门。泛指闭上、闭合。如《史记·张仪列传》:"愿陈子闭口,毋复言。"引申指堵塞、壅塞不通。如苏辙《乞罢修河司札子》:"欲闭塞北流。"

⊙ 问

問 問 問 问

甲骨文　小篆　楷书(繁体)　楷书

"问"是形声字。甲骨文从口,門声,金文大体相同。小篆整齐化。隶变后楷书写作"問"。汉字简化后写作"问"。

《说文·口部》："問，讯也。从口，門声。"（問，讯问。从口，門声。）

"问"的本义为讯问、询问。如贺知章《回乡偶书》："儿童相见不相识，笑问客从何处来。"引申指问候、慰问。如《论语·雍也》："伯牛有病，子问之。"又引申为馈赠。如《诗经·郑风·女曰鸡鸣》："知子之顺之，杂佩以问之。"

⊙ 阔

闊 闊 阔

小篆　楷书（繁体）　楷书

"阔"是形声字。小篆从門，活声。隶变后楷书写作"闊"，"活"讹为"活"。汉字简化后写作"阔"。

《说文·門部》："闊，疏也。从門，活声。"（闊，疏远。从門，活声。）

"阔"的本义为宽阔、开阔、广阔。如柳永《雨霖铃》："念去去，千里烟波，暮霭沉沉楚天阔。"引申指远、久远。如王羲之《问慰诸帖》："阔别稍久，眷与时长。"还引申指宽缓、放宽。如"阔绰"。进而引申指迂阔、不切实际。如《史记·孟轲荀卿列传》："梁惠王不果所言，则见以为迂远而阔于事情。"意思是梁惠王不听信他的主张，认为他的主张不切实情，远离实际。

⊙ 闷

悶 悶 闷

小篆　楷书（繁体）　楷书

"闷"是会意兼形声字。小篆从心，从門，会心中憋闷之意，門兼表声。隶变后楷书写作"悶"。汉字简化后写作"闷"。

《说文·心部》："悶，懑也。从心，門声。"（悶，烦闷。从心，門声。）

"闷"的本义为烦懑、不舒畅，读作mèn。如李白《江夏赠韦南陵冰》："四望

青天解人闷。"引申指密闭不透气。如"闷子车"。

读作mēn时，指因空气不流通而引起的感觉，多为不适感。如"闷气"。进而引申指密封、密闭、使不透气。如"闷茶"。

"闷"也形容人不机灵。如"这个人有点闷"。

氵部

⊙ 沙

沙 沙 沙

金文　小篆　楷书

"沙"是会意字。金文左边是弯曲的流水之形，右边的四点表示有很多沙粒。隶变后楷书写作"沙"。

《说文·水部》："沙，水散石也。从水，从少。水少沙见。楚东有沙水。"（沙，水中散碎的石粒。由水、少会意。水少，沙就显现出来了。楚地之东有沙水。）

"沙"的本义为微小细碎的石粒。如杜甫《登高》："风急天高猿啸哀，渚清沙白鸟飞回。"沙子一般是松散的，故引申比喻松散。如"一盘散沙"。又引申指声音破碎嘶哑、不清脆。如"沙哑"。

⊙ 汤

湯 湯 湯 汤

金文　小篆　楷书（繁体）　楷书

"汤"是形声兼会意字。金文和小篆皆从水，易声，易兼表热之意。隶变后楷书写作"湯"。汉字简化后写作"汤"。

《说文·水部》："湯，热水也。从水，易声。"（湯，热水。从水，易声。）

"汤"的本义为热水、开水，读作tāng。引申指菜汤。如王建《新嫁娘》："三日入厨下，洗手作羹汤。""洗手作羹汤"

的意思就是洗手亲自做菜汤。

又特指中药的剂型。如"换汤不换药"。

"汤"又读作 shāng，用作"汤汤"，形容水势浩大、水流很急的样子。如范仲淹《岳阳楼记》："衔远山，吞长江，浩浩汤汤，横无际涯。"也用来形容广大、浩茫的样子。如沈约《待罪江南思北归赋》："心汤汤而谁告？"

⊙ 汁

汁　汁

小篆　　楷书

"汁"是形声字。小篆从水，十声。隶变后楷书写作"汁"。

《说文·水部》："汁，液也。从水，十声。"（汁，与别的物体和煮而形成的液体。从水，十声。）

"汁"的本义为含有某些物质的液体。如《后汉书·边让传》："函牛之鼎以亨（烹）鸡，多汁则淡而不可食，少汁则熬而不可熟。"意思是用烹煮牛肉的鼎来烹鸡，汤汁多了则味淡而不能吃，汤汁少了则熬不熟。这是指不应当大材小用。

⊙ 法

灋　灋　灋　法

金文　　小篆　　楷书（繁体）　　楷书

"法"是会意字。金文从廌（zhì，古代神话中的一种怪兽，头上有角，能辨别曲直），从去，从水。隶变后楷书写作"灋"和"法"。如今规范化，以"法"为正体。

《说文·水部》："灋，刑也。平之如水，从水；廌，所以触不直者，去之，从去。"（灋，刑法。法律像水一样平正，所以从水；廌，是用来抵触不正直的一方的神兽，并使之离去，所以从廌、去。）

"法"的本义为刑律、法令。如《韩非子·有度》："法不阿贵。"意思是刑法不去阿谀权贵。"法"是人们行动的准则，故引申指标准、准则。如"法则"。又引申指方法、途径、手段。如"用兵之法"。

⊙ 湛

湛　湛　湛

金文　　小篆　　楷书

"湛"是形声字。金文从水，甚声。小篆整齐化、文字化。隶变后楷书写作"湛"。

《说文·水部》："湛，没也。从水，甚声。一曰：湛水，豫章浸。"（湛（chén），沉没。从水，甚声。另一义说：湛是湛水，是豫州地方的川泽。）

"湛"的本义为沉没。又特指清澈透明。如陶渊明《辛丑岁七月赴假还江陵夜行途中》："凉风起将夕，夜景湛虚明。"还特指露厚重。如"湛露"。又泛指学识、技术等深、精。如"精湛"。

⊙ 沟

溝　溝　沟

小篆　　楷书（繁体）　　楷书

"沟"是会意兼形声字。小篆从水从冓（两鱼相遇，嘴相接呷）会意，冓兼表声。隶变后楷书写作"溝"。汉字简化后写作"沟"。

《说文·水部》："溝，水渎。广四尺、深四尺。从水，冓声。"（沟，水道。宽四尺、深四尺。从水，冓声。）

"沟"的本义为田间灌溉、排水的水道。引申指水道。京杭大运河中有一段叫"邗沟"，这里的"沟"指的就是水道。又引申指人工挖掘的沟状防御工事。如"封锁沟""壕沟"。

用作动词，指开挖、疏通。如"沟

通"，本指开沟以使两水相通，后来泛指使两方相通连，也指疏通彼此的意见。

⊙ 汛

浉 汛

小篆　楷书

"汛"是形声字。小篆从水，卂声。隶变后楷书写作"汛"。

《说文·水部》："汛，洒也。从水，卂声。"（汛，扫地洒水，水迅飞。从水，卂声。）

"汛"的本义为洒水。如《聊斋志异·珊瑚》："惟身代母操作，涤器汛扫之事皆与焉。"其中的"汛扫"便是洒扫。

用作名词，表示江河季节性的涨水或泛滥。如"春汛""桃花汛"。

也指某些鱼类在一定时期成群出现在某一水域的现象。如"小黄鱼汛"。

⊙ 潜

潜 潜 潜

小篆　楷书（繁体）　楷书

"潜"是形声兼会意字。小篆从水，朁声。隶变后楷书写作"潜"和"潜"。如今规范化，以"潜"为正体。

《说文·水部》："潜，涉水也。一曰：藏也。从水，朁声。"（潜，就是渡水。另一义说：潜是藏在水中。从水，朁声。）

"潜"的本义为在水面下行走，趟水。如《庄子·达生》："至人潜行不窒，蹈火不热。"意思是，得道者在水下行走而不会窒息，踩着烈火而不热。泛指隐藏、隐秘。如"潜伏""潜藏"等。又引申指秘密地、无声息地。如杜甫《春夜喜雨》："随风潜入夜。"

还特指沉下心来、专一。如"潜心研究"就是静下心来研究的意思。

⊙ 没

濄 没 没

小篆　楷书（繁体）　楷书

"没"是会意兼形声字。小篆从水，从夏，会手沉入水中之意，夏兼表声。隶变后楷书写作"湏"，俗误作"没"，后也写作"没"。如今规范化，以"没"为正体。

《说文·水部》："没，沈也。从水，从夏。"（没，沉。由水、夏会意。）

"没"的本义为沉入水中，读作 mò。由此引申指潜游水中。如苏轼《日喻》中有"南方多没人"之句，就是说南方有很多能潜水的人。又引申指吞没、陷进、隐没、遮盖。如卢纶《塞下曲》："平明寻白羽，没在石棱中。"这里的"没"指陷进。如白居易《钱塘湖春行》中"浅草才能没马蹄"的"没"是指隐没。

隐没了就看不见了，所以又引申指消失不见。如苏武《留别妻》："参辰皆已没，去去从此辞。"由消失又引申指覆灭、败亡。如张籍《没蕃故人》："前年伐月支，城下没全师。"又引申指去世、死，此义后用"殁"来表示。

还读作 méi，指没有。还表示未曾、不到。

⊙ 满

㶕 满 满

小篆　楷书（繁体）　楷书

"满"是会意兼形声字。小篆从水，从㒼，会水盈溢出之意，㒼兼表声。隶变后楷书写作"满"。汉字简化后写作"满"。

《说文·水部》："满，盈溢也。从水，㒼声。"（满，水充盈。从水，㒼声。）

"满"的本义为充盈、布满。如张俞《蚕妇》："昨日入城市，归来泪满巾。"引申指足够，达到一定限度。如"踌躇满志"。

又引申指骄傲、自满。如"满招损，谦受益"。

还引申指闷塞、憋闷不畅。又引申指全部、整个。如叶绍翁《游园不值》："春色满园关不住，一枝红杏出墙来。"

⊙ 泳

泳
小篆　楷书

"泳"是会意兼形声字。小篆从水，从永，会人在水中游泳之意，永兼表声。隶变后楷书写作"泳"。

《说文·水部》："泳，潜行水中也。从水，永声。"（泳，潜没在水中而前行。从水，永声。）

"泳"的本义为潜行水中。如《诗经·周南·汉广》："汉之广矣，不可泳思。"泛指在水里游。如"游泳""蛙泳"。

⊙ 漫

漫
小篆　楷书

"漫"是后起字，为形声字。楷书写作"漫"，从水，曼声。

《说文》无。

"漫"的本义为水过满外流而浩渺平远的样子。如"漫无边际"。泛指溢出、满溢。进而引申指充满、遍布。如"弥漫""漫山遍野"。又引申指长远、辽远。如"漫漫长路"。由满溢漫流又引申指散漫、不受拘束、随兴去做。如成语"漫不经心""漫无目的"。

⊙ 滴

滴
小篆　楷书

"滴"是形声字。小篆从水，商声。隶变后楷书写作"滴"。

《说文·水部》："滴，水注也。从水，商声。"（滴，水往下滴注。从水，商声。）

"滴"的本义为液体一点一点落下来。如成语"滴水成冰"。引申形容晶莹润美的样子。如张志和《渔父》："秋山入帘翠滴滴，野艇倚槛云依依。"

做象声词，形容雨水下落等的声音。如"雨在滴答地下着"。

做量词，多用于颗粒状滴下的液体。如"几滴水珠"。

⊙ 漏

漏
小篆　楷书

"漏"是形声字。小篆从水，扇声。隶变后楷书写作"漏"。

《说文·水部》："漏，以铜受水，刻节，昼夜百刻。从水，扇声。"（漏，用铜器接受水，（并在器中立箭之上）刻成度数，昼夜之间共一百度。从水，扇声。）

"漏"的本义为漏壶，是古代滴水计时的仪器。如"沙漏""滴漏"。引申指物体由孔缝透过、滴落。如"屋漏偏逢连夜雨"。进而引申指泄露、泄密。如"说漏了嘴"。又引申指破绽、疏漏。如"出了漏子"。又引申指逃脱、遗忘。如"漏网之鱼"就是逃脱渔网的鱼，常比喻侥幸逃脱的罪犯或敌人。

⊙ 溜

溜
小篆　楷书

"溜"是形声字。小篆从水，留声。隶变后楷书写作"溜"。

《说文·水部》："溜，水。从水，留声。"（溜，水名。从水，留声。）

"溜"的本义为水名，即如今贯穿中北部的融江、柳江及黔江，读作 liú。由水流急又引申指迅速、顺畅。如"滑得真溜"。又引申指漫步、游逛。如"溜个弯"。又引申指操练。如"溜嗓子"。

做量词，表示成排、成条、成串的事物。如"一溜烟""一溜人马"。

还读作 liū，引申指快速滑行、滑动。如"溜冰"。进而引申指偷偷地走。如"溜之大吉"。又引申指顺着、沿着。如"溜边儿靠角儿"。又引申指奉承、逢迎拍马。如"溜须拍马"。

⊙ 港

港

小篆　　楷书

"港"是形声兼会意字。小篆从水，巷声，巷兼表小道之意。隶变后楷书写作"港"。

《说文》无。

"港"的本义为与江河湖泊相通的小河道。如《宋史·河渠七》："兼沿河下岸泾港极多，其水入长水塘、海盐塘、华亭塘。"引申指停泊船只的码头、口岸。如方回《涌金门城望》："战罢闲堤眠老马，宴稀荒港泊空船。"后来词义扩大，指大型机场。如"航空港""飞机离港"。

又特指香港。如"港币""港商"等。

⊙ 浮

浮

小篆　　楷书

"浮"是形声字。小篆从水，孚声。隶变后楷书写作"浮"。

《说文·水部》："浮，氾（汎）也。从水，孚声。"（浮，漂在水面。从水，孚声。）

"浮"的本义为漂流、漂在水面。如《论语·公冶长》："道不行，乘桴浮于海。"意思是主张的道行不通了，就乘木筏漂

流到海外去。引申指泛舟而行、游水。如《国语·越语下》："（范蠡）遂乘轻舟，以浮于五湖。"也指飘在空中。如"浮云"。

由浮在表面引申指轻薄、不踏实。如"浮浪子弟"指的就是轻浮放荡的人。又引申指空虚、不切实际。如"浮生若梦"是人生空虚不实，如梦一般短暂。

⊙ 浴

浴

甲骨文　　小篆　　楷书

"浴"本为会意字。甲骨文从人，从皿，人身上的四个点表示水，会人在盆中洗身之意。小篆改为从水、谷声的形声字。隶变后楷书写作"浴"。

《说文·水部》："浴，洒身也。从水，谷声。"（浴，洗澡。从水，谷声。）

"浴"的本义为洗澡。如《楚辞·渔父》："新沐者必弹冠，新浴者必振衣。"

在古代，"沐"和"浴"是不一样的："沐"是指洗头，"浴"则是指洗澡。"沐浴"连在一起，表示洗澡。比喻受润泽或得到某种恩惠。如"沐浴皇恩"。

⊙ 深

深

甲骨文　金文　小篆　楷书

"深"是会意兼形声字。甲骨文像一只大手在一个洞穴中探测深浅。小篆增加了义符"水"。隶变后楷书写作"深"。

《说文·水部》："深，水。出桂阳南平，西入营道。从水，罙声。"（深，水名。从桂阳郡南平县流出，向西进入营道县境内。从水，罙声。）

"深"的本义为水面到水底的距离大。如李白《赠汪伦》："桃花潭水深千尺，不及汪伦送我情。"引申指从上到下或从外到内的空间距离大。如欧阳修《蝶恋花》：

"庭院深深深几许，杨柳堆烟，帘幕无重数。"

还引申指时间距离长。如"夜深人静"指的就是入夜很久。又指颜色浓。如"深红"。用于抽象意义，指精微、不易理解。如"深刻"。

⊙ 渊

甲骨文　金文　小篆　楷书（繁体）　楷书

"渊"是象形兼会意兼形声字。甲骨文像一个大水潭。金文右边像一个水潭，左边另加义符"水"，会深潭之意。隶变后楷书写作"淵"。汉字简化后写作"渊"。

《说文·水部》："淵，回水也。从水，象形。左右，岸也。中象水兒。"（淵，回旋的水。从水，冋象形。左右的丨表示水岸。中间的㕙，像水的样子。）

"渊"的本义为打漩涡的水。如《管子·度地》："水出地而不流，命曰渊水。"泛指深水池、深潭。如"临渊羡鱼"。又引申指人、物聚集之地。如"渊薮"，"渊"为深水，是鱼住的地方；"薮"为水边的草地，是兽住的地方。比喻人或事物集中的地方。

由水潭深引申指深远、深邃。如"渊博"就是精深而广博。

⊙ 游

甲骨文　金文　小篆　楷书

"游"是会意字。甲骨文从㫃（旗帜），从子，会旗帜末端飘带之类的下垂饰物。金文与甲骨文大致相同。隶变后楷书写作"游"，异体作"遊"。如今规范化，以"游"为正体。

《说文·㫃部》："游，旌旗之流也。从㫃，汓声。"（游，旌旗的飘带。从㫃，汓声。）

"游"的本义为旗帜的垂饰，但此义后写作"旒"。"游"则表示在水中浮行。如"游鱼"。引申指水流、河流的一段。如"上游"。进而引申指流动的、不固定的。如"游击"。

用作"遊"，本义为在陆地上行走。又表示游玩。如"游览""游历"。还引申指外出求学、求官，出门在外。如"游子""游学"。还引申指结交、交游。如"交游甚广"。

⊙ 湿

甲骨文　金文　小篆　楷书（繁体）楷书（繁体）　楷书

"湿"是会意字。甲骨文右边是两把晾着的丝，左边是水，会水将丝渗湿之意。金文在丝下另加土，表示土地潮湿。小篆整齐化。隶变后楷书写作"濕"和"溼"。汉字简化后写作"湿"。

《说文·水部》："濕，水。出东郡东武阳，入海。从水，㬎声。桑钦云：'出平原高唐。'"（濕，水名。从东郡东武阳县流出，注入大海。从水，㬎声。桑钦说："从平原郡高唐县流出。"）

"湿"用作"溼"的简化字时，本义为潮润。如白居易《琵琶行》："住近湓江地低湿，黄芦苦竹绕宅生。"由此引申指沾水，含水分多。如王维《山中》："山路元无雨，空翠湿人衣。"

又用作中医术语，是一个重要的致病因素，属"六淫"之一。所谓"六淫"即风、寒、暑、湿、燥、火六种外感病邪的统称。

⊙ 泪

小篆　　楷书（繁体）　楷书

"泪"是形声字。小篆从水，戾声。隶变后楷书写作"淚"；又作"泪"，从目，从水，会眼泪之意。如今规范化，以"泪"为正体。

《说文·水部》："涕，目液也。从水，弟声。"（涕，眼泪。从水，弟声。）

眼泪在汉代以前叫"涕"，"泪"是后造字。

"泪"的本义为眼泪。如杜甫《哀江头》："人生有情泪沾臆，江水江花岂终极？"引申指形似眼泪的东西。如李商隐《无题》："春蚕到死丝方尽，蜡烛成灰泪始干。"

⊙ 澡

甲骨文　小篆　楷书

"澡"本为会意字。甲骨文中间是一只手，六个小点像水，会用水洗手之意。小篆变成了从水、喿声的形声字。隶变后楷书写作"澡"。

《说文·水部》："澡，洒手也。从水，喿声。"（澡，洗手。从水，喿声。）

"澡"的本义为洗手。如《三国志·魏书·管宁传》："夏时诣水中，澡洒手足，窥于园圃。"后来引申指洗浴、洗身。圆明园四十景之一的"澡身浴德"，指的就是清洁身体、沐浴德行，意谓砥砺志行，使身心纯洁清白。

泛指洗涤。如《史记·龟策列传》："常以月旦祓龟，先以清水澡之。"意思是，常常在每月初一祈福，先用清水洗涤它（指龟）。

⊙ 派

甲骨文　金文　小篆　楷书

"派"是会意字。甲骨文左边为"彳"，右边为河的干流，周围的四点表示水。金文像河流的主干分出一条支流。小篆增加

了义符"水"。隶变后楷书写作"派"。

《说文·水部》："派，别水也。从水，从辰，辰亦声。"（派，分支的水流。由水、由辰会意，辰也表声。）

"派"的本义为水的支流。如毛泽东《菩萨蛮·黄鹤楼》："茫茫九派流中国，沉沉一线穿南北。"泛指系统内的分支、派别、流派。如李商隐《赠送前刘五经映》："别派驱杨墨，他镳并老庄。"用作动词，指分摊、分配。如《清史稿·食货志一》："摊派加捐。"又引申指安排、差遣。如"派遣"。还可以引申为指斥（别人的不是）。如"派不是"。

作量词，用于景色、声音、语言等组合，前面用"一"字。如"一派胡言"。

⊙ 润

小篆　楷书（繁体）　楷书

"润"是形声字。小篆从水，闰声。隶变后楷书写作"潤"。汉字简化后写作"润"。

《说文·水部》："潤，水曰润下。从水，闰声。"（潤，水的特点是滋润万物和往下处流。从水，闰声。）

"润"的本义为雨水下流，滋润万物。如杜甫《春夜喜雨》："随风潜入夜，润物细无声。"物滋润则显得有光泽，故引申指光泽、光滑、细腻。如《荀子·劝学》："玉在山则草木润。"又引申指修饰、使有文采。如"润色"。还引申指利益、好处。如"利润"。

⊙ 渔

甲骨文　金文　小篆　楷书（繁体）　楷书

"渔"是会意字。甲骨文形体像水中有许多鱼的样子。金文上部左边是"水"，

右边是"鱼",下部是两只大手。小篆整齐化、文字化。隶变后楷书写作"渔"。汉字简化后写作"渔"。

《说文·鱻部》:"渔,捕鱼也。从鱼,从水。"(渔,捕鱼。由鱼、由水会意。)

"渔"的本义为捕鱼。如《吕氏春秋》:"竭泽而渔,岂不获得?而明年无鱼。"

用作名词,指捕鱼的人。如王维《桃源行》:"平明闾巷扫花开,薄暮渔樵乘水入。"又引申指侵取、掠夺,谋取不应得的东西。如陆游《跋南城吴氏社仓书楼诗文后》:"吝则啬出,贪则渔利。"

⊙ 温

溫 溫 温

甲骨文　小篆　楷书

"温"是会意字。甲骨文形体像人在容器中洗浴的样子。小篆左边是"水",右边的形状仍与洗浴有关。隶变后楷书写作"温"。

《说文·水部》:"温,水。出犍为涪,南入黔水。从水,昷声。"(温,水名。从犍为郡符县流出,向南注入黔水。从水,昷声。)

"温"的本义为温暖、暖和。如白居易《长恨歌》:"春寒赐浴华清池,温泉水滑洗凝脂。"引申表示性情柔和、温和。如《论语·述而》:"子温而厉。"意思是孔子温和而严厉。用作动词,指稍微加热、使暖和。如《后汉书·宋弘传》:"冬则以身温被。"进而引申指复习、温习。如《论语·为政》:"温故而知新。"

⊙ 漆

㯃 㳚 漆

金文　小篆　楷书

"漆"是会意兼形声字。金文像一棵漆树的形状,其中的四个点表示有漆滴

下。小篆增加了义符"水"。隶变后楷书写作"漆"。

《说文·水部》:"漆,水。出右扶风杜陵岐山,东入渭。一曰:入洛。从水,桼声。"(漆,漆水。从右扶风郡杜阳县岐山流出,向东注入渭水。另一义说:注入洛水。从水,桼声。)

"漆"的本义为漆树。引申指漆树汁,或其他树脂制成的黏稠的涂料。如"如胶似漆"是指像胶和漆那样黏结。形容感情炽烈,难舍难分。多指夫妻恩爱。

用作动词,指用漆涂饰。如《韩非子·十过》:"墨漆其外。"又引申指黑,染黑。如孟郊《吊卢殷》:"初识漆鬈发,争为新文章。"

⊙ 汉

灘 漢 汉

小篆　楷书(繁体)　楷书

"汉"是形声字。小篆从水,難省声。隶变后楷书写作"漢"。汉字简化后写作"汉"。

《说文·水部》:"漢,漾也。东为沧浪水。从水,難省声。"(漢,漾水。向东流到湖北省均县以下叫沧浪水。从水,難省声。)

"汉"的本义为水名,即汉水,又叫汉江,是长江的最大支流。

用作朝代名。如历史上的"西汉"和"东汉",也称"前汉"和"后汉"。

"汉"还是男子的俗称。如"莽汉"指粗鲁冒失的男子。

⊙ 漾

羕 瀁 漾

金文　小篆　楷书

"漾"是会意兼形声字。金文同"羕";或另加义符"水"。小篆从水从羕会意,羕

兼表声。隶变后楷书写作"漾"。

《说文·水部》:"漾,水。出陇西相道,东至武都为汉。从水,羕声。"(漾,水名。从陇西郡氐道县流出,向东到武都郡就是汉水。从水,羕声。)

"漾"的本义为水流悠长。引申指水面轻微动荡的样子。如"荡漾"。又泛指液体溢出。如"碗里的汤快漾出来了"。进而引申指散发、流露。如刘禹锡《海阳十咏·吏隐亭》:"日轩漾波影,月砌镂松阴。"

⊙ 溢

溢 小篆 楷书

"溢"是形声字。小篆从水,益声,像水从器皿中漫出。隶变后楷书写作"溢"。

《说文·水部》:"溢,器满也。从水,益声。"(溢,器皿中水满而流出来。从水,益声。)

"溢"的本义为水或其他液体满而流出。如魏徵《谏太宗十思疏》:"惧满溢,则思江海下百川。"引申指满,充满。如"溢满"。进而引申指过度、过分。如"溢美之言"。还引申指超出。如"溢于言表"。

⊙ 溯

溯 小篆 楷书

"溯"是形声兼会意字。小篆从水,厈声,厈兼表逆向之意。隶变后楷书写作"溯",改为朔声。

《说文》无。

"溯"的本义为逆水而上。如《诗经·秦风·蒹葭》:"溯洄从之,道阻且长。"由溯源引申指往上推求、回想。如"推本溯源"。又引申指探求。如"溯流穷源"意思是推寻原委。进而引申指追念思慕。如

《红楼梦》第一百零三回:"学生虽溯洄思切,自念风尘俗吏,未由再觐仙颜,今何幸于此处相遇。"

⊙ 津

津 甲骨文 金文 小篆 楷书

"津"是会意兼形声字。甲骨文像一人在舟中持篙撑船的样子。金文的形体发生讹变。小篆承接金文,另加义符"水"。隶变后楷书写作"津"。

《说文·水部》:"津,水渡也。从水,聿声。"(津,河流的渡口。从水,聿声。)

"津"的本义为撑船过水、渡河。如《国语·楚语》:"若津水,用汝作舟。"用作名词,指渡口。如《论语·微子》:"使子路问津焉。"

"津"又特指津液、唾液、汗液。如"望梅生津",指梅子酸,人想吃梅子就会流涎,因而止渴。后比喻愿望无法实现,用空想安慰自己。

⊙ 渡

渡 小篆 楷书

"渡"是会意兼形声字。小篆从水,从度,会渡河之意,度兼表声。隶变后楷书写作"渡"。

《说文·水部》:"渡,济也。从水,度声。"(渡,过河。从水,度声。)

"渡"的本义为通过水面由此岸到彼岸。用作名词,表示摆渡处、渡口。如韦应物《滁州西涧》:"春潮带雨晚来急,野渡无人舟自横。"其中的"野渡"就是偏僻的渡口。

由渡水引申指通过,由此地此时移到彼地彼时。如杜甫《茅屋为秋风所破歌》:"茅飞渡江洒江郊,高者挂罥长林梢,下者

飘转沉塘坳。"

⊙ 河

甲骨文　金文　小篆　楷书

"河"是形声字。甲骨文和金文皆从水,何声。小篆从可声。隶变后楷书写作"河"。

《说文·水部》:"河,水。出敦煌塞外昆仑山,发原注海。从水,可声。"(河,水名。出自敦煌边塞之外的昆仑山,从水源出发,注入渤海。从水,可声。)

"河"的本义为黄河。泛指河流,即地球表面较大的天然水流的通称,多用于北方河流。如《诗经·周南·关雎》:"关关雎鸠,在河之洲。"又特指银河。如李白《望庐山瀑布》:"飞流直下三千尺,疑是银河落九天。"

⊙ 江

金文　小篆　楷书

"江"是形声字。金文从水,工声。小篆整齐化。隶变后楷书写作"江"。

《说文·水部》:"江,水。出蜀湔氐徼外崏山,入海。从水,工声。"(江,水名。从蜀郡湔氐道边塞外的岷山流出,注入大海。从水,工声。)

"江"的本义为长江。如李白《送孟浩然之广陵》:"孤帆远影碧空尽,唯见长江天际流。"后来词义范围扩大,成为大河流的通称。如"翻江倒海""江河日下"。

⊙ 海

金文　小篆　楷书

"海"是形声字。金文从水,每声。小篆整齐化。隶变后楷书写作"海"。

《说文·水部》:"海,天池也。以纳百川者。从水,每声。"(海,天然的大池泽。用以接纳百川的水流。从水,每声。)

"海"的本义为大海。如李斯《谏逐客书》:"河海不择细流。"也指大的湖泊、水池。如《汉书·苏武传》:"乃徙武北海上无人处。"又指大的器皿。如《红楼梦》第四十一回:"你吃这一海便成什么?"由海的面积大、水多引申比喻某些聚得数量多而范围广的人或事物。如"宦海"。

用作形容词,指容量大的。如"海量"。

用作副词,指无节制地、漫无边际地。如"胡吃海喝"。

⊙ 滞

小篆　楷书(繁体)　楷书

"滞"是形声字。小篆从水,带声。隶变后楷书写作"滞"。汉字简化后写作"滞"。

《说文·水部》:"滞,凝也。从水,带声。"(滞,凝聚。从水,带声。)

"滞"的本义指水流不畅。如"凝滞"。泛指静止、停止。如"停滞"。又引申指久。如"滞病"。

还引申指局限,固执,不知变通。如吕坤《别尔赡书》:"故良知不滞于见闻,而亦不离于见闻。"意思是,高深的知识既不会被见闻所束缚,也不会完全脱离见闻。

⊙ 浪

小篆　楷书

"浪"是会意兼形声字。小篆从水,从良(表示高朗),用水高起会波浪之意,良兼表声。隶变后楷书写作"浪"。

《说文·水部》："浪，沧浪水也。南入江。从水，良声。"（浪，沧浪水。向南注入长江。从水，良声。）

"浪"的本义为江河湖海上涌起的大波。如"波浪"。由波浪的不停涌动引申指放纵、无节制、流动、散漫。如"放浪形骸"。

⊙济

金文　小篆　楷书（繁体）　楷书

"济"是形声字。金文从水，齐声。小篆整齐化。隶变后楷书写作"濟"。汉字简化后写作"济"。

《说文》无。

"济"的本义为渡河。如"同舟共济"，是指坐一条船共同渡河。比喻同心协力战胜困难。也比喻利害相同。引申指帮助、周救。如"接济"。又引申指增益、补益。如"无济于事"，意思是对事情没有什么帮助或益处。比喻解决不了问题。

⊙淹

小篆　楷书

"淹"是会意兼形声字。小篆从水从奄（覆盖）会意，奄兼表声。隶变后楷书写作"淹"。

《说文·水部》："淹，水。出越巂徼外，东入若水。从水，奄声。"（淹，水名。从越巂郡边塞之外流出，向东注入若水。从水，奄声。）

"淹"的本义为浸没、漫过。如"淹死"。引申指汗液等浸渍皮肤使感到痛或痒。如"腋下被汗淹得难受"。又引申指深广、渊博。如"淹博"。进而引申指久、迟延。如"淹留"。

⊙滑

小篆　楷书

"滑"是形声字。小篆从水，骨声。隶变后楷书写作"滑"。

《说文·水部》："滑，利也。从水，骨声。"（滑，往来流利。从水，骨声。）

"滑"的本义为光溜、不粗涩。如杜甫《水会渡》："霜浓木石滑，风急手足寒。"比喻声音流利、婉转、圆润。如白居易《琵琶行》："间关莺语花底滑。"

用作动词，表示在光滑的物体上溜过或靠惯性移动。如岑参《天山雪歌送萧治归京》："交河城边飞鸟绝，轮台路上马蹄滑。"又引申指狡诈、浮华、不诚恳。如"油腔滑调"，指人说话轻浮油滑，不诚恳，不严肃。

⊙治

小篆　楷书

"治"是形声字。小篆从水，台声。隶变后楷书写作"治"。

《说文·水部》："治，水。出东莱曲城阳丘山，南入海。从水，台声。"（治，水名。从东莱曲城阳丘山流出，向南注入大海。从水，台声。）

"治"的本义为水名。引申指治水。如《孟子·告子下》："禹之治水，水之道也，是故禹以四海为壑。"泛指治理、整治、修治。如《孟子·滕文公上》："劳心者治人，劳力者治于人。"

又特指治疗、治病。如《史记·扁鹊仓公列传》："君有疾在腠理，不治将恐深。"又引申指惩处、惩办。如诸葛亮《出师表》："不效则治臣之罪，以告先帝之灵。"

特指社会安定或太平,与"乱"相对。如《论语·泰伯》:"舜有臣五人而天下治。"

⊙ 沾

沾 沾

小篆　楷书

"沾"是形声字。小篆从水,占声。隶变后楷书写作"沾"。

《说文·水部》:"沾,水。出壶关,东入淇。一曰:沾,益也。从水,占声。"

"沾"的本义为古水名,指沾水,是淇水支流。假借为"霑",表示浸润、浸湿。如王勃《送杜少府之任蜀州》:"无为在歧路,儿女共沾巾。"引申为施与或分享恩泽。如韩愈《苦寒》:"而我当此时,恩光何由沾。"

浸润则物容易相连,故又引申指牵扯、牵连。如"沾连""沾边"。又引申指接触。如"滴酒不沾""沾花惹草"。

⊙ 泼

潑 泼 泼

小篆　楷书(繁体)　楷书

"泼"是形声字。楷书繁体写作"潑",从水,發声。汉字简化后写作"泼"。

《说文》无。

"泼"的本义为水漏出、洒出。如林嗣环《口技》:"又夹百千求救声,曳屋许许声,抢夺声,泼水声。"

用作形容词,指凶悍、蛮横、耍赖。如"撒泼""泼辣"。

用作谦词、贬词,表示贱、穷苦。如"穷身泼命""穷亲泼故"。

⊙ 泻

瀉 瀉 泻

小篆　楷书(繁体)　楷书

"泻"是会意兼形声字。楷书繁体写作"瀉",从水从寫会意,寫兼表声。汉字简化后写作"泻"。

《说文》无。

"泻"的本义为倾泻。如陆游《雨夜》:"急雨如河泻瓦沟,空堂卧对一灯幽。"引申指倾注、倾倒。如《搜神记》:"掘堂上作大坎,泻水其中。"

又引申指排泄。如《史记·扁鹊仓公列传》:"所谓气者,当调饮食,择晏日,车步广志,以适筋骨肉血脉,以泻气。"

⊙ 泛

泛 泛

小篆　楷书

"泛"是形声字。小篆从水,乏声。隶变后楷书写作"泛"。

《说文·水部》:"泛,浮也。从水,乏声。"(泛,浮。从水,乏声。)

"泛"的本义为漂浮。如苏轼《赤壁赋》:"壬戌之秋,七月既望,苏子与客泛舟游于赤壁之下。"引申指水漫溢、大水漫流。如《汉书·武帝纪》:"夏五月……河水决濮阳,泛郡十六。"

水漫则流广,因此"泛"引申指广泛、普遍。如《论语·学而》:"泛爱众,而亲仁。"又引申指一般。如"泛泛之辈"。又引申指浮现、露出。如陈羽《送友人及第归江东》:"五陵春色泛花枝。"

⊙ 滂

滂 滂

小篆　楷书

"滂"是形声兼会意字。金文从水,旁声,旁兼表四下里之意。小篆整齐化。隶变后楷书写作"滂"。

《说文·水部》:"滂,沛也。从水,旁声。"(滂,水广大奔流的样子。从水,

231

旁声。）

"滂"的本义为大水涌流的样子。如《诗经·陈风·泽陂》："涕泗滂沱。"又指盛、充溢。如韩愈《元和盛德诗》："孩养无告，仁滂施厚。"

⊙ 泽

泽 泽 泽

小篆　　楷书（繁体）　　楷书

"泽"是形声字。小篆从水，睪声。隶变后楷书写作"澤"。汉字简化后写作"泽"。

《说文·水部》："澤，光润也。从水，睪声。"（澤，光亮润泽。从水，睪声。）

"泽"的本义为水汇聚之处，即沼泽。如《韩非子·五蠹》："泽居苦水者，买庸而决窦。"引申指雨露。如《管子·治国》："耕耨者有时，而泽不必足，则民倍贷而取庸矣。"

雨润则有光泽，故"泽"又引申指光泽、润泽。如王安石《太古》："仁义不足泽其性。"又引申指恩泽、恩惠。如《史记·滑稽列传》："故西门豹为邺令，名闻天下，泽流后世。"

⊙ 滔

滔 滔

小篆　　楷书

"滔"是形声兼会意字。小篆从水，舀声，舀兼表上出之意，用水漫出会水大之意。隶变后楷书写作"滔"。

《说文·水部》："滔，水漫漫大皃。从水，舀声。"（滔，水弥漫盛大的样子。从水，舀声。）

"滔"的本义为水势盛大的样子。如《论语·微子》："滔滔者天下皆是也，而谁以易之？"

形容连续不断（多指话多）。如王仁裕

《开元天宝遗事·走丸之辩》："张九龄善谈论，每与宾客议论经旨，滔滔不竭，如下阪走丸也。"

⊙ 淳

淳 淳

小篆　　楷书

"淳"是形声兼会意字。小篆从水，臺声，臺（炖羊肉）兼表慢慢来之意。隶变后楷书写作"淳"。

《说文·水部》："濤，渌也。从水，臺声。"（濤，渗漉。从水，臺声。）

读作 zhūn，本义为浸于土中慢慢渗下。引申指浇灌。如《周礼·考工记·钟氏》："钟氏染羽，以朱湛丹秫，三月而炽之，淳而渍之。"

借用作"醇"，读作 chún，指味道浓厚。如《论衡·自然》："淳酒味甘，饮之者醉不相知。"引申指敦厚、质朴、朴实。如《淮南子·齐俗训》："浇天下之淳，析天下之朴。"又引申指精纯、纯净。如《隋书·经籍志》："至于道者，精微淳粹，而莫知其体。"

⊙ 混

混 混

小篆　　楷书

"混"是会意兼形声字。小篆从水，从昆（同），昆兼表声。隶变后楷书写作"混"。

《说文·水部》："混，丰流也。从水昆声。"（混，盛大的水流。从水，昆声。）

"混"的本义为水势盛大，读作 hún。如郭璞《江赋》："或泛滥于潮波，或混沦乎泥沙。"水大则泥多，容易混浊，故引申指混浊，水多泥、多杂质而不清澈。如《老子》第十四章："旷兮其若谷，混兮其若浊。"进而引申指糊涂、不懂事。如"混小子""混蛋"。

又读作 hùn，引申指混同、混合掺杂。如"混而为一""混合"。又引申指苟且度日、苟且谋取。如"混日子"。进而引申指欺骗，企图蒙混过关。如"鱼目混珠"。

⊙ 渐

渐　渐　渐
小篆　　楷书（繁体）　　楷书

"渐"是形声字。小篆从水，斩声。隶变后楷书写作"渐"。汉字简化后写作"渐"。

《说文·水部》："渐，水。出丹阳黟南蛮中，东入海。从水，斩声。"（渐，水名。从丹阳郡黟县南方少数民族地区中流出，向东注入大海。从水，斩声。）

"渐"的本义为古水名，即今新安江及其下游钱塘江。如《水经注·渐江水》："渐江，山海经谓之浙江也。"引申指逐步发展。如白居易《策林一》："天地不能顿为寒暑，必渐于春秋。""渐"也指逐步发展的过程。如成语"防微杜渐"。又引申指依次。如《宋史·河渠志二》："御河自怀、卫经北京，渐历边郡。"

用作副词，引申指逐渐。如《晋书·文苑传·顾恺之》："恺之每食甘蔗，恒自尾至本，人或怪之。云：'渐入佳境。'"

⊙ 涵

涵　涵　涵　悍
金文　小篆　楷书（繁体）　楷书

"涵"是会意兼形声字。金文从水从函会意，函兼表声。小篆形体整齐化。隶变后楷书写作"涵"，俗作"涵"。如今规范化，以"涵"为正体。

《说文·水部》："涵，水泽多也。从

水，函声。"（涵，水泽众多。从水，函声。）

"涵"的本义为水泽众多。引申为浸润、滋润。如戴叔伦《题横山寺》："露涵松翠湿，风涌浪花浮。"又引申为包含、包容。如苏轼《湖州谢上表》："天覆群生，海涵万族。"进而引申指宽容。如《唐语林·雅量》："吾不意为娄公所涵！"

⊙ 浑

浑　浑　浑
小篆　楷书（繁体）　楷书

"浑"是形声兼会意字。小篆从水，軍声，軍兼表像军行之意。隶变后楷书写作"浑"。汉字简化后写作"浑"。

《说文·水部》："浑，混流声也。从水，軍声。一曰：洿下皃。"（浑，盛大水流的声音。从水，軍声。另一义：污浊低下的样子。）

"浑"的本义为大水涌流之声。如《法言·问神》："圣人之辞，浑浑若川。"水奔流则水势大，故又引申指大。如"浑浩""雄浑"。又引申指混浊。如《列子·天瑞》："浑沦者，言万物相浑沦未相离也。"

又引申指混同、合而为一。如《淮南子·原道训》："大浑而为一，弃累而无根。"又指未加工的。如《世说新语·赏誉》："王戎目山巨源如璞玉浑金，人皆钦其宝。"

用作副词，指全、整个。如李白《少年行》其三："少年游侠好经过，浑身装束皆绮罗。"又引申指简直、几乎。如杜甫《春望》："白头搔更短，浑欲不胜簪。"又引申指仍、还。如杜甫《十六夜玩月》："巴童浑不寐，半夜有行舟。"

⊙ 浩

浩　浩
小篆　　楷书

"浩"是形声字。小篆从水，告声。隶变后楷书写作"浩"。

《说文·水部》："浩，浇也。从水，告声。《虞书》曰：'洪水浩浩。'"（浩，大水。从水，告声。《虞书》说："洪水浩大。"）

"浩"的本义为水势浩大。如曹植《赠白马王彪》："霖雨泥我涂，流潦浩纵横。"引申指广远、盛大。如蔡琰《胡笳十八拍》："苦我怨气兮浩于长空，六合虽广兮受之应不容。"又引申指丰富、众多。如《礼记·王制》："丧祭，用不足曰暴，有余曰浩。"

⊙ 消

消　消

小篆　　楷书

"消"是形声兼会意字。小篆从水，肖声，肖兼表变小之意。隶变后楷书写作"消"。

《说文·水部》："消，尽也。从水，肖声。"（消，使之消减。从水，肖声。）

"消"的本义为消除、消灭。如《孟子·滕文公下》："险阻既远，鸟兽之害人者消。"引申指衰减、减少、减削。如苏轼《前赤壁赋》："盈虚者如彼，而卒莫消长也。"

又引申指消磨、打发。如陶渊明《归去来兮辞》："悦亲戚之情话，乐琴书以消忧。"又引申指禁受、经受。如辛弃疾《摸鱼儿·置酒小山亭》："更能消几番风雨，匆匆春又归去。"进而引申指享用、受用。如白居易《哭从弟诗》："一片绿衫消不得，腰金拖紫是何人？"

⊙ 涨

涨　涨　涨

小篆　楷书（繁体）　楷书

"涨"是形声兼会意字。楷书繁体写作

"涨"，从水，张声，张兼表张大之意。汉字简化后写作"涨"。

《说文》无。

"涨"的本义为水上升、水位升高，读作 zhǎng。引申指增长、高出。如杜甫《缆船苦风戏题》："涨沙霾草树，舞雪渡江湖。"

读作 zhàng，引申指弥漫、充满。如陆游《雨中出谒归昼卧》："宿雨盈车辙，秋风涨帽裙。"又引申指鼓胀。如"涨肚"。

⊙ 演

演　演

小篆　　楷书

"演"是形声兼会意字。小篆从水，寅声，寅兼表引出之意。隶变后楷书写作"演"。

《说文·水部》："演，长流也。一曰：水名。从水，寅声。"（演，长远的水流。另一义说：演是水名。从水，寅声。）

"演"的本义为水长流。如李白《代封人寄翁参枢先辈》："南国风光当世少，西陵演浪过江难。"引申指水流经地下。如左思《蜀都赋》："演以潜沫，浸以绵雒。"进而引申指延展、延续、延及。如《后汉书·荀淑传附荀悦》："先王光演大业，肆于时夏。"

通"衍"，指推衍、阐发。如司马迁《报任安书》："盖西伯（文王）拘而演《周易》。"又引申指表演、练习。如薛能《筹笔驿》："身依豪杰倾心术，目对云山演阵图。"

⊙ 漠

漠　漠

小篆　　楷书

"漠"是形声兼会意字。小篆从水，

莫声，莫兼表沉没之意，用没有水会沙漠之意。隶变后楷书写作"漠"。

《说文·水部》："漠，北方流沙也。一曰：清也。从水，莫声。"（漠，北方风起扬沙之地。另一义说：漠是清净的意思。从水，莫声。）

"漠"的本义为沙漠。如王维《使至塞上》："大漠孤烟直，长河落日圆。"沙漠中生命不多，故"漠"引申指寂静无声。如《楚辞·远游》："山萧条而无兽兮，野寂漠其无人。"

又指淡泊、恬淡，即不追求名利。如《新语·无为》："寂若无治国之意，漠若无忧民之心，然天下治。"又引申指冷淡、不关心。如成语"漠不关心"，指态度冷淡，毫不关心。

⊙ 浓

濃　濃　浓

小篆　楷书（繁体）　楷书

"浓"是形声字。小篆从水，農声。隶变后楷书写作"濃"。汉字简化后写作"浓"。

《说文·水部》："濃，露多也。从水，農声。《诗》曰：'零露浓浓。'"（濃，露水多。从水，農声。《诗经》说："落下的露水真多啊。"）

"浓"本义指露水重。如《诗经·小雅·蓼萧》："蓼彼萧兮，零露浓浓。"引申为稠密、厚、多。如"浓妆艳抹""浓墨重彩""浓烟滚滚"。特指所含的某种成分多，与"淡""薄"相对。如"浓烈""浓咖啡"。由此引申为程度深。如李清照《满庭芳》："更谁家横笛，吹动浓愁。"

⊙ 汇

匯　匯　汇

小篆　楷书（繁体）　楷书

"汇"是形声字。小篆从匚，淮声。隶变后楷书写作"匯"。汉字简化后写作"汇"。

《说文·水部》："匯，器也。从匚，淮声。"（匯，器名。从匚，淮声。）

"汇"的本义为盛器。引申为河流汇合。如《尚书·禹贡》："过三澨，至于大别，南入于江，东汇泽为彭蠡。"又引申指以汇票、付账等付款形式送或寄给某人或某处。如"汇钱""汇款"。又特指用外币或本国货币兑换的票据。如"外汇"。

作为"彙"的简化字时，指汇聚、聚集。如唐顺之《永嘉袁君芳洲记》："夫骚人汇萃，天下之香草美木以况其幽馨窈窕之思。"

⊙ 浅

淺　淺　浅

小篆　楷书（繁体）　楷书

"浅"是形声字。小篆从水，戋声。隶变后楷书写作"淺"。汉字简化后写作"浅"。

《说文·水部》："淺，不深也。从水，戋声。"（淺，水不深。从水，戋声。）

"浅"的本义为水不深。如《古诗十九首·迢迢牵牛星》："河汉清且浅，相去复几许？"泛指从上到下或从外到内的距离小。如白居易《钱塘湖春行》："浅草才能没马蹄。"引申表示浅显、明白易懂。如《论衡·自纪》："何以为辨？喻深以浅。"

进而引申指肤浅、浅薄。如《文心雕龙·神思》："若学浅而空迟，才疏而徒速。"又引申指时间短。如贾谊《过秦论》："施及孝文王、庄襄王，享国之日浅。"进而引申指初、早。如徐陵《侍宴》："园林才有热，夏浅更胜春。"又引申指颜色淡。如温庭筠《清平乐》："上阳春晚，宫女愁蛾浅。"

⊙ 污

小篆　楷书

"污"是形声字。小篆从水，于声。隶变后楷书写作"污"。

《说文·水部》："污，秽也，一曰：小池为污。"（污，污秽。一说：小池叫污。）

"污"的本义为停积不流的水。如《晋书·周光传》："前冈见一牛眠山污中，其地若葬，位极人臣矣。"水停滞则容易积污垢，故又引申指污垢、脏东西。如《左传·宣公十五年》："川泽纳污。"

用于抽象意义时，指腐败的、败坏的。如"贪官污吏""贪污腐败"。又引申指弄脏、玷污。如《吕氏春秋》："退而自刎也，必以其血污其衣。"

辶 部

⊙ 辵

甲骨文　金文　小篆　楷书（繁体）　楷书

"辵"是会意字。甲骨文像一只脚在"行"中，"行"是十字路口，会用脚在路上行走之意。金文、小篆的形体由上面的"彳"和下面的"止"组成，"彳"指路口、巷口，表示在街道上走路之意。读作 chuò。

《说文·辵部》："辵，乍行乍止也。从彳、止。凡辵之属皆从辵。"（辵，忽行忽止。由彳、止会意。大凡辵的部属都从辵。）

"辵"的本义为行走。"辵"是个部首字，不单独使用。

"辵"做部首偏旁时，写作"辶"。凡由"辵"组成的字，大都与行走、行动或道路有关。如"近""述""迢"等字。

⊙ 这

小篆　楷书（繁体）　楷书

"这"是形声字。小篆写作"𨤲"，表示前往。隶变后楷书写作"這"。汉字简化后写作"这"。

《说文》无。

"这"的本义为迎接。唐代时借用为"者"，相当于此。如"小生这厢有礼了"。还特指此时。如"这会子"。

⊙ 逗

小篆　楷书

"逗"是形声字。小篆从辵（辶），豆声。隶变后楷书写作"逗"。

《说文·辵部》："逗，止也。从辵，豆声。"（逗，留止。从辵，豆声。）

"逗"的本义为止住、停留。如《汉书·匈奴传》："逗留不进。"引申指句中停顿。如"逗号""逗点"。又引申为撩拨、惹弄。如李贺《李凭箜篌引》："女娲炼石补天处，石破天惊逗秋雨。"

⊙ 选

小篆　楷书（繁体）　楷书

"选"是形声字。小篆从辵，巽声。隶变后楷书写作"選"。汉字简化后写作"选"。

《说文·辵部》："選，遣也。从辵、巽，巽，遣之；巽亦声。一曰：选，择也。"（選，遣送。由辵、巽会意，巽表示恭顺地遣送；巽也表声。另一义：择的意思。）

"选"的本义为遣送、放逐。如《左

传·昭公元年》："弗去，惧选。"引申指派遣、使令。如扬雄《甘泉赋》："选巫咸兮叫帝阍，开天庭兮延群神。"

派遣出去的人，必定是经过挑选的，故引申指挑选、选择。如《礼记·礼运》："大道之行也，天下为公，选贤与能。"又引申指选出编在一起的文章。如"诗选""文选"。

⊙ 遥

遥　遥　遥

小篆　楷书（繁体）　楷书

"遥"是形声字。小篆从辵，䍃声。隶变后楷书写作"遙"。汉字简化后写作"遥"。

《说文·辵部》："遙，逍遙也。又远也。从辵，䍃声。"（遙，逍遙。又说是距离远。从辵，䍃声。）

"遥"的本义为距离远。如俗语"路遥知马力，日久见人心"。引申指时间长。如成语"遥遥无期"，形容时间还远得很，不知道哪一天。

⊙ 遮

遮　遮

小篆　楷书

"遮"是形声字。小篆从辵，庶声。隶变后楷书写作"遮"。

《说文·辵部》："遮，遏也。从辵，庶声。"（遮，拦止。从辵，庶声。）

"遮"的本义为阻挡、拦阻。如辛弃疾《菩萨蛮·书江西造口壁》："青山遮不住，毕竟东流去。"引申指用物掩蔽，使不显露。如"遮盖"。

进而引申指掩饰、隐瞒。如成语"遮人耳目"，就是玩弄手法，掩盖真相。又引申指掩护、防护。如《禅真逸史》第十二回："程公与杜都督必是厚交，故此事事遮庇。"

⊙ 迂

迂　迂　迂

金文　小篆　楷书

"迂"是形声字。金文从走，于声。小篆改为从辵。隶变后楷书写作"迂"。

《说文·辵部》："迂，避也。从辵，于声。"（迂，迂曲回避。从辵，于声。）

"迂"的本义为曲折、僻远。如"迂回"，就是曲折之意。引申指拘泥保守、不切实际。如"迂腐"。还引申指缓慢。如曹寅《一日休沐歌》："先生倔强复迂徐，先生好客唯蔬鱼。"

⊙ 过

过　過　过

金文　小篆　楷书（繁体）　楷书

"过"是形声字。小篆，从辵（辶），咼声，辵表示行走的动作。隶变后楷书写作"過"。汉字简化后写作"过"。

《说文·辵部》："過，度也。从辵，咼声。"（過，经过。从辵，咼声。）

"过"的本义为经过、行走。如刘禹锡《酬乐天扬州初逢席上见赠》："沉舟侧畔千帆过。"引申指拜访、探望。如《史记·魏公子列传》："臣有客在市屠中，愿枉车过之。"又引申指渡水、渡过。如"过河拆桥"。又引申指超越、胜过。如《孟子·梁惠王上》："古之人所以大过人者，无他焉，善推其所为而已矣。"又引申指过去、过后。如"时过境迁"。过了"正"，就是"误"，故又引申指失误、错误。如《论语·子张》："子夏曰：'小人之过也必文。'"

237

逊

逊 逊 逊

小篆　楷书（繁体）　楷书

"逊"是形声字。小篆从辵（辶，表示走路），孙声。隶变后楷书写作"遜"。汉字简化后写作"逊"。

《说文·辵部》："遜，遁也。从辵，孙声。"（遜，逃遁。从辵，孙声。）

"逊"的本义为逃遁、逃避。引申指退让、辞让。如《尚书·尧典序》："将逊于位，让于虞舜。"意思就是退让王位，让给虞舜。

由不与人针锋相对引申指谦逊、恭敬。又引申指比不上、差。如"稍逊一筹""大为逊色"。

述

述 述 述

金文　小篆　楷书

"述"是会意兼形声字。金文从辵（辶），右边是一只手撒播之形，用手遵循着一定的规律向前移动会遵循之意。小篆讹为从辵，术声。隶变后楷书写作"述"。

《说文·辵部》："述，循也。从辵，术声。"（述，遵循。从辵，术声。）

"述"本义指遵循。如《中庸》："父作之，子述之。""父作之"是指文王的父亲制礼作乐，建立法度；文王遵循父亲所制的礼乐、法度，称为"子述之"。

引申指阐释前人的成说。如《论语》中有"述而不作"的说法，意思是只叙述和阐明前人的学说，自己不创作。泛指陈说、记叙。如"描述""叙述"。

逸

逸 逸

小篆　楷书

"逸"是会意字。小篆从辵（辶）从兔会意。隶变后楷书写作"逸"。

《说文·辵部》："逸，失也。从辵、兔。兔谩訑善逃也。"（逸，逃跑。由辵、兔会意。兔子生性狡诈，善于逃跑。）

"逸"的本义为逃跑。如《左传·桓公八年》："战于速杞，随师败绩，随侯逸。"引申泛指奔跑。如《庄子·田子方》："夫子奔逸绝尘，而回瞠若乎后矣。"又引申为避世隐居。如《论语·尧曰》："兴灭国，继绝世，举逸民，天下之民归心焉。"

又引申指失去、散失。如柳宗元《时令论上》："然则夏后、周公之典逸矣。"由奔逸引申指超过一般，卓越。如《三国志·蜀书·诸葛亮传》："亮少有逸群之才。"由超脱劳苦引申指安闲、安乐。如"安逸""以逸待劳"。

运

运 運 运

小篆　楷书（繁体）　楷书

"运"是形声字。小篆从辵，軍声。隶变后楷书写作"運"。汉字简化后写作"运"。

《说文·辵部》："運，移徙也。从辵，軍声。"（運，移动、转徙。从辵，軍声。）

"运"的本义为转动、移动。如《易·系辞》："日月运行。"引申为搬运、运输。如"运行李""运粮"。又引申为运用。如《宋史·岳飞传》："阵而后战，兵法之常，运用之妙，存乎一心。"又引申为运气、命运。如"运乖时蹇""时来运转"。

迈

迈 邁 迈

金文　小篆　楷书（繁体）　楷书

"迈"是形声字。金文从辵（辶，走路），薑（chái）省声。小篆整齐化。隶变后楷书写作"邁"。汉字简化后写作"迈"。

《说文·辵部》："迈，远行也。从辵，蠆省声。"（迈，远行。从辵，蠆省虫为声。）

"迈"的本义为出行、远行。如《诗经·王风·黍离》："行迈靡靡，中心摇摇。"引申为超过。如《三国志·魏书·高堂隆传》："三王可迈，五帝可越。"又引申为时光流逝。如《诗经·唐风·蟋蟀》："今我不乐，日月其迈。"又引申指年老。如杜甫《上白帝城》："英雄余事业，衰迈久风尘。"

还引申指豪放、超然不俗。如《晋书·裴楷传》："裴楷风神高迈，容仪俊爽。"

⊙ 还

得 悬 還 還 还

甲骨文　金文　小篆　楷书（繁体）　楷书

"还"是会意兼形声字。甲骨文从彳（道路）、从睘（回环），会从路上返回之意，睘兼表声。金文增加"止"字和回□，突出回环之意。小篆整齐化、线条□隶变后楷书写作"還"。汉字简化后写□"还"。

《说文·辵部》："還，复也。从辵，睘声。"（還，返。从辵，睘声。）

"还"的本义是返回。如李白《蜀道难》："问君西游何时还？"引申指交还、归还。如欧阳修《五代史伶官传序》："入于太庙，还矢先王，而告以成功。"

还引申指回报、回击。如朱熹《中庸集注》第十三章："即以其人之道，还治其人之身。"

⊙ 进

罻 遺 進 進 进

甲骨文　金文　小篆　楷书（繁体）　楷书

"进"是会意字。甲骨文从隹，从止（足），用鸟脚只能前进不能后退会前进之意。金文大体相同，左边又增加了"彳"。小篆整齐化、符号化，从辵，从隹。隶变

后楷书写作"進"。汉字简化后写作"进"。

《说文·辵部》："進，登也。从辵，閵省声。"（進，前进登升。从辵，閵省门为声。）

"进"的本义为前进。如《诗经·大雅·桑柔》："人亦有言，进退维谷。"引申指从外面到里面，与"出"相对。如"进门""进城"。

"进"又引申指推荐、举荐。如《史记·孙子吴起列传》："于是忌进孙子于威王，威王问兵法，遂以为师。"还引申指超越。如《庄子·养生主》："臣之所好者道也，进乎技矣。"

⊙ 追

𠂤 追 䢔 追

甲骨文　金文　小篆　楷书

"追"是会意兼形声字。甲骨文从止（脚），从弓，会持弓追击之意。金文又加上一条道路（彳），追击之意更为明显，从辵从自会意，自兼表声。小篆整齐化。隶变后楷书写作"追"。

《说文·辵部》："追，逐也。从辵，自声。"（追，追赶。从辵，自声。）

"追"的本义为追赶，逐击。如贾谊《过秦论》："追亡逐北，伏尸百万，流血漂橹。"泛指跟在后面赶、随从。如"一言既出，驷马难追"。又引申指探求、寻求，努力达到某种目的。如"追名逐利"。进而引申指查究、查问。如"追根问底"。

又引申指回溯过去。如诸葛亮《出师表》："盖追先帝之殊遇，欲报之于陛下也。"还可以引申为补救。如陶渊明《归去来兮辞》："悟已往之不谏，知来者之可追。"

⊙ 返

䢟 返

小篆　楷书

"返"是会意兼形声字。小篆从辵，

从反，反兼表声。隶变后楷书写作"返"。

《说文·辵部》："返，还也。从辵，从反，反亦声。《商书》曰：'祖甲返。'"（返，还。由辵、反会意，反也表声。《商书》说："祖甲返。"）

"返"的本义为返回。如崔颢《黄鹤楼》："黄鹤一去不复返，白云千载空悠悠。"从事物回到原来的主人那里，引申出归还之意。如《搜神记》："俟汝至石头城，返汝簪。"又引申为更换。如《吕氏春秋》："孔子烈然返瑟而弦，子路抗然执干而舞。"

⊙ 遏

小篆　楷书

"遏"是会意兼形声字。小篆从辵（辶），从曷（喝止），曷兼表声。隶变后楷书写作"遏"。

《说文·辵部》："遏，微止也。从辵，曷声。"（遏，障蔽遮止。从辵，曷声。）

"遏"的本义为阻止。如《列子·汤问》："声振林木，响遏行云。"引申指阻击、抵御。如"遏截""遏夺"。

⊙ 迎

小篆　楷书

"迎"是形声字。小篆从辵（辶），卬声。隶变后楷书写作"迎"。

《说文·辵部》："迎，逢也。从辵，卬声。"（迎，逢迎。从辵，卬声。）

"迎"的本义为对着、向着。如《墨子·鲁问》："楚人顺流而进，迎流而退。"引申指迎接、欢迎。如《诗经·大雅·大明》："文定厥祥，亲迎于渭。"又引申指迎合、奉承。如《新五代史·唐庄宗神闵

敬皇后刘氏传》："刘氏多智，善迎意承旨，其他嫔御莫得进见。"

夂部

⊙ 夂

甲骨文　金文　小篆　楷书

"夂"是象形字。甲骨文像脚跟朝上、脚趾朝下的一只左脚。金文更像一只左脚。小篆线条化。楷书已经看不出脚的样子了。

《说文·夂部》："夂，从后至也。象人两胫后有致之者。凡夂之属皆从夂。读若黹。"（夂，从后面送到。像人的两腿后面有送它的力量。大凡夂的部属都从夂。音读像"黹"字。）

"夂"的本义是脚，不过这个字现在已经不单独使用了。

"夂"是个部首字。凡□"夂"组成的字，大都与脚有关。□"降""各""夏""麦"等字。

⊙ 复

甲骨文　金文　小篆　楷书（繁体）　楷书

"复"是会意字。甲骨文上部像有个出入口的地穴之形，下部从夂（脚），会进出往来之意。金文在出口处加了台阶。小篆整齐化、线条化。隶变后楷书写作"復"。汉字简化后写作"复"。

《说文·夂部》："復，往来也。从彳，复声。"（復，往而复来。从彳，复声。）

"复"的本义为返回、回来。如李白《将进酒》："君不见黄河之水天上来，奔流到海不复回。"引申指恢复、还原。如《晋书·向雄传》："武帝闻之，敕雄复君臣之好。"回答也是一种返回，故又引申指回

答、回报。如宋濂《送东阳马生序》："或遇其叱咄，色愈恭，礼愈至，不敢出一言以复。"用作副词，表示重复或继续，相当于"又""再""继续"。如白居易《琵琶行》："轻拢慢捻抹复挑，初为霓裳后六幺。"

做"複"的简化字时，指夹衣。如《释名·释衣服》："有里曰复，无里曰禅。"引申指繁复、重复。如陆游《游山西村》："山重水复疑无路，柳暗花明又一村。"

⊙ 各

各 各 各 各

甲骨文　金文　小篆　楷书

"各"是会意字。甲骨文从夂（一只脚趾朝下的脚），从口（门口），会到来之意。金文与小篆的形体大致相同。隶变后楷书写作"各"。

《说文·口部》："各，異辞也。从口、夂。夂者，有行而止之，不相听也。"（各，表示不同个体的词。由口、夂会意。夂，表示有人使之行走而又有人使之停止，彼此不相听从。）

"各"的本义现在已经消失，借为代词，表示每个或各个。如"各行各业""各式各样""各执一词"等。"各"做形容词时，表示特别、与众不同，读gě。如"这人很各"。

⊙ 麦

麦 麦 麥 麥 麦

甲骨文　金文　小篆　楷书（繁体）　楷书

"麦"是会意字。甲骨文上部像一棵小麦，下部从夂（一只脚趾朝下的脚），会到来之意。隶变后楷书写作"麥"。汉字简化后写作"麦"。

《说文·麥部》："麥，芒谷，秋种厚薶，故谓之麦。麥，金也。金王而生，火

王而死。从来，有穗者；从夂。凡麥之属皆从麥。"（麥，有芒刺的谷。秋天种下，厚厚地埋着，所以叫它作麦。麥，属金。金旺就生长，火旺就死亡。从来，因为麥是有穗的谷物；从夂。大凡麥的部属都从麥。）

"麦"的本字是"来"，所以本义是到来。可是在实际使用中，"来"字多表示到来，最终发生了互换现象：把原来当小麦讲的"来"，变成了"来去"的"来"；把本来当来去讲的"麦"，变成了"小麦"的"麦"。

⊙ 备

备 备 備 備 备

甲骨文　金文　小篆　楷书（繁体）　楷书

"备"是象形兼会意字。甲骨文像箭插入盛矢器中的样子，表示盛箭的器具。金文与甲骨文相似。小篆发生讹变，从苟省，从用。隶变后楷书写作"備"。汉字简化后写作"备"。

《说文·人部》："備，慎也。从人，葡声。"（備，谨慎。从人，葡声。）

"备"的本义为盛矢器。引申为预备、准备。如"有备无患"，其中的"备"就是指准备。又引申为完备、齐备、具有。如"求全责备"，意思是对人或对人做的事情要求十全十美，毫无缺点。

作名词，指设施、设备。如"装备""军备"。作副词，意为全部、完全、尽。如成语"关怀备至""备尝艰辛"。

⊙ 夏

夏 夏 夏 夏

甲骨文　金文　小篆　楷书

"夏"是象形字。甲骨文像一个手持斧钺、高壮威武的武士。金文上为头，中间为躯干，两边是手，下为足，仍然像一

241

个高大的人。小篆发生了讹变。隶变后楷书写作"夏"。

《说文·夊部》："夏，中国之人也。从夊，从頁，从臼。臼，两手；夊，两足也。"（夏，中原地区的人。由夊、頁、臼会意。臼，表示两只手；夊，表示两只脚。）

"夏"的本义是威武壮大之人。也有人认为"夏"的初形是人手舞足蹈的样子。总之，由这种有活力、强大的意义后来引申指"中国之人"。"中国"原指中原地区，与四周少数部族相对，也叫"华夏"或"诸夏"。又引申指事物壮大兴盛。房屋高大也称为"夏"，此义后来写作"厦"。

由壮大兴盛引申指四季中最热、植物最盛的季节——夏季。

片 部

⊙ 片

片　片　片

甲骨文　小篆　楷书

"片"是指事字。甲骨文字形像劈开的木片。隶变后楷书写作"片"。

《说文·片部》："片，判木也。从半木。凡片之属皆从片。"（片，已剖的木。由小篆"木"字的右半会意。大凡片的部属都从片。）

"片"的本义为劈开树木之类，读作piàn。如"片批"，是一种切肉的刀法，刀略倾斜，切之使肉成片状。泛指平而薄的东西。如杜甫《寄杨五桂州谭》："梅花万里外，雪片一冬深。"又用于延伸的平面或广阔区域。如王之涣《凉州词》："一片孤城万仞山。"还可用于景色、气象等。如"一片丰收的景象"。

作动词，指用刀将物斜削成扁薄形状。如"片了些羊肉片儿"。

作量词，用于平而薄的东西。如李白《望天门山》："孤帆一片日边来。"

口语中读作piān，特指某些有图像或录音的薄而平的东西。如"唱片儿""相片儿"。

⊙ 版

版　版

小篆　楷书

"版"是形声字。小篆从片，反声。隶变后楷书写作"版"。

《说文·片部》："版，判也。从片，反声。"（版，分剖（的木板）。从片，反声。）

"版"的本义为筑墙的夹板。如《诗经·大雅·绵》："其绳则直，缩版以载。"又指版筑的土墙。如《左传·僖公三十年》："朝济而夕设版焉。"引申指上面有文字或图形、用木板或金属制成供印刷用的东西。如"制版"。书籍排印一次称为一版，故又引申指印刷物印行的次数。如"初版""重版书"。

⊙ 牌

牌　牌

小篆　楷书

"牌"是后起字，为形声字。楷书写作"牌"，从片（表示板状物），卑声。

《说文》无。

"牌"的本义为招牌，用作标志的板状物。如"路牌""招牌"。引申指牌状的凭证、符信。如"虎符金牌""牌照"。

由牌的标示作用引申指词曲的曲调名称。如"菩萨蛮""西江月"都是词牌名。

又引申指娱乐或赌博用的卡片。如"扑克牌""骨牌"。由牌的遮护作用，引申指打仗或执行警戒任务时用来遮护身体的东西。如"挡箭牌""盾牌"。

⊙ 牍

牍 牘 牘

"牍"是形声字。小篆从片，賣声。隶变后楷书写作"牘"。汉字简化后写作"牍"。

《说文·片部》："牘，书版也。从片，賣声。"（牘，写字的木板。从片，賣声。）

"牍"的本义为古代写字用的木片。如曹丕《典略》："又尝亲见执事握牍持笔，有所造作。"指代书籍。如"史牍""牍籍"。

又引申为公文。如刘禹锡《陋室铭》："无丝竹之乱耳，无案牍之劳形。"又引申指信件。如"书牍""尺牍"。

方部

⊙ 方

宁 方 方 方

"方"是象形字。甲骨文像起土出粪的大锸：上短横是横把，中长横是双足踏之双肩，两短竖指明其左右两旁，下边是多股分叉。金文大致相同。小篆整齐化。隶变后楷书写作"方"。

《说文·方部》："方，并船也。象两舟省、总头形。"（方，相并的两只船。（下）像两个舟字省并为一个的形状，（上）像两个船头用绳索总缆在一起的形状。）

"方"的本义为起土锸。泛指四个角都是直角的四边形。如"方形""方圆"。古人认为天圆地方，故而"方"有大地、地域、区域之意。如"方州""远方""四方"。还指一面、一边。如"方向""在水一方"。又引申指类、种。如"仪态万方"。

"方"又引申指途径、办法。如"良方""方略"。还引申指见识学问。如"贻笑大方"。特指古代医卜星相等技术。如"方术"。又引申指比拟、比较。如"打比方"。

用作副词，表示情况切合、正当。如"血气方刚"。又相当于"刚刚""才"。如"如梦方醒"。

⊙ 旁

㫄 㫄 㫄 旁

"旁"是会意兼形声字。甲骨文从凡（表井盘），从方，会井盘的四帮之意，方兼表声。金文稍讹。小篆已经变得不太像了。隶变后楷书写作"旁"。

《说文·上部》："旁，溥也。从二，阙；方声。"（旁，广大。从二，不知为什么从凡，方声。）

"旁"的本义为大、广，读作 páng。如"旁征博引"，指说话、写文章广泛引用材料作为依据或例证。引申为别的、其他的。如"旁人"就是他人。进而又引申指偏颇、邪曲。如成语"旁门左道"。

读作 bàng，通"傍"，指依傍、依附。如《汉书·沟洫志》："引渭穿渠起长安，旁南山下，至河三百余里。"进而引申指靠近、在旁边。如林觉民《与妻书》："吾灵尚依依旁汝也，汝不必以无侣悲。"

⊙ 旅

㫃 㫃 旅 旅

"旅"是会意字。甲骨文从认（旗帜），从从（众人相随），用众人聚集在旗下会军旅之意。小篆整齐化。隶变后楷书写作"旅"。

《说文·从部》:"旅,军之五百人为旅。从从,从从;从,俱也。"(旅,军队里五百人的单位叫作旅。由从、从会意;从,许多人在一起的意思。)

"旅"的本义是一种军队编制单位。古代五百人为一旅。泛指军队。如"军旅"。由军队出征在外引申为寄居在外。如"羁旅"。

专门供在外游子住宿的地方叫作旅馆,所以"旅"又引申指旅馆、旅舍。如李白《春夜宴从弟桃花园序》:"夫天地者,万物之逆旅也。"这里的"逆旅"指旅舍。

歹部

⊙ 歹

甲骨文　金文　小篆　楷书

"歹"是象形字。甲骨文像一段残骨,表示剔去肉之后剩下的残骨。金文、小篆和甲骨文大体相同。隶变后楷书写作"歹"。

《说文·歹部》:"歹,列(裂)骨之残也。从半、冎(骨)。"(歹,剔去筋肉后的残骨。由牛、由冎会意。)

"歹"的本义是残骨。现在表示不好之义的"歹"字,本是汉语从蒙语中借入的词,读音与藏文字母接近,所以就借用这个字来记录。如"为非作歹""不分好歹""歹徒"。

"歹"是个部首字。凡由"歹"组成的字,大都与坏、死有关。如"歼""残""殂""殃""殒""殡"等。

⊙ 死

甲骨文　金文　小篆　楷书

"死"是会意字。甲骨文从歹(即死,表示枯骨),从人,像人跪坐在枯骨旁边,会人死之意。金文的构形基本与甲骨文相同。小篆整齐化。隶变后楷书写作"死"。

《说文·死部》:"死,澌也,人所离也。从歹,从人。凡死之属皆从死。"(死,精气穷尽,是人们形体与魂魄相离的名称。由歹、人会意。大凡死的部属都从死。)

"死"的本义为生命终止。后来扩大到指所有的动植物失去生命。死去的东西就不再动了,因此不灵活的、固定不动、呆板的东西也称为"死"。如"死心眼儿""死水"。死与生不可调和,故又引申为势不两立。如"死敌""死对头"。

人死了就没了,故"死"引申指消失、消除。如常建《吊王将军墓》:"战余落日黄,军败鼓声死。"又引申指力气或程度达到极限。如"下死劲""气死人""死守"。"死"还可以用来表示道路堵塞。如"死路一条"就常用来形容前景极坏。

⊙ 殖

小篆　楷书

"殖"是形声字。小篆从歹(表示残骨),直声。隶变后楷书写作"殖"。

《说文·歹部》:"殖,脂膏久殖也。从歹,直声。"(殖,膏油放久而腐坏。从歹,直声。)

"殖"的本义为脂膏因放置时间过久而变质。此义现已不用。又表示生育、生长。如《国语·晋语四》:"同姓不婚,恶不殖也。"又引申指经营、增殖钱财。如"货殖营生"。

⊙ 残

歺戔 殘 残

<small>小篆 楷书（繁体） 楷书</small>

"残"是会意兼形声字。小篆从歹（残骨之形），从戔，会残杀之后骨肉细碎之意，戔兼表声。楷书繁体写作"殘"。汉字简化后写作"残"。

《说文·歹部》："殘，贼也。从歹，戔声。"（殘，伤害。从歹，戔声。）

"残"的本义为杀害、伤害、损害。如柳宗元《断刑论》："举草木而残之。"意思是全部的草木都被损害了。引申为凶暴。如"残暴"。受到损害就变得残缺了，所以"残"还引申为残缺不全。如"残生"就是余生。

气 部

⊙ 气

三 气 气 氣 气

<small>甲骨文 金文 小篆 楷书（繁体） 楷书</small>

"气"是象形字。甲骨文、金文的形体就像云气蒸腾上升的样子。小篆的形体承接甲骨文、金文。隶变后楷书写作"氣"。汉字简化后写作"气"。

《说文·气部》："氣，云氣也。象形。凡氣之属皆从氣。"（氣，云氣。象形。大凡氣的部属都从氣。）

"气"的本义为云气。如《史记·项羽本纪》："吾令人望其气，皆为龙虎，成五彩。"泛指一切气体。如"空气""天然气"。后又引申指天气、气象。如王羲之《兰亭集序》："是日也，天朗气清，惠风和畅。"

又引申指节气、气候。又引申指景象。如杜甫《秋兴八首》其一："玉露凋伤枫林树，巫山巫峡气萧森。""气"也指人的各种精神状态。如《孟子·公孙丑》："我知言，我善养吾浩然之气。"

⊙ 氧

<small>小篆 楷书</small>

"氧"是近代新造字，为形声字。楷书写作"氧"，从气，羊声。

《说文》无。

"氧"的本义为一种气体元素，无色、无味、无臭，是人和动、植物呼吸所必需的气体。

⊙ 氛

氛 氛

<small>小篆 楷书</small>

"氛"是形声字。小篆从气，分声。隶变后楷书写作"氛"。

《说文·气部》："氛，祥气也。从气，分声。"（氛，体现吉凶的云气。从气，分声。）

"氛"的本义为古时预示吉凶征兆的云气，也单指凶气。如《隋书·卫玄传》："近者妖氛充斥，扰动关河。"其中的"妖氛"便是指不祥的云气，多喻指凶灾、祸乱。引申泛指雾气、云气。如《礼记·月令》："仲冬行夏令，则其国乃旱，氛雾冥冥，雷乃发声。"郑玄注："氛雾冥冥……霜露之气散相乱也。"

又引申指特定环境中给人某种强烈感觉的情调、情势、气氛。如巴金《军长的心》："我接触到一种平静、欢乐的气氛。"

礻部

⊙ 社

⊡ 秖 社 社

甲骨文　金文　小篆　楷书

"社"是象形兼会意字。甲骨文写作"土",像原始祭社之形。金文另加义符"示"和"木"。小篆从土从示会意。隶变后楷书写作"社"。

《说文·示部》:"社,地主也。从示、土。《春秋传》曰:'共工之子句龙为社神。'周礼:二十五家为社,各树其土所宜之木。"(社,土地的神主。从示,土声。《春秋左氏传》说:"共工的儿子句龙做土地神。"周朝的礼制规定:二十五家立一个社,各种植那里的土地所适宜生长的树木。)

"社"的本义是社神,即土地神。引申为土地神的神像、牌位。如《论语·八佾》:"哀公问社于宰我。宰我对曰:'夏后氏以松,殷人以柏,周人以栗。'曰:'使民战栗。'"

也引申指祭祀土地神的场所。如辛弃疾《西江月》:"旧时茅店社林边,路转溪桥忽见。"还可以引申指社日。如王驾《社日》:"桑柘影斜春社散,家家扶得醉人归。"

祭社时人们聚集在一起,故又引申指集体性的组织、团体。如"诗社""杂志社"。

⊙ 祖

⊟ 祖 祖 祖

甲骨文　金文　小篆　楷书

"祖"本为象形字。甲骨文的形体像祭祀时放置礼品的礼器。金文大致相同。小篆另加义符"示",从示从且会意,且兼表声,成了会意兼形声字。隶变后楷书写作"祖"。

《说文·示部》:"祖,始庙也。从示,且声。"(祖,初始;宗庙。从示,且声。)

"祖"的本义为祭祀先人的宗庙或神主。如《周礼·考工记·匠人》:"左祖右社。"引申指祖宗、祖先。进而引申指某种事业或行业、派别的创始人。如"鼻祖""祖师"。又表示效法、承袭。如《史记·屈原贾生列传》:"然皆祖屈原之从容辞令,终莫敢直谏。"

⊙ 神

⊡ 褀 神

金文　小篆　楷书

"神"是会意兼形声字。金文像闪电的样子,或另加义符"示"。小篆整齐化、文字化。隶变后楷书写作"神",从示从申会意,申兼表声。

《说文·示部》:"神,天神,引出万物者也。从示、申。"(神,天神,引发出万事万物的神。由示、申会意。)

"神"的本义是传说中的天神。如《周礼·天官冢宰》:"大宗伯之职,掌建邦之天神、人鬼、地祇之礼,以佐王建保邦国。"泛指神灵、神仙。如《左传·庄公十年》:"小信未孚,神弗福也。"

由于神仙的威力不同寻常,故引申指特别高超的、令人惊奇的。如"神机妙算"。又引申指精神、意识。如《庄子·养生主》:"臣以神遇而不以目视,官知止而神欲行。"还引申指神情、表情。如"神采""神志"。

⊙ 视

⊡ 褀 視 视

甲骨文　小篆　楷书(繁体)　楷书

"视"是会意兼形声字。甲骨文从示,

从目，会目看天象之意，示兼表声。小篆改为从见。隶变后楷书写作"视"。汉字简化后写作"视"。

《说文·见部》："视，瞻也。从见，示声。"（视，看。从见，示声。）

"视"的本义是看。如《尚书·泰誓中》："天视自我民视，天听自我民听。"引申为考察、察看。如《左传·庄公十年》："下视其辙，登轼而望之。"又引申为看待。如"视死如归"。

⊙ 福

福 福 福 福

甲骨文　金文　小篆　楷书

"福"是会意字。甲骨文左为祭坛，右为双手捧着酒坛之形，会拿酒祭神，祈求幸福之意。隶变后楷书写作"福"。

《说文·示部》："福，祐也。从示，畐声。"（福，（神明）降福保佑。从示，畐声。）

"福"的本义是求福。后来做名词，与"祸"相对。如《老子》第五十八章："祸兮福之所倚，福兮祸之所伏。"

引申指护佑。如《左传·庄公十年》："小信未孚，神弗福也。"又引申指行礼致敬。如《官场现形记》第四十四回："马老爷才赶过来作揖，瞿太太也只得福了福。"

"福"还可以用在书信中，表示良好的祝愿。如"福安""福休"。

⊙ 禅

禅 禅 禅

小篆　楷书（繁体）　楷书

"禅"是形声字。小篆从示（表示与祭祀有关），单声。隶变后楷书写作"禪"。汉字简化后写作"禅"。

《说文·示部》："禪，祭天也。从示，單声。"（禪，祭天。从示，單声。）

"禅"的本义是祭祀上天，读作 shàn。引申指帝王让位给他姓。如"禅让""禅位"。又泛指继承。如全祖望《书宋史胡文定公传后》："四先生殁后，广仲尚能禅其家学。"

还读作 chán，是佛教用语"禅那"的省略，意思是静思。由此引申开来，凡是和佛教有关的事务，往往都会加上一个"禅"字。如"禅房""禅机"。

心 部

⊙ 心

心 心 心 心

甲骨文　金文　小篆　楷书

"心"是象形字。甲骨文像人或动物的心脏。金文多了中央一点，可看作是血液。小篆多了一条向右撇的曲线，可看作是连着心脏的血管。隶变后楷书写作"心"。

《说文·心部》："心，人心，土藏，在身之中。象形。博士说，以为火藏。凡心之属皆从心。"（心，人的心脏。属土的脏器，在身躯的中部。象形。依博士的学说，把心当作属火的脏器。大凡心的部属都从心。）

"心"的本义为人的心脏。古人认为心是人的感情与思维器官，故引申指头脑、思想。如"心思缜密"。还引申指内心。如《诗经·豳风·七月》："女心伤悲，殆及公子同归。"

又引申指心思、心意。如《诗经·小雅·巧言》："他人有心，予忖度之。"心脏位于身体的中部，故又引申指中心、中央。如白居易《琵琶行》："唯见江心秋月白。"

⊙ 志

茊 志

小篆　楷书

"志"是会意兼形声字。小篆从之（去往），从心，会心所向往之意，即意愿、意向，之兼表声。隶变后楷书写作"志"。

《说文·心部》："志，意也。从心，之声。"（志，意念。从心，之声。）

"志"的本义为意向、意愿。如《尚书·尧典》："诗言志，歌永言。"引申为志向。如曹植《杂诗》："闲居非吾志，甘心赴国忧。"志在心中不可忘，故又引申指记着、记住。用作名词，指记忆力。如《史记·屈原贾生列传》："博闻强志，明于治乱，娴于辞令。"

⊙ 必

㣺 ⑪ 必

金文　小篆　楷书

"必"是会意兼形声字。金文从弋（木橛），从八（表示分），会以木橛分界之意，弋兼表声。小篆整齐化。隶变后楷书写作"必"。

《说文·八部》："必，分极也。从八、弋，弋亦声。"（必，分别的标准。由八、弋会意，弋也表声。）

"必"的本义是分界的木橛。引申表示确定、肯定。做动词用时，表示必须、一定要。如《韩非子·内储说》："齐宣王使人吹竽，必三百人。"

作副词时，表示必定、一定、定然等。如"三人行，必有我师"。由必定又引申为果真。如《史记·廉颇蔺相如列传》："王必无人，臣愿奉璧往使。"

⊙ 念

兪 兪 念

金文　小篆　楷书

"念"是会意兼形声字。金文上面是一张朝下的口，口中有舌；下面是心，会心有所想口中念叨之意。小篆整齐化，从心从今会意，今兼表声。隶变后楷书写作"念"。

《说文·心部》："念，常思也。从心，今声。"（念，长久地思念。从心，今声。）

"念"的本义为常常想、思念。如《古诗为焦仲卿妻作》："念母劳家里。"引申指思考、思虑。如《史记·廉颇蔺相如列传》："顾吾念之，强秦之所以不敢加兵于赵者，徒以吾二人在也。"又引申指可怜、哀怜。如关汉卿《窦娥冤》第三折："念窦娥葫芦提当罪愆，念窦娥身首不完全。"

用作名词，指想法、念头。如"一念之差"。由口中念叨又引申指诵读。如"念经""念书"。

⊙ 忘

忘 忈 忘

金文　小篆　楷书

"忘"是会意兼形声字。金文从亡（失去），从心，会心有所失而不记得之意，亡兼表声。小篆与金文相似。隶变后楷书写作"忘"。

《说文·心部》："忘，不识也。从心，从亡，亡亦声。"（忘，不记得。由心、亡会意，亡也表声。）

"忘"的本义为忘记、不记得。如《论语·述而》："发愤忘食，乐以忘忧。"泛指遗漏、遗失。如《汉书·武五子传》："臣闻子胥尽忠而忘其号。"又引申指舍弃。如《汉书·贾谊传》："则为人臣者主而忘身，国而忘家，公而忘私。"

⊙ 息

鼻 息 息

金文　小篆　楷书

"息"是会意兼形声字。金文和小篆都从自从心会意，自兼表声。自为鼻子，古人认为心与鼻息息相通，心气从鼻出。隶变后楷书写作"息"。

《说文·心部》："息，喘也。从心，从自，自亦声。"（息，气息。由心、自会意，自也表声。）

"息"的本义为喘气、呼吸。如《论语·乡党》："摄齐升堂，鞠躬如也，屏气似不息者。"泛指气息，即呼吸时进出的气。如"一息尚存"。又引申指叹息、叹气。如屈原《离骚》："长太息以掩涕兮，哀民生之多艰。"还引申指休息。如"作息"。进而引申指停止、停息。如《周易·乾卦》："天行健，君子以自强不息。"又引申指利钱。如"利息""月息"。

⊙ 想

想 想

小篆　楷书

"想"是形声字。小篆从心，相声。隶变后楷书写作"想"。

《说文·心部》："想，冀思也。从心，相声。"（想，因希望得到而思念。从心，相声。）

"想"的本义为因希冀而思念。引申指想象。如苏轼《念奴娇·赤壁怀古》："遥想公瑾当年，小乔初嫁了，雄姿英发。"还引申指怀念、回想。如辛弃疾《永遇乐·京口北固亭怀古》："想当年，金戈铁马，气吞万里如虎。"进而引申指思考、思索。如"冥思苦想"。又引申指好像、如同。如李白《清平调》："云想衣裳花想容，

春风拂槛露华浓。"

⊙ 慰

慰 慰

小篆　楷书

"慰"是形声字。小篆从心，尉声。隶变后楷书写作"慰"。

《说文·心部》："慰，安也。从心，尉声。"（慰，安慰。从心，尉声。）

"慰"的本义为使人心中安适。如《诗经·邶风·凯风》："有子七人，莫慰母心。"引申指心中安适。如林觉民《与妻书》："汝腹中之物，吾疑其女也。女必像汝，吾心甚慰。"又引申指问。如李白《赠宣城宇文太守兼呈崔侍御》："时时慰风俗，往往出东田。"

⊙ 愁

愁 愁

小篆　楷书

"愁"是形声兼会意字。小篆从心，秋声，秋心易愁，兼表意。隶变后楷书写作"愁"。

《说文·心部》："愁，忧也。从心，秋声。"（愁，忧愁。从心，秋声。）

"愁"的本义为忧虑、发愁。如高适《别董大》："莫愁前路无知已，天下谁人不识君。"形容光景惨淡。如岑参《白雪歌送武判官归京》："愁云惨淡万里凝。"又引申指悲伤的心情。如李白《秋浦歌》："白发三千丈，缘愁似个长。"

⊙ 意

意 意

小篆　楷书

"意"是会意兼形声字。小篆从心，从音，用心音会心思之意，音兼表声。隶

249

变后楷书写作"意"。

《说文·心部》:"意,志也。从心察言而知意也。从心,从音。"(意,意向。用心去考察别人的言语就知道他的意向。由心、由音会意。)

"意"的本义为心思、心志。如成语"项庄舞剑,意在沛公",比喻说话和行动的真实意图别有所指。引申指愿望、心愿。如"满意""中意"。又引申指料想、猜疑。如"出其不意""意外"。又引申指感情、情意。如刘禹锡《竹枝词》:"花红易衰似郎意,水流无限似侬愁。"

又引申指内心、胸怀。如《古诗为焦仲卿妻作》:"吾意久怀忿,汝岂得自由!"

⊙ 怒

怒 怒

小篆　　楷书

"怒"是形声字。小篆从心,奴声。隶变后楷书写作"怒"。

《说文·心部》:"怒,恚也。从心,奴声。"(怒,愤怒。从心,奴声。)

"怒"的本义为生气。如杜甫《石壕吏》:"吏呼一何怒,妇啼一何苦。"

用作动词,指谴责。如《韩非子·五蠹》:"今有不才之子,父母怒之弗为改。"

文 部

⊙ 文

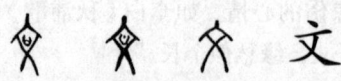

甲骨文　　金文　　小篆　　楷书

"文"是象形字。甲骨文像一个正立的人,胸前刻有美观的花纹。金文的形体基本上同于甲骨文。小篆则把胸前的花纹省略了。隶变后楷书写作"文"。

《说文·文部》:"文,错画也。象交文。凡文之属皆从文。"(文,交错刻画(以成花纹)。像交错的花纹的样子。大凡文的部属都从文。)

"文"的本义为文身。如《礼记·王制》:"东方曰夷,被发文身,有不火食者矣。"

文字最初是照事物的形象画出来的,是线条交错组合的图,所以又引申指文字。如《说文解字·叙》:"仓颉之初作书,盖依类象形,故谓之文。"又引申指文章、文献。如《论语·学而》:"行有余力,则以学文。"又引申表示柔和、不猛烈。如"文雅""文静"。先民文身是保护自己以避兽害,故又引申指掩饰。如成语"文过饰非"。

⊙ 齐

丷丷丷　٩٩٩　齊　齊　齐

甲骨文　金文　小篆　楷书(繁体)　楷书

"齐"是象形字,甲骨文像禾麦吐穗整齐一致的样子。金文的形体与甲骨文大致相同。小篆整齐化。隶变后楷书写作"齊"。汉字简化后写作"齐"。

《说文·齊部》:"齊,禾麦所吐的穗上端平也。象形。凡齊之属皆从齊。"(齊,禾麦吐穗,其上平整。象形。大凡齊的部属都从齊。)

"齐"的本义是禾麦吐穗上端平整。泛指整齐。如《三国志·吴书·吴主传》:"曹公望权军,叹其齐肃。"又引申为一起、同时。如"百花齐放""并驾齐驱"。还引申指完备、全部。如"东西预备齐了"。

用作动词,指同等、相当。如屈原《涉江》:"与天地兮比寿,与日月齐光。""齐"还可以表示整治。如《礼记·大学》:"欲治其国者,先齐其家;欲齐其家者,先修其身。"

火部

⊙ 火

凹　土　火　火

甲骨文　金文　小篆　楷书

"火"是象形字。甲骨文的字形像一团燃烧的火焰。金文将甲骨文填实了。小篆线条化，还保留了一点向上的火苗之形。隶变后楷书写作"火"。

《说文·火部》："火，毁也。南方之行，炎而上。象形。凡火之属皆从火。"（火，（齐人叫）毁。表示南方的一种物质，火光旺盛而向上。象形。大凡火的部属都从火。）

"火"的本义是物体燃烧所发的光、焰、热。火焰是红色的，故用来形容红色的事物。如"火烧云"。火热烈、冲腾，故又用来形容兴旺、热烈，如"场面非常火暴"。

"火"还常用来形容暴躁或愤怒。如"他这个人是火性子"。

失去控制的大火蔓延起来会非常迅速，故又引申比喻紧急、急迫。如"十万火急"就用来形容事情紧急到了极点。

至于中医所说的"上火"，包含了人们口干咽痛、心中灼热等症状。

⊙ 炎

炎　屮屮　炎　炎

甲骨文　金文　小篆　楷书

"炎"是会意字。甲骨文上下是两把大火，表示火光冲天，会火焰冲腾之意。金文、小篆的形体与甲骨文基本相同。隶变后楷书写作"炎"。

《说文·炎部》："炎，火光上也。从重火。凡炎之属皆从炎。"（炎，火光向上升腾。由重叠的两个"火"字构成。大凡炎的部属都从炎。）

"炎"的本义是指火苗升腾。如《尚书·洪范》："水曰润下，火曰炎上。"后引申为烧。如《尚书·胤征》："火炎昆冈，玉石俱焚。"进而引申表示灼热。如"烈日炎炎。"还可引申比喻权势。如"趋炎附势"。

中华民族自称"炎黄子孙"，其中的"炎"指炎帝。

⊙ 炙

炙　炙

小篆　楷书

"炙"是会意字。小篆从肉，从火，会肉在火上烤之意。隶变后楷书写作"炙"。

《说文·炙部》："炙，炮肉也。从肉在火上。凡炙之属皆从炙。"（炙，把肉放在火上烧烤。由"肉"在"火"上会意。大凡炙的部属都从炙。）

"炙"的本义为把肉串起来在火上熏烤、烧烤。如《诗经·小雅·瓠叶》："有兔斯首，燔之炙之。"引申指烧烤、灼热。如杜甫《丽人行》："炙手可热势绝伦，慎莫近前丞相嗔！"由烧烤、灼热还引申为暴晒，如《与山巨源绝交书》："野人有快炙背而美芹子者，欲献之至尊。"

用作名词，表示烤熟的肉食。如李白《侠客行》："将炙啖朱亥，持觞劝侯嬴。"

⊙ 灰

灰　灰

小篆　楷书

"灰"是会意字。小篆从火，从又（手），会火已经熄灭，可以用手去拿之意。隶变后楷书写作"灰"。

《说文·火部》："灰，死火余烬也。从火，从又。又，手也。火既灭，可以执持。"（灰，已经熄灭的火剩下的灰烬。由火、又会意。又，就是手。火已经熄灭，可以拿着、握着。）

"灰"的本义为燃烧后剩下的粉末状的东西，即灰烬。如李商隐《无题》："春蚕到死丝方尽，蜡烛成灰泪始干。"死灰不能复燃，故又引申指消沉、沮丧。如"万念俱灰""心灰意冷"。

又引申指尘土、某些粉末状的东西。如"灰尘"。又引申指像木柴灰的颜色，介于黑白之间。如"面如死灰"。又特指石灰。如"抹灰"。

⊙ 灸

灸　灸

<small>小篆　楷书</small>

"灸"是会意兼形声字。小篆从火，从久，会用火熏灼之意，久兼表声。隶变后楷书写作"灸"。

《说文·火部》："灸，灼也。从火，久声。"（灸，烧灼。从火，久声。）

"灸"的本义为用艾火烧灼，是中医的一种传统疗法，即用燃烧的艾绒条熏灼特定穴位治病。如向秀《难养生论》："所谓不病而灸，无忧而自默。"泛指烧灼。如邵博《邵氏闻见录》："归州有昭君村，村人生女无美恶，皆灸其面。"

⊙ 灵

霝　靈　靈　靈　灵

<small>金文　小篆　楷书（繁体）　楷书（繁体）　楷书</small>

"灵"是形声兼会意字。金文从示（祭台），从霝（下雨），会祭神求雨之意，霝兼表声。隶变后楷书写作"靈"和"靈"。汉字简化后写作"灵"。

《说文·玉部》："靈，巫也，以玉事神。从王，霝声。靈，靈或，从巫。"（靈，巫，

（他们的职责是）用玉事奉神明。从玉，霝声。靈，靈的或体，从巫。）

"灵"的本义为奉玉舞蹈以降神。引申指跳舞降神的巫。如屈原《离骚》："命灵氛为余占之。"巫师能降神，故引申为神灵。如屈原《九歌·湘夫人》："灵之来兮如云。"

由神灵又引申为聪明、灵性。如"心灵手巧""机灵"。还引申为灵巧、灵活。如："他身手奇快，如灵蛇出动。"还引申为灵魂。如诸葛亮《出师表》："以告先帝之灵。"又引申为灵验。如李商隐《嫦娥》："嫦娥应悔偷灵药，碧海青天夜夜心。"

⊙ 炭

炭　炭

<small>小篆　楷书</small>

"炭"是形声字。小篆从火，屵声。隶变后楷书写作"炭"。

《说文·火部》："炭，烧木余也。从火，岸省声。"（炭，烧木不尽之余。从火，岸省声。）

"炭"的本义为木炭。如白居易《卖炭翁》："卖炭翁，伐薪烧炭南山中。"引申为像炭的东西。如"山楂炭""煤炭"。

⊙ 炬

苣　炬

<small>小篆　楷书</small>

"炬"是形声字。小篆从艸，巨声。隶变后楷书写作"苣"。由于"苣"后来借为蔬菜名，火把之义便另造"炬"来表示，从火。

《说文·艸部》："苣，束苇烧。从艸，巨声。"（苣，捆豆苇秆烧着。从艸，巨声。）

"炬"的本义为用草秆扎成的火把。如《后汉书·皇甫嵩传》："其夕遂大风，嵩乃

约敕军士皆束苣乘城，使锐士间出围外，纵火大呼。"引申指蜡烛。如李商隐《无题》："春蚕到死丝方尽，蜡炬成灰泪始干。"又泛指焚烧、火烧、放火。如成语"付之一炬"。

⊙ 灼

炪　灼

小篆　　楷书

"灼"是形声字。小篆从火，勺声。隶变后楷书写作"灼"。

《说文·火部》："灼，炙也。从火，勺声。"（灼，炙烧。从火，勺声。）

"灼"的本义为炙烤、烧。如"灼烧"。引申指烧伤、烫伤。如郦道元《水经注》："以腥物投之，俄倾即熟，其中时有细赤鱼游之，不为灼也。"又引申指明亮、鲜明。如《诗经·周南·桃夭》："桃之夭夭，灼灼其华。"又引申指明白、透彻。如成语"真知灼见"，就是指正确而透彻的认识和见解。还引申指焦急。如"焦灼"。

⊙ 烂

爛　爛　爛　烂

小篆　楷书（繁体）楷书（繁体）楷书

"烂"是形声字。小篆从火，蘭声。隶变后楷书写作"爛"，俗作"爛"。汉字简化后写作"烂"。

《说文·火部》："爛，熟也。从火，蘭声。"（爛，煮熟。从火，蘭声。）

"烂"的本义为煮熟、煮烂。引申指腐烂、腐败。如《韩非子·忠孝》："朽骨烂肉，施于土地，流于川谷。"又引申指光亮、明亮。如《诗经·郑风·女曰鸡鸣》："子兴视夜，明星有烂。"

用作副词，表示程度深，相当于"很""极""十分"。如"烂醉如泥""烂熟于心"。

⊙ 烘

烘　烘

小篆　　楷书

"烘"是形声兼会意字。小篆从火，共声，共兼表与火相共之意。隶变后楷书写作"烘"。

《说文·火部》："烘，尞也。从火，共声。《诗》曰：'卬烘于煁。'"（烘，烧。从火，共声。《诗经》说："我在可以移动的小火炉上烘烤东西。"）

"烘"的本义为焚烧。如《诗经·小雅·白华》："樵彼桑薪，卬烘于煁（炉灶）。"引申指烤干、烤热。如"烘衣服"。又引申指渲染、衬托。如"烘托"。

⊙ 燃

燃　燃

小篆　　楷书

"燃"是后起字，为会意兼形声字。楷书写作"燃"，从火从然会意，然兼表声。

《说文》无。

"燃"的本义为燃烧。如曹植《七步诗》："煮豆燃豆萁，豆在釜中泣。"引申指引火点着。如"燃放烟花爆竹"。

⊙ 烟

煙　煙　烟

小篆　楷书（繁体）楷书

"烟"是形声兼会意字。小篆从火，垔声；异体从火，因声。隶变后楷书分别写作"煙"和"烟"。如今规范化，以"烟"为正体。

《说文·火部》："煙，火气也。从火，垔声。烟，或从因。"（煙，燃烧时产生的气状物。从火，因声。烟，煙的或体，从因声。）

253

"烟"的本义指物质因燃烧而产生的气体。如王维《使至塞上》："大漠孤烟直。"引申指像烟的东西。如李白《望庐山瀑布》："日照香炉生紫烟。"

⊙ 煤

煤　煤

小篆　　楷书

"煤"是后起字，为形声字。楷书写作"煤"，从火，某声。

《说文》无。

"煤"的本义为烟灰。如刘禹锡《畬田行》："红焰远成霞，轻煤飞入郭。"过去用烟灰制墨，故引申指墨。如陆游《老学庵笔记》："中官欲于苑中作墨灶，取西湖九里松作煤。"

明以前煤炭叫石炭或石墨，明以后始称煤。是植物受到高温高压的作用而形成的一种黑色固体矿物，主要用作燃料和化工原料。如"煤矿"。

⊙ 烧

燒　燒　烧

小篆　楷书（繁体）　楷书

"烧"是形声字。小篆从火，堯声。隶变后楷书写作"燒"。汉字简化后写作"烧"。

《说文·火部》："燒，爇也。从火，堯声。"（燒，焚烧。从火，堯声。）

"烧"的本义为焚烧。如白居易《赋得古原草送别》："野火烧不尽，春风吹又生。"引申指加热使物体发生变化。如"烧炭""烧砖"。又引申指一种烹调方法。先用油炸，再加汤汁来炒或炖；或先煮熟，再用油炸。如"红烧肉""土豆烧牛肉"。又引申指因病而导致体温升高。如"脸烧得通红"。

用作名词，指比正常体温高的体温。如"发烧""高烧"。

⊙ 烫

燙　燙　烫

小篆　楷书（繁体）　楷书

"烫"是后起字，为形声字。楷书繁体写作"燙"，从火，湯声。汉字简化后写作"烫"。

《说文》无。

"烫"的本义为以热水温物。如"烫酒"。引申指被火或高温灼痛或灼伤。如"别让开水烫着了"。又引申指温度高。如"烫手山芋"。

⊙ 炼

煉　煉　炼

小篆　楷书（繁体）　楷书

"炼"是形声兼会意字。小篆从火，柬声，柬兼表拣选之意。隶变后楷书写作"煉"，异体作"鍊"。汉字简化后写作"炼"。

《说文·火部》："煉，铄治金也。从火，柬声。"（煉，销熔并纯净金属。从火，柬声。）

"炼"的本义是加热使物质熔化并趋于纯净或坚韧。如刘琨《重赠卢谌》："何意百炼钢，化为绕指柔。"泛指通过实践活动，使意志、能力、身体等方面得到提高。如"磨炼""锻炼身体"。又特指在文字上下苦功，使其精美简洁。如皮日休《皮子文薮》："百炼成字，千炼成句。"

⊙ 熄

熄　熄

小篆　　楷书

"熄"是会意兼形声字。小篆从火从

息（生长）会意，息兼表声。隶变后楷书写作"熄"。初作"息"，后另加了义符火，写作了"熄"。

《说文·火部》："熄，畜火也。从火，息声。"（熄，蓄留的火种。从火，息声。）

"熄"的本义为火熄灭。如《孟子·告子上》："犹以一杯水救一车薪之火也，不熄则谓之水不胜火。"

引申泛指止息、消亡。如《孟子·滕文公下》："一怒而天下惧，安居而天下熄。"

⊙ 焚

燚 燓 焚

甲骨文　　小篆　　楷书

"焚"是会意字。甲骨文上部是树林，下部是一把大火，会火烧山林之意。小篆从棥（藩篱），从火，仍会焚烧之意。隶变后楷书写作"焚"。

《说文·火部》："焚，烧田也。从火、棥，棥亦声。"（焚，火烧山林。由火、棥会意，棥也表声。）

"焚"的本义是火烧山林。如《韩非子·难一》："焚林而田，偷取多兽，后必无兽。"泛指烧。如"玩火自焚"，意思是玩火的人必定会烧了自己。

灬 部

⊙ 然

然 燃 然

金文　　小篆　　楷书

"然"是会意字。金文左上部为肉，右上部为犬，下部为火，会以火烧犬肉之意。小篆整齐化。隶变后楷书写作"然"。

《说文·火部》："然，烧也。从火，肰声。"（然，燃烧。从火，肰声。）

"然"的本义是燃烧。如《孟子·公孙丑》："若火之始然。"可见"然"是"燃"的本字。后被借为指示代词，意为如此、这样、那样。如"知其然，不知其所以然"。

也可表示对、不错。如《论语·阳货》："然，有是言也。"又表示然而、但是。如："此事虽小，然亦不可忽视。"用在形容词或副词的词尾，表示状态。如"欣然""飘飘然"。

⊙ 点

點 點 点

小篆　　楷书（繁体）　　楷书

"点"是形声字。小篆从黑（头面上有黑点），点声。隶变后楷书写作"點"。汉字简化后写作"点"。

《说文·黑部》："點，小黑也。从黑，占声。"（點，细小的黑点。从黑，占声。）

"点"的本义为脸上细小的黑色斑痕。如段成式《酉阳杂俎·点》："今妇人面饰用花子，起自唐武后时上官婉儿，用以掩点迹。"泛指小的痕迹。如"墨点""斑点"。又引申指液体的小滴。如辛弃疾《西江月》："七八个星天外，两三点雨山前。"

又引申指一定位置或限度的标志，或事物的方面、部分。如"优点""特点"。又表示用笔加点，多用以描绘物象。如"画龙点睛"。又引申指一接触就离开，微微动一下。如"蜻蜓点水"。又引申指一个个地查对、检核。如"清点""盘点"。又引申指在许多人中指定、选派。如《木兰诗》："昨夜见军帖，可汗大点兵。"

用作量词，表示少量。如"给我点水"。还可以用来表示计时的单位，如"九点"。

⊙ 煎

煎 (小篆) **煎** (楷书)

"煎"是形声字。小篆从火（灬），前声。隶变后楷书写作"煎"。

《说文·火部》："煎，熬也。从火，前声。"（煎，有汁而熬干。从火，前声。）

"煎"的本义为加水煮使汁熬干。如曹植《七步诗》："本是同根生，相煎何太急？"比喻折磨、痛苦。如《古诗为焦仲卿妻作》："恐不任我意，逆以煎我怀。""煎"还指一种烹饪方法，即把食物放在少量的热油里弄熟。如《齐民要术·饼炙》："手团作饼，膏油煎。"

⊙ 羔

羔 (甲骨文) **羊** (金文) **羔** (小篆) **羔** (楷书)

"羔"是会意字。甲骨文上部是羊，下部是火，会用火烤羊之意。金文与甲骨文相似。小篆线条化。隶变后楷书写作"羔"。

《说文·羊部》："羔，羊子也。从羊，照省声。"（羔，小羊。从羊，照省昭为声。）

"羔"的本义为初生的小羊。如《楚辞·招魂》中有"炮羔"一词，就是烤整羊的意思，而所烤的整羊往往是小羊。泛指幼小的动物或植物。如"鹿羔""骆驼羔"分别指幼小的鹿、幼小的骆驼。

⊙ 焉

焉 (小篆) **焉** (楷书)

"焉"是象形字。小篆像头上有毛角的鸟。隶变后楷书写作"焉"。

《说文·鸟部》："焉，焉鸟，黄色，出于江淮。象形。"（焉，焉鸟，黄色，出产在长江、淮水一带。象形字。）

"焉"的本义为一种黄色的鸟。如黄滔《唐城客梦》："群焉咋充，飞而不举。"用作代词，可以表示人称，也可以表示疑问，还能做指示代词。用作兼词，相当于"于是"，表示在这里、在那里。如《荀子·劝学》："积土成山，风雨兴焉；积水成渊，蛟龙生焉。"

用于陈述句末，表示论断、决断或终结语气。如《愚公移山》："虽我之死，有子存焉"。

用于句末，表示疑问。如《国语·越语》："今已服矣，又何求焉？"

⊙ 热

热 (甲骨文) **热** (小篆) **熱** (楷书（繁体）) **热** (楷书)

"热"是象形字。甲骨文像一个人手举火把之形，表示点燃火把。小篆另加义符"火"。隶变后楷书写作"熱"。汉字简化后写作"热"。

《说文·火部》："熱，温也。从火，埶声。"（熱，温暖。从火，埶声。）

"热"的本义是点燃火把。泛指烧。甲骨卜辞中多次出现"熱田"一词，意思是点燃火炬以驱赶野兽，准备猎取。进而引申指温度高。如《孟子·梁惠王下》："如水益深，如火益热。"

引申指情意浓烈深厚。如"热爱""热情"。又引申指很受人关注或欢迎的。如"热门""热门货"。

⊙ 熊

熊 (小篆) **熊** (楷书)

"熊"是会意兼形声字。小篆从火，

从能（狗熊，表凶猛），会火势凶猛之意，能兼表声。后因本当狗熊讲的"能"专用为能力等义，狗熊之义便借"熊"来表示。

《说文·熊部》："熊，兽，似豕，山居，冬蛰。从能，炎省声。"（熊，兽名。像猪，生活在山中，冬天不吃不动。从能，炎省声。）

"熊"的本义为火势凶猛。如"熊熊烈火"。借用作"能"，是熊科动物的统称。熊比较笨拙，故引申指软弱、无能。如"熊包"。用作动词，指斥骂。如"我把他狠狠地熊了一顿"。

⊙ 烈

燃 烈

小篆　楷书

"烈"是形声字。小篆从火（灬），列声。隶变后楷书写作"烈"。

《说文·火部》："烈，火猛也。从火，列声。"（烈，火势猛烈。从火，列声。）

"烈"的本义为火势猛。如《左传·昭公二十年》："夫火烈，民望而畏之，故鲜死焉。"泛指气势猛，厉害。如《诗经·豳风·七月》："一之日觱发，二之日栗烈。"又引申指刚直、严正、不屈服。如李慈铭《感事》："贞魂烈魄怜巾帼，肯似高官只爱生。"还引申指为忠义而死难的人。如"先烈""满门忠烈"。

户 部

⊙ 户

目 戶 户

甲骨文　小篆　楷书

"户"是象形字。甲骨文像一个单扇门的样子。小篆的形体与甲骨文非常相似。隶变后楷书写作"户"。

《说文·户部》："户，护也。半门曰户。象形。凡户之属皆从户。"（户，保护室内的门户。门的一半叫户。象形。大凡户的部属都从户。）

"户"的本义为单扇门。如《木兰诗》："唧唧复唧唧，木兰当户织。"引申指人家、住户。如"户籍""千家万户"。

"户"又指从事某种职业的人或人家。如"农户""工商户"。

还引申指居室。如陶渊明《归园田居》："户庭无尘杂，虚室有余闲。""户庭无尘杂"即指居室中没有世俗杂事来烦扰。

"户"也指账册登记的户头，资金置于户头，进出周转，正似人进出屋室。

⊙ 启

昭 啟 启 启

甲骨文　金文　小篆　楷书

"启"是会意字。甲骨文的左边是一只手，右边是一扇门，下部为口，会把门开了一个口之意。金文大体相同，小篆承接金文，但"又"变成了"攴"。隶变后楷书写作"启"。

《说文·攴部》："启，开也。从户，从口。"（启，开。由户、口会意。）

"启"的本义是开、打开。如《左传·襄公二十五年》："门启而入，枕尸股而哭。"引申为开导。如"启蒙""启发"。又引申指开始。如"启用"。

又引申为启奏、禀告。如《古诗为焦仲卿妻作》："府吏得闻之，堂上启阿母。"

"启"还指旧时一种较短的书信文体。如苏轼《与王敏仲八首》："方欲奉启告别，遽辱惠问。"

⊙ 房

房 房

小篆　楷书

"房"是形声兼会意字。小篆从户（单扇门的边室），方声，方兼表旁边之意。隶变后楷书写作"房"。

《说文·户部》："房，室在旁也。从户，方声。"（房，房室在正室的两旁。由户，方声。）

"房"的本义为正室两旁的房间。如"厢房""东房"。泛指房屋。如"书房""房间"。又引申为形状像房子的东西。如"心房""花房"。又引申为家族分支。如"远房亲戚"。

用作量词，表示串、个。如封演《封氏闻见记》："今有马乳葡萄，一房长二尺余。"

⊙ 扁

扁 扁

小篆　楷书

"扁"是会意字。小篆从户，从册（表示文字），会门户上的题字之意。隶变后楷书写作"扁"。

《说文·册部》："扁，署也。从户、册。户册者，署门户之文也。"（扁，题署。从户、册会意。户册，是题署在门户上的文字。）

"扁"的本义为在门户上题字，读作biǎn。如《后汉书·百官志》："凡有孝子顺孙贞女义妇，让财救患，及学士为民法式者，皆扁表其门，以兴善行。"引申指物体宽而薄。如"扁圆""扁体字"。

又读作piān，指小。如"一叶扁舟"。

欠 部

⊙ 欠

欠 欠 欠

甲骨文　小篆　楷书

"欠"是象形字，甲骨文一个人正欠着身、张着大嘴巴打呵欠。小篆将"口"讹为三缕气，表现张口呵出的气体。隶变后楷书写作"欠"。

《说文·欠部》："欠，张口气悟也。像气从人上出之形。凡欠之属皆从欠。"（欠，张开口，壅塞、阻滞的气伸散而出。像气从人上部出去的样子。大凡欠的部属都从欠。）

"欠"的本义就是张口打呵欠。如"志倦则欠，体倦则伸"。打呵欠时总会展臂伸腰，故而又引申为身体的一部分稍微上移。如"欠了欠身子"。又引申表示不足、缺乏。如"欠佳""欠火候"。又引申指借别人的钱物没还或应当给别人的东西没有给。如"欠债还钱"。

⊙ 歌

歌 歌

小篆　楷书

"歌"是形声字。小篆从欠（表示与人张口呵气有关），哥声。隶变后楷书写作"歌"。

《说文·欠部》："歌，咏也。从欠，哥声。"（歌，依旋律咏唱。从欠，哥声。）

"歌"的本义是唱。如《诗经·魏风·园有桃》："心之忧矣，我歌且谣。"用作名词，指歌曲。如"情歌""山歌"。

⊙ 款

款 款 款 款

甲骨文　小篆　楷书（繁体）　楷书

"款"是会意字。甲骨文像人手持木

柴在祭台前焚烧祭天之形。小篆整齐化。隶变后楷书写作"歔"。汉字简化后写作"款"。

《说文·欠部》："歔，意有所欲也。从欠，䈇省。"（款，内中空空思想上有向外羡慕、追求的欲望。由欠、由䈇省会意。）

"款"的本义是持木焚烧祭天，表示虔诚叩求上天赐福保佑。泛指虔诚、诚恳。如《史记·司马相如传》："修礼地只，谒款天神。"又引申指热情招待。如《镜花缘》第八十三回："今日肴馔虽然不丰，却也殷勤款待。"又引申指书画上的题名。如"落款""款识"。又引申指事项、条目。如"款目""条款"。又引申指钱财。如"钱款""存款"。

⊙ 歇

𩀼　歇

小篆　　楷书

"歇"是形声字。小篆从欠（表示张口出气），曷声。

《说文·欠部》："歇，息也。从欠，曷声。"（歇，休息。从欠，曷声。）

"歇"的本义为喘息。人累时，常会说歇一口气，故引申指休息。如白居易《卖炭翁》："牛困人饥日已高，市南门外泥中歇。"睡觉是一种休息，故引申指睡觉。如《红楼梦》第十九回："彼时黛玉自在床上歇午。"用作量词，表示动作次数，相当于"番""次"。如董解元《西厢记诸宫调》："送下阶来欲待别，又嘱付两三歇。"还表示时间短、一会儿。如《水浒传》第二十三回："老身直去县前那家有好酒买一瓶来，有好歇儿耽阁。"

⊙ 歉

𤅠　歉

小篆　　楷书

"歉"是会意兼形声字。小篆从欠，从兼，会收成不足之意，兼也表声。隶变后楷书写作"歉"。

《说文·欠部》："歉，歉食不满。从欠，兼声。"（歉，食物少吃不饱。从欠，兼声。）

"歉"的本义为收成不好。如"歉岁"便是指收成不好的荒年。引申指饿、吃不饱。如李商隐《行次西郊作诗》："健儿立霜雪，腹歉衣裳单。"由歉收引申指缺少、不足。进而引申指感到有亏欠，抱有愧意。如王安石《酬吴季野见寄》："俯仰谬恩方自歉，惭君将比洛阳人。"

用作名词，指歉意。如"抱歉"。

父部

⊙ 父

𤓱　𤓰　𤓱　父

甲骨文　金文　小篆　楷书

"父"是会意字。甲骨文左边的一条竖线像石斧一类的工具之形，右下是一只手，会手持工具之意。金文大体相同。隶变后楷书写作"父"。

《说文·又部》："父，矩也。家长，率教者。从又举杖。"（父，坚持规矩，是一家之长，是引导、教育子女的人。由"又"（手）举杖会意。）

"父"的本义为手持工具。手拿石斧从事艰苦的野外劳动的男子即为"父"，后引申指父亲。如杜甫《赠卫八处士》："怡然敬父执，问我来何方。"引申作为男性长辈的通称。如"祖父""伯父"。

又引申为对老年人的尊称。如《史记·项羽本纪》："纵江东父老怜而王我，我何面目见之？""父"还是对某一种大事业的创始者的尊称。如"国父""原子能之父"。

⊙ 爹

爹

小篆　楷书

"爹"是后起字，为形声字。楷书写作"爹"，从父（表示与家长、长辈有关），多声。

《说文》无。

"爹"的本义为父亲。与"父亲"一词相比，"爹"是一种俗称，常和"娘"连用。

"爹"也用作对男性年长者的尊称。如"老爹爹"。

⊙ 爷

爺　爷

小篆　楷书（繁体）　楷书

"爷"是后起字，为形声字。楷书繁体写作"爺"，从父（表示与家长、长辈有关），耶声。汉字简化后写作"爷"。

《说文》无。

"爷"的本义为父亲。如《木兰诗》："愿为市鞍马，从此替爷征。""爷"又用作对祖父的称呼。如梁绍壬《两般秋雨庵随笔》："今北人呼祖为爷爷。"后引申为对长一辈或年长男子的尊称。如"老大爷""老爷爷"。

又引申为对神佛的称呼。如"阎王爷""财神爷""土地爷"。

⊙ 爸

爸

小篆　楷书

"爸"是形声字。楷书写作"爸"，从父（表示与家长、长辈有关），巴声。

《说文》无。

"爸"的本义指父亲。如口语中的"爸爸""阿爸"。方言中也指叔父。如"三爸"就是三叔的意思。

月部

⊙ 月

月

甲骨文　金文　小篆　楷书

"月"是象形字。甲骨文、金文描摹的都是一轮缺月的形状。小篆的形体变得不太像月亮的样子了。隶变后楷书写作"月"。

《说文·月部》："月，缺也。太阴之精。象形。凡月之属皆从月。"（月，亏缺。太阴的精华。象形。大凡月的部属都从月。）

"月"的本义是月亮。如李白《静夜思》："举头望明月，低头思故乡。"又被用来形容颜色或形状像月亮一样的事物。如"月亮门"。

⊙ 育

育

甲骨文　金文　小篆　楷书

"育"是会意字。甲骨文上部是一个女子，下部是一个倒着的子，会妇女生子之意。金文从母。小篆承接甲骨文、金文。隶变后楷书写作"育"。

《说文·云部》："育，养子使作善也。从云，肉声。《虞书》曰：'教育子'。"（育，培养孩子使之做好人好事。从云，肉声。《虞书》说："教育孩子并使之成长。"）

"育"的本义为生育、生子。如《易·象学考》："夫征不复，妇孕不育。"引申指养育、培植。如"封山育林"。又指教育、培养。如《孟子·告天下》："尊贤育下，以彰有德。"

⊙ 朋

甲骨文　金文　小篆　楷书

"朋"是象形字。甲骨文的字形像两串细贝串连在一起。小篆的字形复杂化。隶变后楷书写作"朋"。

《说文》无。

"朋"的本义是古代的一种货币单位，五贝为一朋。如《诗经·小雅·菁菁者莪》："既见君子，锡（通"赐"）我百朋。"引申指朋友。如《论语·学而》："有朋自远方来，不亦乐乎？"

"朋"也表示比、比得上。如《诗经·唐风·椒聊》："彼其之子，硕大无朋。"

⊙ 肖

小篆　楷书

"肖"是会意兼形声字。小篆从肉（月），从小，会细小的肉丁之意，小兼表声。隶变后楷书写作"肖"。

《说文·肉部》："肖，骨肉相似也。从肉，小声。（肖，形体容貌相似。从肉，小声。）

读作 xiào 时，表示相似、相像。如"惟妙惟肖""逼肖"。引申指仿效。如王安石《张君玉墓志铭》："我肖其涤，以清厥身。"

读作 xiāo 时，用作姓。

⊙ 肩

小篆　楷书

"肩"是会意字。小篆从肉（月，表示与人的身体有关），上部像肩的形状。隶变后楷书写作"肩"。

《说文·肉部》："肩，髆（肩胛）也。从肉，象形。"（肩，肩胛。从肉，户像肩胛连臂之形。）

"肩"的本义为肩膀。如《孟子·滕文公下》："胁肩谄笑。"引申指四足动物的前腿根部。如《史记·项羽本纪》："项王曰：'赐之彘肩。'"则与一生彘肩。""彘肩"指猪腿的最上部分，即猪肘子。挑担子用肩，故又引申指担负、肩负。如"肩负重任"。

⊙ 背

小篆　楷书

"背"是会意兼形声字。小篆从肉（月），从北（表示人相背），用人的相背之处会脊背之意，北兼表声。隶变后楷书写作"背"。

《说文·肉部》："背，脊也。从肉，北声。"（脊，背脊。从肉，北声。）

"背"的本义为脊背，读作 bèi。如《庄子·逍遥游》："鹏之背，不知其几千里也。"引申指一些物体的后面、背面。如"手背""刀背儿"。又引申指背对着。如"背山面水"。进而引申指离开、避开、抛弃。如"背离"。又引申指违背、违反。如"背信弃义""背约"。还引申指背诵。如"倒背如流"。

又读作 bēi，指用脊背驮。如"背回家"。

⊙ 望

甲骨文　金文　小篆　楷书

"望"是会意字，甲骨文从臣，从壬，会人站在土堆上举目远望之意。金文另加义符"月"，表示"望日"（阴历每月十五）。小篆承接金文并整齐化。隶变后楷书写作"望"。

《说文·壬部》："月满与日相望，（以）臣朝君也。从月，从臣，从壬。壬，朝廷

261

也。（望，月满之时，与日遥遥相望。好比是臣子朝望君王。由月、由臣、由壬会意。壬，表示朝廷。）

"望"的本义是远望。如《诗经·卫风·河广》："谁谓宋远，跂予望之。"引申为盼望、希望。如《史记·项羽本纪》："日夜望将军至，岂敢反乎？"又引申为名望、声望。如《诗经·大雅·卷阿》："如圭如璋，令闻令望。"农历每月的十五日也称"望"。在这天，太阳西下和月亮东升几乎同时出现，有如相望，故称为"望"。

⊙ 肛

肛　肛

小篆　　楷书

"肛"是后起字，为形声字。楷书写作"肛"，从肉，工声。

《说文》无。

"肛"的本义为肛门。也是肛管和肛门的总称。

⊙ 腰

腰　腰

小篆　　楷书

"腰"是会意兼形声字。小篆本写作"要"，由于"要"后为引申义所专用，便另加义符"肉"（月），写作"腰"。

《说文》无。

"腰"的本义为腰部，即胯之上肋之下的身体中部。如李白《梦游天姥吟留别》："安能摧眉折腰事权贵，使我不得开心颜。"引申指所穿衣服在身体腰部的部分。如杜甫《丽人行》："背后何所见，珠压腰衱稳称身。"又引申指事物的中部或中间部分。如"半山腰"。

⊙ 膜

膜　膜

小篆　　楷书

"膜"是形声字。小篆从肉，莫声。隶变后楷书写作"膜"。

《说文·肉部》："膜，肉间该膜也。从肉，莫声。"（膜，肉包裹着的薄皮。从肉，莫声。）

"膜"的本义为生物体内薄皮样的组织。如"耳膜"。引申指植物体内像薄皮样的组织。如白居易《荔枝图序》中"膜如紫绡"的"膜"，说的就是荔枝的薄膜。又泛指像膜一样有柔韧性的透明薄片。如"面膜"。还专指礼拜神佛的跪拜。如成语"顶礼膜拜"。

⊙ 胆

膽　膽　胆

小篆　　楷书（繁体）　楷书

"胆"是形声字。小篆从肉（月），詹声。隶变后楷书写作"膽"。汉字简化后写作"胆"。

《说文·肉部》："膽，连肝之府。从肉，詹声。"（膽，连着肝的脏腑。从肉，詹声。）

"胆"的本义是指胆囊，是动物体内消化器官之一。如《史记·越王勾践世家》："越王勾践反国，乃苦身焦思，置胆于坐，坐卧即仰胆，饮食亦尝胆也。"引申指胆量、勇气。如"胆大妄为""胆小如鼠"。还指像胆一样在内里的东西。如"瓶胆""球胆"。

⊙ 腺

腺　腺

小篆　　楷书

"腺"是后起字，为会意兼形声字。楷书写作"腺"，从肉（月）从泉会意，泉兼表声。为日本所造汉字，近代传入中国。

《说文》无。

"腺"的本义为生物体内能分泌某些化学物质的组织，由腺细胞组成。如"唾液腺""汗腺""胰腺""甲状腺""肾上腺"等。

⊙ 脉

小篆　楷书（繁体）　楷书

"脉"是会意字。小篆从血，从辰（水支流），会像水一样流动的血脉之意。隶变后楷书写作"衇"。异体作"脈"，从肉（月）；又作"脉"。如今规范化，以"脉"为正体。

《说文·辰部》："衇，血理分衺行体者。从辰，从血。"（衇，在躯体中分流的血的纹理。由辰、由血会意。）

"脉"的本义为血脉，读作 mài。如《素问·脉要精微论》："夫脉者，血之府也。"引申指像血脉一样的事物。如"来龙去脉"原指山脉的走势和去向像龙体一样起伏。现比喻一件事的前因后果或一个人的来历。这里的"脉"指山脉。

又引申指血统、宗派等相承的系统。如"一脉相传"。

读作 mò，指目含情却相视不语的样子。如《古诗十九首·迢迢牵牛星》："盈盈一水间，脉脉不得语。"

⊙ 脱

小篆　楷书

"脱"是形声字。小篆从肉（月），兑声。隶变后楷书写作"脱"。

《说文·肉部》："脱，消肉臞也。从肉，兑声。"（脱，消尽其肉而变瘦。从肉，兑声。）

"脱"的本义为肉去骨。如方苞《左忠毅公逸事》："面额焦烂不可辨，左膝以下筋骨尽脱矣。"泛指离开。如《韩非子·喻老》："鱼不可脱于深渊。"又引申指脱落、掉落。如欧阳修《秋声赋》："草拂之而色变，木遭之而叶脱。"又引申指脱下、取下。如《木兰诗》："脱我战时袍，着我旧时裳。"

又引申指逃。如成语"动如脱兔"，便是指行动犹如脱逃之兔，十分敏捷。又引申指冒出、显露。如"脱颖而出"。事物脱落了，就不受拘束，故又引申指自然、不拘束。如"洒脱"。

⊙ 脖

小篆　楷书

"脖"是后起字，为形声字。楷书写作"脖"，从肉（月），孛声。

《说文》无。

"脖"的本义为颈项。如关汉卿《单刀会》："青龙偃月刀，九九八十一斤，脖子里着一下。"引申指东西像脖子的部分。如"脚脖子"。

⊙ 肿

小篆　楷书（繁体）　楷书

"肿"是形声字。小篆从肉（月），重声。隶变后楷书写作"腫"。汉字简化后写作"肿"。

《说文·肉部》："腫，痈也。从肉，重声。"（腫，毒疮。从肉，重声。）

"肿"的本义为毒疮。如《战国策·韩

策三》："人之所以善扁鹊者，为有臃肿也。"泛指皮肉浮胀。如"水肿""肿胀"。又引申为肥大而呆滞。如"臃肿"。

⊙ 胀

胀　胀　胀

小篆　　楷书（繁体）　　楷书

"胀"是形声兼会意字。楷书繁体写作"脹"，从肉，長声，長兼表张大之意。汉字简化后写作"胀"。

《说文》无。

"胀"的本义是皮肉鼓胀，也泛指充塞难受的感觉。如"头晕脑胀"。引申指体积变大、膨胀。如《晋书·韩友传》："斯须之间，见囊大胀如吹。"

⊙ 脚

脚　腳　脚

小篆　　楷书（繁体）　　楷书

"脚"是会意兼形声字。小篆从肉（月），从卻（腿脚），会腿脚之意，卻兼表声。隶变后写作"腳"。汉字简化后写作"脚"。

《说文·肉部》："腳，胫也。从肉，卻声。"（脚，小腿。从肉，卻声。）

"脚"的本义为小腿。如《史记·太史公自序》："孙子膑脚，而论兵法。"后"脚"的词义范围缩小，指人和某些动物身体最下部接触地面的部分。如《木兰诗》："雄兔脚扑朔，雌兔眼迷离。"又泛指物体的下端、下部。如杜甫《茅屋为秋风所破歌》："床头屋漏无干处，雨脚如麻未断绝。"

⊙ 肘

肘　肘

小篆　　楷书

"肘"是会意字。小篆从肉（月），从寸（手），会上下臂相接处向外凸起的部位之意。隶变后楷书写作"肘"。

《说文·肉部》："肘，臂节也。从肉，从寸。寸，手寸口也。"（肘，上肢与下臂之节。由肉、寸会意。寸，手的寸口。）

"肘"的本义为人的上下臂交接可以弯曲的部位。如《庄子·至乐》："俄而柳（瘤）生其左肘，其意蹶蹶然恶之。"意思是，左肘突然长出了肿瘤，这使滑介叔流露出吃惊和讨厌的样子。

⊙ 腌

腌　腌

小篆　　楷书

"腌"是形声兼会意字。小篆从肉（月），奄声，奄兼表覆盖之意。隶变后楷书写作"腌"。

《说文·肉部》："腌，渍肉也。从肉，奄声。"（腌，用盐浸渍肉。从肉，奄声。）

读作 yān 时，"腌"的本义为用盐浸渍肉。如"腌腊肉"。泛指用盐、酱油或糖浸渍一切食物的加工方式。如"腌咸菜"。

读作 ā 时，用在"腌臜"中，指（心里）不痛快、烦恼。如"事没办成，腌臜极了"。还用作骂人的话，意思是混蛋无赖。如"腌臜泼才"。

⊙ 脆

脆　脆

小篆　　楷书

"脆"是会意字。本写作"脃"，从月（肉），从绝省，会易断的肉之意，绝兼表声。楷书写作"脆"，从月（肉），危声。如今规范化，以"脆"为正体。

《说文》无。

"脆"的本义为容易折断、破碎。如：

"这瓷很脆,别摔碎了啊。"引申指事物容易嚼碎,鲜嫩爽口。如"嘎嘣儿脆"。又引申指声音清亮。如"清脆的吆喝声"。也指说话做事爽利痛快。如"干脆利落"。又引申为身心软弱。如"脆弱"。

⊙ 胳

胳

小篆　楷书

"胳"是形声字。小篆从肉(月),各声。隶变后楷书写作"胳"。

《说文·肉部》:"胳,亦下也。从肉,各声。"(胳,腋下。从肉,各声。)

"胳"的本义为腋窝、夹肢窝,读作gā。如"胳肢窝"。

还读作gē,表示胳膊。如俗语"胳膊拧不过大腿"。

又读作gé,在方言中,指在别人身上抓挠,使发痒。如:"看我不胳肢你个小妮子!"

⊙ 胄

胄

金文　小篆　楷书

"胄"是形声字。金文下部为目,目之上是一顶帽子(古代武士所戴的头盔),上端还有装饰品。小篆则变为从肉(月)、由声的形声字。隶变后楷书写作"胄"。

《说文·肉部》:"胄,胤也。从肉,由声。"(胄,后代子孙。从肉,由声。)

"胄"的本义是头盔。如《左传·僖公三十三年》:"三十三年春,秦师过周北门,左右免胄而下。"还指有血缘关系的帝王或贵族的后代。如《三国志·蜀书·诸葛亮传》:"将军既帝室之胄,信义著于四海,总揽英雄,思贤如渴。"其中的"帝室之胄"就是指帝王的后代。

⊙ 脊

脊

小篆　楷书

"脊"是象形兼会意字。小篆上面像脊柱,两边是肋条分布,下面从月(肉),表示人或脊椎动物背部的脊柱。隶变后楷书写作"脊"。

《说文·㐬部》:"脊,背吕也。从㐬,从肉。"(脊,背脊。由㐬、由肉会意。)

"脊"的本义为脊骨。如"脊椎骨""脊柱"。因为脊骨突出于脊背,所以物体中间高起的部分往往亦称"脊"。如"屋脊""山脊"。

⊙ 腋

腋

甲骨文　金文　小篆　楷书

"腋"是形声字。甲骨文从大(人),下面两点表示腋窝的所在。金文大体相同。小篆整齐化。隶变后楷书写作"亦"。后由于"亦"为引申义所专用,遂另造"腋"字,从肉,夜声,夜兼表腋窝之意。

《说文》无。

"腋"的本义为胳肢、腋窝。如卢谌《答魏子悌》:"崇台非一干,珍裘非一腋。"引申特指狐狸腋下的皮毛。如"聚沙成塔,集腋成裘"。还引申指其他生物体上与腋类似的部分。如"叶腋""腋芽"。

⊙ 膊

膊

小篆　楷书

"膊"是形声兼会意字。小篆从肉(月),尃声,尃兼表铺布之意。隶变后楷书写作"膊"。

《说文》无。

"膊"的本义为切成块的肉，读作 pò。如《淮南子·缪称训》："故同味而嗜厚膊者，必其甘之者也。"

又读作 bó，指肩以下手腕以上的部分，即胳膊。如"赤膊上阵"。

⊙ 胃

金文　小篆　楷书

"胃"是象形兼会意字。金文上部像装有食物的胃，外部的圆圈表示胃囊，"米"字部分表示胃中食物；下部是月（肉），会肉质的胃脏之意。隶变后楷书写作"胃"。

《说文·肉部》："胃，谷府也。从肉、图，象形。"（胃，消化谷物的脏腑。从肉、图，像胃的形状。）

"胃"的本义为胃脏，是人和动物贮藏和消化食物的器官。如《史记·扁鹊仓公列传》："君有疾在肠胃间，不治将恐深。""胃口"一词，一般指食欲。也比喻对事物的兴趣或欲望。

⊙ 服

甲骨文　金文　小篆　楷书（繁体）　楷书

"服"是会意字。甲骨文从人，从手，从凡（盘），会人持盘操办事务之意。小篆承接金文并整齐化。隶变后楷书写作"𦩻"，俗作"服"。如今规范化，以"服"为正体。

《说文·舟部》："𦩻，用也。一曰：车右騑，所以舟旋。从舟，𠬝声。"（𦩻，使用。另一义说：服是车右边的骖马，是用来向右边周旋的马。从舟，𠬝声。）

"服"的本义为从事。引申为做、担任，如"服务"。又指降服、治服，屈从，敬佩。"服"还指饮用或吞服药物。如"口服""服药"等。用作名词，特指衣裳。

⊙ 膏

甲骨文　小篆　楷书

"膏"是形声兼会意字。甲骨文从月（肉），高声，高兼表高厚之意。小篆整齐化。隶变后楷书写作"膏"。

《说文·肉部》："膏，肥也。从肉，高声。"（膏，肥。从肉，高声。）

"膏"的本义为脂肪、油脂。人们常以"膏粱"指代名门望族，这里的"膏"其实指的是肥肉、油脂。引申指浓稠的糊状物。如"药膏"。油脂有滋润的作用，故又引申指滋润。如《诗经·曹风·下泉》："芃芃（péng）黍苗，阴雨膏之。"进而引申指肥沃。如"膏土""膏田"。

人们常说"病入膏肓"，以表示病势极重，无法医治。这里的"膏"在古代医学上是指心尖脂肪，而"肓"则指心脏与隔膜之间。

⊙ 肚

小篆　楷书

"肚"是形声字。小篆从肉（月），土声。隶变后楷书写作"肚"。

《说文》无。

"肚"的本义为腹部，读作 dù。如"肚兜""人心隔肚皮"。引申指内心。如成语"小肚鸡肠""心知肚明"。

又读作 dǔ，指动物的胃。如"猪肚"。

⊙ 腥

甲骨文　金文　小篆　楷书

"腥"本为会意字。甲骨文上为自（鼻），下为鱼，会鼻子闻到了鱼腥气之意。

小篆变成从鱼、生声的形声字。隶变后楷书写作"腥"。

《说文·肉部》:"腥,星见食豕,令肉中生小息肉也。从肉,从星,星亦声。"(腥,食用的猪肉中像星或米粒的东西,会让猪肉中生长出小息肉。由肉、星会意,星也表声。)

"腥"的本义为病猪肉中像星或米粒的息肉。引申指腥臭气。如"遍地腥风""血腥"。

⊙ **肯**

金文　小篆　楷书

"肯"是会意字。小篆从肉(月),从冎省冂,表示紧附在骨节间的筋肉。隶变后楷书写作"肯"。

《说文·肉部》:"肯,骨间肉,冎冎著(着)也。从肉,从冎省。"(肯,骨头之间的肉,紧紧地附着在骨头上。由肉、由冎省会意。)

"肯"的本义为附着在骨节间的筋肉。如《庄子·养生主》:"技经肯綮之未尝,而况大軱(大骨头)乎?"其中"肯綮"指的就是骨肉相连的地方。由紧附着借指赞同、许可。如《战国策·赵策》:"太后不肯,大臣强谏。"又引申指愿意、心甘情愿。如《诗经·魏风·硕鼠》:"三岁贯汝,莫我肯顾。"

⊙ **肝**

肝　肝

小篆　楷书

"肝"是形声字。小篆从肉(月),干声。隶变后楷书写作"肝"。

《说文·肉部》:"肝,木藏也。从肉,干声。"(肝,属木的脏器。从肉,干声。)

"肝"的本义为肝脏。肝、胆连用,用以比喻真挚的心意。如《史记·淮阴侯列传》:"臣愿披腹心,输肝胆,效愚计,恐足下不能用也。"

毛部

⊙ **毛**

半　毛　毛

金文　小篆　楷书

"毛"是象形字。金文就像一撮兽毛之形。小篆线条化、整齐化。隶变后楷书写作"毛"。

《说文·毛部》:"毛,眉发之属及兽毛也。象形。凡毛之属皆从毛。"(毛,眉毛须发之类以及禽兽的毛。像毛之形。大凡毛的部属都从毛。)

"毛"的本义是毛发。如《左传·僖公十四年》:"皮之不存,毛将焉附?""毛"又通"芼",指草木、五谷。如《列子·汤问》:"以残年余力,曾不能毁山之一毛,其如土石何?"

⊙ **毯**

毯

小篆　楷书

"毯"是后起字,为形声字。楷书写作"毯",从毛(表示与毛发有关),炎声。

《说文》无。

"毯"的本义为厚实有毛绒、供坐卧的成片织品。如"毛毯""毯子"。

⊙ **毫**

毫　毫

小篆　楷书

"毫"是形声字。楷书写作"毫",从毛,高省声,是"豪"的分化字。

《说文》无。

"毫"的本义为细而尖的毛。如"九牛一毫"。泛指细毛。如《孟子·梁惠王上》："明足以察秋毫之末，而不见舆薪。"特指毛笔、毛笔头。如"挥毫泼墨""毫管"。

用作副词，指数量极少，表示一点儿也不、完全不。如"毫不客气""毫不利己"。用作量词，表示较小的量。也可以表示长度。如"差之毫厘，谬以千里"。用作数词，与某一物理量的单位连用，表示该量的千分之一。如"毫米""毫升"。

牛（牜）部

⊙ 牛

甲骨文　金文　小篆　楷书

"牛"是象形字。甲骨文像正面看的牛头之形。金文大致相同。小篆整齐化。隶变后楷书写作"牛"。

《说文·牛部》："牛，大牲也。牛，件也；件，事理也。象角头三、封、尾之形。凡牛之属皆从牛。"（牛，大的牲畜。像两角和头三样东西，像肩甲隆起的地方和尾巴的形状。大凡牛的部属都从牛。）

"牛"的本义为家畜之一的牛。如《敕勒歌》："风吹草低见牛羊。"

"牛"也是星宿名。如王勃《滕王阁序》："物华天宝，龙光射斗牛之墟。"这里的"斗牛"即指二十八宿中的斗宿和牛宿。

"牛"还可以用来比喻人脾气固执、性格执拗。如"牛心左性""牛脾气"。又比喻人有本领。如："真牛！再难的事，他都能办成。"还引申指吹嘘、说大话。如"吹牛"。

⊙ 牝

甲骨文　小篆　楷书

"牝"是会意兼形声字。甲骨文从牛，从匕（雌性标志），会雌性鸟兽之意，匕兼表声。小篆整齐化，并将牛移到左边。隶变后楷书写作"牝"。

《说文·牛部》："牝，畜母也。从牛，匕声。《易》曰：'畜牝牛，吉。'"（牝，雌性的兽类。从牛，匕声。《易经》说："畜养母牛，吉利。"）

"牝"的本义为雌性鸟兽，与"牡"相对。如《尚书·牧誓》："牝鸡之晨，惟家之索。"泛指阴性的事物。如《老子》六十一章："天下之牝，天下之交也，牝常以静胜牡。"

⊙ 牡

甲骨文　金文　小篆　楷书

"牡"是会意兼形声字。甲骨文和金文左边是"牛"，右边是"士"（雄性动物的生殖器），会雄性动物之意。小篆整齐化，但"士"讹为"土"，土表声。隶变后楷书写作"牡"。

《说文·牛部》："牡，畜父也。从牛，土声。"（牡，雄性的兽类。从牛，土声。）

"牡"的本义为雄性的鸟兽。如《诗经·小雅·车攻》："田车既好，四牡孔阜。"泛指雄性。枚乘《七发》："将为太子驯骐骥之马，驾飞铃之舆，乘牡骏之乘。"

"牡"作假借字，用在"牡丹""牡蛎"中。如周敦颐《爱莲说》："牡丹，花之富贵者也。"

⊙牺

牺 犧 牺

小篆　楷书（繁体）　楷书

"牺"是会意兼形声字。小篆从牛从羲会意，羲兼表声。隶变后楷书写作"犧"。汉字简化后写作"牺"。

《说文·牛部》："犧，宗庙之牲也。从牛，羲声。"（犧，供宗庙祭祀用的牲畜。从牛，羲声。）

"牺"的本义为古时候宗庙祭祀用的毛色纯而不杂的牲畜。古代宗庙祭祀所用牲畜，色纯为牺，体全为牲。如《左传·庄公十年》："牺牲玉帛，弗敢加也，必以信。"引申指为正义献出生命。如"为国牺牲"。也指放弃或损失些利益。如"只是在钱财上做些牺牲"。

⊙牲

牲 牲 牲 牲

甲骨文　金文　小篆　楷书

"牲"是形声字。甲骨文左边为一只捆绑的羊，右边从生。金文从牛，从生。隶变后楷书写作"牲"。

《说文·牛部》："牲，牛完全。从牛，生声。"（牲，指供祭祀用的完整的牛。从牛，生声。）

"牲"的本义是指祭祀用的牛、羊、猪。也有"六牲"之谓，即牛、羊、豕（猪）、马、犬、鸡。后来泛指牛、马、驴、骡等较有力量的家畜，统称为"牲口"。如《周礼·庖人》："始养之曰畜，将用之曰牲，是牲者，祭祀之牛也。"

⊙牟

牟 牟 牟

金文　小篆　楷书

"牟"是指事字。金文从牛，上部像牛鸣的声气从口里出来之形，表示牛叫声。小篆整齐化。隶变后楷书写作"牟"。

《说文·牛部》："牟，牛鸣也。从牛，象其声气从口出。"（牟，牛叫的声音。从牛，厶像那声气从口里出来的样子。）

"牟"的本义为牛叫声。如柳宗元《牛赋》中有"牟然而鸣"之句，就是描摹牛叫。此义后来写作"哞"。

"牟"后来借用以表示贪取。如"牟利""牟取"。

当作地名使用时，一般应读为 mù。如山东省烟台市牟平区。

手部

⊙手

手 手 手

金文　小篆　楷书

"手"是象形字。金文像五指伸开的手掌之形。小篆整齐化。隶变后楷书写作"手"。做偏旁在字左时写作"扌"。

《说文·手部》："手，拳也。象形。凡手之属皆从手。"（手，握拳的部分。象形。大凡手的部属都从手。）

"手"的本义是手掌，即人体上肢腕以下能拿东西的部分。如《诗经·邶风·击鼓》："执子之手，与子偕老。"人做事用手，所以"手"也指擅长某种技能或做某种事的人。如"多面手""神枪手""高手"。又引申为技艺、本领、手段。如"眼高手低""心狠手辣"。

用作形容词，指亲自（写的）。如"手稿""手迹"。

用作量词，指经手的次数。如"一手货""二手车"。

⊙ 拳

拳

小篆　　楷书

"拳"是会意兼形声字。小篆从手，从关（表蜷曲），会屈指握拳之意，关兼表声。隶变后楷书写作"拳"。

《说文·手部》："拳，手也。从手，关声。"（拳，屈指卷握的手。从手，关声。）

"拳"的本义为紧握的手、拳头。如"赤手空拳""摩拳擦掌"。引申为中国武术中徒手技法的总称，即拳术。如"太极拳""拳击"。

作量词时，用于拿拳头打人的动作。如《水浒传》第三十九回："你便在我脸上打一百拳也不妨！"

⊙ 掌

掌

小篆　　楷书

"掌"是形声字。小篆从手，尚声。隶变后楷书写作"掌"。

《说文·手部》："掌，手中也。从手，尚声。"（掌，手心。从手，尚声。）

"掌"的本义为手心、手掌。傅玄《短歌行》："昔君视我，如掌中珠。"也指脚的底部。《孟子·告子上》："二者不可得兼，舍鱼而取熊掌者也。"进而引申指掌状物。如"仙人掌"。手掌可以握持东西，故又引申指主管、负责。如"掌管""掌门人"。

⊙ 摹

摹

小篆　　楷书

"摹"是形声字。小篆从手，莫声。隶变后楷书写作"摹"。

《说文·手部》："摹，规也。从手，莫声。"（摹，有法度。从手，莫声。）

"摹"的本义为临摹，照着样子描画、写字。如韩愈《毛颖传》："上见其发秃，又所摹画不能称上意。"引申指描写、描述。如江淹《恨赋》："谁能摹暂离之状，写永诀之情乎？"进而引申指模仿、效法。如"摹习"。

斤部

⊙ 斤

斤

甲骨文　金文　小篆　楷书

"斤"是象形字，甲骨文像一把刃朝左的斧子。金文是一把宽刃大斧。小篆承接金文而来，并整齐化，但很难看出这是一把斧子了。隶变后楷书写作"斤"。

《说文·斤部》："斤，斫木也。象形。凡斤之属皆从斤。"（斤，砍削木头的横刃小斧。象形。大凡斤的部属都从斤。）

"斤"的本义是指砍伐树木的斧头。如《左传·哀公二十五年》："皆执利兵，无者执斤。"

后来"斤"被借来表示重量单位。旧制一斤等于十六两。如"半斤八两"。

⊙ 斧

斧

甲骨文　金文　小篆　楷书

"斧"是形声字。甲骨文从斤（斧头），父声。金文变化不大。小篆变为上声下形的形声字。隶变后楷书写作"斧"。

《说文·斤部》："斧，斫也。从斤，父声。"（斧，砍东西用的纵刃大斧。从斤，父声。）

"斧"的本义为斧头。做动词，指用斧

头砍。如曹操《苦寒行》："担囊行取薪，斧冰持作糜。"由砍去多余之处引申出修饰、指导、删改之意。如"斧正"，就是请人修改文章之意，做敬辞。

⊙ 斤

小篆　楷书（繁体）　楷书

"斤"是会意兼形声字。小篆从广（表示与房屋有关），从亝（不顺），会将房屋向外扩展之意，亝兼表声。隶变后楷书写作"庍"。汉字简化后写作"斤"。

《说文·广部》："庍，却屋也。从广，亝声"。（庍，将房屋向外拓展拓大。从广，亝声。）

"斤"的本义为将房屋向外拓展扩大。如陆游《严州重修南山报恩光孝寺记》："广灵庵，庆历中始斤大之为广灵寺。"泛指开拓。如桓宽《盐铁论》："蒙恬征胡，斤地千里。"

由排斥引申为责备。如"驳斤""怒斤"。又引申指拿出（钱）、支付。如"斤资"。

⊙ 断

甲骨文　金文　小篆　楷书（繁体）　楷书

"断"是会意字。金文像用刀断丝之形。隶变后楷书写作"斷"。汉字简化后写作"断"。

《说文·斤部》："斷，截也。从斤，从𢆶。"（断，截开分段。由斤、由𢆶会意。）

"断"的本义为把事物截开分段。如《古诗为焦仲卿妻作》："三日断五匹，大人故嫌迟。"泛指断开、隔绝。如曹操《短歌行》："忧从中来，不可断绝。"又引申指判定、裁决。如苏轼《石钟山记》："事不目见耳闻，而臆断其有无，可乎？"用作副词，表示绝对、一定，决然，常用与否定式。如李商隐《无题》："曾是寂寥金烬暗，断无消息石榴红。"

爪部

⊙ 爪

甲骨文　金文　小篆　楷书

"爪"是象形字。甲骨文像一只朝下伸出的爪。金文像指尖朝上的手的形状。小篆由甲骨文演变而来，像鸟的脚趾和脚掌都向下的形状。隶变后楷书写作"爪"。

《说文·爪部》："爪，丮也。覆手曰爪。象形。凡爪之属皆从爪。"（爪，用爪抓持。一说：覆着手叫爪。象形。大凡爪的部属都从爪。）

读作zhǎo时，本义为手爪。也指鸟兽的脚趾。如苏轼《和子由渑池怀旧》："泥上偶然留指爪，鸿飞那复计东西。"用作动词，指抓挠。如柳宗元《种树郭橐驼传》："甚者爪其肤以验其生枯，摇其本以观其疏密。"此义后用"抓"来表示。

⊙ 爬

小篆　楷书

"爬"是会意兼形声字。楷书写作"爬"，从爪，从巴（蛇），会爪子像蛇行一样搔抓之意，巴兼表声。

《说文》无。

"爬"的本义为搔抓。如白居易《自咏老身示诸家属》："支分闲事了，爬背向阳眠。"引申为像虫、蛇、龟一样伏地用手脚向前移动。如"爬虫"。又引申指攀登。如"爬上高枝儿"。

妥

甲骨文　金文　小篆　楷书

"妥"是会意字。甲骨文右为跪着的女子，左为一只正伸向她的手。金文与甲骨文大体相同。小篆中，手移到了女子的头上，突出制伏之意。隶变后楷书写作"妥"。

《说文》无。

"妥"的本义为制服女奴以求安，表示安稳、安定。如杜甫《故司徒李公光弼》："拥兵镇河汴，千里初妥帖。"引申为妥帖、适当。如梅尧臣《次韵和长吉上人淮甸相遇》："文字皆妥贴，业术无倾敧。"

奚

甲骨文　金文　小篆　楷书

"奚"是会意字。甲骨文左上方是手，抓着绳索，绳索下系着一个人，会捉来一个奴隶之意。金文基本没变化。小篆已经不太像捉住一个人的样子了。隶变后楷书写作"奚"。

《说文·大部》："奚，大腹也。从大，𢎨（系）省声。"（奚，大肚子。从大，𢎨（系）省声。）

"奚"的本义为奴隶。如《周礼·天官·冢宰》中的"奚三百人"，就是有奴隶三百人的意思。泛指奴仆。如《新唐书·李贺传》中提到的"小奚奴"就是指奴仆。

"奚"在古籍中多用假借义，即做疑问代词，相当于"何""什么"。如《庄子·逍遥游》："彼且奚适也？"意思是，它将到什么地方去呢？

韦部

韦

甲骨文　金文　小篆　楷书（繁体）　楷书

"韦"是会意字。甲骨文从囗（城），从两足，也有三足的。金文大体相同，小篆整齐化。隶变后楷书写作"韋"。汉字简化后写作"韦"。

《说文》无。

"韦"的本义为环绕。皮革柔韧可来回环绕，故后专借用来表示熟皮革，即去毛加工过的兽皮。如"韦革"。引申指皮革制品。如"韦编三绝"，说的是孔子晚年喜读《周易》，常常翻阅，使穿连《周易》竹简的皮条断了数次。后用来形容读书勤奋。

韩

小篆　楷书（繁体）　楷书

"韩"是形声兼会意字。小篆从韦（表示围绕），倝声，倝兼表围绕的木棍之意。隶变后楷书写作"韓"。汉字简化后写作"韩"。

《说文》无。

"韩"的本义为水井周围的栏圈。后借用作周代分封的诸侯国名，春秋时为晋所灭，故地在今陕西省韩城市。也指战国七雄之一，后为秦所灭，故地在今陕西省东部和河南省西北部。

韧

小篆　楷书（繁体）　楷书

"韧"是形声字。小篆从韦，刃声。隶变后楷书写作"韌"。汉字简化后写作"韧"。

《说文·韦部》："韌，柔而固也。从韦，刃声。"（韌，柔软而坚固。从韦，刃声。）

"韧"的本义为柔软而坚固，结实不易断。如"柔韧""坚韧"。

王部

⊙ 王

甲骨文　金文　小篆　楷书

"王"是象形字。甲骨文像斧钺之形，下端是刃。金文基本上和甲骨文相同，不过下端刃部更为厚重。小篆的形体由金文演变而来。隶变后楷书写作"王"。

《说文·王部》："王，天下所归往也。董仲舒曰：'古之造文者，三画而连其中谓之王。三者，天、地、人也，而参通之者王也。'孔子曰：'一贯三为王。'凡王之属皆从王。"（王，天下归趋向往的对象。董仲舒说："古代创造文字，三画而又用竖线连接其中，叫王。三横画，代表天道、地道、人道，而能同时通达它的，就是王。"孔子说："用一贯三就是王。"大凡王的部属都从王。）

读作 wáng 时，本义为大斧。大斧象征着威权，掌握这个威权的是国家的最高统治者，故最高统治者就称为"王"。秦始皇开始自称"皇帝"，秦汉以后的帝王也改称"皇帝"，而"王"则成为封爵的最高一级。如"藩王""亲王"。

读作 wàng 时，用为动词，表示称王，统治天下。如《商君书·更法》："三代不同礼而王。"

⊙ 玉

甲骨文　金文　小篆　楷书

"玉"是象形字。甲骨文像用一根绳子串吊着三块玉石。金文和小篆都很像"王"字，但实际上不一样。隶变后楷书写作"玉"。

《说文·玉部》："玉，石之美。像三玉之连。丨，其贯也。凡玉之属皆从玉。"（玉，美好的石头。像三块玉的连接。中间的丨，是那穿玉的绳索。大凡玉的部属都从玉。）

"玉"的本义是温润而有光泽的美石。如《诗经·秦风·小戎》："言念君子，温其如玉。"古人往往用"玉"来形容美好的、珍贵的、洁白的东西。如《诗经·召南·野有死麕》："白茅纯束，有女如玉。"后用作一种雅称或敬辞。如曹植《七启》："将敬涤耳，以听玉音。"

⊙ 玫

小篆　　楷书

"玫"是形声字。小篆从玉，文声。隶变后楷书写作"玫"。

《说文·玉部》："玫，火齐，玫瑰也。一曰：石之美者。从玉，文声。"（玫，用火炼成的珠子，就是玫瑰。另一义说：玫是一种美石的名称。从玉，文声。）

"玫瑰"，本义为一种美石名，即火齐珠。如《史记·司马相如列传》："其石则赤玉玫瑰，琳珉昆吾。"又指珍珠。如《太平广记·宝三》："蛇珠千枚，不及一玫瑰。"从唐代起，又用作植物名，是蔷薇属的一种植物，花单生，为紫红色或白色，气味芳香，可供观赏。

⊙ 班

金文　小篆　　楷书

"班"是会意字。金文像刀分玉石为两半之形。小篆的形体与金文基本相同。隶变后楷书写作"班"。

《说文·玨部》："班，分瑞玉也。从玨，从刀。"（班，将瑞玉中分为二。由玨、刀会意。）

"班"的本义就是分剖瑞玉。用作名词，指分开人群而形成的组织。如"培训班""戏班"。"班"还有返回的意思。如"班师回朝"。

作量词时，一种用于人群。如《儒林外史》第三十二回："忙出来吩咐雇了两班脚子。"另一种用于定时开行的交通运输工具。如"航班""末班车"。按规定一天之内工作的一段时间也可叫"班"。如"早班""晚班"。

⊙环

璟　瑗　環　环

金文　小篆　楷书（繁体）楷书

"环"是形声字，金文从玉，睘声。小篆承接金文。隶变后楷书写作"環"。汉字简化后写作"环"。

《说文·玉部》："環，璧也。肉好若一谓之环。"（環，玉璧类。边宽与璧孔的直径相等，就叫作環。）

"环"的本义为孔的直径和周边的宽度相等的圆形玉璧。如《礼记·经解》："行步则有环珮之声，升车则有鸾和之音。"泛指圆圈形的东西。如曹植《美女篇》："攘袖见素手，皓腕约金环。"又引申指互相关联的事物中的一个。如"环环相扣""环节"。

用作动词，指环绕、围绕。如《史记·廉颇蔺相如列传》："秦王方环柱走，卒惶急。"又引申指循环。如《梁书·武帝纪下》："朕思利兆民，惟日不足，气像环回。"

⊙珍

珍　珍

小篆　楷书

"珍"是形声字。小篆从玉，㐱声。隶变后楷书写作"珍"。

《说文·玉部》："珍，宝也。从玉，㐱声。"（珍，玉石之类的宝物。从玉，㐱声。）

"珍"的本义为珠玉等宝物。如《楚辞·招魂》："室中之观，多珍怪些。"引申指精美的食品。如《古诗为焦仲卿妻作》："杂彩三百匹，交广市鲑珍。"又引申指珍贵的、宝贵的。如贾谊《过秦论》："不爱珍器重宝肥饶之地，以致天下之士。"

用作动词，指珍爱、珍视。如"珍重"。

⊙球

球　球

小篆　楷书

"珠"是形声字。小篆从玉，求声。隶变后楷书写作"球"。

《说文·玉部》："球，玉声也。从玉，求声。"（球，玉石撞击之声。从玉，求声。）

"球"的本义为美玉。如《尚书·禹贡》："（雍州）厥贡惟球琳琅玕。"孔传："球、琳，皆玉名。""球"又通"毬"，是古代的一种游戏用具。今泛指某些圆球形的体育用品。如"篮球""足球""网球"。泛指球形或接近球形的物体。如"气球""棉球"。也指星球。如"地球""月球"。

⊙ 璃

璃　璃

<small>小篆　　楷书</small>

"璃"是形声字。楷书写作"璃",从玉,离声。

《说文》无。

"玻璃",本义是指一种色泽光洁如玉的石珠,后指人工烧制成的釉料的玻璃层。如韩愈《游青龙寺赠崔大补阙》:"二三道士席其间,灵液屡进玻璃碗。"后来又指一种脆硬透明的多用作建筑、装饰的材料。如"玻璃窗"。进而引申指像玻璃一样透明的塑料。如"玻璃纸""有机玻璃"。

⊙ 琐

瑣　瑣　琐

<small>小篆　　楷书(繁体)　　楷书</small>

"琐"是会意兼形声字。小篆从玉从貟会意,貟兼表声。隶变后楷书写作"瑣"。汉字简化后写作"琐"。

《说文·玉部》:"瑣,玉声也。从玉,貟声。"(瑣,玉声。从玉,貟声。)

"琐"的本义为连环玉佩相击发出的细碎声音。如杜牧《送刘三复郎中赴阙》:"玉珂声琐琐,锦帐梦悠悠。"泛指细碎、细小。如"烦琐"。又形容卑微、平庸。如"猥琐"。

⊙ 琉

瑠　瑠　琉

<small>小篆　　楷书(繁体)　　楷书</small>

"琉"是形声字。小篆从玉,㐬声。隶变后楷书写作"瑠",异体作"瑠""琉"。如今规范化,以"琉"为正体。

《说文·玉部》:"瑠,石之有光,璧瑠也,出西胡中。从玉,㐬声。"(瑠,有光的石头,就是璧瑠。出产在西域之中。从玉,㐬声。)

"琉璃",本义为一种色泽光润的矿石。如《古诗为焦仲卿妻作》:"移我琉璃榻,出置前窗下。"

⊙ 瑞

瑞　瑞

<small>小篆　　楷书</small>

"瑞"是形声兼会意字。小篆从玉,耑声,耑兼表端倪之意。隶变后楷书写作"瑞"。

《说文·玉部》:"瑞,以玉为信也。从玉,耑声。"(瑞,用玉制成的信物。从玉,耑声。)

"瑞"的本义为玉制的符信,做凭证用。如《左传·哀公十四年》:"司马请瑞焉,以命其徒攻桓氏。"杜预注:"瑞,符节,以发兵。"引申指吉祥的事物。如《论衡·指瑞》:"世间谓之圣王之瑞,为圣母来矣。"又引申指吉祥的、吉利的。民谚有"瑞雪兆丰年"一说。

⊙ 璧

璧　璧　璧

<small>金文　　小篆　　楷书</small>

"璧"是形声字。金文从玉,辟声。小篆字形变化不大,只是更加整齐。隶变后楷书写作"璧"。

《说文·玉部》:"璧,瑞玉圜也。从玉,辟声。"(璧,用作印信凭证、平圆而正中有孔的玉。从玉,辟声。)

"璧"的本义为古代一种玉器,圆形扁平,中间有孔。如《周礼·大宗伯》:"以苍璧礼天。"泛指美玉。如"白璧无瑕"。又用作辞谢礼品或归还借物时的敬辞。如《二十年目睹之怪现状》第四十一回:"家母寿日，承赐厚礼，概不敢当，明日当即璧还。"

戈 部

⊙ 戈

甲骨文　金文　小篆　楷书

"戈"是象形字。甲骨文和金文都像戈之形。小篆字形发生了变化，不大看得出戈的样子了。隶变后楷书写作"戈"。

《说文·戈部》："戈，平头戟也。从弋，一横之。象形。凡戈之属皆从戈。"（戈，没有向上尖刃部分的戟类兵器。由弋、由"一"横贯在"弋"上会意。像戈的形状。大凡戈的部属都从戈。）

"戈"的本义为古代一种长柄横刃的兵器。如戚继光《马上作》："一年三百六十日，多是横戈马上行。"

泛指兵器。如《三国演义》第四十五回："左右军士，皆全装贯带，持戈执戟而立。"

由兵器又引申指战争。如"大动干戈""化干戈为玉帛"。

⊙ 戊

甲骨文　金文　小篆　楷书

"戊"是象形字。甲骨文像一把长柄宽刃的大斧，刃部朝左，形似弯月。金文更像一把大斧之形。小篆已经看不出斧头的模样了。隶变后楷书写作"戊"。

《说文·戊部》："戊，中宫也。像六甲五龙相拘绞也。戊承丁，像人胁。凡戊之属皆从戊。"（戊，定位在中央。戊字的五画像六甲中的黄、白、墨、青、赤五龙相互拘结在一起。戊继承丁，像人的胸胁。

大凡戊的部属都从戊。）

"戌"的本义是指像板斧一样的古代武器。此义今写作"钺"。

到了后世，"戌"字的本义消失了，被假借为天干的第五位，即甲、乙、丙、丁、戊。也常用为序数"第五"的代称。

⊙ 戌

甲骨文　金文　小篆　楷书

"戌"是象形字。甲骨文上部朝左的部分是宽刃平口的斧头，下部是一条长柄。金文线条化，小篆整齐化。隶变后楷书写作"戌"。

《说文·戌部》："戌，灭也。九月，阳气微，万物毕成，阳下入地也。五行，土生于戌，盛于戌。从戊含一。凡戌之属皆从戌。"（戌，消灭。代表九月，这时阳气微弱，万物都已成熟，阳气向下进入地中。金、木、水、火、土五种物质，土产生在位于中央的戊方位，在戌月即九月气势最旺盛。由"戊"含着"一"会意。大凡戌的部属都从戌。）

"戌"的本义为一种兵器。

后世常用的是它的假借义，即代表地支的第十一位，也是一日内的十二时辰之一。"戌时"相当于现在晚上的七时至九时。

⊙ 戍

甲骨文　金文　小篆　楷书

"戍"是会意字。甲骨文左下部是个人，右上方是戈，用人在戈旁会守卫之意。金文、小篆整齐化、线条化。隶变后楷书写作"戍"。

《说文·戈部》："戍，守边也。从人，持戈。"（戍，防守边疆。由"人"持握着

"戈"会意。）

"戍"的本义是保卫。如陆游《十一月四日风雨大作》："僵卧孤村不自哀，尚思为国戍轮台。"

⊙ 戎

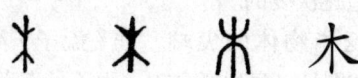

甲骨文　　金文　　小篆　　楷书

"戎"是象形字。甲骨文中间左边为十，表示盾牌；右边为戈。金文大体相同。小篆将"十"讹变为"甲"。隶变后楷书写作"戎"。

《说文·戈部》："戎，兵也。从戈，从甲。"（戎，兵器。由戈、甲会意。）

"戎"的本义是兵器。如《诗经·大雅·抑》："修尔车马，弓矢戎兵。"

由兵器引申为军事、军队。如"投笔从戎""戎马"。

⊙ 我

甲骨文　　金文　　小篆　　楷书

"我"是象形字。甲骨文上部是三锋的戈，有一个长柄。金文线条化了，但仍与甲骨文相似。小篆已经看不出兵器的形象了。隶变后楷书写作"我"。

《说文·我部》："我，施身自谓也。或说：我，顷顿也。从戈，从手。手，或说古垂字。一曰：古杀字。凡我之属皆从我。"（我，用在自己身上，自己称自己。另一义说：我，倾斜。由戈、由手会意。手，有人说是古"垂"字。另一义说：手是古"杀"字。大凡我的部属都从我。）

"我"的本义为兵器。

在先秦时期的古代汉语中，"我"已经假借为第一人称代词，有时也指我方、我国。如《左传·庄公十年》："十年春，齐师伐我。"

"我"更多地作为自称之词。如李白《将进酒》："天生我材必有用，千金散尽还复来。"

木 部

⊙ 木

甲骨文　　金文　　小篆　　楷书

"木"是象形字。甲骨文和金文都像一棵树的形状：上边是伸展的树枝，下面是树根。小篆整齐化。隶变后楷书写作"木"。

《说文·木部》："木，冒也。冒地而生。东方之行。从中，下像其根。凡木之属皆从木。"（木，冒覆。冒覆土地而生长。代表东方。上从中，下面像它的根。大凡木的部属都从木。）

"木"的本义为树木。如杜甫《登高》："无边落木萧萧下，不尽长江滚滚来。"引申为木本植物的通称。如周敦颐《爱莲说》："水陆草木之花，可爱者甚蕃。"

又引申为木材、木制品。如《荀子·劝学》："故木受绳则直，金就砺则利。"

木质实在，敲起来声音很钝，所以"木"又引申指头脑呆笨、不灵便。如"木头人"。

还引申为麻木、痴呆、发愣。如《聊斋志异·促织》："但儿神志痴木，奄奄思睡。"

⊙ 末

金文　　小篆　　楷书

"末"是指事字。金文在"木"的上面加了一个小横作为指事符号，表示这个字指的是树梢。小篆把表示指事的符号延长了。隶变后楷书写作"末"。

《说文·木部》:"末,木上曰末。从木,一在其上。"(末,树梢叫末。从木;一,标志在树木顶上。)

"末"的本义是树梢。如《左传·昭公十一年》:"末大必折。"引申指不重要的东西。如成语"舍本逐末",就是丢掉主要的,追逐次要的。

泛指物体的尖端。如《孟子·梁惠王》:"明足以察秋毫之末,而不见舆薪。"

还引申指尽头、最后。如杜甫《天末怀李白》:"凉风起天末,君子意如何。"

⊙ 杳

甲骨文　小篆　楷书

"杳"是会意字。甲骨文的上部是树木,根部是日,会太阳已经落下去,天色昏暗之意。小篆的字形与甲骨文基本一样。隶变后楷书写作"杳"。

《说文·木部》:"杳,冥也。从日在木下。"(杳,幽暗。由"日"在"木"下会意。)

"杳"的本义是昏暗。如《管子·内业》:"杳乎如入于渊。"

由幽暗引申为极远。如宋玉《对楚王问》:"翱翔乎杳冥之上。"

由极远又引申为寻不到踪影。如林景熙《仙坛寺西林》:"古坛仙鹤杳,野鹿自成群。"

⊙ 枉

小篆　楷书

"枉"是形声字。小篆从木,王声。隶变后楷书写作"枉"。

《说文·木部》:"枉,邪曲也。从木,王声。"(枉,斜曲。从木,王声。)

"枉"的本义为弯曲、不正。如成语"矫枉过正",是指把弯的东西扳正,结果又歪到了另一边。比喻纠正错误超过了应有的限度。

引申指邪曲、不正直。如《论语·颜渊》:"举直错诸枉,能使枉者直。"意思是,把正直的人提拔出来,使其位于邪恶的人之上,能够使邪恶的人变得正直。

又引申指使受冤屈。如"冤枉"。

用作谦词,表示使对方受屈、屈尊。如诸葛亮《出师表》:"先帝不以臣卑鄙,猥自枉屈,三顾臣于草庐之中。"

用作副词,表示徒然、白白地。如李白《清平调》:"一枝红艳露凝香,云雨巫山枉断肠。"

⊙ 条

小篆　楷书(繁体)　楷书

"条"是形声兼会意字。小篆从木,攸声,攸兼表长之意,表示树木的细小枝条。隶变后楷书写作"條"。汉字简化后写作"条"。

《说文·木部》:"條,小枝也。从木,攸声。"(條,小的树枝。从木,攸声。)

"条"的本义为细小的枝条。如吴均《与朱元思书》:"疏条交映,在昼犹昏。"泛指长条形的物体。如"布条""条幅""条凳"。

又引申为条款、项目。如"条例""条约"。还引申为秩序、条理。如成语"有条不紊""井井有条"。

作量词时,用于长条形的东西。如"一条长街""一条大河"。

⊙ 果

甲骨文　金文　小篆　楷书

"果"是象形字。甲骨文下部是树（木），树梢上结满了果实。金文进一步形式化。小篆直接从金文简化而来。隶变后楷书写作"果"。

《说文·木部》："果，木实也。从木，像果形，在木之上。"（果，树木的果实。从木，⊗像果的形状，在"木"的上面。）

"果"的本义为植物的果实。如《管子·四时》："九暑乃至，时雨乃降，五谷百果乃登。"

又表示事物的结局。如"前因后果"，其中的"果"就是指结局。

由结出果实引申指实现、成为现实。如《论语·子路》："言必信，行必果。"

还引申指果断、果敢。如"果直""果断"。

⊙ 楚

甲骨文　金文　小篆　楷书

"楚"是会意兼形声字。甲骨文左右是两个木，中间有足（脚）。金文的形体和甲骨文一样，小篆只是调动了位置，其义不变。隶变后楷书写作"楚"。

《说文·林部》："楚，丛木。一名荆也。从林，疋声。"（楚，丛生的树木。另一名称是荆树。从林，疋声。）

"楚"的本义是开发山林。引申指古代的刑杖，或学校扑责学生的小杖。如《礼记·学记》："夏、楚二物，收其威也。"意思是，夏、楚两物用来警惕、鞭策学生，以收到整肃威仪的效果。

作动词，指用刑杖打。如"捶楚"，是古代的一种刑罚。凡挨打就有痛苦，所以又引申为痛苦。如"苦楚""酸楚"等。

又引申指清晰、整齐。如成语"衣冠楚楚"。

又指楚国、楚地，大概在湖南、湖北一带，特别是湖北。

⊙ 橘

小篆　楷书

"橘"是形声兼会意字。小篆从木（表示与树有关），矞声，矞兼表刺之意。隶变后楷书写作"橘"。

《说文·木部》："橘，果。出江南。从木，矞声。"（橘，果木名。出产于江南地区。从木，矞声。）

"橘"的本义为橘树。是一种常绿乔木，果实称橘子，多汁，味酸甜，可食。种子、树叶、果皮均可入药。

橘多栽培于丘陵、低山、江河湖泊沿岸或平原，在我国主要分布于江苏、安徽、浙江、江西等南方大部分地区。在北方也有种植，不过称为"枳"，而非"橘"。如《晏子春秋·杂下十》："橘生淮南则为橘，生于淮北则为枳，叶徒相似，其实味不同。"成语"逾淮之橘"即来源于此。

⊙ 李

甲骨文　小篆　楷书

"李"是形声字。小篆从木，子声。隶变后楷书写作"李"。

《说文·木部》："李，果也。从木，子声。"（李，果木名。从木，子声。）

"李"的本义是树名，即李子树，又指李树的果实。如成语"投桃报李"中的"李"指的就是李树的果实。又指李花。如《诗经·召南·何彼襛矣》："华如桃李。"

"李"常与"桃"连用或对用。意思有两种：一种是取自桃李的植物义，如"桃李不言，下自成蹊"；一种是指培养的后辈或所教的学生，如"门墙桃李""桃李满天下"等。也常与"瓜"连用。如"瓜田李下"。

"李"又做姓氏。

⊙ 桃

桃　桃

小篆　　楷书

"桃"是形声字。小篆从木，兆声。隶变后楷书写作"桃"。

《说文·木部》："桃，果也。从木，兆声。"（桃，果木名。从木，兆声。）

"桃"的本义是树名，即桃树。如《诗经》中有"桃之夭夭，灼灼其华"之句。古人在赞美、祝贺婚姻时常说"既和周公之礼，又符桃夭之诗"即典出于此。又指桃子。传说桃子是仙家的果实，吃了可以长寿，被认为是福寿吉祥的象征，故桃又有"仙桃""寿果"的美称。

也指桃树开的花。如"桃花运"，多比喻指男子得到女子的特别爱恋。

还特指桃符，辟邪用。如王安石《元日》："千门万户曈曈日，总把新桃换旧符。"

⊙ 桂

桂　桂

小篆　　楷书

"桂"是形声字。小篆从木，圭声。隶变后楷书写作"桂"。

《说文·木部》："桂，江南木，百药之长。从木，圭声。"（桂，江南出产的树木，是百药之长。从木，圭声。）

"桂"的本义为肉桂。常绿乔木，花黄色，果实黑色，树皮可做健胃剂，又可调味。也指木樨，通称桂花。如张九龄《感遇》其一："兰叶春葳蕤，桂华秋皎洁。"

桂花每年八月盛开，因此又称八月为"桂月"，此月是赏桂的最佳时期。

桂花树是崇高、贞洁、荣誉、友好和吉祥的象征，凡仕途得志、飞黄腾达者均谓之"折桂"，也有"蟾宫折桂"之说。"桂冠"，是用桂树叶编的帽子，现指竞赛中的冠军。

⊙ 杨

楊　楊　杨

小篆　楷书（繁体）　楷书

"杨"是形声字。小篆从木，易声。隶变后楷书写作"楊"。汉字简化后写作"杨"。

《说文·木部》："楊，木也。从木，易声。"（楊，树木名。从木，易声。）

"杨"的本义为树名，即杨树。古人多以"杨""柳"合称。如成语"百步穿杨"，讲的是春秋时，楚国射手养由基与潘虎比试箭法，结果养由基技高一筹，不仅能射中百步之外杨柳叶的中心，而且能按次序射中，潘虎只能甘拜下风。形容箭法或枪法十分高明。

古代诗文中常有"杨花"一词，但指的并不是杨树的花，而多指柳絮。

⊙ 梭

梭　梭

小篆　　楷书

"梭"是形声字。小篆从木，夋声。隶变后楷书写作"梭"。

《说文·木部》："梭，木也。从木，夋声。"

"梭"的本义是一种树。

借用作"杼"，表示梭子，指旧时织布机上用来引导纬线的工具，中间粗，两头尖，形状类似枣核。如白居易《朱陈村》："机梭声札札，牛驴走纷纷。"

用作动词，指穿梭，比喻往来频繁，运行快速。如鲍照《代堂上歌行》："晖晖朱颜酡，纷纷织女梭。"

用作量词，指织布梭往复的次数。现在也指夹住子弹装入步枪弹仓用的器具。如"三梭子弹"。

⊙ 梧

梧 梧

<small>小篆 楷书</small>

"梧"是形声字。小篆从木，吾声。隶变后楷书写作"梧"。

《说文·木部》："梧，梧桐也。从木，吾声。一名櫬。"（梧，梧桐树。从木，吾声。又叫櫬树。）

"梧"的本义是树名，即梧桐。梧桐高大挺拔，是树中之王。相传梧桐能知时知令，象征着高洁美好的品格，只有凤凰才敢栖止其上。如邵博《见闻录》："梧桐百鸟不敢栖，止避凤凰也。"因此，古代有"栽桐引凤"之说。

梧桐还是忠贞爱情的象征。传说梧是雄树，桐是雌树，梧桐同长同老，同生同死。

诗人也多取梧桐离情别恨的寓意。如白居易《长恨歌》："春风桃李花开日，秋雨梧桐叶落时。"

⊙ 梢

梢 梢

<small>小篆 楷书</small>

"梢"是会意兼形声字。小篆从木（表示与树有关）从肖会意，肖兼表声。隶变后楷书写作"梢"。

《说文·木部》："梢，木也。从木，肖声。"（梢，树木名。从木，肖声。）

"梢"的本义为树尖或树枝的末端。如"树梢"。泛指末端。如"喜上眉梢""辫梢"等。也指古代奏乐时拿的竿子。如《汉书·礼乐志》："饰玉梢以舞歌，体招摇若永望。"

又特指舵尾或船夫。如《广韵》："梢，船舵尾也。"如"梢公"，是对船家的尊称；"梢婆"，指艄公的妻子。此义后做"艄"，意为船舵尾。

⊙ 根

根 根

<small>小篆 楷书</small>

"根"是形声字。小篆从木，艮声。隶变后楷书写作"根"。

《说文·木部》："根，木株也。从木，艮声。"（根，树兜。从木，艮声。）

"根"的本义是树木长在地下的部分，即植物之根。用作动词，指植根。又引申指彻底清除。如"根除"。

根的位置在下，故又引申指物体的基部。如成语"根深蒂固"。引申指事物的本源。如成语"不根之谈"，指没有根据的言论。

作量词时，用于条状物。如"一根绳子""一根筋"。

佛家说"六根清静"，这里的"根"是指能产生感觉和善恶观念的机体或精神力量。眼、耳、鼻、舌、身、意为"六根"。"六根清静"比喻没有任何欲念。

⊙ 楼

樓 樓 楼

<small>小篆 楷书（繁体） 楷书</small>

"楼"是会意兼形声字。小篆从本从婁会意，婁兼表声。隶变后楷书写作"樓"。汉字简化后写作"楼"。

《说文·木部》："樓，重屋也。从木，婁声。"（樓，两层及两层以上的房屋。从木，婁声。）

"楼"的本义为两层或两层以上的屋子。引申指楼房的一层。如王之涣《登鹳雀楼》："欲穷千里目，更上一层楼。"还泛指像楼一样的建筑结构。如"楼车"（战车）、"楼船"。

成语"空中楼阁"，说的是有一位财主到朋友家做客，看到主人家的楼很有气势，于是招来工匠，要求他们给自己也造一座。但是，愚蠢的财主却要求工匠省掉第一、第二层楼，只造第三层，即他心中的"空中楼阁"，结果引来了人们的嘲笑。现在常用来讽刺那种不切合实际的空想，或比喻脱离实际的理论、计划等。

⊙ 株

株　株
　小篆　　楷书

"株"是会意兼形声字。小篆从木（表示与树有关）从朱会意，朱兼表声。隶变后楷书写作"株"。

《说文·木部》："株，木根也。从木，朱声。"（株，树根。从木，朱声。）

"株"的本义为露出地面的树根部，即树桩、树干。如成语"守株待兔"中的"株"就是指树桩。引申指整个的植物体。如"植株"。泛指草木、植物。如汉焦赣《易林·观之巽》："泽涸无鱼，山童无株。"意思是说，干涸的湖泽没有鱼，秃山上没有植被。

用作动词，指牵连。如"株连""株累"。

用作量词，表示树木的根数。如《三国志·蜀书·诸葛亮传》："成都有桑八百株。"

⊙ 枝

枝　枝
　小篆　　楷书

"枝"是会意兼形声字。小篆从木从支会意，支兼表声。隶变后楷书写作"枝"。

《说文·木部》："枝，木别生条也。从木，支声。"（枝，树木主干分生的枝条。从木，支声。）

"枝"的本义为树木主干上旁生的枝条。如辛弃疾《西江月·夜行黄沙道中》："明月别枝惊鹊，清风半夜鸣蝉。"

在古代，"枝"还可以指嫡长子以外的宗族子孙。如《左传·庄公六年》记载："《诗》云：'本枝百世。'"

用作动词，指生出枝条。如周敦颐《爱莲说》："中通外直，不蔓不枝，香远益清。"

用作量词，指带枝的花朵或条状物。

⊙ 栋

棟　棟　栋
　小篆　楷书（繁体）　楷书

"栋"是形声字。小篆从木，東声。隶变后楷书写作"棟"。汉字简化后写作"栋"。

《说文·木部》："棟，极也。从木，東声。"（棟，屋子最中最高的地方。从木，東声。）

"栋"的本义为屋的正梁，即屋顶最高处的水平木梁，支承着椽子的上端。如成语"雕梁画栋"。

后来泛指房屋。如成语"汗牛充栋"，形容藏书非常多。这里的"栋"就是屋子、房屋。

又用以比喻起重要作用的人或事物。如"国之栋梁"，指的就是对国家有重要贡献的人。

用作量词，指房屋。如"一栋房子"。

⊙ 楫

楫　楫
　小篆　　楷书

"楫"是形声字。小篆从木，耳声。隶变后楷书写作"楫"。

《说文·木部》："楫，舟櫂也。从木，咠声。"（楫，船桨。从木，咠声。）

"楫"的本义是短的船桨。如《韵会》："棹，短曰楫，长曰棹。"后来泛指船桨。如"盐梅舟楫"，意思是盐和梅调和，舟和楫配合。比喻辅佐的贤臣。

又引申指船。

用作动词，指划水。如费信《星槎胜览》："一手附舟傍，一手楫水而至岸也。"意思是一只手扶在船沿上，一只手划水，这样到达岸边。

⊙ 柱

柽 柱

小篆　　楷书

"柱"是形声兼会意字。小篆从木，主声。隶变后楷书写作"柱"。

《说文·木部》："柱，楹也。从木，主声。"（柱，屋柱。从木，主声。）

"柱"的本义为支撑房屋的柱子。但成语"中流砥柱"中的"砥柱"是河南一座山的名字，而不是指柱子。引申指像柱子的东西。

特指琴瑟上紧弦的柱子。如"胶柱鼓瑟"。

也比喻担当国家重任的人。如"国之柱石"。

用作动词，表示支撑，此义如今用"拄"来表示。

⊙ 杼

杼 杼

小篆　　楷书

"杼"是会意兼形声字。小篆从木从予会意，予兼表声。隶变后楷书写作"杼"。

《说文·木部》："杼，机之持纬者。从木，予声。"（杼，织布机上夹持纬纱的构件。从木，予声。）

"杼"的本义为古代织布机上持纬的梭子。如成语"断杼择邻"，出自汉代刘向的《列女传·母仪传》，说的是孟子的母亲将刚刚织好的布剪断，以此为喻，来告诫孟子不要荒废学业。"机杼"还用来比喻诗文的构思和布局。如"独出机杼"。

又指薄，削薄、减削。如《周礼·考工记·轮人》："凡为轮，行泽者欲杼，行山者欲侔。"大意是，制轮根据不同的地形而用不同的方法，在水中行走的则削薄边缘，行走于山地的则轮子牙厚、上下相等。

⊙ 杖

杖 杖 杖

甲骨文　小篆　　楷书

"杖"是会意兼形声字。小篆从木（表示与树有关）从丈会意，丈兼表声。隶变后楷书写作"杖"。

《说文·木部》："杖，持也。从木，丈声。"（杖，持握的木棍。从木，丈声。）

"杖"的本义是手杖。泛指棍、棒。如古代刑法中的"杖责"就是用棍打。又特指拐杖。如王维《辋川闲居赠裴秀才迪》："倚杖柴门外，临风听暮蝉。"

用作动词，指拄杖而行。如《汉书·苏武传》："杖汉节牧羊。"引申指拿、持。如《汉书·韩信传》："杖剑从之。"

由扶杖而行引申指依靠，此义后写作"仗"。

⊙ 械

械 械

小篆　　楷书

"械"是形声兼会意字。小篆从木，戒声，戒兼表手持兵器之意。隶变后楷书写作"械"。

《说文·木部》："械，桎梏也。从木，

戒声。一曰：器之緫名。一曰：（持）[治]也。一曰：有盛为械，无盛为器。"（械，木制的束缚手脚的刑具。从木，戒声。一说：械是器物的总称。一说：械是治理。一说：有盛物的构件叫械，没有盛物的构件叫器。）

"械"的本义为枷、镣铐一类的刑具。如方苞《左忠毅公逸事》："因摸地上刑械作投击势。"又特指武器。如"枪械""械斗"。

用作动词，指用枷、镣铐等刑具拘系、枷住、拘束。如陆游《秋夕大风松声甚壮戏作短歌》："人生不自怜，坐受外物械。"

⊙ 枯

枯　枯

小篆　楷书

"枯"是形声兼会意字。小篆从木（表示与草木有关），古声，古兼表死去之意。隶变后楷书写作"枯"。

《说文·木部》："枯，槀也。从木，古声。《夏书》曰：'唯箘簬枯。'木名也。"（枯，枯槀。从木，古声。《夏书》说："菌竹、簬竹和枯木。"枯，树木名。）

"枯"的本义为草木失去水分而萎缩变干。如白居易《赋得古原草送别》："离离原上草，一岁一枯荣。"

泛指（物体、井、河等）没有水分或水分很少。如"干枯"。又比喻人体干瘦、干瘪。如"形容枯槁"指人很干瘦。

"枯"还指古代的酷刑，即弃市暴尸。如《荀子·天地》："捶笞膑脚，斩断枯磔。"

⊙ 槀

槀　槁

小篆　楷书

"槁"是形声字。小篆从木，高声。隶变后楷书写作"槁"。

《说文·木部》："槀，木枯也。从木，高声。"（槁，树木干枯。从木，高声。）

"槁"的本义为树木干枯。如《荀子·劝学》："虽有槁暴，不复挺者，輮使之然也。"意思是，即使再干枯了，（木材）也不会再挺直，是因为经过烤弯加工，使它变成这样。

泛指干枯。如《孟子·公孙丑上》："其子趋而往视之，苗则槁矣。"意思是，他儿子跑到田边一看，田里的苗全都枯死了。

又引申指干瘪、瘦，常与"枯"连用。如"槁木死灰"，形容心情极端消沉。

⊙ 树

樹　樹　树

小篆　楷书（繁体）　楷书

"树"是会意兼形声字。小篆从木（表示与草木有关）从尌会意，尌兼表声。隶变后楷书写作"樹"。汉字简化后写作"树"。

《说文·木部》："樹，生植之统名。从木，尌声。"（樹，生物中直立的东西的总称。从木，尌声。）

"树"的本义为木本植物的总称。引申指种植、培育。如《管子·权修》："一年之计，莫如树谷；十年之计，莫如树木；终身之计，莫如树人。"意思就是：做一年的打算，没有赶得上种植庄稼的；做十年的打算，没有赶得上栽种树木的；做一生的打算，没有比得上培养人才的。

用作抽象意义，指建立。如《左传·成公二年》："四王之王也，树德而济同欲焉。""树德"即建立功德。

用作量词，相当于"棵"。如岑参《白雪歌送五判官归京》："千树万树梨花开。"

朴

朴　樸　朴

<small>小篆　　楷书（繁体）　　楷书</small>

"朴"是形声字。小篆本为两个字：一个从木，卜声，本义为树皮；另一个从木，菐声，本义为未经加工的木材。隶变后楷书分别写作"朴"和"樸"。如今规范化，以"朴"为正体。

《说文·木部》："樸，木素也。从木，菐声。"（樸，未经加工的木材。从木，菐声。）

"朴"用作"樸"的简化字时，本义为未加工的木材。

引申指未经雕琢的、真性的。如成语"返朴归真"。还引申指质朴、厚道、纯真。如"朴讷诚笃"，指为人朴实敦厚，不善言词。

又特指没有晾干的鼠肉。

用作姓时，念 piáo。

栏

欄　欄　栏

<small>小篆　　楷书（繁体）　　楷书</small>

"栏"是后起字，为会意兼形声字。楷书繁体写作"欄"，从木从闌会意，闌兼表声。汉字简化后写作"栏"。

《说文》无。

"栏"的本义为栏杆。如"凭栏远眺""井栏"。栅栏有护围的作用，故引申指饲养牲畜的圈。如"栏厩"。

又引申指纸或织物上分格或区分项目的格子。如"备注栏""地址栏"。又引申指报刊杂志上用线条或空白分开的部分，也指按内容分的版面。如"广告栏""专栏"等。

还引申指专供张贴布告、报纸等用的地方。如"宣传栏""布告栏"。

极

極　極　极

<small>小篆　　楷书（繁体）　　楷书</small>

"极"是会意兼形声字。小篆从木，亟声。隶变后楷书写作"極"。汉字简化后写作"极"。

《说文·木部》："極，驴上负也。从木，亟声。读若急。"（極，驴背上负载物的木架。从木，亟声。音读像"急"字。）

"极"的本义为房屋的正梁、檩子。如《后汉书·蔡茂传》中有"极上有三穗禾"之句，其中的"极"指的就是房梁。

脊檩在房屋的最高处，故引申指最高点、顶点、尽头。如"登峰造极"。由最高又引申指帝王之位。如南朝鲍照《〈河清颂〉序》："圣上天飞践极，迄兹二十有四载。""践极"就是登上王位。又引申指遥远。

用作动词，指达到顶点、最高限度。如成语"物极必反""否极泰来"。又引申指穷尽、竭尽。如"极目远眺"。

用作副词，相当于"很""非常"。

格

格　格　格　格

<small>甲骨文　　金文　　小篆　　楷书</small>

"格"是会意兼形声字。甲骨文像一只脚（倒着的"止"）进门的形状。金文另加义符"木"。小篆从木从各会意，各兼表声。隶变后楷书写作"格"。

《说文·木部》："格，木长貌。从木，各声。"（格，树木枝条长的样子。从木，各声。）

"格"的本义为树木的长枝条。由枝条之间交错引申指木栅栏。如杜甫《潼关吏》："连云列战格，飞鸟不能逾。"又引申指横栏、方框。如"方格"。进而引申指标准、规则、尺度。如成语"不拘一格"，就是不局限于一种规格或标准。又引申指风仪、品质。如"格调"。

由枝条交错引申指相抵触。如"格格不入"。

又引申指推究。如成语"格物致知"，即穷究事物原理，从而获得知识。又引申指击打、追杀。如"格杀勿论""格斗"。

⊙ 椅

椅　椅

小篆　　楷书

"椅"是形声字。小篆从木，奇声。隶变后楷书写作"椅"。

《说文·木部》："椅，梓也。从木，奇声。"（椅，梓树一类。从木，奇声。）

"椅"的本义为树木名，即山桐子，读作 yī。

大约在宋代时，"椅"代替"倚"表示椅子。古代人都是席地而坐，没有椅子。椅源于魏晋和隋朝，初名胡床或马扎。直至唐明宗时才形成有靠背的椅子。宋代出现交椅，是至高无上的权力的象征。成语"正襟危坐"就是源于历代皇帝在交椅上的坐姿。

唐代以前的"椅"字还做车旁讲，即车的围栏，作用是让人在乘车时有所依靠。后来的椅子，其形式是在四足支撑的平台上安装围栏，大概是受车旁围栏的启发。

⊙ 模

模　模

小篆　　楷书

"模"是形声字。小篆从木，莫声。隶变后楷书写作"模"。

《说文·木部》："模，法也。从木，莫声。"（模，法式。从木，莫声。）

"模"的本义为铸造器物的模子、型范，读作 mú。如"模具""字模"。引申指形状、样子。如"模样俊俏"。

读作 mó 时，泛指楷式、榜样。如"劳模"。

用作动词，指效法、仿照。如"模仿"。

又特指模特儿，是法语的音译兼意译。如"男模""名模"。

⊙ 杯

杯　杯

小篆　　楷书

"杯"是形声字。小篆从木，否声。隶变后楷书写作"杯"。

《说文》无。

"杯"的本义为盛羹或注酒的小型器皿。如《大戴礼记·曾子事父母》："执觞觚杯豆而不醉，和歌而不哀。"

泛指盛液体的小型器皿。如王翰《凉州词》："葡萄美酒夜光杯，欲饮琵琶马上催。"

又引申指像杯的东西，杯状的锦标。如"奖杯""世界杯"。

作量词时，用于杯子。如王维《送元二使安西》："劝君更尽一杯酒，西出阳关无故人。"

⊙ 杰

傑　傑　杰

小篆　　楷书（繁体）　楷书

"杰"是会意兼形声字。小篆从人，桀声。隶变后楷书写作"傑"。汉字简化后写作"杰"。

《说文》无。

"杰"的本义为高出的、突出的、特出的。如《三国志·蜀书·诸葛亮传》："雄姿杰出。"

引申为才智出众的人。如《汉书·高祖纪》:"子房、萧何、韩信,三者皆人杰也。"

⊙ 案

宷 案

"案"是形声字。小篆从木,安声。隶变后楷书写作"案"。

《说文》无。

"案"的本义为上食物时用的有足木盘。如鲍照《拟行路难》:"对案不能食,拔剑击柱长叹息。"后引申指长方形条桌。如"几案"。又引申指架起来代替桌子的长木板。如"肉案""案板"。

官府的文书放在奏案上,故引申指处理公事或记录事件的材料、文书等。如刘禹锡《陋室铭》:"无丝竹之乱耳,无案牍之劳形。"

特指案件和涉及法律、政治的事件。如"破案""立案"。又引申指提出计划、办法、建议的文件。如"草案""方案"。

⊙ 架

架 架

"架"是后起字,为形声兼会意字。楷书写作"架",从木,加声,加兼表相加之意。

《说文》无。

"架"的本义为搭设、支撑。如杜牧《阿房宫赋》:"架梁之椽,多于机上之工女。"由此引申为扶持、支撑。如"架不住了""架住宝刀"。

摔跤时,相斗的两人相互用胳膊和手支撑对方,由此引申为争斗。如"打架"。

由搭建引申为搁置或支持东西的用具。如"书架""葡萄架"。

用作量词。如"一架飞机""五架照相机"。

⊙ 柴

柴 柴

"柴"是形声字。小篆从木,此声。隶变后楷书写作"柴"。

《说文·木部》:"柴,小木散材。从木,此声。"(柴,小的木头,不中用的木材。从木,此声。)

"柴"的本义为捆束的细木小柴。如《礼记·月令》:"大者可析谓之薪,小者合束谓之柴。"

泛指木柴。如"劈柴"。

⊙ 森

森 森 森

"森"是会意字。甲骨文就是一排三棵树的样子,会树木丛生成为森林之意。小篆字形规范化。隶变后楷书写作"森"。

《说文·林部》:"森,木多貌。从林,从木。读若曾参之参。"(森,树木众多的样子。由林、由木会意。音读像"曾参"的"参"字。)

"森"的本义是树木丛生。如《清稗类钞·冯婉贞》:"去村四里有森林,阴翳蔽日,伏焉。"由繁密引申指森严、严整。如杜甫《李潮八分小篆歌》:"况潮小篆逼秦相,快剑长戟森相向。"

又引申为阴沉、幽暗。如"阴森森"。

⊙ 枕

枕 枕

"枕"是会意兼形声字。小篆从木,

尤声，尤兼表像人担担子的情状之意。隶变后楷书写作"枕"。

《说文·木部》："枕，卧所荐首者。从木，尤声。"（枕，睡卧时用来垫着脑袋的用具。从木，尤声。）

"枕"的本义为枕头。如成语"高枕无忧"，意思是垫高了枕头睡觉，无忧无虑。

引申为像枕头一样横垫在下面的东西。如铺铁轨用的"枕木"。

还引申为靠近。如《汉书·严助传》："会稽东接于海，南近诸越，北枕大江。"

⊙ 柳

赤柳柳柳

甲骨文　金文　小篆　楷书

"柳"是形声字。甲骨文从木，卯声。金文大致相同，但木移至左边。小篆整齐化。隶变后楷书写作"柳"。

《说文》无。

"柳"的本义是指一种柳属的落叶乔木或灌木，枝细长下垂，叶狭长。如陆游《游山西村》："山重水复疑无路，柳暗花明又一村。"

垂柳纤细柔软，多用以形容女子的腰肢。如马子严《海棠春》："柳腰暗怯花风弱。"

柳叶细长，与人的眉毛形似，故多用来形容女子的眉。如"柳叶弯眉"。又比喻美女，多指歌姬、娼妓。如"烟柳之地""寻花问柳"。

柳是二十八宿之一，南方朱雀七宿的第三宿，有八颗星，称为"柳星"。

攵部

⊙ 攻

攺玚攻

金文　小篆　楷书

"攻"是形声字。金文从攴，工声。小篆的写法与金文基本一样。隶变后楷书写作"攻"，改为从攵（反文旁）。

《说文·攴部》："攻，击也。从攴，工声。"（攻，攻击。从攴，工声。）

"攻"的本义是攻打。如《左传·僖公四年》："以此攻城，何城不克？"

后引申为制作、治理、加工。如"他山之石，可以攻玉。"

⊙ 牧

𤘈牧牧牧

甲骨文　金文　小篆　楷书

"牧"是会意字。甲骨文像拿着木棍赶牛。金文将"牛"放在了左边。小篆是由金文演变而来。隶变后楷书写作"牧"。

《说文·攴部》："牧，养牛人也。从攴，从牛。《诗》曰：'牧人乃梦。'"（牧，养牛的人。由攴、牛会意。《诗经》说："牧人于是做起梦来。"）

"牧"的本义是放牧。如《周礼·牧人》："掌牧六牲。"

引申为统治、主管。如三国时刘备就曾经做过"豫州牧"。

⊙ 效

效效效效

甲骨文　金文　小篆　楷书

"效"是会意兼形声字。甲骨文左边像一个两腿相交的人，右边是一只持棍的手，好像是在责打那个人。金文大体相同。小篆线条化。隶变后楷书写作"效"。

《说文·攴部》："效，像也。从攴，交声。"（效，效法。从攴，交声。）

"效"的本义是效法、仿效。如班固《白虎通·三教》："教者，效也，上为之，下效之。"

引申指尽力献出（力量或生命）。如

"效力"。又引申为效果。如《商君书·徕民》:"此富强两成之效也。"

⊙ **救**

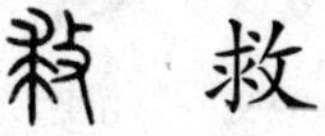

小篆　楷书

"救"是形声字。小篆从攴，求声。隶变后楷书写作"救"。

《说文·攴部》:"救，止也。从攴，求声。"(救，禁止。从攴，求声。)

"救"的本义为制止、阻止。如《孟子·离娄下》:"今有同室之人斗者，救之。"

引申指帮助。如刘基《卖柑者言》:"民困而不知救，吏奸而不知禁。"

又引申指治疗。如《吕氏春秋》:"是救病而饮之以堇也，使世益乱。"

⊙ **教**

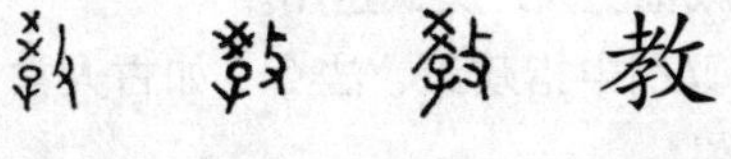

甲骨文　金文　小篆　楷书

"教"是会意字。甲骨文左为子，两个㐅表示孩子在学算术，右边是一只手拿了一条教鞭。金文的形体与甲骨文相似。小篆线条化。隶变后楷书写作"教"。

《说文·教部》:"教，上所施下所效也。从攴，从孝。凡教之属皆从教。"(教，在上位的施教，在下位的仿效。由攴、孝会意。大凡教的部属都从教。)

"教"的本义是教育、指导。如《礼记·学记》:"教也者，长善而救其失者也。"

古代带有施行教化之意的文告一类的文体也称为"教"。这些教令是为了普及教化、让老百姓接受教育的。如萧统《文选》中有傅亮为南朝宋刘裕所作的《修张良庙教》。

由教育又引申为使。如白居易的《琵琶行》:"曲罢曾教善才服，妆成每被秋娘妒。"

⊙ **敝**

甲骨文　小篆　楷书

"敝"是会意字。甲骨文字形像用木棍将布打破的形象。小篆的形体与甲骨文基本相同。隶变后楷书写作"敝"。

《说文·㡀部》:"敝，帗也。一曰：败衣。从攴，从㡀，㡀亦声。"(敝，一幅巾。另一义说：敝是破败的衣服。由攴、由㡀会意，㡀也表声。)

"敝"的本义是破旧。如《史记·魏公子列传》:"侯生摄敝衣冠。"可以引申为疲惫、衰败。如《资治通鉴》:"曹操之众远来疲敝。"

因为"敝"有破旧义，所以古人对自己或自己一方也常用"敝"字表示谦称。如"敝人"。

⊙ **放**

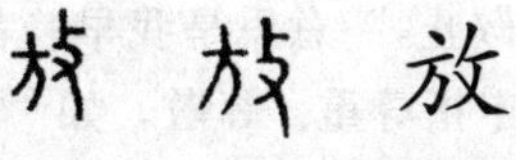

金文　小篆　楷书

"放"是会意兼形声字。金文和小篆从攴(手执刑杖)，从方(远方)，会驱逐、流放到远方之意，方也表声，隶变后楷书写作"放"。

《说文·攴部》:"放，逐也。从攴，方声。凡放之属皆从放。"(放，放逐。从攴，方声。大凡放的部属都从放。)

"放"的本义为驱逐、流放。如《史记·屈原贾生列传》:"虽放流，眷顾楚国，系心怀王。"引申为解除约束。如"刑满释放"。

引申为从圈栏中释放出来。如李白《梦游天姥吟留别》:"且放白鹿山崖间，须行即骑访名山。"进而引申为放纵、不拘束。如《孟子·梁惠王上》:"苟无恒心，放辟邪侈，无不为已。"

又引申为发放。如"放高利贷""开仓放粮"。又引申为搁置。如"安放""存放"。

⊙ 敬

金文　小篆　楷书

"敬"是会意字。金文像一个人手持棍棒张口吆喝的样子，会牧人吆喝羊群之意。小篆变为从苟，从攴。隶变后楷书写作"敬"。

《说文·苟部》："敬，肃也。从攴、苟。"（敬，严肃。由攴、苟会意。）

"敬"的本义为做事认真、恭敬、端肃。如《论语·子路篇》："居处恭，执事敬，与人忠。"意思是，在家中规规矩矩，办事认真，待人忠心诚意。

由认真引申指警惕、戒备、严肃、慎重。如《诗经·周颂·闵予小子》："维予小子，夙夜敬止。"意思是我早晚都要戒慎啊。又引申指尊重、尊敬。如"敬辞"就是表示尊敬的言辞。还引申指有礼貌地送上。如"敬酒""敬茶"。

⊙ 改

甲骨文　金文　小篆　楷书

"改"是会意字。甲骨文像一个孩子一只手拿着小鞭子抽打之形。金文与甲骨文基本一样。小篆线条化。隶变后楷书写作"改"。

《说文·攴部》："改，更也。从攴、己。"（改，变更。由攴、己会意。）

"改"的本义为变更。如成语"改弦更张"，意思是改换、调整乐器上的弦，使声音和谐。引申为改革变更。

又特指改正过错。如"有则改之，无则加勉"。还引申指修正。如"改文章""改小一些"。

⊙ 政

甲骨文　金文　小篆　楷书

"政"是会意兼形声字。甲骨文、金文和小篆都从攴，从正，会采取措施使正确之意，正兼表声。隶变后楷书写作"政"。

《说文·攴部》："政，正也。从攴，从正，正亦声。"（政，正。由攴、正会意，正也表声。）

"政"的本义为纠正它使变正确。如《墨子·天志上》："无从下之政上，必从上之政下。"

泛指匡正、治理。如《后汉书·桓谭传》："盖善政者，视俗而施教，察失而立防，威德更兴，文武迭用。"

又引申指政策、法令。如古人常说的"仁政"。

也指执行国家权力的机关，即政府。如"拥政爱民"。

还指家庭或团体生活中的事务或规则。如"家政""校政"。

⊙ 敢

甲骨文　金文　小篆　楷书

"敢"是会意字。甲骨文像手持猎叉猛刺上边的野猪之形，会勇敢进取之意。金文中，猎叉只剩下一个干头。小篆中的猎叉变成了"古"，豕则变成了"爪"。隶变后楷书写作"敢"。

《说文》无。

"敢"的本义为手持猎叉击刺野猪。泛指有勇气、有胆量。如《史记·平原君虞卿列传》："于是平原君从之，得敢死之士三千人。"又表示有把握做某种判断。如

"谁敢保证不出一点错"。

特指岂敢、哪敢。如《古诗为焦仲卿妻作》："奉事循公姥，进止敢自专？"

用作副词，表示一定、一准儿。如："这么一弄，他敢怪我哩。"又相当于"莫非""大概"。如"敢是老师送来的吧？"

日 部

⊙ 日

甲骨文	金文	小篆	楷书

"日"是象形字。甲骨文、金文中的"日"字，都是一个圆圈中间有一个小黑点。后来为了便于书写，日的轮廓被改作方形，中间的一点改作了一横。

《说文·日部》："日，实也。太阳之精不亏。从口、一。象形。凡日之属皆从日。"（日，光明盛实。太阳的精华不亏损。由口、一会意。象形。大凡日的部属都从日。）

"日"的本义就是太阳。如《诗经·卫风·伯兮》："其雨其雨，杲杲出日。"

引申指白天、白昼，如"夜以继日"。进而引申为时间的单位。人们把一昼夜称为"一日"。

又指时节、为特殊目的而定的日子。如"社日""交租日""结婚纪念日"。

用作副词，表示每日、每天。如《论语·学而》："吾日三省吾身。"（我每天再三反省自己）。又如"日亲日近"（常常接近自然亲热）。

"日"也泛指光阴、日子。如《诗经·王风·采葛》："一日不见，如三秋兮。"

⊙ 旦

甲骨文	金文	小篆	楷书

"旦"是会意字。甲骨文上为日，下为地平面。金文像太阳刚跃出海面，正与水相连。小篆下部变成了地平线。隶变后楷书写作"旦"。

《说文·旦部》："旦，明也。从日见一上。一，地也。凡旦之属皆从旦。"（旦，天明。由"日"出现在"一"之上会意。一，表示地。大凡旦的部属都从旦。）

"旦"的本义为日出天亮。如《孟子·离娄下》："幸而得之，坐以待旦。"

引申指早晨。如《木兰诗》："旦辞爷娘去，暮宿黄河边。"

"旦"又引申指一天。如柳宗元《捕蛇者说》："岂若吾乡邻之旦旦有是哉？"

⊙ 昏

甲骨文	小篆	楷书

"昏"是会意字。甲骨文上部为人，下部为日，会太阳降落到比人还低的位置之意。小篆将"人"讹变为"氏"。隶变后楷书写作"昏"。

《说文·日部》："昏，日冥也。从日，氏省。氏者，下也。一曰：民声。"（昏，太阳落土的时候。由日、由氏省会意。氏，是降下的意思。一说：昏从民声。）

"昏"的本义为傍晚。黄昏时光线变暗，看东西会比较模糊，故又引申为看不清楚、模糊。如"老眼昏花"。又引申指头脑糊涂。如"昏庸""昏君"。

"昏"还可以做"婚"的通假字。如《诗经·邶风·谷风》："宴尔新昏，不我屑以。"大意是：你们新婚多快乐，却对我不理睬。

⊙ 星

甲骨文　金文　小篆　楷书（繁体）　楷书

"星"是形声字。甲骨文以五个口代表点点繁星。金文以三个日来指代天上的星星。小篆与金文形体相似。隶变后楷书写作"曐"和"星"。如今规范化，以"星"为正体。

《说文·晶部》："曐，万物之精，上为列星。从晶，生声。一曰：象形。从口，古口复注中，故与日同。"（曐，万物的精华，在天上就成了众多的星。从晶，生声。另一义说：晶像众星之形。从口，古时候○再加注一点在它的中间，所以与"日"字混同。）

"星"本义指天上的星星。

星星的数量不可胜数，因此人们以"星"来形容多而分散的事物。如"星罗棋布"。"星"高高在上，故引申比喻那些有名的表演者。如"歌星""影星"。

由流星飞快地划过天空，引申指像流星一样疾速。如"星流霆击""星飞电急"。

⊙ 昙

小篆　楷书（繁体）　楷书

"昙"是会意字。小篆从日，从雲，会云气密布遮住太阳之意。隶变后楷书写作"曇"。汉字简化后写作"昙"。

《说文·日部》："曇，云布也。从日、雲会意。"（曇，云气密布。由日、雲会意。）

"昙"的本义为云气密布。如陆云《愁霖赋》："云昙昙而叠结兮，雨淫淫而未散。"也指密布的云气。如杨慎《雨后见月》："雨气敛青霭，月华扬彩昙。"

用作译音，多见于佛经。如"昙摩"，表示法、佛法。

"昙花"，是一种仙人掌科多年生直立状草本植物，夜间开放，花朵极美，但数小时后就会凋谢。故有"昙花一现"的说法，比喻美好的事物或景象出现了一下，很快就消失了。

⊙ 昶

金文　小篆　楷书

"昶"是会意字。金文左是波涛汹涌的河流，右是太阳，会日长之意。小篆与金文相似。隶变后楷书写作"昶"。

《说文·日部》："昶，日长也。从日、永会意。"（昶，白天时间长。从日、永会意。）

"昶"的本义为日长，读作chǎng。如《双珠记·月下相逢》："流离彼此如迷瘴，谁料阳乌仍昶。"

由日长引申为通畅、通达，读作chàng。如陆机《五等论》："譬犹众目营方，则天纲自昶。""天纲"就是国法。"天纲自昶"是说国法自然通畅。

⊙ 景

小篆　楷书

"景"是会意兼形声字。小篆从日，从京（高），会日光高照之意，京兼表声。隶变后楷书写作"景"。

《说文·日部》："景，光也。从日，京声。"（景，日光。从日，京声。）

"景"的本义是日光。如王维《鹿柴》："返景入深林，复照苍苔上。"泛指明亮、光亮。如《艺文聚类》中有"高峰寻云，深谷无景"之句。

又引申指时光。如我们常说垂老之人"剩下的光景不多了"。又引申指风光。如"良辰美景""景色""景致"等。

进而引申指情况、现象。如"前景"。还引申指仰慕、佩服。如"景仰"。

⊙ 暗

暗 暗
小篆 楷书

"暗"是形声字。小篆从日,音声。隶变后楷书写作"暗"。

《说文·日部》:"暗,日无光也。从日,音声。"(暗,太阳没有光亮。从日,音声。)

"暗"的本义是光线不足、不明亮。引申指幽深。如陆游《游山西村》:"山重水复疑无路,柳暗花明又一村。"

又引申指不鲜艳、无光泽。如苏轼《浣溪沙·咏橘》:"菊暗荷枯一夜霜,新苞绿叶照林光。"

幽深之处透着寂静的气息,所以还引申指默不作声的、隐藏不露的、秘不公开的。如"明人不做暗事""暗箭伤人""暗自"等。

⊙ 昌

昌 昌
小篆 楷书

"昌"是会意字。小篆从日,从曰(开口说话),会光明正大的善言之意。隶变后楷书写作"昌"。

《说文·日部》:"昌,美言也。从日,从曰。一曰:日光也。《诗》曰:'东方昌矣。'"(昌,美善的言辞。由日、曰会意。另一义说:昌是太阳的光明。《诗经》说:"东方明亮了。")

"昌"的本义为光明正大的美善之言。如杨炯《老人星赋》:"献仙寿兮祝尧,奏昌言兮拜禹。"意思是,祝尧帝长寿,用美善之言拜大禹。

引申指美好。如《诗经·齐风·猗嗟》:"猗嗟昌兮,颀而长兮。"意思是,多么俊美啊!身材高高的呀!

"昌"还引申指兴盛。如"昌盛""昌隆"。

⊙ 旱

旱 旱
小篆 楷书

"旱"是会意兼形声字。小篆从日,从干(抵挡),用太阳难抵挡会久晴不雨之意,干兼表声。隶变后楷书写作"旱"。

《说文·日部》:"旱,不雨也。从日,干声。"(旱,久晴不雨。从日,干声。)

"旱"的本义为久晴不雨、长时间缺少雨雪。如"干旱""旱灾"。引申指旱灾。如"防旱抗旱"。

还指非水中的。如"旱稻""旱田""旱鸭子"。陆地不在水中,且跟水无关,因此"旱"也引申指陆地,以及路上交通。古人在询问走陆路还是水路时,常会提到"旱路"一词,其实就是指陆路。

⊙ 旧

🐦 🐦 舊 舊 旧
甲骨文 金文 小篆 楷书(繁体) 楷书

"旧"是象形字。甲骨文像头顶有毛角、瞪着两个大眼睛的猫头鹰之形;或另加"臼"表声。金文大体相同。小篆整齐化。隶变后楷书写作"舊"。汉字简化后写作"旧"。

《说文·萑部》:"舊,鸱旧,旧留也。从萑,臼声。"(舊,鸱旧,即旧留鸟。从萑,臼声。)

"舊"的本义为猫头鹰。引申表示原先的、已经有的。如"喜新厌旧""旧病复发"。

又引申指古老的,与"新"对应。如《诗经·大雅·文王》:"周虽旧邦,其命维新。"

又引申指曾经有过,而今已不用或废弃的。如"旧居""旧址"。

又引申指惯例、常例。如《淮南子·氾论训》:"苟周于事,不必循旧。"

⊙ 易

甲骨文	金文	小篆	楷书

"易"是象形字。甲骨文像头朝上的一条蜥蜴。金文与甲骨文基本一样。小篆线条化。隶变后楷书写作"易"。

《说文·易部》:"易,蜥易、蝘蜓、守宫也,象形。《祕书》说:日月为易,象阴阳也。一曰:从勿。凡易之属皆从易。"(易,蜥蜴,又叫蝘蜓、守宫。象形。《祕书》说:"日""月"二字会合成"易"字,象征着阴阳的变易。另一义说:(易)从勿。大凡易的部属都从易。)

"易"的本义是蜥蜴,被假借为改变之后,当蜥蜴讲的"易"便写作"蜴"。

又假借为交换。如《列子·汤问》:"寒暑易节。"引申为改变。如《荀子·乐论》:"移风易俗。"

还可以当容易讲。如《史记·淮阴侯列传》:"时者,难得而易失也。"

⊙ 昔

甲骨文	金文	小篆	楷书

"昔"是会意字。甲骨文从日,下部像洪水泛滥的样子,表示古代洪水泛滥的日子。小篆从金文演变而来。隶变后楷书写作"昔"。

《说文·日部》:"昔,干肉也。从残肉,日以晞之。与俎同意。"(昔,干肉。仌表示残余、零星的肉,日表示用太阳来晒干它。与"俎"字从"仌"的构形意义相同。)

"昔"本义指洪水泛滥的古老日子。引申为从前。如《盐铁论·非鞅》:"昔商君相秦也。"

⊙ 显

甲骨文	小篆	楷书(繁体)	楷书

"显"是会意字。金文右为人,左上为日,左下为丝,像人在日下曝丝的样子。小篆的字形线条化。隶变后楷书写作"顯"。汉字简化后写作"显"。

《说文·頁部》:"顯,头明饰也。从頁,㬎声。"(顯,头上光明的首饰。从頁,㬎声。)

"显"的本义为在太阳下晒丝。引申指明显,显示得很清楚。如成语"显而易见"。

用作动词,表示显露、显扬。如《史记·孙子吴起列传》:"孙膑以此名显天下。"

"显"有尊敬之意,所以旧时又用作对先人的敬称。对死去的父亲称"显考",对死去的母亲称"显妣"。

⊙ 晋

甲骨文	金文	小篆	楷书(繁体)	楷书(繁体)	楷书

"晋"是会意字。甲骨文像两只箭插入插箭器中之形,会箭插入之意。金文大体相同。隶变后楷书写作"晉"和"晉"。汉字简化后写作"晋"。

《说文·日部》:"晉,进也。日出万物进。从日,从臸。《易》曰:'明出地上,晋。'"(晉,长进。太阳出来,万物前进滋长。由日、由臸会意。《易经》说:"明亮的太阳从地上出来,(万物)长进。")

"晋"的本义为插进箭。引申指插。如《周礼·春官·典瑞》："王晋大圭。"

又引申指晋升，提高地位、级别或荣誉。如《清史稿·桂中行传》："以功晋知府。"

⊙ 晕

甲骨文　小篆　楷书（繁体）　楷书

"晕"是形声字。甲骨文中日周围是光晕。小篆另加声符"军"。隶变后楷书写作"暈"。汉字简化后写作"晕"。

《说文》无。

"晕"的本义是指日、月周围的光圈。《韩非子·备内》："日月晕围于外。"

因"晕"有模糊不清之意，故引申指人眼花、昏眩。如陆龟蒙《奉酬袭美先辈吴中苦雨一百韵》："看花虽眼晕，见酒忘肺渴。"

⊙ 曹

甲骨文　金文　小篆　楷书

"曹"是会意字。甲骨文从棘（两个灯笼），从口，用门口悬置两个灯笼会双、偶之意。金文中，"口"讹变为"甘"。小篆中，"口"讹变为"曰"。隶变后楷书写作"曹"。

《说文·曰部》："𣍘，狱之两曹也。在廷东。从棘，治事者；从曰。"（𣍘，打官司的原告和被告。都在法庭的东边。从棘，棘是管理打官司的人；从曰。）

"曹"的本义为双、偶。如宋玉《招魂》："分曹并进。"

引申指等、辈、类。如杜甫《戏为六绝句》："尔曹身与名俱灭，不废江河万古流。"

古时分科办事的官署也称为"曹"。如

"曹掾"，泛指一般官员。

⊙ 晶

甲骨文　小篆　楷书

"晶"是会意字。甲骨文表示三个太阳堆在一起，会光亮之意。小篆与甲骨文大体相同。隶变后楷书写作"晶"。

《说文·晶部》："晶，精光也。从三日。凡晶之属皆从晶。"（晶，精华的光亮。由三个"日"字会意。大凡晶的部属都从晶。）

"晶"的本义为光亮、明亮。如宋之问《明河篇》："八月凉风天气晶，万里无云河汉明。"

在古文中，"晶"还特指月亮。如"晶轮""晶盘""晶蟾"等。

"晶"也作为水晶的简称。如"茶晶"。

⊙ 量

甲骨文　金文　小篆　楷书

"量"是会意字。甲骨文下部像量器之形，上有口，表示可以向里面装东西。金文口中加一点。小篆整齐化。隶变后楷书写作"量"。

《说文·重部》："量，称轻重也。从重省，曏省声。"（量，称轻重。由重省亻表意，曏省乡表声。）

"量"的本义为量器，读作 liáng。引申指用量器计算容积或长度。如《庄子·胠箧》："为之斗斛以量之，则并与斗斛而窃之。"

又引申指衡量。如《左传·隐公十一年》："度德而处之，量力而行之。"

"量"作名词时读 liàng，指数量、数目。如"产量"。

引申指人的度量、器量。如"量浅"，

指器量狭小。

"量"又指容量、容纳事物的限度。如人们称能喝酒的人为"海量"。

⊙ 昆

昆 昆

小篆　楷书

"昆"是会意字。小篆从日，从比，表示二人在日光下并肩行走，会太阳为天下人共享之意。隶变后楷书写作"昆"。

《说文·日部》："昆，同也。从日，从比。"（昆，同。由日、由比会意。）

"昆"的本义为一起、共同。如《太玄·玄摛》："天下之理得之谓德也，理生昆群兼爱之谓仁也。"

兄弟同生并长，故引申指哥哥、胞兄。如《诗经·王风·葛藟》："终远兄弟，谓他人昆。"

又指昆山，古代传说中的产玉之山。如《尚书·胤征》："火炎昆冈，玉石俱焚。"

⊙ 春

甲骨文　金文　小篆　楷书

"春"是会意兼形声字。甲骨文从日，从艸，从屯（像草木钻出地面之形），屯兼表声。小篆基本上同于金文，只是"屯"的曲笔朝右拐。隶变后楷书写作"春"。

《说文·艸部》："萅，推也。从艸，从日。艸（草），春时生也。屯声。"（春，推出万物。由艸、日会意。草，春天时生发。屯表声。）

"春"的本义就是四季中的第一季，一般是农历的正月到三月，称为春季。

又指春色、喜色。如陆凯《赠范晔》："江南无所有，聊赠一枝春。"

⊙ 是

是 是 昰 是

金文　小篆　楷书（繁体）　楷书

"是"是会意字。金文从日，从正，其中短竖象征端直，会日中端直之意。小篆整齐化。隶变后楷书写作"昰"与"是"。如今规范化，以"是"为正体。

《说文·是部》："昰，直也。从日、正。凡昰之属皆从昰。"（昰，正直。由日、正会意。大凡昰的部属都从昰。）

"是"的本义为正、不偏斜。如《易·未济》："濡其首，有孚失是。"

引申指对的、正确的。如陶渊明《归去来兮辞》："实迷途其未远，觉今是而昨非。"

作代词，表示此、这。如《论语·八佾》："是可忍也，孰不可忍也。"

作关系词时，表示肯定判断。如《古诗为焦仲卿妻作》："汝是大家子，仕宦于台阁。"

⊙ 暴

暴 暴

小篆　楷书

"暴"是会意字。小篆从日，从出，从廾（双手），从米，会日出时手拨米而晒之意。隶变后楷书写作"暴"。

《说文》："暴，晞也。从日，从出，从廾，从米。"（暴，晒。由日、出、廾、米会意。）

"暴"的本义为晒。如《汉书·王吉传》中所说的"暴炙"，就是晒烤。到了后世，表示晒的意义时均写作"曝"，读作pù。

凡是晒就必须露于外，故引申为显露。如司马迁《报任安书》："功亦足以暴于天下矣。"

又引申为凶狠、残酷。如"暴虐无道"。猛烈而又紧急也可称"暴"。如"暴风骤雨"。还引申表示脾气过分急躁。如成语"暴跳如雷"。

又引申指突然。如《聊斋志异·狼三则》："屠暴起，以刀劈狼首，又数刀毙之。"

⊙ 暇

暊 暇

"暇"是形声字。小篆从日（表示与时间有关），叚声。隶变后楷书写作"暇"。

《说文·日部》："暇，闲也。从日，叚声。"（暇，空闲。从日，叚声。）

"暇"的本义为空闲、闲暇。如龚自珍《病梅馆记》："安得使予多暇日，又多闲田？"

用作形容词，指悠闲的。如《聊斋志异·狼三则》："久之，目似瞑，意暇甚。"又引申指从容、不慌不忙、大方自如。如《世说新语·任诞》："谢便起舞，神意甚暇。"

曰 部

⊙ 曰

曰 曰 曰 曰

"曰"是指事字。甲骨文下部为口，上面一横表示说话时从口中出来的气。金文与甲骨文相似。小篆承接金文。隶变后楷书写作"曰"。

《说文·曰部》："曰，词也。从口，乙声，乙像口气出也。凡曰之属皆从曰。"（曰，语助词。从口，乙声，乙像口上有气冒出。大凡曰的部属都从曰。）

"曰"的本义就是说。如《孙子兵法·计篇》："孙子曰：'兵者国之大事'"。

引申为叫作。如魏学洢《核舟记》："明有奇巧人曰王叔远。"

作语气助词时，用于句首。如《诗经·秦风·渭阳》："我送舅氏，曰至渭阳。"也可用于句中。如《诗经·豳风·东山》："我东曰归，我心西悲。"

⊙ 曲

曲 曲 曲 曲

"曲"是象形字。甲骨文像一个弯曲的东西，中间有纹饰。金文与甲骨文类似。小篆像能装东西的器物之形。隶变后楷书写作"曲"。

《说文·曲部》："曲，象器曲受物之形。或说：曲，蚕薄也。凡曲之属皆从曲。"（曲，像器物中间圆曲能够盛受物体的样子。有的说：曲，是像筛子一样的蚕箔。大凡曲的部属都从曲。）

"曲"的本义是弯曲，与"直"相对，读作qū。由弯引申为偏邪、不正直。如《韩非子·有度》："故当今之时，能去私曲就公法者，民安而国治。"意思是，所以当今之时，能革除偏私不公而行公正之法的，就能使人民安定，使国家得到治理。

用作动词，表示使弯曲。事情的发展就像弯曲的小路，所以"曲"还引申指是非曲直。

乐曲婉转动听，故而"曲"也特指乐曲、歌曲，读作qǔ。

⊙ 曾

曾 曾 曾 曾

"曾"是象形字。甲骨文像古代蒸食的炊器。金文、小篆承接甲骨文而来。隶变后楷书写作"曾"。

《说文·八部》:"曾,词之舒也。从八,从曰,囮声。"(曾,虚词中表示舒缓语气的助词。由八、由曰会意,囮表声。)

"曾"的本义是指一种蒸熟食物的器具,是"甑"的本字。

借作副词,表示乃、竟。如《诗经·卫风·河广》:"谁谓河广?曾不容刀!"

也指曾经。如白居易《忆江南》:"江南好,风景旧曾谙。"

止 部

⊙ 止

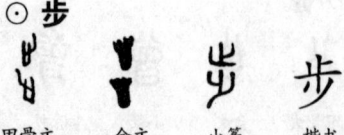

| 甲骨文 | 金文 | 小篆 | 楷书 |

"止"是象形字。甲骨文像一只脚丫的形状。金文的形体更加规整美观。小篆与金文大体相同。隶变后楷书写作"止"。

《说文·止部》:"止,下基也。象草木出有址,故以止为足。凡止之属皆从止。"(止,底下的基础。像草木长出来有根干基址之形,所以用"止"表示足。大凡止的部属都从止。)

"止"的本义就是脚。如《汉书·刑法志》:"斩左止。"

由站立不走引申指停止、停息。如《诗经·秦风·黄鸟》:"交交黄鸟,止于桑。"

用作副词,表示仅仅、只是。如《聊斋志异·狼》:"禽兽之变诈几何哉?止增笑耳。"

⊙ 步

| 甲骨文 | 金文 | 小篆 | 楷书 |

"步"是会意字。甲骨文像左右脚向前走动的样子。金文的形体与甲骨文相似。

小篆线条化、整齐化。隶变后楷书写作"步"。

《说文·步部》:"步,行也。从止、少相背。凡步之属皆从步。"(步,行走。由"止""少"两字相背会意。大凡步的部属都从步。)

"步"的本义是行走。如屈原《涉江》:"步余马兮山皋,邸余车兮方林。"

引申为按照、跟着。如毛泽东《浣溪沙》:"柳亚子先生即席赋浣溪沙,因步其韵奉和。"

用作名词,指行走时两足之间的距离。如《荀子·劝学》:"不积跬步,无以至千里。"

⊙ 此

| 甲骨文 | 金文 | 小篆 | 楷书 |

"此"是会意字。甲骨文左边为朝上的脚趾,右边站着一个面朝右的人,会人站的地方之意。金文和小篆都由甲骨文而来。隶变后楷书写作"此"。

《说文·此部》:"此,止也。从止,从匕。匕,相比次也。凡此之属皆从此。"(此,止。由止、由匕会意。匕表示相并列。大凡此的部属都从此。)

"此"的本义指人站的地方。所以又引申为指示代词"这",与"彼"或"那"相对。如"此一时,彼一时"。又引申指这儿、这里。如"此地无银三百两",其中的"此"就是这里。

还引申指如此、这般。我们说的"事已至此",就是事情已经这样了的意思。

⊙ 歧

| 小篆 | 楷书(繁体) | 楷书 |

"歧"是形声字。小篆从足,支声。

隶变后楷书写作"跂"，异体作"歧"。现在二字表意有分工。

《说文·足部》："跂，足多指也。从足，支声。"（跂，多出的脚趾。从足，支声。）

"歧"本义指多余的脚趾。此义后来写作"跂"。泛指叉开、分支。如笑花主人《今古奇观序》："极摹人情世态之歧，备写悲欢离合之致。"

又引申指由大路分出的岔道。如王勃《杜少府之任蜀州》："无为在歧途，儿女共沾巾。"

⊙ 歪

歪 歪

<small>小篆　　楷书</small>

"歪"是会意兼形声字。小篆从立，从融（锅），会锅放得不正之意，融兼表声。隶变后楷书写作"歪"。

《说文》无。

"歪"的本义为不正、偏斜。如俗语有"上梁不正下梁歪"。

歪则不美观，故用以形容丑陋的人或事物。如"歪瓜裂枣""斜头歪脑"。也形容那些不正当的门径或坏主意、坏现象。如"邪门歪道"。

用作动词，指使倾斜、弄斜。如"歪着脑袋"。也指躺、侧卧或半躺卜休息。如"歪一会儿"，意思就是躺一会儿、睡一会儿。

贝 部

⊙ 贝

贝 贝 贝 貝 贝

<small>甲骨文　　金文　　小篆　　楷书（繁体）　　楷书</small>

"贝"是象形字。甲骨文、金文像一颗玛瑙贝的样子。小篆字形发生了变化。隶变后楷书写作"貝"。汉字简化后写作"贝"。

《说文·贝部》："贝，海介虫也。居陆名猋，在水名蜬。象形。古者货贝而宝龟，周而有泉，至秦废贝行钱。凡贝之属皆从贝。"（贝，海中有甲壳的软骨动物。在陆上叫猋，在水中叫蜬。像贝壳之形。古时候，以贝壳为财富，以龟甲为珍宝。周朝有泉（而不废贝），到了秦朝，废除贝而通行钱。大凡贝的部属都从贝。）

"贝"的本义就是指海里的贝类生物，这些软体动物的壳就是贝壳。

"贝"是个部首字。凡由"贝"组成的字，大都与钱财或贵重义有关。如"财""货"。

⊙ 贞

贞 貞 貞 貞 贞

<small>甲骨文　　金文　　小篆　　楷书（繁体）　　楷书</small>

"贞"是会意字。甲骨文上为卜（表卜问吉祥正事），下为鼎（象征吉祥与庄重）。小篆中"鼎"讹变为"贝"。隶变后楷书写作"貞"。汉字简化后写作"贞"。

《说文·卜部》："貞，卜问也。从卜，贝以为贽。一曰：鼎省声。京房所说。"（贞，卜问。从卜，用贝作为占卜的礼品。一说：贞，从卜，鼎省声。是京房氏的说法。）

"贞"的本义是占卜。如《周礼·春官·天府》："以贞来岁之美恶。"意思就是以占卜明年的好坏。

引申指端方正直。如"贞明"就是正大光明的意思。又指坚定不移或有操守。如成语"坚贞不屈"。由操守又引申特指古代妇女从一夫而终，不改嫁，即"贞节"。

⊙ 贰

贒 貳 貳 贰

金文　小篆　楷书（繁体）　楷书

"贰"是会意兼形声字。金文从鼎，从弍，会二鼎相匹配之意，弍兼表声。小篆将"鼎"讹为"贝"。隶变后楷书写作"貳"。汉字简化后写作"贰"。

《说文·贝部》："貳，副、益也。从贝，弍声。"（贰，居于次要地位，增益。从贝，弍声。）

"贰"的本义为副，与"正"相对。如古文讲"谁为之贰？"意思是说，谁做副手？

引申指重复。如《论语·雍也》："不迁怒，不贰过。"又引申指不专一、有二心。如《诗经·卫风·氓》："女也不爽，士贰其行。"

"贰"还是数词"二"的大写，用于会计账中以防伪造账目。

⊙ 贡

貢 貢 贡

小篆　楷书（繁体）　楷书

"贡"是会意兼形声字。小篆从贝，从工，会向天子奉献物品或劳力之意，工兼表声。隶变后楷书写作"貢"。汉字简化后写作"贡"。

《说文·贝部》："貢，献功也。从贝，工声。"（贡，进献，努力做所从事的工作。从贝，工声。）

"贡"的本义为古代臣民向君主，或属国向宗主国进献物品。后泛指进献。如《左传·僖公四年》："尔贡包茅不入，王祭不共，无以缩酒。"

用作名词，指进献的物品。如"进贡"。

⊙ 贾

賈 賈 贾

小篆　楷书（繁体）　楷书

"贾"是会意兼形声字。小篆从贝，从襾（yà，表蒙覆），会将货物蒙覆存放之意，襾兼表声。隶变后楷书写作"賈"。汉字简化后写作"贾"。

《说文·贝部》："賈，贾市也。从贝，襾声。一曰：坐卖售也。"（贾，做买卖。从贝，襾声。另一义：储货坐卖。）

"贾"的本义为做买卖，读作 gǔ。如《韩非子·五蠹》："长袖善舞，多财善贾。"

用作名词，指商人。如唐诗中有"嫁得瞿塘贾"，其中的"贾人"指的就是商人。

又读作 jiǎ，经常用作姓。如《红楼梦》"四大家族"中的贾家。

⊙ 贤

賢 賢 賢 贤

金文　小篆　楷书（繁体）　楷书

"贤"是形声字。金文从贝，臤声，表示财物多。小篆的形体与金文相似。隶变后楷书写作"賢"。汉字简化后写作"贤"。

《说文·贝部》："賢，多才也。从贝，臤声。"（贤，多钱财。从贝，臤声。）

"贤"的本义指多财，引申指有德行、多才能。如诸葛亮《出师表》："亲贤臣，远小人。"

用作对人的敬称。如"贤弟""贤侄"。

又可以引申为多、胜过。如《战国策·赵策四》："老臣窃以为媪之爱燕后贤于长安君。"

⊙ 贸

昚 貿 貿 贸

金文　小篆　楷书（繁体）　楷书

"贸"是形声字。金文从贝，卯声。小篆跟金文相似。隶变后楷书写作"貿"。汉字简化后写作"贸"。

《说文·贝部》："貿，易财也。从贝，卯声。"（貿，交换财物。从贝，卯声。）

"贸"的本义是交易、交换财物。如《诗经·卫风·氓》："氓之蚩蚩，抱布贸丝。"意思是，小伙子看起来憨厚朴实，怀抱布匹来换丝。

交换财物即是财物易主，所以"贸"又引申指改变、变易。如晋代陆机在《辨亡论》中说："成败贸理，古今诡趣。"其中的"贸"指的就是改变、变易。

又假借为蒙昧不明、轻率行事。如"贸然"、表示轻率的样子。

⊙ 贿

賄 賄 贿

小篆　楷书（繁体）　楷书

"贿"是形声兼会意字。小篆从贝，有声，有兼表具有之意。隶变后楷书写作"賄"。汉字简化后写作"贿"。

《说文·贝部》："賄，财也。从贝，有声。"（賄，财物。从贝，有声。）

"贿"的本义为财物。如《诗经·卫风·氓》："以尔车来，以我贿迁。"引申指赠送财物。如《左传·宣公九年》："孟献子聘于周，王以为有礼，厚贿之。"

又引申特指以钱财收买。如司马光《训俭示康》："是以居官必贿，居乡必盗。"

⊙ 赘

贅 贅 赘

小篆　楷书（繁体）　楷书

"赘"是会意字。小篆从敖，从贝（与财富有关）。隶变后楷书写作"贅"。汉字简化后写作"赘"。

《说文·贝部》："贅，以物质钱。从敖、贝。敖者，犹放；贝，当复取之也。"（贅，用物抵押钱。由敖、贝会意。从敖，好比说发放诸物；从贝，是说应当用钱贝再赎取它回来。）

"赘"的本义为抵押。引申指入赘，指男到女家成婚并定居。如《史记·滑稽列传》："淳于髡者，齐之赘婿也。"又引申指增添、附加。如"赘名"，就是附列其名。

用作名词，指一种病，即肉瘤。由此引申指累赘。如"赘冗"。又指连缀。如《诗经·大雅·桑柔》："哀恫中国，具赘卒荒。"

用作形容词，指多余、无用。如"赘人""赘叙"。

⊙ 费

費 費 费

金文　小篆　楷书（繁体）　楷书

"费"是会意兼形声字。金文从人，从贝，从弗，弗兼表声。小篆省去人，改为从贝，弗声，表示花去钱财。隶变后楷书写作"費"。汉字简化后写作"费"。

《说文·贝部》："費，散财用也。从贝，弗声。"（費，散去钱财。从贝，弗声。）

"费"的本义为花去钱财。如《论语·尧曰》："君子惠而不费，劳而不怨。"

引申指浪费。如《管子·八观》："国侈则用费，用费则民贫。"

用作名词，指钱财、费用。如贾谊《过秦论》："秦无亡矢遗镞之费，而天下已困矣。"

⊙ 贼

賊　賊　賊　贼

金文　　小篆　　楷书（繁体）　楷书

"贼"是会意字，金文从戈（武器），从刀，从贝，会刀戈毁坏财货之意。小篆将刀移到右边并整齐化。隶变后楷书写作"賊"。简化后汉字写作"贼"。

《说文·戈部》："贼，败也。从戈，则声。"（贼，毁坏。从戈，则声。）

"贼"的本义是残害、伤害。引申指作乱叛国、危害人民的人。如"卖国贼"。又引申指偷东西的人。如"盗贼"。

又引申指不正派的、邪的。如"有贼心没贼胆""贼眉鼠眼"。

用作副词，表示很、非常。如"贼亮"。

殳 部

⊙ 殳

殳　殳　殳

金文　小篆　楷书

"殳"是会意字。金文上部是手持一支武器的形象。小篆的形体与金文大致相同。隶变后楷书写作"殳"。

《说文·殳部》："殳，以杸殊人也。《礼》：'殳以积竹，八觚，长丈二尺，建于兵车，车旅贲以先驱。'从又，几声。凡殳之属皆从殳。"（殳，用杸隔离人。《周礼》说："殳用积竹制成，八条棱，长一丈二尺，树立在兵车上，车上的先锋队拿着它在前面驰驱。"从又，几声。大凡殳的部属都从殳。）

"殳"的本义为一种武器，主要是撞击时用的，用竹子制成，长一丈二尺，头是棱形的，非常尖锐。

"殳"是部首字。凡由"殳"组成的字往往与打、杀、撞击、打坏等意思有关。如"殴""殺""毁"。

⊙ 段

段　段　段

金文　小篆　楷书

"段"是会意字。金文从殳，从厂（山崖），从两点（敲下的石块），会手于山崖敲取石块之意。隶变后楷书写作"段"。

《说文·殳部》："段，椎物也。从殳，耑省声。"（段，用槌捶击物体。从殳，耑省声。）

"段"的本义为锤击。古时在石上用棒打干肉（并施加姜、桂皮等）。如"段脩"，意为经捶捣并加姜桂的干肉。

敲击就会断开，所以引申为断开。断开之物是整体中的部分，故而又引申为部分。如"第三段"。由此又引申指某些部门的基层机构。如"工段"。后来又特指女子的体态、动作。

还可以做量词，指一截。如"一段时间"。

⊙ 殷

殷　殷　殷

金文　小篆　楷书

"殷"是会意字。金文左为挺着肚子的人（实为"身"），右为手拿着针往人身上刺，会医治之意。隶变后楷书写做"殷"。

《说文·月部》："殷，作乐之盛称殷。从月，从殳。"（殷，举行盛大乐舞叫作殷。由月、由殳会意。）

"殷"的本义指盛大乐舞。

由此引申为众多。如"殷众"即指众多。又引申指富裕，如"殷实"，就是指富裕，充实。又指情意浓重。如"殷勤""殷挚"。

还读作 yān，指黑红色。现在人们常用"殷红"来形容血迹。

水 部

⊙ 水

水 是象形字。甲骨文、金文和小篆都像弯弯曲曲的流水之形，其中几点表示激流中溅起的水花。隶变后楷书写作"水"。

《说文·水部》："水，准也。北方之行。像众水并流，中有微阳之气也。凡水之属皆从水。"（水，平。代表北方的一种物质。像许多水一同流去；中间的亅，表示有深隐在内的阳气。大凡水的部属都从水。）

"水"的本义是河流。后泛指江、河、湖、海、洋等一切水域。

又泛指汁、液。如"汗水"。

也可做形容词。如"水酒"，即淡酒。

⊙ 永

"永"是象形字。甲骨文字形像人在水流中游泳之状。金文字形更像水流。小篆与甲骨文、金文的写法大致相同。隶变后楷书写作"永"。

《说文·永部》："永，长也。像水巠（水脉）理（水纹）之长。"（永，水流长。像水的直流和波纹的漫长。）

"永"的本义是在水流中游泳。由水流长又可以引申指长（不短）。如阮籍《咏怀》十七："独坐空堂上，谁可与欢者。出门临永路，不见行车马。""永路"指的就是遥远的路途。

又可以引申指时间长。如陶渊明《杂诗》八首其二："风来入房户，夜中枕席冷。气变悟时易，不眠知夕永。"

⊙ 求

"求"是象形字。甲骨文像一袭毛朝外翻的皮袄。小篆中加了义符"衣"，突出了皮衣之意。"求"为"裘"的古文。

《说文·裘部》："裘，皮衣也。象形。"（裘，皮衣。象形。）

"求"的本义为皮衣。兽皮能为皮衣，是人寻求的，且《玉篇》中也说："求，索也。"所以"求"又引申为寻求、寻找、追求、谋求。如《吕氏春秋》："入水求之。"如《史记·廉颇蔺相如列传》："求人可使报秦者。"意思是寻找能出使秦国的人。诸葛亮《出师表》："不求闻达于诸侯。"意思是不在诸侯那里谋求富贵。人心贪婪，在求取某件事物的时候，常常会要求更多，因此，"求"又引申为贪求、贪婪。如《增韵》中说："求，乞也。"因此"求"又引申为请求、乞求。如我们常说的"求救""有求于人""求神拜佛""求援"等。又引申为需求。如"供不应求""供求平衡"。

引申为招徕。如"同声相应，同气相求"。

⊙ 泉

"泉"是象形字。甲骨文像水从泉眼里流出的样子。金文也像水从泉眼中流出的样子。小篆承接金文，其外为泉眼之形，其内的"丁"字表示"一线如注"的细流。隶变后楷书写作"泉"。

《说文·泉部》："泉，水原也。象水流出成川形。凡泉之属皆从泉。"（泉，水的源头。像水流出成为川流的样子。大凡泉的部属都从泉。）

"泉"的本义为泉水。泉水在地下，人死后也埋于地下，故又指人死后所埋的地方，即阴间。如白居易《思旧》："零落归下泉。"

上古钱币称为"泉"，取其流通不竭之义。在古代，泉与布并为货币，所以货币统称为"泉布"。

⊙ 浆

𣲗　𤖕　漿　浆
甲骨文　　小篆　楷书（繁体）　楷书

"浆"是会意兼形声字。甲骨文从水，从肉（月），会肉汤之意，爿声。小篆改为从水，将省存表声。隶变后楷书写作"漿"。汉字简化后写作"浆"。

《说文·水部》："漿，酢漿也。从水，将省声。"（漿，酢漿。从水，漿省声。）

"浆"的本义为古代一种带酸味的饮料。如《诗经·小雅·大东》："或以其酒，不以其浆。"意思是，喝它的酒，而不喝它的酸味饮料。

"浆"后来特指酒、水等。又泛指较浓的液汁。如成语"琼浆玉液"，意思是用美玉制成的浆液，古代传说饮了它便可以成仙，用以比喻美酒或甘美的浆汁。

⊙ 黎

𤖓　黎
小篆　楷书

"黎"是形声字。小篆从黍（一种黏米），称（利）省声。隶变后楷书写作

"黎"。

《说文》无。

"黎"的本义是粘鞋子的浆糊。借指众多、数目很多。如"黎庶涂炭"。

又指颜色黑中带黄。如"面目黎黑"。引申指比及、等到、接近（天亮时分）。如"黎明"。

又指我国少数民族之一，即黎族。主要分布在海南，其语言属汉藏语系壮侗族黎语支。

还可用作姓。如"黎元洪""黎锦熙"。

见 部

⊙ 见

𦣻　𢘉　見　見　见
甲骨文　金文　小篆　楷书（繁体）　楷书

"见"是会意字。甲骨文像跪坐的人，眼睛非常突出，会看到之意。金文像一个人顶着一只大眼睛。小篆中大眼睛变成了"目"。隶变后楷书写作"見"。汉字简化后写作"见"。

《说文·见部》："見，视也。从儿，从目。凡見之属皆从見。"（見，看见，由儿、由目会意。大凡見的部属都从見。）

"见"的本义为看到、看见。由此引申为会见。成语"一日不见，如隔三秋"中的"见"即指会见。又引申为接见，用于上级对下级、长辈对晚辈。

看见某物，对于物体来说就有了被动之义，所以"见"又表示"被"。我们常说"见笑了"，就是被别人笑话，做谦辞。

见得多了，就会有一定的见解，故又引申指见解、见识。如成语"真知灼见"。

⊙ 览

𧠻　覽　览
小篆　楷书（繁体）　楷书

"览"是形声兼会意字。小篆从见，从监（照影），会观察之意，监兼表声。隶变后楷书写作"覽"。汉字简化后写作"览"。

《说文·见部》："覽，观也。从见、监，监亦声。"（覽，观察。由见、监会意，监也表声。）

"览"的本义为观察、眺望。如"一览无余"。因此"览"又引申为观赏。如杜甫《望岳》："会当凌绝顶，一览众山小。"

用作名词，表示景致。如《徐霞客游记》："因念黄山当生平奇览。"意思是黄山是我一生所见的最为奇妙的景致。

用作动词，表示阅读。像人们常说的"浏览"，用的就是此义。

⊙ 觅

金文　小篆　楷书（繁体）　楷书

"觅"是会意字。金文从见，从爪，会寻找之意。隶变后楷书写作"覓"。汉字简化后写作"觅"。

《说文》无。

"觅"的本义为寻找。如辛弃疾《永遇乐·京口北固亭怀古》："千古江山，英雄无觅，孙仲谋处。"

引申指偷窃。如《喻世明言·宋四公大闹禁魂张》："我觅得禁魂张员外的一包儿细软，我将归客店里去，安在头边，枕着头。"

⊙ 规

小篆　楷书（繁体）　楷书

"规"是会意字。小篆从夫（成人），从见。古人认为"女智莫如归，男智莫如夫，夫也者，以智帅人者也"，故用成人之见会有法度之意。隶变后楷书写作"規"。

汉字简化后写作"规"。

《说文·夫部》："規，有法度也。从夫，从见。"（规，有法度。由夫、由见会意。）

"规"的本义为法度、法则、章程。如"清规戒律""循规蹈矩""墨守成规"。

由法度、章程引申指典范。如王粲《咏史诗》："生为百夫雄，死为壮士规。"意思是说，人活着就要做人中的豪杰，为国家建功立业；死也要为国捐躯，成为壮士、英雄好汉的楷模。

又引申指画圆的工具。如"圆规"。

用动词，指画圆，加工成圆形。如《国语·周语下》："吾稳成公之生也，其母梦神规其臀以墨。"

引申指谋划。如"规划"。

又引申指规划而占有。如《国语·周语中》："昔我先王之有天下也，规方千里，以为甸服。"

又指效法、模仿。如"规抚"，指仿效、依循；"规仿"，指摹拟仿效；"规法"，指规摹效法。

还可引申指郑重地告诫、劝说，尤指温和地力劝。如"规劝"。

车 部

⊙ 车

甲骨文　金文　小篆　楷书（繁体）　楷书

"车"是象形字。甲骨文是一辆车子的俯视图，金文的形体基本上与甲骨文相同。小篆的形体仅保留了一个车轮。隶变后楷书写作"車"。汉字简化后写作"车"。

《说文·车部》："車，舆轮之总名。夏后时奚仲所造。象形。凡车之属皆从车。"（車，车箱、车轮等部件汇成一个整体，其总称叫车。是夏后时代一个名叫奚仲的人制造的。象形。大凡车的部属都从车。)

"车"的本义是指陆上有轮子的交通工具。如"马车"。后来那些靠轮轴转动而工作的工具也称为"车"。如"纺车"。

近代,人们发明了利用转动的轮子来切削物体的工具,称为"车床",由此,"车"又泛指机器。

⊙ 军

軍　軍　軍　军

金文　小篆　楷书(繁体)　楷书

"军"是会意字。金文从車,从勹(环绕包围),会以车环绕包围之意。小篆承接金文而来,并线条化、整齐化。隶变后楷书写作"軍"。汉字简化后写作"军"。

《说文·車部》:"軍,圜围也。四千人为军。从車,从包省。軍(車),兵车也。"(軍,包围。四千人为一军。由车、由包省会意。车,就是兵车。)

"军"的本义为以车自围扎营、驻扎。军队的编制单位亦可称"军",是古代军队最大的编制单位。

在古代,"军"也指充军,即发配到边远荒凉的地方服劳役。又特指宋代行政区划名,与府、州、监同属于路。

在今天,"军"又泛指有组织的群众集体。如"劳动大军"。

⊙ 轩

軒　軒　轩

小篆　楷书(繁体)　楷书

"轩"是形声字。小篆从車,干声。隶变后楷书写作"軒"。汉字简化后写作"轩"。

《说文·車部》:"軒,曲辀藩车。从車,干声。"(軒,有穹隆曲上的辀辕,而箱后有围蔽的车。从車,干声。)

"轩"的本义为前顶较高、带有帷幕

的车子。如《墨子·公输篇》中"舍其文轩"的"文轩"指的是有纹彩的华车。后泛指车。

古代车子前高后低叫轩,前低后高叫轾,故引申表示高(低)、重(轻)、优(劣)。如"不分轩轾"指不分高下、轻重。比喻对二者的态度或看法差不多。由高下、轻重又引申指高、飞扬。如"轩昂"。

此外,"轩"还指窗户或门。又引申指有窗的长廊或小屋。

⊙ 辑

輯　輯　辑

小篆　楷书(繁体)　楷书

"辑"是形声字。小篆从車,咠声。隶变后楷书写作"輯"。汉字简化后写作"辑"。

《说文·車部》:"輯,车和辑也。从車,咠声。"(輯,车必须汇合众多材料、集中众多工匠方可造成。从車,咠声。)

"辑"的本义为组合众部件而成车厢。如戴侗《六书故》中记载:"辑,合材为车,咸相得谓之辑。"泛指车子。

又引申指整修、补合。如"辑理",指料理;"辑治",指整顿治理;"辑褫",指辑补修治。

由组合成车引申用作"集",指聚集,特指聚集材料编(书刊)。如"辑佚书",指已经亡佚的古书,由后人从其他各种书籍中将那些引用过的句子收集起来,然后尽量按原书整理成一个辑本。

又指整套书籍或资料按内容或写作、发表顺序分成各个部分。如"丛书第九辑""共十辑"。

"逻辑"(logic),是个音译词,指在形象思维和直觉顿悟思维的基础上,对客观世界进一步的抽象。

⊙ 转

转　轉　轉　转

金文　小篆　楷书（繁体）　楷书

"转"是形声兼会意字。小篆从车，專声。隶变后楷书写作"轉"。汉字简化后写作"转"。

《说文·車部》："轉，连也。从車，專声。"（轉，用车运轮。从車，專声。）

"转"的本义是转运，读作zhuǎn。如"转饷"。又引申指转移。如"转让"。进而引申指卖。如《儒林外史》第二十回："现今这房子转的出四十两银子，我拿几两添着进京。"

再引申指改变（方向、位置、形势、情况等）。如"多云转晴"。又表示回环、旋动。如"目不转睛"。

还表示旋转、打转儿，读zhuàn。如"晕头转向"。又引申指闲逛。如"在街上闲转"。

"转"也可表示转折。如"起承转合"。

⊙ 辖

輨　轄　辖

小篆　楷书（繁体）　楷书

"辖"是形声字。小篆从車，害声。隶变后楷书写作"轄"。汉字简化后写作"辖"。

《说文·車部》："轄，车声也。从車，害声。一曰：辖，键也。"（轄，车声。从車，害声。另一义：横穿车轴末端控制车毂的插栓。）

"辖"的本义为插在车轴两端孔内，用来固定车轮与车轴使不脱落的销钉。辖是管制车轮的，故引申指管理、统驭。如"直辖""辖区"。

又引申指卡住。如《太平广记·虎三》："虎怒搏之，棍拆，陷头于中，为左右所辖，进退不得。"又如"辖床""辖手"。用作名词，指侍卫。如《儿女英雄传》第三十七回："当了个难的乾清门辖，好容易升了个等儿。"

⊙ 软

輭　軟　輭　软

小篆　楷书（繁体）　楷书（繁体）　楷书

"软"是会意兼形声字。小篆从車，从而（胡须），会柔软之意，而兼表声。隶变后楷书写作"輭"，俗作"軟"。汉字简化后写作"软"。

《说文》："輭，丧车也。从車，而声。"（輭，丧车。从車，而声。）

"软"的本义为丧车。古代丧车用蒲草裹住车轮，使行车时不颠簸，故引申指物体柔弱、不坚挺，受外力作用后容易变形。如"软糖"。由此引申形容没力气。如"腿软""疲软"。

由柔软引申指温和、不生硬。吴地方言被称为"吴侬软语"，就是针对当地的口音轻细绵软而言。

又引申指生性懦弱、不坚强。如"心软""耳根子软"。进而引申指不用强硬手段。如"软磨硬泡""吃软不吃硬"。

⊙ 轻

輕　輕　轻

小篆　楷书（繁体）　楷书

"轻"是形声字。小篆从車，巠声。隶变后楷书写作"輕"。汉字简化后写作"轻"。

《说文·車部》："輕，轻车也。从車，巠声。"（輕，轻车。从車，巠声。）

"轻"的本义为古代军车名，为兵车中最轻便的。引申指装备灵巧、便捷。如"轻装上阵"。又泛指重量、密度小。如"身轻如燕"。

还引申指用力不猛、程度浅、数量小。如"礼轻情意重"。

数量特别少时，可以忽略不计，因此又引申为不重要、不贵重。如"人微言轻"。

既然已经不重要了，那么便可以随意处置，因此，"轻"又引申指随便、不慎重。如"轻率"。

⊙ 载

戴 載 載 载

金文　小篆　楷书（繁体）　楷书

"载"是形声字。金文和小篆从车，戋声。小篆整齐化。隶变后楷书写作"載"。汉字简化后写作"载"。

《说文·车部》："載，乘也。从車，戋声。"（載，乘坐。从车，戋声。）

"载"的本义为乘坐。如《陌上桑》中说："使君谢罗敷，宁可共载不（否）？"说的是使君问罗敷能不能共乘一辆车。

引申指装运、承运。我们常说"载誉而归"，就是这种用法。又引申指承受、负担、担任。如"厚德载物"，意思是道德高尚者能承担重大任务。

"载"还引申指充满。如成语"怨声载道"，就是怨恨的声音充满道路。

⊙ 轿

轎 轎 轿

小篆　楷书（繁体）　楷书

"轿"形声兼会意字。小篆从车，乔声。隶变后楷书写作"轎"。汉字简化后写作"轿"。

《说文》无。

"轿"的本义为古代一种走山路用的小车。后泛指肩舆。如"轿子"，指旧时一种乘坐工具，方形有顶，三面套帷子，前面有帘，两边各有一根杆子，由人抬或由

骡马驮着走。

"轿车"，古代指一种形如轿的木轮车，由骡马拉着走；现在指供人乘坐的有固定车厢、车顶的汽车。

⊙ 较

較 較 較 较

小篆　楷书（繁体）　楷书（繁体）　楷书

"较"是形声字。小篆从车，爻声。隶变后楷书写作"較"，俗作"較"。汉字简化后写作"较"。

《说文》段注："較，车辀上曲钩也。从车，爻声。"（較，车厢两旁木板的横木上装饰的曲钩。从车，爻声。）

"较"的本义为车厢两旁木板上的横木，上面装饰有曲铜钩。引申指车厢。

作动词，指较量。如"较劲儿"。又引申指计较、计量、算计。如成语"斤斤计较""锱铢必较"都是这种用法。

特指数学上用减法求得的余数，俗称"差"。我国古代有"相并为和，相减为较"的说法，就是取的此义。

虚化为介词，相当于"比"。

做副词，表示程度轻，相当于"略""稍"。

⊙ 辈

輩 輩 辈

小篆　楷书（繁体）　楷书

"辈"是会意兼形声字。小篆从车，非声。隶变后楷书写作"輩"。汉字简化后写作"辈"。

《说文·车部》："輩，若军发车百两为一輩。从车，非声。"（輩，军队发车一百辆叫作一輩。从车，非声。）

"辈"的本义为分成行列的百辆战车。引申指类别、等级。如古代时，马分上、中、下辈，"辈"就是指类。后只用于指人

的类别。如常用的"非等闲之辈"。

引申指家族世系相承的顺序、长幼尊卑的行次,相当于"代"。如"英雄辈出""长辈""晚辈"。由一代人之义引申指人的一生。如"一辈子"。

⊙ 输

輸　輸　输

<small>小篆　楷书(繁体)　楷书</small>

"输"是形声字。小篆从车,俞声。隶变后楷书写作"輸"。汉字简化后写作"输"。

《说文·車部》:"輸,委输也。从車,俞声。"(輸,用车转运。从車,俞声。)

"输"的本义为从一个地方运送到另一个地方。如"运输""输出"。引申指交出、缴纳。如"输征",指缴纳赋税。交出则无,故又引申指失败。

又引申指表达、传达。如杜甫《莫相疑行》:"当面输心背面笑。"其中的"输心"就是真心的意思。

又引起申指泄露、报告。如《战国策·秦策》:"常以国情输楚。"意思就是曾经把秦国的情况泄露给楚国。

⊙ 轮

輪　輪　轮

<small>小篆　楷书(繁体)　楷书</small>

"轮"是形声兼会意字。小篆从車,俞声,俞兼表条理之意。隶变后楷书写作"輪"。汉字简化后写作"轮"。

《说文·車部》:"輪,有辐曰轮,无辐曰辁。从車,俞声。"(輪,有车辐的叫轮,没有车辐的叫辁。从車,俞声。)

"轮"的本义为车轮。如《诗经·魏风·伐檀》:"坎坎伐轮兮。"意思是砍伐车轮叮叮当当。泛指机械上转动的圆形部件。如"滑轮"。

由车轮又引申指形状像轮子的事物。如张若虚《春江花月夜》:"皎皎空中孤月轮。"又引申指周围、边缘。如"轮廓"。

由轮子转动又引申指转动、回转。进而引申指依次更替、轮流。如"轮番上阵"。

在佛教理论中有"轮回"一说,指有生命的东西永远像车轮运转一样在六道中循环转生。

用作量词,指形状如轮的事物或动作。如"一轮明月"。还用于年龄,十二岁为一轮。

⊙ 辕

轅　轅　辕

<small>小篆　楷书(繁体)　楷书</small>

"辕"是形声字。小篆从车,袁声。隶变后楷书写作"轅"。汉字简化后写作"辕"。

《说文·車部》:"轅,辀也。从車,袁声。"(轅,大车上成对的直辕。从車,袁声。)

"辕"的本义为车前驾御牲畜的部分。泛指车。如"辕辙",指车迹;"辕议",指车夫的议论,泛指街谈巷议。

古代帝王外出止宿时,用车围成屏藩,又将两辆车的辕竖起对峙成门形,称为"辕门"。后引申指军营的门,或高级衙署。如罗贯中《三国演义》第十六回:"吕奉先射戟辕门,曹孟德败师淯水"。

"辕"又用作上古地名,故地在今山东省禹城县境内。

⊙ 轰

轟　轟　轰

<small>小篆　楷书(繁体)　楷书</small>

"轰"是会意字。小篆从三"車",会群车过处轰然作响之意。隶变后楷书写作

"轟"。汉字简化后写作"轰"。

《说文·车部》:"轟,群车声也。从三车。"(轟,成群的车辆行进的声音。由三个"車"字会成群之意。)

"轰"的本义为群车行驶时发出的巨大响声。如"火车轰隆隆地飞驰而过"。也泛指巨大的声响(如雷鸣、炮击、爆破等的隆隆声)。

引申形容声势浩大。如"轰动一时"。又引申指大声喧哗、笑闹,狂放。如"闹轰轰"。

用作动词,指雷电冲击、火药爆炸等。如"五雷轰顶"。泛指猛烈攻击。如"写文章轰他"。

此外,"轰"还指驱赶。如"轰麻雀"。

疒部

⊙ 疒

甲骨文	金文	小篆	楷书

"疒"是会意兼形声字。甲骨文从人,从爿(像床竖起之形),会人得了重病躺在床上之意,爿兼表声。隶变后楷书写作"疒"。

《说文·疒部》:"疒,倚也。人有疾病,像倚著之形。凡疒之属皆从疒。"(疒,倚靠。人有疾病,像靠着、挨着的样子。大凡疒的部属都从疒。)

"疒"的本义为重病。小病称"疾"。

"疒"是个部首字。凡由"疒"组成的字,都与疾病有关。如"疤""症""瘤"。

⊙ 疾

甲骨文	金文	小篆	楷书

"疾"是会意字。甲骨文像一个人中了一箭之形。金文的形体与甲骨文大致相同。小篆左边的"人"变成了"疒"。隶变后楷书写作"疾"。

《说文·疒部》:"疾,病也。从疒,矢声。"(疾,疾病。从疒,矢声。)

"疾"的本义为箭伤。后来泛指一切疾病。有病则痛苦,故又引申指疾苦、忧患。如郑板桥《潍县署中画竹呈年伯包大中丞括》:"疑是民间疾苦声。"

有忧患,则不完美,故又引申指缺点、毛病。如《孟子·梁惠王下》:"寡人有疾。"缺点令人反感,故引申为憎恨、痛恨。

另外,"疾"字由"矢"(箭)组成,箭矢的飞行速度非常快,所以"疾"可以表示快速、急速。如王维《观猎》:"草枯鹰眼疾。"又引申指敏捷、轻快。如孟郊《登科后》:"春风得意马蹄疾。"

⊙ 病

小篆	楷书

"病"是形声字。小篆从疒,丙声。隶变后楷书写作"病"。

《说文·疒部》:"病,疾加也。从疒,丙声。"(病,轻病加重。从疒,丙声。)

"病"的本义为重病,病加重了。如《韩非子·孤愤》:"与死人同病者。"后来泛指疾病。如嵇康《与山巨源绝交书》中"若吾多病困"的"病困"就是指为疾病所困扰。

由疾病又引申指缺点、毛病。如司马光《训俭示康》:"吾不以为病。"意思是我不把这作为缺点。又引申指疾苦、贫困。如白居易《寄唐生》:"惟歌生民病。"

有了疾病,自然会担心,故又引申指担心、忧虑。如《论语·卫灵公》:"君子病无能焉,不病人之不己知也。"

⊙ 疼

癑 疼

<small>小篆　　楷书</small>

"疼"是形声字。小篆从疒（表示与疾病有关），冬声。隶变后楷书写作"疼"。

《说文》无。

"疼"的本义为湿病。又表示由疾病或创伤引起的疼痛。如《灵枢经·刺节真邪》："寒胜其热，则骨疼肉枯。"

对疼痛之人会加以照顾，故引申指爱惜、疼爱。如孟称舜《桃花人面》："满庭花落地，则有谁疼？"

⊙ 疗

癒 療 疗

<small>小篆　　楷书（繁体）　　楷书</small>

"疗"是形声字。小篆从疒（表示与疾病有关），尞声。隶变后楷书写作"療"。汉字简化后写作"疗"。

《说文·疒部》："療，治也。从疒，尞声。"（療，医治。从疒，尞声。）

"疗"的本义为医治。如"刮骨疗伤"，讲的是关羽攻打樊城时，被毒箭射中右臂。名医华佗为他刮骨疗伤，悉悉有声。旁边的人都掩面失色，关羽却饮酒食肉，谈笑弈棋，神色自若。这里的"疗"就是医治。

引申指治愈、解除。如元好问《阎商卿还山中》："半世虚名不疗贫，栖迟零落百酸辛。"

⊙ 症

癥 癥 証 症

<small>小篆　　楷书（繁体）　　楷书（繁体）　　楷书</small>

"症"是形声字。小篆从疒（表示与疾病有关），徵声。楷书繁体写作"癥"。汉字简化后写作"症"。后又用作"證"的简化字。

《说文》无。

"症"用作"癥"的简化字时，本义为腹内结块的病。如《史记·扁鹊仓公列传》："以此视病，尽见五脏症结，特以诊脉为名耳。"后来比喻事情疑难所在或关键之处。如叶圣陶《倪焕之》："他已经知道民族困厄的症结。"

用作"證"的简化字时，表示病象，即疾病的表现情状。也指疾病。如"对症下药""不治之症"。

⊙ 痒

癢 癢 痒

<small>小篆　　楷书（繁体）　　楷书</small>

"痒"是形声字。小篆从疒（表示与疾病有关），養声。隶变后楷书写作"痒"和"癢"。如今规范化，以"痒"为正体。

《说文·疒部》："癢，瘍也。从疒，羊声。"（癢，痈疮。从疒，羊声。）

"痒"的本义是指一种皮肤不适而令人想抓挠的感觉。如成语"隔靴搔痒"，意思是隔着靴子挠痒痒。比喻说话、作文不中肯、不贴切，没有抓住要害。亦比喻做事不切实际，徒劳无功。

又引申指受到外界因素的吸引、刺激而产生难以抑制的强烈愿望。如"心痒难耐""技痒"。

⊙ 痕

痕 痕

<small>小篆　　楷书</small>

"痕"是形声字。小篆从疒，艮声。隶变后楷书写作"痕"。

《说文·疒部》："痕，胝瘢也。从疒，艮声。"（痕，瘢痕。从疒，艮声。）

"痕"的本义为疮伤痊愈后留下的痕

迹。如白居易《过昭君村》："至今村女面，烧灼成瘢痕。"

泛指痕迹。如刘禹锡《陋室铭》："苔痕上阶绿，草色入帘青。"又如贾岛《江亭晚望》："鸟归沙有迹，帆过浪无痕。"

⊙痛

痛 痛

小篆 　　 楷书

"痛"是形声字。小篆从疒（表示与疾病有关），甬声。隶变后楷书写作"痛"。

《说文·疒部》："痛，病也。从疒，甬声。"（痛，病痛。从疒，甬声。）

"痛"的本义为疼痛。由肉体的痛楚引申指身体或精神感到非常难受。如"痛苦"。又引申指叹惜、怜爱。如孟郊《古兴》："痛玉不痛身，抱璞求所归。"

用作副词，表示程度深，相当于"极""尽情地"。如杜甫《赠李白》："痛饮狂歌空度日，飞扬跋扈为谁雄。"

成语"痛定思痛"，指创痛平复或悲痛的心情平静以后，再追想当时所受的痛苦。出自韩愈《与李翱书》："今而思之，如痛定之人，思当痛之时，不知何能自处也。"

⊙瘟

瘟 瘟

小篆 　　 楷书

"瘟"是形声字。楷书写作"瘟"，从疒，昷声。

《说文》无。

"瘟"的本义为中医所说的人或动物的流行性急性传染病，即瘟疫。如宗懔《荆楚岁时记》："五月五日以五彩丝系臂者，避兵及鬼，令人不病瘟，亦因屈原。""瘟君"，即瘟神，又叫瘟鬼、瘟神爷。

又比喻呆滞得像得了瘟病似的，没有生气。如鲁迅《阿Q正传》："从此王胡瘟

头瘟脑的许多日。"

⊙疯

瘋 瘋 疯

小篆 楷书（繁体） 楷书

"疯"是形声字。楷书繁体写作"瘋"，从疒，風声。汉字简化后写作"疯"。

《说文》无。

"疯"的本义为头风病、偏头疼。引申指神经错乱、精神失常。如"疯病""疯疯癫癫"。疯癫自然无拘束，故而"疯"又用来形容任性放荡，不受管束或无节制地嬉笑哄闹。如"疯闹"。

由疯癫而不自量引申为言行狂妄。如"疯言疯语"。

人神经错乱，做事便不合常理，故又引申指植物生长过快但不长果实。

立 部

⊙立

立 立 立 立

甲骨文 金文 小篆 楷书

"立"是指事字。甲骨文像一个人站在地面上。金文与甲骨文大致相同。小篆线条化。隶变后楷书写作"立"。

《说文·立部》："立，住也。从大立一之上。凡立之属皆从立。"（立，站住。由"大"站立在"一"的上面会意。大凡立的部属都从立。）

"立"的本义为站立。如欧阳修《归田录》："卖油翁释担而立。"由站立引申为建立、竖立。如《商君书·更法》："各当时而立法。"

又引申为君主即位，或确立某种名分。如《史记·廉颇蔺相如列传》："则请立太子为王。"有了名分，便可存在，于是还可以

引申指存在、生存。如"势不两立"。

用作副词，表示立刻、马上。如杨万里《江山道中蚕麦大熟》："晒茧摊丝立地干。"这里的"立地"是即刻、马上的意思，表示时间很短。

⊙ 竞

甲骨文　金文　小篆　楷书（繁体）　楷书

"竞"是会意字。与"竟"同源。甲骨文是二"竞"相并，像两人吹乐器之状，会比赛谁吹奏得强之意。金文复杂化。隶变后楷书写作"競"。汉字简化后写作"竞"。

《说文·誩部》："競，强语也。一曰：逐也。从誩，从二人。"（競，强烈的争辩。另一义：角逐。由誩、由两个"人"字会意。）

"竞"的本义为比赛、角逐，相互争胜。如《韩非子·五蠹》中"上古竞于道德"的"竞于道德"，指的是用道德来衡量。

由比较、衡量引申为争辩。如颜之推《颜氏家训》："有山东学士与关中太史竞历（历法）。"这里的"竞"就是争辩的意思。

由本义竞争、角逐引申指强劲。如成语"南风不竞"，是说一方快要输了，也就是败局已定。后比喻竞赛的对手力量不强。

用作副词，指争着。如陆游《喜雨》："虚檐雨竞泻，平野苗尽立。"

⊙ 亲

金文　小篆　楷书（繁体）　楷书

"亲"是形声字。金文从见，辛声，表示常见。小篆改为从见，亲声。隶变后楷书写作"親"。汉字简化后写作"亲"。

《说文·子部》："親，至也。从见，亲声。"（親，密切之至。从见，亲声。）

"亲"的本义为关系密切、亲近，读作qīn。泛指有血缘关系或婚姻关系的人。又特指婚姻。如"成亲"。又引申指亲近、接近。如诸葛亮《出师表》："亲贤臣，远小人。"

用作副词，表示亲自、亲身。如《孟子·离娄上》："男女授受不亲，礼也。"

又读作qìng，特指两家儿女婚配的亲戚关系。最初这一称呼只流行于皇亲国戚的联姻上，后来范围扩大，寻常婚配双方的亲戚关系也可以称为"亲家"。

⊙ 竖

小篆　楷书（繁体）　楷书（繁体）　楷书

"竖"是会意兼形声字。小篆从臤（操作）从豆（高脚食器）会意，表示如豆样坚立，豆兼表声。隶变后楷书写作"豎"；俗作"竪"，改为从立。汉字简化后写作"竖"。

《说文·臤部》："豎，竖立也。从臤，豆声。"（竖，竖立。从臤，豆声。）

"竖"的本义为立、直立。引申为纵，与"横"相对。"横竖"一词，有两层意思。一指纵横交错。如梁简文帝《明月山铭》："霞文横竖。"二是反正，表示肯定。如"横竖是个死"。

旧称未成年的人为"竖"，即童子。由身份低微的童子又引申为童仆。如《列子·说符》："又请杨子之竖追之。"因童仆地位低下，故"竖"又引申为对人的鄙称。如"竖子"。

⊙ 童

金文　小篆　楷书

313

"童"是会意兼形声字。金文从辛（刑刀），从目，从東（脊篓），会用刑刀刺瞎奴隶的一只眼睛之意，東兼表声。小篆省略了目，增加了土。隶变后楷书写作"童"。

《说文·辛部》："童，男有罪曰奴，奴曰童，女曰妾。从辛，重省声。"（童，男人有罪称为奴，奴叫作童，女人有罪称为妾。从辛（辛），重省声。）

"童"的本义是古代有罪受髡刑的奴隶。由于髡刑削发，而古代小孩子不蓄发，所以引申指未成年的奴仆。泛指小孩儿。如成语"童叟无欺"。

又引申指没有结婚的。如"童男童女"就是指未结婚的男孩和女孩。

还引申指秃顶。草木就好像是山的头发，所以山无草木也可以称为"童"。

⊙ 竭

小篆　　楷书

"竭"是形声字。小篆从立，曷声。隶变后楷书写作"竭"。

《说文·立部》："竭，负举也。从立，曷声。"（竭，背举在肩背上。从立，曷声。）

"竭"的本义为背举、用肩背负。由本义引申指举出、亮出。如《荀子·不苟篇》："长短不饰，以情自竭，若是则可谓直士矣！"

后借作"渴"，指（水）干涸、枯竭。如曹操《步出夏门行》："水竭不流，冰坚可蹈。"由水枯竭义，引申指用完、穷尽。如"精疲力竭"。

由用尽又引申指败坏、毁灭。如《庄子·胠箧》："唇竭齿寒。"大意是嘴唇没了牙齿就会外露受寒。由穷尽又引申指停滞、遏止。如黄遵宪《人境庐诗草》："开口如

悬河，滚滚浪不竭。"

⊙ 端

甲骨文　金文　小篆　楷书

"端"是形声字。本写作"耑"。甲骨文字形像生长出地面的植物，左右两点表示水。金文、小篆都是由甲骨文直接演化而来。隶变后楷书写作"端"。

《说文·立部》："端，直也。从立，耑声。"（端，直。从立，耑声。）

"端"的本义为植物发芽生长。由此引申为开头。如《荀子·君道》："法者，治之端也。"意思是，法律，是治国的开端。又可以表示事物的一头或一方面。如"顶端"。

由开头引申为头绪、原由。如"端倪"就是指事物的头绪，而"无端"就是没有缘由。

还可以引申指正。如"端庄""端坐"。进而引申为正直。如在形容一个人品行不好时，我们会说他"品行不端"。

用作动词，指用手很平正地拿。如"端盆""端茶"。

穴 部

⊙ 穴

金文　小篆　楷书

"穴"是象形字。小篆像古人居住的半地下土窑之形。金文很像土室或岩洞。小篆与金文差别不大。隶变后楷书写作"穴"。

《说文·穴部》："穴，土室也。从宀，八声。凡穴之属皆从穴。"（穴，土室。从宀，八声。大凡穴的部属都从穴。）

"穴"的本义即是洞穴。如"虎

穴""蚁穴"。引申为墓穴，即埋棺材的坑。如《诗·王风·大车》："谷则异室，死则同穴。"

此外，"穴位"是中国传统医学的一项重要发现，一般分布在神经末梢密布或较粗的神经纤维经过的地方。

"穴"是个部首字，凡由"穴"组成的字大都与房室或窟窿有关。如"窨""窝"等。

⊙ 空

空 空 空

金文　小篆　楷书

"空"是形声兼会意字。金文和小篆皆从穴，工声，隶变后楷书写作"空"。

《说文·穴部》："空，窍也。从穴，工声。"（空，孔穴。从穴，工声。）

"空"的本义为孔洞。引申指空虚、空荡荡。进而引申指没有实质内容、不切实际的想法或语言。如"空想""空话"。由空又引申指空间、天空。

用作副词，指徒然地、白白地。如"空跑一趟"就是"白跑一趟"的意思。

还可以表示只、仅。如崔颢《黄鹤楼》："此地空余黄鹤楼。"

"空"还是佛教用语，指万物从因缘生，没有固定，虚幻不实。因此"空门"又指佛门。

现在主要用作名词，指闲暇、空闲，读作 kòng。如："你现在有空吗？"

⊙ 突

突 突 突

甲骨文　小篆　楷书

"突"是会意字。甲骨文从犬，从穴，会狗从洞中一下子猛地蹿出之意。小篆整齐化。隶变后楷书写作"突"。

《说文·穴部》："突，犬从穴中暂出也。从犬在穴中。一曰：滑也。"（突，狗在洞中突然而出。由"犬"在"穴"中会意。另一义说：突是挑拨。）

"突"的本义是急速地外冲。如古书中常常出现的"突骑"一词，即冲锋陷阵的精锐骑兵。

由急速地外冲引申为穿、破。如《左传·襄公二十五年》："宵突陈城。"这是说夜里攻破了陈城。

用作名词，特指烟囱。如"墨突不黔"，是说墨子东奔西走，每到一地，烟囱还没有熏黑，就又到别处去了。后来人们就用"墨突不黔"形容一个人事情繁忙，奔走不已。

用作副词，指突然、猝然。如"突如其来"。

⊙ 窗

窗 窗

小篆　楷书

"窗"是象形兼会意兼形声字。小篆像天窗之形，即在屋上留个洞，可以透光、出烟。由于"囱"后来专门指烟囱，故另加义符"穴"来表示天窗。隶变后楷书写作"窗"。

《说文·囱部》："囱，在墙曰牖，在屋曰囱。窗，或从穴。"（囱，在墙壁上的叫牖，在屋顶上的叫囱。窗，囱的或体，从穴。）

"窗"的本义是天窗，指设在屋顶上用以透光和通风的窗子。古代的窗一般有两种，一种是天窗，一种是旁窗。如王充《论衡·别通》："凿窗启牖。"这里的"窗"指天窗，"牖"指旁窗。

此外，"窗"也泛指房屋、车船上通气透光的洞口。

窟

小篆　　楷书

"窟"是形声兼会意字。小篆从土，屈声。隶变后楷书写作"窟"，从穴（表示洞穴），屈声，屈兼表屈身之意。

《说文》无。

"窟"的本义为洞穴。如《战国策·齐策》："狡兔有三窟。"引申指土室。如《礼记·礼运》："昔者先王未有官室，冬则居营窟。"进而引申指某种人或物聚集之处。如"贫民窟""石窟"。

窍

小篆　　楷书（繁体）　楷书

"窍"是形声字。小篆从穴（表示孔洞），敫声。隶变后楷书写作"窾"。汉字简化后写作"窍"。

《说文·穴部》："窾，空也。从穴，敫声。"（窾，孔穴。从穴，敫声。）

"窍"的本义是孔、洞。如苏轼《石钟山记》："有大石当中流，可坐百人，空中而多窍。"意思就是有一块巨石矗立在水流中间，可以坐得下一百人，中间是空的并且多孔。

又引申指人或动物耳、目、口、鼻等器官之孔。如成语"七窍生烟"，意思就是人的两耳、两眼、两鼻孔和口冒烟。形容气愤或焦急到极点。又比喻事情的关键或要害。如"诀窍""窍门"。

窑

小篆　　楷书（繁体）　楷书（繁体）　楷书

"窑"是形声字。小篆从穴，羔声。隶变后楷书写作"窯"和"窰"。如今规范

化，以"窑"为正体。

《说文·穴部》："窯，烧瓦灶也。从穴，羔声。"（窯，烧制陶器的灶。从穴，羔声。）

"窑"的本义是烧制砖瓦陶器的灶。如成语"窑头土坯"，即窑灶上未经烧制的砖瓦坯。比喻土里土气、未曾受教化的人。

由烧制陶器使用的灶引申指古代名窑烧制出来的陶器。如"窑器"（陶瓷器）。

穿

小篆　　楷书

"穿"是会意字。小篆从牙在穴中，会穿通之意。隶变后楷书写作"穿"。

《说文·穴部》："穿，通也。从牙在穴中。"（穿，穿透。由"牙"在"穴"中会意。）

"穿"的本义为穿破、穿通。如"水滴石穿""百步穿杨"。又引申指挖掘、开凿。如"穿井"也就是指凿井。

还可以表示通过、插入（空隙、空间等）。如苏轼在《念奴娇·赤壁怀古》中说"乱石穿空"，就是陡峭不平的石壁插入天空的意思。由此引申指把衣服、鞋袜等套在身上。

用作名词，指墓穴。如词语"穿中记"，指的是古代墓穴中的题志。

窃

小篆　　楷书（繁体）　楷书

"窃"是会意兼形声字。小篆从穴，从米，从禼（蝎子类爬虫），会钻穴盗物之意，禼兼表声。隶变后楷书写作"竊"。汉字简化后写作"窃"，从穴，切声。

《说文·米部》："竊，盗自中出曰窃。从穴，从米，禼、廿皆声。"（竊，偷米从

穴中出来叫窃。由穴、米会意。卨和甘都表声。）

"窃"的本义为偷、盗。如《周礼·山虞》："凡窃木者有刑罚。"引申指偷偷地、暗地。如"窃骂"即偷偷咒骂。

用作名词，指盗贼。如《三国演义》第四十七回："岂不闻背主作窃，不可定期？"

"窃"还可用作谦词。如"窃以为"，即私下里以为。这是一种谦虚地表达自己观点的方式，表示自己的观点不一定能够得到大家认可。

⊙ 窄

笮 窄

小篆　　　楷书

"窄"是形声字。小篆从竹，乍声。隶变后楷书写作"窄"，从穴（表示空间范围窄小），乍声。

《说文》无。

"窄"的本义为空间狭小、狭窄。引申指地域狭隘。如俗语"冤家路窄"，即仇敌相逢在窄路上。指仇人或不愿意见面的人偏偏相遇。

由空间狭窄引申指范围不宽广。如"知识涉及面比较窄"。

由空间、地域狭小又引申指人的气量狭小不容人。如"心胸狭窄"。

⊙ 窝

窩 窩 窝

小篆　　楷书（繁体）　　楷书

"窝"是形声字。楷书繁体写作"窩"，从穴，咼声。汉字简化后写作"窝"。

《说文》无。

"窝"的本义为鸟兽昆虫的巢穴。如"燕窝"。引申指人居住或隐藏避难用的窟穴。如"安乐窝"。

用作动词，指藏匿。如"窝藏"等。在窝栖身，不能伸展，故又引申指弯曲、蜷缩。如"窝在家里"。因为不能舒展，故又引申指郁积而得不到发作或发挥。如"窝火"。

因为窝穴向下洼陷，故又引申指洼陷、凹隐的地方。如"山窝"。

示 部

⊙ 示

示 示 示 示

甲骨文　金文　小篆　楷书

"示"是象形字。甲骨文像用两块石头搭起的简单祭台之形。金文把甲骨文的底座变为"小"，表示供桌的支架。隶变后楷书写作"示"。

《说文·示部》："示，天垂象，见吉凶，所以示人也。从二（上）；三垂，日、月、星也。观乎天文，以察时变。示，神事也。凡示之属皆从示。"（示，上天垂下天文图像，体现人事的吉凶，这些图像是用来显示给人们看的东西。从二代表天上；三竖笔，分别代表日、月、星。人们观看天文图像，用来考察时世的变化。示是神的事。大凡示的部属都从示。）

"示"的本义是古人祭祀祖先与鬼神时所使用的祭台，因为祭祀被古人当作头等大事，所以，"示"后引申为神灵的象征。

由于古人缺乏科学知识，各种自然天象便被认为是神明显灵，向人们垂示吉凶。于是，"示"引申为垂示。如"上天示瑞"，指的就是上天显示出祥瑞之兆。

由垂示又引申指把事物拿出来或指出

来让人知道。如"表示"。

⊙ 祭

甲骨文　　金文　　小篆　　楷书

"祭"是会意字。甲骨文从示（祭台），从又（手），从肉，会以手持肉置于祭台上致祭之意。金文大体相同。小篆整齐化。隶变后楷书写作"祭"。

《说文·示部》："祭，祭祀也。从示，以手持肉。"（祭，祭祀鬼神。从示，用手拿着肉供奉神前。）

"祭"的本义是祭祀。旧时祀神、供祖或以仪式追悼死者都可称"祭"。如"祭天"。

祭祀时人们口中念念有词，所以又引申指念咒、使用法宝。如"祭起法宝"中的"祭"就是指使用。

祭祀要杀牲，故又泛指杀。如《礼记·月令》："鹰乃祭鸟。"意思为老鹰于是捕杀鸟儿。

此外，"祭"还用作古国名。春秋时代有一个姬姓国叫"祭"（亦写作"郑"），读作zhài。

⊙ 禁

小篆　　楷书

"禁"是会意兼形声字。小篆从示（表鬼神），从林（坟地多植树，故坟地特称"林"），会令人忌讳的坟地之意，林兼表声。隶变后楷书写作"禁"。

《说文·示部》："禁，凶吉之忌也。从示，林声。"（禁，指有关吉凶之事的避忌。从示，林声。）

"禁"的本义是令人忌讳的坟地，读作jìn。泛指忌讳、避讳。如"百无禁忌"。

由本义引申指不许、制止、阻止。如"令行禁止"。进而又引申指约束、控制。如"禁欲"。

监狱用来控制人的恶念，所以"禁"又有拘囚、关押之意。如"监禁"。

在古代，皇帝住的地方不许闲人进入，故而又特指皇帝住的地方。如"紫禁城"。

此外，"禁"还指巫术符咒之法。如"禁术"即禁咒之术。

读作jīn，指胜任，承受得起。如"禁得起"。由此又可引申指忍住、控制住。如"情不自禁"。

禾 部

⊙ 禾

甲骨文　　金文　　小篆　　楷书

"禾"是象形字。甲骨文、金文都像一株成熟了的谷子，沉甸甸的谷穗弯垂着。小篆线条化，与甲骨文、金文的形体大体相同。隶变后楷书写作"禾"。

《说文·禾部》："禾，嘉谷也。二月始生，八月而孰，得时之中，故谓之禾。禾，木也。木王而生，金王而死。从木，从烝省。烝象其穗。凡禾之属皆从禾。"（禾，美好的谷子。二月开始发芽生长，到八月成熟，得四时中和之气，所以叫它禾。禾是木属。春天木旺就生长，秋天金旺就死去。由木、由烝省会意。下垂的人像它的谷穗。大凡禾的部属都从禾。）

"禾"的本义是谷子。泛指庄稼。如李绅《悯农二首》之一："锄禾日当午，汗滴禾下土。"

有时，"禾"还特指禾苗，就是初生没有吐穗的水稻。

"禾"是个部首字。凡由"禾"组成

的字，都与五谷、粮食、作物等义有关。如"稻""秧""稞"。

⊙ 秀

秀 秀

小篆　　楷书

"秀"是会意字。小篆从禾，从乃，会谷子抽穗开花如奶之意。隶变后楷书写作"秀"。

《说文·禾部》："秀，上讳。"（秀，已故汉光武帝之名。）

"秀"的本义是谷物吐穗开花。如"秀外慧中"，这里的"秀"指秀丽；"慧"通"惠"，指聪明。

"秀"由秀丽又引申为优秀、特异等。如《史记·屈原贾生列传》："闻其秀才，召置门下。"

还有"秀才"一词，原是一种泛称，指秀异之士。后来才成了读书人的通称。

作为名词，"秀"指草木之花。如《楚辞·山鬼》："采三秀兮于山间。"

⊙ 和

和 和 和 和

甲骨文　金文　小篆　　楷书

"和"是形声字。甲骨文从龠（口吹排箫），禾声。金文大体相同。小篆整齐化。隶变后楷书写作"和"。

《说文·口部》："和，相应也。从口，禾声。"（和，相应和。从口，禾声。）

"和"的本义是一种笙类乐器，读作hé。引申为和谐、协调。如《礼记·乐记》："其声和以柔。"

有了音乐，便渴望歌唱，而一个人唱歌很无趣，需要有人来应和，所以"和"也表示应和，读作hè。

此外，"和"还可以表示和解、息争而归于和平。在古代，"和平"作为一个词，多是和顺的意思。如《礼记·乐记》："血气和平。"

⊙ 委

委 委 委

甲骨文　小篆　　楷书

"委"是会意字。甲骨文从女，从禾，像古代秋收时妇女钎（裁）取割倒堆在地上的谷穗的丰收景象，用以会禾谷堆积之意。小篆整齐化。隶变后楷书写作"委"。

《说文·女部》："委，委随也。从女，从禾。"（委，逶迤（委曲自得的样子）。由女、禾会意。）

"委"的本义是曲折。如《史记·天官书》上说："委曲小变，不可胜道。"堆放之物很杂乱，有曲折意，所以"委"又引申为堆放、存放。如"如土委地"就是像泥土一样堆放在地上的意思。

又引申指丢弃、抛弃。如《孟子·公孙丑下》中的"委而去之"，意思是抛弃并离开了。由把某物或某事丢给别人，引申为委托、托付。如"委以重任"。

用作名词，指水的下流。如成语"穷源竟委"就是比喻彻底搞清事情的始末。

⊙ 稍

稍 稍

小篆　　楷书

"稍"是会意兼形声字。小篆从禾，从肖（微小肉末），会禾稼的末稍之意，肖兼表声。隶变后楷书写作"稍"。

《说文·禾部》："稍，出物有渐也。从禾，肖声。"（稍，谷物长出而渐进。从禾，肖声。）

"稍"的本义是禾稼的末梢。泛指事物的末端、枝叶。如"柳梢"就是指柳树的枝叶。

用作形容词，指逐渐。如《史记·秦

楚之际月表》:"献孝之后,稍以蚕食六国。"意思是,秦国自献公和孝公之后,渐渐地开始蚕食六国。

又引申指略微、稍微。如成语"稍纵即逝"。还可以表示程度深,相当于"颇""甚"。如董解元《西厢记诸宫调》:"姐姐稍亲文墨。"意思是姐姐颇为喜爱文字笔墨。

⊙ 租

租 租

小篆　楷书

"租"是形声字。小篆从禾,且声。隶变后楷书写作"租"。

《说文·禾部》:"租,田赋也。从禾,且声。"(租,按田亩收取谷税。从禾,且声。)

"租"的本义为田赋。泛指税收。又引申指租用,即付钱在一定时期内使用。如《宋史·刘宰传》:"租户于主有连姻。"又引申指出租,即收费让人暂时使用。如"房屋出租"。

用作名词,指租金,即租用所交付或出租所收取的钱物。如"房租"。

⊙ 稠

稠 稠

小篆　楷书

"稠"是形声兼会意字。小篆从禾,周声,周兼表布满之意。隶变后楷书写作"稠"。

《说文·禾部》:"稠,多也。从禾,周声。"(稠,多密。从禾,周声。)

"稠"的本义为禾苗多而密。泛指多。如北齐颜之推《颜氏家训·勉学》中有"稠人广坐"之句,这里的"稠"和"广"意思相同,都是指多。"稠人广坐"意思是,人多,座位多。

又引申指繁密。如白居易《杂曲歌辞·乐世》上说:"管急丝繁拍渐稠,绿腰宛转曲终头。"所谓"拍渐稠",就是指节拍渐渐繁密起来了。

还可以表示浓厚、浓稠,与"稀"相对。

⊙ 秉

秉 秉 秉 秉

甲骨文　金文　小篆　楷书

"秉"是会意字。甲骨文像手拿一把禾稻之形。金文中禾在右边,手在左边。小篆承接金文,手满把攥住禾稻。隶变后楷书写作"秉"。

《说文·又部》:"秉,禾束也。从又持禾。"(秉,禾一把。由"又"(手)持握"禾"会意。)

"秉"的本义是禾把、禾束。如《诗经·小雅·大田》:"彼有遗秉。"意思是(收割后)那边田里还有遗落的禾把。

因为禾把是用手拿的,所以又引申指手拿着、手持。如《古诗十九首·生年不满百》:"何不秉烛游?"

由拿着禾把又引申指主持、掌握。如《汉书·霍光传》:"光秉政前后二十年。"

"秉"还可以表示坚持、拥有。如《诗经·小雅·小弁》:"君子秉心。"

⊙ 秦

秦 秦 秦 秦

甲骨文　金文　小篆　楷书

"秦"是会意字。甲骨文从廾(双手)持午(杵)舂禾,会舂捣收打禾麦之意。金文与甲骨文大体相同。小篆承接金文,但下部只保留了一个"禾"字。隶变后楷书写作"秦"。

《说文·禾部》:"秦,伯益之后所封国。地宜禾。从禾、舂省。一曰:秦,禾名。"（秦，伯益的后裔所封的国名。此地适宜禾谷生长。由禾、由春省去曰会意。另一义说：秦，禾名。）

"秦"的本义是粮食。后来引申为春秋时代的国名，即秦国。

现在的陕西省中部平原地区在春秋战国时期为秦国的地盘，所以这片地区也称"秦"。如"秦声"，指陕、甘一带的戏曲音乐。

⊙ 稚

稺 稺 稚

小篆　楷书（繁体）　楷书

"稚"是形声字，小篆从禾，犀声。隶变后楷书写作"稺"。异体作"稚"，从隹声。如今规范化，以"稚"为正体。

《说文·禾部》："稺，幼禾也。从禾，犀声。"（稺，幼禾。从禾，犀声。）

"稚"的本义为幼禾。如"稚稼"，指迟期种植的稻谷。泛指年小、幼小。如"稚态"。由幼小，又引申指儿童、孩子。如"稚儿"。

由幼禾又引申指迟、晚。如《管子》："后稚逢殃。"其中"后稚"指日暮时。由迟、晚进一步引申指骄傲放纵、傲慢。如《管子·重令》："菽粟不足，末生不禁，民必有饥饿之色，而工以雕文刻镂相稚也，谓之逆。"意思是：粮食不足，奢侈品生产不禁止，人们必定要挨饿，而工匠们还以雕木镂金相夸耀，这就叫作"逆"。

⊙ 穆

穆 穆 穆

金文　小篆　楷书

"穆"是象形字。金文像一株向下弯垂的禾，禾穗饱满，已经成熟。小篆发生了讹变。隶变后楷书写作"穆"。

《说文·禾部》："穆，禾也。从禾，㚜声。"（穆，禾名。从禾，㚜声。）

"穆"的本义是一种禾谷的名称。

五谷丰登是一件美好的事，"穆"由此引申指美好、和谐。如"穆如清风"。

"穆"还可以表示恭敬、严肃的意思。如《礼记·曲礼下》："天子穆穆。""穆"还是周代一种划分辈分的方法。

⊙ 稷

稷 稷

小篆　楷书

"稷"是形声字。小篆从禾，畟声。隶变后楷书写作"稷"。

《说文·禾部》："稷，齌也。五谷之长。从禾，畟声。"（稷，粟米。是五谷的首领。从禾，畟声。）

"稷"的本义是谷子。如陶渊明《桃花源诗》："菽稷随时艺。"由本义又引申指谷神。如"社稷"，"社"指土地神，"稷"指谷神。

因为土地和谷子是百姓和国家的根本，所以古人认为"社稷"是最神圣的，后来就把"社稷"作为国家的代名词了。

⊙ 稼

稼 稼

小篆　楷书

"稼"是形声字。小篆从禾，家声。隶变后楷书写作"稼"。

《说文·禾部》："稼，禾之秀实为稼，茎节为禾。从禾，家声。一曰：稼，家事也。一曰：在野曰稼。"（稼，禾的穗实叫稼，秸秆叫禾。从禾，家声。一说：稼，就像嫁女之事。一说：在田野中的作物叫稼。）

"稼"的本义是成熟的禾穗。如《诗经·豳风·七月》："十月纳禾稼。"后泛指庄稼、田中的作物。由成熟的庄稼引申指种植，从事农业劳动。

成语"不稼不穑"，意思是不种植也不收割，泛指不参加农业劳动。常用来讽刺那些不参加农业劳动的人。如"他那人不稼不穑，迟早要坐吃山空的"。

⊙ 私

私　私

小篆　楷书

"私"是形声字。小篆从禾，厶声。隶变后楷书写作"私"。

《说文·禾部》："私，禾也。从禾，厶声。北道名禾主人曰私主人。"（私，禾名。从禾，厶声。北方叫禾主人作私主人。）

"私"的本义是一种禾名。后来借指男女阴部。如汉·伶玄《赵飞燕外传》："早有私病。"

引申指秘密的、不公开的。如"走私"。进而引申指私人的、个人的。如"私塾"。

用作名词，指私田、私产。进而引申指私下的生活言行。如《论语·为政第二》："退而省其私。"

又引申指偏爱。如诸葛亮《出师表》："不宜偏私。"

⊙ 科

科　科

小篆　楷书

"科"是会意字。小篆从禾，从斗，会以斗量谷物之意。隶变后楷书写作"科"。

《说文·禾部》："科，程也。从禾，从斗。斗者，量也。"（科，程品等级。由禾、由斗会意。斗，是量器。）

"科"的本义是衡量谷物。

经过衡量就能分出等级，故引申指等级、品类。又引申为条目、学术或业务等的分类。如医院的"内科"。

又引申指官署或机关中按工作性质分设的部门。如"人事科"。又引申指生物分类系统的第五级，在目之下，属之上。如"猫科"。

又为戏剧专用名称，指古代戏曲剧本中指示角色表演动作、情态的用语。如"插科打诨"。又引申指旧时培养戏曲演员的教学组织。如"科班出身"。

⊙ 秘

祕　祕　秘

小篆　楷书（繁体）　楷书

"秘"是形声字。小篆从示（代表神灵），必声。隶变后楷书写作"祕"。汉字简化后写作"秘"。

《说文》无。

"秘"的本义是一种香草。

又借作"祕"，表示神。引申指神秘莫测的、隐蔽不公开的、不让人知道的。如"隐秘""秘方"。又引申指稀有的、罕见的。如"秘籍""秘宝"。

用作动词，指保守秘密，不公开，不让人知道。如"秘而不宣"。

⊙ 种

種　種　種　种

小篆　楷书（繁体）　楷书（繁体）　楷书

"种"是形声字。小篆从禾，重声，表示早种晚熟的禾类。隶变后楷书写作"種"和"種"。如今规范化，以"种"为正体。

《说文·禾部》："種，先种后孰也。从禾，重声。"（種，早种晚熟的禾类。从禾，重声。）

"种"的本义为种植，读作 zhòng。如谚语"种瓜得瓜，种豆得豆"。

读作 zhǒng 时，指植物的种子。由传代的种子引申指宗族、种族，即具有共同遗传特征的人群。如《史记·外戚世家》："女不必贵种，要之贞好。"又引申指事物的类别。如《汉书·艺文志》："序六艺为九种。"又引申指生物分类系统的基本单位、物种，在属之下。如"变种"。又引申指胆量、骨气。如"孬种"。

⊙ 程

程 程

小篆　　楷书

"程"是形声字。小篆从禾（表示与谷物有关），呈声。隶变后楷书写作"程"。

《说文·禾部》："程，品也。十发为程，十程为分，十分为寸。从禾，呈声。"（程，程品。十根毛发并排起来叫一程，十程叫一分，十分叫一寸。从禾，呈声。）

"程"的本义为一根头发直径的长度为一程，后用作度量衡的总称。

用作动词，指称量、计量。如"计日程功"。

由称量又引申指事物发展的经过或步骤。如"进程"。又引申指（旅行的）道路、路途。如李白《菩萨蛮》："何处是归程。"又引申指距离。如"里程碑"。

又引申指一段时间。如"一程子"。

⊙ 税

税 税

小篆　　楷书

"税"是形声字。小篆从禾，兑声。隶变后楷书写作"税"。

《说文·禾部》："税，租也。从禾，兑声。"（税，按田亩征收谷物。从禾，兑声。）

"税"的本义为田租。如班固《汉书·刑法志》："有税有赋，税以足食，赋以足兵。"泛指赋税，即国家按规定征收的货币或实物。

用作动词，指征收或交纳赋税。如《韩非子·显学》："耕者则重税。"又引申指租赁、买卖。如袁宏道《月夜归来与长孺道旧》："税花莫计池。"

又引申指利息。如范晔《后汉书》："收税与封君比入。"又引申指赠予、馈赠。如《礼记·檀弓上》："未仕者不敢税人，如税人则以父兄之命。"

矢部

⊙ 矢

甲骨文　金文　小篆　楷书

"矢"是象形字。甲骨文、金文就像箭的样子。小篆线条化，形象已经变得抽象。隶变后楷书写作"矢"。

《说文·矢部》："矢，弓弩矢也。从入，像镝栝羽之形。古者夷牟初作矢。凡矢之属皆从矢。"（矢，弓弩用的箭。从入，像箭头、箭末扣弦处、箭羽的样子。古时候，名叫夷牟的人最早制作箭。大凡矢的部属都从矢。）

"矢"的本义是箭。引申指直。"矢口否认"是说不含糊地一口否认。

在古代，"矢"通"誓"。古代军队出师之前，将士们常以手持箭在神灵的面前起誓，以此祈求神灵保佑他们获取战争的胜利。

⊙ 矫

矫 矫 矫

小篆　楷书（繁体）　楷书

"矫"是形声字。小篆从矢（表示与

323

箭有关），乔声。隶变后楷书写作"矫"。汉字简化后写作"矫"。

《说文·矢部》："矫，揉箭箱也。从矢，乔声。"（矫，把箭揉直的箱子。从矢，乔声。）

"矫"的本义为使箭竿变直的钳子。泛指使弯曲的物体变直。进而引申指纠正、匡正。如"矫正"。

由矫正引申指假托、诈称。如"矫命"。

矫正往往要用强力，故又引申指强壮、勇武。如"矫捷"。

"矫"还表示拂逆、违背。如"矫情干誉"，指故意违背常情以求得美誉。

⊙ 短

短 短

小篆　楷书

"短"是会意字。小篆从矢，从豆；古人度量长短常以矢为尺度，高脚食器"豆"又短于矢，以此会不长之意。隶变后楷书写作"短"。

《说文·矢部》："短，有所长短，以矢为正。从矢，豆声。"（短，有所测量，用箭做标准。从矢，豆声。）

"短"的本义为两点之间的距离小。如"短刀"。引申指时间不长。如"短期"。

又引申指不足、缺少、欠。如杜甫《春望》："白首搔更短。"进而引申指缺点、过失。如"护短"。

还引申指不擅长。如徐珂《清稗类钞·战事类》："西人长火器而短技击。"

衤部

⊙ 初

刌 刌 衪 初

甲骨文　金文　小篆　楷书

"初"是会意字。甲骨文从刀，从衣，会裁衣开始之意。金文和小篆都是由甲骨文演变而来。隶变后楷书写作"初"。

《说文·刀部》："初，始也。从刀，从衣。裁衣之始也。"（初，开始。由刀、由衣会意。裁割衣服的开始。）

"初"的本义为裁衣之始。泛指开始、第一个。如"年初"。

又指开始的一段时间。如"初生"。又引申指最低的等级。如"初级读本"。

用作副词时，表示往昔、当初。如《左传·隐公元年》："初，郑武公娶于申。"意思是，当初，郑武公从申国娶来妻子。又表示时间、频率，相当于"才""刚刚"。如李渔《芙蕖》："用叶者取叶初长足时。"

⊙ 袖

袖 襃 袖

小篆　楷书（繁体）　楷书

"袖"是形声兼会意字。小篆从衣，由声，由兼表手之所由出入之意。隶变后楷书写作"襃"。汉字简化后写作"袖"。

《说文·衣部》："襃，袂也。从衣，采声。"（襃，衣袖。从衣，采声。）

"袖"的本义是衣袖。如《韩非子》："长袖善舞，多钱善贾。"

用作动词，表示藏物于袖中。

跟"袖"有关的成语有"袖手旁观""两袖清风"等。其中，"袖手旁观"就是把手笼在袖子里，在一旁观看。比喻置身事外，既不过问，也不协助别人。如"对有难的朋友袖手旁观是不对的"。

⊙ 袍

袍 袍

小篆　楷书

"袍"是形声字。小篆从衣，包声。隶变后楷书写作"袍"。

《说文·衣部》："袍，襺也。从衣，包声。《论语》曰：'衣弊缊袍。'"（袍，有夹层、中装丝绵的长衣。从衣，包声。《论语》说："穿着破烂的旧丝绵袍子。"）

"袍"的本义是有夹层、中间絮有丝绵的长衣。泛指衣服。

又特指战袍。如《木兰诗》："脱我战时袍，着我旧时裳。"

"黄袍"，是古代帝王的袍服，被视为帝王的象征。"黄袍"作为帝王专用衣着源于唐朝。

⊙补

補　补

小篆　楷书（繁体）　楷书

"补"是形声字。小篆从衣，甫声。隶变后楷书写作"補"。汉字简化后写作"补"。

《说文·衣部》："補，完衣也。从衣，甫声。"（補，将衣服完全补好。从衣，甫声。）

"补"的本义为加上材料将破损的衣服缝缀好。如"补丁"。泛指整修破旧的东西。如"补牙"。

又指把缺少的东西加上，把不足的部分添上。如"多退少补"。也指弥补、补救，救济。如"将功补过"。

又引申指官职有缺位，选员补充。如"补外"。还引申指用处、益处。如"补益"。又引申指补品，促进身体健康的营养品。

"补"还用作春秋时的地名，在今河南省成皋县境。

⊙裸

裸　赢　裸

小篆　楷书（繁体）　楷书

"裸"是形声兼会意字。小篆从衣，赢声，赢（蜗牛）兼表光滑之意。隶变后楷书写作"赢"。汉字简化后写作"裸"。

《说文·衣部》："赢，袒也。从衣，赢声。"（赢，赤身露体。从衣，赢声。）

"裸"的本义为赤身裸体，光着身子。如"裸戏"。又引申指露出的身体。如《左传·僖公二十三年》："及曹，曹共公闻其骈胁。欲观其裸。"后泛指无毛、羽、鳞、甲的动物。如"裸虫"，指没有羽、毛、鳞、甲的动物。包括有人类、蚯蚓等。

⊙褐

褐　褐

小篆　楷书

"褐"是形声字。小篆从衣，曷声。隶变后楷书写作"褐"。

《说文·衣部》："褐，编枲袜。一曰：粗衣。从衣，曷声。"（褐，编织粗麻而成的袜子。一说：褐是用兽毛或粗麻织成的衣服。从衣，曷声。）

"褐"的本义为粗麻编的袜子。泛指粗麻或粗毛编织成的粗布或粗布衣服。如"褐衫"就是指粗布衣。

古代穷人多穿褐衣，故引申指贫贱的人。如《老子》第七十章："知我者希，则我者贵，是以圣人被褐怀玉。""被褐怀玉"即指身穿粗布衣服而怀抱美玉。比喻虽然出身贫寒，但有真才实学。

"褐"又引申指黑黄色，即茶色。如"褐煤""褐藻"。

⊙衫

衫　衫

小篆　楷书

"衫"是形声字。小篆从衣，乡声。隶变后楷书写作"衫"。

《说文》无。

"衫"的本义是短袖的单衣。如《西洲

曲》："单衫杏子红。"泛指衣服。

"青衫"，是唐代品级最低的文官的官服。如白居易《琵琶行》："座中泣下谁最多，江州司马青衫湿。"意思是，座位上谁流下的眼泪最多？江州司马（白居易）的青衫官服被泪水沾湿了。

⊙ 被

褫　被

小篆　楷书

"被"是会意兼形声字。小篆从衣从皮会意，皮兼表声。隶变后楷书写作"被"。

《说文·衣部》："被，寝衣，长一身有半。从衣，皮声。"（被，被子，长度为身体的一又二分之一。从衣，皮声。）

"被"本义是睡眠时用以覆体的夹被、被子。

"被"用作动词，指覆盖、遮盖。如阮籍《咏怀》："凝霜被野草。"由覆盖引申为蒙受、遭受。如《战国策·燕策》："秦王复击轲，被八创。"意思是，秦王又砍击荆轲，荆轲遭受了八处创伤。

鸟部

⊙ 鸟

甲骨文　金文　小篆　楷书（繁体）　楷书

"鸟"是象形字。甲骨文像一只侧立的鸟的形状。金文像一只羽毛丰满的鸟正在向天高歌。小篆与金文相似，线条更加整齐均匀。隶变后楷书写作"鳥"。汉字简化后写作"鸟"。

《说文·鳥部》："鳥，长尾禽总名也。象形。鳥之足似匕，从匕。凡鳥之属皆从鳥。"（鳥，长尾飞禽的总名。象形。鳥的

脚像"匕"字之形，从匕。大凡鸟的部属都从鸟。）

在古代，描述禽类的字大致有两个：一个是"鸟"，一个是"隹"。"鸟"是"长尾禽总名"，即长尾巴的禽类的总名；"隹"则是"短尾禽总名"，即短尾巴的禽类的总名。如今，"鸟"已经作为飞禽的总称，不再按尾巴长短划分。

鸟在高空中自由地飞翔时，能俯视地面上的一切，故引申为从高处俯视地面的景物。如"鸟瞰"。又引申为狭窄陡峻的山间小道。如"鸟道"。

⊙ 鸡

甲骨文　金文　小篆　楷书（繁体）　楷书

"鸡"是象形字。甲骨文、金文都像一只公鸡的形象。小篆变成了从隹（鸟）、奚声的形声字。隶变后楷书写作"雞"。汉字简化后写作"鸡"。

《说文·隹部》："雞，知时畜也。从隹，奚声。"（雞，知道时辰的家畜。从隹，奚声。）

"鸡"的本义是一种家禽。一般指普通家鸡。如孟浩然《过故人庄》："故人具鸡黍，邀我至田家。"

⊙ 鸦

鴉　鸦

小篆　楷书（繁体）　楷书

"鸦"是形声字。繁体楷书写作"鴉"，从鸟，牙声。汉字简化后写作"鸦"。

《说文》无。

"鸦"的本义为乌鸦。如"鸦雀无声"。引申比喻色黑如鸦。如"鸦青"，指鸦羽的颜色，即黑而带有紫绿光的颜色。

"涂鸦"比喻书法拙劣或胡写乱画，

常用作谦辞。

⊙ 鸣

甲骨文	金文	小篆	楷书（繁体）	楷书

"鸣"是会意字。甲骨文右边是一只正在鸣叫的鸟，左边从口，会鸟叫之意。金文变化较大。小篆从鳥，从口。隶变后楷书写作"鳴"。汉字简化后写作"鸣"。

《说文·鳥部》："鳴，鸟声也。从鳥，从口。"（鳴，鸟的叫声。由鸟、由口会意。）

"鸣"的本义是鸟叫。泛指发声。如"鸣石"，指撞击会发出声响的石头。

又引申为闻名、著称。如"以文鸣江东"。

成语"一鸣惊人"，意思是一声鸣叫就使人震惊。比喻平时没有突出的表现，一下子就做出了惊人的成绩。

石部
⊙ 石

甲骨文	金文	小篆	楷书

"石"是象形字。甲骨文左边像岩角，右下角的"口"形表示石块。金文中，岩角之形省为"厂"。小篆同于金文。隶变后楷书写作"石"。

《说文·石部》："石，山石也。在厂之下；口，象形。凡石之属皆从石。"（石，山上的石头。在"厂"之下；口，像石头的形状。大凡石的部属都从石。）

"石"的本义就是石头。比喻坚固、坚硬。如"石心"，指坚定的心志。又引申为碑石。

"石"还可以做重量单位，一百二十市斤为一石，此时应读 dàn。

⊙ 磬

甲骨文	小篆	楷书

"磬"是会意字。甲骨文从殳（手持槌），从声（上是悬绳，下是悬磬）。小篆承接甲骨文，并另加义符"石"。隶变后楷书写作"磬"。

《说文·石部》："磬，乐石也。从石、殸。象县虡之形。殳，击之也。古者毋句氏作磬。"（磬，可奏打击乐的石器。由石、殸会意。（殸）像悬挂石磬的架子的样子。殳，表示用器具敲击石磬。古时候毋句氏制作了石磬。）

"磬"是我国古代的一种乐器，用美石或玉雕成。如《荀子·乐论》："磬似水。"意思是磬声如流水。

⊙ 碎

小篆	楷书

"碎"是形声字。小篆从石，卒声。隶变后楷书写作"碎"。

《说文·石部》："碎，礁也。从石，卒声。"（碎，破碎。从石，卒声。）

"碎"的本义是破碎。如"宁为玉碎，不为瓦全"。

破碎的东西是零散的，所以又引申为零碎、不完整。如文天祥《过零丁洋》："山河破碎风飘絮。"

用作形容词，指琐细、繁杂。如白居易《南湖早春》："乱点碎红山杏发。"

"碎"还可以表示说话唠叨、絮烦。如"碎碎叨叨"。

⊙ 研

研　研

小篆　　楷书

"研"是形声字。小篆从石，开声。隶变后楷书写作"研"，声符开变为开。

《说文·石部》："研，礦也。从石，开声。"（研，磨。从石，开声。）

"研"的本义是细磨。如《齐民要术》："打取杏仁，以汤脱去黄皮，熟研，以水和之，绢滤取汁。"

用于抽象意义，指反复、仔细地分析琢磨、探求。如"研究""钻研"。跟"研"有关的成语大多取的是它的抽象意义，指研究探讨。

"研"在古代也通"妍"，指妍好。如"研和"是美好温和，"研艳"是妍丽华美。

⊙ 碍

礙　礙　碍

小篆　楷书（繁体）　楷书

"碍"是形声字。小篆从石，疑声，隶变后楷书写作"礙"。汉字简化后写作"碍"。

《说文·石部》："礙，止也。从石，疑声。"（礙，阻止。从石，疑声。）

"碍"的本义是阻挡、障碍。如成语"辩才无碍"中的"碍"指滞碍，说话不畅。本是佛教用语，指菩萨为人说法，义理通达，言辞流利。后来泛指口才好，能辩论。

又引申为牵挂。如"一身无碍"，就是一身没有牵挂的意思。

⊙ 磊

磊　磊

小篆　楷书

"磊"是会意字，小篆从三"石"，会众石累积之意。隶变后楷书写作"磊"。

《说文·石部》："磊，众石也。从三石。"（磊，众多的石头累积在一起。由三个"石"字会意。）

"磊"的本义是石头多。如《离骚·山鬼》："石磊磊兮葛蔓蔓。"意思是，石头累累啊葛藤四处缠绕。"磊磊"，形容石头很多的样子。

用于抽象意义，指心地光明坦白。如成语"光明磊落"。

⊙ 砌

砌　砌

小篆　楷书

"砌"是形声字，小篆从石，切声。隶变后楷书写作"砌"。

《说文·石部》新附："砌，阶甃也。从石，切声。"（砌，台阶。从石，切声。）

"砌"的本义是台阶。如李煜《虞美人》："雕栏玉砌应犹在，只是朱颜改。"这里的"雕栏"指雕绘的栏杆，"玉砌"指玉石装饰的台阶。

用作动词，指用和好的灰浆把砖石黏结垒起来。如"砌墙"。

由此又引申为拼凑堆叠。如"堆砌辞藻"就是指将华丽的词语罗列、拼凑在一块儿。

⊙ 碗

鋺　盌　盌　碗

金文　小篆　楷书　楷书

"碗"是形声字。金文从金，夗声，表明"碗"是用金属制成的。小篆将义符"金"换成了"皿"。隶变后楷书写作"盌"。汉字简化后写作"碗"。

《说文》无。

"碗"的本义是一种用来盛食品的圆

形凹心的器具，在形式上通常接近半球形，一般比盘子深，比茶杯大、重。

作量词时，用来计量用碗装的饮食。

古书中常见"碗脱"一词，意思是很多人就像脱于同一模型之碗，个个如此。如《朝野金载》中有"碗脱校书郎"之句，意思是，唐代那些校书郎好像都是一个模子做的。

⊙ 础

礎 礎 础

小篆　楷书（繁体）　楷书

"础"是形声字。小篆从石，楚声。隶变后楷书写作"礎"。汉字简化后写作"础"。

《说文·石部》："礎，础也。从石，楚声。"（礎，石墩。从石，楚声。）

"础"的本义是垫在柱下的石墩。如《淮南子·说林训》："山云蒸，柱础润。"又如"月晕而风，础润而雨"，意思是，月晕出现，就要刮风；础石湿润，就要下雨。比喻从某些征兆可以推知将会发生的事情。

引申指事物的起点或根基。如"基础教育""础石"。

⊙ 碧

琚 碧

小篆　楷书

"碧"是会意兼形声字。小篆从石，从珀（琥珀），会像琥珀的玉石之意，珀兼表声。隶变后楷书写作"碧"。

《说文》无。

"碧"的本义是青绿色的玉石。如《山海经·西山经》上说："高山，其下多青碧。""青碧"就是指青绿色的玉石。绿水和青绿色的玉石颜色相似，所以"碧"引申指绿水。还指青绿色。

成语"苌弘化碧"，讲的是一个叫苌弘的士大夫，一生忠于朝廷，充满了浩然正气。但由于得罪了朝中权贵，蒙冤被害。传说他被杀时，有人收集他的血液藏在家里，三年之后，这些干血块全都化为碧玉。后来人们就用"苌弘化碧"来形容为正义事业而流血献身。

⊙ 硕

頂 頩 碩 硕

金文　小篆　楷书（繁体）　楷书

"硕"是形声字。金文从页（头），石声。小篆承接金文并整齐化。隶变后楷书写作"碩"。汉字简化后写作"硕"。

《说文·页部》："碩，头大也。从页，石声。"（碩，头大。从页，石声。）

"硕"的本义为头大。泛指大。如成语"硕大无朋"，意思是大得没有可以与之相比的，形容极大。

引申指学识渊博。如宋濂《送东阳马生序》："又患无硕师名人与游，尝趋百里之外从乡之先达执经叩问。"其中的"硕师"即是指大师，学问渊博的人。

⊙ 碑

牌 碑

小篆　楷书

"碑"是形声字。小篆从石，卑声。隶变后楷书写作"碑"。

《说文·石部》："碑，竖石也。从石，卑声。"（碑，竖立的石头。从石，卑声。）

"碑"的本义为竖石。泛指刻有文字、图画，竖起来作为标志或纪念物的石块，也用以刻文告。秦代称"刻石"，汉以后称"碑"。

"魏碑"是北朝碑刻的统称，其特点是笔力、字体强劲，是后世书法的楷模。

龙部

⊙ 龙

甲骨文　金文　小篆　楷书（繁体）　楷书

"龙"是象形字。甲骨文形象地表现出了龙的形体。金文的龙有角。小篆由金文演变而来，并线条化了。隶变后楷书写作"龍"。汉字简化后写作"龙"。

《说文·龍部》："龍，鳞虫之长。能幽，能明；能细，能巨；能短，能长；春分而登天，秋分而潜渊。从肉，飞之形，童省声。凡龍之属皆从龍。"（龍，有鳞甲的动物的首领。能使天地幽暗，也能使天地光明；能变得细小，也能变得粗大；能变短，也能变长。春分登上天空，秋分潜入深渊。夕表示肉，像飞的形状，是童省去里为声。大凡龙的部属都从龍。）

"龙"的本义是指古代传说中一种能兴风作雨的神奇动物，它是中华民族共同崇拜的图腾，象征着慈善、力量、丰收和变化。后来也象征皇权。如"真龙天子"。

龙常与虎搭配，用来比拟不凡之人、豪杰之士。如"龙虎风云"，即比喻英雄豪杰际遇得时。

罒部

⊙ 罗

甲骨文　小篆　楷书（繁体）　楷书

"罗"是会意字。甲骨文的上部是个"网"，网下是一只"鸟"，表示鸟被网扣住，有翅难飞。隶变后楷书写作"羅"。汉字简化后写作"罗"。

《说文·网部》："羅，以丝罟鸟也。从网，从维。"（羅，用丝网缚鸟。由网、由维会意。）

"罗"的本义就是用网捕鸟。也指捕鸟的网。如"天罗地网"。由布下罗网又引申为排列、分布。如"星罗棋布"。后来又引申为搜罗或招致。又引申为囊括。如"包罗万象"即囊括了所有的现象。

因为罗是丝织的，所以又可以指轻软的丝织品。如"罗绮"，就是指有花纹的丝织品。

"罗"又指一种密孔的筛子。如"面罗"。还指像罗样的螺形或环状物。如"罗盘"。

⊙ 罯

小篆　楷书

"罯"是形声字。小篆从网（罒），者声，表示布置网罟以捕鸟。隶变后楷书写作"罯"。

《说文·网部》："罯，部署，有所网属。从网，者声。"（罯，按部居处，各有系联、分属的地方。从网，者声。）

"罯"的本义为布置网罟以捕鸟。泛指布置、安排。如《汉书·项籍传》："部署豪杰为校尉、侯、司马。"

⊙ 罢

小篆　楷书（繁体）　楷书

"罢"是会意字。小篆从网，从能（熊类野兽），会以网捉熊之意。隶变后楷书写作"罷"。汉字简化后写作"罢"。

《说文·网部》："罷，遣有罪也。从网、能，言有贤能而入网，而贳（赦免）遣之。"（罷，放遣有罪的人。由网、能会意，说的是有贤能的人陷入法网，而赦免放遣他。）

"罢"的本义为以网捉熊。引申指

疲惫。又引申指完毕、终了。如"说罢""曲罢"。

又引申指免去、免职、废除。如"罢免""罢黜"。进而引申指停止。如"罢休"。

还引申指返回、遣返、遣归。如"罢出"，指退回；"罢散"，指遣散。

⊙ 罪

金文　小篆　楷书（繁体）　楷书

"罪"是会意兼形声字。金文从辛（刑刀），从自（鼻子），会割鼻的酷刑之意。小篆整齐化。隶变后楷书写作"辠"。汉字简化后写作"罪"。

《说文·网部》："辠，捕鱼竹网。从网、非。秦以罪为辠字。"（辠，捕鱼的竹网。由网、非会意。秦始皇用"罪"字代替"辠"字。）

"罪"的本义是指捕鱼的竹网。

借作"辠"，指犯法或作恶的行为。如"罪魁祸首"。又指罪人。如"罪犯"。引申指过失、错误。又引申指判定的刑罚。

用作动词，指惩罚、治罪。如"罪人不孥"，意思是，治罪止于本人，不累及妻子和子女。又引申指归罪、谴责。如"怪罪"。

由惩罚治罪引申指祸殃。如"罪孽"。受惩罚是痛苦的，故又引申指苦难、痛苦。如"遭罪"。

⊙ 羁

小篆　楷书（繁体）　楷书（繁体）　楷书

"羁"是会意字。小篆从网，从𩇨；或另加义符"革"，表示马络头是皮革制成的。隶变后楷书写作"羈"和"羇"。汉字简化后写作"羁"。

《说文·网部》："羈，马络头也。从网，从𩇨。羇，或从革。"（羈，马络头。由网、由𩇨会意。羇，羈的或体，从革。）

"羁"的本义为马络头。进而引申指用笼头系住马头。

由络马头引申为束缚。如"放荡不羁"。进而引申指停留。如方苞《狱中杂记》："不羁晷刻。"是说一点时间也不停留。

"羁"又特指寄居，停留在外不能返乡。如"羁旅"。

⊙ 罩

小篆　　楷书

"罩"是会意兼形声字。小篆从网（罒）从卓（表示网鸟）会意，卓兼表声。隶变后楷书写作"罩"。

《说文·皿部》："罩，捕鱼器也。从网，卓声。"（罩，捕鱼的竹笼。从网，卓声。）

"罩"的本义为捕鱼的竹笼。引申指捕鸟的竹笼或掩网。又指养家禽的竹笼。如"鸡罩"。

泛指像罩的覆盖物。如"灯罩"。

还特指套在其他衣服外面的单衣。如"外罩""罩衣"。

用作动词，指覆盖，套在外面。如"罩袖"，指套在衣袖外面的套袖。

皿 部

⊙ 皿

甲骨文　金文　小篆　楷书

"皿"是象形字。甲骨文形似古代有底座的盘、盂等饮食用的器皿之形。金文基本上与甲骨文相同。小篆承接甲骨文、金文，并整齐化。隶变后楷书写作"皿"。

《说文·皿部》："皿，饭食之用器也。象形。与豆同样。凡皿之属皆从皿。"（皿，盛饭食的用器。象形。与"豆"字构形同样。大凡皿的部属都从皿。）

"皿"的本义为碗碟杯盘之类的饮食用器具。如司马光《训俭示康》："臣家贫，客至无器皿、肴、果，故就酒家觞之。"

⊙ 盂

甲骨文　金文　小篆　楷书

"盂"是形声字。甲骨文从皿，于声。金文和小篆都是从甲骨文演变而来。隶变后楷书写作"盂"。

《说文·皿部》："盂，饭器也。从皿，于声。"（盂，盛饭的器皿。从皿，于声。）

"盂"的本义指盛饮食或其他液体的敞口器皿。泛指食器。

在古代，"盂"还可以用来盛酒。"盂兰盆"，是梵语译音，盂兰是倒悬的意思，盆指供品的盛器。佛法认为供此具可解救已逝去父母、亡亲的倒悬之苦。

⊙ 益

甲骨文　金文　小篆　楷书

"益"是会意字。甲骨文从皿，"皿"上有很多"水"，会水太多而流出盆外之意。金文与甲骨文基本相同。小篆整齐化。隶变后楷书写作"益"。

《说文·皿部》："益，饶也。从水、皿。皿，益之意也。"（益，富饶有余。由"水"在"皿"上会意。皿，是水满溢出来的意思。）

"益"的本义为水满溢出、流出，此义后加义符"水"（氵），写作"溢"。

泛指水涨，引申指增加、增长。如"益寿延年"。

用作名词，指好处、利益。如"权益"。用作副词，指更加、渐渐。如"老当益壮"。

⊙ 监

甲骨文　金文　小篆　楷书（繁体）　楷书

"监"是会意字。甲骨文会人利用皿中之水照自己的容颜之意。金文更突出照视之意。小篆承接金文并整齐化。隶变后楷书写作"監"。汉字简化后写作"监"。

《说文·卧部》："監，临下也。从卧，衉省声。"（监，居上视下。从卧，衉省声。）

"监"的本义为用盆水照视容颜。引申指镜子。又引申指借鉴。如《论语·八佾》："周监于二代。"意思是，周朝的礼仪制度借鉴夏、商两代而制定的。又引申指察视、考察。如《诗经·大雅·皇矣》："监观四方。"

"监"又引申指古代负责察视的官府名。

⊙ 盘

甲骨文　金文　小篆　楷书（繁体）　楷书

"盘"是形声兼会意字。金文从皿，般声。小篆另加义符"木"。隶变后楷书写作"盤"。汉字简化后写作"盘"。

《说文》无。

"盘"的本义为古代盛水供盥洗用的器皿，一般为圆形或长方形，大口、平底、浅腹；用青铜制成，盛行于商周时代。泛指扁浅圆形的器皿、盘子。又引申指形状或功用像盘子的东西。

用作动词，指回旋、环绕。如韩愈《雉带箭》："盘马弯弓惜不发。"其中"盘马"指骑着马绕圈跑。进而引申指徘徊、逗留。如"盘桓"。

⊙ 盥

甲骨文　金文　小篆　楷书

"盥"是会意字。甲骨文的字形像一只手伸向器皿中，手上还有水点，会在盆中洗手之意。金文改为双手，但意义不变。小篆直接由金文演化而来，并整齐化。隶变后楷书写作"盥"。

《说文·皿部》："盥，澡手也。从臼水临皿。"（盥，洗手。由表示两手的"臼"承"水"临于"皿"（盘）上会意。）

"盥"的本义为在盘上承水洗手。又特指古代洗手的器皿。如庾信《周安昌公夫人郑氏墓志铭》："承姑奉盥，训子停机。"

泛指洗、洗涤。如白居易《冷泉亭记》："眼耳之尘，心舌之垢，不待盥涤，见辄除去。"

⊙ 蛊

甲骨文　小篆　楷书（繁体）　楷书

"蛊"是会意字。甲骨文下部是"皿"，皿中有两条虫子。小篆从皿，从蟲。隶变后楷书写作"蠱"。汉字简化后写作"蛊"。

《说文·蟲部》："蠱，腹中虫也。《春秋传》曰：'皿虫为蠱。''晦淫之所生也。'臬桀死之鬼亦为蠱。从虫，从皿。皿，物之用也。"（蛊，腹内中了虫蚀的毒。《春秋左氏传》说："'皿'上有'虫'是'蛊'字。""这种蛊毒是在夜晚淫乱的时候产生的。"斩首倒悬而死的鬼、分裂肢体而死的鬼，也会变成蛊。由虫、由皿会意。皿，是使用的器物。）

"蛊"的本义为古籍中说的一种人工培养的毒虫。引申指害人的邪术。又引申

指诱惑、迷惑。如"蛊惑"。

⊙ 盈

甲骨文　金文　小篆　楷书

"盈"是会意字。甲骨文像一个人站在盆中洗浴，盆中水充溢的样子。小篆改成从皿，从夃（奶水充盈）流出，会器皿充满水之意。隶变后楷书写作"盈"。

《说文·皿部》："盈，满器也。从皿、夃。"（盈，贮满器皿。由皿、夃会意。）

"盈"的本义为器皿充满水。泛指充满。如《左传·庄公十年》："一鼓作气，再而衰，三而竭。彼竭我盈，故克之。"引申指圆满、无残缺。又指丰满而匀称好看。如宋玉《神女赋》："貌丰盈以壮姝兮。"意思是她的体态丰满庄重。

田 部

⊙ 田

甲骨文　金文　小篆　楷书

"田"是象形字。甲骨文、金文、小篆、楷书都像一块方形的大田被纵横的田埂（或者田间小路）分成几块小田。隶变后楷书写作"田"。

《说文·田部》："田，陈也。树谷曰田。象四口；十，阡陌之制也。凡田之属皆从田。"（田，陈列（得整整齐齐）。种植稻谷的地方叫田。（口）像田四周的界限；十，表示纵横的沟涂。大凡田的部属都从田。）

"田"的本义是农田，就是种庄稼的土地。进而引申指耕种。还可以指狩猎。如"焚林而田，竭泽而渔"，意思是把森林烧了去猎捕野兽，把湖水排干了以获得鱼类。比喻做事情不留余地，只顾眼前利益，

不做长远打算。

⊙ 甸

田　申　甸

金文　小篆　楷书

"甸"是会意兼形声字。金文从田，从人，表示人耕治之田，田兼表声。小篆分化出一个从勹（包）从田会意的"甸"字，表示围绕都城的天子之田。隶变后楷书写作"甸"。

《说文·田部》："甸，天子五百里地。从田，包省。"（甸，天子所属的离王城五百里内的田地。由田、由包省会意。）

"甸"的本义为围绕王城五百里内的王田。泛指郊外的地方。又泛指田野、放牧的草地。如谢朓《晚登三山还望京邑》："喧鸟覆春洲，杂英满芳甸。"意思是，喧闹的鸟儿落满了春天的沙洲，各种各样的花儿开满了田野。

⊙ 畴

畴　畴　疇　畴

甲骨文　小篆　楷书（繁体）　楷书

"畴"是象形字。甲骨文像已经耕耙过的田地的纹路之形，表示已经耕作的田。小篆另加义符"田"，以突出田畴之意。隶变后楷书写作"疇"。汉字简化后写作"畴"。

《说文·田部》："疇，耕治之田也。从田，象耕屈之形。"（疇，已经犁耕整治的田地。从田，鸟像犁耕的田沟弯弯曲曲的形状。）

"畴"的本义为耙过的田地。引申为分区。如左思《蜀都赋》："瓜畴芋区。"后比喻立界分域。

"畴昔"，意思是从前、过去。如《左传·宣公二年》："畴昔之羊，子为政。今日我为政。"意思是，昨天分羊肉的事情，你

说了算。今天的事情，就该我说了算。

⊙ 界

界　界

小篆　楷书

"界"是会意兼形声字。小篆从田从介（分隔）会意，介兼表声。隶变后楷书写作"界"。

《说文》无。

"界"的本义为不同地域交接的地方。如"边界"。泛指界限、范围。如"自然界"。又引申指某一特殊的境域。如佛教术语中有"三界"，即欲界、色界、无色界。特指职业、工作或性质相同的一些社会成员的总体。如"思想界"。

用作动词，指划分。如孙卓《游天台山赋》："瀑布飞流以界道。"

⊙ 畅

暢　暢　畅

小篆　楷书（繁体）　楷书

"畅"是形声兼会意字。楷书繁体写作"暢"，从申（闪电），易声，易兼表显扬之意。汉字简化后写作"畅"。

《说文》无。

"畅"的本义为通达、不停滞。引申指舒展、表达。如刘昫《旧唐书》："遂作《体命赋》以畅其情。"又引申指舒适、痛快。如《礼记·乐记》："感条畅之气而灭平和之德，是以君子贱之也。"再引申指尽情。如王羲之《兰亭集序》："虽无丝竹管弦之盛，一觞一咏，亦足以畅叙幽情。"

又指（草木）繁茂、旺盛。《孟子·滕文公上》："草木畅茂，禽兽繁殖。"

用作副词，表示程度，相当于"很"。如董解元《董西厢》："青衫忒离俗，裁得畅可体。"

⊙ 画

夆 書 畫 畫 画

甲骨文　金文　小篆　楷书（繁体）　楷书

"画"是会意字。甲骨文像人用手执笔在纸上画交叉线条，做图画之形，金文和小篆在下面增加了一个"田"字，表示划分田界的意思。隶变后楷书写作"畫"。汉字简化后写作"画"。

《说文·畫部》："畫，界也。象田四界。聿，所以画之。凡畫之属皆从畫。"（畫，画分界限。像田和四周的界畫。聿，是用来分界限的器具。大凡畫的部属都从畫。）

"画"的本义为绘出图形。如"画饼充饥"。也指图画。如"江山如画"。

又指用画装饰的或以图案等装饰的，如"雕梁画栋"。还指谋划、策划。

⊙ 畜

畬 畬 畜 畜

甲骨文　金文　小篆　楷书

"畜"是会意字。甲骨文从田，从糸，表示田里蓄有粮食，家里存有丝织。金文和小篆继承了甲骨文，并整齐化。隶变后楷书写作"畜"。

《说文·田部》："畜，田畜也。《淮南子》曰：'玄田为畜。'"（畜，尽力种田所得的积蓄。《淮南子》说："'玄''田'组成了'畜'字。"）

"畜"的本义为家中积存有衣食，读作 xù。泛指积储。如班固《汉书·食货志》："薄赋敛，广畜积，以实仓廪。"饲养禽兽也是一种积蓄，故又引申指饲养。如"畜牧"。

读作 chù，指饲养的禽兽。如《左传·昭公二十三年》："家养谓之畜，野生谓之兽。"

⊙ 畏

畏 畏 畏 畏

甲骨文　金文　小篆　楷书

"畏"是会意字。甲骨文右为鬼，左为棍棒之形，会鬼执棍棒以使人畏之意。金文与甲骨文相似。小篆因讹变而失去原形。隶变后楷书写作"畏"。

《说文·甶部》："畏，恶也。从甶、虎省。鬼头而虎爪，可畏也。"（畏，因可怕而厌恶。由甶、由虎省会意。鬼的头，虎的爪子，真可怕。）

"畏"的本义为恐惧、害怕。如"不畏强暴"。由此引申为敬服。如"后生可畏"。

由害怕又引申指忌妒、憎恶。如《史记·魏公子列传》："是后魏王畏公子之贤能。"意思是，从这以后，魏王忌妒魏公子的贤能。

⊙ 略

畧 略

小篆　楷书

"略"是形声字。小篆从田，各声，表示经营土地，划定疆界。隶变后楷书写作"略"。

《说文·田部》："略，经略土地也。从田，各声。"（略，划定土地的疆界。从田，各声。）

"略"的本义为分封土地。

用作名词，指疆界。天子分封之后，会巡视封国，故引申指巡视、巡行。如"略地"，指巡视边境。

引申指忽略。如"不以先进略后生，不以上官卑下吏"，意思是，不因自己是前辈而忽视后学晚辈，不因自己职位高而轻视下层官员。又引申指省去、省略。如萧统《文选序》："自非略其芜秽。"

用作名词，指主题的概要。如"史

335

略"。又泛指要点、概要、概况。如《庄子·大宗师》中许由说："我为汝言其大略。"意思是，我为你讲它大概的意思。

由要点引申指谋略。如"宏才大略"。

用作副词，指大约、大致。如"略知一二"。又引申指简略地、稍微。如"简略"。

金（钅）部

⊙ 针

鍼 箴 鍼 針 针

"针"是形声字。小篆从竹，咸声，表示针最初是用竹子做的。隶变后楷书写作"箴"；后改为"鍼"，从金。汉字简化后写作"针"。

《说文·金部》："箴，缀衣箴也。从竹，咸声。"（箴，缝织衣服引线用的针。从竹，咸声。）

"针"的本义为缝织衣服引线用的一种细长的工具。后来因为医疗上的用具跟针形似，所以专指医疗器具。如"针灸"。还引申为像针一样的东西。如"松针""金针"。

还能用作量词，缝衣服、编织时，针穿布的一下为一针。如"缝了四针"。

⊙ 钱

錢 錢 钱

"钱"是会意兼形声字。金文从金从戋会意，戋兼表声。隶变后楷书写作"錢"。汉字简化后写作"钱"。

《说文·金部》："錢，铫也。古田器。从金，戋声。"（錢，锹。古代种田用的农具。从金，戋声。）

"钱"的本义为用以铲土的农具，即铁铲。

古代曾以农具作为交易媒介，其后铸造货币又仿此形，因此"钱"又引申指货币、钱财。也指像铜钱的东西。如"榆钱"。

还能用作量词，一钱为一两的十分之一。

⊙ 铸

鑄 铸

"铸"会意兼形声字。甲骨文字形像两手持一锅熔化了的金属，倒入器皿模子，会铸造器物之意。隶变后楷书写作"鑄"。汉字简化后写作"铸"。

《说文·金部》："鑄，销金也。从金，壽声。"（鑄，销熔金属。从金，壽声。）

"铸"的本义为将金属熔化后倒进砂型或模子里制成器物。如《史记·武帝纪》："禹收九牧之金，铸九鼎，象九州。"意思是，大禹将九州贡来的铜器铸成九个大鼎，象征九州。又引申为造成。如"铸成大错"。

⊙ 铛

鐺 鐺 铛

"铛"是形声字。小篆从金，当声。隶变后楷书写作"鐺"。汉字简化后写作"铛"。

《说文·金部》："鐺，银铛也。从金，当声。"（鐺，银铛，从金，当声。）

"铛"的本义为温器，似锅，三足，读作 chēng。如"酒铛""茶铛"。后来也指烙饼用的平底浅锅。如杜牧《阿房宫赋》："鼎铛玉石，金块珠砾，弃掷逦迤。"

还读作 dāng，用在"银铛"中，指锁

系囚人的刑具铁锁链。如"锒铛入狱"。由链子引申指女子的耳饰。用作象声词，指打击金属发出的声音。

⊙ 钟

鐘 鐘 鍾 钟

小篆　楷书（繁体）　楷书（繁体）　楷书

钟"是形声字。小篆有两个来源：一个从金，童声，表示响器；一个从金，重声，表示容器。隶变后楷书分别写作"鐘"和"鍾"。汉字简化后写作"钟"。

《说文·金部》："鐘，乐钟也。秋分之音，物种成。从金，童声。古者垂作钟。"（鐘，乐器钟。代表秋分时节的音律，至秋而物种成熟。从金，童声。古时候一个叫垂的人制作了钟。）

"钟"的本义是指乐器钟。如"编钟"。引申指佛寺悬挂的钟。如"暮鼓晨钟"。寺院中的大钟有报时作用，所以又引申为计时的钟表。如"时钟"。又引申为时间。如"五点钟"。

"钟"还指酒器。引申为酒杯、茶杯。又引申为古代的量器。如"书中自有千钟粟"。由贮器进而引申为聚集。如"钟情"。

⊙ 钳

鉗 鉗 钳

小篆　楷书（繁体）　楷书

"钳"是形声字。小篆从金，甘声。隶变后楷书写作"鉗"。汉字简化后写作"钳"。

《说文·金部》："钳，以铁有所劫束也。从金，甘声。"（钳，用铁圈束颈脖，有强迫捆绑的对象。从金，甘声。）

"钳"的本义为金属夹具，是用来束颈的铁圈，古刑具之一。后引申指夹持东西的用具，即钳子。如"夹管钳"。引申指用钳子夹持。如"钳网"，即用钳子夹住

物体。又引申指以势力胁迫人就范。另外，螃蟹有一对强壮的螯，形状像钳子，人们习惯上称螃蟹这一对螯为"钳子"。

用于抽象意义，指钳制、缄禁。如"钳口"。

⊙ 锁

鎖 鎖 锁

小篆　楷书（繁体）　楷书

"锁"是形声字。小篆形体从金，肖声。隶变后楷书写作"鎖"。汉字简化后写作"锁"。

《说文·金部》新附："鎖，铁锁，门键也。从金，肖声。"（鎖，铁锁，门锁。从金，肖声。）

"锁"的本义为可启闭的器物。引申指用铁环互相勾连而成的链子。又引申指一种用铁环勾连而成的刑具。进而引申指束缚。如"名缰利锁"，比喻名利束缚人就像缰绳和锁链一样。

用作动词，表示加锁，用锁锁住。又引申指封闭、幽闭。如刘禹锡《城东闲游》："空锁一园春。"进而引申指紧皱。如冯维敏《一世不服老》："闲看世态眉常锁。"

⊙ 铁

鐵 鐵 铁

小篆　楷书（繁体）　楷书

"铁"是形声字。小篆从金，载声。隶变后楷书写作"鐵"。汉字简化后写作"铁"，改为失声。

《说文》无。

"铁"的本义为金属铁。如"打铁"。引申指铁制的农具、武器等。如"手无寸铁"。又引申指像铁的颜色。如"脸色铁青"。

还比喻坚硬、坚强。如"铁饭碗"。进

而引申指确定不移。如"铁证如山"。

⊙ 铅

鈆　鉛　铅

<small>小篆　楷书（繁体）　楷书</small>

"铅"是形声字。小篆从金，㕣声。隶变后楷书写作"鉛"。汉字简化后写作"铅"。

《说文·金部》："鉛，青金也。从金，㕣声。"（铅，青色的金属。从金，㕣声。）

"铅"的本义即为金属铅。如李白《古风五十九首》："药物秘海岳，采铅青溪滨。"

古代指铅粉，系铅白与香料等汇制而成的用以搽脸的化妆品。如"铅白"，即铅粉。

还指用以点校书文或绘画的颜料。如"握铅抱椠"，铅，铅粉；椠，木简，皆为书写用具。指勤于写作、校勘。今又指用墨铅（石墨）或加入带颜料的黏土做的笔心。如"铅笔"。

⊙ 镇

鎭　鎮　镇

<small>小篆　楷书（繁体）　楷书</small>

"镇"是形声字。小篆从金，眞声。隶变后楷书写作"鎮"。汉字简化后写作"镇"。

《说文·金部》："鎮，博压也。从金，眞声。"（镇，广泛地镇压。从金，眞声。）

"镇"的本义为对物体施加压力。引申指抑制、压制、震慑。如"止咳镇痛"。又引申指安定、安抚。如"镇心安神"。还引申指用武力镇守、驻守，使稳定顺服。如"镇守边关"。

由覆压引申指把食物或饮料放在冰、冷水或冰箱里使变凉。如"冰镇西瓜"。

"镇"又指集镇、市镇。如"景

德镇"。

⊙ 锋

鏠　鏠　鋒　锋

<small>小篆　楷书（繁体）　楷书（繁体）　楷书</small>

"锋"是形声字。小篆从金，逢声。隶变后楷书写作"鏠"，俗省作"鋒"。汉字简化后写作"锋"。

《说文·金部》："鏠，兵岇也。从金，逢声。"（鏠，兵器的尖端。从金，逢声。）

"锋"的本义为刀、剑等兵器的尖端锐利部分。如"锋芒毕露"。借指刀、剑等有刃的兵器。如"锋矢"指刀和箭。

泛指器物尖锐犀利的部分。由此引申指队伍的前列。如"先锋"。又引申比喻气势或尖锐的情势。如"词锋"指犀利的文笔或口才。

"锋"还特指气象上的锋面，即大气中冷、暖气团之间的交界面。如"冷锋"。

"锋"通"蜂"，是一种昆虫名，又可以比喻众多。如《汉书·谷永传》："灾异锋起。"

⊙ 镜

鏡　鏡　镜

<small>小篆　楷书（繁体）　楷书</small>

"镜"是形声字。小篆从金，竟声。隶变后楷书写作"鏡"。汉字简化后写作"镜"。

《说文·金部》："鏡，景也。从金，竟声。"（镜，可照见形影。从金，竟声。）

"镜"的本义为镜子，是一种用来映照形象的器具。古代多用铜磨制，近代制镜改用平面玻璃，背面镀水银，现在则多镀极薄铝片。引申泛指照、照耀。如李商隐《无题》："晓镜但愁云鬓改，夜吟应觉月光寒。"

镜子可照形，故又可以引申指明净。

如杜牧《长安秋望》诗："镜天无一毫。"所谓的"镜天"就是明净的天空。

⊙ 锦

锦 锦 锦

<small>小篆　楷书（繁体）　楷书</small>

"锦"是形声兼会意字。小篆从帛，金声，金兼表色彩之意。隶变后楷书写作"錦"。汉字简化后写作"锦"。

《说文·金部》："錦，襄邑织文。从帛，金声。"（錦，用五彩色织出各种花纹。从帛，金声。）

"锦"的本义为织有彩色花纹图案的丝织品。如"锦旗"。泛指鲜艳华美的。如"锦文"指鲜明华丽的花纹。

"锦"也特指锦袍。如"锦襕衣"指华美的袈裟。又特指锦标、奖赏。

⊙ 错

錯 错 错

<small>小篆　楷书（繁体）　楷书</small>

"错"是形声字。小篆从金，昔声。隶变后楷书写作"錯"。汉字简化后写作"错"。

《说文·金部》："錯，金涂也。从金，昔声。"（錯，用金涂饰。从金，昔声。）

"错"的本义是用金涂饰、镶嵌。如"错金""错银"。引申指交叉。如"错落有致"。又引申指不相合，互相避让、岔开。如"错开"。

又指误差、不正确。如"走错了方向"。

用作名词，指错误、过失。如"将错就错""知错就改"。

⊙ 铺

鋪 铺 铺

<small>小篆　楷书（繁体）　楷书</small>

"铺"是形声兼会意字。小篆从金，甫声，甫兼表展布之意。隶变后楷书写作"鋪"。汉字简化后写作"铺"。

《说文·金部》："鋪，箸门铺首也。从金，甫声。"（鋪，附着在门扇上衔着门环的金属螺形兽面。从金，甫声。）

"铺"的本义为衔门环的底座，读作pū。用作动词，表示把东西展开或摊平。如"铺张扬厉"。又引申指摆设、安排。如"铺陈"。特指展开来详细地叙述。如"铺叙"。

又读作pù，用作名词，指用板子搭的床。如"打地铺"。又引申指店、商店。如"店铺"。

⊙ 银

銀 银 银

<small>小篆　楷书（繁体）　楷书</small>

"银"是形声字。小篆从金，艮声。隶变后楷书写作"銀"。汉字简化后写作"银"。

《说文·金部》："銀，白金也。从金，艮声。"（銀，白色的金属。从金，艮声。）

"银"的本义为一种白色金属元素，通称"银子"。如"白银"。后引申指银质的货币或与货币有关的。如"银库"。

"银"又指银制的器物。如"银盘"。进而引申指色白如银。如"银蟾"指月亮。

⊙ 钻

鑽 鑽 钻 钻

<small>小篆　楷书（繁体）　楷书（繁体）　楷书</small>

"钻"是形声字。小篆从金，赞声。隶变后楷书写作"鑽"。后借用"钻"来表示，从金，占声。汉字简化后写作"钻"。

《说文·金部》："鑽，所以穿也。从金，赞声。"（鑽，用来穿透物体的金属工具。从金，赞声。）

《说文》无。

"钻"借用作"鑽"的简化字时，读作 zuàn，指一种打眼穿孔的工具。如"电钻"。

"钻"也特指钻石。

又读作 zuān，用作动词，指打眼穿孔，即用尖利的物体在另一物体上转动穿孔。如"钻木取火"。由打眼穿孔引申指进入、穿过。又引申指深入探究、研究。如"钻研"。进而引申出为谋取利益而设法找门路的意思。如"钻营"。

⊙ 钉

田 丁 釘 釘 钉

<small>甲骨文　金文　小篆　楷书（繁体）　楷书</small>

"钉"是会意兼形声字。甲骨文、金文像钉子的俯视和侧视之形。小篆改为从金从丁会意，丁兼表声。隶变后楷书写作"釘"。汉字简化后写作"钉"。

《说文·金部》："釘，炼饼黄金。从金，丁声。"（釘，冶炼而成的饼块黄金。从金，丁声。）

"钉"读作 dīng，本义为冶炼而成的黄金饼，但此义今已不用。

借作"丁"，指钉子。如"斩钉截铁"。

引申指紧跟不放、监视。如"侦探最近一直在钉梢"。此义后写作"盯"。

读作 dìng，用作动词，指用钉子或楔子把物体固定或连接起来。如"板上钉钉"。由连接、固定引申指缝缀。如"钉扣子"。

⊙ 锭

鋌 錠 锭

<small>小篆　楷书（繁体）　楷书</small>

"锭"是形声兼会意字。小篆从金，定声，定兼表稳定之意。隶变后楷书写作"錠"。汉字简化后写作"锭"。

《说文·金部》："錠，镫也。从金，定声。"（锭，有足的蒸器。从金，定声。）

"锭"的本义是古代盛熟食而有足的蒸器。又指膏灯。过去又用作货币的金银块，每块重五两、十两、五十两不等。如"金锭"。

用作量词，指计量金、银、墨等物的单位。如《旧五代史》："又令破其匮，内有金银数百锭。"

"锭子"，指纺纱机上的机件，用来把纤维纺成纱，然后绕在筒管上。

目 部

⊙ 目

目 目 目 目

<small>甲骨文　金文　小篆　楷书</small>

"目"是象形字。甲骨文和金文都像一只眼睛之形，周围是眼眶，两旁是眼角，中间是眼珠。小篆把眼睛竖了起来。隶变后楷书写作"目"。

《说文·目部》："目，人眼。象形。重，童子也。凡目之属皆从目。"（目，人的眼睛。象形。眶内的重划二，表示瞳仁。大凡目的部属都从目。）

"目"的本义为人的眼睛。

做动词，表示观看、注视。如"一目了然"。

眼睛长在脸上，向内凹陷，因此"目"又引申为孔眼的意思。如"举一纲而万目张"。由纲与目之间的这种特殊关系，引申指细目、条目，即大类下的小类。

⊙ 盾

盾 盾 盾 盾

<small>甲骨文　金文　小篆　楷书</small>

"盾"是象形字。甲骨文像方块形的

盾牌，金文与甲骨文大体相同。小篆在盾形之中又增加了一个"目"。隶变后楷书写作"盾"。

《说文·盾部》："盾，瞂也。所以扞身蔽目。象形。凡盾之属皆从盾。"（盾，盾牌。用来捍卫身体、蔽护头目的东西。象形。大凡盾的部属都从盾。）

"盾"的本义是盾牌。进而引申指盾形物品，如"金盾""银盾"。

"自相矛盾"，比喻一个人说话或行动前后不统一。

⊙盲

盲　盲

小篆　楷书

"盲"是会意兼形声字。小篆从目，从亡（无眼珠），亡兼表声。隶变后楷书写作"盲"。

《说文·目部》："盲，目无眸子。从目，亡声。"（盲，眼睛里没有眼珠。从目，亡声。）

"盲"的本义为没有眼珠，眼睛失明。如"盲人"。比喻对某种事物不了解、不清楚。如"法盲"。又引申指糊涂、不明事理。如"盲从"。

⊙省

省　省　省　省

甲骨文　金文　小篆　楷书

"省"是会意字。甲骨文上部是个"中"（草）字，下部是一只大眼睛（横目），表示用眼睛观察草。金文基本上同于甲骨文。小篆的形体增加了一大撇。隶变后楷书写作"省"。

《说文·眉部》："省，视也。从眉省，从中。"（省，察视。由眉省去夂、由中会意。）

"省"的本义是视、察看。如《史记·秦始皇本纪》："览省远方。"这里的"省"即视察、察看。在这个意义范围内，"省"字应读作 xǐng。

由视察、察看引申指对自己的思想行为进行检查。如"内省"。又引申指觉悟、明白。如"发人深省"。还引申指探视、问候尊长。如"省亲"。

又读作 shěng，当减少、精简、节约讲。又可作为行政区名。

⊙眉

眉　眉　眉　眉

甲骨文　金文　小篆　楷书

"眉"是象形字。甲骨文下部是眼睛（横着的"目"）。金文更加形象：三根眉毛直接长在上眼皮上，眉下是"目"。小篆的形体线条化了。隶变后楷书写作"眉"。

《说文·眉部》："眉，目上毛也。从目，象眉之形，上像頟理也。凡眉之属皆从眉。"（眉，眼上的眉毛。从目，冂像眉毛的形状，上面的夂像额上的纹理。大凡眉的部属都从眉。）

"眉"的本义为眉毛。如"蛾眉"，蚕蛾触须细长而弯曲，用来比喻女子美丽的眉毛。后来遂用"蛾眉"来借指女子美丽的容貌，或用作美女的代称。如白居易《长恨歌》："宛转蛾眉马前死。"

泛指在上面的。如书的正文上部叫"书眉"。

⊙看

看　看

小篆　楷书

"看"是会意字。小篆从手，从目。人们向前看时，习惯把手放在额头上，以遮挡阳光，"看"的字形正是这一姿势的缩影。隶变后楷书写作"看"。

《说文·目部》："看，睎也。从手下

341

目。"（看，望。由"手"下加"目"字会意。）

"看"的本义为远望。最常用的意义就是用眼睛去注视和观赏。

由注视引申指观察并加以估量、判断。如"看风使舵"。又引申指看待、对待。如"士别三日，刮目相看"。由远望引申指探望、访问。又引申指照看、料理和招待。如范成大《田家留客行》："木臼新春雪花白，急炊香饭来看客。"

⊙ 眨

旷 眨

小篆　　　　楷书

"眨"是形声字。小篆从目，乏声。隶变后楷书写作"眨"。

《说文·目部》新附："眨，目动也。从目，乏声。"（眨，眼睛一闭一开地动。从目，乏声。）

"眨"的本义为眼睛很快地一闭一开。如"眨眼"。又引申指极短的时间。如鲁迅《呐喊·药》："一阵脚步声响，一眨眼，已经拥过了一大簇人。"

"杀人不眨眼"，意思是杀人时眼睛都不眨一下，形容人极其残暴。

⊙ 睡

睡 睡

小篆　　　　楷书

"睡"是会意兼形声字。小篆从目从垂会意，"垂"兼表声。隶变后楷书写作"睡"。

《说文·目部》："睡，坐寐也。从目、垂。"（睡，坐着睡。由目、垂会意。）

"睡"的本义为坐着闭目打盹。如《史记·商君列传》："孝公既见卫鞅，语事良久，孝公时时睡，弗听。"意思是，秦孝公接见卫鞅，卫鞅谈事谈了很久，秦孝公不

时坐着打盹，没有听卫鞅说话。泛指睡觉。

中古以后，"睡"表示睡着。如"卧榻之侧，岂容他人鼾睡"。

⊙ 眠

瞑 瞑 眠

小篆　楷书（繁体）　楷书

"眠"是会意兼形声字。本字为"瞑"。小篆从目，从冥（表示昏暗），冥兼表声。异体作"眠"，改为民声。如今二字表意有明确分工。

《说文·目部》："瞑，翕目也。从目、冥，冥亦声。"（瞑，闭上眼睛。由目、由冥会意，冥也表声。）

"眠"的本义为闭上眼睛。如《山海经·东山经》："余峨之山有兽焉，其状如菟而鸟类喙，鸱目蛇尾，见人则眠，名犰狳。"意思是，余峨山有一种野兽，长得像兔子，但是嘴很像鸟类，眼睛像猫头鹰、尾巴像蛇，看见人就把眼睛闭起来，名叫犰狳。引申指睡觉。如"失眠""安眠"。

⊙ 督

督 督

小篆　　　　楷书

"督"是形声字。小篆从目，叔声。隶变后楷书写作"督"。

《说文·目部》："督，察也。一曰：目痛也。从目，叔声。"（督，察看。另一义说：督是眼睛痛。从目，叔声。）

"督"的本义为察视。如《盐铁论·刑德篇》："令者所以教民也，法者所以督奸也。"意思是，命令是用来教化人民的，法律是用来察视坏人的。引申指督促、监督。如"督过"就是指监督责罚、责备。

作名词，表示统帅诸军的将领。如"督军"。

⊙ 眼

眼　眼

<small>小篆　　楷书</small>

"眼"是形声字。小篆从目，艮声。隶变后楷书写作"眼"。

《说文·目部》："眼，目也。从目，艮声。"（眼，眼睛。从目，艮声。）

"眼"的本义为眼睛。如杜甫《新安吏》："莫自使眼枯，收汝泪纵横。"引申指眼珠。又引申指目力、见识。如"独具慧眼"。又引申指洞穴、孔。如杨万里《小池》："泉眼无声惜细流，树阴照水爱晴柔。"

⊙ 盼

盼　盼

<small>小篆　　楷书</small>

盼"是会意兼形声字。小篆从目，从分，表示眼睛黑白分明，分兼表声。隶变后楷书写作"盼"。

《说文·目部》："盼，《诗》曰：'美目盼兮。'从目，分声。"（盼，《诗经》说："美目（流转），眼珠儿黑白分明啊。"从目，分声。）

"盼"的本义为眼睛黑白分明，比喻美目流转。如《文心雕龙·情采》："夫铅夫铅黛所以饰容，而盼倩生于淑姿"。又引申为看，如"顾盼生姿"。还引申出企望之意。如"盼望"。

⊙ 睿

叡　叡　睿

<small>小篆　楷书（繁体）　楷书</small>

"睿"是会意兼形声字。小篆从目（明察），从又，从谷（空虚的山洼，有畅通义）省，会明智、智慧之意，睿兼表声。

隶变后楷书写作"叡"。汉字简化后写作"睿"。

《说文·叡部》："叡，深明也，通也。从叡，从目，从谷省。"（叡，深明；通达。由叡、由目、由"谷"省去"口"会意。）

"睿"的本义为看得深远，明智通达。如"聪明睿智"。古时也用作臣下对君王、后妃等的敬辞。如王定保《唐摭言·主司失意》："伏乞陛下特开睿鉴，俯察愚衷。"其中的"睿鉴"就是御览、圣鉴，请求帝王明察指示的意思。

⊙ 鼎

𤯀　鼑　鼎　鼎

<small>甲骨文　金文　小篆　楷书</small>

"鼎"是象形字。甲骨文、金文像一个大腹、有足、两耳的器物之形。隶变后楷书写作"鼎"。

《说文·鼎部》："鼎，三足两耳，和五味之宝器也。凡鼎之属皆从鼎。"（鼎，三只脚，两只耳朵，是调和各种味料的珍贵的器物。大凡鼎的部属都从鼎。）

"鼎"的本义是古代烹煮用的器物。鼎是青铜器中最重要的器种之一，是用以烹煮肉和盛贮肉类的器具。

"鼎"是个部首字，凡由"鼎"组成的字都与鼎器有关。如"鼐"。

白部

⊙ 白

𜥊　𜥋　𜥌　白

<small>甲骨文　金文　小篆　楷书</small>

"白"是象形字。关于其字形，有人解释为像火苗燃烧的样子，也有人认为像太阳初升的样子。不过，解释为像一粒白

色谷米是最形象的。《周礼》中干脆称"稻谷"为"白"。

《说文·白部》:"白,西方色也。阴用事,物色白。从入合二;二,阴数。凡白之属皆从白。"(白,西方的颜色。在阴暗处用事,物体的颜色容易剥落为白色。由"入"字包含着"二"字会意;二,表示阴数。大凡白的部属都会白。)

"白"的本义是白米粒。泛指白色。如"白头偕老"。还引申为使清楚、弄明白。如"真相大白"。进而引申为陈述、表明。如"表白"。

又泛指空空的、一无所有。如"白手起家"。又引申指徒然、没有效果、没有原因。如"白费工夫"。

⊙ 的

明 的

小篆　　楷书

"的"是形声字。小篆从日,勺声。隶变后楷书写作"的"。

《说文》无。

"的"的本义为鲜明、明亮,读作dì。引申指箭靶的中心。如"有的放矢"。还特指古代妇女点在面部作为装饰的红点。如傅咸《镜赋》:"珥明珰之迢迢,照双的以发姿。"

又读作dí,表示确实、究竟。如"的确"。

"的"又读作de,用在定语后,表示词与词或短语之间的修饰关系,以及定语和中心词之间的领属关系。

瓜 部

⊙ 瓜

𤓅 𤓎 瓜

金文　　小篆　　楷书

"瓜"是象形字。金文像长长的瓜蔓,中间有一个已经成熟还结在蔓上的大瓜。小篆线条化。隶变后楷书写作"瓜"。

《说文·瓜部》:"瓜,瓞也。象形。凡瓜之属皆从瓜。"(瓜,草本植物的果实。象形。大凡瓜的部属都从瓜。)

"瓜"是一类植物的总称,可以分为很多种类,其中有水果,也有菜蔬。如"西瓜"。引申指状如瓜的器物。如"金瓜"(一种做仪仗的武器)、"瓜皮帽"。有一个很著名的典故"瓜代",指的是接职继任。

⊙ 瓣

瓣 瓣

小篆　　楷书

"瓣"是形声兼会意字。小篆从瓜,辡声,辡兼表两分之意。植物的籽实多成分块开裂状。隶变后楷书写作"瓣"。

"瓣"的本义为瓜类的籽。如"橘瓣"。特指组成花冠的各片。如"花瓣"。引申指物体自然地分成或破碎后分成的部分。如"摔成几瓣"。

用作量词,用于花瓣、叶片或种子、果实、球茎分开的小块儿。如《格物粗谈》:"先于土坑中置蒜一瓣。"

皮 部

⊙ 皮

𤿎 𤿤 皮

金文　　小篆　　楷书

"皮"是会意字。金文的左边是一把长柄平头的铲刀,刀柄的右侧还有一个铁环,右下侧是一只手。小篆只保留了手的部分。隶变后楷书写作"皮"。

《说文·皮部》:"皮,剥取兽革者谓

之皮。从又，爲省声。凡皮之属皆从皮。"（皮，剥取兽皮叫作皮。从又，爲省声。大凡皮的部属都从皮。）

"皮"的本义为兽皮。如《左传·僖公十四年》："皮之不存，毛将焉附？"由兽皮引申指物体的表面。如《史记·郦食其传》："以目皮相。"意思是，只从表面看。

"皮"是个部首字。凡由"皮"组成的字大都与兽皮有关。如"皴""皴"。

⊙ 皱

小篆　楷书（繁体）　楷书

"皱"是形声字。楷书繁体写作"皺"，从皮，芻声。汉字简化后写作"皱"。

《说文》无。

"皱"的本义为皮肤因松弛而起的纹路。如"皱纹"。泛指衣、物等物体表面因收缩或揉弄而形成的凹凸相间的条纹。如"皱褶"，指衣服上折叠的纹路。

作动词，表示收缩、紧蹙。如"衣裳皱了"。

母 部

⊙ 母

甲骨文　金文　小篆　楷书

"母"是象形字。甲骨文是面部朝左曲身跪坐的女子。金文的形体与甲骨文基本上一样。小篆由金文演变而来。隶变后楷书写作"母"。

《说文·女部》："母，牧也。从女，像裹子形。一曰：像乳子也。"（母，像养牛一样哺育子女。从女，像怀抱子女的样子。另一义说：像母给子女喂奶的样子。）

"母"的本义为哺育、抚养孩子长大的母亲。引申指女性中的长辈。如"伯母"。

泛指雌性的。如"母牛""母鸡"。

母亲生儿育女，故"母"字又引申指能产生其他事物的本源。如"字母"，就是能组成单词的符号。

"母"是个部首字。凡由"母"组成的字大都与母亲及生育有关。如"每""毓"。

⊙ 每

甲骨文　金文　小篆　楷书

"每"是个象形字，甲骨文是一个面朝左跪着的妇女之形，头饰盛美。金文的形体基本上与甲骨文相同。小篆变得更艺术了。隶变后楷书写作"每"。

《说文·屮部》："每，艸盛上出也。从屮，母声。"（每，形容草木茂盛上长的样子。从屮，母声。）

"每"的本义是指头饰盛美。引申指植物茂盛。如"原田每每"。又表示每一，每次。如《论语·八佾》："子入太庙，每事问。"引申指经常。如"每每得手"。

羊 部

⊙ 羊

甲骨文　金文　小篆　楷书

"羊"是象形字。甲骨文像正面的羊头之形。金文将羊的眼睛简化为一条直道。小篆整齐化。隶变后楷书写作"羊"。

《说文·羊部》："羊，祥也。从丫，象头角足尾之形。凡羊之属皆从羊。"（羊，吉祥。从丫，像（羊的）头、角、足、尾的形状。大凡羊的部属都从羊。）

"羊"是最早被中国先民们驯化的动物之一。也是十二生肖之一。在中国文化里，羊代表着美好与吉利，"吉羊"就是"吉祥"。

古人以羊作为祭祀时的珍贵祭品。古人祭祀时所用的"太牢""少牢"之中均有羊。

⊙ 美

甲骨文　　金文　　小篆　　楷书

"美"是会意字。甲骨文像一个正面站立的人。金文中，人头上的饰物更为复杂了。小篆直接承接金文。隶变后楷书写作"美"。

《说文·羊部》："美，甘也。从羊，从大。羊在六畜主给膳也。美与善同意。"（美，味道甜美。由羊、由大会意。羊在六畜之中，为供给牲肉之主。"美"字与"善"字构形同意。）

"美"的本义为美丽。如"貌美如花"。由美丽引申为味道鲜美。如"美味的牛排"。又引申指才德或品质好。如"美德"。还引申指好事、善事。如"成人之美"。

"美人"一词，多指容貌美丽的女子。如顾况《悲歌》："美人二八颜如花。"在一些古诗文中，"美人"也指自己所怀念的人、品德美好的人。此外，"美人"还指妃嫔。

⊙ 姜

甲骨文　　金文　　小篆　　楷书

"姜"是会意兼形声字。甲骨文像一个面朝左跪坐的女人。金文的形体与甲骨文相似。小篆整齐化。隶变后楷书写作"姜"。

《说文·女部》："姜，神农居姜水，以为姓。从女，羊声。"（姜，神农氏居住在姜水边，用姜作为姓氏。从女，羊声。）

"姜"的本义为美，但此义现已消失。后来"姜"多用作姓氏。如"姜太公"，即姜子牙。

古书中的"姜桂"本指生姜肉桂。因其味道越老越辣，所以常用来比喻人越到老年性格越刚强。

⊙ 羞

甲骨文　　金文　　小篆　　楷书

"羞"是会意字。甲骨文左边是一只羊，右边是一只手。金文的形体与甲骨文大体相同。小篆从羊，从丑。隶变后楷书写作"羞"。

《说文·丑部》："羞，进献也。从羊，羊，所进也；从丑，丑亦声。"（羞，进献（食品）。从羊，羊是进献的食品；从丑，丑也表声。）

"羞"的本义为进献。如《左传·隐公三年》："可荐于鬼神，可羞于王公。"意思是，可献祭给鬼神，可进献给王公。

引申为怕别人笑话的心理和表情。如"害羞"。又引申为羞耻。如"羞辱"。

用作动词，指使难为情。如"羞他"。又引申指感到耻辱。如"羞与为伍"。

⊙ 群

小篆　　楷书（繁体）　　楷书

"群"是形声字。小篆从羊，君声。隶变后楷书写作"羣"和"群"。如今规范化，以"群"为正体。

《说文·羊部》："群，辈也。从羊，君声。"（群，朋辈。从羊，君声。）

"群"的本义为羊群。如《诗经·小雅·无羊》："谁谓尔无羊？三百维群。"意思是，谁说你没有羊？有三百多群呢。后泛指聚集在一起的人或事物。如"群众""群山"。

由众多引申指会合、聚集。如《论语·卫灵公》:"君子矜而不争,群而不党。"意思是,君子庄重而不与别人争执,聚集在一起而不结党营私。

衣部

⊙ 衣

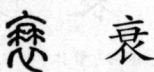

| 甲骨文 | 金文 | 小篆 | 楷书 |

"衣"是象形字。甲骨文、金文都像一件衣服的形状。小篆变化不大。隶变后楷书写作"衣"。

《说文·衣部》:"衣,依也。上曰衣,下曰裳。象覆二人之形。凡衣之属皆从衣。"(衣,(人们)依赖(其遮蔽身体)。上身穿的叫衣,下身穿的叫裳。像(用"人")覆盖两个"人"字之形。大凡衣的部属都从衣。)

"衣"本义指上衣。后来泛指身上穿的各种衣裳服装。如"衣物"。也泛指覆盖物体表面的东西。如"炮衣",即套在炮外面的布套。

用作动词,表示穿衣。如"衣锦还乡"。

⊙ 裳

| 小篆 | 楷书 |

"裳"的本字为"常"。小篆从巾,尚声,指古代的下裙。如今规范化,以"裳"为正体。

《说文·巾部》:"常,下裙也。从巾,尚声。裳,常或,从衣。"(常,下身的裙子。从巾,尚声。裳,常的或体,从衣。)

"裳"的本义为古代的下裙,是男女都穿的一种遮蔽下体的衣裙,不是裤子。如屈原《离骚》:"制芰荷以为衣兮,集芙蓉以为裳。"

后来泛指衣服。如《木兰诗》:"脱我战时袍,著我旧时裳。"

⊙ 衰

| 小篆 | 楷书 |

"衰"是象形字。小篆外面像"衣"之形,中间像编织雨衣的蓑(suō)草下垂之形。隶变后楷书写作"衰"。

《说文》无。

"衰"的本义为用草编织的雨衣。引申为衰弱。又引申为减少。如《战国策·赵策四》:"日食饮得无衰乎?"意思是每天的饮食没有减少吧。

也可以表示懈怠。还可表示枯萎、凋谢。如《长歌行》:"常恐秋节至,焜黄华叶衰。"意思是,常常担心秋天来到之后,树叶儿黄落百草也凋零了。

用作形容词时,指衰老。如《战国策·赵策四》:"而臣衰,窃爱怜之。"

⊙ 裂

| 小篆 | 楷书 |

"裂"是会意兼形声字。小篆从衣从列会意,列兼表声。隶变后楷书写作"裂"。

《说文·衣部》:"裂,缯余也。从衣,列声。"(裂,总帛的残余。从衣,列声。)

"裂"的本义是裁剪后的丝绸残余。引申泛指裂开、撕破。如白居易《琵琶行》:"曲终收拨当心画,四弦一声如裂帛。"

又泛指划分、分割。如《庄子·逍遥游》:"裂地而封之。"意思就是分割土地来分封。

"裂"还可以指败坏。如成语"身败名裂",意思是地位丧失,名誉扫地。指做坏事而遭到彻底失败。

⊙ 装

襄 裝 装

小篆　楷书(繁体)　楷书

"装"是形声字。小篆从衣,壮声。隶变后楷书写作"裝"。汉字简化后写作"装"。

《说文·衣部》:"裝,裹也。从衣,壮声。"(裝,包裹。从衣,壮声。)

"装"的本义是行装。泛指衣物、服装。又引申指衣服或书籍的样式。如"西装""线装"。

还指打扮、装饰。如成语"装点门面","装点"就是装饰。进而引申指假扮、装作。如成语"装聋作哑"。

"装"又引申指装配、安装。如:"今年,村里家家户户都装上了电话。"

⊙ 裁

裁 裁

小篆　楷书

"裁"是形声兼会意字。小篆从衣,戈声,戈兼表剪割之意。隶变后楷书写作"裁"。

《说文·衣部》:"裁,制衣也。从衣,戈声。"(裁,剪裁衣服。从衣,戈声。)

"裁"的本义是剪制衣服。引申泛指剪裁、裁制。如贺知章《咏柳》:"不知细叶谁裁出,二月春风似剪刀。"又引申指削减、去除。如常用的"裁员"。

还引申指衡量、判断、裁定。如"裁决"。做决定时要取舍安排,故又引申指取舍、安排。如成语"别出心裁"。

用作名词,泛指体式、风格。如"体裁"。

糸部

⊙ 糸

甲骨文　金文　小篆　楷书

"糸"是象形字。甲骨文字形,一端像丝束的绪,一端像丝束的头,中间是丝绞。隶变后楷书写作"糸"。

《说文·糸部》:"糸,细丝也。象束丝之形。凡糸之属皆从糸。"(糸,细丝。像一束丝的样子。大凡糸的部属都从糸。)

"糸"的本义为细蚕丝。

用作量词,指丝的二分之一。如徐锴《说文解字系传》:"一蚕所吐为忽,十忽为丝。糸,五忽也。"

⊙ 紫

紫 紫

小篆　楷书

"紫"是形声字,小篆从糸,此声。隶变后楷书写作"紫"。

《说文·糸部》:"紫,帛青赤色。从糸,此声。"(紫,丝织品呈青赤色。从糸,此声。)

"紫"的本义为紫色,由蓝色和红色组成。

在中国古代服饰文化中,贵族和高官的服色多用朱色、紫色,因此"朱紫"一词,多借指高官。如汪洙《神童诗》:"满朝朱紫贵,尽是读书人。"

"紫气"即紫色的云气。古人以紫气为祥瑞之气,附会为帝王、圣贤等出现的预兆。

⊙ 累

小篆　楷书

"累"是会意兼形声字。小篆从糸，从畾（雷声连续），会连缀丝并拧成绳索之意。隶变后楷书写作"累"。

《说文》无。

"累"的本义为相连缀而甚得其条理，读作 léi。又表示绳索。引申指拘系、捆绑。还引申指拖带、牵连。如"牵累（lěi）"。牵累，读作"lěi"。

"累累"，指连缀成串。如"果实累累"。

"累赘"，指多余或麻烦。

用作副词，表示屡次、多次。如"累迁"，指多次升迁。

事物积累多了就会成为负担，故引申指过度辛劳，疲乏，读作 lèi。如"劳累"。

⊙ 紧

小篆　楷书（繁体）　楷书

"紧"是会意兼形声字。小篆从臤（手抓得很牢），从絲省，会丝弦拉紧之意，臤兼表声。隶变后楷书写作"緊"。汉字简化后写作"紧"。

《说文·臤部》："緊，缠丝急也。从臤，从絲省。"（紧，缠丝紧急的状态。由臤、由絲省去一半会意。）

"紧"的本义为将丝弦绷直、拉紧。引申为物体受拉力或压力后呈现的紧张状态。如"缠紧"。又指受外力作用而变得牢固。如"握紧"。

作动词，指使变紧或更紧、收束。如"紧身"。用于时间，指没空闲、不容拖延。如"时间紧"。又指情势急迫、严重。如"紧急"。也指严密、不放松。如"口风

很紧"。又指紧要、重要。如"紧要关头"。又指经济不宽裕。如"紧巴"。

米部

⊙ 米

甲骨文　小篆　楷书

"米"是象形字。甲骨文字形像一株谷穗上结满了沉甸甸的米粒，中间一长横是穗中的茎秆。小篆整齐化。隶变后楷书写作"米"。

《说文·米部》："米，粟实也。象禾实之形。凡米之属皆从米。"（米，米粟的子实。像禾子实的形状。大凡米的部属都从米。）

"米"的本义是粟米，脱壳后为小米。引申泛指粮食作物子实脱壳后的部分。如"玉米"。"不为五斗米折腰"，比喻为人清高，有骨气，不为利禄所动。

⊙ 糟

小篆　楷书

"糟"是形声字。小篆从米，曹声。隶变后楷书写作"糟"。

《说文·米部》："糟，酒滓也。从米，曹声。"（糟，带滓的酒。从米，曹声。）

"糟"的本义是没有过滤清而带滓的酒。引申指以酒或酒糟腌制的食品。如"糟豆腐"。酒糟品质不好，所以又引申指粗恶的食物。如"糟食"。

用作形容词，指事物败坏、糟糕。

用作动词，指糟蹋。

⊙ 类

小篆　楷书（繁体）　楷书

"类"是会意兼形声字。小篆从犬从頪（表相似）会意，頪兼表声。隶变后楷书写作"類"。汉字简化后写作"类"。

《说文·犬部》："類，种类相似，唯犬为甚。从犬頪声。"（類，同一种属、类别的事物相似，只有狗体现得最分明。从犬，頪声。）

"类"的本义是种类、同类。如"类型"。引申指相似。如"类似"。进而引申指类比，即比照事物而分类。如《礼记·月令》："察物色，必比类。"

同类者都有共同的标志，故又引申指法式、法则。如《楚辞·九章·怀沙》："吾将以为类兮。"

⊙ 粮

糧 糧 粮

甲骨文　楷书（繁体）　楷书

"粮"是形声字。小篆从米，量声。隶变后楷书写作"糧"；异体作"粮"，从米，良声。如今规范化，以"粮"为正体。

《说文·米部》："糧，谷也。从米，量声。"（糧，谷物。从米，量声。）

"粮"的本义是粮食。如成语"寅吃卯粮"，意思是寅年吃了卯年的粮食。比喻预先支用了以后的进项。

在古代特指行路用的干粮。"粮"和"食"是有区别的。古人说，"行道曰粮，止居曰食"，这是说：路上带的干粮叫粮，家里吃的有水分的食物叫食。又特指士兵作战用的军粮。如"兵马未动，粮草先行"。

⊙ 粉

粉 粉

小篆　楷书

"粉"是形声兼会意字。小篆从米，分声，分兼表分细之意。隶变后楷书写作"粉"。

《说文·米部》："粉，傅面者也。从米，分声。"（粉，傅布在脸上的粉末。从米，分声。）

"粉"的本义是米细末。也指谷类、豆类作物子实的细末。如《尚书·益稷》上说："藻、火、粉米。"又引申指细末状的物质。如"粉尘"。

还可以指妆饰用的脂粉。

用作动词，表示粉饰、伪装。如"粉饰太平"，意思是把社会黑暗混乱的状况掩饰成太平的景象。还表示使粉碎。如成语"碎身粉骨"。

⊙ 粗

粗 粗

小篆　楷书

"粗"是形声字。小篆从米，且声。隶变后楷书写作"粗"。

《说文·米部》："粗，疏也。从米，且声。"（粗，糙米。从米，且声。）

"粗"的本义是糙米、粗粮。如成语"粗茶淡饭"，就是指简单粗劣的饮食。引申为粗糙、不精细。如常说的"粗布之衣"，意思就是粗布制成的衣服。指粗笨、粗野。如常说的"粗人""粗鲁"。还引申为粗疏、粗略。

⊙ 精

精 精

小篆　楷书

"精"是形声字。小篆从米，青声。隶变后楷书写作"精"。

《说文·米部》："精，择也。从米，青声。"（精，拣择米粒。从米，青声。）

"精"的本义是优质纯净的细米。如"精粮"就是细粮。引申指精气、精粹。如

"精英"，指精粹和英华。

对问题理解透彻，就是掌握了其中的精华，所以"精"还指深入地了解，精通。如"业精于勤，荒于嬉"。

用作形容词，指美妙、美好。如"精妙"。

⊙ 粒

小篆　楷书

"粒"是形声字。小篆从米，立声。隶变后楷书写作"粒"。

《说文·米部》："粒，糂也。从米，立声。"（粒，米粒。从米，立声。）

"粒"的本义为米粒、谷粒。如李绅《悯农》其一："谁知盘中餐，粒粒皆辛苦。"引申指像颗粒的东西。如"盐粒"。

用作量词，形容粒状物。李绅《悯农》其二："春种一粒粟，秋收万颗子。"

⊙ 粥

小篆　楷书（繁体）　楷书

"粥"是会意兼形声字。小篆从米从弼（煮）会意。隶变后楷书写作"鬻"。汉字简化后写作"粥"。

《说文·弼部》："鬻，馆也。从弼、米。"（鬻，稀饭。由弼、米会意。）

"粥"的本义为米粥、稀饭。

"鬻"在古代还借作"卖"，读作 yù。如"卖官鬻爵"。

西部

⊙ 覃

金文　小篆　楷书

"覃"是会意字。金文下边是个酒坛子，上边是"西"（竹器），表示用竹器漉酒，会坛中盛有香气远引的醇厚美酒之意。小篆上边讹为"卤"。隶变后楷书写作"覃"。

《说文·旱部》："覃，长味也。从旱（厚），鹹省声。"（覃，深长的滋味。从旱，鹹省声。）

"覃"的本义为酒味醇厚，香气远引；也指酒坛子。由香气远引，又引申指蔓延，延伸。如"覃覃"，指延展的样子。还可指深入。如"覃思"，即深思。

⊙ 要

金文　小篆　楷书

"要"是会意字。金文形体像一个女子两手叉着腰部的样子。小篆承之，并突出了人的腰部。隶变后楷书写作"要"。

《说文·臼部》："要，身中也。象人要自臼之形。从臼，交省声。"（要，要（腰），身躯的中部。像人两手叉着腰的样子。从臼，交省声。）

"要"的本义为人的腰部，读作 yāo。

引申指邀请。如陶渊明《桃花源记》："便要还家，设酒杀鸡作食。"又引申指要求、强求。如"要挟"。

由腰在身中，引申指纲领、关键。读作 yào，如"不得要领"。又引申为索取、希求。如"漫天要价，就地还钱"。

还引申指将要、即将来临。如"要下雨了"。进而引申为如果。如"要是"。

⊙ 覆

小篆　楷书

"覆"是形声字。小篆从西，复声。隶变后楷书写作"覆"。

《说文·西部》："覆，覂也。从西，复

351

声。"（覆，翻覆。从襾，復声。）

"覆"的本义为翻转。如我们常说的"水能载舟，亦能覆舟"。

引申指倾倒、倒出。如"覆水难收"。又引申指灭亡、败亡。如"颠覆"。

自部

⊙ 自

甲骨文	金文	小篆	楷书

"自"是象形字。甲骨文像人的鼻子的形状。金文承之。小篆线条化，但下部已经看不出鼻孔的样子了。隶变后楷书写作"自"。

《说文·自部》："自，鼻也。象鼻形。凡自之属皆从自。"（自，鼻子。像鼻子的形状。大凡自的部属都从自。）

"自"的本义为鼻子。古人常用手指指自己的鼻子来表示自己，故用作第一人称代词，表示自己。如"自称"。又引申为亲自、自行。如"自立为王"。

用作介词，当从讲。如《论语·学而》："有朋自远方来，不亦乐乎。"

还可表示转折关系，相当于"却""可是"。如苏轼《江城子》："十年生死两茫茫，不思量，自难忘。"

⊙ 臭

甲骨文	小篆	楷书

"臭"是会意字。甲骨文从自，用狗鼻子会闻到气味之意。小篆的形体由甲骨文演变而来。隶变后楷书写作"臭"。

《说文·犬部》："臭，禽走，臭而知其迹者，犬也。从犬，从自。"（臭，禽兽跑了，嗅其气味而知道其逃跑踪迹的，是狗。

由犬、由自会意。）

"臭"的本义为犬用鼻子辨别气味，即嗅。先有了气味，然后才能闻，故引申指一切气味。后来，"臭"专用来表示难闻的气味，即臭味。如"臭味相投"。

舟部

⊙ 舟

甲骨文	金文	小篆	楷书

"舟"是象形字。甲骨文、金文都像一只带有隔板的小船之形。小篆发生了一些变化，上端的曲线很像船尾的舵。隶变后楷书写作"舟"。

《说文·舟部》："舟，船也。古者，共鼓、货狄刳木为舟，剡木为楫，以济不通。象形。凡舟之属皆从舟。"（舟，船。古时候，共鼓、货狄两人，把木挖空来做船，把木削做桨，以渡过不能通过的水流。（舟）像船的形状。大凡舟的部属都从舟。）

"舟"的本义就是船。舟是被水托起来的，所以搁茶碗的小托盘被古人叫作"茶舟"，今天也叫"茶船"。

⊙ 般

甲骨文	金文	小篆	楷书

"般"是会意字。甲骨文从凡（盘），从攴（表动作），会制盘时旋转陶坯使之成形之意。隶变后楷书写作"般"。

《说文·舟部》："般，辟也。象舟之旋，从舟。从殳；殳，所以旋也。"（般，盘旋。像船的旋转，所以从舟。从殳；殳，是使之旋转的工具。）

"般"的本义为旋转制盘。引申指盘桓、徘徊。

又可表示相似、似的、一样，多用在比喻句中。如"雷鸣般的掌声"。

"般若"一词，是佛教的专门用语。本义是"智慧"，指的是通过自己的直觉所能洞察和领悟的无上智慧或最高知识。

⊙ 船

船　船

小篆　　楷书

"船"是形声字。小篆从舟，铅省声。隶变后楷书写作"船"。

《说文·舟部》："船，舟也。从舟，铅省声。"（船，舟。从舟，铅省声。）

"船"本义是水上的交通运输工具。

还指用船运载。如韩愈《平淮西碑》："船粟往哺。"意思是用船运载米粟前去救济。

舌 部

⊙ 舌

舌　舌　舌　舌

甲骨文　金文　小篆　楷书

"舌"是象形字。甲骨文下半部分表示嘴巴，上半部分像伸出来的舌头。小篆整齐化。隶变后楷书写作"舌"。

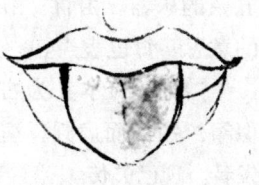

《说文·舌部》："舌，在口，所以言也、别味也。从干，从口，干亦声。凡舌之属皆从舌。"（舌，在口中，是用来说话、辨别滋味的器官。由干、口会意，干也表声。大凡舌的部属都从舌。）

"舌"的本义为舌头。引申指言语。如《论语·颜渊》："夫子之说君子也，驷不及舌。""驷不及舌"即"一言既出，驷马难追"。

⊙ 舒

鉧　舒

小篆　　楷书

"舒"是会意兼形声字。小篆从舍，从予，会伸展之意，予兼表声。隶变后楷书写作"舒"。

《说文·予部》："舒，伸也。从舍，从予，予亦声。一曰：舒缓也。"（舒，伸展。由舍、由予会意，予也表声。另一义说：舒是舒缓。）

"舒"的本义为伸展、展开。还引申指宣泄积滞，抒发。如司马迁《报任安书》："以舒其愤。"意思是以抒发愤懑。

用作形容词，表示徐缓、从容。如"舒缓"。又引申指宽广、广阔。如毛泽东《水调歌头·游泳》："万里长江横渡，极目楚天舒。"

竹（⺮）部

⊙ 竹

竹　竹　竹

金文　小篆　楷书

"竹"是象形字。金文像两枝下垂的竹叶。小篆承之。隶变后楷书写作"竹"。

《说文·竹部》："竹，冬生草也。象形。下垂者，箁箬也。凡竹之属皆从竹。"（竹，经冬不死的草。象形。两边下垂的笔画，表示笋壳。大凡竹的部属都从竹。）

"竹"的本义就是竹子。竹子是古代制作乐器的重要材料，故而"竹"可指代管乐器。还可指代竹简。如"罄竹难书"。

⊙ 笔

笔　笔　聿　筆　笔

甲骨文　金文　小篆　楷书（繁体）　楷书

353

"笔"是会意字。甲骨文的右上侧是一只手，其左是一支笔的样子。金文的形体同于甲骨文。小篆上部的手指伸过了笔杆。隶变后楷书写作"筆"。汉字简化后写作"笔"。

《说文·聿部》："筆，秦谓之笔。从聿，从竹。"（筆，秦地叫它作笔。由聿、由竹会意。）

"笔"的本义就是写字用的笔。引申指书写或记载。如《史记·孔子世家》："笔则笔，削则削。"即记则记，删则删。

"笔札"一词，一般是指笔和纸。可是在《宋史·钱熙传》"善谈笑，精笔札"中，"笔札"却是指"书信"。这句话是说，钱熙不仅善于谈笑，而且还精于写书信。

⊙ 符

符 符

小篆　楷书

"符"是形声字。小篆从竹，付声。隶变后楷书写作"符"。

《说文·竹部》："符，信也。汉制以竹，长六寸，分而相合。从竹，付声。"（符，取信之物。汉朝规定用竹，长六寸，分而相合以取信。从竹，付声。）

"符"的本义为古代朝廷用以传达命令或调兵遣将的凭证。用竹木或金玉制成，上书文字，一符从中剖为两半，朝廷和有关外任官员或将帅各执一半，用时两半对合，表示可信与否。多作虎形，故称"虎符"。引申为相同。如"符合"。

又特指代表事物的标记、记号。如"音符"。

⊙ 筋

筋 筋

小篆　楷书

"筋"是会意字。小篆从力，从肉（月），从竹（俗多用竹皮勒东西），会像竹一样能勒东西的有力之肉之意。隶变后楷书写作"筋"。

《说文·竹部》："筋，肉之力也。从力，从肉，从竹。竹，物之多筋者。凡筋之属皆从筋。"（筋，肉中的筋。由力、由肉、由竹会意。竹，多筋的物体。大凡筋的部属都从筋。）

"筋"的本义为附在骨头或肌腱上的韧带。如"筋肉"。引申指可以看见的皮下静脉血管。如"青筋暴露"。也指肌肉。

还指像筋的东西。如"橡皮筋儿"。

植物的脉络也称"筋"。如"这菜筋多嚼不烂"。

⊙ 筑

築 筑

小篆　楷书

"筑"是形声字，小篆从木，筑声。隶变后楷书写作"筑"。

《说文·竹部》："筑，以竹曲。五弦之乐也。从竹，从巩。巩，持之也。竹亦声。"（筑，用竹尺敲声击出各种乐曲。是五弦的乐器。由竹、由巩会意。巩，持握的意思。竹也表声。）

"筑"的本义为古代一种击弦乐器。似筝，颈细而肩圆。演奏时，以竹尺击弦发音。现已失传。

又指捣土（使坚实）。引申指筑墙、修建。如"修筑"。

⊙ 简

簡 簡 简

小篆　楷书（繁体）　楷书

"简"是形声字。小篆从竹，间声。隶变后楷书写作"簡"。汉字简化后写作"简"。

《说文·竹部》："简，牒也。从竹，間声。"（简，用于画写的狭长竹片。从竹，間声。）

"简"的本义为古代用以书写文字的狭长竹片。引申泛指书籍。在纸张发明以前，"简册"是古代最主要的书写材料。早期的历史是记载在竹简上的。这些竹简先以火烤去湿，再刮去竹青部分，以便于书写和防蛀，称为"汗青"。后来就用"汗青"指代史册。

⊙ 竿

竿 竿

小篆　楷书

"竿"是形声兼会意字。小篆从竹，干声，干兼表杆之意。隶变后楷书写作"竿"。

《说文·竹部》："竿，竹梃也。从竹，干声。"（竿，竹子挺直。从竹，干声。）

"竿"的本义为竹竿。多指已截下来充当各种用途的竹子的主干。如贾谊《过秦论》："斩木为兵，揭竿为旗。"

又特指钓竿。如《庄子·外物》："投竿东海，旦旦而钓，期年不得鱼。"大意是说，在东海畔甩掷钓竿，天天都这样钓鱼，但一年也没有钓上一条。

⊙ 策

策 策

小篆　楷书

"策"是会意兼形声字。小篆从竹从束（带刺的荆棘）会意，束兼表声。隶变后楷书写作"策"。

《说文·竹部》："策，马箠也。从竹，束声。"（策，马鞭。从竹，束声。）

"策"的本义为竹制的马鞭。如贾谊《过秦论》："振长策而御宇内。"大意是挥

动马鞭，驾驭四海。引申指驾驭。如韩愈《马说》中有"策之不以其道"，意思是说驾驭马而不能因其本性而加以驾驭。做动词用表示鞭打。

由鞭打引申为督促、激励。如"鞭策"。

⊙ 管

管 管

小篆　楷书

"管"是形声字。小篆从竹，官声。隶变后楷书写作"管"。

《说文·竹部》："管，如篪，六孔。十二月之音。物开地牙，故谓之管。从竹，官声。"（管，像篪，六孔。是十二月之音。其物贯地发芽，所以叫它管。从竹，官声。）

"管"的本义为古代一种类似于笛的竹制吹奏乐器。圆筒状，有六孔。两支并起来吹奏。今已失传。如《诗经·周颂·有瞽》："既备乃奏，箫管并举。"意思是，已经准备好了，于是就吹奏起来，箫和管两种乐器一起合奏。

后引申泛指管乐器。如我们说的"管弦乐"，就是管乐器、弦乐器合奏的乐曲。

⊙ 箫

簫 簫 箫

小篆　楷书（繁体）　楷书

"箫"是形声字。小篆从竹，肃声。隶变后楷书写作"簫"。汉字简化后写作"箫"。

《说文·竹部》："簫，参差管乐。象凤之翼。从竹，肃声。"（簫，长短不等的竹管乐器。像凤鸟的翅膀。从竹，肃声。）

"箫"的本义是指古代一种竹管乐器，用一组长短不等的细竹管按音律编排而

成。也指一种直吹单管乐器，吹孔在顶端侧沿，正面五孔，背面一孔。初名长笛，也称洞箫。如杜牧在《寄扬州韩绰判官》一诗中说："二十四桥明月夜，玉人何处教吹箫。"

⊙ 篇

篇　篇

小篆　楷书

"篇"是形声兼会意字。小篆从竹，扁声，扁兼表编写之意。隶变后楷书写作"篇"。

《说文·竹部》："篇，书也。一曰：关西谓榜曰篇。从竹，扁声。"（篇，画册。另一义说，关西一带叫榜额作篇。从竹，扁声。）

"篇"的本义为竹简、简册。引申泛指首尾完整的诗文、典籍，成部著作中可以分开的组成部分。如韩愈《送灵师》："少小涉书史，早能缀文篇。"意思是少儿的时候就涉猎历史书籍，年纪不大就能完成完整的诗文。

⊙ 等

等　等

小篆　楷书

"等"是会意字。小篆从竹，从寺（整肃），会齐整竹简之意。隶变后楷书写作"等"。

《说文·竹部》："等，齐简也。从竹，从寺。寺，官曹之等平也。"（等，整齐的竹简。由竹、由寺会意。寺，是官署的竹简整齐的意思。）

"等"的本义为整齐的竹简。引申泛指相同、等同。如《史记·陈涉世家》："今亡亦死，举大计亦死，等死，死国可乎？"意思是说，现在逃亡也是死罪，谋反也是

死罪，等同的死，那么我们为自己的国家而死，可以吗？

特指台阶的级。由此引申为表示数量或程度的级别。如"等级""等次"。

⊙ 笼

龍　籠　笼

小篆　楷书（繁体）　楷书

"笼"是形声字。小篆从竹，龍声。隶变后楷书写作"籠"。汉字简化后写作"笼"。

《说文·竹部》："籠，举土器也。一曰：笭也。从竹，龍声。"（籠，运土的竹器。又叫笭。从竹，龍声。）

"笼"的本义为用竹篾、木条、枝条或金属丝等做成的器具，读作 lóng。又指关养动物、昆虫的笼子。

引申指古代囚禁犯人的刑具、关人的笼子。如"牢笼。"又引申泛指盛物的竹器。引申特指用竹木制成的蒸食物的器具。如"笼屉"。

又读作 lǒng，用作动词，表示笼罩，像笼子一样罩在上面。如杜牧《泊秦淮》："烟笼寒水月笼沙。"又引申指包罗。如"笼络"。还表示藏在袖中。如"笼袖"，指把两手相对伸入两袖中。

⊙ 篮

籃　籃　篮

小篆　楷书（繁体）　楷书

"篮"是形声字。小篆从竹，监声。隶变后楷书写作"籃"。汉字简化后写作"篮"。

《说文·竹部》："籃，大篝也。从竹，

监声。"（籃，大竹笼。从竹，监声。）

"篮"的本义为大竹笼。如"烘篮"指一种取暖工具。引申泛指用竹、藤或柳条编成的用以盛东西的带提梁的器具。如"花篮"。

还特指钉在木架的板上供投球用的带网铁圈。如"篮球"。也指篮球运动或篮球队。如"男篮"。

⊙ 箱

箱　箱

"箱"是形声字。小篆从竹，相声。隶变后楷书写作"箱"。

《说文·竹部》："箱，大车牝服也。从竹，相声。"（箱，大车的车箱。从竹，相声。）

"箱"的本义为车箱。古代居室前堂两旁的房屋，其形制犹如车之厢，故又引申指厢房，正房前面两侧的房屋。

还引申指用竹木等制成方形器具。如"书箱"。又指形状或功用像箱子的东西。如"风箱"。

用作量词，指一个箱子所装的量。如"一箱宝石"。

缶部

⊙ 缶

缶　缶　缶　缶

"缶"是会意字。甲骨文上面是杵，下面是一个器皿，会以杵制作陶瓦器之意。金文线条化。小篆整齐化。隶变后楷书写作"缶"。

《说文·缶部》："缶，瓦器。所以盛酒浆。秦人鼓之以节歌。象形。凡缶之属皆

从缶。"（缶，陶器。用来盛酒浆的器皿。秦地人敲击着它来为唱歌打拍子。象形。大凡缶的部属都从缶。）

"缶"的本义为盛酒浆的瓦器，小口大腹。也有铜制的缶，盛行于春秋战国时期。古人制作瓦器时，常常边拍打边唱歌，"缶"遂演变为瓦质的打击乐器。

⊙ 缺

缺　缺

"缺"是形声兼会意字。小篆从（瓦器），夬声，夬兼表破损之意。隶变后楷书写作"缺"。

《说文·缶部》："缺，器破也。从缶，决省声。"（缺，陶器破缺。从缶，决省声。）

"缺"的本义为器具破损而不完整。如"完美无缺"。

用作动词，指短少、缺乏。如"缺钱"。又引申指不完美、过失。如"缺点"。后又引申指该到未到。如"缺席"。

用作名词，旧指官职的空额，后亦泛指一般职务的空额。如"补缺"。还指亏缺、空缺。

⊙ 缸

缸　缸

"缸"是形声字。小篆从缶，工声。隶变后楷书写作"缸"。

《说文·缶部》："缸，瓦也。从缶，工声。"（缸，陶器。从缶，工声。）

"缸"的本义为大口而无颈的陶器。如"鱼缸"。引申泛指像缸的器物。如"汽缸"。又引申指用沙子、陶土等混合而成的质料制成的器物，多涂釉子。如"缸瓦"。

臼部

⊙ 臼

甲骨文　　金文　　小篆　　楷书

"臼"是象形字。甲骨文、金文都像一个舂米用的石臼之形。小篆的形体与甲骨文、金文基本相同。隶变后楷书写作"臼"。

《说文·臼部》："臼，舂也。古者掘地为臼，其后穿木石。象形。中米也。凡臼之属皆从臼。"（臼，舂米的臼。古时候在地上掘坎成臼，后来挖穿木头或石头（做臼）。像臼的形状，中间像米的形状。大凡臼的部属都从臼。）

"臼"的本义为舂米的石臼。泛指舂捣的器具。如"杵臼"。又比喻形状像臼的东西。如"臼齿"。

臼大都是用石头凿成的，里面的东西不易跳出来，所以可引申为陈旧的格调，这在古代都称为"臼科"，今天多作"窠臼"。

⊙ 舅

小篆　　楷书

"舅"是形声字。小篆男为形旁，表示与男子有关，臼声。隶变后楷书写作"舅"。

《说文·男部》："舅，母之兄弟为舅，妻之父为外舅。从男，臼声。"（舅，母亲的哥哥或弟弟叫作舅，妻子父亲叫作外舅。从男，臼声。）

"舅"的本义为母亲的兄弟。又引申指妻子的兄弟。如"妻舅""小舅子"。在封建王朝中太后或皇后的弟兄，即皇帝的母舅或妻舅，又称"国舅"。

另外，古代帝王称异姓大邦诸侯为"伯舅"，异姓小邦诸侯为"叔舅"。诸侯亦称异姓大夫为"舅"。

耒部

⊙ 耒

金文　　小篆　　楷书

"耒"是象形字。金文左上方是一只手，右边是一个像杈形的农具，会手握农具劳动之意。隶变后楷书写作"耒"。

《说文·耒部》："耒，手耕曲木也。从木推丯。凡耒之属皆从耒。"（耒，手耕时期的曲木。由"木"推着表示草芥的"丯"会意。大凡耒的部属都从耒。）

"耒"的本义是一种耕田用的曲木，是战国时期使用的手耕农具。如《汉书·郦食其传》："农夫释耒。"就是说农民放下手中的耒。又引申为一种像犁的农具，称为"耒耜"。"耒耜"是我国最原始的翻土工具，后世也把各种耕地用的农具都称为"耒耜"。

⊙ 耕

小篆　　楷书

"耕"是形声兼会意字。小篆从耒，井声，井兼表井田之意。隶变后楷书写作"耕"。

《说文·耒部》："耕，犁也。从耒，井声。一曰：古者井田。"（耕，犁田。从耒，井声。一说上古为井田，由井会意。）

"耕"的本义为犁田。又引申指播种。如《商君书·慎法》："民之欲利者非耕不得，避害者非战不免，境内之民莫不先务耕战，而后得其所乐。"意思是，想得到利益的人必须先耕种，想避害的必须先打仗，全国的人无不是先耕地打仗，然后才能得到他所追求的。

⊙ 耘

小篆　楷书（繁体）　楷书

"耘"是形声字。小篆从耒，員声。隶变后楷书写作"耺"。汉字简化后写作"耘"。

《说文·耒部》："耺，除苗间秽也。从耒，員声。"（耺，除去田里的杂草。从耒，員声。）

"耘"的本义为除去田里的杂草。如《墨子》："农夫春耕夏耘，秋敛冬藏。"意思是农民春天耕种，夏天除草，秋天收获，冬天储藏。

引申比喻辛勤攻读。如韩愈《送刘师服》："勉哉耘其业，以待岁晚收。"意思是，辛勤读书，以等最后有所收获。

现在多将"耕""耘"二字合用，组成"耕耘"一词。

页部

⊙ 页

甲骨文　金文　小篆　楷书（繁体）　楷书

"页"是象形字。甲骨文像一个侧身跪坐的人。金文上部是头，下部是臂、身、腿。隶变后楷书写作"頁"。汉字简化后写作"页"。

《说文·頁部》："頁，头也。从百，从儿。古文稽首如此。凡頁之属皆从頁。"（頁，头。由百、由儿会意。古文稽首的"首"字像这个样子。大凡頁的部属都从頁。）

"页"的本义就是头。后来被借用为量词，表示书册的一张或每张的一面。其

头的本义便另加声符"豆"，写作"頭"来表示。简化作"头"，而"页"的本义如今已经消失了。

⊙ 项

小篆　楷书（繁体）　楷书

"项"是形声字。小篆从頁，工声。隶变后楷书写作"項"。汉字简化后写作"项"。

《说文·頁部》："項，头后也。从頁，工声。"（項，脖子的后部。从頁，工声。）

"项"的本义为脖子的后部。如曹植在《洛神赋》中描写洛神宓妃是"延颈秀项，皓质呈露"，意思是脖颈细长秀丽，白嫩的肌肤微微显露。引申泛指脖子。

又引申指事物的类别、种类。如"事项"。又引申指条目、条款。

作量词，指分项目的事物。如"十项全能"。

⊙ 题

小篆　楷书（繁体）　楷书

"题"是形声字。小篆从頁，是声。隶变后楷书写作"題"。汉字简化后写作"题"。

《说文·頁部》："題，额也。从頁，是声。"（題，额头。从頁，是声。）

"题"的本义是额头。引申泛指文章的标题、题目。如梁启超《少年中国说》："龚自珍氏之集有诗一章，题曰《能令公少年行》。"

作动词，表示书写、题署。如"金榜题名"。

⊙ 顺

顺 顺 顺 顺

金文　小篆　楷书（繁体）　楷书

"顺"是会意字。金文从頁（人头），从巛（川），会人的思路像流水一样顺畅之意。隶变后楷书写作"順"。汉字简化后写为"顺"。

《说文·頁部》："順，理也。从頁，从巛。"（顺，梳理头发。由頁、由巛会意。）

"顺"的本义为沿着同一方向。如"顺江东下"。由顺从之意，引申为事情进行顺利。合乎心意。如"顺耳"。

又引申为合理的。如"顺理成章"。还引申为通顺。如"文从字顺"。进而引申为顺便、趁便。如"顺便"。

⊙ 颖

颖 颖 颖

小篆　楷书（繁体）　楷书

"颖"是形声字。小篆从禾，顷声。隶变后楷书写作"穎"。汉字简化后写作"颖"。

《说文·禾部》："穎，禾末也。从禾，顷声。《诗》曰：'禾穎穟穟。'"（颖，禾穗的末端。从禾，顷声。《诗经》说："禾穗美好。"）

"颖"的本义是禾穗的尖端。长在植物尖端的一般都是嫩芽，所以"颖"引申指草木的嫩芽。引申泛指物体的尖端。如成语"脱颖而出"中的"颖"就是指锥尖。

又可表示聪敏。如《南史·谢灵运佳》："灵运幼便颖悟。"

⊙ 须

须 須 須 须

金文　小篆　楷书（繁体）　楷书

"须"是象形字。金文像个长满胡子的大头人，头戴着尖顶小帽。小篆右边是"頁"（头），嘴边的三根胡须朝左。隶变后楷书写作"須"。汉字简化后写作"须"。

《说文·頁部》："須，面毛也。从頁，从彡。凡须之属皆从须。"（须，脸上的须毛。由頁、由彡会意。大凡须的部属都从须。）

"须"的本义为胡子。只有男人才会长胡子，所以后来"须眉"特指男子。又指像胡须的东西。如花须，根须。

用作副词，意为必须、应当。如杜甫《闻官军收河南河北》："白日放歌须纵酒，青春作伴好还乡。"

⊙ 颠

颠 顛 颠

小篆　楷书（繁体）　楷书

"颠"是形声字。小篆从頁（人头朝上），真声。隶变后楷书写作"顛"。汉字简化后写作"颠"。

《说文·頁部》："顛，顶也。从頁，真声。"（颠，头顶。从頁，真声。）

"颠"的本义为头顶。如梅尧臣《依韵和杨敏叔吴门秋晚见寄》："颠毛随日减，冉冉不胜簪。"意思是头顶上的头发随着时间而减少，柔弱下垂，快托不住发簪了。

引申泛指物体的顶部。如陶渊明《归园田居》："犬吠深巷中，鸡鸣桑树颠。"这里的"颠"就是指树的顶部。

⊙ 顶

顶 頂 顶

小篆　楷书（繁体）　楷书

"顶"是形声字。小篆从頁，丁声。隶变后楷书写作"頂"。汉字简化后写作"顶"。

《说文·頁部》："頂，颠也。从頁，丁

声。"（顶，头顶。从页，丁声。）

"顶"的本义为头顶，即人头的最上部。引申泛指物体的最上部。如"山顶"。

用作动词，指用头支撑。如成语"顶天立地"。由顶住又引申指迎着、冒着。如"顶风冒雨"。

古时跪拜头顿地，故又引申指拜。所以成语有"顶礼膜拜"，其中"顶礼"是佛教拜佛时最高的敬礼，姿势为：人跪下，两手伏地，以头顶着受礼人的脚；"膜拜"是佛教徒的另一种敬礼，两手加额，跪下叩头。

⊙ 颈

頸　頸　颈

小篆　楷书（繁体）　楷书

"颈"是形声字。小篆从页（人头），坙声。隶变后楷书写作"頸"。汉字简化后写作"颈"。

《说文·頁部》："頸，头茎也。从頁，坙声。"（颈，挨近头部像茎的头项。从頁，坙声。）

"颈"的本义为脖子的前部。如"刎颈之交"中的"刎颈"是指割脖子。

引申泛指脖子。如《韩非子·五蠹》："兔走触株，折颈而死。""折颈而死"就是折断脖子死了。也指器物上像脖子的部分。如"瓶颈"。现在也用来形容事业发展中停滞不前的状态。

⊙ 颊

頰　頰　颊

小篆　楷书（繁体）　楷书

"颊"是形声字。小篆从页（人头），夹声。隶变后楷书写作"頰"。汉字简化后写作"颊"。

《说文·頁部》："頰，面旁也。从

頁，夹声。"（颊，面部的左右两侧。从頁，夹声。）

"颊"的本义为脸的两侧。如成语"颊上添毫"，本指给人画像时在脸上添上几根毫毛，比喻文章或图画经润色后更加精彩。

引申泛指侧、旁边。如文同《郡斋水阁闲书·湖桥》："湖桥北颊花坞，水阁西头竹村。"又引申指堂内正室旁边的房间。如苏轼《中和堂东南颊下瞰海门洞》："中和堂上东南颊，独有人间万里风。"

⊙ 颔

頷　頷　颔

小篆　楷书（繁体）　楷书

"颔"是形声字。小篆从页（人头），含声。隶变后楷书写作"頷"。汉字简化后写作"颔"。

《说文·頁部》："頷，面黄也。从頁，含声。"（颔，面色黄。从頁，含声。）

"颔"的本义为因饥饿而面黄肌瘦。如韩愈《送无本师归范阳》（贾岛早年出家为僧，名无本）："欲以金帛酬，举室常顑颔。"其中的"顑颔"就是指因饥饿而面黄肌瘦的样子。

后借用作"颐"，指人的下巴。如白居易《马上作》："蹉跎二十年，颔下生白须。"

用作动词，表示允可、赞许。如"颔首"就是点头。又如韩愈《华山女》："玉皇颔首许归去，乘龙驾鹤来青冥。"

⊙ 颗

顆　顆　颗

小篆　楷书（繁体）　楷书

"颗"是形声字。小篆从页（人头），果声。隶变后楷书写作"顆"。汉字简化后写作"颗"。

《说文·頁部》："顆，小头也。从頁，

果声。"（颗，小头。从頁，果声。）

"颗"的本义为小头。引申指小而圆的东西。如张先《菩萨蛮》："牡丹含露珍珠颗，美人折向帘前过。"

做量词，用于圆形或粒状物。如苏轼《惠州一绝》："日啖荔枝三百颗，不辞长作岭南人。"

⊙ 频

𩕢　𩕚　頻　频

金文　小篆　楷书（繁体）　楷书

"频"是会意字。金文从頁，从涉，会人在水边欲渡又止、徘徊皱眉之意。小篆承接金文。隶变后楷书写作"頻"。汉字简化后写作"频"。

《说文》无。

"频"的本义为人将要渡河，见水深，皱眉而止。引申指皱眉。如"频蹙"。此义后来写作"颦"。引申指连续多次。如"频繁"。

特指在一定时间或范围内事物重复出现的次数。如"音频""频率"。

⊙ 颜

顔　顔　颜

小篆　楷书（繁体）　楷书

"颜"是形声字。小篆从頁（人头），彦声。隶变后楷书写作"顔"。汉字简化后写作"颜"。

《说文·頁部》："顔，眉（目）之间也。从頁，彦声。"（顔，两眉之间。从頁，彦声。）

"颜"的本义为两眉之间，俗称"印堂"。如《诗经·秦风·终南》："颜如渥丹，其君也哉。"意思是，他的印堂像搽了朱丹般红润，真是个君子呀。引申指面容、脸色。如"容颜"。

面容能显示出人的气色，故又引申指

色彩。如"五颜六色"。

⊙ 顿

頓　頓　顿

小篆　楷书（繁体）　楷书

"顿"是形声字。小篆从頁（人头），屯声。隶变后楷书写作"頓"。汉字简化后写作"顿"。

《说文·頁部》："頓，下首也。从頁，屯声。"（頓，以头叩地。从頁，屯声。）

"顿"的本义是指古代以头叩地之礼。引申指以脚跺地。如成语"捶胸顿足"。

作副词，表示立刻。如"顿时"。

⊙ 顽

頑　頑　顽

小篆　楷书（繁体）　楷书

"顽"是形声兼会意字。小篆从頁（头），元声。元（头）兼表头顶之意。隶变后楷书写作"頑"。汉字简化后作为"顽"。

《说文·頁部》："頑，㮯头也。从頁，元声。"（頑，难劈的囫囵木头。从頁，元声。）

"顽"的本义为很难劈开的木头疙瘩。如"顽钝"指不锋利的器物。

由木头疙瘩很难劈开，引申为坚硬。如"顽铁"。由此引申为坚强。如"顽强战斗"。又引申指愚顽之人、顽固派。如"顽军"指的就是顽固派的军队。还引申指人愚妄无知。如"冥顽不灵"。

由未经教化、不懂规矩，引申指性情顽劣、暴戾。如"顽徒"指蛮横不法之人。又引申为喜欢嬉戏，淘气。如"顽皮"。

⊙ 顷

頃　顷

小篆　楷书

"顷"是会意字。小篆从匕(不正),从頁(头),会人歪头之意。隶变后楷书写作"頃"。汉字简化后写为"顷"。

《说文·匕部》:"頃,头不正也。从匕,从頁。"(頃,头不正。由匕、由頁会意。)

"顷"的本义为头歪斜,读作qīng。由此引申为偏侧、倾斜。人歪头只需要很短的时间,由此引申为短时间、不久,读作qǐng。如"顷刻"。

用作量词,是土地面积单位,一顷等于一百亩。如"良田万顷"。

⊙ 领

领 領 领

小篆　楷书(繁体)　楷书

"领"是形声字。小篆从頁(人头),令声。隶变后楷书写作"領"。汉字简化后写作"领"。

《说文·頁部》:"領,项也。从頁,令声。"(领,颈。从頁,令声。)

"领"的本义为脖子。如白居易《发白狗峡次黄牛峡登高寺却望忠州》:"北归虽引领,南望亦回头。"其中的"引领"便是伸颈远望,形容期望殷切。引申为衣领。

做动词用时表示统领、带领。又指理解、懂得。如"心领神会"还表示指接受、受取。如"领命"便是接受命令,遵照命令指示去办。

做量词,用于衣服、席等。如"一领青衣"。

⊙ 颤

顫 顫 颤

小篆　楷书(繁体)　楷书

"颤"是形声字。小篆从頁(头),亶声。隶变后楷书写作"顫"。汉字简化后写作"颤"。

《说文·頁部》:"顫,头不定也。从頁,亶声。"(顫,头摇动不定。从頁,亶声。)

"颤"的本义为头摇动不定,读作zhàn。引申指发抖、颤动。如"寒颤",现多写作"寒战"。

"颤"又读作chàn,表示颤抖、发抖。

老部

⊙ 老

尽 耂 耂 老

甲骨文　金文　小篆　楷书

"老"是会意字。甲骨文像长发佝腰手拄拐杖的老人的形象。金文、小篆改为从人、毛、匕的会意字。隶变后楷书写作"老"。

《说文·老部》:"老,考也。七十曰老。从人、毛、匕,言须发变白也。凡老之属皆从老。"(老,老年人。七十岁叫老。由人、毛、匕会意,是说髭须毛发变白。大凡老的部属都从老。)

"老"的本义为年老、衰老。引申为老练。如杜甫《奉汉中王手札》:"枚乘文章老。"意思是枚乘写文章很老练。

用作动词,指衰老、变老。如李贺《金铜仙人醉汉歌》:"天若有情天亦老。"

耳部

⊙ 耳

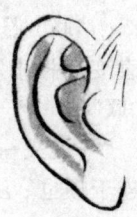

弖 弖 耳 耳

甲骨文　金文　小篆　楷书

"耳"是象形字。甲骨文和金文都像人的耳朵的形状。小篆线条化。隶变后楷书写作"耳"。

《说文·耳部》:"耳,主听也。象形。凡耳之属皆从耳。"（耳，主管听觉（的器官）。象形。大凡耳的部属都从耳。）

"耳"的本义是指耳朵。如"耳闻目睹"。也引申指形状像耳朵的事物。如"木耳"。

因为耳朵是长在头部的左右两侧，所以"耳"又指位置在两旁的。如"耳房"就是指正房两边的小房间。

⊙ 取

网　耴　耴　取
甲骨文　金文　小篆　楷书

"取"是会意字。甲骨文左边是一只耳朵，右边是一只手（又），合起来表示用手割耳朵之意。金文的形体与甲骨文大致相同。小篆线条化。隶变后楷书写作"取"。

《说文·又部》："取，捕取也。从又，从耳。《周礼》：'获者取左耳。'《司马法》曰：'载献聝。'聝者，耳也。"（取，捕获。由又、由耳会意。《周礼》说："被捕获的野兽割取左耳。"《司马法》曰："献上聝。"聝，是（割下的）耳朵。）

"取"的本义为捕获到野兽或战俘时割下左耳。引申为拿。如"对面取人物"，是说当着面拿取别人的货物。又引申为拿下、攻下。如《商君书·去强》："兴兵而伐，必取。"意思是发兵攻打，一定能够攻下来。

⊙ 联

聯　聯　联
小篆　楷书（繁体）　楷书

"联"是会意字。小篆从耳从絲会意。隶变后楷书写作"聯"。汉字简化后写作"联"。

《说文·耳部》："聯，连也。从耳，耳连于颊也；从絲，丝连不绝也。"（聯，接

连不断。从耳，表示耳朵连接在脸颊上；从丝，表示丝缕接连不绝。）

"联"的本义为连接、连缀。所谓"联袂"，本指衣袖相连，比喻携手偕行。

引申指互相结合、联合。如《汉书·赵充国传》："臣恐羌复结联他种。"意思是我担心羌人会联合其他民族侵犯我中原。

⊙ 聋

聾　龍　聾　聾　聋
甲骨文　金文　小篆　楷书（繁体）　楷书

"聋"是形声字。甲骨文从耳，龍声。金文与甲骨文相似，只是左边改为"龍"，右边仍从耳。隶变后楷书写作"聾"。汉字简化后写作"聋"。

《说文·耳部》："聾，无闻也。从耳，龍声。"（聋，没有听觉。从耳，龍声。）

"聋"的本义为耳朵听不到声音。如"震耳欲聋""振聋发聩"。

引申为糊涂、昏聩。如李商隐《五言四十韵》："下令销秦盗，高谈破宋聋。"其中的"宋聋"本是指宋国不明事理，这里表示愚昧、不明事理。

⊙ 聪

聰　聰　聪
小篆　楷书（繁体）　楷书

"聪"是会意兼形声字。小篆从耳，从悤（心明），悤兼表声。隶变后楷书写作"聰"。汉字简化后写作"聪"。

《说文·耳部》："聰，察也。从耳，悤声。"（聰，耳顺而能审察。从耳，悤声。）

"聪"的本义为听而能辨别是非真假。如《史记·屈原贾生列传》中说："屈平疾王听之不聪也。"意思就是屈原痛恨楚王不能辨别是非。又引申泛指听觉。如"失聪"。

还引申指听力好、听觉灵敏。如李汝珍《镜花缘》第九回："此时服了朱草，只觉耳聪目明。"又引申指智力发达、有才智。如"聪慧过人"。

⊙ 耻

耻 耻 耻

小篆　楷书（繁体）　楷书

"耻"是会意兼形声字。小篆从心，从耳，会心羞之情现于耳之意，耳兼表声。隶变后楷书写作"恥"。汉字简化后写作"耻"。

《说文·心部》："恥，辱也。从心，耳声。"（恥，羞辱。从心，耳声。）

"耻"的本义为羞惭、有愧。人们骂某些人没有羞耻之心时，会说"恬不知耻"，这个"耻"就是指羞愧。又表示声誉受到损害，让人感到羞耻的事。如"奇耻大辱""靖康之耻"。

用作动词，指使羞耻、侮辱。还引申指感到羞愧。如"不耻下问"，就是不为向地位比自己低、学识比自己少的人请教，感到羞耻。

⊙ 聊

聊 聊

小篆　楷书

"聊"是形声字。小篆从耳，卯声。隶变后楷书写作"聊"。

《说文·耳部》："聊，耳鸣也。从耳，卯声。"（聊，耳鸣。从耳，卯声。）

"聊"的本义为耳鸣。如刘向《九叹》："横舟航而济湘兮，耳聊啾而恓慌。"引申出依赖、凭借之意。如成语"百无聊赖"。用作口语，指闲谈。如"闲聊""聊天"。

还引申表示姑且、暂且。

⊙ 职

職 職 职

小篆　楷书（繁体）　楷书

"职"是形声字。小篆从耳，戠声。隶变后楷书写作"職"。汉字简化后写作"职"。

《说文·耳部》："職，记微也。从耳，戠声。"（職，记住微妙的事物。从耳，戠声。）

"职"的本义为听而记之。引申指主宰、掌管、承担。如"职掌""职典"。

用作名词，指所掌管的分内事，分内应做的工作、职责。如"天职""尽职"。由掌管又引申指执行事务所处的一定地位。如"官职""职能"。古时候也用于下属对上司的谦称。如"卑职"。

又引申指作为主要经济来源的工作。如"职业""求职"。

臣 部

⊙ 臣

臣 臣 臣 臣

甲骨文　金文　小篆　楷书

"臣"是象形字。甲骨文就像竖起来的一只眼睛。当人低头向上斜视时，眼睛便会竖起来。隶变后楷书写作"臣"。

《说文·臣部》："臣，牵也。事君也。象屈服之形。凡臣之属皆从臣。"（臣，受牵制的人，奉侍君王的人。像屈服的样子。大凡臣的部属都从臣。）

"臣"的本义就是奴隶（男奴）。由奴隶又可以引申为俘虏。如孔颖达在注解《礼记·少仪》时说："臣，谓征伐新获民

365

虏也。"意思就是，在征战时所捉的俘虏叫"臣"。

奴隶或俘虏都是下贱之人，官吏侍奉君主犹如奴仆侍奉主人，所以古代官吏在君主面前自称为"臣"。

由俘虏又引申指称臣降服、服从。我们熟知的"臣服""称臣"都是这种用法。

虍部

虎

甲骨文　金文　小篆　楷书

"虎"是象形字。甲骨文是头朝上、尾朝下、腿朝左的一只虎，身上有花纹。金文的形体更为简约。小篆整齐化，就不太像虎了。隶变后楷书写作"虎"。

《说文·虎部》："虎，山兽之君。从虍，虎足像人足。象形。凡虎之属皆从虎。"（虎，山中野兽的君长。从虍，虎的足像人的足。像虎蹲踞之形。大凡虎的部属都从虎。）

"虎"的本义就是指老虎，进而引申为勇敢和坚强。如"虎将"。

古代调兵遣将的兵符被做成虎形，称为"虎符"。

"虎"是个部首字。凡由"虎"组成的字，大都与老虎有关。如"彪"。

虚

小篆　楷书

"虚"是形声字。小篆从丘，虍声。隶变后楷书写作"虚"。

《说文·丘部》："虚，大丘也。昆仑丘谓之昆仑虚。从丘，虍声。"（虚，大丘。昆仑丘叫作昆仑虚。从丘，虍声。）

"虚"的本义为大土山。又指空、空虚，与"盈""实"相对。如"避实就虚"。进而引申指虚假、不真实。如"耳听为虚，眼见为实"。

用作动词，引申指空出、使空出。如"虚位以待"。用作副词，引申指徒然、白白地。如"虚度"。

彪

金文　小篆　楷书

"彪"是会意字。金文像一只虎，其右的三道撇是虎背上的三道花纹。小篆已经看不出老虎的形状了。隶变后楷书写作"彪"。

《说文·虎部》："彪，虎文也。从虎，彡象其文也。"（彪，老虎的花纹。从虎，彡像虎身上的花纹。）

"彪"的本义是虎身上的斑纹。引申比喻文采焕发。所谓"彪炳"就是光华灿烂、耀眼夺目的样子。

由文采焕发又引申指身体魁伟健壮。如"彪形大汉"。

虐

金文　小篆　楷书

"虐"是会意字。金文上部是虎头，下部是人形。小篆上为虎头，左下为虎爪，右下为人，表示虎噬咬人之意。隶变后楷书写作"虐"。

《说文·虍部》："虐，残也。从虍，虎足反爪人也。"（虐，残害。从虍，爪像虎爪翻过来抓人。）

"虐"的本义为残暴。古文中常见的"虐政"，就是指暴政。由残暴可以引申为虐待、残害。

用作形容词，表示无节制、纵情。

《诗经·卫风·淇奥》："善戏谑兮，不为虐兮。"意思是幽默风趣爱谈笑，但不刻薄待人。

⊙ 虑

目 盧 慮 虑

金文　小篆　楷书（繁体）　楷书

"虑"是形声字。金文从心，吕声。小篆从思，虍声。隶变后楷书写作"慮"。

《说文·思部》："慮，谋思也。从思，虍声。"（慮，图谋周密的思考。从思，虍声。）

"虑"的本义为思虑、谋划。人们常说"智者千虑，必有一失"。

用作名词，指意念、心思。引申指担忧，如"顾虑""忧虑"。如"殚精竭虑"形容耗尽精力，费尽心思。其中的"虑"指的就是心思。

虫部

⊙ 虫

𝄡 𝄢 𧉅 蟲 虫

甲骨文　金文　小篆　楷书（繁体）　楷书

"虫"是象形字。甲骨文和金文都像一条三角形头的蛇的形象。小篆由一条"虫"变成了三条"虫"。隶变后楷书写作"蟲"。汉字简化后写作"虫"。

《说文·虫部》："蟲，有足谓之虫，无足谓之豸。从三虫。凡蟲之属皆从蟲。"（蟲，有脚叫作虫，无脚叫作豸。由三个蟲字会意。大凡蟲的部属都从蟲。）

"虫"的本义为毒蛇。后来"虫"泛指一切昆虫或动物。如"吊睛白额大虫"。"大虫"即指老虎。

昆虫在动物世界中是较为低级的动物，行为活动相对简单。人们就根据昆虫的某些习性，称糊涂人为"糊涂虫"，把懒人叫"懒虫"，把喜欢看书的人叫"书

虫"等。

⊙ 虽

𧎥 𧊧 雖 虽

金文　小篆　楷书（繁体）　楷书

"虽"是形声字。金文从虫，唯声。小篆整齐化。隶变后楷书写作"雖"。汉字简化后写作"虽"。

《说文·虫部》："雖，似蜥蜴而大。从虫，唯声。"（雖，样子像蜥蜴，而身体比蜥蜴大。从虫，唯声。）

"虽"的本义为一种像蜥蜴大的动物。借为连词，表示让步转折，相当于"尽管""纵然"。又表示假设转折，相当于"即使……也""纵使"。

用作副词，表示范围，相当于"仅""只"。

⊙ 虱

𧍒 蝨 虱

小篆　楷书（繁体）　楷书

"虱"是形声字。小篆从蚰，卂声。隶变后楷书写作"蝨"，俗作"虱"。如今规范化，以"虱"为正体。

《说文·蚰部》："蝨，啮人虫也。从蚰，卂声。"（蝨，咬噬人的虫子。从蚰，卂声。）

"虱"的本义为虱子。引申比喻寄生作恶为害的人或有害的事物。如《商君书·说民》："民贫则弱国，富则淫，淫则有虱，有虱则弱。"

又引申指侧身、置身。如韩愈《泷吏》："得无虱其间，不武亦不文。"

⊙ 蝉

𧒥 蟬 蟬 蝉

甲骨文　小篆　楷书（繁体）　楷书

"蝉"是形声字。小篆从虫，單声。隶变后楷书写作"蟬"。汉字简化后写作

"蝉"。

《说文·虫部》:"蟬,以旁鸣者。从虫,單声。"(蝉,用翅膀摩擦而发声的虫子。从虫,單声。)

"蝉"的本义为一种会鸣叫的蝉科动物的通称,古时也叫蜩、蟪。古人认为蝉栖高树,饮清露,生性高洁,像君子达人一样洁身自好。而蝉的幼虫经历蜕皮的过程,有道家所谓羽化登仙的灵姿。

由蝉声的连续不断引申指连续不断。如常用词"蝉联"就是指连续不断。

"蝉"轻薄的翅膀一向引人注目。三国时魏文帝宫人发明一种蝉鬓妆梳,两鬓望之薄如蝉翼。后借指女子。

⊙ 蚕

甲骨文　　小篆　　楷书(繁体)　　楷书

"蚕"为象形字。甲骨文就像一条蚕的形象。小篆改为从蚰,朁声的形声字。隶变后楷书写作"蠶"。俗省作"蚕",从虫从天会意,天兼表声。如今规范化,以"蚕"为正体。

《说文·蚰部》:"蠶,任丝也。从蚰,朁声。"(蠶,孕着丝的虫子。从蚰,朁声。)

"蚕"的本义为蚕蛾科和大蚕蛾科昆虫的幼虫的统称。如李白《寄东鲁二稚子在金陵作》:"地桑叶绿,吴蚕已三眠。"

用作动词,指养蚕。如《孟子·尽心上》:"匹妇蚕之。"意思是平民妇女用以养蚕。

⊙ 蛇

甲骨文　　金文　　小篆　　楷书

"蛇"是象形兼会意兼形声字。甲骨文像一条眼镜蛇。金文像突出了蛇的头。

小篆另加了义符"虫"。隶变后楷书写作"蛇"。

《说文》无。

读作 shé 时,"蛇"的本义为长虫,身体细长,有鳞,舌细长分叉,有的有毒。蛇的种类很多,如"蝮蛇"。引申比喻形状或性质像蛇的。如"丈八蛇矛"。

读 yí 时,用作"委蛇",指应付、敷衍。如成语"虚与委蛇"。

⊙ 虾

小篆　　楷书(繁体)　　楷书

"虾"是形声字。小篆从虫,叚声。隶变后楷书写作"蝦"。汉字简化后写作"虾"。

《说文·虫部》:"蝦,虾蟆也。从虫,叚声。"(蝦,虾蟆。从虫,叚声。)

读作 xiā,指水中动物——虾。如"虾仁"。引申为像虾一样弯曲。如"虾腰"指行鞠躬礼。

满语中也称呼侍卫为虾。如刘献廷《广阳杂记》:"八王子以辅臣为虾,随入都。"

读作 há 时,指虾蟆陵,在长安城东南,曲江附近,是唐代有名的游乐地区。如白居易《琵琶行》:"自言本是京城女,家在虾蟆陵下住。"

⊙ 蛛

金文　　小篆　　楷书(繁体)　　楷书

"蛛"是象形兼形声字。金文下边像蜘蛛形,上边中间是"朱"表声。小篆改为从黾(měng);或从虫,朱声。隶变后楷书写作"鼄"和"蛛"。如今规范化,以"蛛"为正体。

《说文·黾部》:"鼄,䵷鼄也。从黾,

朱声。"（鼀，蜘蛛。从黽，朱声。）

"蛛"的本义为蜘蛛。古代多单用"蛛"，而不单用"蜘"。如"蛛丝马迹"，指从挂下来的蜘蛛丝可以找到蜘蛛的所在，从灶马爬过留下的痕迹可以查出灶马的去向。后遂用以比喻事情所留下的隐约可寻的痕迹和线索。

⊙ 融

甲骨文　　金文　　小篆　　楷书

"融"是会意兼形声字。甲骨文下从土，上从蟲，会冰雪消融、春气升腾，蛰虫蠢动之意。金文大致相同。隶变后楷书写作"融"。

《说文·鬲部》："融，炊气上出也。从鬲，虫省声。"（融，煮食物的蒸汽向上冒出。从鬲，虫省声。）

"融"的本义为冰雪等化为水。如"消融"。引申指蒸汽升腾。又引申指几种不同的事物合成一体。如"水乳交融"。还引申指和煦、暖和。如"春光融融"。进而引申指和乐、恬适。如"其乐融融"。

冰雪融化则成为水流，故引申为流通。如"金融"。

⊙ 蛹

小篆　　楷书

"蛹"是形声兼会意字。小篆从虫，甬声，甬兼表甬状之意。隶变后楷书写作"蛹"。

《说文·虫部》："蛹，茧虫也。从虫，甬声。"（蛹，蚕茧中的蛹虫。从虫，甬声。）

"蛹"的本意是指蚕蛹。如"蛹壳"指蛹羽化后剩下的外壳。后泛指完全变态的昆虫从幼虫到成虫的过渡状态。如"蛹期"指完全变态类的昆虫，在幼虫变化成蛹、蛹变为成虫以前的一段时期。

⊙ 蜡

小篆　　楷书（繁体）　　楷书

"蜡"是形声字。小篆从虫，昔声。隶变后楷书写作"蜡"，如今作"蠟"的简化字。

《说文》："蠟，蝇蛆也。从虫，鼠声。"（蠟，苍蝇的幼虫。从虫，鼠声。）

"蜡"的本义为苍蝇的幼虫。是"蛆"的本字。现在主要用作"蠟"的简化字，本义为某些动植物、矿物所产生的一种油脂。如"蜂蜡""蜡烛"。

西晋时，巨富石崇与晋武帝的舅父王恺斗富，竟然"以蜡代薪"，就是说他把蜡烛当柴禾来烧。

又指淡黄如蜡的颜色。如"蜡梅"。

⊙ 蜂

小篆　　楷书（繁体）　　楷书

"蜂"是形声字。小篆从虫，逢声。隶变后楷书写作"蠭"，俗省作"蜂"。如今规范化，以"蜂"为正体。

《说文·虫部》："蠭，飞虫螫人者。从蚰，逢声。"（蠭，咬刺人的飞虫。从蚰，逢声。）

"蜂"的本义为有毒、能蜇人的昆虫。特指蜜蜂。又引申指像蜜蜂样纷然成群。如"蜂聚"。

蜂为群居，故有不少由"蜂"组成的词都有纷然成群的意思。如"蜂起"形容天下豪杰像蜂群那样纷纷而起。

羽 部

⊙ 羽

甲骨文　小篆　楷书

"羽"是象形字。甲骨文、金文、小篆都像极了羽毛的样子。隶变后楷书写作"羽"。

《说文·羽部》："羽，鸟长毛也。象形。凡羽之属皆从羽。"（羽，鸟翅上的长毛。象形。大凡羽的部属都从羽。）

"羽"的本义是指鸟的翅膀。如"羽翼"。由于翅膀助鸟飞翔，故又引申指党徒。如"党羽"。

又引申指代羽扇、旌旗、箭。如卢纶《塞下曲》："平明寻白羽，没在石棱中。"其中"白羽"指白羽箭。

特指古代五音（宫、商、角、徵、羽）之一。

⊙ 翼

金文　小篆　楷书

"翼"是会意兼形声字。金文从飛（飞），異（异）声。小篆承接金文的形体并整齐化。隶变后楷书写作"翼"。

《说文·飛部》："翼，翅也。从飛，異声。"（翼，翅膀。从飛，異声。）

"翼"的本义为翅膀。由翅膀又引申指作战时队形两侧的一侧、侧旁。如"右翼""侧翼攻击"。由翅膀奉承鸟身，又引申指（像翅膀一样）庇护。

此外，"翼翼"一词表示严肃谨慎，如"小心翼翼"。

⊙ 耀

小篆　楷书（繁体）　楷书

"耀"是形声字。小篆从火，翟声。隶变后楷书写作"燿"。俗作"耀"，改为从光，与从火义同。如今规范化，以"耀"为正体。

《说文》无。

"耀"的本义为照耀。引申为光亮、明亮。如白居易《放言》之一："草萤有耀终非火。"又引申指炫耀。如"夸耀"。进而又引申指显示、显耀。如"光宗耀祖"。

⊙ 翘

小篆　楷书

"翘"是形声兼会意字。小篆从羽，堯声，堯兼表高长之意。隶变后楷书写作"翹"。汉字简化后写作"翘"。

《说文·羽部》："翹，尾长毛也。从羽，堯声。"（翹，鸟尾上的长毛。从羽，堯声。）

"翘"的本义为鸟尾上的长羽。引申指鸟尾，读作 qiáo。由上翘长羽引申指举起、抬起。在表示急切盼望时，我们常常会用"翘首以盼"这个词，这里的"翘"就是抬起之意。由向上举又引申指特殊的、优秀的、才能出众的。人称赞人优秀时，常说"个中翘楚"。

还读作 qiào，指物体的一端向上昂起。如"翘尾巴"。

⊙ 翰

小篆　楷书

"翰"是会意兼形声字。小篆从羽，倝声。隶变后楷书写作"翰"。

《说文·羽部》："翰，天鸡赤羽也。从羽，倝声。"（翰，天鸡的赤色羽毛。从羽，倝声。）

"翰"的本义为尾羽扬起的赤羽天鸡，即锦鸡，进而引申指鸟长而硬的羽毛。古人曾用羽毛做笔，故又指笔。引申指文章、文辞。如《新唐书·李百药传》："翰藻沉郁，诗尤其所长。"说的就是文辞沉郁。又指文史方面的才能。如"诗翰"。

"翰林"，是皇帝的文学侍从官，翰林院从唐朝起开始设立，是以文学供奉宫廷的官署。

⊙ 翁

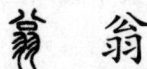

小篆　楷书

"翁"是形声字。小篆从羽，公声。隶变后楷书写作"翁"。

《说文·羽部》："翁，颈毛也。从羽，公声。"（翁，鸟颈上的毛。从羽，公声。）

"翁"的本义为鸟的浓密颈毛。如《山海经·西山经》："（天帝之山）有鸟焉，其状如鹑，黑文而赤翁，名曰栎。"

古代还将"翁"借作"公"，指父亲。如南宋陆游《示儿》："王师北定中原日，家祭无忘告乃翁。"

引申指夫之父或妻之父。又泛指男性老人。如"渔翁""老翁"等。

又用作对男性的尊称。如杜甫《自京赴奉先县咏怀五百字》："取笑同学翁，浩歌弥激烈。"意思就是，尽管惹得同辈的先生们冷嘲热讽，却更加激昂无比，引吭高歌，毫不泄气。

⊙ 翅

小篆　楷书（繁体）　楷书

"翅"是形声兼会意字。小篆从羽，支声，支兼表支持之意。隶变后楷书写作"翅"。

《说文·羽部》："翄，翼也。从羽，支声。"（翄，鸟翼。从羽，支声。）

"翅"的本义为翅膀。如"振翅高飞""双翅"。引申指形状或作用像翅的事物。如"飞机翅""风筝翅"。

又引申特指鱼类的鳍。如"飞鱼翅""鱼翅""金翅鲤鱼"。

⊙ 翔

小篆　楷书

"翔"是形声字。小篆从羽，羊声。隶变后楷书写作"翔"。

《说文·羽部》："翔，回飞也。从羽，羊声。"（翔，回旋地飞。从羽，羊声。）

"翔"的本义为鸟展翅回旋而飞。又引申指悠闲地行走。如曹植《梁甫行》："柴门何萧条，狐兔翔我宇。"意思是，柴门如此萧条，狐狸和野兔在我面前悠闲地行走。

由回旋而飞引申指回顾、观望。如《太平广记·柳毅传》中说牧羊女："蛾脸不舒，巾袖无光，凝听翔立，若有所伺。"这里的"翔"就是观望。

又引申指（物价）上涨。如顾炎武《日知录·选补》："谷价翔贵。"意思就是指谷物的价格上涨昂贵。

而 部
⊙ 而

金文　小篆　楷书

"而"为象形字。金文向下垂的四条线，就像下垂的颊毛之形。小篆的形体基本上与金文相同。隶变后楷书写作"而"。

《说文》无。

"而"的本义为颔下胡须。由于胡须的样子都差不多，所以引申指好像。如刘向《说苑》中的"白头而新"就是这个用法。

做连词用，可表示并列关系、递进关系、承接关系、转折关系、假设关系，以及修饰关系。

⊙ 耐

耏 耐

<small>小篆　楷书</small>

"耐"是会意字。本写作"耏"，从而（胡须）从彡会意，而兼表声，指一种剃去颊须两年的轻刑，因刑罚有法度，所以"彡"后改为"寸"。如今规范化，以"耐"为正体。

"耐"的本义为剃去颊须的轻刑。轻微的刑法能忍受得住，故而引申为禁得起、受得住。如"耐寒""耐穿"。由此引申为忍耐、抑制。如"耐着性子"。

又引申为适宜、相称。如杜甫《洗兵马》："青春复随冠冕入，紫禁正耐烟花绕。"

辛 部

⊙ 辛

辛 辛 辛 辛

<small>甲骨文　金文　小篆　楷书</small>

"辛"是象形字。甲骨文像一把平头刑刀。金文大体上与甲骨文形体相同，上部加上一横，表示铲割的东西。小篆承接金文而来。隶变后楷书写作"辛"。

《说文·辛部》："辛，秋时万物成而孰；金刚；味辛，辛痛即泣出。从一，从辛，罪也，辛承庚，象人股。凡辛之属皆从辛。"（辛，代表秋天，秋天万物成熟了；又代表金，金质刚硬；又代表辛味，味道辛辣，辛辣就感到痛苦，就会流出眼泪。由一、由辛会意，是罪恶的意思。辛继承庚，像人的大腿。大凡辛的部属都从辛。）

"辛"的本义为錾凿一类的工具，后引申指刀。用刀劳动很累人，所以又引申指劳苦。如辛苦。人受尽劳苦便觉难过，所以又引申出恸哭、悲伤之意。如李白《中山孺子妾歌》中的"万古共悲辛"。又引申指辛辣。如五味中的"辣"就是辛。

又假借为天干第八位，用以纪年、月、日。

⊙ 辟

辟 辟 闢 辟

<small>金文　小篆　楷书（繁体）　楷书</small>

"辟"本为会意字。金文上部是关闭的两扇门，下为手，会用手把门推开之意。小篆发生讹变。隶变后楷书写作"闢"。汉字简化后写作"辟"。

《说文·辟部》："闢，法也。从卩，从辛，节制其辠也；从口，用法者也。凡闢之属皆从闢。"（闢，法度。由卩、由辛会意，表示节制人们犯罪的意思；由口表示执法的人。大凡闢的部属都从闢。）

"辟"的本义为打开。如"辟门"，就表示广罗贤才。引申为开辟、开拓。如"开天辟地"中的"辟"就是这种用法。又引申为驳斥。如"辟谣"。

"辟"又通"僻"。如《论语·先进》："柴也愚，参也鲁，师也辟，由也喭。"意思是高柴愚直，曾参迟钝，颛孙师（子张）偏激孤僻，仲由（子路）粗鲁。

⊙ 辩

辯 辯 辩

<small>小篆　楷书（繁体）　楷书</small>

"辩"是形声字。小篆从糸，辡声。隶

变后楷书写作"辮"。汉字简化后写作"辫"。

《说文·糸部》:"辮,交(织)也。从糸,辡声。"(辮,交织。从糸,辡声。)

"辮"的本义为交织、编结。引申为辫子。如《晋书·吐谷浑传》:"妇人以金花为首饰,辫发萦后,缀以珠贝。"

⊙ 辜

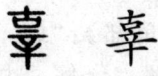

小篆　楷书

"辜"是形声字。小篆从辛(表示与受刑有关),古声。隶变后楷书写作"辜"。

《说文·辛部》:"辜,辠也。从辛,古声。"(辜,罪。从辛,古声。)

"辜"的本义为罪过,有罪。如成语"死有余辜"。引申为分解肢体的酷刑。如《说苑·杂言》中说伍子胥被"抉目而辜",意思是说(子胥)被挖目分尸。罪已经违背了正常的过错,所以又引申为违背、亏负、对不起。如"辜负"。

又引申指灾难,祸害。如《汉书·王莽传》中说的"辜及朽骨",意指祸及(王莽的)尸骨。

言部

⊙ 言

甲骨文　金文　小篆　楷书

"言"为会意字。甲骨文像口吹箫管乐器之形。金文的形体与甲骨文基本一致。小篆线条化、整齐化。隶变后楷书写作"言"。

《说文·言部》:"言,直言曰言,论难曰语。从口,辛声。凡言之属皆从言。"(言,直接讲说叫言,议论辩驳叫语。从口,辛声。大凡言的部属都从言。)

"言"的本义为吹奏乐器,也指所吹奏的乐器。引申为说。如"知无不言,言无不尽"。又指记载。如沈括《梦溪笔谈》:"未尝有言之者。"

"言"还可指意料、料想。如耿湋《哭麹像》"何言芳草日,自作九泉人"一句中的"何言",意指哪里能料到。

用作名词,指言论。言语和文字有关系,所以"言"也可以当"字"讲。如"五言诗"。

⊙ 誓

金文　小篆　楷书

"誓"是形声兼会意字。金文从言,折声,折兼表斩截之意。隶变后楷书写作"誓"。

《说文·言部》:"誓,约束也。从言,折声。"(誓,约束的言辞。从言,折声。)

"誓"的本义是古代出军时用言辞告诫、约束将士。如词语"誓师",就是用言语告诫将士。一般是将出征的目的与意义告知将士,揭露敌人的罪恶,强调纪律与作风。

用作名词,指军中告诫、约束将士的言辞。引申为表示决心的话。如成语"信誓旦旦"。

还泛指发誓。有一个成语叫"海誓山盟",其中"盟"指盟约,"誓"是指发誓。

龟部

⊙ 龟

甲骨文　金文　小篆　楷书(繁体)　楷书

"龟"是象形字。甲骨文像一只乌龟的侧视图。金文是龟的俯视图。小篆由甲骨文演变而来,也是龟的侧视图。隶变后楷书写作"龜"。汉字简化后写作"龟"。

《说文·龜部》:"龜,旧也。外骨内肉者也。从它,龜头与它头同。象足甲尾之形。凡龜之属皆从龜。"(龜,年岁长久。外面是骨头、里面是肉的动物。从它,"龜"字的头与"它"(蛇)字的头相同。像脚、背甲、尾巴的形状。大凡龟的部属都从龟。)

"龟"的本义是乌龟。

"龟"字是个多音多义字。作乌龟讲时读作 guī;作裂纹、裂口时则读为 jūn。如范成大《次韵李子永雪中长句》:"手龟笔退不可捉。"其中"龟"字,就是裂纹、裂口的意思。

另外,汉代西域的国名叫"龟兹",应当读作 qiū cí。

角部

⊙角

甲骨文　金文　小篆　楷书

"角"是象形字。甲骨文像割下来的一只兽角。金文的形状跟甲骨文相似。小篆整齐化。隶变后楷书写作"角"。

《说文·角部》:"角,兽角也。象形,角与刀、鱼相似。凡角之属皆从角。"(角,禽兽的角。象形。小篆"角"字与"刀""鱼"二字有相似的地方。大凡角的部属都从角。)

"角"的本义为兽角,此时读作 jiǎo。如"鹿角"。由此引申为形状像兽角的事物。兽角之形应用到数学上,指几何学中的角。如"三角形"。由此又引申指角落。如"屋角""拐角"。伸入水域的陆地的尖端或延长部分也称为"角"。如"好望角"。

野兽习惯用角来进行防御和攻击,还读作 jué。于是引申指角斗。由此又引申出角色、演员等义。如优秀的、著名的演员称为"角儿"。

⊙解

甲骨文　金文　小篆　楷书

"解"是会意字。甲骨文像人用双手在拔牛角,周围的小点是血肉碎屑,表示在宰牛。金文、小篆由此演化而来。隶变后楷书写作"解"。

《说文·角部》:"解,判也。从刀判牛角。"(解,分解。由"刀"分解"牛""角"会意。)

"解"的本义为屠宰、分割牛。引申指分割、剖开。如成语"难解难分"。又引申指解体、离散。如"土崩瓦解"。又引申指讲说、说明。如"解惑"。进而引申指懂得、明白。如"理解"。

⊙触

金文　小篆　楷书(繁体)　楷书

"触"是形声字。金文从角,蜀声。小篆字形变化不大,只是线条化、整齐化了。隶变后楷书写作"觸"。汉字简化后写作"触"。

《说文·角部》:"觸,抵也。从角,蜀声。"(觸,用角抵触。从角,蜀声。)

"触"的本义为用角抵。引申为碰撞。如《韩非子·五蠹》:"兔走触株,折颈而死。"就是说,兔子奔跑时撞到树桩上,脖子折断而死去。

两角相抵,争斗的两者必然会互相接触,所以又引申为碰到、挨上。如成语"一触即溃"。用于抽象意义,指因某种刺激而引起的(感情变化等)。如"感触""触动"。

由碰撞引申为冒犯。如"触怒龙颜""触犯天条"等。

用作佛家用语,跟色、声、香、味、法,合称"六尘"。

身部

⊙ 身

身（甲骨文　金文　小篆　楷书）

"身"是象形字。甲骨文、金文、小篆都像一个大肚子的侧面人形，是一个怀孕的女子的样子。隶变后楷书写作"身"。

《说文·身部》："身，躬也。象人之身。从人，厂声。凡身之属皆从身。"（身，全身躯。像人的身躯。从人，厂声。大凡身的部属都从身。）

"身"的本义为身孕。

引申指人的躯干。如"身高"。后引申指物体的主体或主干部分。如"船身""车身"。由身体又引申为自己、自身。如"身临其境""身经百战"。

"身"用于抽象意义时，指人的品行、名节。如"修身养性""洁身自好"。还可指人的社会地位。如"身败名裂"。

⊙ 射

射（甲骨文　金文　小篆　楷书）

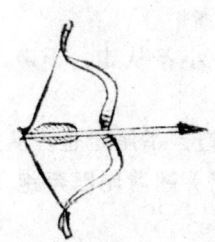

"射"本为象形字。甲骨文像箭在弦上，表示射箭。金文字形在弓箭之后又增加了一只手，表示用手射。小篆讹为从矢，从身。隶变后楷书写作"射"。

《说文·矢部》："射，弓弩发于身而中于远也。"（射，弓弩从射手身上发射，而射中在远处。）

"射"的本义为开弓放箭。引申泛指借助推力、弹力或者压力而发出。如"射门""喷射"。由箭射靶子引申出用言语中

伤之意。如"含沙射影""影射"。发光体的光线就像射出的箭，所以"射"还指照射。

用作名词，指射礼，是周礼的一种。还引申指古代六艺（礼、乐、射、御、书、数）之一。

⊙ 躬

躬（小篆　楷书（繁体）　楷书）

"躬"是会意兼形声字。小篆从身，从吕（脊柱形），会人身之意。异体从弓，会曲身之意，弓兼表声。隶变后楷书分别写作"躳"和"躬"。如今规范化，以"躬"为正体。

《说文·吕部》："躳，身也。从身，从吕。躬，躳或，从弓。"（躳，身体。由身，吕会意。躬，躳的或体，从弓。）

"躬"的本义为身体、自身。成语"卑躬屈膝""反躬自问"等都是用的本义。

用作动词，指稍微向前弯身，以表尊敬。如"打躬作揖"。

用作副词，表示亲自、亲身。我们在说人什么事情都自己做的时候，常用"事必躬亲"这个成语，这里的"躬"就是亲自的意思。

⊙ 躯

躯（小篆　楷书（繁体）　楷书）

"躯"是形声字。小篆从身，区声。隶变后楷书写作"軀"。汉字简化后写作"躯"。

《说文·身部》："軀，体也。从身，区声。"（軀，身体。从身，区声。）

"躯"的本义为身体。如曹植《白马篇》："捐躯赴国难，视死忽如归。"古代也指身孕。如《三国志·魏书·华佗传》中

说："其母怀躯，阳气内养。"其中的"躯"就是指身孕。

作量词时，用于身体。如《中国佛教史略》："浮图北石佛殿一所，中有丈八金像一躯。"

走 部

⊙ 走

金文　小篆　楷书

"走"是会意字。金文上部像摆动两臂跑步的人形，下部是一只大脚（止），会人在跑之意。古代走就是跑的意思。隶变后楷书写作"走"。

《说文·走部》："走，趋也。从夭止。夭止者屈也。凡走之属皆从走。"（走，跑。由夭、由止会意。"夭止"的意思是（因为跑得快），腿脚弯曲。大凡走的部属都从走。）

"走"的本义为跑。如《木兰诗》："双兔傍地走，安能辨我是雄雌。"

信息、秘密的"跑"，即是泄露的意思。如"说走了嘴"。进一步引申指改变。如"走样"。

做名词，泛指兽类。如张衡《西京赋》："上无逸飞，下无遗走。"

⊙ 起

小篆　楷书

"起"是形声兼会意字。小篆从走，巳声，巳兼表起始之意。隶变后楷书写作"起"。

《说文·走部》："起，能立也。从走，巳声。"（起，能（举足）起立。从走，巳声。）

"起"的本义为由躺到坐，或由坐到

站立。如"鸡鸣而起"。泛指起来、上升。如"风起云涌"。又引申指发生、产生。如"祸起萧墙"。

还引申指兴建、设置。如"另起炉灶"。也指兴起、发动。如"起义"。

用作量词，指件、宗。如"一起案件"。

⊙ 赵

小篆　楷书（繁体）　楷书

"赵"是形声字。小篆从走，肖声。隶变后楷书写作"趙"。汉字简化后写作"赵"。

《说文·走部》："趙（趍），趍趙也。从走，肖声。"（趙，趍趙。从走，肖声。）

"赵"的本义为急走、跳跃。如《穆天子传》："天子北征，赵走舍。"意思是天子出征北方，急行了三十里。

后借为国名，指战国七雄之一的"赵国"。

⊙ 赶

小篆　楷书

"赶"为形声字。小篆从走，干声。隶变后楷书写作"赶"。

《说文·走部》："赶，举尾走也。从走，干声"（赶，（兽畜）翘着尾巴奔跑。从走，干声。）

"赶"的本义为兽类翘起尾巴奔跑。引申为急赴。如"赶路""赶考"。追赶时的速度一定很快，由此引申为从速、加快。如"赶紧"。又表示追逐。如"赶上""追赶"。由此引申为驱逐。如"赶鸭子上架"。

引申为碰上某种情况。如"正赶上"。口语中"赶"有等到的意思。如"赶年下"，意思是等到过年的时候。

⊙ 超

超　超

小篆　　楷书

"超"为形声字。小篆从走，召声。隶变后楷书写作"超"。

《说文·走部》："超，跳也。从走，召声。"（超，跳跃。从走，召声。）

"超"的本义为跳过、跃上。如《孟子·梁惠王上》："挟太（泰）山以超北海。"由此引申指超过、胜过。如"超常""超额"。

任何事物都有个上限，跳过上限就是超寻常的、不受世俗限制的。如"超凡脱俗"。

⊙ 越

越　越

小篆　　楷书

"越"是形声字。小篆从走，戉声。隶变后楷书写作"越"。

《说文·走部》："越，度也。从走，戉声。"（越，度过。从走，戉声。）

"越"的本义为跨过、跳过。如"越陌度阡"。跨过一定界限，就意味着超出、超过。如"越职"。引申指激昂、远扬。如"群情激越"。又指抢夺。如"杀人越货"。

用作副词，表示更加。如"跳得越高，摔得越惨"。

用作名词，特指周代诸侯国，即越国。还泛指两广或南方地区。如"越鸟南栖"。或特指浙江或浙江东部一带。如"越剧"。

⊙ 趣

趣　趣

小篆　　楷书

"趣"为形声字。小篆从走，取声。隶变后楷书写作"趣"。

《说文·走部》："趣，疾也。从走，取声。"（趣，疾（跑）。从走，取声。）

"趣"的本义为快步走，通"趋"。引申指奔赴、奔向。

人的心志也有趋向，故而引申指意向、旨趣。如萧统《陶渊明传》"渊明少有高趣"中的"趣"，就是这种用法。由旨趣引申出乐趣、兴味的意思。如"兴趣""趣味"。

⊙ 趋

趨　趨　趋

小篆　楷书（繁体）　楷书

"趋"是形声字。小篆从走，刍声。隶变后楷书写作"趨"。汉字简化后写作"趋"。

《说文·走部》："趨，走也。从走，刍声。"（趨，跑。从走，刍声。）

"趋"的本义为快步走、跑。引申指行走。如《陌上桑》："盈盈公府步，冉冉府中趋。"又引申指奔赴、趋向。如"局势趋于稳定""大势所趋"。

快步走多是为了追上某事物，所以又引申指追赶、追求。如贾谊《论积贮疏》中"背本而趋末"。

赤 部

⊙ 赤

赤　赤　赤　赤

甲骨文　金文　小篆　楷书

"赤"是会意字。甲骨文从人，从火，会火映红了人之意。金文、小篆与甲骨文形体相似。隶变后楷书写作"赤"。

《说文·赤部》："赤，南方色也。从大，从火。凡赤之属皆从赤。"（赤，南方的颜色。由大、由火会意。大凡赤的部属都从赤。）

"赤"的本义为比朱红稍浅的颜色。如《辞源》中说："朱深而赤浅。"泛指红色。如"赤红脸"。

婴儿刚生下来身体呈赤色，所以称之为"赤子"。赤子纯正无邪，故而引申指空，一无所有。如"赤手"。又引申指裸露、光着。如"赤膊"。进而引申表示纯净不杂、专诚不二。如"赤诚""赤胆"。

⊙ 赫

赩 赫

小篆　楷书

"赫"是会意字。小篆从二"赤"，会火红之意。隶变后楷书写作"赫"。

《说文·赤部》："赫，火赤貌。从二赤。"（赫，火红的样子。由两个"赤"字会意。）

"赫"的本义为火红色。如"赫日""赫赤"。火红色较为耀眼，故而可引申为显赫。如"赫赫有名"。引申为威仪，发怒的样子。如《后汉书·张纲传》："天子赫然震怒。"

豸部

⊙ 豸

豸 豸 豸

金文　小篆　楷书

"豸"是象形字。金文像一只动物：上部是张口露出利齿的头，有圆耳；下部有腿有尾。小篆承接金文而来。隶变后楷书写作"豸"。

《说文·豸部》："豸，兽长脊，行豸豸然，欲有所司杀形。凡豸之属皆从豸。"（豸，有着长长脊骨的猛兽，行走时突然豸

豸地伸直脊背，像有所窥伺而加以格杀的形状。大凡豸的部属都从豸。）

"豸"可能是猫这一类的动物。如《尔雅·释虫》中说："有足谓之'虫'，无足谓之'豸'。"其实这是从"兽类"转移为"虫类"。

"豸"属部首字。凡由"豸"组成的字大都与兽有关。如"豺""豹"。

⊙ 豹

豸 豹 豹

甲骨文　小篆　楷书

"豹"是形声字。甲骨文就像豹子的形象。小篆则变成了从豸、勺声的形声字。隶变后楷书写作"豹"。

《说文·豸部》："豹，似虎，圜文。从豸，勺声。"（豹，像老虎，有圆形花纹。从豸，勺声。）

"豹"的本义为豹子。如《正字通》中对其解释说："豹，状似虎而小，白面，毛赤黄，文（纹）黑而钱圈，中五圈左右各四者，曰金钱豹。"如"管中窥豹"，原来指的就是从管子里看豹，只看见豹身上的一块花斑，看不到全豹。比喻只看到事物的一部分而看不到全面。

豆部

⊙ 豆

豆 豆 豆 豆

甲骨文　金文　小篆　楷书

"豆"是象形字。甲骨文像古代高足食器。金文的形体与甲骨文相似，其上部多了一横，表示器中装有东西。小篆承接金文。隶变后楷书写作"豆"。

《说文·豆部》："豆，古食肉器也。从口，象形。凡豆之属皆从豆。"（豆，古代

吃肉盛用的器皿。从口,象形。大凡豆的部属都从豆。)

"豆"的本义为一种盛肉的容器。如《孟子·告子上》:"一箪食,一豆羹,得之则生,弗得则死。"引申为一种容量单位。又转化为重量单位,一豆相当于一两的一百四十四分之一。

战国以后,豆从盛肉的器具逐渐转变成为祭祀的器具。汉代以后,"豆"就用来表示农作物中的大豆了。

⊙ 登

甲骨文　金文　小篆　楷书

"登"是会意字。甲骨文会双手捧举食器进献之意。金文将两只脚省掉了。小篆下部的双手被省掉。隶变后楷书写作"登"。

《说文·癶部》:"登,上车也。从癶、豆,象登车形。"(登,登上车。由"癶"字在"豆"字之上会意,表示两脚立在用来垫脚乘车的石头上,像登车之形。)

"登"的本义为上车,或由低处到高处。如"登山"。由上车引申指上路、登上路程。如"登上征程"。又指登载。如"登报"。

庄稼成熟就要在场院晾晒脱粒,所以又引申为成熟、丰收。如"五谷丰登"。

酉 部

⊙ 酉

甲骨文　金文　小篆　楷书

"酉"是象形字。甲骨文像一个酒坛的模样。金文变得复杂了一些,坛身上有了装饰的花纹。隶变后楷书写作"酉"。

《说文·酉部》:"酉,就也。八月,黍成,可为酎酒。像古文酉之形。凡酉之属皆从酉。"(酉,成熟。(酉)代表八月,这时黍成熟,可以酿制醇酒。像古文"酉"的样子。大凡酉的部属都从酉。)

"酉"的本义为酒坛子,它最初也用来表示酒。

后来为地支(即子、丑、寅、卯、辰、巳、午、未、申、酉、戌、亥)的第十位所专用,于是另造"酒"字来表示酒这个含义。

⊙ 酋

甲骨文　小篆　楷书

"酋"是象形字。小篆从酉,上部像酒满了快要流出来的样子。隶变后楷书写作"酋"。

《说文·酋部》:"酋,绎酒也。从酉,水半见于上。《礼》有大酋,掌酒官也。凡酋之属皆从酋。"(酋,久酿的酒。从酉,由"水"的一半出现在"酉"上会意。《礼》上有"大酋"这样的职务,是掌管酿酒的官。大凡酋的部属都从酋。)

"酋"的本义为陈酒。后引申泛指从事与酒有关工作的人。如"大酋",指的是古代酒官之长。古时祭典用酒,常由尊者主持,"酋"由此引申指部落的首领。如"酋长"。

⊙ 配

甲骨文　金文　小篆　楷书

"配"是会意兼形声字。甲骨文从跪坐之女,从酉(酒器),会置酒相对、成礼婚配之意。小篆改为从酉从己会意,己兼表声。隶变后楷书写作"配"。

《说文·酉部》:"配,酒色也。从酉,

己声。"（配，酒的颜色。从酉，己声。）

"配"的本义为男女结合成婚。如"许配""婚配"。引申泛指雌雄动物交合。如"配种"。也指配偶，多指夫妻。如"元配""择配"。又泛指双方相媲美，够得上、有资格。如"匹配""般配"。进而又引申指陪衬、衬托。如"配角"。

又引申指流放，古代一种把罪人遣放到边远地区充军的刑罚。如"发配"。又引申指相互分工，彼此合作。如"配合"。

又引申指按照标准或比例调合或并合。如"配药""配料"。

⊙ 酱

朡 䐭 牆 醬 酱

甲骨文　金文　小篆　楷书（繁体）　楷书

"酱"是会意兼形声字。甲骨文从鼎，从肉，会从鼎中取肉奉献祭享之意，爿声。金文把鼎换为酉，突出用酒调和肉酱之意。隶变后楷书写作"醬"。汉字简化后写作"酱"。

《说文·酉部》："醬，醢也。从肉，从酉，酒以和酱也。爿声。"（酱，就是肉酱。从肉，从酉，表示用酒调和的酱，爿声。）

"酱"的本义为肉酱。引申泛指用豆、麦等发酵后做成的一种糊状调味品。如"豆瓣酱""甜面酱"等。也指像酱一样的糊状食品。如"芝麻酱""果酱"。还指捣烂成泥的食物。

用作动词，指用酱或酱油腌制。如"猪肘子，酱着吃"。

用作形容词，指用酱或酱油腌制的。如"酱牛肉"。

⊙ 醉

酨 醉

小篆　楷书

"醉"是会意兼形声字。小篆从酉（酒器），从卒（终止），会饮酒喝到自己的酒量为止之意，卒兼表声。隶变后楷书写作"醉"。

《说文·酉部》："醉，卒也。卒其度量，不至于乱也。"（醉，尽量。使其酒量满尽，而不到达昏乱的地步。）

"醉"的本义为饮酒适量。如诸葛亮《又诫子书》："可以至醉，无致迷乱。"意思是，可以适量地饮酒，但不要喝到酩酊大醉、神志不清的程度。

引申指饮酒过量、神志不清。又引申指沉迷、入迷。如林升《题临安邸》："暖风熏得游人醉，直把杭州作汴州。"又引申比喻糊涂。如《史记·屈原列传》中的"举世皆醉我独醒"。

因与酒相关，所以人们就把用酒浸制的食品以"醉"冠之。如"醉蟹""醉虾""醉枣"等。

⊙ 酬

酬 醻 酬

小篆　楷书（繁体）　楷书

"酬"是形声字。小篆从酉（酒坛子），寿（寿）声。隶变后楷书写作"醻"。汉字简化后写作"酬"。

《说文·酉部》："醻，主人进客也。从酉，壽声。"（醻，主人向客人劝酒。从酉，壽声。）

"酬"的本义为古时酒宴的一种礼节，也叫导饮。古时候的酒宴，主人如果不先自饮，则表示不忠信，故先自饮，再敬宾客酒，叫作"酬"。又引申泛指报答、报偿，或回应以财物。如"酬劳""报酬"。

后来人们也把以诗文相赠答称作"酬"。又引申指实行、实现。如"壮志未酬"。

用于言语交往，指应对赠答和人际交往。如我们平常所说的"应酬"。

⊙ 醋

醋 醋

小篆　楷书

"醋"是形声字。小篆从酉，昔声。隶变后楷书写作"醋"。

《说文·酉部》："醋，客酌主人也。从酉，昔声。"（醋，客用酒回敬主人。从酉，昔声。）

"醋"的本义为客人以酒回敬主人，读作 zuò。如《仪礼》："祝（司仪）酌授尸（代表鬼神接收祭祀的人），尸以醋主人。"

借用作"酢"，遂成异体字。因后来二字表义颠倒，所以"醋"用来指调味用的酸味液体，读作 cù。如"柴米油盐酱醋茶"。

又引申特指忌妒，多用于男女之间。如"吃醋""醋意"等。

⊙ 酷

酷 酷

小篆　楷书

"酷"是形声字。小篆从酉，告声。隶变后楷书写作"酷"。

《说文·酉部》："酷，酒厚味也。从酉，告声。"（酷，酒的浓厚的味道。从酉，告声。）

"酷"的本义为酒味浓厚。如曹植《七启》："酷烈馨香。"即是指美酒味道醇厚，香飘万里。引申泛指香气浓烈。如温庭筠《病中书怀呈友人》："蕊多劳蝶翅，香酷坠蜂须。"又引申指残暴。如"酷吏"。

由味浓厚虚化为副词，表程度，相当于"极其""非常"。如"酷热""酷似"等。

还用作英语 cool 的译音，指时髦的、很好的。用于人，指潇洒、有个性；用于物，指时尚、够刺激。

⊙ 酸

酸 酸

小篆　楷书

"酸"是形声字。小篆从酉，夋声。隶变后楷书写作"酸"。

《说文·酉部》："酸，酢也。从酉，夋声。关东谓酢曰酸。"（酸，醋。从酉，夋声。关东地区叫酢作酸。）

"酸"的本义为醋。如"大苦碱酸，辛甘行些"。引申指像醋的味道或气味。如"酸奶""酸味"。

人悲伤时鼻子会发酸，故又引申指悲痛、难过。如"心酸""辛酸"。

人悲酸与贫寒时多现苦脸，故又引申形容读书人的贫寒。如"寒酸""穷酸"。

又指感觉身体微痛而乏力。如"浑身发酸""腰酸背痛"。

如今也指化学上能跟碱中和生成盐和水，跟某些金属反应生成盐和氢气，水溶液有酸味，可使石蕊试纸变红的物质，如"硫酸""盐酸"。

⊙ 醒

醒 醒

小篆　楷书

"醒"是形声兼会意字。小篆从酉（酒器），星声，星兼表微明之意。隶变后楷书写作"醒"。

《说文·酉部》："醒，醉解也。从酉，星声。"（醒，酒醉后恢复常态。从酉，星声。）

"醒"的本义为酒醒。如欧阳修《醉翁亭记》："醉能同其乐，醒能述以文者，太守也。"意思是，喝醉了能同大家玩乐，酒醒后能用文章把经过记述下来的人，是太守我。

引申泛指从麻醉、昏迷状态中恢复正常知觉。如"苏醒"。又引申指结束睡眠状态。如"如梦方醒"进而引申指认识由模糊而清楚，觉悟过来。如"幡然醒悟"。

引申指明显、清楚。如"醒目""醒眼"。

⊙ 酿

醸 釀 酿

小篆　　楷书（繁体）　　楷书

"酿"是形声字。小篆从酉，襄声。隶变后楷书写作"釀"。汉字简化后写作"酿"。

《说文·酉部》："釀，醖也。作酒，曰釀。从酉，襄声。"（釀，醖釀。利用发酵作用造酒，叫釀。从酉，襄声。）

"酿"的本义为利用发酵作用造酒。用作名词，指酿造的酒。如"陈年佳酿"。泛指利用发酵作用制造醋、酱油等。如"酿制酱菜"。特指蜜蜂做蜜。如"酿蜜"。

又比喻逐渐形成。如"酝酿""酿祸"。

辰部
⊙ 辱

蓐 辱 辱

甲骨文　　小篆　　楷书

"辱"是会意字。"辱"是甲骨文"蓐"的初文，省去草则成为辱，从辰（除去农田害虫），从寸（手），会以手除去农田害虫之意。小篆整齐化。隶变后楷书写作"辱"。

《说文》无。

"辱"的本义为除去农田害虫。古代重视农耕，失耕则戮之，故引申指羞耻，名誉受到的损害。如"荣辱"。

用作动词，指伤害他人名誉、人格。如"侮辱""羞辱"。又表示使受到羞辱。

如《论语·子路》"使于四方，不辱君命"中的"辱"即是这一用法。

用作谦词，表示屈尊对方，相当于"承蒙"。如《左传·僖公四年》："辱收寡君，寡君之愿也。"

豕部
⊙ 豕

𤽸 㣇 豕 豕

甲骨文　　金文　　小篆　　楷书

"豕"是象形字。甲骨文像直立的大肚子的猪。金文线条化，但猪的长嘴和大耳朵非常突出。隶变后楷书写作"豕"。

《说文·豕部》："豕，彘也。竭其尾，故谓之豕。象毛足而后有尾。读与豨同。凡豕之属皆从豕。"（豕，猪。猪发怒时直竖着它的尾巴，所以叫作豕。像头、四只脚，而身后有尾巴的样子。音读与"豨"字相同。大凡豕的部属都从豕。）

"豕"的本义为人所豢养的猪。如《左传·庄公八年》："齐侯游于姑棼，遂田于贝丘，见大豕。"在古代，猪有大小之分："豕"和"彘"属大猪，"猪"和"豚"属小猪。

里部
⊙ 里

里 里 里

金文　　小篆　　楷书

"里"是会意字。金文从田，从土，用有田有土会人们聚居、耕作、生活的地方。小篆的形体承接金文并整齐化。隶变后楷书写作"里"。

《说文·里部》："里，居也。从田，从土。凡里之属皆从里。"（里，居住的地方。

由田、由土会意。大凡里的部属都从里。）

"里"的本义为古时居民聚居之地。如《周礼·地官·遂人》："五家为邻，五邻为里。"意思是说二十五家为"里"。又引申指家乡、故乡。如李中《送人南游》："早思归故里，华发等闲生。"

古代里居有定制，由此引申用作长度单位。如《荀子·劝学》："不积跬步，无以至千里。"

⊙ 野

林 埜 野 野

甲骨文　金文　小篆　楷书

"野"是会意兼形声字。甲骨文的形体是两木中间有个"土"。金文形体与甲骨文相似。隶变后楷书写作"野"。

《说文·里部》："野，郊外也。从里，予声。"（野，郊外。从里，予声。）

"野"的本义为郊外、野外。如"荒山野岭"。郊外有农田，故而引申指原野、田野。如"乡野村妇"。又进而引申指朝廷之外、民间。如"下野"。

野外之物一般自在生长，故引申指野生的。如"野人参"。野生之物具有野蛮、不驯的特性，故又引申指不驯服、不受拘束。如"野蛮"。野性之物的举止往往不文雅，所以又引申出粗鲁义。如"粗野"。

足(⻊)部

⊙ 足

𤴓 𧾷 足 足

甲骨文　金文　小篆　楷书

"足"是象形字。甲骨文的下部是一只脚趾朝上的左脚，上面是"口"。金文的形体与甲骨文大体相似。隶变后楷书写作"足"。

《说文·足部》："足，人之足也。在下。

从止、口。凡足之属皆从足。"（足，人体下肢的总称。在人体的下部。由止、口会意。大凡足的部属都从足。）

"足"的本义为包括膝盖和脚在内的整个小腿。引申泛指脚，如"画蛇添足"。进而引申指器物的脚。如"三足鼎立"。

假借为充实、完备、足够。如"充足""足以"。完备充足之物往往对人有用处，所以又引申为值得。如陶渊明《桃花源记》："不足为外人道也。"

⊙ 跌

跌 跌

小篆　　楷书

"跌"是形声兼会意字。小篆从足，失声，失兼表失足之意。隶变后楷书写作"跌"。

《说文·足部》："跌，踢也。从足，失声。一曰：越也。"（跌，跌踢。从足，失声。另一义说：跌是过度。）

"跌"的本义为失足仆倒。如"跌倒"。由失足摔倒引申指失误，过失。如《汉书·扬雄传下》："客徒欲朱丹吾毂，不知一跌，将赤吾之族也。"颜师古注："诛杀者必流血，故云赤族。"

如果在空中跌倒因为没有支撑，所以会掉下来，故又引申指坠落，降低。如跌宕起伏。

⊙ 跑

跑

楷书

"跑"是后起字，为形声字。楷书写作"跑"，从足，包声。

《说文》无。

"跑"的本义为兽用蹄子刨地。如《临安新志》："是夜二虎跑地作穴，泉水涌出，因号虎跑泉。"

后来代替古代的"走",表示奔跑。如马戴《边将》:"红缰跑骏马,金镞掣秋鹰。"不想被人抓到就会跑,所以引申指逃走、溜走。如小偷吓跑了。

⊙ 蹲

小篆　楷书

"蹲"是形声字。小篆为足,尊声。隶变后楷书写作"蹲"。

《说文·足部》:"蹲,踞也。从足,尊声。"(蹲,坐。从足,尊声。)

"蹲"的本义为踞坐。如卢延让《松寺》:"山寺取凉当夏夜,共僧蹲坐石阶前。"

⊙ 躁

小篆　楷书(繁体)　楷书

"躁"是形声字。小篆从走,喿声。隶变后楷书写作"趮",俗作"躁",从足。如今规范化,以"躁"为正体。

《说文·走部》:"趮,疾也。从走,喿声。"(趮,疾速。从走,喿声。)

"躁"的本义为动作急疾。引申指性情急、不冷静。如"急躁"。又引申指浮躁、不专一。还引申指骄狂。如"骄躁"就是指骄纵浮躁。

中医上特指脉盛急速。《素问·平人气象论》:"人一吸脉三动,一吸脉之动而躁,尺热曰病温。"

⊙ 践

甲骨文　小篆　楷书(繁体)　楷书

"践"是形声兼会意字。甲骨文从彳,从戈,会负戈以行之意。小篆从足,戋声。戋兼表相残之意。隶变后楷书写作"踐"。汉字简化后写作"践"。

《说文·足部》:"踐,履也。从足,戋声。"(践,踩踏。从足,戋声。)

"践"的本义为踩、践踏。如《诗经·大雅·行苇》:"敦彼行苇,牛羊勿践履。"大意是说,路边那丛生的芦苇,牛羊不要踩伤踏毁。

引申为登临、依凭。如贾谊《过秦论》:"然后践华为城,因河为池。"意思就是,依凭华山作为城墙,就着黄河作为护城河。

又引申为登上、承袭。如《孟子·万章上》:"夫然后之中国,践天子位焉。"

又可以引申为履行、实行。如"践约",指履行事先约定的事情(多指约会)。

⊙ 路

金文　小篆　楷书

"路"是会意兼形声字。金文从足,从各(表示到来)兼表声。小篆承接金文。隶变后楷书写作"路"。

《说文·足部》:"路,道也。由足,各会意。"(路,道路。从足,从各。)

"路"的本义是道路。引申指经过的里程。如"山高路远"等。还引申特指车辆行驶的线道。如"13路公交车"。

引申指职业。我们常听人说"半路出家",原指年岁大点,才去当和尚、尼姑或道士。比喻中途改行,从事另一工作。

脚步所走之路又可引申为思想或行为的途径、方法。如"出路""生路"。

又引申指种类。如"一路货色""路数"。还引申指方面、地区。如"外路货""各路人马"等。

⊙ 跟

跟 跟

<small>小篆　楷书</small>

"跟"是形声兼会意字。小篆从足，艮声，艮（人扭头后看）兼表向后之意。隶变后楷书写作"跟"。

《说文·足部》："跟，足踵也。从足，艮声。"（跟，脚后跟。从足，艮声。）

"跟"的本义为脚的后部。如"脚后跟""脚跟"。引申指紧随在后，追随。如"跟踪""跟从"。进而引申指赶、及，如"跟不上"。

还引申指侍奉主人。如《红楼梦》第四十三回："我茗烟跟二爷这几年，二爷的心事，我没有不知道的。"其中的"跟"就是伺候、侍奉的意思。用作介词，相当于"和""同""与"。

⊙ 踝

踝 踝

<small>小篆　楷书</small>

"踝"是形声兼会意字。小篆从足，果声，果兼表像果之意。隶变后楷书写作"踝"。

《说文·足部》："踝，足踝也。从足，果声。"（踝，脚的踝骨。从足，果声。）

"踝"的本义为小腿与脚连接处左右两旁凸起的圆骨，即踝子骨。如陆游《春日》六首之四："雨来三日泥没踝，过尽梅花浑不知。"引申指脚跟。如《礼记·深衣》："负绳及踝以应直。"意思是将绳带系于脚跟以使其直。

⊙ 跨

跨 跨

<small>小篆　楷书</small>

"跨"是形声兼会意字。小篆从足，夸声，夸兼表张大之意。隶变后楷书写作"跨"。

《说文·足部》："跨，渡也。从足，夸声。"（跨，越过。从足，夸声。）

"跨"的本义为迈腿越过。体育运动中"跨栏"的"跨"，就是用的本义。由腿跨两边，引申为兼而占有。如成语"跨州连郡"，就是用跨越州郡来形容涉足的路远、地方大。

又引申指超过时间或地区之间的界限。如"跨年度""跨国公司"。

骑马时，两腿要分跨两边，所以又引申指骑，两脚分在器物的两边坐着或立着。如"跨马"。

⊙ 跳

跳 跳

<small>小篆　楷书</small>

"跳"是形声字。小篆从足，兆声。隶变后楷书写作"跳"。

《说文·足部》："跳，蹶也。从足，兆声。一曰：跃也。"（跳，跳起。从足，兆声。另一义说：跳是跃过。）

"跳"的本义为跳跃。成语"跳梁小丑"中的"跳"就是跳跃之意。由此引申为越过。如《晋书·刘牢之传》："（刘）牢之策马跳五丈涧，得脱。"说的就是刘牢之骑马越过了五丈涧，逃跑了。

"跳"又引申指起伏地动、闪动。如"眼跳""火苗跳动"等。又引申指上冒、冒出。

⊙ 跪

跪 跪

<small>小篆　楷书</small>

"跪"是形声兼会意字。小篆从足，危声，危兼表高直之意。隶变后楷书写作"跪"。

《说文·足部》："跪，拜也。从足，危声。"（跪，（两膝着地、准备）拜倒的一种姿势。从足，危声。）

"跪"的本义为跪坐，即曲腿双膝着地，臀部离开脚后跟，伸直腰股。这是古人表示敬意的一种姿势。如果下跪叩头，则为"拜"；如果长时间地跪着，则称"跽"。"三跪九叩"是古代最敬重的行礼方式。就是起跪三次，磕九个头。

又引申特指足、小腿。如《韩非子》中提到的"刖跪"（砍脚），就是这种用法。

隹部

⊙ 焦

果 鸁 焦

金文　小篆　楷书

"焦"为会意字。金文从隹，从火，会用火烤鸟之意。小篆的上部增加了两个"隹"。隶变后楷书写作"焦"。

《说文·火部》："鸁，火所伤也。从火，雥声。焦或省。"（鸁，被火烧伤。从火，雥声。焦，鸁的或体，鸁的省略。）

"焦"的本义为烧焦。如"焦土"。又指酥脆，如"麻花炸得真焦"。烤焦是因为没有水分，所以又比喻干燥到了极点。如"舌敝唇焦"。

表示心情时，引申为焦躁。如"心焦""焦虑"。

⊙ 集

羊 鷺 羣 集

甲骨文　金文　小篆　楷书

"集"是会意字。甲骨文从隹从木，会鸟栖止树上之意。金文和小篆在木上又加了两个"隹"。隶变后楷书写作"集"。

《说文·雥部》："雧，群鸟在木上也。

从雥，从木。集，雧或省。"（雧，群鸟聚集在树木上，由雥、由木会意。集，雧的或体，雧的省略。）

"集"的本义是群鸟栖止在树上。如《诗经·周南·葛覃》："黄鸟于飞，集于灌木。"由此引申为聚集、集合。由货物汇集引申指定期交易的市场。如"集市"。后来人们把多种单篇作品汇合在一起的书册也称为"集"。

⊙ 雌

羨 雌 雌

甲骨文　小篆　楷书

"雌"是形声字。甲骨文从隹，止声。小篆变为从隹。此声隶变后楷书写作"雌"。

《说文·隹部》："雌，鸟母也。从隹，此声。"（雌，母鸟。从隹，此声。）

"雌"的本义指母鸟。如《吕氏春秋》中的"其雄鸣为六，雌鸣亦六"。进而引申泛指生物中能产生卵细胞的生物。如"雌蜂""雌性"。又特指女性。

用作"雌黄"，是矿物名，可用来涂改文字，进而引申指更改文字。如"信口雌黄"，比喻不顾事实，随口乱说。

⊙ 雄

雄 雄

小篆　楷书

"雄"是形声字，小篆从隹，厷声。隶变后楷书写作"雄"。

《说文·隹部》："雄，鸟父也。从隹，厷声。"（雄，公鸟。从隹，厷声。）

"雄"的本义指公鸟。如李白《蜀道难》："但见悲鸟号古木，雄飞雌从绕林间。"后引申指能产生精子细胞的生物。如"雄鸟""雄蕊"。又特指男性。

雄性强而有力，故引申为强有力、杰出

的。如"雄踞榜首"。如"雄才""雄略"。

用作名词，指杰出的人才或强盛的国家。如"英雄""战国七雄"。

金部

⊙ 金

注 金 金
金文　小篆　楷书

"金"是会意字。金文左边像两块铜饼，右边上为矢下为斧，会可制作箭和斧的金属之意。小篆整齐化。隶变后楷书写作"金"。

《说文·金部》："金，五色金也。黄为之长。西方之行。生于土，从土；左右注，象金在土中形；今声。凡金之属皆从金。"（金，白、青、赤、黑、黄五色金属的总称。黄金是它们的代表。是代表西方的一种物质。产生在土里面，所以从土；土字左右两笔，像金属块状物在土中的样子；今表声。大凡金的部属都从金。）

"金"的本义是青铜。"金文"就是青铜器上的铭文。"金"后来泛指金属制品。如"金鼓齐鸣"。

金属的质地多是坚硬的，故引申为坚固或无懈可击的事物。如"固若金汤"，金，指金城；汤，指汤池。金属造的城，滚水形成的护城河。形容防守极为牢固。

又专指黄金。如"金银珠宝"。

还引申指尊贵、珍贵。如"金枝玉叶"。

也指钱。如"奖金"。

鱼部

⊙ 鱼

甲骨文　金文　小篆　楷书（繁体）　楷书

"鱼"是象形字。甲骨文和金文的均上面是鱼头，中间是鱼身，下面是鱼尾，两侧是鱼鳍，交叉纹是鳞。小篆形体简化了不少。隶变后楷书写作"魚"。汉字简化后写作"鱼"。

《说文·魚部》："魚，水虫也。象形。魚尾与燕尾相似。凡魚之属皆从魚。"（鱼，水中的动物。像鱼的形状。小篆鱼字的尾形与燕字的尾形相像。大凡鱼的部属都从鱼。）

"鱼"的本义为水生脊椎动物鱼。又指像鱼的水栖动物。如"鳄鱼"。

⊙ 鲜

金文　　小篆　楷书（繁体）　楷书

"鲜"是形声字。金文从鱼，羴（膻）省声。小篆整齐化。隶变后楷书写作"鮮"。汉字简化后写作"鲜"。

《说文·魚部》："鮮，鱼名。出貉国。从魚，羴省声。"（鲜，鱼名。出产在貉国。从鱼，羴省声。）

"鲜"的本义为一种鱼名。引申泛指供食用的鱼、虾。如"海鲜"。也指活鱼或活鱼做的菜肴。又引申泛指刚生产或收获的食物。如"尝鲜"。又引申指滋味美好。如"味道鲜美"。

又因为美好的东西不多，故引申指少。如"鲜见"，即少见。

⊙ 鲁

甲骨文　金文　小篆　楷书（繁体）　楷书

"鲁"是会意字。甲骨文从口，从鱼，会器中盛有烹调好的味道佳美的鱼之意。金文在口中加一点成甘，强调味道可口。隶变后楷书写作"魯"。汉字简化后写作"鲁"。

《说文·白部》："鲁，钝词也。从白，鮺省声。"（鲁，表示迟钝的词。从白，鮺省羊为声。）

"鲁"的本义为鱼味醇厚佳美。后引申泛指佳美。味道过浓常令味觉迟钝，故又引申指迟钝、蠢笨。常用的有"鲁钝""愚鲁"。进而又引申指冒失、粗野。如"鲁莽""粗鲁"。

春秋时国名，在山东省南部。"鲁"现在又用作山东省的简称。

雨部

⊙ 雨

甲骨文　　金文　　小篆　　楷书

"雨"是象形字。甲骨文上面一横表示天，下垂的六条短线表示下落的雨滴。金文的线条有断有续。隶变后楷书写作"雨"。

《说文·雨部》："雨，水从云下也。一象天，冂象云，水霝其间也。凡雨之属皆从雨。"（雨，水从云中降下。"一"像天，"冂"像云，（ㄓ）像水从天空云彩间滴落下来。大凡雨的部属都从雨。）

"雨"的本义为雨水。用作动词，表示下雨。雨水滋润万物，所以也比喻恩惠、恩泽。如李白《书情》："愧无横草劲，虚负雨露恩。"

⊙ 雪

甲骨文　　小篆　　楷书（繁体）　　楷书

"雪"是会意字。甲骨文从雨，从羽（像鹅毛大雪之形），会天下大雪之意。小篆将雪片变成彗（手持帚），表示扫雪之意。隶变后楷书写作"雪"。汉字简化后写

作"雪"。

《说文·雨部》："雪，凝雨，说（悦）物者。从雨，彗声。"（雪，用雨凝结成的颗粒，使万物喜悦的东西。从雨，彗声。）

"雪"的本义为雪。由雪的洁净又可引申指洗去、除去（蒙受的耻辱、仇恨、冤枉等）。如"沉冤得雪"。

⊙ 雷

甲骨文　　金文　　小篆　　楷书（繁体）　　楷书

"雷"是象形兼指事字。甲骨文从申，像闪电伸张形，表示雷声和闪电相伴而作。金文加"雨"旁，表明既有倾盆大雨，又有雷电交加。隶变后楷书写作"靁"。汉字简化后写作"雷"。

《说文·雨部》："靁，阴阳薄动雷雨，生物者也。从雨，畾象回转形。"（靁，阴气，阳气迫击运动而产生雷雨，雷雨是使万物滋生的东西。从雨，畾像雷回旋转动的形状。）

"雷"的本义为云层放电而发出的巨响。如《上邪》："冬雷震震，夏雨雪。"引申比喻像雷一样迅速、猛烈。如"雷厉风行"。雷的声音很大，后来引申指爆炸性的武器。如"地雷"。

⊙ 霜

小篆　　楷书

"霜"是形声字。小篆从雨，相声。隶变后楷书写作"霜"。

《说文·雨部》："霜，丧也。成物者。从雨，相声。"（霜，使万物丧失的东西。也是成就万物的东西。从雨，相声。）

"霜"的本义为气温低于零度时，近地面空气中水汽的白色结晶。如"霜叶红

于二月花"。也比喻白色，尤指白发。如苏轼《江城子》："纵使相逢应不识，尘满面，鬓如霜。"白色象征纯洁，所以又用来形容人高洁的性格。如"霜操"比喻高洁的情操。又泛指如霜的粉末。如"护肤霜""防晒霜"。

⊙ 霞

霞　霞

小篆　　楷书

"霞"是形声字。小篆从雨，表示与云雨有关，叚声。隶变后楷书写作"霞"。

《说文》无。

"霞"的本义为早晚的彩云。如王勃《滕王阁序》："落霞与孤鹜齐飞，秋水共长天一色。"引申指像霞一样美丽的光彩。如"凤冠霞帔"。

⊙ 需

需　需　需　需

甲骨文　金文　小篆　楷书

"需"是会意字，甲骨文形体，像人身上有水滴，会遇雨，停在那里等待之意。金文中，水变成雨，小篆整齐化，下面的人写成为"而"。隶变后楷书写作"需"。

《说文·雨部》："需，须也，遇雨不进止须也。从雨，而声。"（需，等待，遇到雨，不前进，停在那里等待。从雨，而声。）

"需"的本义为等待。等待必有所求，故引申指索取。如"按需分配""必需品"。

用作名词，指需用的东西。如成语"不时之需"，是指说不定什么时候会出现的需要。

齿部

⊙ 齿

田　齿　齿　齒　齿

甲骨文　金文　小篆　楷书（繁体）　楷书

"齿"本为象形字，甲骨文像人的口，上下各露出了两颗牙齿。金文加上了声符"止"，成了形声字。小篆承接金文并整齐化。隶变后楷书写作"齒"。汉字简化后写作"齿"。

《说文·齒部》："齒，口龂骨也。象口齿之形，止声。凡齿之属皆从齿。"（齒，口中的牙齿。齒像口中牙齿的形状，止声。大凡齿的部属都从齿。）

"齿"的本义为门牙，泛指牙齿。如"明眸皓齿"，意思是明亮的眼睛，洁白的牙齿。形容女子容貌美丽。也指美女。

也指像牙齿一样整齐排列的东西。如"齿轮"。

牙齿的数量与年龄有关，故而可表示年龄。如"犬马之齿"。

牙齿不但能咀嚼食物，还能吐字发音，所以又引申指说起、提及。如"不齿"。

⊙ 龄

齡　齡　龄

小篆　楷书（繁体）　楷书

"龄"是形声字。小篆从齿，令声。隶变后楷书写作"齡"。汉字简化后写作"龄"。

《说文·齒部》新附："齡，年也。从齿，令声。"

"龄"的本义为岁数、年龄。女子的年龄一般称"芳龄"；问长者的年龄一般称"高龄"。

传说龟、鹤都能活一千年，故一般用"龟鹤遐龄"比喻长寿引申指年限、年数。如鲍照《代升天行》："暂游越万里，少别

389

数千龄。"这是说人升天之后，瞬间可遨游万里，一别可有千年，比喻做神仙的逍遥和长寿。

隶部

⊙ 隶

甲骨文　金文　小篆　楷书

"隶"是会意字。甲骨文从又（手）持一兽，会用手捕获一兽加以整治的意思。金文稍减，小篆整齐化。隶变后楷书写作"隶"。

《说文·隶部》："隶，及也。从又，从尾省。又持尾者，从后及之也。凡隶之属皆从隶。"（隶，追上去捕获。由又、由尾省去尸构成。由"又"（手）持握着"尾"会意，表示从后面追上去捕获。大凡隶的部属都从隶。）

"隶"的本义为捕获一兽加以整治。

后来用于表示奴隶。如"仆隶"，就是指奴仆。

奴隶是属于主人的，所以又引申指附属、跟从。如"隶属"。

青部

⊙ 青

金文　小篆　楷书

"青"是会意兼形声字。金文从生，从丹，用植物初生之色会绿色之意，生兼表声。小篆整齐化，隶变后楷书写作"青"。

《说文·青部》："青，东方色也。木生火，从生、丹。凡青之属皆从青。"（青，代表东方的颜色。木生火，由生、丹会意。大凡青的部属都从青。）

"青"的本义为像叶子一样的绿色。如"青山绿水"。由此引申为青色物。如"青黄不接"，指陈粮已经吃完了，新的庄稼却还未成熟。比喻人力、财力等因一时接续不上而暂时缺乏。现在特指人才方面后继无人。这里的"青"指未成熟的庄稼。

又特指蓝色。如"青出于蓝"。

古人认为春属东方，其色青，故称主春之神为"青帝"。

引申指人的青年时期。如"青春年华"。

食部

⊙ 食

甲骨文　金文　小篆　楷书

"食"是会意字。甲骨文下部是一个装着丰盛食物的食器，上面是一张嘴张口就食的样子。金文变化不大。小篆更加抽象美观。隶变后楷书写作"食"。

《说文·食部》："食，一米也。从皂，亼声。或说亼皂也。凡食之属皆从食。"（食，聚集的米。从皂，亼声。另一义说：（食）由亼、皂会意。大凡食的部属都从食。）

"食"的本义为可以吃的食物。引申为吃。如"食不下咽"。

"食"还可读作 sì，表示拿东西给人吃。如"食以草具"。

⊙ 餐

小篆　楷书

"餐"是形声字。小篆从食，𣦻声。隶变后楷书写作"餐"。

《说文·食部》："餐，吞也。从食，𣦻

声。"（餐，吞吃。从食，㗊声。）

"餐"的本义指吃、吞食。如成语"秀色可餐"，其中的"餐"就是吃的意思。又引申为饭食、食物。如李绅《悯农》："谁知盘中餐，粒粒皆辛苦。"又如"中餐""西餐"。

革部

⊙ 革

革　革　革

金文　小篆　楷书

"革"是象形字。金文像一张拉平的动物皮的俯视图：腿被分开了，最上面的是头和角。小篆加以简化，但变化不大。隶变后楷书写作"革"。

《说文·革部》："革，兽皮治去其毛，革更之。凡革之属皆从革。"（革，兽皮除去它的毛，改变它的样子。大凡革的部属都从革。）

"革"的本义为去毛的兽皮。如"皮革"。兽皮去毛而成革，所以又引申泛指免除或丢掉。如"革职"。又引申指变更、改变。如"革新"。

古代常用革做武士护身的甲胄，"兵革"原本指兵器和甲胄，后泛指军力或战争。如《战国策·秦策》："兵革大强，诸侯畏惧。"

⊙ 鞋

鞵　鞵　鞋

小篆　楷书（繁体）　楷书

"鞋"是形声字。小篆从革，奚声。隶变后楷书写作"鞵"，俗体写作"鞋"。如今规范化，以"鞋"为正体。

《说文·革部》："鞵，生革鞵也。从革，奚声。"（鞵，生皮革制的鞋子。从革，

奚声。）

"鞋"的本义为鞋子。如李煜《菩萨蛮·花明月黯》："刬袜步香阶，手提金缕鞋。"

⊙ 靶

靶　靶

小篆　楷书

"靶"是形声字。小篆从革，巴声。隶变后楷书写作"靶"。

《说文·革部》："靶，辔革也。从革，巴声。"（靶，缰绳上御人所把之革。从革，巴声。）

"靶"的本义为驾马人把握的缰绳的部位，读作 bà。引申指刀剑等物的柄，通"把"。

读作 bǎ，练习射箭或射击时特意设置的目标。如"靶场""靶子"。

⊙ 鞠

鞠　鞠

小篆　楷书

"鞠"是形声兼会意字。小篆从革，匊声，匊兼表转曲之意。隶变后楷书写作"鞠"。

《说文·革部》："鞠，踏鞠也。从革，匊声。"（鞠，踏鞠，打皮球。从革，匊声。）

"鞠"的本义为古时用来踢打玩耍的皮球。如"鞠院"指古球场，有围墙。

踢球时需要弯曲身体，所以引申指弯曲、弯身。如"鞠躬"。

骨部

⊙ 骨

骨　骨　骨

甲骨文　小篆　楷书

391

"骨"是象形字。甲骨文像骨头转折处突出的样子，其中的斜线像骨架支撑之形。金文下面带着一块肉，取"骨肉相连"之义。隶变后楷书写作"骨"。

《说文·骨部》："骨，肉之覈（实）也。从冎有肉。凡骨之属皆从骨。"（骨，附肉的核。由"冎"上附有"肉"会意。大凡骨的部属都从骨。）

"骨"的本义为骨头。引申指人的尸骨。如"路有冻死骨"。又引申指人的品质、气概。如"风骨奇伟"。

⊙ 骼

图 骼

小篆　　楷书

"骼"是形声字。小篆从骨，各声。隶变后楷书写作"骼"。

《说文·骨部》："骼，禽兽之骨曰骼。从骨，各声。"（骼，禽兽的骨头叫作骼。从骨，各声。）

"骼"的本义为禽兽的骨头、枯骨。如《礼记·月令》："（孟春之月）掩骼埋胔。"郑玄注："骨枯曰骼，肉腐曰胔。"引申泛指人或动物的骨骼。如"骨骼健壮"。

鬼部

⊙ 鬼

甲骨文　金文　小篆　　楷书

"鬼"是象形字。甲骨文像个大头人。金文的"人"站起来了。小篆在"人"背后加一个"厶"。隶变后楷书写作"鬼"。

《说文·鬼部》："鬼，人所归为鬼。从人，象鬼头。鬼阴气贼害，从厶。凡鬼之属皆从鬼。"（鬼，人归向天地，就变成了鬼。从人，（囟）像鬼的脑袋。鬼的阴滞之气伤害人们，所以又从厶。大凡鬼的部属都从鬼。）

"鬼"的本义为人死后的精灵。引申泛指万物的精怪。

⊙ 魔

魔 魔

小篆　　楷书

"魔"是形声字。小篆从鬼，麻声。隶变后楷书写作"魔"。

《说文·鬼部》："魔，鬼也。从鬼，麻声。"（魔，鬼。从鬼，麻声。）

"魔"的本义为梵语魔罗的简称。如《大智度论》："夺慧命，坏道法，功德善本，是故名为魔。"引申泛指恶鬼、怪物。如"妖魔鬼怪""魔鬼"。有些人比鬼怪还可恶，故而又引申指邪恶的人或势力。如"大魔头"。妖魔很奇异，容易引起人们好奇，所以又引申指神奇的。如"魔力""魔术"。形容人对某事物爱好入迷，可称为"着魔"。

⊙ 魂

魂 魂

小篆　　楷书

"魂"是形声字。小篆从鬼，云声。隶变后楷书写作"魂"。

《说文·鬼部》："魂，阳气也。从鬼，云声。"（魂，阳气。从鬼，云声。）

"魂"的本义为灵魂，古人认为魂是阳气，附身则人活，离身则人死，故指能离开人体而存在的精神。

引申泛指精神、神志。如"神魂颠倒""惊魂未定"。又引申泛指一切事物的精灵。如"花魂""诗魂""柳魂"。

⊙ 魄

魄　魄

小篆　　楷书

"魄"是形声字。小篆从鬼,白声。隶变后楷书写作"魄"。

《说文·鬼部》:"魄,阴神也。从鬼,白声。"(魄,阴神。从鬼,白声。)

"魄"的本义为人始生时就依附于人身的精神。古人认为魄是阴神,魂是阳神;魄是先天的,随形而生,魂是后天的,随气而生。如《左传·昭公七年》说:"人生始化为魄,既生魄,阳曰魂。"

面部

⊙ 面

面　面　面

甲骨文　小篆　楷书

"面"是象形字。甲骨文像人脸之形,中间是一只大眼睛(目)。小篆发生了讹变。隶变后楷书写作"面"。

《说文·面部》:"面,颜前也。从百,象人面形。凡面之属皆从面。"(面,颜额前的部分。从百,(囗)像人的面孔与后脑分界之形。大凡面的部属都从面。)

"面"的本义就是指人的脸部。

做动词,表示朝向、面对、面向。如"面山而居",即指朝向山居住。又如"面面相觑"。又用作量词,如"一面镜子""一面旗子"。

⊙ 靥

靥　靨　靥

小篆　楷书(繁体)　楷书

"靥"是形声字。小篆从面,厌声。

隶变后楷书写作"靨"。汉字简化后写作"靥"。

《说文·面部》:"靥,姿也。从面,厌声。"(靥,姿态。从面,厌声。)

"靥"的本义为酒窝,即嘴两旁的小圆窝儿。如《红楼梦》中形容林黛玉说:"态生两靥之愁,娇袭一身之病。"

音部

⊙ 音

音　音　音　音

甲骨文　金文　小篆　楷书

"音"是会意字。甲骨文像口吹箫管喇叭等乐器。金文和小篆与甲骨文大致相同。隶变后楷书分别写作"音"和"言"。如今二字表意有明确分工。

《说文·音部》:"音,声也。生于心,有节于外,谓之音。宫、商、角、徵、羽,声;丝竹金石匏土革木,音也。从言,含一。凡音之属皆从音。"(音,言语的声音。从心底产生,受口腔节制的,叫作音。宫、商、角、徵、羽(单独发出的),是乐声;丝、竹、金、石、匏、土、革、木(等乐器奏出的),是音乐。由"言"含"一"会意。大凡音的部属都从音。)

"音"的本义为音乐。如《礼记·乐记》:"凡音之起,由人心生也。声成文,谓之音。"引申泛指声音。

人发出的声音不完全相同,所以又引申特指语音、口音。如"乡音"。

由人的声音散发出的讯息又引申指消息。如"杳无音信"。

⊙ 韵

韻　韻　韵

小篆　楷书(繁体)　楷书

393

"韵"为形声字。从音，員声。隶变后楷书写作"韻"，俗作"韵"。如今规范化，以"韵"为正体。

《说文·音部》新附："韻，和也。从音，員声。"（韻，和谐的声音。从音，員声。）

"韵"的本义为和谐悦耳的声音。又指诗赋中的韵脚或押韵的字。还指气韵、风度。如"韵度"，指风韵态度。

鬲 部

⊙ 鬲

甲骨文　金文　小篆　楷书

"鬲"是象形字。甲骨文像烹饪之类的用具，下部有三足，上端有盖子，中间能装东西。金文形体大致与甲骨文相似。小篆线条化。隶变后楷书写作"鬲"。

《说文·鬲部》："鬲，鼎属。实五觳。斗二升曰觳。象腹交文，三足。凡鬲之属皆从鬲。"（鬲，鼎类的空足炊具。容积有五斛大。一斗二升叫作一斛。（中间的 Ⅹ）像腹部交错的纹饰，（下面的 ⺌）像三只脚。大凡鬲的部属都从鬲。）

"鬲"的本义即指古代的一种陶制炊具，圆口，有三空心足。如《汉书·郊祀志上》说，鼎之类的用器"空足曰鬲"。

⊙ 鬻

小篆　楷书

"鬻"是会意兼形声字。小篆从米，从弼（ん煮）会意，弼兼表声。隶变后楷书写作"鬻"。

《说文·弼部》："鬻，糜也。从弼，米声。"（鬻，糜。从弼，米声。）

"鬻"的本义为米粥，是"粥"的本字。

借作"賣"（卖），指出售、以物换钱。如《国语·齐语》："以其所有，易其所无，市贱鬻贵。"韦昭注："市，取也；鬻，卖也。"也指买。如"卖官鬻爵"。是指当权者出卖官职、爵位以聚敛财富。

髟 部

⊙ 髯

楷书

"髯"是会意兼形声字。楷书写作"髯"，从髟从冉（柔软下垂）会意，冉兼表声。

"髯"的本义为两腮的胡须。后泛指胡须。

⊙ 髡

小篆　楷书

"髡"是形声字。小篆从髟，兀声。隶变后楷书写作"髡"。

《说文·髟部》："髡，剔发也。从髟，兀声。"（髡，剃发。从髟，兀声。）

"髡"的本义为古代一种剃去头发的刑罚。如"髡刖"，指古代去发断足的刑罚。

⊙ 髻

小篆　楷书

"髻"是形声字。小篆从髟，吉声。隶变后楷书写作"髻"。

《说文·髟部》："髻，总发也。从髟，吉声。"（髻，将头发绾结在一起。从髟，吉声。）

"髻"的本义为把所有头发挽在头顶或脑后形成发结。如《陌上桑》："头上倭堕髻，耳中明月珠；缃绮为下裙，紫绮为上襦。"

⊙ 鬓

鬢 鬢 鬓

小篆　楷书（繁体）　楷书

"鬓"是形声字。小篆从髟，賓声。隶变后楷书写作"鬓"。

《说文·髟部》："鬢，颊发也。从髟，賓声。"（鬢，脸旁靠近耳朵的头发。从髟，賓声。）

"鬓"的本义为脸旁靠近耳的头发。如贺知章《回乡偶书》："少小离家老大回，乡音未改鬓毛衰。"

⊙ 髫

髫 髫

小篆　楷书

"髫"是形声字。小篆从髟，召声。隶变后楷书后写作"髫"。

《说文·髟部》新附："髫，小儿垂结也。从髟，召声。"（髫，小孩儿下垂的发结。从髟，召声。）

"髫"的本义为古代小孩头上扎起来的下垂的头发。如《后汉书·伏湛传》："髫发厉志，白首不衰。"

"髫年""髫龄"等，都指童年。如汤之旭《皇清州同知尹思袁公墓志铭》："忆旭髫年时，常往来外家。"

鹿部

⊙ 鹿

甲骨文　金文　小篆　楷书

"鹿"是象形字。甲骨文像一只鹿，头上还长着很漂亮的鹿角。金文大致相同。小篆的形体变化较大，已经不太像鹿的形象了。隶变后楷书写作"鹿"。

《说文·鹿部》："鹿，兽也。象头角四足之形。鸟鹿足相似，从匕。凡鹿之属皆从鹿。"（鹿，兽名。像头、角和四只脚的样子。鸟、鹿的脚相像，所以都从匕。大凡鹿的部属都从鹿。）

"鹿"现在在中国的野外并不常见，但是在远古的时候，人类都过着"与木石居，与鹿豕游"的生活，鹿是他们重要的食物来源。人们认为鹿象征吉祥，这大概是因"鹿"与"禄"同音。

⊙ 麋

甲骨文　小篆　楷书

"麋"是形声字。甲骨文像头朝左、尾朝右的一只麋鹿的形象。小篆从鹿，米声。隶变后楷书写作"麋"。

《说文·鹿部》："麋，鹿属。从鹿，米声。麋冬至解其角。"（麋，鹿一类。从鹿，米声。麋，冬至左右脱落它的角。）

"麋"的本义指麋鹿。俗称"四不像"。

《诗经·小雅·巧言》："居河之麋。"这个"麋"是"湄"的假借字，意思是居于河边。

《荀子·非相》中"伊尹之状，面无须麋"里的"麋"，则是"眉"的假借字。这句话的意思是伊尹这个人的样子，无胡须也无眉毛。

黑部

⊙ 黑

金文　小篆　楷书

"黑"是会意字。甲骨文像人头上有饰物之形。金文从囱，从炎，会烟火熏黑之意。小篆与金文的形体相似。隶变后楷书写作"黑"。

《说文·黑部》："黑，火所熏之色也。从炎上出囱；囱，古窗字。凡黑之属皆从黑。"（黑，被火熏成的颜色。由"炎"向上从"囱"中冒出会意；囱，是古"窗"字。大凡黑的部属都从黑。）

"黑"的本义为黑色，引申指昏暗无光。如"黑夜"。后来比喻恶势力一时嚣张造成的紧张局面，所以引申指狠毒，象征反动、坏。如"黑店""黑道"。黑恶势力的行为是违法的，所以引申指秘密的、非法的。如"黑话"。

⊙墨

墨 墨

小篆　　楷书

"墨"是会意兼形声字。小篆从黑，从土会意。"黑"兼表声。隶变后楷书写作"墨"。

《说文·土部》："墨，书墨也。从土，从黑，黑亦声。"（墨，用以书写的墨。由土、由黑会意，黑也表声。）

"墨"的本义为书画所用的墨。引申指书法、绘画、诗文。如"翰墨""墨宝"。又引申指黑色。如杜甫《茅屋为秋风所破歌》："俄顷风定云墨色，秋天漠漠向昏黑。"

⊙黔

黔 黔

小篆　　楷书

"黔"是形声字。小篆从黑，今声。隶变后楷书写作"黔"。

《说文·黑部》："黔，黎也。从黑。今声。"（黔，黎黑。从黑，今声。）

"黔"的本义为黑色。

做动词，指晒黑、染黑、熏黑。如《庄子·天运》："夫鹄不日浴而白，乌不日黔而黑。"

头发是黑色的，所以引申指百姓。如"布衣黔首"。

鼠部

⊙鼠

鼠 鼠

小篆　　楷书

"鼠"是象形字。小篆字形像一只蹲踞的鼠。隶变后楷书写作"鼠"。

《说文·鼠部》："鼠，穴虫之总名也。象形。"（鼠，住在洞穴里的虫兽的统名。象形。）

"鼠"的本义指老鼠。

猥琐之人的形象与老鼠相似，故而引申指小人、奸臣。如"鼠辈"。

引申用作鼠类动物的泛称。如"鼹鼠"。

还指十二生肖之一的"子鼠"。